Rudolf Eisler

Geschichte der mittelalterlichen Philosophie

Verlag
der
Wissenschaften

Rudolf Eisler

Geschichte der mittelalterlichen Philosophie

ISBN/EAN: 9783957006400

Auflage: 1

Erscheinungsjahr: 2015

Erscheinungsort: Norderstedt, Deutschland

© Verlag der Wissenschaften in Vero Verlag GmbH & Co. KG. Alle Rechte beim Verlag und bei den jeweiligen Lizenzgebern.

Webseite: http://www.vdw-verlag.de

Geschichte
der
mittelalterlichen Philosophie.

Von

Maurice De Wulf,
Professor der Geschichte der Philosophie an der Universität Löwen (Belgien).

Autorisierte deutsche Übersetzung

Dr. **Rudolf Eisler,**
Wien.

Tübingen
Verlag von J. C. B. Mohr (Paul Siebeck)
1913.

Vorwort zur vierten Auflage der französischen Originalausgabe.

Die vierte Auflage[1]) des vorliegenden Buches weist Erweiterungen und Veränderungen auf, indem der Verfasser zahlreiche und wichtige Arbeiten aus den letzten Jahren verwertete. Diese Arbeiten beziehen sich namentlich auf die abendländische Philosophie des früheren Mittelalters und des 13. Jahrhunderts. Die letzte Periode, welche vom 15. bis zum 17. Jahrhundert reicht, ist bislang weniger bearbeitet worden, obzwar auch einige sehr wertvolle Untersuchungen auf diesem Gebiete zu verzeichnen sind.

Bevor ich auf einige Änderungen in dieser Auflage hinweise, bemerke ich, daß die Gesamtanlage des Werkes dieselbe geblieben ist. Die Darlegung der philosophischen Systeme des Mittelalters innerhalb historischer Gruppierungen und die Aufzeigung ihres Zusammenhangs bildet meine Aufgabe. Der Verfasser befaßt sich vorwiegend mit der abendländischen Philosophie; die orientalische und byzantinische Philosophie behandelt er nur, um die Beziehungen derselben zur abendländischen Spekulation zu ermitteln oder ihre Stellung in der Verkettung der Ideen zu bestimmen. Die historische Einleitung, welche die griechische Philosophie behandelt, wurde, zwar gekürzt, beibehalten. Denn es treten immer engere Bezüge der mittelalterlichen zur griechischen Philosophie hervor und neuere Arbeiten haben die Einflüsse des Neuplatonismus und des Augustinismus auf das Mittelalter dargetan. Dieser Überblick über die griechische Philosophie hat die Rolle im Auge, welche gewisse Systeme und Theorien im Mittelalter zu spielen bestimmt sind. Ebenso werden die philosophischen Richtungen der Renaissance und der Kartesianismus in ihren Beziehungen zur mittelalterlichen Philosophie betrachtet. Nach wie vor hege ich die Überzeugung, daß im abendländischen Mittelalter ein Grundstock von Anschauungen bestand, die der Mehrheit der Lehrer gemeinsam angehörten, und daß es zweckmäßig ist, den Ausdruck „scholastische Philosophie" auf dieses Erbgut an Lehren zu beschränken. Es entspricht dies so ziemlich dem, was die Scholastiker selbst als „sententia communis" bezeichneten, und ich habe mit Vergnügen konstatiert, daß Ehrle und Baeumker vom „Gemeingut der Scholastik" sprechen, was auf dasselbe hinausläuft. Ich wollte damit nicht, wie einige

---

1) 1. Auflage 1900, Louvain und Paris, VIII u. 480 S. — 2. Auflage 1905, Louvain und Paris, 568 S.; englische Ausgabe 1909, London und New-York, XII u. 519 S.

Kritiker mir vorgeworfen haben, andeuten, daß die heterogenen Systeme die Beachtung des Historikers weniger verdienen; sie nehmen nur, da sie nicht so einflußreich und zahlreich sind, weniger Platz in der Geschichte ein. Sie wurden als nichtscholastische Systeme bezeichnet.

In den früheren Auflagen wurde die thomistische Synthese ausführlichst entwickelt. Es ist daraus aber nicht zu schließen, wie dies manche Kritiker getan haben, die ganze mittelalterliche Philosophie sei auf den Thomismus bezogen worden. In dem Thomas von Aquino gewidmeten Kapitel stellte ich vielmehr gewisse allen Scholastikern gemeinsame Theorien und zugleich die Deutung dar, welche ihnen einer der größten Geister des 13. Jahrhunderts gegeben hat, und zwar tat ich dies aus methodischen Gründen, um eine Wiederholung dieser gemeinsamen Lehren bei jedem einzelnen Philosophen zu vermeiden. Mehrere neuere Autoren haben das gleiche Verfahren befolgt. Doch habe ich in der vorliegenden Auflage, um die Anspruchsvollsten zu befriedigen und Mißverständnisse hintanzuhalten, die Darstellung der scholastischen Philosophie von jener der thomistischen abgetrennt.

Neu oder umgestaltet sind die allgemeinen Überblicke über die scholastische Philosophie, über die Beziehungen derselben zur Theologie bis zum 17. Jahrhundert, über das Studium der dialektischen und sophistischen Bewegung im früheren Mittelalter, über die Gruppierung der theologischen Schulen, über die Klassifikationen der Wissenschaft im 13. Jahrhundert. Betreffs der Untersuchung der realistischen und antirealistischen Systeme des 11. und 12. Jahrhunderts haben neue Quellen meine Auffassungsweise des historischen Universalienstreites bekräftigt.

Die Geschichte der Philosophie des 13. Jahrhunderts wurde mehr herausgearbeitet und die Klassifikationen der Systeme wurden erweitert, um zahlreiche Darlegungen, die hier nicht einzeln angeführt werden können, aufzunehmen. Ganze Paragraphen wurden hinzugefügt, so z. B. über die Gruppe der Neuplatoniker sowie über die der Logiker und der spekulativen Grammatiker. Die Darstellung der Niedergangsperiode weist Verbesserungen und Zusätze auf; gleichwohl ist sich der Verfasser der Unzulänglichkeit der betreffenden Partie des Buches bewußt. Verbesserungen finden sich in den Erörterungen über Plotin, den hl. Augustinus, den hl. Anselmus, Abälard, Hugo von St. Viktor, Thomas von Aquino, Duns Scotus, Bacon u. a. Neues bringen die Abschnitte über Robert Grossetête, Siger von Courtrai, Petrus Hispanus, Witelo, Dietrich von Freiburg, Peter von Maricourt, Heinrich Bate, Albert von Sachsen, Leonardo da Vinci.

Betreffs des bibliographischen Teiles ist der Verfasser seinem ursprünglichen Plane treu geblieben, spezielle Bibliographien zu jedem einzelnen Kapitel oder Paragraphen nebst einer kurzen Charakteristik zu bringen. Die auf die nichtscholastische Philosophie von der Renaissance an bezügliche Bibliographie wurde absichtlich beschränkt. Ein Blick auf den bibliographischen Apparat wird dem Leser von der Menge und Größe der Arbeiten Kunde geben, welche dem philosophischen Mittelalter seit fünf Jahren zuteil geworden sind.

Herzlich danke ich meinem gelehrten Freunde A. Pelzer von der vatikanischen Bibliothek, der mir bei der bibliographischen Arbeit behilflich war und so freundlich war, die Korrekturen mit zu lesen.

Zu danken habe ich auch jenen, welche die früheren Auflagen mit Anerkennung bedachten. Vor allem aber habe ich getrachtet, aus ihren Kritiken Vorteil zu ziehen, und ich habe es mir zur Pflicht gemacht, das, was ich ihnen verdanke, anzuerkennen. Jedem, der mir Ungenauigkeiten, Auslassungen oder Irrtümer in der gegenwärtigen Auflage angeben wird, werde ich für seine Dienste zu Dank verpflichtet sein.

Louvain (Loewen), 25. Februar 1912.

Maurice De Wulf.

Vorwort zur deutschen Ausgabe.

Das Studium der mittelalterlichen Philosophie wird in immer größerem Umfange betrieben und gewinnt stetig an Gunst. Seit dem Erscheinen der vierten französischen -Auflage des vorliegenden Werkes (1912)[1]) sind zahlreiche Arbeiten publiziert worden, von denen mehrere auf wichtige Fragen Bezug haben, so z. B. die Untersuchungen von Ehrle und Mandonnet über die ersten Polemiken, welche der Thomismus zeitigte, die Arbeit von Dreiling über P. Aureoli, u. a. Der Verfasser hat diese Arbeiten in dieser deutschen Übertragung berücksichtigt, welche demnach neue Darlegungen sowie vervollständigte bibliographische Notizen enthält.

Zur Vermeidung von Mißverständnissen sei der Grundsatz, nach welchem die bibliographischen Notizen dieses Werkes redigiert wurden, hervorgehoben. Da dieses Buch die Philosophie des abendländischen Mittelalters zum eigentlichen Gegenstande hat, erstreckt sich die spezielle Bibliographie weder auf die griechische und die patristische Philosophie, deren Darlegung die Einleitung zur mittelalterlichen Philosophie bildet, noch auf die Philosophie der Renaissance, welche hier nur in ihren Beziehungen zum Mittelalter betrachtet wird, noch endlich auf die byzantinische und orientalische Philosophie.

Ich mache es mir zur Pflicht, Herrn Dr. Rudolf Eisler zu danken, der die Nüancen des französischen Textes vollkommen genau und in flüssigem, elegantem Stile wiedergegeben und seine große philosophische Orientiertheit in den Dienst dieser Übersetzung gestellt hat. Ich danke ferner Herrn Dr. Siebeck in Tübingen, der die Freundlichkeit hat, diese Übersetzung in seinem dazu so geeigneten Verlage dem deutschen Publikum darzubieten.

---

1) Histoire de la philosophie médiévale, 4me édit., Louvain, Institut de Philosophie, et Paris, Alcan. VIII und 618 S. — Eine italienische Übersetzung erschien im Jahre 1913: Storia della filosofia medioevale, übersetzt von A. Baldi (Firenze, Libreria editrice, 2 Bde). — Eine englische Ausgabe existiert seit dem Jahre 1909: History of mediaeval Philosophy, übersetzt von P. Coffey (London u. New-York, Longmans).

Louvain (Loewen), 15. August 1913.

Inhaltsverzeichnis.

	Seite
Historische Einleitung	1

1. Begründung und Gesichtspunkt dieser Voruntersuchung.

I. Die griechische Philosophie 2

2. Einteilung der griechischen Philosophie.

Erstes Kapitel. Die vorsokratische Philosophie 2

3. Grundzug und Einteilung. 4. Erste Gruppe der vorsokratischen Schulen. Die älteren Jonier. 5. Pythagoras. 6. Die Schule von Elea. 7. Zweite Gruppe der vorsokratischen Schulen. 8. Dynamismus und Mechanismus. 9. Der Dynamismus Heraklits. 10. Der Mechanismus der atomistischen oder Abderitischen Schule. Demokrit. 11. Die Sophisten.

Zweites Kapitel. Die griechische Philosophie von Sokrates bis Aristoteles 7

§ 1. Sokrates 7

12. Charakter der griechischen Philosophie dieser Zeit. 13. Das Leben des Sokrates. 14. Methode. 15. Philosophische Lehren.

§ 2. Platon 9

16. Leben und Werke. 17. Charakter der Platonischen Philosophie. 18. Begriff der Philosophie. Philosophische Propädeutik. 19. Einteilung der Philosophie.

I. Dialektik 12

20. Sein und Wesen der Ideen. 21. Mannigfaltigkeit und Hierarchie. Die Idee des Guten. 22. Gott und die Idee des Guten.

II. Physik 13

23. Prinzipien. Materie und Weltseele. 24. Struktur der Körperwelt. Mechanismus. 25. Psychologie.

III. Ethik und Aesthetik 17

26. Allgemeine Ethik. 27. Staatslehre. 28. Das Schöne und die Kunst. 29. Schlußergebnis.

§ 3. Aristoteles 19

30. Leben und Werke. 31. Charakterzüge seiner Philosophie. 32. Einteilung der Philosophie.

I. Logik 22

33. Begriff der Logik. 34. Begriff und Urteil. 35. Syllogistik. 36. Beweisführung. Wahrscheinlichkeits- und Trugschlüsse.

II. Theoretische Philosophie. Metaphysik und Theodizee 23

37. Begriff der Metaphysik. 38. Das Seiende und die Kategorien. 39. Akt und Potenz. 40. Stoff und Form. 41. Allgemeines und individualisiertes Wesen. 42. Ursachen des Seienden. 43. Die reine Wirklichkeit und der Beweis ihrer Existenz. 44. Das Wesen Gottes.

III. Theoretische Philosophie: Mathematik 29
    45. Gegenstand der Mathematik.

IV. Theoretische Philosophie: Physik 29
    46. Gegenstand der Physik. 47. Allgemeine Prinzipien der Körperbewegung. 48. Himmlische Substanzen und irdische Körper. 49. Endlichkeit, Einheit, Ewigkeit der Welt. 50. Psychologie. 51. Erste Problemgruppe: die Tätigkeiten der Seele. 52. Zweite Problemgruppe: die Natur der Seele.

V. Praktische Philosophie 36
    53. Ethik. 54. Politik.

VI. Poëtik 37
    55. Das Schöne und die Kunst.

Drittes Kapitel. Die griechische Philosophie vom Tode des Aristoteles bis zum Auftreten der Neuplatonischen Schule 38
    56. Grundzüge. 57. Einteilung. 58. Die philosophischen Schulen des 3. und 2. Jahrhdts. v. Chr. Die Stoa. 59. Die Physik der Stoa. 60. Anwendungen auf die Psychologie. 61. Die Ethik der Stoa. 62. Die Epikureische Schule. 63. Epikureische Physik. 64. Anwendung auf die Psychologie. 65. Die Ethik der Epikureer. 66. Die skeptischen Schulen. 67. Peripatetische Schule. 68. Der Eklektizismus. 69. Der Stoische Eklektizismus. Seneca. 70. Der akademische Eklektizismus. Cicero. 71. Der peripatetische Eklektizismus. Interpreten und Kommentatoren des Aristoteles. 72. Erneuerung des Skeptizismus.

Viertes Kapitel. Der Neuplatonismus und dessen Vorläufer 49
    73. Grundcharakter. 74. Einteilung. 75. Vorläufer des Neuplatonismus. 76. Griechisch-jüdische Philosophie. Philon. 77. Die Neuplatonische Philosophie. 78. Philosophische Phase des Neuplatonismus. Plotin. 79. Porphyr. 80. Religiöse Phase des Neuplatonismus. 81. Enzyklopaedische Phase des Neuplatonismus und Ende der griechischen Philosophie. 82. Die Schule von Byzanz. Themistius. 83. Die Athenische Schule. Proklus. Simplicius. 84. Die Alexandrinische Schule. Ammonius. 85. Die Philosophie des Abendlandes.

II. Die patristische Philosophie 62

§ 1. Allgemeines 62
    86. Grundcharakter. 87. Einteilung.

§ 2. Die patristische Philosophie während der ersten drei Jahrhunderte 63
    88. Der Gnostizismus. 89. Die christliche Schule von Alexandrien.

§ 3. Die patristische Philosophie vom 4. bis zum 7. Jahrhundert 65
    90. Die Patristik im 4. und 5. Jahrhundert. 91. Der heilige Augustinus. Leben und Werke. 92. Charakter der Augustinischen Philosophie. 93. Theodizee und Metaphysik. 94. Physik. 95. Psychologie. 96. Ethik. 97. Nemesius. 98. Die Autoren des 5. Jahrhunderts. Pseudo-Dionysius.

Die mittelalterliche Philosophie 75

Einleitung 75

§ 1. Grundbegriffe 75
    99. Scholastische Philosophie und scholastische Theologie. 100. Arten der Definition der scholastischen Philosophie. Falsche und unvollständige Begriffe derselben. 101. Verschiedene dieser Auffassungen sind durch die Renaissance verbreitet worden. 102. Bedeutung des Ausdrucks „scholastisch". 103. Nominaldefinition. Die Scholastik und die Schulen. 104. Definition der Scholastik nach ihrer didaktischen Methode. 105. Definition der Scholastik mittelst ihrer Identi-

fizierung mit der Philosophie des Mittelalters. Stand der Frage. 106. Die scholastische Philosophie bildet eine Gruppe unter den zahlreichen Systemen des Mittelalters. 107. Erwiderung auf einige Einwände. 108. Definition der Scholastik nach ihren Beziehungen zur scholastischen Theologie und zur Religion. 109. Allgemeine Beziehungen der Philosophie zur Religion und Theologie im Mittelalter. 110. Der religiöse Charakter der Scholastik genügt nicht zu ihrer Definition. 111. Der Primat der scholastischen Theologie gibt nur eine unzureichende Definition der scholastischen Philosophie an die Hand. 112. Definition der scholastischen Philosophie nach ihren Beziehungen zur antiken Philosophie. 113. Unzureichende Wesensdefinitionen. 114. Elemente eines vollständigen Lehrbegriffs. 115. Schluß. 116. Bibliographie.

§ 2. Einteilung der mittelalterlichen Philosophie 93
117. Zeitliche Abgrenzung des philosophischen Mittelalters. 118. Einteilung der Philosophie des Mittelalters. 119. Bibliographie.

§ 3. Ältere und neuere Gesamtquellen 95
120. Die älteren Quellen. 121. Neuere Literatur.

Erste Periode. Die mittelalterliche Philosophie bis zum Ende des 12. Jahrhunderts 101

I. Die abendländische Philosophie 101

Erstes Kapitel. Allgemeine Bemerkungen 101
122. Grundcharakter dieser Periode. 123. Organisation der philosophischen Schulen. 124. Die Karolingische Renaissance. Alcuin. 125. Hauptschulen. 126. Studienordnung. 127. Didaktische Methoden. 128. Philosophischer Bücherschatz. 129. Martianus Capella, Boëthius, Cassiodorus. 130. Einteilung der Periode. 131. Quellen und Bibliographie.

Zweites Kapitel. Die Philosophie des 9., 10. und 11. Jahrhunderts 123
132. Übersicht.

Erster Abschnitt. Die scholastische Philosophie 123

§ 1. Die Universalienfrage in ihrer historischen Entwicklung 123
133. Entstehung der Universalienfrage in der Philosophie. 134. Die Fragestellung im Beginne des Mittelalters. 135. Der extreme Realismus. 136. Zwei Gruppen des extremen Realismus. Mittelalterlicher und platonischer Realismus. 137. Wichtigere Realisten: Fredegisus. Remigius von Auxerre. 138. Gerbert. 139. Otto von Tournai. 140. Die Gegner des extremen Realismus. 141. Die ersten Gegner des extremen Realismus. 142. Die „sententia vocum" und die Partei der „Nominales". 143. Die Sophisten. 144. Ergebnis. 145. Bibliographie.

§ 2. Der hl. Anselm von Canterbury 134
146. Leben und Werk. 147. Philosophie und Theologie. 148. Metaphysik und Theodizee. 149. Kritik Roscelins und extremer Realismus. 150. Psychologie und Ethik. 151. Bibliographie.

Zweiter Abschnitt. Die nicht-scholastischen Philosophen 140
152. Johannes Scotus Eriugena als Vater der Antischolastik. 153. Leben und Schriften. 154. Metaphysik. 155. Psychologie. 156. Vernunft und Glaube. 157. Einfluß des Joh. Scotus Eriugena. 158. Der menschliche Monopsychismus. 159. Bibliographie.

Dritter Abschnitt. Die Philosophie und die theologischen Kontroversen 146
160. Historische Stellung. 161. Theologisch-philosophische Hauptkontroversen. 162. Die Gegner der Dialektik unter den Theologen. 163. Petrus Damiani,

Otloh von St. Emmeram, Manegold von Lautenbach. 164. Lanfranc und die Anfänge der dialektischen Methode. 165. Bibliographie.

Drittes Kapitel. Die Philosophie im 12. Jahrhundert . . 150
166. Übersicht.

Erster Abschnitt. Die Scholastik 151

§ 1. Der extreme Realismus (1. Hälfte des 12. Jahrhunderts) . 151
167. Einteilung. 168. Erste Gruppe: Die Thesen Wilhelms von Champeaux. 169. Zweite Gruppe: der Realismus von Chartres. Bernhard von Chartres. 170. Thierry von Chartres. 171. Wilhelm von Conches. 172. Bibliographie.

§ 2. Die Gegner des extremen Realismus 158
173. Die antirealistischen Formulierungen. 174. Adelard von Bath und die „respectus"-Theorie. 175. Walther von Mortagne und die „status"-Theorie. 176. Der Indifferentismus. 177. Die Theorie der „collectio". 178. Ergebnis. 179. Bibliographie.

§ 3. Abaelard und Gilbert de la Porrée 161
180. Pierre Abélard. 181. Philosophie Abaelards. 182. Gilbert de la Porrée. 183. Gilberts Philosophie. 184. Die Sophisten. 185. Aufkommen des gemäßigten Realismus. 186. Ergebnisse. 187. Quellen und Bibliographie.

§ 4. Hugo von St. Victor, Joh. von Salisbury, Alain von Lille 169
188. Allgemeine Charakteristik. 189. Hugo und Richard von St. Victor. 190. Die Klassifikationen der Wissenschaften. 191. Johannes von Salisbury. 192. Isaak von Stella und Alcher von Clairvaux. 193. Alain (Alanus) von Lille. 194. Bibliographie.

Zweiter Abschnitt. Die nicht-scholastischen Philosophen 178
195. Verschiedene Formen der Antischolastik. 196. Der Materialismus der Katharer und Albigenser. 197. Der Pantheismus. 198. Bibliographie.

Dritter Abschnitt. Die theologische Bewegung im 13. Jahrhundert . 182

§ 1. Die Richtungen der scholastischen Theologie 182
199. Fortschritte der scholastischen Theologie. 200. Die Argumentationstheologen. 201. Die rigoristischen Theologen. 202. Die utilitarischen Theologen. 203. Zusammenfassung. 204. Theologische Verurteilungen. Kirche und Philosophie. 205. Bibliographie.

§ 2. Der Mystizismus der Scholastiker 190
206. Mystik und Scholastik. 207. Praktische und spekulative Mystik. 208. Einteilung der Mystik. 209. Grundmerkmale der Mystik. 220. Doppelform der mittelalterlichen Mystik. 211. Quellen der mittelalterlichen Mystik. 212. Die ersten Mystiker. Der heil. Bernhard. 213. Die Mystik von St. Victor. 214. Bibliographie.

II. Die byzantinische Philosophie 195
215. Charakter derselben. 216. Hauptvertreter. 217. Beziehungen der byzantinischen zur abendländischen Philosophie. 218. Bibliographie.

III. Die morgenländische Philosophie 196
219. Die Philosophie bei den Armeniern, Persern und Syrern. 220. Ursprung der Philosophie bei den Arabern. 221. Charakter der arabischen Philosophie. 222. Orientalischer Kreis der eigentlichen Philosophen. Al-Farabi. Avicenna. 223. Orthodoxe und mystische Theologie. Gazali. 224. Abendländischer Zweig der philosophischen Schule. Averroës. 225. Die Philosophie bei den Juden. Saadja. 226. Avicebrol, Maimonides. 227. Bibliographie.

Zweite Periode. Die mittelalterliche Philosophie im 13. Jahrhundert 210

Erstes Kapitel. Allgemeine Charakteristik 210

228. Abendländische, arabische, jüdische und byzantinische Philosophie. 229. Gliederung der Periode. 230. Quellen und allgemeine Schriften über die abendländische Philosophie des 13. Jahrhunderts.

Zweites Kapitel. Die philosophische Renaissance im 13. Jahrhundert 212

§ 1. Das Bekanntwerden des Abendlandes mit neuen philosophischen Werken 212
231. Die neuen lateinischen Übersetzungen. 232. Allgemeiner Einfluß dieser Übersetzungen auf die Scholastik des 13. Jahrhunderts. 233. Verbot der Aristotelischen Schriften in Paris. 234. Bibliographie.

§ 2. Die Gründung der Universitäten 221
235. Gründung und Ausgestaltung der Pariser Universität. 236. Gründung der Universitäten Oxford und Cambridge. 237. Bibliographie.

§ 3. Die Bettelorden 226
238. Kämpfe zwischen Ordensgeistlichen und Weltlichen. 239. Einfluß der Bettelorden auf die scholastische Philosophie. 240. Die weltlichen Schulen. Die Sorbonne. 241. Bibliographie.

Drittes Kapitel. Die scholastische Philosophie 230

Erster Abschnitt. Einleitung 230
242. Allgemeine Charakteristik. 243. Einteilung. 244. Bibliographie.

Zweiter Abschnitt. Die scholastische Synthese 234

§ 1. Vorbemerkungen 235
245. Scholastische Philosophie und Kultur. 246. Systematischer Charakter des Wissens. 247. Philosophie und Theologie. 248. Philosophie und Einzelwissenschaften. 249. Darstellungsmethoden.

§ 2. Logik 238
250. Die Logik. 251. Spekulative Grammatik.

§ 3. Metaphysik und Theodizee 239
252. Kategorien und transzendentale Praedikate. 253. Akt und Potenz. 254. Substanz und Akzidenzen. 255. Stoff und Form. 256. Allgemeines und individuelles Wesen. 257. Essenz und Existenz. 258. Ursachen des Seienden. 259. Der Anschluß der Theodizee an die Metaphysik. 260. Beweise für das Dasein Gottes. 261. Das Wesen Gottes.

§ 4. Allgemeine Physik 245
262. Allgemeine Prinzipien. 263. Himmlische und irdische Substanzen. 264. Endlichkeit, Einheit, Ewigkeit der Welt.

§ 5. Psychologie 248
265. Die seelischen Funktionen. 266. Die Erkenntnis im allgemeinen. 267. Die sinnliche Erkenntnis. 268. Die intellektuelle Erkenntnis. 269. Sinnliches und vernünftiges Begehren. 270. Verhältnis zwischen Intellekt und Willen. 271. Die menschliche Natur.

§ 6. Moralphilosophie 252
272. Allgemeine Ethik. 273. Natürliches und übernatürliches Ziel. 274. Soziales Recht.

§ 7. Aesthetik 254
275. Aesthetische Probleme.

§ 8. Schlußergebnis 254
276. Doktrinaler Charakter der Scholastik. 277. Bibliographie.

Dritter Abschnitt. Die ältere Scholastik oder die vorthomistischen Systeme 257

§ 1. Die Vorläufer 257
   278. Ihre Namen. 279. Dominicus Gundissalinus. 280. Wilhelm von Auvergne. 281. Alfred von Sereshel, Wilhelm von Auxerre, Gerhard von Abbeville. 282. Bibliographie.

§ 2. Die ersten Franziskanerschulen. Alexander von Hales . 263
   283. Leben und Schriften. 284. Seine Stellung in der Scholastik. 285. Seine Philosophie. 286. Schüler Alexanders von Hales. Johann von la Rochelle. 287. Die Oxforder Franziskanerschule. Rob. Grosseteête. 288. Bibliographie.

§ 3. Bonaventura 269
   289. Leben und Schriften. 290. Persönlichkeit des Bonaventura. 291. Philosophische Lehren. 292. Der hl. Bonaventura als Mystiker. 293. Bibliographie.

§ 4. Die Schüler des hl. Bonaventura 276
   294. Die ersten Schüler. Matthaeus von Aquasparta und John Peckham. 295. Johann Peter von Olivi. 296. Spätere Schüler des hl. Bonaventura. Richard von Middleton. 297. Bibliographie.

§ 5. Die Dominikanerlehrer 281
   298. Die ersten Dominikaner in Paris. Peter von Tarantaise. 299. Die ersten Dominikaner in Oxford. R. Kilwardby. 300. Bibliographie.

Vierter Abschnitt. Der albertinisch-thomistische Peripatetismus . . 282

§ 1. Albert der Große 283
   301. Leben und Schriften. 302. Albert der Große als Philosoph. 303. Albert der Große als Wissenschaftler. 304. Albert der Große als Theologe. 305. Philosophische Lehren. 306. Schüler Alberts. 307. Bibliographie.

§ 2. Thomas von Aquino 290
   308. Leben und Werke. 309. Thomas von Aquino als Philosoph. 310. Thomas von Aquino als Theologe. 311. Philosophie und Theologie. 312. Metaphysik. Die Zusammensetzungen der kontingenten Wesen. 313. Stoff und Form. 314. Gemeinsame und individualisierte Wesenheit. 315. Wesenheit (Essenz) und Existenz. 316. Die Substanz und ihre wirkenden Kräfte. 317. Theodizee. 318. Prinzipien der Natur. 319. Irdische und Himmelskörper. 320. Psychologie. Die seelischen Tätigkeiten. 321. Empfindung und Denken. 322. Wille und Freiheit. 323. Intellektualismus. 324. Die menschliche Natur. 325. Ethik. 326. Zusammenfassung. 327. Bibliographie.

Fünfter Abschnitt. Der Konflikt zwischen dem Thomismus und der älteren Scholastik 309

§ 1. Die Gegner des Thomismus 309
   328. Die Gegner des Thomismus. Doppelte Form der Gegnerschaft. 329. Verdammungen des Thomismus.

§ 2. Die Anhänger des Thomismus 314
   330. Dominikaner. Aegidius (Gilles) von Lessines. 331. Andere Anhänger des Thomismus.

§ 3. Die Eklektiker 319
   332. Summarische Übersicht.

   I. Gottfried von Fontaines 319
      333. Leben und Werke. 334. Philosophische Bedeutung. 335. Philosophische Lehren.

   II. Aegidius von Rom 321
      336. Leben und Werke. 337. Philosophische Lehren. 338. Jakob von Viterbo.

   III. Heinrich von Gent 324
      339. Leben und Werke. 340. Philosophische Bedeutung. 341. Philosophische Lehren. 342. Bibliographie.

Sechster Abschnitt. Johannes Duns Scotus 328
   343. Leben und Werke. 344. Allgemeiner Charakter seiner Philosophie. 345. Das Verhältnis zwischen der Theologie und der Philosophie 346. Form und Materie. 347. Gemeinsames und Sonder-Wesen. 348. Theodizee. 349. Grundzüge der Physik. 350. Psychologie. 351. Zusammenfassung. 352. Bibliographie.

Siebenter Abschnitt. Logiker und Grammatiker 337
   353. Logiker. Petrus Hispanus. 354. Grammatiker. Siger von Courtrai. Duns Scotus. 355. Bibliographie.

Viertes Kapitel. Die nicht-scholastische Philosophie . . 339
   § 1. Der lateinische Averroismus 339
   356. Aufkommen des antischolastischen Averroismus. 357. Das Wesen des antischolastischen Averroismus. 358. Anhänger des Averroismus. 359. Siger von Brabant. Leben und Werke. 360. Die Lehren Sigers. 361. Boëthius von Dacien und Bernier von Nivelles. 362. Bekämpfung des Averroismus. 363. Bibliographie.

   § 2. Andere Formen der antischolastischen Philosophie . . 349
   364. Philosophische Sekten. 365. Bibliographie.

Fünftes Kapitel. Sekundäre philosophische Richtungen 349
   § 1. Die neuplatonische Richtung 349
   366. Charakter derselben. 367. Witelo und der Verfasser der Schrift „de intelligentiis". 368. Dietrich von Freiburg (Freiberg). 369. Philosophische Lehren. 370. Bibliographie.

   § 2. Empiristische Richtung. Roger Bacon 355
   371. Leben und Werke. 372. Persönlichkeit R. Bacons. 373. Philosophische Lehren. 374. Ergebnis. 375. Pierre von Maricourt. Henri Bate. 376. Roger Marston. 377. Der Ontologismus. 378. Bibliographie.

   § 3. Raymundus Lullus 365
   379. Leben und Werke. 380. Philosophische Lehren. 381. Ergebnis. Der Lullismus. 382. Bibliographie.

Dritte Periode. Die mittelalterliche Philosophie im 14. und in der ersten Hälfte des 15. Jahrhdts. . 368

Erstes Kapitel. Allgemeines 368
   383. Die byzantinische Philosophie. 384. Jüdische Philosophie. 385. Abendländische Philosophie. 386. Bibliographie.

Zweites Kapitel. Die scholastischen Philosophen . . . 369

Erster Abschnitt. Allgemeines 369
   387. Niedergang der scholastischen Philosophie. 388. Einteilung. 389. Bibliographie.

Zweiter Abschnitt. Die terministische Schule 373
   § 1. Allgemeines 373
   390. Charakter der Schule. 391. Gliederung.

   § 2. Wilhelm von Occam und die Vorläufer des Terminismus 374
   392. Durand von St. Pourçain und P. Aureoli. 393. Wilhelm von Occam. Leben und Werke. 394. Philosophie und Theologie. 395. Die Zusammensetzung der kontingenten Wesen. 396. Theodizee. 397. Psychologie. 398. Logik. 399. W. v. Occam, Roscelin und Abaelard. 400. Ergebnis. 401. Bibliographie.

   § 3. Die Partei der Okkamisten oder Terministen 381
   402. Die Macht der terministischen Schule. Prohibitivmaßnahmen. 403. Die

ersten Okkamisten. J. Buridan. 404. Marsilius von Inghen und Pierre d'Ailly. 405. Albert von Sachsen. 406. Andere Vertreter des Okkamismus. 407. Bibliographie.

Dritter Abschnitt. Die skotistische Schule 386
408. Charakter derselben. 409. Die wichtigsten Skotisten.

Vierter Abschnitt. Die thomistische Schule 387
410. Der Thomismus im 14. Jahrhundert. 411. Der Thomismus im 15. Jahrhundert. Antonin von Florenz. 412. Dionysius der Karthäuser. Gerson. 413. Bibliographie.

Fünfter Abschnitt. Die Aegidische Schule 390
414. Die Aegidische Schule.

Sechster Abschnitt. Die orthodoxe Mystik 390
415. Charakter der Mystik im 14. und 15. Jahrhundert. 416. Die wichtigsten Mystiker. 417. Bibliographie.

Drittes Kapitel. Die nicht-scholastischen Philosophen . 393
418. Formen der Antischolastik.

§ 1. Der lateinische Averroismus 393
419. Der Averroismus in Paris. 420. Johann von Jandun oder Johann von Gent. 421. Der Averroismus in Italien. 422. Bibliographie.

§ 2. Die heterodoxe Mystik 396
423. Charakter derselben.

§ 3. Andere Formen der antischolastischen Philosophie . . 396
424. Ursprung. 425. Thomas Bradwardine. 426. Nikolaus von Autrecourt. 427. Johann von Mirecourt. 428. Der Pantheismus Guidos. 429. Bibliographie.

Viertes Kapitel. Sekundäre philosophische Richtungen . 402

§ 1. Meister Eckehart und die deutsche Mystik 402
430. Leben und Schriften. 431. Philosophische Lehren. 432. Die deutsche Mystik.

§ 2. Raymund von Sabunde und die Theosophie 404
433. Leben und Schriften. 434. Philosophische Lehren.

§ 3. Nikolaus von Cusa (Cusanus) 404
435. Philosophische Bedeutung. 436. Leben und Schriften. 437. Philosophische Lehren. 438. Einfluß des Cusaners. 439. Bibliographie zum 4. Kap.

Vierte Periode. Die mittelalterliche Philosophie von der Mitte des 15. bis zum 17. Jahrhundert   409

Erstes Kapitel. Allgemeines 409
440. Renaissance und Reformation. 441. Gliederung.

Zweites Kapitel. Die nicht-scholastische Philosophie . 411

§ 1. Allgemeines 411
442. Charakter derselben. 443. Gliederung.

§ 2. Die humanistischen Philologen 412
444. Einfluß derselben. 445. Die wichtigsten antischolastischen Humanisten.

§ 3. Der Platonismus 414
446. Die platonische Renaissance in Italien. 447. Die Hauptvertreter des Platonismus. 448. Ergebnis.

§ 4. Der Aristotelismus 416
449. Formen des neuen Aristotelismus. 450. Die Averroisten. 451. Die Alexandristen. 452. Ergebnis.

Inhaltsverzeichnis. XV

	Seite
§ 5. Stoizismus und Atomismus	419

453. Der Stoizismus. 454. Der Atomismus.

§ 6. Der Naturalismus 419

455. Verschiedene Formen des Naturalismus. 456. Leonardo da Vinci. 457. Der empirische Naturalismus. Telesius. 458. Campanella. 459. Der Naturalismus und die Geheimwissenschaften. 460. Der pantheistische Naturalismus.

§ 7. Die Rechts- und Sozialphilosophie 423

461. Thomas Morus. 462. Hugo Grotius.

§ 8. Die protestantische Philosophie und Mystik 424

463. Allgemeines. 464. Zwingli. 465. Melanchthon. 466. Die protestantische Mystik. J. Böhme.

§ 9. Der Theismus oder die Religionsphilosophie 428

467. Ursache des Erfolges des Theismus. 468. Hauptvertreter.

§ 10. Der Skeptizismus 428

469. Charakter desselben.

Drittes Kapitel. Die scholastische Philosophie 429

§ 1. Allgemeines 429

470. Charakter derselben. 471. Gliederung.

§ 2. Die thomistische Schule 430

472. Die Interpreten. 473. Silvester von Ferrara und Cajetan. 474. Bibliographie.

§ 3. Die spanische Scholastik 433

475 Allgemeines. 476. Dominikaner. 477. Die Jesuiten in Spanien. Suarez. 478. Jesuiten in Italien. 479. Andere religiöse Kongregationen. 480. Ergebnis. 481. Bibliographie.

§ 4. Die okkamistische Schule 439

482. Hauptvertreter des Okkamismus. 483. Humanistische Versuche. 484. Bibliographie.

§ 5. Die skotistische Schule 441

485. Hauptvertreter des Skotismus. 486. Bibliographie.

§ 6. Andere scholastische Schulen 442

487. Andere scholastische Schulen. 488. Bibliographie.

§ 7. Aristoteliker, Kartesianer u. Wissenschaftler im 17. Jahrhundert 443

489. Scholastiker und Kartesianer. 490. Die wissenschaftlichen Entdeckungen und ihre Beziehungen zur scholastischen Philosophie. 491. Das Verhalten der Aristoteliker. 492. Das Verhalten der Forscher. Schluß. 493. Bibliographie.

Namenregister 449

Ergänzungen.

S. 208. A. Rohner, Das Schöpfungsproblem bei Moses Maimonides, Albertus Magnus und Thomas von Aquino. Beiträge zur Gesch. d. Philos. d. Mittelalters Bd. XI, 5, 1913. S. 1—45.

S. 269. Parthenius Minges, Additamentum ad articulum de relatione inter prooemium summae A. Halensis et prooemium summae Guidonis Abbatis. Archiv. francisc. histor. 1913. S. 433—438.

S. 109 (u. 125). In Ungarn die Schule von Czanad im XI. Jahrh. von Gerhard von Czanad gegründet (Deliberatio Gerardi Moresenae ecclesiae episcopi super hymnum trium puerorum). — Vgl. Endres, Studien zur Geschichte der Frühscholastik. Gerhard von Czanad. Philos. Jahrb. 1913. S. 349—359.

S. 327. A. Pelzer, Godefroid de Fontaines et ses manuscrits. Revue néo-scolastique de philosophie 1913.

Erklärung der wichtigsten Abkürzungen.

Beitr. Gesch. Philos. Mitt. = Beiträge zur Geschichte der Philosophie des Mittelalters, herausgegeben von Baeumker.

Not. et extr. qq. man. lat. = Notices et extraits de quelques manuscrits latins de la Bibliothèque nationale.

R. des sc. phil. et th. = Revue des sciences philosophiques et théologiques.

Philos. Jahrb. = Philosophisches Jahrbuch.

Chart. = Chartularium Universitatis Parisiensis.

R. néo-scol. Phil. = Revue néo-scolastique de philosophie.

Historische Einleitung.

1. Begründung und Gesichtspunkt dieser Voruntersuchung. — Die Philosophie einer historischen Periode ist in verschiedenem Maße mit der Vergangenheit und der Zukunft verwandt, denn jede geistige Bewegung birgt in sich etwas von der ihr vorangegangenen und bereitet die ihr folgende Bewegung vor.

Dieses Stetigkeitsgesetz der philosophischen Denkarbeit bewährt sich im Mittelalter. Die mittelalterlichen Denker berufen sich auf das Altertum und das patristische Zeitalter mit einem Wohlgefallen, das man ihnen zuweilen zum Vorwurf macht. Ebenso enthalten ihre Lehren neben eigentümlichen und charakteristischen auch entlehnte und traditionelle Elemente. Jeder nun, der die historischen Kenntnisse würdigen will, welche das Mittelalter betreffs der vorangehenden Philosophie besitzt, und besonders jeder, der mit einiger Genauigkeit die Originalität der mittelalterlichen Systeme feststellen will, muß sein Augenmerk jenen griechischen und patristischen Lehrgebäuden zuwenden, deren Einfluß auf das mittelalterliche Denken zu konstatieren ist.

Die Erwägungen, welche den Gegenstand dieser Einleitung rechtfertigen, bestimmen zugleich den Gesichtspunkt, aus dem er zu betrachten ist. Man wird hier nicht eine vollständige Darstellung der griechischen und patristischen Philosophie, ein Gemälde aller Schulen gemäß ihrer vollen Bedeutung finden, sondern nur eine summarische Darlegung einiger Systeme, namentlich jener, welche die mittelalterliche Philosophie beeinflußt haben, und welche die Darstellung dieser Philosophie häufig heranziehen wird müssen.

Um also den historischen Zusammenhang zu wahren, werden wir in kurzen Übersichten diejenigen Partien der griechischen und patristischen Philosophien, welche für die Philosophie des Mittelalters von geringerem Interesse sind, zusammenfassen.

I. Die griechische Philosophie.

2. Einteilung der griechischen Philosophie. — Die griechische Philosophie, welche je sechs Jahrhunderte vor und nach Christi erfüllt, stellt in der Geschichte des menschlichen Denkens einen geschlossenen Kreis dar. Ihre Anfänge fallen mit einem Kulturbeginn zusammen, ihr Verfall begleitet einen Niedergang der Kultur. Sie ist ein charakteristisches Beispiel für die rhythmische und stetige Entwicklung einer Geistesbewegung innerhalb eines und desselben Volkes.

Die griechische Philosophie läßt sich, gemäß der Aufeinanderfolge ihrer Grundtendenzen, in vier Perioden gliedern:

Erste Periode: von Thales aus Milet bis zu Sokrates (7.—5. Jahrhundert v. Chr.).

Zweite Periode: Sokrates, Platon und Aristoteles (5.—4. Jahrh.).

Dritte Periode: vom Tode des Aristoteles bis zum Auftreten der neuplatonischen Schule (Ende des 4. Jahrhunderts v. Chr. — 3. Jahrh. n. Chr.).

Vierte Periode: die neuplatonische Schule (seit dem 3. Jahrh. n. Chr. oder, indem man die Vorläufer des Neuplatonismus hinzurechnet, vom Ende des ersten Jahrhunderts v. Chr. bis zum Ende der griechischen Philosophie im 6. Jahrh. n. Chr.).

Die Unterscheidungsmerkmale dieser Perioden werden in den folgenden Kapiteln ersichtlich werden.

Erstes Kapitel.
Die vorsokratische Philosophie.

(Von Thales aus Milet im 7. Jahrh. bis Sokrates im 5. Jahrh. v. Chr.).

3. Grundzug und Einteilung. — Die ersten griechischen Philosophen beschränken sich auf die Erforschung der Außenwelt, des „Nicht-Ich", und vernachlässigen die psychologische Seite der von ihnen in Angriff genommenen Probleme. Περὶ φύσεως ist der Titel einer ganzen Menge ihrer Werke; daher der Name „Physiologen", den sie zuweilen führen. Ihre ausschließliche Tendenz liegt in der Erklärung der inneren Beschaffenheit und der Veränderungen des Universums durch ein oder mehrere einfache Prinzipien.

Vor Sokrates besitzt die Philosophie noch kein einheitliches Zentrum. Je nach den Gegenden, in denen sie gepflegt wird, unterscheidet man gewöhnlich vier Schulen, die sich im übrigen durch ihre Lehren unterscheiden: 1. Die jonische Schule, deren erste Vertreter aus Milet stammen und die in eine dynamistische und mechanistische Gruppe zerfällt; 2. die italische oder pythagoreische Schule; 3. die Eleatische Schule; 4. die Schule von Abdera oder die Atomistik.

Bei tieferem Eindringen in den Geist dieser verschiedenen Richtungen läßt sich eine zweckmäßigere Einteilung durchführen[1]. Einer Philosophie, die ihre Aufmerksamkeit auf die äußere Natur konzentriert, drängen sich zwei Grundfragen auf: das Problem der **Veränderungen** oder der Aufeinanderfolge der Dinge, und die Feststellung des **Beständigen** im Wechsel. Von diesen zwei Problemen war es das zweite, das die Wißbegierde der ersten griechischen Philosophen erregte. Sie alle vertiefen sich in die Erforschung des innersten und wahren Wesens der Dinge und sie untersuchen die Veränderung nur zu dem Zwecke, um das feste Element, das sie voraussetzt, zu erfassen. Später kehrte sich die Reihenfolge dieser Doppeluntersuchung um und man befaßte sich vor allem mit der wahrnehmbaren Aufeinanderfolge der Dinge. Heraklit (5. Jahrh.) war es, der die Richtung des kosmologischen Forschens veränderte.

Mit Berücksichtigung dieser Doppeltendenz kann man die oben genannten Schulen, ohne deren chronologische Reihenfolge aufzuheben, in zwei Gruppen scheiden.

Die erste Gruppe umfaßt die älteren Jonier bis Heraklit, die pythagoreische Schule, die Eleatische Schule; zu der zweiten Gruppe gehören die mechanistische Richtung der Jonischen Schule und die Atomistik[2].

4. Erste Gruppe der vorsokratischen Schulen. Die älteren Jonier. — Das Unternehmen der Philosophie der ersten Schulen ist darauf gerichtet, in der Natur ein Urprinzip zu finden, aus dem sich das Veränderliche und Mannigfaltige herleitet. Im Verlaufe seiner Forschungsarbeit findet der Geist das Wesen der Dinge zuerst in einem Prinzip konkreter Art, sodann in einem gemischten, konkret-abstrakten und endlich in einem rein abstrakten Prinzip.

Durch diese drei Gesichtspunkte werden die drei Schulen, aus denen die erste Gruppe der vorsokratischen Schulen besteht: 1. die ältere jonische, 2. die pythagoreische, 3. die Eleatische Schule, charakterisiert.

Nach **Thales von Milet** (um 624—548 v. Chr.) ist das Wasser, nach **Anaximander von Milet** (um 611—547/6) der unbegrenzte Stoff (ἄπειρον), nach **Anaximenes von Milet** (um 588—524) die Luft, nach **Diogenes von Apollonia** die mit Vernunft begabte Luft das Weltprinzip, dessen Flüssigkeit und Beweglichkeit geeignet ist, das Werden aller Dinge zu erklären.

5. Pythagoras. — Die Lehre des **Pythagoras von Samos** (um 580 570 bis Ende des 6. Jahrh.?) bezeichnet einen seltsamen Übergang von der Anschauung der Jonier zu der der Eleaten. Sie ist zugleich eine Erklärung der **Ordnung** und der **Realität** der Welt. Die Regelmäßigkeit, die sich in den harmonischen Bewegungen der Sphären bekundet, findet sich in

---

[1] Zeller, Die Philosophie der Griechen I, S. 147ff.
[2] Vgl. Aristoteles, Metaphysik I, 3—5.

den Erscheinungen der irdischen Welt und des sittlichen Lebens wieder, derart, daß die mannigfaltigen Beziehungen, welche zwischen den Dingen und ihren Tätigkeiten bestehen, einen zahlenmäßigen Ausdruck gestatten. Aber noch mehr: die Zahl ist nicht bloß ein Ordnungs-, sondern auch ein Wirklichkeitsprinzip. Alles ist auf Zahlen zurückzuführen. Die Zahl ist die Substanz der Dinge selbst — mag man nun die Zahl im strengen Sinne des Wortes auffassen oder sie mit der sinnlichen Anschauung einer geometrisch bestimmten Form identifizieren.

Die Dinge gehen aus der Zahl hervor. Auf welche Weise? Da die Kombination der Einheiten, aus welchen sich jede Zahl zusammensetzt, gerade oder ungerade Reihen zu bilden vermag, so meint Pythagoras, jede Zahl sei eine Mischung des Geraden mit dem Ungeraden oder des Bestimmten mit dem Unbestimmten. Der Gegensatz zwischen dem Geraden und Ungeraden erklärt das Vorhandensein entgegengesetzter Eigenschaften in einem und demselben Dinge (z. B. Ruhe und Bewegung, rechts und links, männlich und weiblich, gut und böse, usw.). Wenn nun diese Konflikte die Einheit des Dinges und die Harmonie der Welt nicht zerstören, so hat dies darin seinen Grund, daß das Gerade und Ungerade durch ein drittes Zahlenprinzip vereinigt wird: die Harmonie. Jedes Ding ist eine bestimmte Harmonie, d. h. eine feste Verbindung des Geraden und Ungeraden. Die Kombination der Zahlen ergibt, nach einer willkürlichen Bestimmung, die verschiedenen Weltelemente.

Was die psychologischen und ethischen Lehren des Pythagoras betreffs der Seele, des künftigen Lebens, der Vereinigung der Seele mit dem Körper anbelangt, so gehören sie mehr den Mysterien und religiösen Überzeugungen des Pythagoreismus an. Aristoteles hat vortrefflich dargetan, daß der Pythagoreismus als wissenschaftliches System auf eine Kosmologie hinausläuft. Pythagoras machte bis zum 4. Jahrhundert Schule. Zu seinen Anhängern gehören nicht blos Philosophen und Gelehrte, sondern auch Moralisten und Mysten.

6. **Die Schule von Elea.** — Denken wir uns das abstrakte, allgemeine Sein mit den logischen Merkmalen der Einheit, Einigkeit und Unveränderlichkeit, versetzen wir sodann den Inhalt dieses Begriffs aus der logischen in die ontologische Sphäre, so haben wir das kosmologische System der Eleatischen Schule vor uns. Wenn aber alles auf das eine, unveränderliche, ewige Wesen zurückgeführt wird, wie erklären sich dann die vielfachen, wechselnden, flüchtigen Naturphaenomene? Darauf antworten die Eleaten: diese Phaenomene haben kein wahres Sein, es sind bloße Illusionen der Sinne; wir müssen aber einzig oder allein der Vernunft folgen.

Diese entschiedene Auffassung tritt erst bei Parmenides (geboren um 544 540) auf. Sein Vorgänger Xenophanes (um 576 2—480) hatte sich damit begnügt, die Einheit des Seins, das er mit der Gottheit identifizierte, zu behaupten, aber er leugnete nicht die Verbindung eines einzigen substantiellen Kerns mit einer Vielheit vergänglicher Dinge. Indem Parmenides diese Negation formulierte, gab er der Eleatischen Lehre eine charakteristische Richtung. Alles ist, nichts wird oder vergeht. Das Sein hat weder Vergangenheit noch Zukunft, denn Vergangenheit und Zukunft sind ein

Nicht-Seiendes, und das Nicht-Seiende ist mit dem Sein unvereinbar. Alles ist erfüllt; das Leere existiert nicht, denn es würde in das Sein eine Teilung bringen. Das Sein ist unteilbar, denn ein Ding kann nicht von sich selbst abgetrennt werden; es ist unveränderlich, denn das Sein ist sich stets selbst gleich. Zenon von Elea, der Lieblingsschüler des Parmenides, ist der Polemiker der Schule. Er verteidigt die Lehre, indem er die Widersprüche jener aufzeigt, die sich auf das Zeugnis des gesunden Menschenverstandes verlassen. Seine Argumente gegen die Vielheit und besonders gegen die Möglichkeit der Bewegung sind noch jetzt berühmt.

7. **Zweite Gruppe der vorsokratischen Schulen.** — Von den beiden Problemen, welche das Studium der Natur zeitigt, ist es das Problem der Veränderung der Dinge, das die Vertreter dieser zweiten Gruppe in erster Linie reizt. Wir finden hier: 1. den jonischen Dynamismus, oder die Lehren, welche die neuere jonische Schule seit Heraklit verficht; 2. die mechanistischen Theorien des Empedokles, der atomistischen Schule, des Anaxagoras.

Der Dynamismus tritt in Gegensatz zum Mechanismus. Wohl fallen beide Systeme schon in die Zeit der ersten Versuche der griechischen Philosophie, da aber beide Hypothesen sich auf den Prozeß des Werdens beziehen, so betrifft die Darlegung ihrer Prinzipien namentlich die zweite Phase der vorsokratischen Philosophie.

8. **Dynamismus und Mechanismus.** — Der physische Dynamismus im weitesten Sinne des Wortes schließt folgende zwei Sätze ein: 1. Die Vorgänge in der Natur vollziehen sich unter dem Einflusse eines oder mehrerer innerer Tätigkeitsprinzipien. — 2. Sind diese Prinzipien in der Vielzahl vorhanden, so differenzieren sie sich qualitativ in den verschiedenen Dingen und Vorgängen.

Zwei Grundsätze des Mechanismus lassen sich aufstellen: 1. In den verschiedenen Naturobjekten gibt es eine stoffliche Masse und eine Bewegung. Die Teile der Masse sind qualitativ gleichartig und aus ihrer quantitativen und formalen Differenzierung erklärt sich die Verschiedenheit der Dinge und Vorgänge. Diese Differenzierung entspringt einer mechanischen Bewegung. — 2. Die Bewegung, welche die Massenteilchen beseelt, ist mitgeteilt, d. h. sie hat ihre Quelle nicht in einer Eigenkraft der Masse, welche an sich träge ist.

9. **Der Dynamismus Heraklits.** — Heraklit (um 535—465), aus einer vornehmen Familie in Ephesus, begründet eine Epoche der vorsokratischen Philosophie. Sein System ist eine eigene Form des Phaenomenalismus, Dynamismus und Monismus.

Ein Zeitgenosse der Eleaten, reagiert er auf ihre Spekulationen und stellt sie auf den Kopf: anstatt das Wesen der Dinge in eine unveränderliche Wirklichkeit zu setzen, identifiziert er es mit dem Veränderlichen als solchen. Für Parmenides ist nichts veränderlich, für Heraklit alles. Die Welt gleicht einem Flusse, der niemals derselbe bleibt, weil immer neue Fluten an Stelle jener treten, welche verfließen. Dieser Phaenomenalismus ist kosmologischer, nicht psychologischer Art, da die Erscheinung objektiv ist. Der beständige Fluß hat sein Symbol in dem vorzugsweise beweglichen Element, dem Feuer, welches nicht als Substanz, sondern als ein rein Veränderliches gilt; denn es gibt nichts außer seinem Ablauf, πάντα ῥεῖν εἶναι. Jeder Naturprozeß ist Feuer in einem bestimmten Stadium dieses Werdens; was wir für beständig halten, ist nur „ein Schnittpunkt, in dem sich verschiedene Strömungen teilen."

Zur Erklärung dieser unaufhörlichen Tätigkeit des Feuers bedient sich Heraklit der beiden Grundsätze des Dynamismus, die er seinem Phaenomenalismus anpaßt. Ein inneres Tätigkeitsprinzip beseelt den stetigen Ablauf der feurigen Erscheinungen; das Werdende ist das **Prinzip** seines Werdens. Da alle Veränderung der Übergang eines bestimmten Zustandes in den entgegengesetzten ist, wird die Erscheinung in jedem ihrer Stadien unter dem Einflusse gegensätzlicher Umstände, deren Resultierende sie ist, verschieden.

Endlich ist der phaenomenalistische Dynamismus Heraklits ein entschiedener **Monismus**: das Feuer ist eine Einheit, ist Gott; es hat Vernunft und beherrscht die Gesetze seiner Entwicklung.

10. Der Mechanismus der atomistischen oder Abderitischen Schule. Demokrit. *1.* Der Mechanismus, den **Empedokles** von Agrigent (um 495—435) sich zu eigen macht, ohne ihn von gewissen Zaghaftigkeiten frei zu halten, nimmt in der Schule von Abdera einen klaren und offenen Ausdruck an. **Leukippos** ist der Begründer dieser Richtung, aber **Demokrit** (um 460—370) der namhafteste Vertreter der Atomistik. Er selbst teilt mit, daß er als junger Mann den betagten Anaxagoras kannte. Ein wissenschaftlicher Forscher und ein Philosoph zugleich, reiste Demokrit zu seiner Ausbildung nach Ägypten und vielleicht auch nach Babylon; in Abdera, seiner Vaterstadt, kannte er zweifellos Leukipp und hörte ihn auch.

Die Hauptsätze des Demokritischen Mechanismus lauten: 1. Die materielle Masse besteht aus einer unzähligen Menge qualitativ **gleichartiger** Körperchen, die sich durch ihre Gestalt und Größe unterscheiden. Es sind dies die **Atome** (ἄτομα). Das Atom ist an sich träge, ewig, unteilbar, fest und voll; es birgt in sich kein Leeres, denn das Leere ist das Prinzip der Teilbarkeit (Parmenides). Nicht bloß das Auftreten und Verschwinden eines Körpers ist aus der Ansammlung oder Trennung der Atome zu erklären, sondern auch die Veränderungen lassen sich auf mehr oder weniger dauerhafte Atomgruppierungen zurückführen.

2. Demokrit bedient sich nicht zur Erklärung der Bewegung der Fiktionen von Haß und Liebe, welche die Atome beseelen, sondern der Annahme des Leeren und der Wirkung der Schwere. Die Existenz des Leeren oder Nicht-Seienden ist eine Bedingung der Bewegung; wäre, wie Parmenides annahm, alles vom Stoffe erfüllt, so wären die Atome aneinander gedrängt und keine Veränderung möglich. Sind hingegen die Atome durch einen Zwischenraum getrennt, so können sie sich ungehindert bewegen.

Die Schwere zieht die Atome von oben nach unten und bestimmt ihre Bahn. Da sie von ungleicher Größe sind, stoßen die umfangreicheren, die zugleich die schwereren sind, die kleineren und bewegen sie nach aufwärts; der Gegenstoß beider Bewegungen erzeugt einen ständigen Wirbel sowie die Bildung der Atomkomplexe oder der Welten. Da die Bewegung ewig, der leere Raum unbegrenzt, die Menge der Atome unendlich ist, so gibt es unzählige Welten.

Diese allgemeinen Prinzipien wendet Demokrit auf die von uns bewohnte Welt, insbesondere auf den Menschen an.

Seine Psychologie beruht nicht auf psychologischen Methoden, sie ist nur ein Kapitel seiner Mechanik des Physischen. Die Seele des Menschen ist, wie dessen Körper, eine Verbindung von Atomen, die jedoch feiner und leichter sind. Empfindung und Denken beruhen auf Atomschwingungen; sie werden in uns durch stoffliche Ausflüsse der Dinge ausgelöst, welche durch die Luft in unsere Organe eindringen. Es ist dies die berühmte Theorie der Atombilderchen (είδωλα); sie birgt den Keim des Skeptizismus in sich, denn das Medium entstellt die stofflichen Emanationen und so kennen wir die Dinge nicht, wie sie wahrhaft sind.

Die Philosophie Demokrits ist ein entschiedener mechanistischer Materialismus.[1])

11. Die Sophisten. — Die Physiker hatten ihre Aufmerksamkeit auf die Außenwelt konzentriert, ohne das erkennende Subjekt, seine Natur und die Funktion seiner Erkenntniskräfte zu berücksichtigen. Eine Gruppe von Kritikern nahm die Systeme Heraklits und Parmenides' vor, um zu zeigen, daß sie zum Zusammenbruch aller Wissenschaft führen. Sie wurden Sophisten genannt. Ihr Skeptizismus ist, da er bloß durch die Philosophie Heraklits oder des Parmenides angeregt wurde, nicht absoluter Art, er bereitete vielmehr einen vollendeteren Dogmatismus vor und überzeugte Sokrates von der Notwendigkeit, die kosmologischen mit den psychologischen Untersuchungen zu konfrontieren.[2])

Zweites Kapitel.
Die griechische Philosophie von Sokrates bis Aristoteles.
(5. und 4. Jahrh. v. Chr.)

§ 1. Sokrates.

12. Charakter der griechischen Philosophie dieser Zeit. — Der griechische Geist erlangte im 5. und 4. Jahrhundert seine Reife und seinen Höhe-

---

1) Anaxagoras (500—428), der den Mechanismus erneuerte, fand das Bewegungsprinzip in einem vernünftigen, über die Materie erhabenen, selbständigen Wesen; er faßte die Materie als eine Mischung der Elemente aller möglichen Stoffe auf. Diese Elemente nannte Aristoteles Homoeomerien (ὁμοιομερῆ). Der Gott des Anaxagoras spielt keine andere Rolle als die eines Weltbewegers, er ist ein deus ex machina.

2) Die wichtigsten Sophisten sind Protagoras (geboren in Abdera, um 480) und Gorgias (um 480—375). Nach Heraklit ist alles in Veränderung begriffen. Protagoras fügt hinzu: diese Veränderung selbst ist von unserem subjektiven Zustande abhängig. Die Außenwelt ist ein Gebilde unseres Geistes, und da nichts hindert, daß zwei Menschen die Welt auf entgegengesetzte Weise erzeugen, so ist die Wahrheit relativ und die Wissenschaft unmöglich. Gorgias, ein Zeitgenosse des Protagoras, kam wie dieser nach Athen, wo ihn seine Rednerbegabung berühmt machte. Von der eleatischen Lehre ausgehend, behauptete er die Nichtigkeit des Wissens. Die Leugnung einer absoluten, allgemeingültigen Wahrheit mußte die Leugnung einer einheitlichen Sittlichkeit im Gefolge haben. Gorgias und Protagoras waren demnach nur konsequent, wenn sie lehrten, recht und unrecht seien von der Willkür eines jeden abhängig.

punkt. Bis dahin hatten sich die Philosophen bloß mit der Außenwelt, dem „Nicht-Ich", beschäftigt. Nunmehr wenden sie ihre Aufmerksamkeit in erster Linie dem Menschen, dessen Tun, Natur und Bestimmung zu. Die Außenwelt wird zwar nicht vernachlässigt, aber man erforscht sie in ihrer Abhängigkeit von den Erkenntniskräften.

Die Philosophie bleibt dogmatisch, da ihre Vertreter die Zuverlässigkeit unserer Fähigkeiten und die Möglichkeit sicheren Wissens nicht in Zweifel ziehen.

Wie in jedem philosophischen Zyklus weist diese Blütezeit mehr Individualitäten als Schulen auf: Sokrates, Platon, Aristoteles gehören zu den größten Denkern der Menschheit.

13. Das Leben des Sokrates. — Die Gestalt des Sokrates wird von einer seltenen sittlichen Größe umstrahlt. Er hat keine Schriften hinterlassen, aber seine Persönlichkeit und Lehre ist uns durch seine Schüler, Platon und Xenophon bekannt, welche ihn enthusiastisch verehrten. Geboren im Jahre 470/69, ist Sokrates ein Zeitgenosse des athenischen Glanzes, der unter Perikles sich entfaltet. Von seinem Leben wissen wir so viel wie nichts. Gleichgültig gegenüber den äußerlichen Kundgebungen, welche die Athener so liebten, trat Sokrates als von oben inspirierter („Dämon" des Sokrates) Moralist auf, als Bekehrer, der dazu berufen ist, die Lehren der Tugend zu verkünden. In der Athenischen Gesellschaft des 5. Jahrhunderts, deren Laster zu geißeln Sokrates nicht müde wurde, war der Glaube an die Götter erschüttert; der Kultus wurde als offizielle, bedeutungslose Zeremonie betrachtet. Die zu freien Äußerungen des Sokrates erregten Unzufriedenheit; im Jahre 399 wurde er zum Schierlingstode verurteilt.

14. Methode. — Sokrates lehrte in **dialogischer** Form. Auf der Straße, auf öffentlichen Plätzen, unterwegs wandte er sich an die ihm Begegnenden und fragte sie um ihre Meinung über philosophische Probleme. Fiel die Antwort unrichtig aus, so verspottete er in feiner Weise seine Mitunterredner, er zeigte, zu welchen unannehmbaren Folgen sie gelangten, und gab so schrittweise der Unterredung eine Wendung zu Gunsten seiner eigenen Anschauungen. Es ist dies der Vorgang der **sokratischen Ironie**, welche mit der Methode seiner Philosophie sich verbindet.

Die **Methode** des Sokrates beruht völlig auf der sogenannten sokratischen Induktion. Der Angelpunkt aller Philosophie und alles Wissens besteht darin, sich von allen Dingen einen allgemeinen Begriff zu machen. Zu diesem Behufe beobachtet Sokrates die konkreten Vorfälle des gemeinen Lebens und gewinnt durch zahlreiche Vergleiche den unter den Sonderfällen verborgenen **allgemeinen Begriff**. Zugleich verficht er gegenüber den von ihm unaufhörlich bekämpften Sophisten die Objektivität unseres Erkennens. Diese **Induktion** ist nichts als eine Zurückführung des Besondern auf das Allgemeine, ein Mittel zur begrifflichen Bestimmung und Definition eines Gegenstandes; sie hat nicht den demonstrierenden Charakter, den sie bei Aristoteles erhält. Sokrates selbst bezeichnet sie als die Kunst, die Geister von einem allgemeinen Begriff zu entbinden ($\mu\alpha\iota\varepsilon\nu\tau\iota\kappa\dot{\eta}$ $\tau\dot{\varepsilon}\chi\nu\eta$).

15. Philosophische Lehren. — Sokrates ist in erster Linie **Moralist**. In seinen Augen haben die früheren Philosophen einen Mißgriff getan, indem sie die Erscheinungen des sittlichen Lebens vernachlässigten. Das Grundprinzip der Ethik ist die Zurückführung der Tugend auf das Wissen: **das Wissen oder allgemeine Begriffe besitzen, heißt sittlich handeln.** Das Wissen ist nicht bloß, wie für Platon und Aristoteles, die **Vorbedingung** alles sittlichen Verhaltens; der Besitz der allgemeinen und wahren Begriffe (im Gegensatze zu den gewöhnlichen und falschen) konstituiert die Sittlichkeit unseres Verhaltens selbst.

Dies bedeutet nach Plat,[1]) die Vernunft soll den Menschen beherrschen und die volle Entfaltung des νοῦς genügt zur Sicherung der Willensreinheit. „Erkenne dich selbst", lautet die Grundmaxime der Ethik, weil jedes Nachdenken in einem Wachstum der Selbsterkenntnis sich bekundet und die Erkenntnis der Urfaktor der Sittlichkeit ist. Nach anderen[2]) ist es der **Gegenstand** des Wissens selbst, das erkannte **Gute**, was mit der Tugend identifiziert wird. Tugendhaft, gerecht ist derjenige, welcher **weiß**, was gut und gerecht ist. Was ist aber das **Gute**? Es ist die allgemeine Idee als Ziel unseres Handelns aufgefaßt, und die sittliche Praxis ist das erkenntnisgemäße Verhalten. So kommt Sokrates auf seine erste Formel der Identität von Wissenschaft und Tugend zurück, ohne sie aber zu erklären oder zu rechtfertigen. An verschiedenen Stellen, namentlich bei Xenophon, gibt er einen zweiten Begriff des Guten, der mit dem ersten unvereinbar ist: er führt das Gute, wie das Schöne, auf das Nützliche zurück, indem er auf diese Weise der gewöhnlichen Auffassung der Tugend eine Konzession macht; an diesen Begriff knüpft er dann den Beweis der Unsterblichkeit der Seele.

Mit der **Außenwelt** beschäftigt sich Sokrates nur nebenbei. Durch ihre vollkommene Ordnung bezeugt sie das Dasein einer höchsten Intelligenz, die dem All das Wohl des Menschen zum Endziel gesetzt hat. Sokrates befaßt sich nicht mit dem Wesen der Gottheit, sondern er sucht in ihr Antriebe zur Erhebung des Menschen auf eine höhere Sittlichkeitsstufe.

Sokrates hinterließ einen nachhaltigen Eindruck. Sein Denken zeitigte zunächst eine Gruppe kleiner Sokratischer Schulen, die nur einen Teil seiner ethischen Lehren bewahrte. Sein Haupteinfluß aber entspringt aus seiner Dialektik der Definition und seiner eigenartigen Auffassung des Wissens. Von hier gehen die philosophischen Synthesen Platons und des Aristoteles aus.

§ 2. Platon.

16. Leben und Werke. — Platon wurde 427 v. Chr. in Athen geboren, als Sproß einer aristokratischen Familie. Die Begegnung mit Sokrates entschied über seine philosophische Laufbahn. Nach dem Tode seines Meisters ging Platon zuerst nach Megara, worauf er Reisen nach Ägypten und Kyrene unternahm. Nach einem achtjährigen Aufenthalte in Athen ging er (388) nach Italien, wo er mit Pythagoreern Umgang pflog; dann ging er nach Sizilien, an den Hof Dionysius' des Älteren. Da die zu strenge Sprache der Philosophen dem Herrscher mißfiel, lieferte er ihn einem Spartaner aus, der

---

1) Plat, Socrate (Paris, 1901), S. 97ff.
2) Zeller, a. a. O. II, 149.

ihn als Sklaven verkaufte. Durch einen Kyrenaiker befreit, kehrte Platon nach Athen zurück und begründete hier, im Gymnasium der Akademie, eine Schule. Seine Lehrtätigkeit unterbrach er durch einen erneuten Aufenthalt am Sizilischen Hofe, nach dem Tode Dionysius' des Älteren. Platon hoffte, Dionysius den Jüngeren erziehen zu können, erlebte aber eine Enttäuschung und kehrte nach Athen zurück, wo er seine Lehrtätigkeit bis zu seinem im Jahre 347 v. Chr. erfolgten Tode wieder aufnahm.

Das Altertum hat uns unter dem Namen Platons fünfunddreißig Dialoge, dreizehn Briefe und eine Reihe vornehmlich ethischer Definitionen hinterlassen. Die Echtheit mehrerer dieser Schriften wird bestritten. Die wichtigsten, deren Echtheit zugleich durch die Erklärungen des Aristoteles gesichert sind, heißen: der Staat, Timaeus, die Gesetze, Phaedon, Phaedrus, das Gastmahl, Gorgias, Menon, Hippias, Theaetet, Philebus, Sophistes, Politicus, Apologie.

Vgl. Piat, Platon (Paris, 1906).

17. Charakter der Platonischen Philosophie. — Platon setzt Sokrates fort und vollendet dessen Leistung. Der allgemeine Begriff als Furcht der Sokratischen Induktion und Grundlage der Definition ist die Seele seiner Philosophie. Er unternimmt eine neue und originelle philosophische Systembildung, in der er alle Grundprobleme einer Gesamtphilosophie in Angriff nimmt wobei er die Systeme seiner Vorgänger verwertet.

Die Vermengung von Wissenschaft und Sittlichkeit hört auf. Indem Platon den Begriff des Wissens tiefer faßt, entdeckt er dessen Eigenart. Doch ist er noch zu sehr von der Lehre des Sokrates erfüllt, um nicht in der Tugend die notwendige Ergänzung der Wissenschaft zu suchen. Erst Aristoteles begründet die Unabhängigkeit beider und ihre wahren Beziehungen zueinander.

Zu den äußerlichen Verfahrungsweisen der Platonischen Philosophie gehört der Gebrauch des Dialogs und des Mythus. In den Platonischen Dialogen verkörpert und formuliert jede Person eine Theorie und alle Unterredungen konvergieren zu der Meinung des Hauptunterredners, Sokrates, der die Anschauungen Platons selbst verkündigt. Das dialogische Verfahren bringt in der Philosophie Unzukömmlichkeiten mit sich, deren sich, wie es scheint, Platon bewußt geworden ist. Während der Dialog in seinen ersten Schriften vorherrscht, erscheint er in den letzten nur noch, um den Einleitungen eine gefälligere Form und leichtere Tonart zu geben. Er fehlt auch ganz, so in den „Gesetzen". Wo es Platon an begrifflichen Daten mangelt, da greift er allzugern zum Mythus. Es fällt oft schwer, in seinen Schriften die Grenze zwischen Denken und Phantasie genau abzustecken.

18. Begriff der Philosophie. Philosophische Propädeutik. — Die Philosophie ist die eigentliche Wissenschaft ($\dot{\epsilon}\pi\iota\sigma\tau\acute{\eta}\mu\eta$). Zu ihren Gipfeln gelangt man nur durch eine Reihe von Weihen, die ebenso viele aufeinander folgende Etappen bedeuten.

1. Der gemeine Menschenverstand sucht das Wissen in den Vorstellungen der Sinnendinge und die Tugend in einem Verhalten, welches diesen konkreten Vorstellungen gemäß ist.

2. Die Reflexion aber lehrt bald, daß die auf der Sinneswahrnehmung beruhende Meinung nicht zur Wahrheit zu führen vermag. Sich auf die Empfindungen verlassen, bedeutet (wie es im „Theaetet" heißt), mit Protagoras behaupten, der Mensch sei das Maß des Wahren und Falschen und demnach auch des Rechten und Unrechten. Die Sophistik, die von diesen Voraussetzungen ausgeht, ist in ihren Ergebnissen konsequent.

3. Will man zur wahren Wissenschaft oder zur Philosophie gelangen, so muß man das falsche Prinzip, welches das gemeine Leben beseelt, über Bord werfen und die Wirklichkeit jenseits und außerhalb der Sinnenwelt suchen, nämlich in der Idee. Denn die Meinung ist nur der Schatten des Wissens, so wie die sinnlich wahrnehmbare Welt nur der Schatten der Idealwelt ist (Republ. VII). Ein unwiderstehlicher Schwung unserer Natur ($\check{\varepsilon}\varrho\omega\varsigma$) treibt uns an, uns über das Vergängliche hinaus zur einzigen Wirklichkeit zu erheben. Der Weg der Dialektik ($\delta\iota\alpha\lambda\varepsilon\varkappa\tau\iota\varkappa\acute{\eta}$ $\mu\acute{\varepsilon}\vartheta o\delta o\varsigma$) führt uns vermittelst des Prozesses der Bildung und Analyse der Allgemeinbegriffe zur Schau der Idee. Platon hat auch die Grundzüge einer dieser Wissensskala entsprechenden fortschreitenden Erziehung verzeichnet. Sie beginnt damit, die jungen Leute mit der Sinnenwelt in Berührung zu bringen, indem sie in Musik und Gymnastik ausgebildet werden. Durch das Studium der Wissenschaften und der Mathematik lernen sie später, sich von der Sinnenwelt loszulösen, um endlich die einzige Wirklichkeit zu betrachten. Die Philosophie schließt die Erziehung ab; Sokrates nennt sie denn auch (im „Euthydemos") die „königliche Kunst".

Die wahre **Sittlichkeit** gründet sich auf die Wissenschaft der Idee. Das Gute ist die Idee als Zielpunkt der unwiderstehlichen Tendenz unseres Wesens; die **Tugend** ist die Liebe zu dieser verworrenen Schauung des Absoluten, das wir einst unmittelbar betrachteten, sowie die unersättliche Begier, dieses sterbliche Leben mit der Unsterblichkeit zu vertauschen. So umfaßt die Philosophie bei Platon wie bei Sokrates das ganze Leben; sie vereinigt, ohne sie miteinander zu vermengen, Theorie und Praxis zu einem innigen Bunde.

19. Einteilung der Philosophie. — Da Platon keine genaue Gliederung der philosophischen Zweige durchgeführt hat, so ist es schwer, Schriften zu gruppieren, in denen die verschiedensten Fragen behandelt werden. Aristoteles unterscheidet in der Philosophie seines Meisters Dialektik, Ethik und Physik. Diese Art der Klassifikation findet sich bei Platon nicht, entspricht aber seinem Denken. Wir werden ihm folgen, wobei wir noch einige ästhetische Ideen hinzufügen.[1])

Die Idee ist der Angelpunkt der Platonischen Philosophie: die Dialektik untersucht sie an sich selbst; die Physik, Ethik und Ästhetik betrachten ihre

---

1) Streng genommen, besitzt Platon kein System der **formalen Logik**, eine Wissenschaft, welche wir erst Aristoteles verdanken. Doch finden sich bei Platon logische Erörterungen. Er hat bekanntlich die dialektische Methode mit ihrem Doppelverfahren, Induktion und Deduktion ($\sigma\nu\nu\alpha\gamma\omega\gamma\acute{\eta}$, $\delta\iota\alpha\acute{\iota}\varrho\varepsilon\sigma\iota\varsigma$) behandelt. Vermittelst dieser Methode lernt der Mensch, sich von den Außendingen abzulösen, um sich zur Schau der Ideen zu erheben. Platon hält sich mit Vorliebe an die Deduktion. Seine Induktion ist die entwickelte Sokratische Induktion, sie mündet in die Definition.

Anwendungen auf die Natur, auf die menschlichen Handlungen und auf die Kunstwerke.¹)

I. Dialektik.

20. Sein und Wesen der Ideen. — Die Dialektik — der Ausdruck stammt von Platon — ist die Wissenschaft von der objektiven Wirklichkeit, welche Idee (εἶδος, ἰδέα) heißt. „Dialektik" hat hier also eine metaphysische Bedeutung.

Zur Begründung der Existenz und Natur der Ideen geht Platon von einer Bewußtseinstatsache und von einem Postulat aus, die er beide von Sokrates hergenommen hat. Die Bewußtseinstatsache ist das Vorhandensein begrifflicher Vorstellungen in uns, deren Gegenstand allgemein, notwendig und unveränderlich ist. Das Postulat ist die Wahrhaftigkeit dieser Erkenntnisse, d. h. jene These einer dogmatischen Philosophie, daß alle oder gewisse Vorstellungen eine extramentale, außergeistige Wirklichkeit haben.

Welches ist nun diese Wirklichkeit, die den Gegenstand unserer Begriffe bildet? Die Sinnenwelt kann sie nicht enthalten, denn in ihr ist alles eine zufällige, besondere, vielfältige, vorübergehende Erscheinung (Einfluß Heraklits), während das wahre Sein, wie wir es denken, die Merkmale der Notwendigkeit, Allgemeinheit, Einheit und Unwandelbarkeit besitzen muß (Einfluß des Parmenides und des Pythagoras).

Daraus folgert Platon, daß das Reale außer- und oberhalb der Sinnenwelt existiert. Die Idee ist absolut beständig und existiert an sich selbst (ὄντως ὄν, αὐτὰ καθ᾽ αὑτά); ihre Trennung (χωριστά) gestattet nicht, sie als ein subjektives Gebilde des menschlichen Geistes oder als ein Produkt des göttlichen Intellekts anzusehen. Diese letztere Annahme, welche die Neuplatoniker aufstellten und die im Mittelalter von allen jenen begeistert aufgenommen wurde, die in der platonischen Dialektik einen Exemplarismus als Vorläufer des Augustinischen erblicken wollten, steht im Gegensatze zu den ausdrücklichen Erklärungen des Hauptes der Akademie, wie dies schon Aristoteles bemerkt hat.

Der extreme Begriffsrealismus, der das reale Sein mit den Merkmalen des gedachten Seins bekleidet und demgemäß die reale Welt nach den Eigenschaften unserer Gedanken gestaltet, bildet das Leitmotiv der Metaphysik der Ideen.

21. Mannigfaltigkeit und Hierarchie. Die Idee des Guten. — Diesem strengen Realismus gemäß läßt Platon jedem unserer Begriffe eine Idee korrespondieren. Nicht bloß die natürlichen Arten, sondern auch die künstlichen Gebilde, nicht bloß die Substanzen, sondern auch die Eigenschaften, Beziehungen, grammatikalischen Formen, Negationen und selbst das Nichts haben in der übersinnlichen Welt ihre entsprechenden Ideen.²)

---

1) Mit Rücksicht auf die Grundtendenzen der Hauptschriften Platons lassen sich „Timaeus" und „Phaedon" auf die Physik, der „Staat", die „Gesetze", „Politicus", „Philebus", „Gorgias" auf die Ethik, „Theaetet", „Sophistes", „Parmenides" auf die Dialektik beziehen.

2) Nach Aristoteles hat Platon später die Ideen der Negationen, Beziehungen und Kunstgebilde gestrichen.

Da die reale Welt nach der logischen geformt ist, so sind die Ideen gleich unseren Begriffen hierarchisch geordnet. Auf der Spitze der Stufenleiter der Wesen thront die Idee des Guten. Mit offensichtlicher Vorliebe verweilt Platon bei dieser Idee, der urbildlichen Wesenheit, der „Sonne in der Welt der Ideen."[1]) Sie spielt eine hervorragende Rolle, denn sie ist zugleich **formale** und **Zweck-Ursache** des Alls. Nach dem Guten streben die phaenomenalen Sinnendinge sowie die übrigen Ideen. Diese anderseits, selbst die Idee des Wahren, Gerechten, Schönen, verdanken der Idee des Guten ihre Begreiflichkeit und Wirklichkeit, da sie nur durch das Gute ihr Sein haben. Die logische Konsequenz des Platonischen Realismus scheint zum Monismus führen zu müssen.

22. Gott und die Idee des Guten. — An Platons Metaphysik knüpft sich unmittelbar seine Theodizee. Denn da es nichts gibt, was die Idee des Guten, die oberste Wesenheit, überragt, so müssen ihre Beziehungen zu Gott bestimmt werden — zu dem persönlichen Gott, dem vernünftigen Weltbildner (Demiurgen) und Weltordner, den Platon im „Timaeus" schildert, indem er seine Gedanken in die Pracht seiner dichterischen Inspiration kleidet. Hier stehen wir vor einem der dunkelsten Probleme des Platonismus.

Man darf weder die Idee des Guten Gott unterordnen (Trendelenburg), noch Gott der Idee des Guten (Orges), da man sonst die Suprematie der einen oder anderen Wesenheit aufhebt. Die Identifikation der Idee des Guten mit der Gottheit (Zeller) bedeutet die Identität der unpersönlichsten Abstraktion mit der höchsten Verkörperung der Persönlichkeit und die Ausstattung eines und desselben Wesens mit entgegengesetzten Attributen. Vorzuziehen ist daher die Aufrechterhaltung der Koëxistenz der Idee des Guten mit der Gottheit (Hermann), der Doppelherrschaft zweier unabhängiger Souveräne, die beide den Gesetzen des Werdens entzogen sind.[2]) Noch annehmbarer wird dieser Dualismus, wenn man die Rolle, die das Gute und Gott im Verhältnis zueinander spielen, genauer bestimmen will. Während die Idee des Guten die **formale** und **Zweck-Ursache** der Dinge ist, erscheint Gott vornehmlich als Ordner der Sinnenwelt; er ist die **Ursache** (d. h. die untergeordnete Werkursache) **der Anwendung der Idee auf die Erscheinung**. Beide sind in ihren Bereichen souverän und so können sie, unter verschiedenen Rechtstiteln, als Prinzipien der Dinge bezeichnet werden. Es ist dies nicht das einzige Beispiel von Dualismus, das uns der Platonismus darbietet.

II. Physik.

23. Prinzipien. Materie und Weltseele. — Unter dem Namen „Physik" lassen sich alle Untersuchungen zusammenfassen, die sich auf die Manifestationen der Idee in der Sinnenwelt beziehen. Bevor wir die Struktur der Körperwelt und des Menschen betrachten, müssen wir die allgemeinen Beziehungen, welche die phänomenale mit der idealen Welt verknüpfen, feststellen.

---

1) Vgl. besonders das 6. Buch des „Staates".
2) Vgl. die Erörterungen bei Zeller, a. a. O. II 1. S. 707 ff.

Die Sinnendinge, die den Gegenstand der Meinung bilden, sind eine particlle und unvollständige Manifestation der Ideen, denen Platon mit eifrigstem Bemühen das Monopol der Realität wahrt. Was nötigt denn die Idee zu ihrem Herabstieg von ihrem erhabenen Platze in der absoluten Welt, um in zufälligen Entwürfen und Formen zu erscheinen? Kann sie sich in den veränderlichen und vergänglichen Dingen zerstreuen, ohne sogleich ihre Einheit und Unveränderlichkeit einzubüßen? Platon befaßt sich mit keiner dieser Schwierigkeiten. Sein ganzes Bemühen erstreckt sich auf die Erklärung einer von ihm vorausgesetzen Tatsache: des Wiederscheines der Idee im Sinnlichen. Und hier beruft er sich auf die Materie und die Weltseele.

Die **Materie** erklärt alle Unvollkommenheiten der Natur, welche Platon als solche nicht der Idee zuschieben konnte. Wie die Idee Wirklichkeit ist, so ist die Materie Nicht-Sein ($\mu\dot{\eta}$ $\ddot{o}\nu$).[1]) Sie ist keine praeformierte Masse — wie man dies aus dem poetischen Schilderungen des „Timaeus" entnehmen könnte — sondern das Unbestimmte ($\check{\alpha}\pi\varepsilon\iota\varrho o\nu$), das „Formlose und Unsichtbare", die Bedingung des sinnlichen Werdens der Idee. Dieser Behälter, in dessen Schoße die sinnlichen Erscheinungen hervorgehen, ist der leere **Raum** oder **Ort**. Während für Aristoteles die Materie dasjenige ist, **woraus** die Sinnendinge erzeugt sind, ist sie für Platon dasjenige, **worin** sie auftreten. In diesem Sinne sind die Dinge der Sinneswahrnehmung, die den Gegenstand der Meinung bilden, ein Gemisch ($\mu\iota\varkappa\tau\dot{o}\nu$) von Sein und Nicht-Sein, eine Projektion der Idee in den Raum. — Aber der Raum ist bloß die **Bedingung** des Erscheinens der Idee. Welches ist die **Art und Weise** ihrer sinnenfälligen Darstellung? Sie erfolgt vermittelst der Weltseele.

Die **Weltseele** ist das Band zwischen Idee und Materie. Der Demiurg hat sie durch eine Mischung beider gebildet (in zwei kreisförmig gebogene, die Welt umschließende Teile gespalten). Teilbar und unkörperlich zugleich, nach geometrischen Verhältnissen harmonisch gestaltet[2]), erklärt sie die Schönheit der Sinnenwelt und die unbegrenzte Erhaltung ihrer Zielstrebigkeit. Augenscheinlich durch die Natur des Menschen angeregt, macht Platon aus der Welt ein großes Lebewesen ($\zeta\tilde{\omega}o\nu$), welches aus einem sichtbaren Leib und einer unsichtbaren Seele besteht. Die Seele verleiht der ungeheuren Maschine die Bewegung, nämlich die kreisförmige,[3]) welche dem gesamten Altertum als die vollkommenste gilt. Endlich ist die Weltseele erkenntnisbegabt, und die sphaerische Bewegung, vermittelst deren sie sich in sich selbst zurückbiegt und zu ihrem Ausgangspunkt gelangt, ist zugleich das Symbol und der sinnliche Ausdruck des bewußten Lebens.

So originell und poetisch diese Anschauung auch ist, so betont sie doch nur die Grundbehauptung der Physik, ohne sie zu erklären. Sie zeigt nicht den Weg, auf dem sich die Idee in die Erscheinung ergießt; Idee und Erscheinung stehen in einem unlösbaren Dualismus nebeneinander.

24. Struktur der Körperwelt. Mechanismus. — *1. Die körperlichen Substanzen sind Konfigurationen einfacher Körper.* Im Einklange mit der

---

1) Betreffs der Deutung der Platonischen Materie sind die Historiker nicht einig.

2) Die Mathematik steht in der Mitte zwischen der gewöhnlichen und der philosophischen Erkenntnis (18).

3) Hier knüpft Platon sein astronomisches System an.

antiken Wissenschaft lehrt Platon die Existenz von vier Körperelementen, Wasser, Luft, Feuer und Erde, die er auf regelmäßige geometrische Figuren zurückführt: das regelmäßige Tetraëder ist die Grundform des Feuers, das Oktaëder die der Luft, das Ikosaëder die des Wassers, der Kubus die der Erde. Die Flächen, welche die Seiten dieser vier regelmäßigen Körper bilden, entstehen aus Dreiecken, welche die vollkommensten Verhältnisse darstellen: das ungleichschenklig-rechteckige Dreieck für das Feuer, die Luft, das Wasser, das gleichschenklig-rechtwinklige Dreieck für die Erde.[1]) So sucht Platon den Grund der Weltschönheit im tiefsten Innern der Dinge.

Erinnert man sich des oben dargelegten Begriffes der Materie, so versteht man, daß diese Flächen Ausschnitte des Raumes sind, die nicht eine Menge materiellen Stoffes begrenzen. Nach Beseitigung dieser geometrischen Formen erhalten wir als Rest nicht ein formloses Substrat, sondern das μὴ ὄν: die Naturelemente sind keine ursprünglichen Körper, sondern ursprüngliche Flächen.

Die körperlichen Dinge sind Verbindungen einfacher Körper. Die Phaenomene der stofflichen Umwandlung, des Wachstums und der Abnahme entspringen einem bloßen Wechsel in der Anordnung der primären Formen. Da das Wasser, die Luft, das Feuer durch dasselbe gleichschenklige Dreieck erzeugt werden, bedarf es nur einer neuen Konfiguration der polyedrischen Flächen, damit das Wasser, die Luft, das Feuer sich einander umwandeln.[2]) Die Erde hingegen, welche zur Grundfläche das auf das ungleichseitige nicht zurückführbare gleichschenklige Dreieck hat, kann sich wohl mit anderen Elementen vermischen, nicht aber sich in sie verwandeln, und umgekehrt. Ebenso beruhen Wachstum und Abnahme auf einer Verbindung oder Trennung der Flächen.[3])

Was verursacht diese Prozesse der Umwandlung, des Wachstums und der Abnahme? Die Bewegung.

2. *Die Bewegung wird den Körperelementen von außen mitgeteilt, sie entspringt der Weltseele.* Denn die Weltseele schließt die Sinnenwelt ein (23) und übt auf die Körper in ihrem Innern einen mechanischen Druck aus. Da die Körper infolge der Konfiguration der Korpuskeln und ihrer mehr oder minder großen Aneinanderlagerung verschiedene Größe haben, da ferner die polyëdrische Form der Körper ihnen vorspringende Ecken verleiht, so dringen die Ecken eines Körpers in die Oberfläche des andern ein, und zwar infolge der das All belebenden Bewegung: die Polyeder spalten sich und fügen sich in immer neuen Komplexen zusammen.

Bei Platon finden sich so die beiden Grundlehren des Mechanismus (8).[4])

---

1) Das gleichseitige Dreieck ist die Grundfläche des regelmäßigen Tetraëder, Oktaëder und Ikosaëder. Es läßt sich in sechs ungleichschenklig-rechtwinklige Dreiecke (d. h. Dreiecke, deren Hypotenuse das Doppelte der kleineren Kathete beträgt) zerlegen. Das Quadrat hingegen, die Grundfläche des Kubus, zerfällt in gleichschenklig-rechtwinklige Dreiecke.

2) So z. B. kann sich die Wassereinheit (Ikosaëder mit zwanzig Ebenen) in zwei Lufteinheiten (Oktaëder) plus einer Feuereinheit (Tetraëder) verwandeln $(8+8+4=20)$.

3) Zeller, a. a. O. II, 1, S. 789 ff.

4) Doch bedarf es einer Einschränkung: die elementaren Körper derselben Art wandern infolge einer inneren Tendenz (Schwere) nach einem besondern und verschiedenen Ort.

Die geometrische Theorie des Körperelementes begründet die Originalität, zugleich aber auch die Schwäche dieses Mechanismus. Denn der wirkliche Körper ist etwas anderes als eine Ansammlung leerer Formen und der Platonismus begründet nicht den Übergang einer **reinen Abgrenzung des Raumes** zu einem **umschriebenen Inhalt**.

25. Psychologie. — In keinem anderen Gebiete des Platonischen Systems ist die Vermengung von Mythus und Philosophie so innig wie in der Anthropologie oder Psychologie.

Man kann sagen, die ganze Platonische Anthropologie bewegt sich um eine Theorie der geistigen Erkenntnis. Bewußtsein und Wille treten hier in den Hintergrund. Ferner wird die Platonische Ideologie von der Dialektik der Ideen beherrscht.

Da die Ideen der Sinnenwelt nicht immanent sind, so kann die Betrachtung der Erscheinungen nicht die Erkenntnis der unwandelbaren Wirklichkeit zeitigen. Und doch sind wir im Besitze dieser Erkenntnis. Woher haben wir sie? Die Antwort lautet: Die Seele, welche im Zustande der körperlosen Praeexistenz die Ideen unmittelbar geschaut hat, verlor auf Erden die Erinnerung daran bis zu dem Augenblick, da die Sinneswahrnehmungen diese Erinnerung erwecken und das schlummernde Leben des Geistes verwirklichen. Unser Wissen ist demnach nur eine **Wiedererinnerung** (ἀνάμνησις); die Sinneswahrnehmung ist der **Anlaß** zum Denken, ohne wirklich die Gedanken zu **bewirken**. Hier liegt der Keim zum **Okkasionalismus**.

Wenn die Erkenntnis schlummert und es einer Empfindung bedarf, um die Seele aus ihrer Betäubung aufzurütteln, so hat dies darin seinen Grund, daß der Leib eine Fessel ist, welche die ungehinderte Schau der Idee nicht zuläßt. Auf Erden befindet sich die Seele in einem gewaltsamen, unnatürlichen Zustand. Sie gleicht dem Meeresgotte Glaukos, der durch die an ihm haftenden Weichtiere und Schlangen unkenntlich geworden ist (Republ. X). Der Mensch gleicht dem Lenker eines Doppelgespannes (Phaedrus), einer aus verschiedenen Wesen zusammengesetzten Chimäre (Republ. IV). So strebt denn die Seele nach ihrer Befreiung von dem auf ihr lastenden Körper.

Ist auch die Vereinigung von Seele und Leib eine künstliche und äußerliche, so sieht sich doch Platon genötigt, ihre Wechselwirkung und namentlich die Rückwirkung des organischen auf das intellektuelle und sittliche Leben anzuerkennen. Zur Erklärung dieser Antinomie gliedert er die Seele in zwei oder drei Teile: den vernünftigen und unsterblichen Seelenteil oder die Denkkraft (νοῦς) und den ungeistigen und vergänglichen Teil. Dieser letztere umfaßt einen edlen Bestandteil, das Wollen (θυμός) oder die Regungen, welche das Gefühl des persönlichen Wertes bekunden, und

---

1) Das Universum ist sphärisch (Gegensatz zur Winkligkeit des Polyeder) und geozentrisch; es umfaßt rings um unsere Erde sieben konzentrische Sphären. Die Gestirne sind lebendige, vernünftige Wesen und um so vollkommener, als sie der Weltseele näher stehen; bei jedem derselben wird die Umdrehung um eine Achse zum Phänomen der psychischen Reflexion in Beziehung gebracht. So steigt Platon bis zum Menschen und zu den Tieren hinunter. Nunmehr wird das All zu einer Vereinigung lebendiger Wesen, die alle eine Eigenseele besitzen, was nicht hindert, daß die Vereinigung als solche ein vollkommenes ζῷον ist.

einen niedrigen Bestandteil oder den Inbegriff der sinnlichen Regungen. Die Vernunftseele hat ihren Sitz im Gehirn, der edle Teil der sterblichen Seele sitzt in der Brust, der niedrige im Unterleib. Die Platonischen Dialoge befassen sich vornehmlich mit der Vernunftseele; mit Argumenten, die fast alle der Metaphysik entlehnt sind, beweisen sie ihre Unsterblichkeit.

Kurz, es gibt in uns drei Seelen, und wenn auch eine von ihnen die Herrschaft ausüben kann, so sprengt doch ihr Zusammensein in demselben Wesen die Einheit des Bewußtseins und der Persönlichkeit. Wie die Dialektik und allgemeine Naturphilosophie endigt auch die Anthropologie Platons in Dualismus.

III. Ethik und Aesthetik.

26. Allgemeine Ethik. — Platon spricht nicht von „Ethik", sondern von „Politik". Aber er befaßt sich nicht bloß mit sozialer, sondern auch mit individueller und Familien-Moral sowie mit den Prinzipien der allgemeinen Ethik. Diese ist, wie die Psychologie, von der Dialektik abhängig.

Das Ziel des Menschen liegt in der Betrachtung der reinen Ideen seitens der Seele, in einem Zustande der Trennung vom Leibe. Der Weise ersehnt die Erlösung und befreit sich von den Fesseln des Leibes durch die Pflege der Wissenschaft (Theaetet, Phaedon). Stellenweise (im Philebus) erhält das in der Regel so verachtete sinnliche Leben einen sittlichen Wert; die Erkenntnis der Welt des Zufälligen, in der sich die Idee reflektiert, und die abgemessene Lust werden zu Bestandteilen der Glückseligkeit.

Diesen beiden Begriffen des **höchsten Gutes**, die sich schwer miteinander vereinbaren lassen, entspricht ein zweifacher Begriff der **Tugend**. Die Tugend ist eine Disposition der zweckgemäß tätigen Seele. Streng genommen ist nur die Seele tugendhaft, die sich von der Betrachtung der Idee nährt (erster Ziel-Begriff). In diesem Sinne ist die Tugend die notwendige Fortsetzung der Wissenschaft (Sokrates) und trägt ihren Lohn in sich. Später erweiterte Platon seine Lehre und nahm eine Mehrheit von Tugenden an, welche den verschiedenen Tätigkeiten, deren harmonisches Ganzes die Glückseligkeit begründet, entsprechen (zweiter Ziel-Begriff.) Stets aber nahm die Wissenschaft die höchste Stelle in der Hierarchie der Tugenden ein.

27. Staatslehre. — Platon läßt uns über die individuelle und Familien-Moral im Dunkeln, arbeitet dafür aber ein vollkommenes politisches System aus.

Obwohl diese Lehre der von den griechischen Staaten gehandhabten Politik entgegen ist, gibt Platon dem Individuum den Vorrang vor der Gesamtheit; im Individuum ist es die sittliche Bildung, die ihn vornehmlich beschäftigt. Die Unfähigkeit des isolierten Individuums, für seine materiellen Bedürfnisse zu sorgen (Republ. II) und besonders seine sittliche Bestimmung zu erreichen, ist die Urtatsache, die zugleich den **Ursprung**, die **Bestimmung** und die **Organisation** des Staates erklärt. Die Menschen haben sich nur deshalb vergesellschaftet, um den stillen und ruhigen Verkehr der Seele mit den ewigen Wirklichkeiten zu erleichtern und zu sichern. Der Staat muß eine Schule der Zucht und Bildung sein, wo die wahre

Tugend, d. h. die Wissenschaft der Ideen, gelehrt wird. Die politische und soziale Organisation muß von diesem Geiste erfüllt sein. Zu ihrer Sicherung betraut Platon mit der **Regierung** die Philosophen, d. h. eine aus der feinsten Aristokratie, der des Geistes, gebildete Oligarchie. Nicht durch den Willen des Volkes, sondern durch dessen Interesse haben sich die Philosophen leiten zu lassen. Sie haben die Gewalt, eine Staatsumwälzung auszuführen, als Despoten zu herrschen, unbekümmert um das Gesetz, das Herkommen, die Freiheit, ja das Leben der Bürger; aber es ist unmöglich, daß der **wahre Philosoph**, der allein mit dieser absoluten Gewalt bekleidet ist, im Widerspruche zu seiner Weisheit handelt. Da aber der soziale Staat nebenbei auch für die materielle Existenz und die Volksverteidigung zu sorgen hat, so muß es neben der Klasse der Philosophen eine Klasse der Ackerbauer und eine Kriegerklasse geben.

Die aesthetischen Neigungen Platons bekunden sich auch in seinen sozialpolitischen Darlegungen; sie treten in der Korrelation zutage, welche zwischen dieser Klassifikation und der Dreiteilung der Seele und des Kosmos besteht. Der Staat ist ein vergrößertes Bild des Menschen und ein verkleinertes des Universums. Kraft ihres souveränen Rechtes können die Philosophen zur Unterdrückung der Ursachen der Uneinigkeit im Staate die soziale Erziehung, das Staatseigentum an den Kindern, die Aufhebung aller Familienbeziehungen, die Gleichstellung der Geschlechter, die Weiber- und Gütergemeinschaft anordnen. Der Platonische Staat ist ein fiktiver, nach ausschließlich dialektischen Prinzipien konstruierter Staat.[1]

28. Das Schöne und die Kunst. — Platon ist der erste, der eine Theorie des Schönen aufgestellt hat. Seine Aesthetik ist fragmentarisch wie die griechische Aesthetik als Ganzes. Denn sie läßt die subjektiven Probleme, welche der eindrucksvolle und seelenvolle Anblick des Schönen zeitigt, unerledigt und befaßt sich mit Vorliebe mit den metaphysischen Fragen, die sich auf die objektiven Elemente der Schönheit beziehen. Diese objektiven Elemente bestehen in der Ordnung und deren konstituierenden Faktoren: Proportion, Symmetrie, Harmonie.[2] Für Platon sind die Zahlen- und geometrischen Verhältnisse das Wesen der Schönheit selbst (23, 24). Ferner sind das Schöne und das Gute identisch (καλοκαγαθία), denn das Schöne ist nur eine Seite des Guten, in der physischen wie besonders in der sittlichen Ordnung.

Die auf eine bloße Nachahmung der sinnlich wahrnehmbaren Natur reduzierte Kunst wird im Namen der Dialektik geringgeschätzt. Sie ist der Schatten eines Schattens, da die Sinnenwelt selbst nur ein Widerschein der übersinnlichen Wirklichkeit ist. Die Kunst ist eine Lüge und verdient

---

1) Später, in den „Gesetzen", einem Alterswerk, das übrigens die Hand eines Schülers bearbeitet hat, hat Platon eine andere Staatslehre entwickelt, die mit der ersteren unvereinbar ist. Er erkannte, daß der philosophische Staat der menschlichen Natur, wie sie wirklich ist, nicht entspricht, sondern nur für Götter und Göttersöhne geschaffen sei. Seine neue Gesellschaftsordnung beruht nicht auf der philosophischen Tugend und der Wissenschaft der Ideen, sondern auf der gewöhnlichen Tugend und Erkenntnis.

2) Vgl. M. de Wulf, Études historiques sur l'Esthétique de S. Thomas d'Aquin, Louvain, 1896, S. 96 ff.

keine Pflege um ihrer selbst willen! Eine befremdende Äußerung aus dem Munde eines Dichters! Die Kunst ist nur durch ihre erzieherische und versittlichende Kraft wertvoll; als solche unterliegt sie der Kontrolle des Staates, welcher jede künstlerische Neuerung verfolgt und darüber wacht, daß die Kunst nicht zu einem Werkzeug sittlicher Verderbnis werde.

29. Schlußergebnis. — Platon stellt die Dialektik auf eine einseitige und extreme Grundlage. Da mit der Dialektik alles logisch verknüpft ist, so dringt dieser Exklusivismus in die verschiedenen Teile seiner Philosophie und nötigt ihn zur Aneinanderreihung unaufhebbarer Extreme, deren Dualismus unerklärt bleibt: der Dualismus der Idee des Guten und der Gottheit, der Idee und der Materie, der idealen und der phaenomenalen Welt, der Seele und des Leibes, der gemeinen und der philosophischen Tugend, des Individuums und des Staates. Die Vermittlungen, deren er sich bedient (die Weltseele, die Zusammensetzung der menschlichen Seele, der philosophische Despotismus) vermögen nicht die Antinomien seines Systems zu beseitigen.

Das Werk Platons fand in der älteren Akademie Fortsetzer, aber sie alle sind Zwerge neben der Riesengestalt des Aristoteles.

§ 3. Aristoteles.

30. Leben und Werke. — Aristoteles wurde im Jahre 384 v. Chr. in Stagira (daher der „Stagirite") geboren und kam nach Athen, wo er zwanzig Jahre hindurch in der Schule Platons Philosophie studierte. Bei aller anerkennenden Achtung für seinen Lehrer ersann er den Plan zu einem eigenen System. Nach dem Tode Platons ging er nach Atarneus und Mytilene; das zweite wichtige Ereignis seines Lebens aber ist sein Aufenthalt am Mazedonischen Hof, wohin er im Jahre 342 zum Zwecke der Erziehung Alexanders berufen wurde. Erst im Jahre 334 oder 335 begründete Aristoteles in Athen die peripatetische Schule. Nach dem Tode Alexanders mußte er die Flucht ergreifen; er starb in Chalkis im Jahre 322 v. Chr.

Die literarische Betriebsamkeit des Aristoteles grenzt ans Wunderbare. Mit Beiseitelassung der unechten und sekundären Werke kann man die uns vornehmlich interessierenden wissenschaftlichen Schriften folgendermaßen gruppieren:

I. Logik, später unter dem Namen „Organon" vereinigt:

1. Die „Kategorien" (κατηγορίαι) oder die Arten der Begriffe; 2. die Abhandlung über die „Interpretation" (περὶ ἑρμηνείας) oder die Abhandlung über die Sätze, zwei Schriften, deren Echtheit zuweilen bestritten wird; 3. die beiden „Analytiken" (ἀναλυτικὰ πρότερα, ὕστερα), die sich mit den Schlüssen und den Beweisen beschäftigen; 4. die „Topik" (τοπικά), die es mit dem Wahrscheinlichkeits — oder „dialektischen" Schluß zu tun hat, und an die sich die „Rhetorik" knüpft; 5. die „sophistischen Argumente" (περὶ σοφιστικῶν ἐλέγχων), welche das 9. Buch des vorangehenden Werkes bilden.

II. Naturphilosophie und Naturwissenschaft: 1. Die „Physik" (φυσικὴ ἀκρόασις), aus acht Büchern bestehend (das 7. Buch scheint, ohne als apokryph gelten zu müssen, nicht zu dem Werke zu gehören), das „Buch vom

Himmel" (περὶ οὐρανοῦ), über „Entstehung und Zerstörung" (περὶ γενέσεως καὶ φθορᾶς), die „Meteorologie" (μετεωρολογικά) untersuchen die allgemeinen Grundlagen der Körperwelt. 2. Die „Tiergeschichte" (περὶ τὰ ζῷα ἱστορίαι), aus zehn Büchern bestehend, von denen drei unecht sind; die „anatomischen Beschreibungen" (ἀνατομαί); die Schrift „über die Seele" (περὶ ψυχῆς) und verschiedene kleine Abhandlungen, die damit zusammenhängen und den Titel „parva naturalia" führen; die „Teile der Tiere" (περὶ ζῴων μορίων), die „Entstehung der Tiere" (περὶ ζῴων γενέσεως), die „Bewegung der Tiere" (περὶ ζῴων πορείας) haben auf das Studium der Lebewesen Bezug. Unter allen Werken des Aristoteles ist die Schrift über die Seele die vollendetste und bestgeordnete.

III. *Metaphysik:* die „Metaphysik" (τὰ μετὰ τὰ φυσικά). Der Ausdruck „Metaphysik" stammt wohl von Andronicus von Rhodus, der dieses Werk nach den physikalischen Schriften einreiht, τὰ (βιβλία) μετὰ τὰ φυσικά.

IV. *Ethik:* 1. Die „Nikomachische Ethik" (ἠθικὰ Νικομάχεια); 2. die „Politik" (πολιτικά) und der „Staat der Athener" (πολιτεία Ἀθηναίων). Die „Große Ethik" („magna moralia") und die „Eudemische Ethik" sind wahrscheinlich Arbeiten von Schülern.

V. *Dichtkunst:* „Poëtik" (περὶ ποιητικῆς).

Die Schriften des Aristoteles wurden im Altertum von Andronicus von Rhodus (2. Drittel des 1. Jahrh. v. Chr.) herausgegeben. Von neueren Ausgaben erwähnen wir die Didot'sche und die der Berliner Akademie (1831 bis 1870). Auch die Sammlung der griechischen Kommentare zu Aristoteles ist vollendet (Berliner Akademie 1882—1909, 23 Bände und 3 Ergänzungsbände).

Über Aristoteles vgl. Zeller, a. a. O. II, 2; Boutroux, Études d'histoire de philosophie, Aristote (Paris, 1901); Piat, Aristote (Paris, 1903); Th. Gomperz, Griechische Denker (Bd. III, 1906); F. Brentano, Aristoteles' Lehre vom Ursprung des menschlichen Geistes (Leipzig, 1911). Erweiterte Ausgabe einer 1882 erschienenen Arbeit (über den Kreatianismus des A.): verficht gegen Zeller den Kreatianismus des Aristoteles.

31. Charakterzüge seiner Philosophie. — Aristoteles betont zuhöchst den Wert des spekulativen Wissens, das er in keiner Weise wie Sokrates und Platon den Bedürfnissen des sittlichen Lebens unterordnet. Alle Menschen, sagt er am Eingang seiner „Metaphysik", streben von Natur aus nach dem Wissen, ohne Rücksicht auf alles Interesse.

Er arbeitet ein auf der Doppelmethode der Analyse und Synthese basierendes **vollständiges philosophisches System** aus.

Das Beobachtungsverfahren, welches Sokrates einführte und Platon zaghaft anwandte, wird auf wissenschaftliche Grundlagen gestellt. Aristoteles ist vor allem ein Naturbeobachter, er treibt jenen Tatsachenkultus, dessen sich die moderne Wissenschaft rühmt. Astronomie, Meteorologie, Botanik, Zoologie, Biologie, Physiologie, Politik und politische Geschichte, Literaturgeschichte und Archaeologie, Philologie, Grammatik, Rhetorik, Poëtik: alle Wissenschaften seiner Zeit behandelt er, und mehr als eine verdankt ihm ihre Begründung oder Gestaltung. Er will alle Wissenselemente besitzen, weil er die Natur in ihrer Gesamtheit erklären will.

In der Tat hat Aristoteles, nachdem er jenes Riesenmaterial, das ihn zum ersten Gelehrten des Altertums macht, gesammelt, eine allgemeine Synthese hergestellt, welche die Gesamtheit der Dinge erklärt und es ermöglicht, ihn für den Fürsten der antiken Philosophie zu halten. Gegenstand der Philosophie oder Wissenschaft im höchsten Sinne ist alles Seiende (32, 33), und so werden seine enzyklopaedischen Untersuchungen auf eine dreifache höhere Einheit zurückgeführt, welche zur Grundlage der Klassifikation der theoretischen Philosophie dienen wird.

Ein ausgezeichneter Forscher und Philosoph, vereinigt Aristoteles zwei Temperamente, die sich im Genie durchdringen. Mit Ausnahme gewisser Mängel ist in dieser umfassenden Synthese alles haltbar. Während bei Platon Widersprüche genug vorhanden sind, herrscht bei Aristoteles strenge Ordnung und logische Einheit. Er übertrifft seinen Meister nicht bloß durch die ganze Höhe, welche eine wirklichkeitserfüllte von einer abstrakten scheidet, sondern er gehört, außerhalb aller chronologischen oder nationalen Rangordnung, zu der Zahl der großen Denker, welche die Menschheit erleuchten. Übrigens ist ihm die Geschichte gerecht geworden, denn niemand hat eine Herrschaft gleich der seinigen ausgeübt.

Der breite, bilderreiche Stil Platons weicht bei Aristoteles einer konzisen, lapidaren Sprache, deren Prägnanz zuweilen der leichten Verständlichkeit des Textes Abbruch tut. Bemerkt sei noch, daß Aristoteles Achtung vor den Ideen anderer hegt, er macht es sich zur Pflicht, sie sorgfältig zu studieren. Man kann in ihm den ersten **Historiker der Philosophie** erblicken. Tatsächlich ist das erste Buch der „Metaphysik" eine Darstellung der philosophischen Lehren von Thales bis Platon. Die Lücken der historischen Methode des Aristoteles erklären sich aus dem Ziele, das er der Geschichte der Philosophie stellt: sie wird nicht um ihrer selbst willen gepflegt, sondern nach Maßstab ihres Beitrages zur Findung der Wahrheit.

32. Einteilung der Philosophie. — Die Philosophie oder Wissenschaft im höchsten Sinne ist die Erforschung der Prinzipien und Ursachen (Metaph. I, 1, 981) oder auch die Untersuchung des Notwendigen in den Dingen; denn es gibt nur vom Allgemeinen eine Wissenschaft. Aristoteles hat verschiedene Arten der Einteilung der Philosophie angegeben. Die berühmteste ist die Klassifikation der philosophischen Disziplinen in **theoretische, praktische** und **poietische**, je nachdem das Wissensziel die reine spekulative Erkenntnis, das praktische Verhalten ($\pi\rho\tilde{\alpha}\xi\iota\varsigma$) oder die äußere Gestaltung ($\pi o i\eta\sigma\iota\varsigma$) ist.

Die theoretische Philosophie gliedert sich in: 1. Die **Physik** oder die Erforschung der körperlichen, veränderlichen Dinge ($\pi\varepsilon\rho\grave{\iota}$ $\dot{\alpha}\chi\acute{\omega}\rho\iota\sigma\tau\alpha$ $\mu\grave{\varepsilon}\nu$ $\dot{\alpha}\lambda\lambda'$ $o\dot{\upsilon}\varkappa$ $\dot{\alpha}\varkappa\acute{\iota}\nu\eta\tau\alpha$). — 2. Die **Mathematik** oder die Erforschung der Ausdehnung, d. h. einer körperlichen Eigenschaft als unabhängig von der Bewegung und von der Materie abstrahiert gedacht ($\pi\varepsilon\rho\grave{\iota}$ $\dot{\alpha}\varkappa\acute{\iota}\nu\eta\tau\alpha$ $\mu\grave{\varepsilon}\nu$ $o\dot{\upsilon}$ $\chi\omega\rho\iota\sigma\tau\grave{\alpha}$ δ' $\check{\iota}\sigma\omega\varsigma$, $\dot{\alpha}\lambda\lambda'$ $\dot{\omega}\varsigma$ $\dot{\varepsilon}\nu$ $\ddot{\upsilon}\lambda\eta$). — 3. Die **Metaphysik**, „Theologie" oder „erste Philosophie" genannt, die Erforschung des Seienden in dessen (begrifflich oder natürlich) unkörperlichen und unveränderlichen Bestimmtheiten ($\pi\varepsilon\rho\grave{\iota}$ $\chi\omega\rho\iota\sigma\tau\grave{\alpha}$ $\varkappa\alpha\grave{\iota}$ $\dot{\alpha}\varkappa\acute{\iota}\nu\eta\tau\alpha$).

Die **praktische Philosophie** umfaßt die **Ethik, Ökonomik** und **Politik**, welche letzteren oft zusammengeordnet werden.

Es ist schwer, die Schriften des Stagiriten selbst in dieser Klassifikation unterzubringen, da mehrere derselben uns ungeordnet überliefert sind. Ferner findet hier die Logik keinen Platz, der Eingang zur Philosophie, den Aristoteles lange studiert hat. Wir werden uns an die angegebene Einteilung halten und ihr die Logik voranschicken.

I. Logik.

33. Begriff der Logik. — Aristoteles ist der Schöpfer der Logik oder der „Analyse" des Denkens. Über Sokrates und Platon, die nur die Ausgestaltung allgemeiner Begriffe vertieft hatten, hinausgehend, hat Aristoteles den Inbegriff der Gesetze, die der menschliche Geist zur Gewinnung des Wissens befolgen muß, erstellt. Sein Gesichtspunkt ist vor allem ein methodologischer, und wenn auch in der Ökonomie seines Systems die Logik mit der Psychologie und Metaphysik innig verbunden ist, so spielt sie doch in erster Linie die Rolle eines Erkenntniswerkzeuges: sie fixiert die Wissenschaft in ihrer Form mit Abstraktion von ihrem Inhalt.

Was heißt wissen? Ein Ding und sein Wesen kennen, sich Rechenschaft geben über die Ursachen der Wirklichkeit. Die wissenschaftliche Beweisführung, deren Grundlage der Syllogismus ist, lehrt uns die Entdeckung des Wesens und der Ursachen der Dinge, und aus diesem Grunde bilden beide den Angelpunkt der Aristotelischen Logik und den Gegenstand seines logischen Hauptwerkes, der „Analytik". Beide Verfahrungsweisen aber setzen eine Untersuchung der elementaren Operationen, in die sie sich auflösen lassen, voraus: Begriff und Urteil.

34. Begriff und Urteil. — Der Begriff stellt die Dinge in ihren abstrakten und allgemeinen Bestimmtheiten dar, und zwar sowohl die spezifischen als auch diejenigen, welche verschiedenen Arten derselben Gattung gemeinsam sind. Wenn daher Aristoteles in seine Logik die Klassifikation der Gegenstände nach Kategorien einführt, so versteht er darunter nicht Klassen von außer uns bestehenden Dingen (38), sondern Klassen objektiver Begriffe, sofern sie geeignet sind, Praedikat oder Subjekt des Urteils zu sein. Die Postpraedikamente hat die Aristotelische Schule hinzugefügt.

Das Urteil oder die Aussage (ἀπόφανσις) entsteht aus der Verbindung zweier Begriffe, von denen der eine (Praedikat) von dem anderen (Subjekt) ausgesagt wird. Die Schrift „de interpretatione" untersucht die Qualität der Urteile (Bejahung, Verneinung), ihre Quantität (Allgemeinheit, Besonderheit) und Modalität (Notwendigkeit, Möglichkeit, Zufälligkeit).

35. Syllogistik. — Aristoteles befaßt sich vornehmlich mit der Syllogistik (Erste Analytik). Er ist der erste, der jenes Verfahren beschreibt, vermittelst dessen der menschliche Geist, der das Verhältnis zweier Begriffe als Urteilsglieder nicht unmittelbar einsieht, sie nacheinander mit einem Mittelbegriff vergleicht. Der Syllogismus ist ein Schluß, in welchem aus der Aufstellung bestimmter Wahrheiten (Praemissen) etwas notwendig folgt (Konklusion). In der Verknüpfung der Vorstellungen miteinander, wobei die weniger allgemeine aus der allgemeineren abgeleitet wird, in der Bei- und Unterordnung der Begriffe je nach ihrer Allgemeinheit besteht das Denkverfahren, welches zur Wissenschaft führt. Der Syllogismus zeigt, daß das Praedikat der Folgerung in der Erfassung eines dritten Begriffes eingeschlossen ist, der in seinem Umfange das Subjekt der Folgerung umfaßt. Die Schlußregeln, die Schlußfiguren und Schlußarten werden mit einer solchen Sicherheit und Genauigkeit dargetan, daß die Nachwelt nichts daran zu ändern hatte. Die dem Syllogismus entgegengesetzte Induktion geht vom Besondern, d. h. von der Beobachtung der Tatsachen, zum Allgemeinen, d. h. zur Abstraktion des Wesens oder Typus, der sich in den Sonderfällen darstellt. Man kann sagen, Aristoteles hat die Grundsätze der wissenschaftlichen Induktion formuliert.

36. Beweisführung. Wahrscheinlichkeits- und Trugschlüsse. — Die Syllogistik ist die Grundlage der Beweisführung ($\mathring{α}πόδειξις$), von der Aristoteles in der „zweiten Analytik" spricht. Beweis nennt er den „Schluß, der das Wissen erzeugt". Er muß schließlich bei gewissen unbeweisbaren Axiomen stehen bleiben, welche der Geist vermöge ihrer unmittelbaren Evidenz aufstellt, indem er sie aus den Sinnesdaten abstrahiert. Auch der Definition ($\mathring{ο}ρισμός$) und der Einteilung setzt Aristoteles Grenzen, denn es ist unmöglich, alles zu definieren und ins Unendliche zu zerlegen.

Der Gewißheit erzeugende Beweis steht im Gegensatz zum Wahrscheinlichkeits- und zum Fehlschluß; letzterem widmet Aristoteles eine besondere Schrift (die „sophistischen Schlüsse"). An die Wahrscheinlichkeitsschlüsse schließen sich, in der Topik, die Theorie der $τόποι$ oder dialektischen Örter, und die Untersuchung der „Aporien" ($\mathring{α}πορία$) oder der Darlegung des Für und Wider, welche der Findung der Mittelbegriffe des Syllogismus vorangeht[1].

II. Theoretische Philosophie. Metaphysik und Theodizee.

37. Begriff der Metaphysik. — Die theoretische Philosophie erstrebt die Erkenntnis des Seienden um ihrer selbst willen und geht von einer dreifachen Betrachtungsweise aus: der metaphysischen, mathematischen und physikalischen.

Während die Einzelwissenschaften nur einen Teil der wahrnehmbaren Welt zum Gegenstande haben, befaßt sich die Metaphysik mit allem Seienden, und zwar vom Standpunkte des allgemeinsten Begriffes, des Seins. Sie ist die Wissenschaft des Seienden als solchen ($\mathring{ε}πιστήμη\ τοῦ\ ὄντος\ \mathring{\tilde{η}}\ ὄν$). Infolge ihrer Allgemeinheit und weil sie den übrigen Disziplinen ihre Prinzipien darbietet, ist sie die erste der Wissenschaften.

Die Aufstellung der metaphysischen Probleme läßt unschwer erkennen, woher die Geistesart des Aristoteles stammt. Ist die Wirklichkeit, fragt er, körperlich oder unkörperlich, ist das Beharrende mit dem Unsteten, das Eine mit dem Vielfachen vereinbar? In diesen Formulierungen bekundet sich völlig der griechische Geist. Aristoteles bekämpft die Systeme seiner Vorgänger mit unabweisbaren Einwänden: das universale Werden Heraklits, den Immobilismus des Parmenides, die Zahlenlehre des Pythagoras, die getrennt existierenden Ideen Platons. Auch den Skeptizismus widerlegt er sieghaft, in einer Weise, die mit Fug als Meisterwerk gilt (Metaph. IV, 1). Zugleich weiß er in den Lehren seiner Vorgänger das Wahre vom Falschen zu schei-

---

[1] „Die Rhetorik ist die Anwendung der Dialektik auf die Ziele der Politik, d. h. auf gewisse praktische Zwecke" (Boutroux, a. a. O. S. 184).

den, und seine neuen und tiefen Einsichten vervollständigen die Theorie der einen durch die der anderen. Im Seienden gibt es Beharrendes (Parmenides) und Werden (Heraklit), und das Reale Platons existiert als den einzelnen Sinnendingen immanent.

38. Das Seiende und die Kategorien. — Da bloß das Einzelwesen wirklich ist (41), so ist das Seiende, mit dem sich die Metaphysik beschäftigt, um dessen allgemeine Bestimmtheiten zu erfassen, die Substanz der Einzeldinge ($\tau \acute{o} \delta \varepsilon\ \tau \iota$), wie sie sich der sinnlichen Erfahrung darstellt. In jedem Wesen gibt es einen konstituierenden, ursprünglichen Kern, der durch sich selbst zu bestehen vermag und als Substrat für alle zufälligen Wirklichkeiten dient. Daraus ergibt sich eine erste Klassifikation der Wesen nach zwei Kategorien: Substanz ($o\mathring{v}\sigma\acute{\iota}\alpha$) und Akzidens. Sokrates ist eine Substanz, die Tugend des Sokrates ein Akzidens. Das Akzidens wiederum umfaßt die Qualität, die Quantität, die Relation, den Ort, die Zeit, die Ruhe ($\varkappa\varepsilon\tilde{\iota}\sigma\vartheta\alpha\iota$), das Haben, welches die Veränderung verleiht oder nimmt ($\check{\varepsilon}\chi\varepsilon\iota\nu$), das Tun und Leiden, welches sie voraussetzt ($\pi o\iota\varepsilon\tilde{\iota}\nu\ \varkappa\alpha\grave{\iota}\ \pi\acute{\alpha}\sigma\chi\varepsilon\iota\nu$).[1]

Zum Verständnis der Triebfedern der peripatetischen Metaphysik ist es aber nötig, diese statische mit einer andern, auf dem Werden des Wesens beruhenden Klassifikation zusammenzuhalten, denn das Wesen, das wir im Besondern kennen, ist der Veränderung unterworfen. Übrigens läßt sich jede der Kategorien in bezug auf das Werden betrachten, sie ist aktuell oder potentiell.

39. Akt und Potenz. Jede Veränderung schließt den Übergang von einem Zustande zum andern ein. W bedeute ein Wesen, welches vom Zustande a in den Zustand b übergeht. Die Analyse dieses Überganges zwingt zur Annahme, daß W schon in a das Prinzip oder den realen Keim zu seiner Veränderung in b besaß: bevor es war, konnte es sein, es war in Wirklichkeit einer neuen Bestimmtheit fähig, es hatte die Potenz, zu sein, was es jetzt in Wirklichkeit ist. Die Wirklichkeit ist somit die gegenwärtige Vollendung, der Seinsgrad ($\grave{\varepsilon}\nu\tau\varepsilon\lambda\acute{\varepsilon}\chi\varepsilon\iota\alpha,\ \tau\grave{o}\ \grave{\varepsilon}\nu\tau\varepsilon\lambda\grave{\varepsilon}\varsigma\ \check{\varepsilon}\chi\varepsilon\iota\nu$). Die Potenz oder Potentialität ist die Fähigkeit, die Vollendung zu erlangen ($\delta\acute{v}\nu\alpha\mu\iota\varsigma$), wohl eine Unvollkommenheit und ein Nicht-Seiendes, aber kein Nichts, da dieses Nicht-Seiende den Keim zu seiner künftigen Verwirklichung enthält.

Diese Verwirklichung oder dieser Übergang von einem potentiellen in einen aktuellen Zustand heißt Bewegung, welche Aristoteles als „Akt des der Potenz nach Seienden als potentiell Seienden" definiert ($\mathring{\eta}\ \tau o\tilde{v}\ \delta v\nu\alpha\tau o\tilde{v},$ $\mathring{\eta}\ \delta v\nu\alpha\tau\acute{o}\nu,\ \grave{\varepsilon}\nu\tau\varepsilon\lambda\acute{\varepsilon}\chi\varepsilon\iota\alpha\ \varphi\alpha\nu\varepsilon\varrho\acute{o}\nu\ \H{o}\tau\iota\ \varkappa\acute{\iota}\nu\eta\sigma\acute{\iota}\varsigma\ \grave{\varepsilon}\sigma\tau\iota\nu$[2]), oder auch als Akt eines unvollkommenen Substrats.

Mit der Unterscheidung von Akt und Potenz sind drei Grundthesen der peripatetischen Metaphysik verwandt: das Verhältnis beider findet sich in den Zusammensetzungen von Stoff und Form, Allgemeinem und Besonderem wieder und die Untersuchung der Bewegung zeitigt auch die Theorie der vier Ursachen.

---

[1] Plat. a. a. O. S. 15f. Die Historiker sind betreffs des Sinnes der letzten Kategorien sowie bezüglich der Frage, ob Aristoteles die Akzidenzien auf eine Kategorie des Akzidens zurückgeführt hat, verschiedener Meinung.
[2] Physik III, 1, 201b.

40. Stoff und Form. — Wenn auch die Theorie des Stoffes und der Form ursprünglich der Physik angehört, so erhält sie doch, sofern sie eine Erklärung der Bewegung und Veränderung im allgemeinen ist, eine metaphysische Bedeutung. Im Innern des sich verändernden Wesens muß es geben: 1. ein Prinzip der Möglichkeit, als solches unbestimmt und durch das Werden sich verwirklichend, oder auch ein festes Substrat, welches nacheinander entgegengesetzte Bestimmtheiten empfängt: den Stoff[1]); 2. ein Prinzip, welches diese gestaltlose Grundlage bestimmt und jeder Verwirklichung des Stoffes eigen ist: die Form.

Insbesondere erfährt diese Theorie auf die körperliche und irdische Substanz Anwendung. Aber Aristoteles führt das Paar „Stoff-Form" selbst in die mathematischen (Vernunft-) Objekte und in die astralen Substanzen ein. Er dehnt nicht bloß ihr Gebiet so weit als das der Veränderung aus, sondern verallgemeinert den Begriff von Stoff und Form und bezeichnet damit alles, was einerseits bestimmbar, anderseits Bestimmung ist: die Gattung gegenüber der Art, den Leib gegenüber der Seele, den passiven gegenüber dem aktiven Intellekt, die Praemissen gegenüber der Folgerung, usw. Die Theorie des Stoffes und der Form setzt sich in die des Aktes und der Potenz um ($\ell\sigma\tau\iota$ δ' $\dot{\eta}$ $\mu\grave{\epsilon}\nu$ $\ddot{\upsilon}\lambda\eta$ $\delta\dot{\upsilon}\nu\alpha\mu\iota\varsigma$, $\tau\grave{o}$ δ' $\epsilon\tilde{\iota}\delta o\varsigma$ $\dot{\epsilon}\nu\tau\epsilon\lambda\dot{\epsilon}\chi\epsilon\iota\alpha$, de anima II, 1). Der Stoff ist Potenz, die Form Wirklichkeit, und zwar sind sie in folgender Weise miteinander verbunden.

Die Form, das konstituierende Prinzip des Seienden, verleiht dem Zusammengesetzten seine spezifische Bestimmtheit, sie bewirkt, daß das Ding ist, was es ist ($\tau\grave{o}$ $\tau\acute{\iota}$ $\tilde{\eta}\nu$ $\epsilon\tilde{\iota}\nu\alpha\iota$). An die Form knüpft sich alles, was wirkliche Vollendung, Organisation, Einheit des Wesens ist; insbesondere ist sie im Zusammengesetzten das Prinzip der Tätigkeiten, und da diese auf ein Ziel gerichtet sind (42), so ist sie der Ausgangspunkt des Impulses, welcher die Tätigkeit jedes Wesens leitet. Allein erkennbar, ist sie auch das einzige Objekt der Definition.

Der Stoff hat in den Wesen verschiedene Funktionen. Sie ist unbestimmt und an sich unerkennbar, wir kennen sie nur durch Analogie. Da das Unbestimmte keine Existenz haben kann, gibt es kein Unendliches ($\check{\alpha}\pi\epsilon\iota\varrho o\nu$). Dieses Merkmal der Unbestimmtheit oder absoluten Potentialität bildet den Inhalt eines einheitlichen Stoffbegriffes; tatsächlich aber gibt es so viele Stoffe als Wesen existieren. Während die Form das Einheitsprinzip und die Stätte der Zielstrebigkeit ist, ist der Stoff der Vielheit und Zerstreuung unterworfen; mit ihm ist alles Zufällige, Unzweckmäßige verknüpft, er ist überhaupt das Prinzip der Schranke, der Unvollkommenheit und des Übels. Da die Bewegung ewig ist (42), so muß es auch die Materie sein. „Die Erzeugung konnte keinen Anfang und kein Ende haben, denn der Grund, dem sie entspringt, bleibt sich stets gleich und ist daher stets von der gleichen Wirksamkeit."[2]) Die Einzelwesen scheiden dahin, die Art hingegen war stets und wird stets sein.

In der physischen Welt sind Stoff und Form reale Elemente der Dinge,

---

1) Betreffs dieser zweifachen Auffassung der Aristotelischen Materie vgl. Baeumker, Das Problem der Materie in der Griechischen Philosophie (Münster, 1900), S. 213ff, 257.
2) Plat. a. a. O. S. 28.

der Stoff ist demnach nicht das μὴ ὄν Platons. Form und Stoff bilden infolge ihrer innigen Durchdringung nur eine einzige Wirklichkeit. Die Form ist dem Stoff immanent (gegen Platon) und ist von ihm ebensowenig abtrennbar „wie die Rundheit vom Runden".[1]) Ebenso kann der Stoff nicht ohne Form existieren.

Außerhalb der physischen Sphäre sind die Begriffe Form und Stoff ebenso eng miteinander verknüpft.

41. Allgemeines und individualisiertes Wesen. — Das Einzelwesen, die einzige wahre Substanz, ist allein existenzfähig. Das Allgemeine existiert nicht an sich, sondern ist den Individuen immanent und in allen Vertretern einer Klasse vervielfältigt. Seine unabhängige Form erhält es nur durch die subjektive Betrachtung unseres Denkens (51). Dies ist die Lösung des Problems der Universalien. Diese Auffassung, welche die Metaphysik Heraklits durch die des Parmenides ergänzt, ist die Antithese zum Platonismus und kann als einer der schönsten Aussprüche des Peripatetismus angesehen werden.

Neben den allgemeinen Wesensbestimmungen, welche allen Individuen derselben Art gleicherweise zukommen, besitzt jedes Einzelwesen **besondere Bestimmtheiten**, welche sein Wesen modifizieren und ihm seine Individualität verleihen. Zwischen dem allgemeinen und individualisierten Wesen besteht das Verhältnis des Bestimmbaren zum Bestimmenden, der Potenz zum Akt. Ein organisches Band knüpft so zwei Grundtheorien des Peripatetismus aneinander.

Das Individuationsprinzip der Naturwesen ist nicht die Form, die an sich selbst nach Erfüllung ihrer Wirklichkeit strebt und ihre formende Wirksamkeit völlig durchführen würde, wenn der Stoff sie nicht hemmte. Der Stoff ist es, was das Wesen individualisiert, denn er ist vielfältig und begrenzt; er fixiert jedem Wesen den Anteil an bestimmbarer Wirklichkeit, zu welchem die bestimmende Kraft der Form im genauen Verhältnis steht.

42. Ursachen des Seienden. — Die Theorie der Ursachen hängt innig mit der Lehre von der Bewegung zusammen, denn „Ursache" heißt alles, was einen realen und positiven Einfluß auf die Wirklichkeit des Wesens in einem beliebigen Stadium des Werdens ausübt. Aristoteles unterscheidet vier Ursachen: materiale, formale, „bewirkende" (Wirk-) und Zweckursachen.

1. und 2. Materie und formale Ursachen. Die Urmaterie und die substantielle Form, die konstituierenden Elemente des Wesens (40), sind, von einem andern Gesichtspunkt aus betrachtet, Ursachen des Wesens, denn ihre Vereinigung erzeugt das substantielle Gebilde. Materiale und formale Ursache sind akzidentieller Art, wenn sie die Daseinsweise eines Gegenstandes erklären, der schon in seiner Substantialität bestimmt gedacht wird.

3. Bewirkende oder bewegende Ursache. Die substantielle Verbindung oder einer ihrer Zustände beginnt ihr Dasein durch den Übergang von der Potenz zur Wirklichkeit. Nun bewegt sich nichts Bewegliches von selbst (ἅπαντα ἂν τὰ κινούμενα ὑπό τινος κινοῖτο, Phys. VIII, 4). Denn das potentiell Seiende als solches enthält nicht den zureichenden Grund seiner

---

[1] Ibid. S. 29.

eigenen Verwirklichung. Daher erfordert der Übergang von der Potenz zur Wirklichkeit oder von dem potentiell eine Form enthaltenden zu dem durch diese Form wirklich bestimmten Stoff die Tätigkeit eines Bewegers, der wiederum nicht bewegen könnte, wäre er nicht selbst ein Wirkliches. Vermöge seines beständigen Kontaktes oder Einflusses ($\vartheta\iota\xi\iota\varsigma$) ist er Prinzip des materiellen Geschehens: es ist die bewirkende Ursache, genauer als „bewegende Ursache" ($\tau\grave{o}\ \delta'\ \ddot{o}\vartheta\varepsilon\nu\ \dot{\eta}\ \varkappa\acute{\iota}\nu\eta\sigma\iota\varsigma$)[1] bezeichnet.

Nach Aristoteles beruht also alle Wirksamkeit auf Hervorbringung der Bewegungen oder Veränderungen, und diese treten auf Grund der innern Tendenz oder realen Potenz des Stoffes auf, sich mit den Formen zu verbinden, die den Erfordernissen des Zusammengesetzten entsprechen. Aber die Reihe der Bewegungen hat keinen Anfang gehabt und kann kein Ende haben: die Bewegung ist ewig. Ewig ist auch der Stoff, das Substrat des Werdens, das unentstanden ist und dessen Existenz Aristoteles nicht begründet.

4. Zweckursache. — Die Koordination der Tätigkeiten des Wesens und die Beständigkeit der Weltordnung, zu deren Verwirklichung jedes Wesen beiträgt, bezeugen, daß die substantiellen Formen eine innere Tendenz nach einem immanenten Ziele besitzen, welches die Energien anzieht (Zweckursache). Die Finalität ist ein Grundprinzip der Aristotelischen Metaphysik. Die Finalität erklärt den unveränderlichen Kreislauf der Naturphaenomene und die Erhaltung der Arten, das ursprüngliche Streben des Geistes nach dem Wahren und des Willens nach dem Guten.[2]

43. Die reine Wirklichkeit und der Beweis ihrer Existenz. — Über den veränderlichen, aus Akt und Potenz gemischten Wesen thront ein unwandelbares Wesen, eine reine Wirklichkeit und Wirksamkeit ($\tau\grave{o}\ \tau\acute{\iota}\ \tilde{\eta}\nu\ \varepsilon\tilde{\iota}\nu\alpha\iota\ \tau\grave{o}\ \pi\varrho\tilde{\omega}\tau o\nu$).

Der Hauptbeweis für das Dasein Gottes stützt sich auf die Existenz der Bewegung. Sie ist zwar ewig, bedarf aber doch zu ihrer Begreiflichkeit eines unbeweglichen Bewegers. Denn da nichts von selbst aus der Potentialität in die Aktualität übergeht (42), so setzt jede Bewegung ein Bewegendes voraus. Gäbe es nicht einen einzigen, allem Werden entzogenen ersten Beweger, so müßte man eine unendliche Reihe bewegender Ursachen annehmen, um irgendeine Bewegung zu erklären, was absurd ist. — Diesem Beweis fügt Aristoteles einen andern hinzu, der in der Folge das teleologische Argument genannt wurde und der von der Ordnung, Harmonie und Einheit des Universums ausgeht.

44. Das Wesen Gottes. — Gott kann man an sich und in seinen Beziehungen zur Natur betrachten.

Die Attribute Gottes an sich gruppieren sich um zwei Grundbegriffe:

---

[1] In der Sprache der modernen Wissenschaft bezeichnet die bewegende Ursache nur die Ursache der Ortsbewegung. Hier nehmen wir diesen Ausdruck im weiteren Sinne und verstehen darunter mit Aristoteles die Ursache jedweder Veränderung.

[2] An gewissen Stellen verlegt Aristoteles die Wirklichkeit, Zielstrebigkeit und innere Bewegung des Wesens in dessen Form. In den vagen und zaghaften Wendungen dieser Art haben Historiker wie Zeller (a a. O. II, 2, S. 328.) mit Unrecht die Vermengung der formalen, finalen und bewegenden Ursache finden wollen.

die Unveränderlichkeit und das Denken. Der erste Beweger verharrt in absoluter Ruhe. Ewig wie die Bewegung (ἀΐδιος), ist er reine Wirklichkeit oder Form, denn alle Beimengung von Potentialität oder Stoff würde in sein Wesen Veränderung bringen. Er ist ferner unteilbar, da alle Teilung einen Übergang von der Potenz zum Akt voraussetzt; unkörperlich, da jeder Körper aus Form und Stoff besteht. Die reine Wirklichkeit muß, als das Vollkommenste, gedacht werden. Gott denkt sich durch sein substantielles, einheitliches, unteilbares Denken in ewiger Wirklichkeit selbst, er ist Denken des Denkens (νόησις νοήσεως). Seine bewußte Selbstschauung ist endlos, seine Seligkeit vollkommen. Er ist zu sich selbst gewandt und kennt nicht die Welt veränderlicher Wesen, denn er könnte sie nicht kennen, ohne sich mit ihnen zu verändern.

Anderseits bestimmt Gott die Bewegung der Welt. Inwiefern? Sofern er der Weltbewegung den Urimpuls gibt, scheint der erste Beweger eine „bewegende Ursache" zu sein. Tatsächlich meint Aristoteles, daß der erste Beweger mit der Welt in Berührung steht (de gener. et corr. I, 6, 323); nun ist die Berührung die Bedingung des Bewegens (42). Gott flößt der Welt eine kreisförmige, d. h. vollkommene und ewige Bewegung ein (48); der Berührungspunkt liegt in der Peripherie der Welt (Phys. VIII, 10). — Erfordert aber die Berührung des körperlichen Beweglichen durch den Beweger, daß der letztere im Raum sei, und ist die Reaktion des Beweglichen auf den Beweger mit der Unveränderlichkeit Gottes vereinbar? Um diesen Schwierigkeiten vorzubeugen, erklärt Aristoteles die göttliche Bewegung der Welt anstatt durch einen Anstoß lieber durch die Anziehung des Zieles.

Als Zweckursache der Welt ist Gott das Gute, wonach alle Wesen streben, und dieses Streben, welches die Materie antreibt, sich dem Bessern zuzuwenden, gibt den Antrieb zur ewigen Reihe der Erzeugungen.[1]) Alles bewegt sich, weil alles zu Gott hin strebt. Das Ziel wirkt also durch die Liebe anziehend, und der Antrieb, den Gott auslöst, berührt und verändert ihn in keiner Weise. Während die bewegende Ursächlichkeit im eigentlichen Sinne die Unanstastbarkeit Gottes gefährdet, wird sie durch die teleologische Kausalität gewahrt.

Dieser unwiderstehliche und ewige Reiz, den die unveränderliche und vollkommene Wirklichkeit ausübt, verleiht dem Kosmos einen optimistischen Charakter und schließt jede Entwicklung des Guten zum Bessern aus.[2])

Ein gewaltiger Versuch des Theismus, enthält die Aristotelische Theodizee doch in fundamentalen Fragen Lücken, welche das scholastische Denken wird ausfüllen können. Betreffs der Persönlichkeit Gottes schwebt ein Zweifel; übrigens ist dieselbe sehr beeinträchtigt, denn alles Wollen gilt als unvereinbar mit der Unvollkommenheit der reinen Wirklichkeit. Gott ist

---

1) „An diesem sich selbst denkenden Denken hängt die Welt wie ein Gedanke, der sich nicht denkt, aber strebt, sich zu denken ... Gott bewegt die Welt als Zweckursache, ohne sich selbst zu bewegen. Diese Theologie ist ein abstrakter Monotheismus. Alle Dinge und Vorgänge in der Natur werden völlig auf natürliche Ursachen zurückgeführt. Nur die Natur als Ganzes hängt von der Gottheit ab" (Boutroux, Études d'histoire de philosophie, Aristote, S. 149, 140).

2) Vgl. Elser, Die Lehre des Aristoteles über das Wirken Gottes, Münster, 1893.

vor allem ein notwendiges Triebwerk für die Erklärung der Bewegung, seine Beziehungen zur Welt aber sind schlecht bestimmt. Gott kennt nicht die Welt, demnach ist er nicht Vorsehung. Eine bewegende Tätigkeit im eigentlichen Sinne ist mit dem Wesen Gottes unvereinbar. Anderseits ist die vom Beweger ausgeübte Finalität schwer zu begreifen und verführt Aristoteles zu einer Theorie der Natur (47), die mit gewissen Lehren seiner Metaphysik wenig vereinbar ist. Endlich bleibt die Existenz von Wesen außer Gott ein Rätsel.

III. Theoretische Philosophie: Mathematik.

45. Gegenstand der Mathematik. — Während die Metaphysik das begrifflich gewonnene Immaterielle zum Gegenstand hat, beschäftigt sich die Mathematik mit der abstrakten Ausdehnung und deren Verhältnissen. Sie vernachlässigt also alle körperlichen Eigenschaften, die der Veränderung unterworfen sind und hat es so mit unveränderlichen Objekten zu tun, welche vom Körper, dessen konstante und untrennbare Eigenschaften sie bilden, begrifflich isoliert werden. Neben der reinen Mathematik — Arithmetik und Geometrie — erwähnt Aristoteles Anwendungen der Mathematik auf die praktischen Künste wie die Geodaesie, oder auf die Naturwissenschaften wie die Optik, Mechanik, Harmonik, Astrologie. Die mathematischen Schriften des Aristoteles sind verloren gegangen.[1]

Indem wir auf der begrifflichen Riesenleiter weiter hinuntersteigen, gelangen wir in das Gebiet der Physik.

IV. Theoretische Philosophie: Physik.

46. Gegenstand der Physik. — Die „Physik" im weiteren Sinne umfaßt das Studium der körperlichen Dinge, sofern sie der Bewegung unterworfen sind. Wir werden zunächst die allgemeinen Prinzipien dartun, die sich auf das Wesen der Körper beziehen (allgemeine Physik) und sodann einige Einzelheiten der Klassen von Körpern betrachten (spezielle Physik), nämlich der Himmels- und irdischen Körper und unter den letzteren den Menschen. Die Psychologie ist nach der Aristotelischen Klassifikation ein Teil der Physik.

47. Allgemeine Prinzipien der Körperbewegung. — *1. Arten derselben.* Die Metaphysik untersucht die Bewegung im allgemeinen, die Physik befaßt sich mit den körperlichen Bewegungen und deren Arten. Es gibt ihrer vier: Entstehen und Vergehen der substantiellen Gebilde ($\gamma \acute{\varepsilon} \nu \varepsilon \sigma \iota \varsigma$, $\varphi \vartheta o \varrho \acute{a}$), qualitative Veränderung ($\mathit{\dot{\alpha} \lambda \lambda o \acute{\iota} \omega \sigma \iota \varsigma}$), quantitative Veränderung der Zu- und Abnahme ($\alpha \check{v} \xi \eta \sigma \iota \varsigma$, $\varphi \vartheta \acute{\iota} \sigma \iota \varsigma$) und endlich die Ortsbewegung ($\varphi o \varrho \acute{a}$) oder die Bewegung im eigentlichen Sinn, welche die drei anderen Arten der Bewegung voraussetzen.

2. Die Theorie des Stoffes und der Form gehört uneigentlich in die Physik, denn sie ist die peripatetische Deutung der kosmischen Entwicklung und des unaufhörlichen Werdens der Sinnendinge. Entgegen dem Ato-

---

[1] Vgl. Boutroux, a. a. O. S. 146.

mismus Demokrits, welcher die Verschiedenheit der körperlichen Substanzen aus einer verschiedenen Konfiguration identischer Elemente erklärt, lehrt Aristoteles die spezifische Grundverschiedenheit der Naturobjekte und ihrer Eigenschaften. Die Substanzen verwandeln sich ineinander, sie verbinden sich miteinander und erzeugen Gebilde, die von ihren Komponenten spezifisch verschieden sind; alle, Gebilde und Komponenten, lösen sich in ihre elementaren Substanzen auf. Es ist daher anzunehmen, daß es in den körperlichen Substanzen ein permanentes Substrat gibt, die Urmaterie ($ἡ$ $πρώτη$ $ὕλη$), die in den verschiedenen Stadien des Geschehens identisch bleibt, und ferner ein jedem dieser Stadien eigentümliches Prinzip, die substantielle Form ($εἶδος$). Die substantielle Form heißt so, weil sie die erste der körperlichen Bestimmungen ist, jene, welche die Substantialität und den Artcharakter des Wesens begründet, da die „erste Materie" das absolut unbestimmte Substrat ist, welches ohne die Unbestimmtheit der Form nicht existieren kann. Die Aufeinanderfolge verschiedener Formen in der ersten Materie ist für Aristoteles die Erklärung der Grundlehre, die er Platon entgegensetzt, nämlich die Entfaltung des Wirklichen innerhalb der Naturobjekte selbst. Eine schon gebildete körperliche Substanz ist gegenüber den weiteren Modifikationen oder akzidentiellen Formen, welche sie annimmt, sekundäre Materie.

Die materielle Natur ist also, wie bei Heraklit, in den Wirbel des ständigen Werdens versenkt und gleichwohl ist, mit Parmenides, eine gewisse Beständigkeit der Elemente anzuerkennen. Wollen wir den Gedanken des Aristoteles betreffs des kosmischen Werdens völlig begreifen, so müssen wir uns an eine doppelte Bestimmtheit erinnern, welche den Elementen der substantiellen Gebilde anhaftet: die rhythmische Entwicklung und die Finalität.

3. Rhythmische Entwicklung der Formen und Finalität: An verschiedenen Stellen der Physik und Metaphysik beruft sich Aristoteles zur Erklärung des Entstehungsprozesses der Natur auf ein drittes Prinzip, die „Beraubung" ($στέρησις$).[1]) Darunter ist die Abwesenheit einer von der Materie erforderten Form zu verstehen. Dieses Erfordernis hat seinen Grund in der Anlage des Stoffes, sich einer Form zu entledigen, um eine andere anzunehmen, wenn das Gebilde unter dem Einfluß der Umwelt im Begriff ist, sich umzuwandeln. „Man stellt eine Säge nicht mittels eines Wollfadens her"[2]), die Bildsamkeit des Stoffes hat ihre Regeln und Grenzen; die Substanzen verwandeln sich in rhythmischer Entwicklung. Es ist dies das „natura non facit saltus" in seiner philosophischen Bedeutung.

Die Zielstrebigkeit des Wesens beherrscht diesen Prozeß in jedem Stadium. Ebenso wie jede Phase des Werdens die neue Verwirklichung einer Potenz der Materie zum Ziele hat, so wird auch der Inbegriff dieser Phasen von einer unvermeidlichen Finalität, welcher die Natur rastlos unterliegt, beherrscht. In bewundernswerter Weise auf seine wissenschaftlichen Beobachtungen gestützt, verfolgt Aristoteles die Anwendung der Teleologie auf

---

[1]) Die mittelalterliche Philosophie gibt erst dieser Lehre von der $στέρησις$ ihren vollen Gehalt.

[2]) Metaph. VII, 4, 1044a. Vgl. Piat, a. a. O. S. 25 ff.

die Tatsachen der Natur bis in die Einzelheiten. Das Altertum besitzt keinen beredteren Anwalt der Zweckursachen.

Welches ist dieses Ziel, das die Natur anstrebt? Die Antwort lautet: das Vollkommenste, die reine Wirklichkeit (44). Hier erheben sich aber verschiedene Fragen und bleiben ohne befriedigende Lösung. Schließt dieser Drang zu Gott hin in jedem Wesen eine mehr oder minder dumpfe Erkenntnis des Zieles ein? Erfordert die Einheit der Ordnung, welche die unzähligen Substanzen verbindet, um ihre Aktionen konvergent zu gestalten, eine Art organischer Einheit der Natur ($\varphi\acute{v}\sigma\iota\varsigma$), eine „Weltseele", die von ihren künftigen Zuständen und deren Ziel eine gewisse Vorstellung besitzt? Und wenn dem so ist, wie läßt sich diese Einheit mit der von ihr befaßten Besonderheit der Wesen vereinbaren und wie läßt sich die Unterscheidung zwischen Unorganischem und Organischem aufrechterhalten?

48. Himmlische Substanzen und irdische Körper. — Der Anblick des Himmels imponiert durch den regelmäßigen Umlauf und die scheinbare Unveränderlichkeit der Gestirne. Unter dem Einfluß der Volksmeinung, die aus ihnen Götter machte, schreibt Aristoteles der astralen Substanz eine **höhere Vollkommenheit** als der irdischen Substanz zu. Diese Unterscheidung zeitigt die verschiedenen Gebiete seiner speziellen Physik: die himmlische Substanz, den sublunarischen Körper, die Einwirkung der himmlischen Substanzen auf die sublunarischen Körper.

1. Die Substanz des Himmels. Ihre Vollkommenheit bekundet sich in ihrer **räumlichen Bewegung und inneren Beschaffenheit.**

Die Bewegung, welcher die himmlische Substanz unterworfen ist, ist die Kreisbewegung. Sie ist die vollkommenste aller Bewegungen, denn der Kreis hat weder Anfang noch Ende noch Mitte, und so ist sie die einzige Bewegung, welche ewig ist. Die Kreisbewegung ist gleichförmig und daher unveränderlich wie die Tätigkeit des ersten Bewegers, von der sie abhängt. Und da jede substantielle Bewegung einen gewissen Gegensatz zwischen ihrem Ausgangs- und Endpunkt voraussetzt, so folgt daraus, daß das Wesen der himmlischen Substanzen nicht von Gegensatz zu Gegensatz übergehen kann: sie sind **unwandelbar, unentstanden und unzerstörbar.** Das besondere Element, aus dem sie bestehen, ist der **Äther**, ein Stoff mit rein örtlicher Bewegung ($\H{v}\lambda\eta\nu$ μόνον κατὰ τόπον κινητήν, Metaph. VIII, 4, 1044b), der mit dem Stoffe der irdischen Elemente nichts gemein hat.

Die Gestirne oder Fixsterne sind an eine einzige Sphäre befestigt und vollziehen gleichzeitig mit dieser ihre tägliche Umdrehung um die Erde. Die komplizierte Bewegung der Planeten hingegen muß, um begreiflich zu sein, an verschiedene Sphären geknüpft werden.[1]) Die Kometen gelten als atmosphärische Irrlichter. Jede Sphäre hat zum inneren Motor eine ewige Intelligenz, ein Prinzip geistiger Art, welches nach dem ersten Beweger hinstrebt. Die vollkommenste Sphäre ist der erste Himmel (πρῶτος οὐρανός) oder die einzige Sphäre der Fixsterne, denn sie steht dem ersten Beweger am nächsten und ist von der Erde am weitesten entfernt. Die Beziehungen

---

1) In der Astronomie lehnt sich Aristoteles an die Theorien des Eudoxos und Kallippos an.

dieser bewegenden Intelligenzen zur Weltseele und zum ersten Beweger sind dunkel.

Der Kreislauf, die natürliche Bewegung des Himmels, setzt die Existenz eines unbeweglichen Körpers[1]) im Mittelpunkt voraus, der eine andere Beschaffenheit, demnach auch eine andere natürliche Bewegung besitzt; es ist dies die Erde, deren Teile insgesamt sich um das Weltzentrum gruppieren. Aus der Himmelsbewegung leitet Aristoteles das geozentrische System ab.

2. Der sublunarische oder irdische Körper. Die absolut schwere Erde im Mittelpunkt, das Wasser um die Erde herum, die Luft um das Wasser und das absolut leichte Feuer in den höheren Regionen sind die vier Elemente. Jedes derselben ist von Natur in geradliniger Bewegung (von unten nach oben und von oben nach unten) und strebt nach einem **natürlichen Ort** hin, der seine Form und sein Ziel bildet; das Werden des Feuers und die Bewegung von unten nach oben, das Werden der Erde und die Bewegung von oben nach unten sind ein und dasselbe.[2]) Die vier Elemente stehen durch ihre Bewegung sowie durch ihre sinnlichen Qualitäten (das aktive Paar: warm und kalt, und das passive Paar: trocken und feucht sind in vierfacher Weise miteinander kombiniert) im Gegensatz zueinander und aus ihrer Umwandlung, Verbindung und Kombination erklärt sich das Werden der sublunarischen Wesen.

3. Die Einwirkung des Himmels auf den Erdkörper. Der Himmel ist der Herd der irdischen Bewegung und folglich auch aller sublunarischen Erzeugungen. Diese haben ihre unmittelbare Ursache in der Wärme, welche die Reibung der Gestirnsphären an den Luftschichten oder dem oberen Teil der irdischen Welt erzeugt. Diese Reibung verwandelt die Luft in Feuer. Die Neigung der Sonne gemäß der Ekliptik erklärt durch ihre periodische Annäherung und Entfernung gegenüber bestimmten Teilen der Erde den Rhythmuswechsel der Erzeugung und Auflösung der Wesen.

49. Endlichkeit, Einheit, Ewigkeit der Welt. — Auf dem Gebiete der abstrakten Quantität, wie sie denkend erfaßt wird, kann der Mathematiker additiv über jede Größe, substraktiv über jede Kleinheit hinausgehen. Der Physiker hingegen hat es nur mit **realen** Größen zu tun. Von diesem Gesichtspunkte aus nimmt Aristoteles einerseits an, daß jede Größe potentiell teilbar ist und daß sich nicht mit Demokrit die Existenz von Atomen oder unteilbaren Einheiten behaupten läßt; anderseits schließt er von der Endlichkeit der Welt auf die Unmöglichkeit, ihre wirkliche Größe zu überschreiten. „Die Welt ist nicht unendlich; die Fixsternphäre bezeichnet die Grenze, jenseits deren es **keinen** Ort mehr gibt; kein wirklich gegebener Raumumfang kann größer sein als der Umfang dieser Sphäre."[3]) Nichts kann den Himmel an Größe übertreffen; in seinem vollkommenen Sphärenbereich ist alles Wirkliche beschlossen. Da es jenseits des Himmels keine Körper gibt, so gibt es dort auch keinen **Ort**, keinen l**eeren Raum** (denn

---

1) Nicht aber eines bloßen Punktes, wie die moderne Mechanik annimmt. Vgl. P. Duhem, Le mouvement absolu et le mouvement relatif. II. Le mouvement du ciel et le repos de la terre d'après Aristote (Montligeon, 1909. Extr. de la „Revue de Philosophie").

2) Piat, a. a. O. S. 198

3) Duhem, Études sur Léonard de Vinci, 2. série. Paris, 1909, S. 6.

dieser ist ein Raum, der einen Körper zu enthalten vermag), keine Zeit oder Dauer (denn die Zeit ist das Maß der Bewegung).

Die Welt oder das Universum (ὅλον καὶ τὸ πᾶν) ist einzig. Denn da jeder Körper seinen natürlichen Ort hat, dem er sich von Natur zuwendet, und eine zweite Welt, die diesen Namen verdienen soll, aus denselben Elementen gebildet werden müßte, so folgt, daß sich alle Erdfragmente in einem Zentrum begegnen und daß die übrigen Elemente an einem Orte zusammenkommen: die Mehrheit der Welten ist eine Absurdität.

Wir wissen endlich, daß die Welt ewig ist wie die Bewegung, die Natur und der erste Beweger.

Unter den sublunarischen Dingen nehmen die Organismen und unter ihnen besonders der Mensch eine besondere Stelle ein. Dies führt uns zur Psychologie.

50. Psychologie. — Aristoteles ist der Begründer der Psychologie, denn er hat den Menschen nicht in der Weise erforscht, daß er diese Untersuchung wie seine Vorgänger einer allgemeinen Weltanschauung unterordnete, sondern mit Benutzung der spezifisch psychologischen Methoden: innere und äußere Beobachtung verbunden mit Schlußfolgerungen. Noch heute sind die psychologischen Beobachtungen des Aristoteles haltbar.

Die Seele ist die erste Wirklichkeit eines der Möglichkeit nach lebendigen Naturkörpers (ἡ ψυχή ἐστι ἐντελέχεια ἡ πρώτη σώματος φυσικοῦ, de anima II. 1); sie ist die substantielle Form des Lebenden, der Körper die erste Materie desselben. Da jedes Lebewesen eine Seele besitzt, so ließe sich neben der menschlichen eine Tier- und Pflanzenpsychologie aufstellen; da aber in der Wesenshierarchie die höheren Wesen die Vollkommenheiten der niederen einschließen, so umfaßt eine vollständige Untersuchung des Menschen das Leben in allen seinen Äußerungen.

Die Seele ist im Grunde eins, legt sich aber in verschiedene Fähigkeiten auseinander. Das sie Unterscheidende hat Aristoteles nicht recht deutlich gemacht, er scheint jene aber als verschiedene Seiten derselben Wirklichkeit, der Seele aufgefaßt zu haben. Im Mittelalter wird diese Frage besser beantwortet.

Wir befassen uns nun mit den Tätigkeiten und der Natur der Seele.

51. Erste Problemgruppe: die Tätigkeiten der Seele. — Alle Lebensvorgänge sind im Menschen in einer bestimmten Rangordnung enthalten. Aristoteles knüpft sie bald an vier, bald an fünf Fähigkeiten, indem er auf die unableitbaren Arten der seelischen Tätigkeiten Rücksicht nimmt: Ernährung, Empfindung, Bewegung, Denken, und zuweilen auch Streben.

1. Die Ernährung, deren physiologische Funktion Aristoteles untersucht, ist vom teleologischen Gesichtspunkt das ursprünglichste Phaenomen, denn sie erhält die Existenz des Lebewesens. Die Ernährung ist eine Assimilation des Ungleichartigen durch das Gleichartige; sie ist durch die Wärme bedingt, die im Herzen erzeugt wird. Das πνεῦμα ist die Luft, die wir einatmen und die sich bei der Berührung mit der organischen Wärme erwärmt. An die Ernährung knüpfen sich die Zeugungsfunktionen.

2. Die sinnliche Erkenntnis. Diese hatte Platon vernachlässigt und seine Vorgänger hatten aus ihr eine mechanische Einwirkung des Gleichen auf das Gleiche gemacht. Die Theorie des Aristoteles ist neu, geistreich, auf unleugbare Beobachtungen gestützt. Er unterscheidet die fünf äußeren Sinne, den Gemeinsinn (αἰσθητήριον κοινόν), d. h. das Zentralorgan, welches den Akt unserer äußeren Sinne erfaßt und unsere besonderen Empfindungen miteinander vergleicht, das Gedächtnis (μνήμη, ἀνάμνησις) oder die Einbildungskraft, welche die Reste der Empfindung zurückbehält und die Vorstellungsbilder reproduziert, endlich die gestaltende Phantasie (φαντασία).

Die aktuelle Sinnesempfindung (αἴσθησις) ist der Mittelpunkt der wichtigsten Lehrsätze. Der Sinn stellt die besonderen, zufälligen Empfindungsqualitäten vor, welche das Sonderobjekt der Funktionen eines Sinnes (Sonderqualitäten) oder dessen, was dieser Sinn mit andern gemein hat (gemeinsame Qualitäten), bilden. Die Vereinigung des Erkannten und Erkennenden ist nicht physischer, sondern psychischer Art; Empfindendes und Empfundenes sind als solche nur eins, denn die Empfindung ist der gemeinsame Akt beider.

Besser verstehen wir diese Auffassung der Empfindung, wenn wir deren Entstehung beachten. Der Sinn funktioniert nicht von selbst, sondern bedarf der Erregung und inneren Bestimmung durch ein Außending, welches zum Zielpunkt der Wahrnehmung wird. Wenn die (der Potenz nach empfindbare) Erschütterung von außen in der passiven Fähigkeit nachklingt, so geht diese zum (wirklich empfindbaren) Akt über, und dieser immanente Akt ist die Erkenntnis. Das lebendige Bild, welches der Sinn seitens des Objektes empfangen hat, wird zum Erkenntnisbilde. Diese Doppelphase der Erkenntnis, die Aktion des Außendinges auf die Fähigkeit und die Reaktion der letzteren, findet in uns statt, ist psychischer Art.

Auf diese philosophische Theorie pfropft Aristoteles eine wissenschaftliche, die des Mediums. Das Außending, erklärt er, wirkt nicht unmittelbar auf unser Organ, sondern durch ein Zwischenglied, welches für den Gesichtssinn, das Gehör, den Geruch und Geschmack die Luft und das Wasser, für den Tastsinn das Fleisch ist (da die Tastempfindungen nicht an der Oberfläche des Leibes liegen, sondern ihren Sitz im Innern haben). Ob nun dieser in der Erkenntnisfähigkeit empfangene Reiz von dem Objekt selbst oder einem physischen Zwischenglied herrührt, die psychologische Schwierigkeit bleibt die gleiche: in beiden Fällen trägt ein materielles Agens zur Erzeugung eines psychischen Vorgangs bei, dessen Natur unerklärt bleibt. Es ist die psychische Determinante oder die Wirkung des Objekts auf das Vermögen, die man später „species intentionalis" nannte. Nun haben gewisse griechische Kommentatoren des Aristoteles seine Theorie der intentionalen Species verfälscht; in der Weise Demokrits (10) und unter dem Vorwand, diese Übermittelung müsse in ihrem ganzen Verlaufe dem Objekt konform bleiben, haben sie eine wirkliche Erzeugung des äußeren Gegenstandes im physischen Milieu, eine Aufeinanderfolge reduzierter kleiner Dinge erdacht, deren letztes vor dem Erkenntnisakt in das Erkenntnisvermögen eindringt. Es ist zu bemerken, daß diese falsche Auffassung, die in der Geschichte der Philosophie eine große Rolle gespielt hat, mit der wahren Meinung des Stagiriten nichts gemein hat.

Da der Sinn nur unter dem Einfluß eines Gegenstandes sich zur Funktion bestimmt, so muß dieser Gegenstand außer uns existieren. Er existiert ferner ähnlich den Erkenntnisweisen, die er in unseren Vermögen erzeugt. Dies sind im Aristotelismus die Grundlagen der **Objektivität der Empfindung**.

3. Die begriffliche Erkenntnis. Der Intellekt (νοῦς) kommt den Tieren nicht zu, sondern ist ein Vorrecht des Menschen. Während der Sinn nur das Konkrete, Besondere, Zufällige erkennt, erfaßt der Intellekt die „Quiddität" (quod quid erat esse, τὸ τί ἦν εἶναι), das Wesen der sinnlich wahrnehmbaren Dinge, gesondert von ihren individuellen Merkmalen und ihren raum-zeitlichen Grenzen. Er erfaßt die Wirklichkeit in **abstrakten** und somit allgemeinen und unwandelbaren Bestimmtheiten. Die Theorie der Abstraktion, der Schlüssel zur peripatetischen Ideologie, erklärt die unterscheidenden Eigenschaften des Denkens mit Vermeidung der Irrtümer der Platonischen „Dialektik".

Wie entstehen die Begriffe? Sie sind nicht (wie Platon meint) angeboren. Der Verstand ist eine Fähigkeit zu allem Wissen; von Natur unbestimmt und passiv wie die Sinnlichkeit, gleicht er einer „vom Griffel noch nicht beschriebenen Wachstafel".[1]) Das ist der **passive Intellekt**. Sobald er die formende Einwirkung des Denkobjektes empfängt, reagiert und erkennt er. — Woher stammt aber diese Wirkung oder psychische Determinante, da doch das abstrakte Denkobjekt nicht als solches in der Natur existiert? (41). Sie hat eine zweifache Ursache: erstens das Wahrnehmungsbild, welches allem Denken vorangeht und es begleitet, zweitens eine aktive Fähigkeit, die mit dem Bilde — in welchem das Intelligible der Potenz nach enthalten ist — zusammenwirkt und es geeignet macht, den Intellekt zu bestimmen. Neben dem passiven Intellekt, dem „Ort der Formen", der „alles werden kann", gibt es einen **aktiven Intellekt**, „der alles tut".[2]) Es ist dies eine neue Anwendung der Theorie des Aktes und der Potenz. Einem berühmt gewordenen Vergleich zufolge erleuchtet der aktive Intellekt das Wahrnehmungsbild so, wie das Licht die Farben sichtbar macht und das „Durchsichtige verwirklicht."

Gemäß dem Grundsatz, daß alles Tätige höher steht als das Leidende[3]), stellt Aristoteles beide Intellekte einander schroff gegenüber. Nur der aktive Intellekt ist vom Leibe unabhängig, existiert vor ihm und überdauert ihn; er kommt „von außen" (θύραθεν). Der passive Intellekt hingegen ist an die Sinnlichkeit gebunden, erst mit dem Organismus entstanden und verschwindet mit diesem. Als „göttliches" Prinzip ist der aktive Intellekt frei von allem Leiden, stets tätig, niemals affiziert; er hat kein Gedächtnis und kann uns nichts über seinen Zustand der Praeexistenz mitteilen.

Die Lehre von den zwei Intellekten bietet viele dunkle Punkte und große Schwierigkeiten dar. Ist der passive Intellekt und folglich das Denken selbst materiell oder immateriell? Ist der aktive Intellekt einzig oder ein

---

1) De anima III, 4, 1.
2) Ibid. 5, 1.
3) Ibid. 5, 2.

„Teil der Seele"? Kann er auch isoliert erkennen oder aber ist, da die Erkenntnis eine Seinsweise des passiven Intellekts ist, der von Natur tätige Intellekt zur Untätigkeit verdammt? Wie soll man seine Verbindung mit dem passiven Intellekt erklären, und ist diese Verbindung mit der menschlichen Persönlichkeit und Einheit vereinbar? In welchen Beziehungen steht der aktive Intellekt zum „actus purus"? Das sind Fragen, die im Laufe dieser Geschichte zu ganz entgegengesetzten Kommentaren Anlaß geben werden.

Der Gedanke hat wahre Objektivität, er reproduziert die Wirklichkeit treu, aber nicht adaequat. Die Wesenheit, die der Intellekt im Wahrnehmungsbild erfaßt, gehört zum erkannten Objekt, aber die abstrakte und allgemeine Form des Gedankens ist ein Erzeugnis des Verstandes.

4. Das *Begehren* folgt der Erkenntnis und ist von ihr abhängig; es ist ein Streben des ·Wesens nach einem bekannten Objekt, welches sich als gut darstellt. Außer dem sinnlichen gibt es ein geistiges Begehren, den Willen. Die Freiheit entspringt der Autonomie des Wollens und schließt die Verantwortlichkeit ein.

5. Erkenntnis und Begehren lenken die *Bewegung* oder Ortsveränderung des Wesens.

52. Zweite Problemgruppe: die Natur der Seele. — Durch die Definition der Seele werden schon ihre Beziehungen zum Leibe bestimmt: da die Seele die Form des Leibes ist, so ist sie seine innere Bestimmung. Die Psychologie ist nicht (wie bei Platon) das Studium der Seele, sondern des aus Leib und Seele zusammengesetzten Menschen; nicht die Seele (Platon), sondern der Organismus ist der Sitz der vegetativen und Sinnesfunktionen.

Vermöge ihrer Funktionen, die sie ohne innere und unmittelbare Mitwirkung des Organismus verrichtet, ist die Intelligenz (νοῦς) geistig und ihre Immaterialität hat ihre **Unsterblichkeit** zur Folge.

Die Unsterblichkeitslehre hat bei den Kommentatoren des Aristoteles langwierige Streitigkeiten hervorgerufen, infolge der Trennung zwischen passivem und aktivem Intellekt bietet sie Schwierigkeiten dar. Nur der aktive Intellekt ist unvergänglich. Handelt es sich nun um eine **persönliche oder eine unpersönliche Unsterblichkeit?** Der Stagirite spricht von der Glückseligkeit des zukünftigen Lebens und vergleicht es mit einer Art Unempfindlichkeit; die Toten, sagt er, können nicht handeln. In Wahrheit hat er aber auf eine präzise Beantwortung dieser verneinenden Frage verzichtet und sich damit begnügt, das Überleben des denkenden Prinzips zu lehren. Die Isolierung Gottes und des Menschen bleibt im künftigen Leben bestehen.

V. Praktische Philosophie.

53. Ethik. Die praktische Philosophie unterordnet die Erkenntnis der Leitung des praktischen Verhaltens. Unter der „Politik" versteht Aristoteles im allgemeinen die Wissenschaft von der Ordnung, die unsere Handlungen zu regeln hat; aber er unterscheidet Ethik und Politik im engeren Sinne.

Den Gegenstand der Ethik bilden die Handlungen des Individuums in ihrer Beziehung zum Endzweck. Daß die menschliche Tätigkeit einen Endzweck hat, ist nur eine Anwendung des Gesetzes der Finalität (42). Der Zweck des Menschen besteht nun in der harmonischen Betätigung aller seiner Fähigkeiten (inbegriffen die sinnlichen Kräfte) und formal in der Entfaltung der höchsten, d. h. der geistigen Kräfte. Die Erreichung des Zieles begründet das Glück und da die Tugend nur die angemessene Ausübung der Tätigkeit ist, so heißt der menschliche Zweck bald die **Tugend**, bald das **Glück** (Eudaimonie).

Entsprechend der Zweiheit von theoretischer und praktischer Vernunft gibt es eine zweifache Reihe von Tugenden: die **dianoëtischen**, höchsten Tugenden und die **ethischen**, welche untergeordneter Art, aber ebenso wesentlich für die Glückseligkeit sind. Es gibt noch andere Elemente des Glückes, wie Reichtum, Lust, aber sie sind sekundärer Art. Die Aristotelische Ethik ist ein rationaler Eudaemonismus.

Die ethischen Tugenden bilden den eigentlichen Gegenstand der Ethik. Sie werden definiert als eine Willensverfassung zum Befolgen der Urteile der Vernunft, die uns angeben, welches die unter den unserem Wesen widerstreitenden Tendenzen einzuhaltende richtige Mitte ist. In seiner Psychologie nimmt Aristoteles die Freiheit des Willens an, ohne sich auf die in diesem Begriffe liegenden Schwierigkeiten einzulassen. Auch in der Ethik geht er diesen nicht näher nach; dafür untersucht er genau verschiedene ethische Tugenden bestimmter Art, namentlich die Liebe ($\varphi\iota\lambda\iota\alpha$) und Freundschaft, die Grundlagen der Familie und der Gesellschaft.

54. Politik. — Die Politik ist das Studium der sozialen Handlungen. Der Mensch ist von Natur ein soziales Wesen ($\varphi\acute{v}\sigma\varepsilon\iota\ \pi o\lambda\iota\tau\iota\varkappa\grave{o}\nu\ \zeta\tilde{\omega}o\nu$) und der Staat ist die vollkommenste Gesellschaftsform. Die Aufgabe des Staates ist, die Wohlfahrt des Bürgers in der Gesellschaft zu sichern und zu diesem Behufe das Volk zur Tugend heranzuziehen, welche allein zum Glücke führt. Was die Staatsform betrifft, so ist die beste nicht notwendig die Republik (Platon), sondern jene, welche dem Charakter und den Bedürfnissen des Volkes am besten entspricht, was aber nicht hindert, daß Aristoteles das absolute Staatsideal in der aristokratischen Verfassung erblickt.

Die Familie ist ein Element des Staates; sie umschließt die Beziehungen zwischen Mann und Frau, Eltern und Kindern, Herrn und Dienern. Die Frau ist die freie Genossin des Mannes, aber seiner Autorität unterworfen; das Kind hat gegenüber dem Vater, zu dem es gehört, keinerlei Rechte; die Sklaverei ist notwendig und berechtigt.

VI. Poëtik.

55. Das Schöne und die Kunst. — Die Poëtik als Wissenschaft hat zum Gegenstande die Erzeugung äußerer Dinge, namentlich von Kunstwerken. Aristoteles hat das Schöne und die schönen Künste, besonders die Dichtkunst untersucht.

Wie Platon erblickt er das Schöne in den objektiven Elementen der Ordnung: „Das Schöne besteht in der mit Größe verbundenen Ordnung." Ontologisch betrachtet ist es mit dem **Guten**, besonders mit dem sittlich Guten identisch. Die Kunst ist eine Nachahmung nicht, wie nach Platon, eines Schattens, sondern der Wirklichkeit, des inneren Wesens der Dinge.

Aristoteles betont die sittliche Bedeutung der Kunst und man muß dies beachten, um seine dunkle Theorie der κάθαρσις in der Definition der Tragoedie besser zu verstehen. Indem das Drama auf der Bühne Schrecken und Mitleid erregt, erstickt es in der Seele des Zuschauers die ungeregelten Leidenschaften, welche das Stück auslöst; so ist das Drama eine sittliche Reinigung.

Die Aesthetik des Aristoteles weicht in ihren Grundlagen nicht von der Platonischen ab; die Divergenzen, die den Schüler vom Meister trennen, haben in dem Einflusse ihres philosophischen Systems auf die Aesthetik ihren Grund.

Drittes Kapitel.
Die griechische Philosophie vom Tode des Aristoteles bis zum Auftreten der Neuplatonischen Schule.
(Ende des 4. Jahrh. v. Chr. bis zum 3. Jahrh. n. Chr.)

56. Grundzüge. — Der allgemeinste Grundzug der nacharistotelischen Philosophie ist die **Vorherrschaft des Ethischen**. Auf diese neue Richtung der Ideen waren die äußeren Ereignisse nicht ohne Einfluß. Die Schlacht bei Chaeroneia (338 v. Chr.) machte der politischen Unabhängigkeit Griechenlands ein Ende. Von nun an knüpften sich dessen Schicksale an jene Mazedoniens, später an jene des römischen Staates. Das Unglück des Landes lähmte die synthetische Kraft des griechischen Geistes und die Denker dieser Zeit dachten vor allem, sich auf sich selbst besinnend, an ihre persönliche Sicherheit. Man empfand ein um so stärkeres Bedürfnis, der Philosophie das Geheimnis des Glückes abzufragen, als der religiöse Skeptizismus von Tag zu Tag an Boden gewann.

Die in Ansehen stehende Sittlichkeit ist die persönliche Sittlichkeit. Für jeden besteht die Glückseligkeit in der Gemütsruhe, aber es sind nicht alle betreffs der Wege, die zu ihr führen, einig. Man verliert das Interesse für die soziale und politische Moral. Anderseits sind alle Spekulationen der Moral untergeordnet.

Die Philosophie wird kosmopolitisch in der griechischen Kultur und entbehrt jedes Nationalitätsgefühls. Die mazedonische Eroberung zerstreut die Griechen; die Städte des Heimatlandes entvölkern sich und die Auswanderer verbreiten sich nach andren Zentren: Alexandrien, Rom, Rhodus, Tarsus wetteifern bald mit Athen.

57. Einteilung. — 1. Im Beginn des 3. Jahrhunderts bestehen vier große Schulen: die peripatetische, Stoische, Epikureische Schule und die neuere Akademie, welche die Platonische Richtung fortsetzt. Anderthalb Jahrhunderte lang blühen diese Schulen neben und unabhängig voneinander.

2. Von der zweiten Hälfte des 2. Jahrhunderts v. Chr. aber büßen sie die Reinheit der von ihren Begründern aufgestellten Lehren ein und werden eklektisch.

3. Der Eklektizismus war vor allem die Frucht des Skeptizismus der neueren Akademie und zeitigte seinerseits eine neue Form des Skeptizismus,

welche sich während zwei Jahrhunderten parallel mit dem Eklektizismus entwickelte.

Betrachten wir nun die Phasen dieser geschichtlichen Entwicklung.

58. Die philosophischen Schulen des 3. und 2. Jahrhunderts v. Chr. Die Stoa. — Alle Stoiker betonen gleicherweise die vorherrschende und höchste Bedeutung der Ethik. Manche extreme Köpfe gehen so weit, jedes andere Studium zu verbieten. So denken aber nicht die Hauptvertreter des Stoizismus. Zenon von Citium (um 342—270), der Stifter der Schule, Kleanthes, sein unmittelbarer Nachfolger (um 331—251), Chrysippos (um 281/76—208,4), der Popularisator und Ordner der Stoischen Lehren, empfehlen ausdrücklich das Studium der Physik in deren Beziehungen zur Ethik. Auch die Logik ist zu den philosophischen Disziplinen zu rechnen, denn sie lehrt uns die Unterscheidung des Wahren und Falschen, und das menschliche Verhalten muß auf sichere Erkenntnisse basiert werden.[1]

59. Die Physik der Stoa. — Sie läßt sich in vier Formeln bringen:

1. Materialismus. Die körperlichen Dinge sind allein wirklich. Unter Körper sind nicht bloß die körperlichen Substanzen zu verstehen, sondern auch die Eigenschaften, sogar die Erkenntnisse, Gefühle, Tugenden als Zustände der Substanzen. Doch lehren die Stoiker, im Widerspruche zu diesem Grundsatz, auch die Existenz gewisser unkörperlicher Dinge, zu welchen das λεκτόν oder allgemeine Begriffsobjekt gehört (60).

Da die Eigenschaften der Dinge auf der Materie beruhen und sie gleichwohl von der Substanz, an der sie auftreten, verschieden sind, so durchdringen die materiellen Teilchen einander an demselben Orte; das ist die κρᾶσις δι' ὅλων.[2]

2. Dynamismus (8). Das Prinzip der den Stoff belebenden innern Kraft ist die warme Luft (πνεῦμα), die häufig mit der Wärme oder dem Feuer identifiziert wird. Die verschiedenen Spannungen (τόνος) dieses Pneuma erklären das Auftreten der Eigenschaften und Zustände der Körper (Heraklit).

3. Monismus. Das πνεῦμα ist einheitlich. Alle Vorgänge entspringen schließlich einer obersten, vollkommenen Ursache, deren Wirkenseinheit allein die Schönheit, Harmonie und Zweckmäßigkeit der Welt zu erklären vermag. Gott ist Luft, Wärme, Feuer, aber auch Vernunft, Güte, Weltseele. In Vereinigung seiner physischen und geistigen Attribute läßt sich Gott als Feuergeist der Welt bestimmen. Da die Kraft (πνεῦμα) ein inneres Prinzip des Stoffes und selbst materiell ist, so ist Gott zugleich die Urmaterie und das dynamische Prinzip aller Dinge. Die Dinge sind nur Modifikationen der göttlichen Materie, Ausflüsse des göttlichen Hauches.

Zur Kennzeichnung dieser plastischen Kraft des obersten πνεῦμα nennen die Stoiker sie λόγος σπερματικός, erzeugende Idee, so wie sie als λόγοι σπερματικοί, keimhafte Vernunfteinheiten, die Einzelkräfte bezeichnen, welche die verschiedenen Körper beseelen, namentlich jene, welche der menschlichen Seele eigen ist.

---

[1] Die Stoiker haben so manches Problem der formalen Logik des Aristoteles wieder aufgenommen, so besonders das Thema der Kategorien und der Schlüsse. Ihre Logik ist zwar nicht sehr wertvoll, aber doch originell. Sie ist durchaus konzeptualistisch

[2] Die Stoiker haben eine bemerkenswerte philosophische Terminologie geschaffen.

4. Der *kosmische Determinismus* ist eine Konsequenz des dynamischen Monismus. Die Welt ist ein geschlossenes System von miteinander verketteten Phaenomenen, deren jedes ein bestimmtes Stadium des Werdens darstellt. Gott entwickelt sich notwendig, gemäß seiner Natur: diese absolute Notwendigkeit jeder Phase seines Werdens ist das Schicksal ($εἱμαρμένη$). Gott kennt es, denn er ist Vorsehung, aber er untersteht ihm nicht. Vergeblich haben die Stoiker versucht, mit dieser Theorie die Existenz des physischen und sittlichen Übels zu vereinbaren.

60. Anwendungen auf die Psychologie. — Vor aller wirklichen Erkenntnis gleicht die Seele einem weißem Blatte, auf dem noch nichts verzeichnet ist. Das Prinzip aller Erkenntnis ist die Empfindung. Aus ihr entspringt die Erinnerung; die Summierung von Erinnerungen ergibt die Erfahrung; aus der Reflexion auf die Erfahrung entstehen die Begriffe, mittelst deren wir das Gebiet der Erfahrung überschreiten; aus der Verbindung der Begriffe erwächst die Wissenschaft. Der Gedanke ist somit nur eine verarbeitete Empfindung, eine Kollektivwahrnehmung. Zwischen den wirklichen Gegenstand ($τυγχάνον$) und das Wort ($φωναί, σημαῖνον$) schiebt sich der Inhalt unserer allgemeinen Begriffe ($λεκτόν$).

Die Stoiker verfechten gegen die Skeptiker das Bestehen der Gewißheit. Aber keine der beiden Parteien stellt die Frage nach der Gewißheit auf ihrem eigenen Gebiete, nämlich bei der Analyse unserer Erkenntniskräfte, sondern nur in Abhängigkeit von der Ethik. Während die Skeptiker das Bestehen sicherer Erkenntnisse leugnen, weil sie dieselben für ihre Ethik als überflüssig ansehen, bejahen die Stoiker die Gewißheit, weil sie diese für notwendig erachten. Ohne notwendige Erkenntnisse, erklären sie, kann man unmöglich sein Verhalten richtigen Vorstellungen anpassen. Das praktische Bedürfnis bildet das entscheidende Argument gegen den Zweifel. Das Kriterium der Gewißheit ist rein subjektiv. Es ist die Überzeugungskraft ($καταληπτικόν$), die einer Vorstellung anhaftet, die Fähigkeit einer Erkenntnis, unsere unabweisbare Zustimmung zu erzwingen. Aber diese Kraft ist, widerspruchsvollerweise, nicht den Empfindungen, sondern den Begriffen ($λεκτά$) eigen, während doch die allgemeine Vorstellung, der kein körperlicher Gegenstand entspricht, aller Realität bar sein müßte (59).

Der Determinismus des menschlichen Handelns ist nur eine Anwendung des kosmischen Determinismus. Die Stoiker bemühen sich vergebens, die Freiheit dadurch zu retten, daß sie den freien Akt mit dem Willensakt identifizieren.

Die Seele ist ein Ausfluß der Gottheit oder der Weltseele, eine warme Luft, ein $πνεῦμα$. Seit langem schon erklärte die griechische Physiologie und Medizin die normalen und abnormen Zustände der vegetativen Funktionen[1]) durch das $πνεῦμα$. Die Stoiker überboten noch diese Ansicht, indem sie das $πνεῦμα$ mit der Seele selbst, die Tätigkeit mit dem Tätigkeitsprinzip identifizierten. Diese Anschauung kommt in den Theorien des Ursprungs, des Sitzes, der Hauptbestandteile der Seele und des künftigen Lebens

---

1) Siebeck, Geschichte der Psychologie, I, 2 (1884), S. 133. — Vgl. S. 33: das $πνεῦμα$ bei Aristoteles.

zum Ausdruck. Die Seele des Kindes ist ein von der Elternseele sich ablösender materieller Teil. Ihren Sitz hat die Seele in der Brust, wohin die Atmung den warmen Hauch einbläst. Hier entspringt auch die Sprache, der unmittelbarste Ausdruck der denkenden Seele. Mit der Luft, welche das Herz in dem Organismus verbreitet, breitet sich die Seele im ganzen Leibe aus und durchdringt ihn (κρᾶσις δι' ὅλων). Die Stoiker vervielfältigen die Seelenteile nach Belieben. Die Vernunft bleibt aber der leitende Teil (ἡγεμονικόν), das Prinzip des Ichs und der Persönlichkeit. Wenn am Ende der Zeiten die Welt vom Feuer verzehrt sein wird, werden die menschlichen Seelen im göttlichen πνεῦμα absorbiert. Die Seele überlebt also den Leib einige Zeit hindurch. Ist dieses Überleben ein Vorrecht des Guten oder aber allgemeine Bestimmung? In diesem Punkte sind die Stoiker nicht einig. Die Theorie des Überlebens bedeutet eine durch sittliche Bedürfnisse abgezwungene Schmälerung des reinen Materialismus.

61. Die Ethik der Stoa. — Gegenüber den übrigen Wesen hat der Mensch das Vorrecht, die Weltgesetze, denen er notwendig gehorcht, zu erkennen. Unser Leben diesen Gesetzen des Kosmos gemäß zu gestalten, unser Verhalten entsprechend unserer vorwiegend geistigen Natur zu regeln und in der Vernunft das einzige Motiv unseres Handelns zu suchen (ὁμολογουμένως τῇ φύσει ζῆν) das ist das Prinzip der Stoischen Sittlichkeit und Tugend. Da nun die Unterordnung unserer Handlungen unter die Vernunft zugleich die Glückseligkeit, nach der wir von selbst streben, verwirklicht, so folgt daraus, daß die Tugend das höchste und einzige Gut ist.

Positiv aufgefaßt, ist die Tugend eine Selbstbestimmung des Willens, gemäß unseren wahren Erkenntnissen zu handeln, wobei von allen anderen Handlungsmotiven abgesehen wird. Ihre Grundlage hat die Tugend in der Wissenschaft, ihre Krönung im Handeln. Die Tugend ist nicht eins mit dem Wissen (Sokrates), sondern geht über dasselbe hinaus, denn die Theorie hat keine andere Berechtigung als die der Leitung des Verhaltens. Der Weise, der in sich Einkehr hält, bekundet völlige Gleichgültigkeit gegen jedes Motiv, das nicht in der Vernunft seine Quelle hat. Diese apathische Seelenruhe, welche dem Lärm der Außenwelt das Ohr verschließt, ist das negative Element der Stoischen Tugend.

Wie die Tugend das einzige Gut, so ist das Laster oder das vernunftwidrige Wollen das einzige Übel. Zwischen beiden besteht eine, vom Stoizismus übermäßig betonte, wesentliche Unverträglichkeit. Gut und Böse haben einen absoluten Wert (bzw. Unwert), sie sind oder sind nicht, dulden keine Abstufung. Da sie das sind, was sie an sich bedeuten, so folgt, daß aus dem einen unter keinen Umständen das andere werden kann. Mit dieser rigoristischen Scheidung verbinden die Stoiker eine radikale Abgrenzung der Bösen von den Guten; der Übergang des Bösen zum Guten ist ein jäher.

Alles, was nicht an sich gut oder böse ist, steht in keiner Beziehung zum Sittlichen, es ist für die Tugend gleichgültig (ἀδιάφορον) und daher des Weisen unwürdig. Die strengen Moralisten der Stoa tadelten gewiß den Aristoteles, weil ihm die äußeren Güter als ein Element des Glückes gelten (53), ihre heftigsten Angriffe aber richteten sich gegen Epikur (64). Die Lust ist nach ihnen ein sittlich Gleichgültiges, sie kann die Folge, nicht aber die Triebfeder unserer Handlungen sein.

Die Tugend ist **Pflicht**, weil sie kosmische Bedeutung hat: sie ist die Form der naturgemäßen Tätigkeit des Menschen. Die Unterordnung des Verhaltens der Wesen unter die kosmischen Gesetze ist aber notwendig und unvermeidlich. Der allgemeine Charakter der Stoischen Ethik nötigt sie, den Wert der menschlichen Persönlichkeit zu schmälern.

Da der Mensch nicht reine Vernunft ist, so liegen in ihm außer einer vernünftigen Tendenz irrationelle Regungen oder Affekte ($πάθη$). Der Affekt (bzw. die Leidenschaft) ist ein vernunftwidriger Zug nach unvernünftigen Dingen. Er geht von einer irrigen Vorstellung aus und endet in einem nachfolgenden Wollen; insofern ist er von unserem Willen, mithin auch von unserer Freiheit abhängig (60). Jede Leidenschaft ist schlecht, sie ist eine seelische Krankheit (gegen Aristoteles). Der Weise ist Herr über sich selbst, widersteht seinen Leidenschaften, bemüht sich, sie aus seiner Seele auszumerzen, er wird apathisch, d. h. leidenschaftslos ($ἀπάθεια$).[1]

Der Stoizismus bekundet eine innige Durchdringung des theoretischen und praktischen Lebens und ergänzt die von ihm erneuerten Systeme gegenseitig.

62. **Die Epikureische Schule.** — In der Philosophie Demokrits und Platons herangebildet, begründete **Epikur** (342/41—270) in Athen selbst eine philosophische Schule (306 v. Chr.), deren Popularität immer mehr zunahm. Niemals hielten sich Schüler gewissenhafter an die Lehre ihres Meisters; obgleich der Epikureismus mehr als sechs Jahrhunderte lang in Geltung stand, behielt er doch die Gestalt, die ihm sein Begründer gab. Seit dem 2. Jahrhundert v. Chr. verbreitete sich der Epikureismus zugleich in der griechischen und in der römischen Welt. Der Dichter **Lukrez** (T. Lucretius Carus, 94 bis 54) ist ein Anhänger Epikurs. Die Schule, welche noch im 3. Jahrh. nach Chr. blühte, erlosch im 4. Jahrhundert, aber verschiedene Theorien derselben überlebten deren Zusammenbruch und das Mittelalter sammelte ihre Fragmente.

Epikur betont die ausschließlich praktische Bedeutung der Philosophie; ihr Hauptziel ist, uns vermittelst des Denkens und der Rede bei der Erreichung unseres Glückes zu helfen.[2]

63. **Epikureische Physik.** — Die einzige Aufgabe der Physik besteht darin, zu zeigen, daß die Natur von allgemeinen Naturkräften beherrscht wird, daß in ihr keine Zielstrebigkeit wirksam ist und daß daher der Mensch alle Furcht vor dem Eingreifen einer Gottheit ablegen kann.

Epikur erklärt die Sinnenwelt vermittelst der Prinzipien des Demokritischen Mechanismus (10); es gibt nur materielle, homogene, der Zahl nach unendliche Atome. Infolge ihrer Schwere bewegen sie sich im grenzlosen Leeren.

---

[1] Die eifrigsten Apostel des Stoizismus waren in der Praxis genötigt, die extreme Strenge ihrer Ethik zu mildern. Nach der Definition der Tugend beschreiben die Stoiker gern die Einzeltugenden, namentlich die Gerechtigkeit, die Nächstenliebe und die Freundschaft.

[2] Epikur akzeptiert die traditionell gewordene Einteilung der Philosophie in Logik (von ihm „Kanonik" genannt), Physik und Ethik. Die Probleme der formalen Logik behandelt er nebenher, ohne ihnen, wie die Stoiker es taten, irgendwelche Bedeutung beizumessen.

Während aber nach Demokrit die Atome einander bei ihrem Falle stoßen und so Wirbelbewegungen hervorbringen, fallen sie nach Epikur alle mit gleicher Geschwindigkeit in gerader Richtung und ohne einander im leeren Raum, der völlig widerstandslos ist, zu berühren. Doch schreibt Epikur, ethischen Erwägungen gemäß, den Atomen eine willkürliche Fähigkeit der Abweichung (das „clinamen" des Lukrez) zu, vermöge deren sie ein wenig von der geraden Bahn abbiegen können; das natürliche Spiel dieser von der Schwere unabhängigen Atombewegungen führt zu Stößen und Wirbeln.

Die Ansammlung der Atome unter dem Einfluß der Schwere zeitigt die, durch den leeren Raum voneinander geschiedenen, Welten. Aus der verschiedenen Konfiguration der Atome erklärt sich das Auftreten der verschiedenen Elemente, insbesondere der Erde, aus welcher die Pflanzen, Tiere und Menschen hervorgehen.

64. Anwendung auf die Psychologie. — Alle Erkenntnis ist Empfindung und diese beruht auf Atomausflüssen (10). Die Wiederholung von Empfindungen erzeugt den Begriff oder die Gemeinvorstellung ($\pi\varrho\delta\lambda\eta\psi\iota\varsigma$), die in der Erinnerung sich befestigt. Wir gehen vom Bekannten zum Unbekannten vermittelst der Meinung ($\delta\delta\xi\alpha$), die nur ein Wahrnehmungsurteil oder Wahrnehmungsschluß ist.

Gleich den Stoikern gründet Epikur die Gewißheit auf sittliche Erwägungen. Eine Sinneswahrnehmung ist kraft ihrer bloßen Existenz wahr, ihrem Gegenstande entsprechend, denn ihr Objekt ist nicht das Außending, sondern das Bild, das dieses in uns bewirkt. Die Erkenntnislehre Epikurs kennt keine Sinnestäuschungen mehr. Der Irrtum entsteht, wenn wir in unserem Urteile den Dingen selbst das zuschreiben, was nur von ihren Bildern in uns gilt. Die Theorie führt logisch zum Subjektivismus des Protagoras (11). In der Praxis nahm jedoch Epikur an, daß unsere Wahrnehmungen sich nicht bloß auf die vorgestellten, sondern auf die Dinge selbst beziehen. Der Begriff hat denselben Wert wie die Empfindung. Die Meinung ist wahr oder falsch, je nachdem sie durch die Erfahrung erhärtet ist oder nicht.

Der Wille ist eine mechanische Bewegung der Seele, die von Epikur nicht erklärt wird. Er wendet seine ganze Aufmerksamkeit dem Freiheitsproblem zu. Wenn die Stoiker, für welche die Sittlichkeit in der Unterwerfung des Menschen unter die kosmischen Gesetze besteht, den psychologischen Determinismus betonen, so berufen sich die Epikureer, welche das Glück im Individualismus und der absoluten Unabhängigkeit des Menschen erblicken, auf die Freiheit. Nur um innerhalb seines extremen Mechanismus die Möglichkeit einer freien Tat zu bewahren, schreibt Epikur den Atomen eine fast willkürliche Kraft der Abweichung von der Geraden zu. Die Konsequenz müßte ihn dazu zwingen, jedem Atom die Freiheit, die er so eifervoll dem menschlichen Wesen zueignet, zuzuschreiben.

Die Seele ist körperlich. Die Atome, aus denen sie besteht, sind die leichtesten und beweglichsten; sie ist das Produkt einer Verbindung von Feuer- und Luftatomen, von $\pi\nu\varepsilon\tilde{v}\mu\alpha$ und einem anderen unendlich beweglichen Element. Sie ist im ganzen Leibe verbreitet, aber der vernünftige Seelenteil bewahrt seine Herrschaft. Die Seele entsteht mit dem Körper; nach dem Tode zerstreut sie sich im Äther. Ein beruhigender Gedanke, denn der Tod ist das Ende aller Schmerzen.

65. Die Ethik der Epikureer. — Während der Stoizismus die persönliche Neigung dem Weltgesetze unterwirft, setzt der Epikureismus den Angelpunkt der Sittlichkeit in die egoistische Wohlfahrt. Die individuelle Lust ist das höchste Gut, und unter jener ist nicht bloß die Summe der Lust — und besonders der sinnlichen Lustempfindungen, sondern die harmonische Glückseligkeit des Wesens zu verstehen. Diese Lust knüpft sich mehr an die Ruhe und den Mangel an Unlust (sozusagen als negativer Genuß) als an eine positive Gemütsbefriedigung. Da die seelischen Schmerzen die Ruhe mehr stören als die physischen, so setzt Epikur die Vernunft zum obersten Schiedsrichter der Lust ein; vermittelst der Vernunft verjagen wir die störenden Einflüsse der **Vorurteile**. Nach der Epikureischen Glücksauffassung ist die sinnliche Lust nicht wie nach der Stoischen geächtet; sie ist die ursprüngliche Lust, wird aber durch die Vernunft beherrscht. Diese Abmessung der Lust durch das Urteil ist das Wesen der Tugend selbst.[1])

Stoizismus und Epikureismus weichen in ihren Prinzipien voneinander ab, gelangen aber zu derselben Definition der Glückseligkeit. Von entgegengesetzten Lehren ausgehend, schildern Epikur und Zenon die „Ataraxie" des Weisen beinahe mit denselben Farben. Und da es allein auf dieses Endziel ankommt, so zögerte man bald nicht, zu schließen, das spekulative Wissen sei unnütz für das Glück. Zu diesem Ergebnis bekannten sich die Skeptiker.

66. Die skeptischen Schulen des 3. und 2. Jahrhunderts bestimmen als einziges Ziel der Philosophie die Erreichung der Glückseligkeit, und diese besteht nach ihnen wie nach den Stoikern und Epikureern in der Gemütsruhe, der **Ataraxie**. Sie leugnen die Möglichkeit einer sicheren Erkenntnis nur deshalb, weil in ihren Augen die theoretische Gewißheit für das Glück nicht unentbehrlich ist.

In dieser Periode treten drei skeptische Schulen auf: 1. die **pyrrhoneische Schule**, begründet durch **Pyrrhon von Elis** (um 360—270), ohne Dauer und Einfluß. — 2. Die **zweite oder mittlere Akademie**, gestiftet durch **Arkesilaus von Pitane** (315—240), welcher der älteren Platonischen Schule die Richtung zum Skeptizismus gab und wie Pyrrhon erklärte: die Gewißheit ist illusorisch, die $\dot{\epsilon}\pi o\chi\acute{\eta}$, die Enthaltung von der Ausübung der Erkenntniskräfte ist die einzig berechtigte Haltung des Weisen. — 3. Die **dritte oder neuere Akademie**, ein Jahrhundert später durch **Karneades von Kyrene** (213—129) gestiftet, der den Skeptizismus der Akademie entwickelte und die Einwände gegen den Dogmatismus im allgemeinen und den Stoizismus im besonderen sammelte. Dem Arkesilaus folgend, erblickt Karneades in der Wahrscheinlichkeit gewisser Vorstellungen die genügende, aber unentbehrliche Triebfeder des Handelns.

67. Peripatetische Schule. — Diese Schule beschäftigte sich während zweier Jahrhunderte mit Logik, Ethik und Physik. Sie wurde immer mehr

---

1) Epikur räumt gleich Zenon der Freundschaft einen Ehrenplatz ein, erblickt aber in den Familien- und Staatspflichten eine Schmälerung des Genusses.

naturalistisch, so daß Straton von Lampsakos (gest. 270) Gott mit der φύσις identifiziert und die Zweckursachen leugnet. Die Richtung, welche die Schule seit dem 1. Jahrhundert v. Chr. einschlägt, ist historisch bedeutsamer (73).

68. Der Eklektizismus (zweite Hälfte des 2. Jahrhunderts v. Chr. bis zum 3. Jahrh. n. Chr.). — Der Stoizismus, Epikureismus und Skeptizismus haben schließlich dieselbe Idee zum Mittelpunkt: die Vorherrschaft des Ethischen. Da sie sich an dem gleichen Orte, Athen, entwickelten, so war es natürlich, daß sie einander beeinflußten. In anderer Hinsicht ist der Eklektizismus das Produkt des Skeptizismus. Denn die Skeptiker hatten sich nicht mit dem negativen Zweifel begnügt, sondern die Bedürfnisse des praktischen Lebens hatten sie zu einer Theorie der Wahrscheinlichkeit geführt, die sich dem Dogmatismus nähert. Diese Wahrscheinlichkeit kam aber nach den Skeptikern den verschiedenen bestehenden Systemen in gleichem Maße zu, da jedes von ihnen genügt, um eine subjektive Überzeugung als Grundlage unseres Verhaltens zu bewirken. In der Tat finden sich bei den Nachfolgern des Karneades die ersten Äußerungen des charakterisierten Eklektizismus. — Das Aufkommen desselben wurde durch ein Ereignis begünstigt: die Eroberung Griechenlands durch die Römer (146 v. Chr.). Die Besiegten zwangen den Siegern ihre Philosophie, ihre Wissenschaft und ihre Erziehung auf, waren aber genötigt, die Grundtendenzen des römischen Geistes zu achten. Von der Philosophie forderten aber die Römer in erster Linie praktische Vorteile, sittliche Vorschriften und Regeln für die Rede- und Regierungskunst. Die spekulativen Theorien, an welche sich diese Vorschriften knüpften, beschäftigten sie weniger und sie wählten die eine oder die andere ohne besondere Bevorzugung.

Der Eklektizismus dieser Periode trifft die Auswahl seiner Theorien je nach ihrer Richtung auf das Ziel des praktischen Lebens. Das oberste Kriterium dieser Richtung ist das **unmittelbare Bewußtsein, die instinktive Überzeugung desselben, unabhängig von aller anderen Erwägung,** etwa der wirklichen Objektivität der Erkenntnis. Eine **innere Stimme** läßt sich vernehmen, deren Aussagen unanfechtbar sind. Das ist der Subjektivismus, und auch hierin gemahnt der Eklektizismus an die Skepsis.

Der Eklektizismus erfüllt anderthalb Jahrhunderte v. Chr. und die drei ersten Jahrhunderte n. Chr. Die philosophischen Systeme dieser Periode lassen sich a potiori nach den Schulen einteilen, an die sie sich am engsten anschließen. Denn trotz der wechselseitigen Einflüsse der vier nacharistotelischen Systeme bewahrte jedes derselben seine besondere Eigenheit und hinterließ eine eigene Spur. Ja, man sah sogar im römischen Kaiserreich die Platonische und Aristotelische Schule ihre ursprüngliche Eigenart energischer betonen, indem man die Schriften ihrer Begründer gründlicher studierte. Außerdem wurden öffentliche Vorlesungen über Philosophie gehalten, und Marc Aurel sanktionierte öffentlich die Unterscheidung der vier Schulen, indem er ihnen besondere Lehrkanzeln in Athen zuwies (176 n.Chr.). Aber es handelte sich nicht um eine Rückkehr zur Vergangenheit; unwiderstehliche Antriebe vereinigten Bewegungen von verschiedenen Ausgangspunkten her in derselben Richtung.

Wir lassen den Eklektizismus der Epikureischen Schule, in dem sich die Lehren des Meisters fast ungeändert erhielten, beiseite und befassen uns mit der Stoischen, Platonischen und Peripatetischen Form des Eklektizismus.

69. Der Stoische Eklektizismus. Seneca. — Seit dem ersten Jahrhundert v. Chr. zeigt sich der Stoizismus in hohem Maße für fremde Lehren empfänglich. Seine Untersuchungen verschanzen sich immer mehr in der Ethik, aber neue Theorien, die den wahren Bedürfnissen des Lebens besser entsprechen, mildern die strenge und trügerische Lehre der ersten Schüler Zenons. Diese schon bei Panaetius von Rhodos, dem Begründer des Römischen Stoizismus (um 185—111) und dessen Schüler Posidonius zutage tretenden Tendenzen verschärfen sich bei Seneca, Epiktet und Marc Aurel, den Hauptvertretern des Stoizismus in der römischen Kaiserzeit.

Seneca wurde in den ersten Jahren der christlichen Aera geboren und erlitt den Tod im Jahre 65, auf Befehl Neros, dessen Ratgeber er lange Zeit gewesen.

Er schätzt nicht die Logik der Stoiker, und wenn er auch den Grundsätzen ihrer Physik nicht entgegentritt, so betont er doch vorzugsweise die Anwendungen derselben auf die Ethik. So lehrt er, bei aller Annahme des materialistischen Pantheismus, die providentielle Tätigkeit Gottes (59) und die Fortdauer der Seele. Er erörtert bald die Körperlichkeit und Göttlichkeit der Seele, die ein Ausfluß des göttlichen $\pi\nu\varepsilon\tilde{v}\mu\alpha$ ist, bald den Gegensatz zwischen Geistigem und Physischem. Schließlich triumphiert bei dem römischen Moralisten der anthropologische Dualismus, und der Mensch gilt ihm nun als eine Zusammensetzung zweier heterogener Bestandteile, Seele und Leib, die in beständigem und unaufhebbarem Streit miteinander liegen. Die Psychologie Senecas ist eine Mischung von Stoizismus und Platonismus, die durch die Zweifel betreffs des innersten Wesens der Seele und deren Bestimmung eine skeptische Färbung erhält.

Die Ethik trägt hier den Stempel des strengsten Puritanismus. Aber Seneca kennt zu sehr die menschliche Unvollkommenheit, um nicht die unausführbaren Vorschriften des älteren Stoizismus den Bedürfnissen seiner Zeit anzupassen. Er preist zwar die Selbstbeherrschung des Weisen, gestattet ihm aber den Genuß äußerer Güter, im Namen jener unvollkommenen Tendenzen des Leibes, deren gebieterische Gewalt den Charakter des Natürlichen bekundet. Seneca preist den Kosmopolitismus der menschlichen Gefühle, die Nächstenliebe und spricht vom Elend des Lebens und der Notwendigkeit eines Jenseits in herrlichen Worten.

70. Der akademische Eklektizismus. Cicero. — Die Akademie ist die Stätte, wo die völligste Vermischung der bestehenden philosophischen Lehren stattfand. Der akademische Eklektizismus im 1. Jahrh. v. Chr. tritt in charakteristischer Gestalt auf bei Philon von Larissa (gestorben um 80 v. Chr.), dem Begründer der vierten Akademie, bei Antiochus (gestorben im Jahre 68 v. Chr.) und Cicero, seinem berühmtesten Vertreter. Antiochus vollendet die Rückkehr der Platonischen Schule zum Dogmatismus, macht gegen Karneades Front, beruft sich auf Platon, Aristoteles und Zenon zugleich und meint, alle dogmatischen Systeme seiner Vorgänger hätten nur dieselben Wahrheiten in verschiedener Form zum Ausdruck gebracht.

Dieser totale Eklektizismus findet sich wieder bei Cicero (106—43). Wenn er sich auch vorzugsweise auf die neuere Akademie beruft, so verwertet er doch alle Systeme seiner Zeit und alle finden in seinem assimilationsbeflissenen Denken Aufnahme. Unter den zahlreichen Schriften, in welchen die philosophischen Anschauungen Ciceros zerstreut sind, erwähnen wir „de officiis", „de republica", „de legibus", „de finibus bonorum et malorum", „de natura deorum". Cicero glänzt weniger durch die Originalität der Ideen als durch sein erhebliches Talent zur Anpassung der griechischen Anschauungen an das römische Milieu.

Ausgehend vom theoretischen Skeptizismus, den er auf die Uneinigkeit der Philosophen betreffs der wichtigsten Probleme stützt, verbindet ihn Cicero mit einem praktischen Dogmatismus. In allen sittlichen Fragen, die den Hauptinhalt der Philosophie bilden, und in allen, die auf die Ethik von Einfluß sind, stützen wir uns auf eine positive Überzeugung, die zwar keine absolute Gewißheit ist, aber doch die Wahrscheinlichkeit im Sinne des Karneades übertrifft. Woher schöpfen wir aber diese Sicherheit, die unser Handeln leiten muß? Im Bewußtsein, in der inneren, unmittelbaren Empfindung, die sich mit gewissen Dingen verbindet, mit anderen nicht: die sittlichen Grundwahrheiten sind eingeboren.

Sowie aber Cicero zu den Einzelheiten der durch die Sittlichkeit gezeitigten Probleme kommt, gewinnen seine eklektischen Bedenken die Oberhand. Er glaubt an die Identität der Platonischen und Aristotelischen Lehren vom höchsten Gut, hat aber Mühe, sie mit der Stoischen Lehre zu vereinbaren. Mit Zenon betont er die Selbstbeherrschung des Weisen, kann sich aber nicht entschließen, die sinnlichen Genüsse aus dem Guten auszuschließen (Peripatetismus). Bloß der Epikureismus ist unbarmherzig aus seiner Theorie der Glückseligkeit verbannt.

71. Der peripatetische Eklektizismus. Interpreten und Kommentatoren des Aristoteles. Die Hauptbemühung der peripatetischen Schule war seit dem Beginne des ersten Jahrhunderts v. Chr. die Ordnung, Erläuterung, Popularisierung des großen Werkes des Aristoteles.

Andronicus von Rhodus, von 60 bis 40 v. Chr. das Haupt der Athenischen Schule, gibt seinen exegetischen Arbeiten einen mächtigen Schwung, indem er mit Unterstützung des Grammatikers Tyrannion eine vollständige Ausgabe der Schriften des Meisters, mit Kommentaren (30) versehen, herausgibt. Boëthus von Sidon und Ariston sind ebenfalls bedeutende Exegeten. Wir dürfen aber nicht glauben, daß diese Männer ihre Philosophie in allem an der Aristotelischen orientieren; auch die peripatetische Schule ist eklektischen Einflüssen zugänglich.

Die Peripatetiker des Kaiserreiches setzen diese eklektischen Tendenzen fort, wobei sie mehr als je sich den Werken des Aristoteles zuwenden, von welchen sie mit besonderer Vorliebe die Logik kommentieren. Am berühmtesten ist Alexander von Aphrodisias (um 200), der große Kommentator, den die Nachwelt den „zweiten Aristoteles" genannt hat. Doch weicht er in wichtigen Punkten von der Aristotelischen Lehre ab. Er betont die Individualität der Substanzen in dem Maße, daß er das Allgemeine auf einen bloßen Begriff ohne objektive Bedeutung zurückführt. Er lehrt, der passive Intellekt (*νοῦς ὑλικός καὶ φυσικός*) werde zum tätigen Vermögen (*νοῦς ἐπίκτητος*, später „intellectus acquisitus" genannt), vermöge einer äußeren Erleuchtung (vgl. das *θύραθεν* des Aristoteles), die ihm seitens des mit dem göttlichen Wesen identifizierten aktiven Intellekts (*νοῦς ποιητικός*) zuteil wird. Alles in unserer Seele ist vergänglich; der mit dem Leibe entstandene potentielle Intellekt schwindet mit ihm: die Unsterblichkeit der Seele wird hiermit geleugnet. Alexander erledigt einen Punkt, den Aristoteles schwebend gelassen (52), im Sinne des Materialismus. Im Mittelalter und in der Renaissance werden sich ganze Schulen auf seine Deutung stützen. Es sei noch erwähnt, daß der Kommentator des Aristoteles ein entschiedener Verfechter der menschlichen Freiheit ist, in deren Namen er die Vorschung leugnet[1]).

Von der zweiten Hälfte des 3. Jahrhunderts angefangen, fand Aristoteles in der Neuplatonischen Schule zahlreiche Kommentatoren und Bewunderer (86, 88). Aber sie gewann niemals das Monopol auf die Kommentierung des Stagiriten.

72. Erneuerung des Skeptizismus. — Der Eklektizismus, der in der neueren Akademie den Skeptizismus verdrängt hatte, bewahrte die Keime eben der Lehre, die er vernichten wollte. Die Unstetheit des alle Systeme durchstöbernden Geistes ist ein Anzeichen des Zweifels, der ihn beschäftigte. Diejenigen, welche zum Skeptizismus zurückkehrten, waren hauptsächlich Ärzte. Sie beschränkten sich gemäß dem medizinischen Empirismus auf die Beobachtung der Erscheinungen und konzentrierten sich mit Verachtung der spekulativen Erkenntnis auf das Gebiet praktischer Anwendungen. Von hier bis zum Skeptizismus ist nur ein Schritt.

Der Skeptizismus dieser Periode beruft sich auf Pyrrhon, ist aber viel mehr von Arkesilaus und Karneades abhängig. Sein Einfluß war weder groß noch von Dauer. Infolge der Erschlaffung des Denkens dürstete man nach dem Dogmatismus; man kann sagen, daß der neu-pyrrhonische Skeptizismus eine Annäherung an die anregenden Ideen des Neuplatonismus ist.

In seinen *πυῤῥώνειοι λόγοι* bekennt sich Aenesidemus (Ende des 1. Jahrh. v. Chr.) ausdrücklich zum ernsten und universellen Zweifel. Er verwirft nicht bloß den Dogmatismus der letzten Akademiker, sondern auch die Theorie der Wahrscheinlichkeit. Weder die sinnliche noch die begriffliche Erkenntnis kann irgendwelche Gewißheit bieten. Aenesidemus vereinigt seine Argumente in „zehn Tropen", welche den Kodex des antiken Skeptizismus bilden. Sextus Empiricus gliedert sie nach ihrer Beziehung auf die Natur des erkennenden Subjekts, auf die Natur des Erkenntnisobjekts, auf die Beziehungen zwischen beiden. Die Einwände des Aenesidemus drehen sich um die Grundthese: da unsere Vorstellungen relativ sind, so können wir keinerlei Wahrheitskriterium besitzen. Die Konsequenz erfordert, daß wir uns des Urteils enthalten. Aenesidem selbst macht keinen Anspruch auf Beweis der Richtigkeit seiner

---

[1]) An den eklektischen Peripatetismus kann man auch Adrastus von Aphrodisias (Ende des 2. Jahrh.) und Claudius Galenus aus Pergamos (131—201), Arzt und Philosoph zugleich, anschließen.

These — was widerspruchsvoll wäre — sondern will nur Unterweisungen bezüglich unseres inneren Zustandes geben. Seine Philosophie ist keine Doktrin (αἵρεσις), sondern eine Verhaltungsmaxime, eine Tendenz (ἀγωγή). Seine Schüler nannten sich ἀπορητικοί, ἐφεκτικοί, ζητητικοί u. dgl.

Im praktischen Leben führt diese Haltung zur Seelenruhe, zum Glücke. Im Einklang mit den übrigen Skeptikern lehrt Aenesidem, daß die Empfindungen das Handeln zu leiten vermögen.

Gegen Ende des 2. Jahrhunderts n. Chr. resümiert **Sextus Empiricus** in langen Abhandlungen (besonders den „Hypotyposes pyrrhonicae") die Gesamtlehren der Skeptischen Schule; sie enthalten ein sehr beweiskräftiges, aber wenig geordnetes Anklagematerial gegen alle dogmatischen Schulen.

Sextus richtet seine Angriffe gegen die formalen Methoden der Wissenschaft sowie gegen deren materialen Gehalt. Ihre **Methoden** sind fruchtlos, denn es gibt hier weder ein untrügliches Wahrheitskriterium noch stichhaltige Beweismittel. Ihr **Gehalt** ist leer, denn der Begriff der Ursache kann betreffs einer Wirklichkeit außer uns nichts feststellen. Auch die Ethik ist keine Wissenschaft; die Widersprüche der Philosophen betreffs der Natur des Guten zeigen zur Genüge, daß an sich nichts gut ist. Alle diese Thesen sind mit weitschweifigen Erläuterungen von ungleichem Werte verbunden, in welchen Sextus nur die Anschauungen des Aenesidemus und der neuern Akademie aufnimmt. Da sich jeder Aussage eine andere entgegensetzen läßt, indem man sich auf Gründe von gleicher Stärke stützt (ἰσοσθένεια τῶν λόγων), muß man sich zweifelnd verhalten und sich vor jedweder Behauptung hüten (ἐποχή).

Anderseits genügen unsere Erkenntnisse, wenn sie auch, als bloß relativ, nichts betreffs des Wesens der Dinge außer uns lehren können, zur Leitung unsres praktischen Verhaltens und zur Erreichung der Glückseligkeit.

Wie der parallel mit ihm sich entwickelnde Eklektizismus beschränkt sich der Skeptizismus auf Wiederholungen älterer Argumente, welche die Erschöpfung der Philosophie an den Tag legen. Nichtsdestoweniger sollte der griechische Genius noch einen letzten Aufschwung nehmen, indem er zum vierten Male die Grundrichtung seiner Tendenzen wechselte.

Viertes Kapitel.
Der Neuplatonismus und dessen Vorläufer.

(Vom 3. Jahrh. n. Chr., bzw. vom Ende des 1. Jahrh. n. Chr. bis zum 6. Jahrh. n. Chr.)

73. Grundcharakter. — Die Philosophie wird theurgisch und religiös. Die Vorherrschaft ethischer Untersuchungen hatte in der verflossenen Periode ein äußerstes Mißtrauen gegen alles spekulative Wissen gezeitigt. Die Philosophie, die alle Hoffnung aufgab, Gewißheit und Glück auf dem gewöhnlichen Wege zu finden, suchte beide in einem Verkehr mit der Gottheit. Einerseits versetzte sie Gott in eine der Vernunft unzugängliche Sphäre; anderseits nahm sie den **unmittelbaren Verkehr** dieses unerforschlichen Gottes mit der menschlichen Seele an. Dieser Verkehr nötigte zur Einführung neuer Erkenntnisweisen, der ekstatischen und mystischen Intuitionen in die Welt des Bewußtseins, sowie in der objektiven Sphäre zur Ersinnung einer Stufenfolge von Mittelwesen, die sich von der unerreichbaren Gottheit bis zum Menschen erstreckt. Unter der Herrschaft dieser Tendenzen gewann die Philosophie eine Vorliebe für die religiösen Lehren und für diejenigen Systeme der Vorzeit, welche mit der Religion am innigsten verwandt waren.

Die äußeren Verhältnisse begünstigen diese charakteristische Entwicklung der griechischen Philosophie besonders. Einerseits ist das philosophische Zentrum dieser Periode Alexandria, wo sich die Völker dreier Erdteile versammeln, und wo die griechische Philosophie naturgemäß den Einfluß orientalischer Lehren empfängt. Anderseits schreitet im 2. Jahrhundert n. Chr. die Entartung im römischen Reiche mit Schnelligkeit fort. Das Volk und die Caesaren suchen bei exotischen Religionen, namentlich bei orientalischen, eine sittliche Kraft, die das entvölkerte Pantheon ihnen nicht gewährt. Die Einführung dieser Religionen in das öffentliche Leben der Römer übt nun einen indirekten Einfluß auf die Philosophie aus.

74. Einteilung. — Der soeben hervorgehobene Charakterzug kommt vorwiegend im Neuplatonismus, der interessantesten und bedeutendsten Form der Philosophie in dieser Periode, zum Ausdruck. Der Neuplatonismus erfüllt die drei letzten Jahrhunderte der griechischen Philosophie. Er hat es verstanden, eine kraftvolle Synthese, die durch die Einheit und Übereinstimmung ihrer Theorien ausgezeichnet ist, herzustellen. Dies unterscheidet ihn hauptsächlich von den ähnlichen Systemen, die ihm vorhergehen.

Diese viel weniger gut geordneten Systeme treten gegen Ende des 1. Jahrhunderts v. Chr. auf. Sie haben den Neuplatonismus beeinflußt und der neue Geist ist in ihnen lebendig. Es ist deshalb besser, sie an die vierte Periode dieser Geschichte anzuknüpfen, obzwar sie chronologisch Zeitgenossen der oben betrachteten eklektischen und skeptischen Systeme sind.

Somit lassen sich innerhalb der vierten Periode der griechischen Philosophie unterscheiden: 1. Die Vorläufer des Neuplatonismus (Ende des 1. Jahrh. v. Chr. — 3. Jahrh. n. Chr.); 2. der Neuplatonismus (vom 3. Jahrh. n. Chr. bis zum 6. Jahrh. n. Chr.)

75. Vorläufer des Neuplatonismus (vom Ende des 1. Jahrh. v. Chr. bis zum 3. Jahrh. n. Chr.) — Zwei philosophische Strömungen traten — besonders in Alexandria — vor dem Erscheinen des Neuplatonismus auf: eine Strömung der griechischen Philosophie, hervorgegangen aus einer Erneuerung pythagoreischer Lehren und aus dem Neupythagoreismus und pythagoreischen Platonismus bestehend, und eine griechisch-jüdische Strömung.

Außerdem bestand in den letzten Jahren des 2. und namentlich des 3. Jahrhunderts eine **christlich-philosophische** Strömung, die sich ihrer Richtung nach an die patristische Philosophie schließt.

In einer Epoche, da die alten Lehren von der religiösen Inspiration wieder zu Ansehen gelangten, war der Pythagoreismus (5) ganz dazu bestimmt, die Aufmerksamkeit der Philosophen auf sich zu ziehen. Aber dieser Neupythagoreismus ist im Grunde ein eklektisches System, auf den

Platonismus und Aristotelismus sich stützend, bereichert um Elemente der Stoischen Philosophie, pythagoreisch nur durch die besondere Vorliebe für die Mathematik, die Zahlensymbolik und die mystischen Anwandlungen der religiösen Askese. Die asketischen Lehren bilden den originellsten Teil des Neupythagoreismus. Die niederen Gottheiten und die Dämonen dienen als Vermittler zwischen dem Menschen und der obersten Gottheit. In solchem Maße ist Gott über uns erhaben, daß wir seinen Willen nicht erkennen könnten, wenn er ihn nicht selbst offenbarte. Die Mantik setzt den Mensch mit Gott in Verbindung, die Läuterungsprozeduren bereiten ihn dafür vor.

Anderseits stellt eine Gruppe eklektischer Platoniker (70) eine symptomatische Mischung Platonischer, Stoischer und Peripatetischer Lehren in Verbindung mit theurgischen und religiösen Spekulationen auf. Diese komplexe Philosophie verkörpert **Plutarch** von Chaeronea. In der Metaphysik nimmt er den Platonischen Dualismus von Gott und Weltseele wieder auf, schiebt aber zwischen beide gegensätzliche Prinzipien eine Legion dämonischer Wesen, als Sendboten der göttlichen Vorsehung ein. Er glaubt an die Unsterblichkeit und an die Seelenwanderung (Platon); er lehrt, der unmittelbare Kontakt des seiner selbst entledigten Menschen mit Gott ersetze die Unzulänglichkeit unserer Vernunft; er bringt die religiösen Praktiken (Pythagoras) zu Ehren. **Maximus, Apuleius** von Madaura, **Albinus**, den Galenus in Smyrna hörte (151/2), erörtern die Rolle der dämonischen Wesen, der Vermittler zwischen Gott und der Materie. **Celsus** gründet auf diese Anschauung eine Rechtfertigung des Polytheismus. **Numenius** (um 160) macht Anleihen bei den Magiern, Aegyptern, Brahmanen und bei Moses. In Verbindung mit aegyptischen Lehren findet sich der gleiche Kern platonisch-pythagoreischer Anschauungen in einer Reihe von Schriften, die gegen Ende des 3. Jahrhunderts auftreten und unter dem Namen des „**Hermes Trismegistus**" der Nachwelt überliefert sind. Sie enthalten besonders eine Apologie des nationalen Polytheismus, namentlich des aegyptischen, in der ein heftiger, aber entmutigter Vorstoß des Heidentums gegen das sieghafte Christentum zutage tritt. Die Schriften des Pseudo-Hermes haben im Mittelalter großes Ansehen genossen.

76. **Griechisch-jüdische Philosophie. Philon.** — Von allen orientalischen Völkern, welche die Eroberungen Alexanders mit der hellenischen Kultur bekannt gemacht haben, haben sich bloß die Juden die griechische Philosophie assimiliert, indem sie dieselbe mit ihren religiösen Lehren vereinbarten. Diese Assimilation vollzog sich in Alexandria.

Aus der Religion entsprungen, blieb die Philosophie der Juden stets in strenger Abhängigkeit von jener. Sie gilt als ein **Mittel zur Vertiefung der heiligen Schriften**, wenn sie auch bald über diese rein exegetische Rolle hinauswächst. Die Juden geben sich aufrichtige Mühe, im Alten Testament selbst die Ideen aufzufinden, die sie den Griechen entlehnen, und sie begründen zu diesem Zwecke eine allegorische Schriftdeutung. Wie der Neupythagoreismus lehrt die griechisch-jüdische Philosophie den Gegensatz zwischen dem Göttlichen und dem Irdischen und betont die Verbindung des Menschen mit Gott durch die Offenbarung. Aber diese Theorien erleiden **charakteristische Umwandlungen**, da sie den jüdischen Dogmen und den in ihnen liegenden philosophischen Anschauungen angepaßt werden. Im ganzen genommen ist diese geistige Bewegung in ihrem religiösen Bestandteil jüdischer, in ihrem philosophischen griechischer Tendenz.

Die völlige Verschmelzung der jüdischen Theologie mit der griechischen Philosophie ist das Werk **Philons** des Juden (30 v. Chr. — 50 n. Chr.), dessen Grundlehren diese sind:

1. *Grundverhältnis der jüdischen Theologie zur griechischen Philosophie.* Philon betont die absolute Unfehlbarkeit der heiligen Schriften und die Unterordnung der Philosophie unter die Theologie. Doch wenn die Philosophie der Theologie dienen kann, so kann diese ihrer Hilfe nicht entraten. So preist denn Philon die griechische Wissenschaft, die in seinen Augen die Verkörperung der rationalen Spekulation ist; die griechische Philosophie, ja sogar ihr Polytheismus, ist nur eine unvollständige und unreine Form der in den heiligen Schriften enthaltenen Lehren. Behufs Aufhebung der aus dieser Behauptung erwachsenden Schwierigkeiten greift Philon zur allegorischen Auslegung der Bibel und ersinnt einen Zusammenhang zwischen den biblischen Darlegungen und der griechischen Philosophie.

2. *Dualismus des unendlichen Gottes und der endlichen Welt.* Die göttliche Transzendenz hat zur Konsequenz, daß Gott ohne Eigenschaften ($\mathring{\alpha}\pi o \iota o \varsigma$), daß er unbegreiflich und unaussprechlich ist. Wir wissen bloß, daß, nicht was er ist. Aber selbst diese Negationen gründen sich auf die Vollkommenheit Jehovas, und Philon betont nach der negativen Seite des Gottesbegriffs auch gern die positive der Güte (Platon) und Allmacht. — Unvollkommenheit und Grenzen sind mit Gott unvereinbar und können daher in ihm nicht ihren Grund haben; dieser Grund ist die Materie (Platon und die Stoiker).

Philon erklärt das Wirken Gottes auf die Welt, indem er sich auf eine Reihe von Mittelwesen beruft, die er Kräfte ($\delta\upsilon\nu\acute{\alpha}\mu\varepsilon\iota\varsigma$) nennt. Diese göttlichen Kräfte sind nicht bloß Urtypen, sondern auch immanente Tätigkeitsprinzipien, die jedem Naturwesen eigen sind (Stoiker) und die Philon mit den Engeln (Judaismus) und Dämonen (griechische Religion) identifiziert. Der Begriff dieser göttlichen Kräfte ist nicht scharf ausgeprägt: einerseits sind sie von Gott unterschieden, denn sie müssen sich einer von ihm wesentlichen Welt mitteilen; anderseits gehören sie zum Wesen Gottes, denn sie dienen ihm als Vermittler der Einwirkung auf die Welt. Philon betrachtet sie als aus Gott hervorgehende Kräfte, ohne die eigentliche Emanationslehre zu akzeptieren. Die göttliche Urkraft ist der $\lambda\acute{o}\gamma o\varsigma$, die Weisheit. Ist sie ein persönliches Wesen gleich Gott? Philon gibt darauf keine entschiedene Antwort. Die Welt verdankt nicht einer eigentlichen Schöpfung ihren Ursprung, sondern einer Anwendung der göttlichen Kraft auf die praeexistierende chaotische Materie. Der jüdische Philosoph hat sich so sehr in die griechische Spekulation vertieft, daß er von ihr nicht genug frei wird, um auf der ersten Seite der Genesis verzeichnete Schöpfung philosophisch zu formulieren.

Der gleiche Dualismus herrscht in der Philonischen Psychologie: die Seele ist ein göttliches Prinzip, ein Engel, ein Dämon, mit einem materiellen

Leibe verbunden und mit ihm kämpfend (Platon). Dieser Gegensatz wird nun zur Grundlage eines religiösen Mystizismus.

3. *Religiöser Mystizismus.* Die Fesseln des Leibes hindern den Menschen an der Erkenntnis Gottes, wie er an sich selbst ist; nur in den göttlichen Kräften, in denen er sich offenbart, ist er erkennbar. Je mehr sich der Mensch vom Leibe befreit, desto mehr nähert er sich dem Wissen und der Tugend (Stoiker).

Nichtsdestoweniger können wir uns bis zur Erkenntnis des göttlichen Wesens erheben, nämlich wenn eine übernatürliche Erleuchtung uns das Unendliche enthüllt. In diesem höheren Geisteszustande, in dem sich uns Gott offenbart, erlischt das menschliche Bewußtsein: es ist dies das Schwinden des Menschen vor Gott, die Ekstase, der prophetische Zustand, zu dem jeder berufen sein kann.

77. **Die Neuplatonische Philosophie.** — Der Leitgedanke des Neuplatonismus ist der religiöse Mystizismus. Der Mensch muß kämpfen und seine Sinnlichkeit bezwingen, sich Gott stufenweise nähern und sich mit Unterstützung der Religion, mit dem Unendlichen vereinigen.

Hand in Hand mit dieser mystischen Anschauungsweise entwickelt sich eine monistische Metaphysik. Obzwar der Gegensatz zwischen dem Unendlichen und dem Endlichen aufs äußerste getrieben ist, so ist doch Gott die lebendige Quelle, der alle endlichen Substanzen, inbegriffen die Materie, entfließen. Man kann sagen, der Neuplatonismus ist im Wesen eine streng systematische Darstellung des Hervorgangs der Welt aus der Gottheit und der Rückkehr der Seele zu Gott.

Der Neuplatonismus ist ein origineller Synkretismus der verschiedenen Systeme der griechischen Philosophie, denn er deutet alle älteren Lehren im religiös-mystischen Sinne. Er ist vom Graeko-Judaismus Philons, vom Neupythagoreismus und Platonismus der Alexandrinischen Epoche beeinflußt, ebenso vom Stoizismus und von Aristoteles, dem er seine Methode verdankt. Am meisten aber stützt er sich auf Platon, der ihm die wesentlichen Elemente seiner Metaphysik gibt und dessen Lehren er zu erneuern vorgibt. Wir brauchen aber nur seine Grundthesen mit denen Platons zu vergleichen, um uns zu überzeugen, daß der Neuplatonismus den wahren Geist des Platonischen Systems verkennt.

Die Entwicklung des Neuplatonismus läßt, je nach den Formen, die er nacheinander annimmt, drei Phasen erkennen: die philosophisch-wissenschaftliche Phase (3. Jahrh. n. Chr.); die religiöse Phase (4. und 5. Jahrh. n. Chr.); die enzyklopaedische Phase (5. und 6. Jahrh. n. Chr.)

78. **Philosophische Phase des Neuplatonismus. Plotin.** — Von Geburt (204/5 n. Chr.) ein Aegypter, ging Plotin, nachdem er elf Jahre hindurch Ammonius Sakkas, den man für den Begründer des Neuplatonismus hält, gehört hatte, nach Rom, wo er bis zu seinem, im Jahre 270 erfolgten Tode, einen philosophischen Zirkel glanzvoll leitete. Seine Arbeiten gab sein Schüler Eustachius heraus, der sie der Ordnung ihrer Entstehung nach vereinigte. Später gab sie Porphyr von neuem heraus und gliederte die 54 Bücher Plotins in sechs Gruppen zu je neun (ἐννέα); daher der Name „Enneaden". Mit Fug hat man sagen können, daß sie mit den Platonischen

Dialogen und den Schriften des Aristoteles die großen Denkmäler der griechischen Philosophie darstellen.

Platon hat dem Neuplatonismus seine endgültige Richtung gegeben. Die zwei Grundideen seiner Philosophie stellen sich folgendermaßen dar:

1. Die intelligible und sinnliche Welt wird ewig und in absteigender Linie[1]) von einem obersten Prinzip, der einheitlichen Quelle alles Seins und Werdens, erzeugt. Die Stufenfolge dieses Abstieges sind: das Eine, der Intellekt (Geist), die Weltseele, die Materie.

Das Eine, das oberste Prinzip, thront über allem Wirklichen, von der Sinnenwelt völlig geschieden (Platon). Es ist transzendent, weil unendlich (ἄπειρον). Plotin schreibt ihm alle Vollkommenheiten in unsagbarem Grade zu. Es ist das Erste, Gute (Platon), Schöne, Licht (ἀγλαία), Denken und Wille, Ursache der Ursache[2]), allgemeiner Erzeuger (positive Theologie). Anderseits sind aber diese Praedikate nur analogischer Art und können dem unendlich vollkommenen Wesen, wie es an sich ist, nicht zukommen. Von diesem zweiten Gesichtspunkt aus lehrt Plotin: das Eine ist unbestimmt, durch nichts festzulegen, ohne Attribute, da jedes Attribut eine Schranke ist. Er spricht ihm namentlich Intelligenz und Willen ab, denn Erkennen und Wollen (wie wir es kennen) schließen die Zweiheit von Erkennendem und Erkanntem, Wollendem und Gewolltem ein und alle Zweiheit ist mit dem unendlich Vollkommenen unvereinbar (negative Theologie)[3]).

Auf welche Weise erzeugt das an sich unwandelbare Eine den Intellekt, das abgeleitete und minder vollkommene Prinzip? Zunächst ist diese Erzeugung bewußt, denn das Eine erzeugt die Dinge „nicht durch Zufall, sondern nach seinem Willen"[4]). Ferner verleiht das Eine dem Intellekt das Sein, ohne im geringsten Einbuße zu erleiden[5]). Da jedes Erzeugte seinen Erzeuger nachahmt, „schaut der Geist jenes (das Eine) und bedarf seiner, aber das Eine bedarf in keiner Weise des Geistes"[6]). Das Eine verteilt nicht, wie der substantialistische Pantheismus lehrt, seine Substanz, sondern es scheint den Intellekt mit seiner Kraft zu durchdringen. Hier ist der dunkle Punkt des Plotinismus[7]). Um die Ausströmung des göttlichen Wirkens verständlich zu machen, bedient sich Plotin dreier Gleichnisse: des überfließenden (ἐξεῤῥύειν) und seine Überfülle ergießenden Gefäßes, der strahlenden Sonne, des Mittelpunktes, von dem die Radien des Kreises ausgehen[8]).

---

1) „Das ewig Vollkommene erzeugt ewig und sein Erzeugnis ist ewig, aber geringer als das erzeugende Prinzip" (Enn. V, 1).
2) Enn. VI, 8, 18: αἴτιον δὲ ἐκεῖνο τοῦ αἰτίου.
3) VI, 8 u. 9.
4) VI, 8.
5) V, 1.
6) „Die Natur des Einen ist die Quelle der vortrefflichen Dinge, die Kraft, welche die Wesen erzeugt, wobei sie in sich selbst verbleibt, ohne Abnahme, ohne Übergehen in die erzeugten Wesen" (VI, 9).
7) Plotin scheint hierin geschwankt zu haben; seine Einheitslehre ist allmählich entstanden.
8) „Da das Eine unveränderlich ist, erzeugt es die Hypostase zweiten Ranges ohne Bewußtsein, ohne Willen, ohne jede Bewegung. Wie ist also die Erzeugung des Geistes durch

Viertes Kapitel. Der Neuplatonismus und dessen Vorläufer.

Der Geist (νοῦς), der aus dem Einen geboren ist, betrachtet ihn[1]) und insofern ist sein Gegenstand eins; aber diese Einheit schließt doch eine Vielheit von Vorstellungen ein. So muß es sein, denn der Geist, der kraft der progressiven Abschwächung weniger vollkommen ist als das Eine, vermag die seitens des Urwesens mitgeteilte Energie nicht in einer einzigen Erkenntnis zu erschöpfen; diese spaltet sich und strahlt in eine erhebliche Menge von Ideen aus. Es ist dies der κόσμος νοητός Platons, mit dem wesentlichen Unterschied, daß bei Platon die Ideen Substanzen sind (20), während sie bei Plotin Kräfte (νοεραὶ δυνάμεις) sind, die zwar in der Einheit des νοῦς verbunden sind, aber die Bestimmung haben, ihrerseits krafterzeugende Prinzipien zu werden.

Aus dem zweiten Prinzip, dem Intellekt, emaniert notwendig ein drittes, minder vollkommenes, da die Wirkung stets der Ursache an Vollkommenheit nachsteht. Es ist die Weltseele: von hybrider Natur, einerseits geistig wie der νοῦς, den sie nachahmt, wie jedes Erzeugte seinen Erzeuger nachahmt, anderseits geeignet, in der Sinnenwelt das Bild eben dieser ewigen Ideen zu verwirklichen[2]). Die Vielheit, die sie birgt, ist wie die des Geistes noch in der Einheit verankert, aber im Begriffe, sich nach außen zu ergießen.

Die Weltseele „ist in allen Punkten dieses riesigen Körpers gegenwärtig, sie beseelt dessen sämtlichen Teile, große und kleine Sie belebt alles gleichzeitig, stets ganz, unteilbar bleibend, durch ihre Einheit und Allgemeinheit dem sie erzeugenden Geiste ähnlich"[3]). — „Das vom Intellekt Erzeugte ist eine Vernunft, eine Hypostase, deren Wesen im Denken liegt .. Einerseits ist sie mit dem Intellekt verbunden, sie erfüllt sich mit ihm, genießt ihn, nimmt an ihm teil, empfängt von ihm ihre intellektuellen Funktionen; anderseits ist sie mit den niederen Dingen in Berührung oder vielmehr sie erzeugt dieselben"[4]).

Die universale Weltseele erzeugt die Einzelseelen, d. h. die plastischen Formen (λόγοι σπερματικοί, 59), die Formen aller Dinge. Diese sind nur Ausflüsse des allgemeinen Lebens, das in allem pulsiert und dessen Urquell schließlich das Eine ist.

Es erübrigt noch die Erklärung des Auftretens der Materie. Wie vollzieht Plotin den Übergang von der übersinnlichen zur materiellen und sinnlichen Welt? Wie führt er die eine auf die andere zurück, nachdem er mit Platon die Grundverschiedenheit der Idee und Materie betont hat? Vermittelst einer sinnreichen Theorie, welche den Dualismus vermeidet, an dem die Platoniker scheiterten: Die Weltseele — oder die ihr inhärenten Kräfte —

---

diese unwandelbare Ursache zu denken? Sie ist die Ausstrahlung eines Lichtes, welche ohne Störung der Ruhe vor sich geht" (V, 1, 6; vgl. das ganze Kapitel).

1) „Wenn der Intellekt das Eine betrachtet, so geschieht dies nicht etwa, weil er von diesem getrennt ist, sondern nur, weil er nach ihm kommt" (V, 1).

2) An verschiedenen Stellen unterscheidet Plotin, in der Meinung, damit den Gedanken der Vermittlerrolle der Weltseele zwischen der übersinnlichen und sinnlichen Welt faßbarer zu machen, eine doppelte Weltseele, die rein übersinnliche und die schon mit der sinnlichen Materie in Berührung gekommene Seele. Vgl. Zeller, a. a. O, III, 2, S. 539 ff.

3) V, 1.
4) Ibid.

erzeugt die Materie und bringt in Verbindung mit derselben die körperlichen Sinnendinge hervor.

Für Plotin ist die Materie nichts anderes als der jedes körperliche Sein bedingende Raum, eine bloße Seinsmöglichkeit, ein Nichts, $μὴ ὄν$ (24), das Plotin mit dem Urbösen ($πρῶτον κακόν$) identifiziert. Ist es aber nicht ein Widerspruch, die Materie zu einem an die Idee Angrenzenden, das Nichts zu einer Äußerung des Seins, das Böse zu einem Erzeugnis des Guten zu machen? Nein; denn jeder Erzeugungsprozeß bringt eine Abschwächung des Erzeugten mit sich. Es muß daher in der Reihe der endlichen Zeugungen ein letztes Stadium geben, wo die durch sukzessive Verluste geschwächte Kraft nicht mehr fähig ist, etwas Reales zu erzeugen. Es ist eine Grenze, die nichts noch minder Vollkommenes umschließen kann, und diese Grenze ist die Materie.

Während in der übersinnlichen Welt alle Vielheit von einer mehr oder weniger vollkommenen Einheit umspannt wird, herrscht sie in der sinnlichen Welt vor. Die letztere ist nur der Reflex übersinnlicher Prinzipien, deren Einheit ebenso unwandelbar ist wie die der durch eine Menge von Spiegeln reflektierten Sonne. Die sinnliche Welt wird in jedem Augenblick von der Weltseele erzeugt und erhalten und so ist sie die Verlängerung der Wirklichkeit. Plotin stützte sich auf diese Erklärung, um die Schönheit und Ordnung der sichtbaren Welt gegen die Gnostiker zu verteidigen.

Alle Glieder dieses Universums sind durch eine kosmische Sympathie aneinander geknüpft und die Schwingungen der Weltseele im geringsten der Wesen haben ihren Widerhall im Ganzen. Die sinnliche Welt ist ewig wie die Erzeugung der göttlichen Kräfte. Plotin erörtert im Einzelnen dieses Ausstrahlen der plastischen Kräfte der Weltseele in die sinnliche Natur, vom Himmel angefangen, dessen Seele das vollkommenste sinnliche Leben bietet, den Gestirnen oder sichtbaren Göttern des Alls, den Dämonen als den Vermittlern zwischen den himmlischen und irdischen Wesen, bis herab zu den organischen und anorganischen Körpern der Erde.

Alle Dinge erhalten also ihr Sein von dem Einen nur durch Mittelwesen; die Erzeugnisse stufen sich vom vollkommenern zum unvollkommenern ab, indem jedes eine um so niedere Stufe einnimmt, als die Anzahl der Mittelwesen, durch die es mit der göttlichen Kraft in Verbindung steht, größer ist.

Ist diese Seinslehre ein emanatistischer Pantheismus? Ja, wenn der Intellekt, das gewollte Erzeugnis des Einen, eine seiner Energien ist[1]). Wie dem auch sein mag: alles Wirkliche ist ein Ausfluß des Intellekts, eine Entfaltung seiner Kraft, alles hängt am Denken des $νοῦς$, nichts hat außer ihm eine eigene Wesenheit.

---

1) Es ist dies die Theorie Zellers, der sich viele Autoren angeschlossen haben. In seinem bedeutsamen Werke „Der Monismus und seine philosophischen Grundlagen" (Freiburg i. B., 1911) bemerkt F. Klimke: „Das Eine ($ἕν$) entläßt aus sich die Welt, wie aus der Sonne der sie umgebende Glanz ausströmt. Allerdings ist hier zu bemerken, daß Plotin die Frage, wie aus dem Einen das Viele hervorgegangen ist, nicht im monistisch-pantheistischen Sinne beantwortet wissen will, da das Eine nicht das Ganze ($τὰ πάντα$), sondern vielmehr vor dem Ganzen ($πρὸ πάντων$) sei; nichtsdestoweniger steht seine Lehre dem Pantheismus sehr nahe, ja vertritt im Grunde einen realen Emanationspantheismus" (S. 265).

Der idealistische Charakter dieser Metaphysik kommt zum deutlichen Ausdruck: „In ihrer Allheit genommen, besitzt die intelligible Welt eine universelle Kraft, welche ohne Erschöpfung ihrer unendlichen Energie in die endliche Entwicklung ganz eingeht."[1] Alles Wirkliche ist intelligibler Natur, da es eine Emanation des Geistes ist, inbegriffen die bildenden Kräfte, welche in die sinnliche Materie hinabsteigen und sich in ihr begrenzen.

Die Notwendigkeit der Zeugungen und die Erzeugung durch Mittelwesen verleiht dieser Weltauffassung vollends ein eigenartiges Gepräge; und diese Weltanschauung wird auf die Araber und die Philosophen des 13. Jahrhunderts einen tiefen Eindruck ausüben.

2. *Die mystische Rückkehr der Seele zu Gott.* Der Mensch nimmt in der Hierarchie der Wesen eine bestimmte Stufe ein. „Individuum werdend, hört er auf, allgemein zu sein[2]." „Unsere Seele ist also etwas Göttliches; sie hat eine andere Natur (als die sinnliche), welche der der Weltseele entspricht[3]." Die Seelen haben vor den Körpern existiert, sie wohnten im Schoße der Weltseele bis zu dem Tage, da die Notwendigkeit des Weltprozesses ihre Vereinigung mit der Materie erforderte. Mit dieser Annahme verbindet Plotin ohne Schwierigkeit die Platonischen Theorien der äußeren Vereinigung von Seele und Leib und der Fortdauer und Wanderung der Seelen (25). Nur diejenigen Seelen werden in ihren ursprünglichen Zustand zurückversetzt werden, welche im Augenblicke des Todes nicht mehr der Sinnlichkeit anhängen; die übrigen werden neue Körper beleben, deren Rangstufe dem Grade ihrer Hingebung an die Materie entsprechen werden. Dies ist der Grund, warum das Ziel des Lebens und der Philosophie vor allem in der Erreichung der mystischen Rückkehr der Seele zu Gott besteht. Die ganze Metaphysik Plotins ist eine Konsequenz dieser mystischen Vereinigung und dient als Mittel zu deren Verwirklichung. Plotin wertet die menschliche Persönlichkeit in hohem Maße gegenüber den anderen Wirklichkeiten des Universums, und er bekämpft den Stoischen Pantheismus in dem Maße, als dieser die Persönlichkeit und Freiheit des Individuums unterdrückt[4]. Die Glückseligkeit entspringt aus der vollkommenen Betätigung der geistigen Kraft. Die wahre Wissenschaft ist unabhängig von der Erfahrung und der Meinung, sie ist ein Werk des Denkens. Demnach ist die Befreiung von der Sinnenwelt, die Reinigung ($\kappa\acute{\alpha}\vartheta\alpha\varrho\sigma\iota\varsigma$) von derselben und der Aufblick zur übersinnlichen Welt das Wesen der Tugend.

Das Denken hat das Seiende zum Gegenstand und durchläuft in seiner subjektiven Entfaltung nacheinander die verschiedenen Stufen der metaphysischen Ordnung. Zunächst erkennt der Geist denkend die Ideen und obersten Gattungen. Sodann wendet er sich zu sich selbst zurück und schaut unmittelbar, ohne Vermittlung des Denkens, die intelligible Welt. In diesem zweiten Stadium vereinigt sich die Seele mit dem $\nu o\tilde{\upsilon}\varsigma$, dem sie angehört; durch den $\nu o\tilde{\upsilon}\varsigma$ und in ihm erkennt die Seele auf solche Weise,

---

[1] Enn. V, 8, 9.
[2] Ibid, 7.
[3] V, 1, 10.
[4] III, 1.

wobei sie aber das Ichgefühl bewahrt. Im dritten Stadium endlich betrachtet die Seele das Urwesen selbst. Diese Schauung ist verworren, unbewußt, denn die Seele ist in diesem Augenblick über die Erkenntnis und den Wechsel erhaben und gleicht darin dem obersten Wesen selbst. So ist die transzendente Form der geistigen Tätigkeit unbewußter Art; es ist dies die Ekstase ($\H{ε}κστασις$), vermittelst deren die verzückte Seele in Gott versinkt.

Wir verstehen nun, warum Plotin in der Religion ein Mittel zur Förderung der ekstatischen Vereinigung erblickt und weshalb bei ihm Philosophie und Religion miteinander verschmolzen sind. Beide haben das gleiche Ziel: **jede Philosophie ist religiös**. Trotz seiner Neigung zum theistischen Monismus huldigt Plotin dem Polytheismus und der Magie, denn er vergöttlicht mehrere Kräfte des Urwesens. Durch ihre Vermittlung erhebt sich der Mensch leichter zum absoluten Einen — ein Gedanke, den Plotins Nachfolger zur Grundlage des polytheistischen Kultus machen.

79. Porphyr. — Der hervorragendste unter den unmittelbaren Schülern Plotins ist **Porphyr** von Tyrus (232/3—304). Er war es, der die Lehren des Meisters popularisierte, indem er sie in einer Schrift „$Ἀφορμαὶ\ πρὸς\ τὰ\ νοητά$" formulierte. In metaphysischer und physikalischer Hinsicht fügt er nichts zu dem Werke Plotins hinzu, aber er entwickelt die religiöse und asketische Bedeutung des Neuplatonismus. Er sucht die Lehre von der mystischen Vereinigung auf den Kultus der Gottheiten, auf die Ertötung des Leibes, dem er reinigende Enthaltungen zur Befreiung von der Sinnlichkeit auferlegt, zu stützen. Insoweit bildet Plotin den Übergang von Plotin zu Jamblich.

Porphyr eröffnet auch die Reihe der neuplatonischen Kommentatoren des Aristoteles. Denn der Neuplatonismus betrachtet das Studium des Aristotelischen „Organon" als eine Einführung in die Platonische Philosophie. Porphyr widmet sich besonders der formalen Logik und verdankt der Beschäftigung mit dem Stagiriten die Klarheit und Präzision, welche die Nachwelt an seinen Kommentaren bewundert hat. Seine $Εἰσαγωγὴ\ εἰς\ τὰς\ Ἀριστοτέλους\ κατηγορίας$, auch $περὶ\ τῶν\ πέντε\ φωνῶν$ betitelt, hatte außerordentlichen Erfolg. Diese Abhandlung wurde nicht bloß von den Neuplatonikern der nächstfolgenden Jahrhunderte kommentiert, sondern gab mehreren Generationen des Mittelalters Stoff zu Diskussionen. Porphyr schrieb zwei Kommentare zu den „Kategorien", die er gegen Plotin verteidigte, wahrscheinlich auch einen Kommentar zur „ersten Analytik".

80. Religiöse Phase des Neuplatonismus. — Die Nachfolger Porphyrs bewahren vom Neuplatonismus nur ein mystisches Bedürfnis nach dem Übernatürlichen. Die Frömmigkeit ist die einzige Neigung des Syriers **Jamblich** (gestorben um 330), der auf der Grundlage des Neuplatonismus ein internationales Pantheon errichtet, wo alle ihm bekannten Gottheiten vereinigt sind. Die lange Liste der Philosophen, die sich der theurgischen Schule Jamblichs anschließen, reicht bis zum 5. Jahrhundert n. Chr., d. h. bis zum Ende der griechischen Philosophie selbst. Vor seinem Verschwinden aber erstarkte der Neuplatonismus wieder eine Zeitlang und dieser letzte Lebensimpuls zeitigt eine dritte, die enzyklopaedische Phase seiner Geschichte.

81. Enzyklopaedische Phase des Neuplatonismus und Ende der griechischen Philosophie[1]. In der letzten Periode ihrer Geschichte weist die griechische Philosophie die allen Verfallszeiten gemeinsamen Merkmale auf. Zum Schaffen unfähig, kommentiert sie; sie will ihren Mangel an Selbständigkeit durch die Masse, Weitschweifigkeit und Spitzfindigkeit ihrer Arbeiten ersetzen. Einerseits erschöpft sie sich in Kompilationen des platonisierenden Neuplatonismus, anderseits hegt sie eine immer ausgesprochenere Vorliebe für die Kommentare zu Aristoteles. Porphyr hatte diese Exegese in der neuplatonischen Schule in Mode gebracht und fand zahlreiche Nachahmer. Doch gehören nicht alle Kommentatoren des Aristoteles in dieser Kulturperiode zur selben Klasse: neben den neuplatonischen treten peripatetische Interpreten auf, die sich Andronicus von Rhodus und Alexander von Aphrodisias (71) anschließen. Während die Nachfolger Porphyrs Aristoteles mit Platon zu vereinbaren suchen, heben die Peripatetiker im Gegenteil die Differenzen zwischen beiden Denkern aufs schärfste hervor.

Die Philosophen der letzten Jahrhunderte wirken in den drei Hauptzentren des östlichen Reiches: Byzanz, Athen, Alexandria. Hierzu kommen noch einige Autoren der lateinischen Verfallsperiode.

82. Die Schule von Byzanz. Themistius. — Die christlichen Kaiser des Ostreiches bemühten sich sehr um die Begründung einer philosophischen Schule in Byzanz und suchten die neue Hauptstadt zu einer Nebenbuhlerin Athens und Alexandrias zu machen. Hier tritt in der zweiten Hälfte des 4. Jahrhunderts einer der großen Kommentatoren des Aristoteles, Themistius, auf.

Themistius, ein Träger öffentlicher Ämter, huldigte zwar völlig dem Heidentum, machte aber der neuen Religion, welche die Fürsten, seine persönlichen Gönner, beschützten, Konzessionen. Seine Kommentare zu Aristoteles verraten den Peripatetiker; ohne ein Gegner Platons zu sein, bekämpft er die Neuerungen, welche der Neuplatonismus der Platonischen Lehre aufgepfropft hatte. Themistius hatte keine unmittelbaren Nachfolger und so verfiel die philosophische Bewegung in Byzanz in eine lange Erstarrung. Im Jahre 618 berief Kaiser Heraklius einen alexandrinischen Meister, in der Hoffnung, seine Vorlesungen würden den byzantinischen Geist aus seiner Erstarrung wecken. Vergebens, die byzantinische Philosophie sollte erst in späterer Zeit ihren Aufschwung nehmen.

83. Die Athenische Schule. Proklus. Simplicius. — In der Athenischen Schule herrscht Aristoteles als unbestrittener Meister. Hier vollzog sich auch die gänzliche Verschmelzung der Aristotelischen Dialektik mit der mystischen Theosophie der Neuplatoniker.

Proklus (420—485) ist der einflußreichste und charakteristischste Vertreter des Athenischen Neuplatonismus. Metaphysik pantheistischer Richtung, Mystik, Asketismus, Mantik, Theologie: kein von ihm behandeltes Thema gibt es, das Proklus nicht in seine Enzyklopaedie des Neuplatonismus (Στοιχείωσις θεολογική und περὶ τῆς κατὰ Πλάτωνος θεολογίαν) einbezogen

---

[1] Vgl. Tannery, Sur la période finale de la philosophie grecque (Revue philos. 1896, S. 266 ff.).

hätte. Ein systematischer Kopf, ein fruchtbarer Schriftsteller, mit großem Talent der Aneignung, aber ohne schöpferische Fähigkeiten, repräsentiert Proklus in seiner Person die aufeinanderfolgenden Phasen, in die sich die Entwicklung des Neuplatonismus gliedert.

Die Triade, der Dreischritt, bildet den Leitgedanken seiner Philosophie. Jedes erzeugendes Prinzip ($μονή$) erzeugt ($πρόοδος$) ein Produkt, welches schließlich in das Erzeugende zurückkehrt ($ἐπιστροφή$). Denn das erzeugte Glied ist, wenn auch vom Erzeuger unterschieden, nur die Fortsetzung desselben und birgt den zwingenden Impuls zur Versenkung in ihn. Dieser dynamische Monismus ist das Weltgesetz, dessen bloße Folge die Weltordnung ist. Aus dem unbestimmten „Einen" entspringt der $νοῦς$ (Plotin), aber diese Emanation ist nur durch Zwischeneinheiten ($αὐτοτελεῖς ἑνάδες$) möglich, die für Proklus persönliche Götter sind (Jamblich). Der $νοῦς$ gliedert sich in drei Sphären, die sich wiederum in Triaden und Hebdomaden teilen, so daß sie dem heidnischen Pantheon angepaßte Ordnungen bilden. Die Materie ist ein unmittelbares Erzeugnis einer der Triaden des $νοῦς$, also nicht, wie bei Plotin, ein letzter Ausfluß der Weltseele. Auf diese Metaphysik pfropft Proklus eine mystische Psychologie, deren Grundlage die ekstatische Erleuchtung durch Gott sowie die Vergottung der Seele vermittelst polytheistischer Kulthandlungen bilden (Plotin, Jamblich).

Damascius, ein Schüler des Ammonius von Alexandria, leitete um 520 bis 530 die Athenische Schule im Sinne der Träumereien Jamblichs. Wir finden hier endlich den letzten hervorragenden Denker dieser heidnischen Philosophengruppe, den vierten und letzten der großen griechischen Kommentatoren des Aristoteles, Simplicius.

Ein Schüler des Ammonius und Damascius, ist Simplicius der Verfasser einer umfangreichen Glosse, von der uns mehrere Teile erhalten sind. Simplicius ist ein selbständiger Kommentator. Während er für Platon die größte Achtung hegt, hat er zugleich Fragmente und Hinweise hinterlassen, die für das Verständnis der Lehren seiner Vorgänger von höchstem Werte sind.

Als der Geist der heidnischen Lehre in Athen nicht mehr den Überzeugungen der Mehrheit der christlich gewordenen Hörer entsprach, ordnete Justinian durch ein Dekret vom Jahre 529 die Schließung der Schule an. An diesen Moment knüpft die Geschichte den berühmt gewordenen Auszug einer Gruppe verärgerter Philosophen, zu denen Damascius und Simplicius gehörten, nach dem Reiche eines den Ideen der griechischen Kultur gewogenen Barbarenfürsten. Ihr Aufenthalt am persischen Hof des Chosroes Nischirwan währte aber nicht lang. Das Heimweh führte sie in die griechische Welt zurück, als der Perserkönig im Jahre 533 mit Justinian Frieden schloß. Die Athenische Schule blieb endgültig geschlossen und ihre früheren Lehrer zerstreuten sich und setzten ihre Arbeiten für sich fort. Die Kommentare, die uns von Simplicius erhalten sind, hat er nach 529 verfaßt.

84. **Die Alexandrinische Schule. Ammonius.** — Die bemerkenswerteste Persönlichkeit in der Alexandrinischen Schule ist Ammonius, der Schüler des Proklus. Er knüpft wieder an die Tradition des wissenschaftlichen Neuplatonismus an und nimmt die Exegese des Aristoteles im Sinne Porphyrs wieder auf. Während seiner langen und einflußreichen Tätigkeit leitete er

die Heranbildung der meisten Philosophen dieser Periode. Damascius war sein Schüler, später Johannes Philoponus, Asklepius, Simplicius, Olympiodorus. Seine Vorlesungen wurden von Christen besucht und der Meister hütete sich, ihre Überzeugungen zu verletzen. Die Alexandrinische Schule nahm nicht bloß diese Rücksicht, sondern entwickelte sich, im Gegensatz zur Athenischen, immer entschiedener der Richtung des Christentums zu.

Johannes Philoponus, der im ersten Drittel des 6. Jahrhunderts Kommentare zu Aristoteles und eine Abhandlung „über die Ewigkeit der Welt", die gegen Proklus gerichtet ist, verfaßte, bekennt sich ausdrücklich zur katholischen Religion. Auch Olympiodorus ist ein Bekehrter und man kann sagen, daß die Schule von Alexandria seit der Mitte des 6. Jahrhunderts völlig verchristlicht ist.

Ein neuer Kreis von Spekulationen war im Entstehen begriffen, als im Jahre 640 die Araber Aegypten eroberten und die Alexandrinischen Schulen und die alte Bibliothek, den Stolz der Caesaren, den Flammen preisgaben.

85. Die Philosophie des Abendlandes. — Rom, welches aufhörte, die politische Hauptstadt der Welt zu sein, sah auch sein wissenschaftliches Ansehen hinschwinden. Das 4. Jahrhundert zeitigt im Abendlande nur unbedeutende logische Kommentare und lateinische Übersetzungen griechischer Werke. Vegetius Praetextatus und Marius Victorinus (Rhetor unter Constantius um 350) sind die einzigen erwähnenswerten Autoren. Im 4. oder 5. Jahrhundert widmet sich Chalcidius, im 5. Jahrhundert Macrobius platonischen und neuplatonischen Kompilationen, die das spätere Mittelalter zu Rate zieht. Was Marcianus Capella und Boëthius betrifft, so sind zwar beide vom Griechentum abhängig, gehören aber schon zur Reihe der mittelalterlichen Denker.

Die griechische Philosophie übt ihren Einfluß auf die Philosophie des gesamten Mittelalters aus, und zwar nach drei Hauptrichtungen: Byzantinische, asiatische und abendländische Philosophie.

Dieser Einfluß tritt auch in der Philosophie der Kirchenväter zutage, welche den Übergang von der griechischen zur mittelalterlichen Philosophie bildet.

II. Die patristische Philosophie.

§ 1. Allgemeines.

86. Grundcharakter. — Die Heraufkunft des Christentums gibt den spekulativen Untersuchungen eine neue Richtung. Die Kirchenväter haben die Aufgabe, zu zeigen, was D o g m a ist und es vor aller haeretischen Verbindung mit jüdischen und heidnischen Lehren zu bewahren, so wie sie auch, auf einem andern Gebiete, gegenüber den Spaltungen die Einheit der kirchlichen L e h r e und L e i t u n g aufrechterhalten müssen. Angesichts dieser Hauptsorge der patristischen Spekulation ist es verständlich, daß hier die Philosophie nur nebenbei und sekundär in Kraft tritt und daß die Auswahl der in Angriff genommenen Probleme meistens durch die Erfordernisse der Polemik bestimmt ist.

Das ist die Ursache, warum die Philosophie der Kirchenväter eine i m D i e n s t e d e s D o g m a s t e h e n d e r e l i g i ö s e P h i l o s o p h i e ist. Nicht bloß in dem Sinne, daß die Dogmatik die Priorität vor der Philosophie hat, wie die Offenbarung vor der Vernunft, sondern auch, weil die Philosophie keine andere Aufgabe hat, als das Dogma durch ihre Lehren zu stützen. Diese Bestrebungen liegen in der Richtung der zeitgenössischen neuplatonischen Schulen, in welchen ebenfalls Philosophie und Religion miteinander verschmolzen wurden.

Die Kirchenväter befassen sich vorwiegend mit den durch das neue Dogma gezeitigten Problemen. Wenn auch Christus nicht als Haupt einer philosophischen Schule aufgetreten ist, so bietet doch die von ihm begründete Religion Lösungen eines Problemkomplexes, den die Philosophie aufstellt und mit anderen Mitteln löst.[1]) Wir erwähnen die Erhabenheit Gottes über die Welt, die Schöpfung, die Vorsehung, die wesentliche Abhängigkeit des Menschen von Gott, die Individualität der Wesen, die Zielstrebigkeit des Alls, die Unterscheidung von Seele und Leib, die persönliche Unsterblichkeit.

Eben der fragmentarische und sekundäre Charakter der patristischen Philosophie hat zur Folge gehabt, daß die Kirchenväter nicht betreffs einer Reihe organischer, miteinander wohl verbundener Anschauungen zur Übereinstimmung gelangt sind. Es besteht keine patristische Synthese gleich der späteren scholastischen. Bloß die neuen Lehren des Christentums betreffs einiger von der Philosophie behandelter Probleme werden von allen akzeptiert

---

[1]) Das gilt von jeder Religion, weil eine Fragengruppe, mit der sich die Religion beschäftigt, zugleich dem Gebiet der Philosophie anheimfällt. Philosophie und Religion haben einen zum Teil gemeinsamen Inhalt.

und stellen ein Einheitsband her; und auch hier herrscht in der Interpretation die größte Mannigfaltigkeit.

Die patristische Philosophie entfaltet sich innerhalb einer Kultur, die von griechischen Ideen erfüllt ist und von der sie Einflüsse empfängt. Insofern haftet sie an der Welt des Vergänglichen und bleibt sie in der antiken Denkweise befangen. Die Autoren dieser Epoche sind Eklektiker[1]) und schließen sich nicht ausschließlich an eine bestimmte Richtung der griechischen Philosophie an. In verschiedenem Maße unterliegen sie dem Einfluß der Neuplatoniker. Durch deren Vermittlung sind sie vom Platonischen Spiritualismus abhängig, den sie im Sinne der katholischen Dogmen zu deuten suchen. Sie akzeptieren auch vereinzelte Anschauungen des Aristoteles, wobei sie aber in der Regel seine Theodizee, Physik und Psychologie verdächtigen oder verwerfen. Auch bei Pythagoras, Sokrates, Seneca, Cicero und Philon machen sie Anleihen.

87. Einteilung. — Die Einteilung der patristischen Philosophie kann auf der Grundlage der sie zeitigenden religiösen Kämpfe erfolgen. Die Geschichte dieser Kämpfe gliedert sich in zwei Perioden, gemäß den Erörterungen über die Lehre, die ihnen den Stoff gaben, und den Resultaten, zu denen sie gelangten.

Die erste Periode umfaßt die Kämpfe der drei ersten Jahrhunderte, von der Gründung der Kirche bis zum Konzil von Nicaea (325): Epoche der Dogmenbegründung.

Die zweite Periode umschließt die Kämpfe des 4. bis zum 7. Jahrhundert, vom Konzil zu Nicaea bis zum Konzil von Trullo (692): Epoche der Entwicklung der christlichen Dogmatik.[2])

§ 2. Die patristische Philosophie während der ersten drei Jahrhunderte.

88. Der Gnostizismus. — Der Gnostizismus, die wichtigste Haeresie der ersten Jahrhunderte[3]), hat viele Berührungspunkte mit der dekadenten griechischen Philosophie und ist wie diese eine synkretistische Vereinigung bestehender Lehren. Das Grundproblem aller gnostischen Systeme ist der Ursprung des Übels und der Welt, in der das Übel auftritt. Zur Lösung dieses Problems verwenden sie eine Wissenschaft, die höher steht als der Offenbarungsglaube, eine religiöse Erkenntnis besonderer Art, die sie $\gamma\nu\tilde{\omega}\sigma\iota\varsigma$ nennen. Der fundamentale Dualismus zwischen Gott, dem Prinzip des Seins und des Guten, und der Materie, dem Prinzip des Bösen (Philon); die Entfaltung des göttlichen Wesens, welches auf dem Wege der Emanation ($\pi\varrho o\beta o\lambda\acute{\eta}$) eine Reihe mehr oder minder vollkommener Aeonen hervorbringt

---

1) Dieser Eklektizismus wird in folgender Stelle der „Stromata" des Clemens Alexandrinus hervorgehoben: $\Phi\iota\lambda o\sigma o\varphi\acute{\iota}\alpha\nu$ δὲ οὐ τὴν Στοικὴν λέγω, οὐδὲ τὴν Πλατωνικὴν ἢ τὴν Ἐπικούρειόν τε καὶ Ἀριστοτελικήν, ἀλλ᾽ ὅσα εἴρηται παρ᾽ ἑκάστῃ τῶν αἱρέσεων τούτων καλῶς .. τοῦτο σύμπαν τὸ ἐκλεκτικὸν φιλοσοφίαν φημί.

2) Vgl. Bardenhewer, Patrologie, 3. Aufl. 1910. S. die Literatur bei Cl. Baeumker, Die patristische Philosophie (Die Kultur d. Gegenwart, I, 5, 1913).

3) Es gab noch andere Haeretiker: Manichaeer, Ebjoniten, Elcesaiten, Monarchianer, Millenaristen, Montanisten.

(Plotin); das Hervorgehen der Welt aus der Verbindung des göttlichen mit dem stofflichen Element: das sind die Grundideen der gnostischen Metaphysik und Kosmologie. Die Schöpfung, die christliche Erlösung sind hiernach nur natürliche und notwendige Vorgänge, Episoden in dem Kampfe des göttlichen Elements mit der Materie, von dem jenes loszukommen sucht. Die Erlösung wird durch die kosmische Rückkehr aller Dinge, ihre Wiederbringung an ihren eigenen Platz, ἀποκατάστασις πάντων, vollendet. Um diese Lehren an den Text der Heiligen Schrift anzupassen, deuten die Gnostiker die letztere in allegorischer Weise (Philon), bis der Buchstabe sich ihrer Auffassung fügt [1]).

Der Gnostizismus trat in verschiedenen Formen auf; im 3. Jahrhundert fand er eine heftige Gegnerschaft in der christlichen Schule von Alexandria.

89. Die christliche Schule von Alexandrien. — Die christliche Schule von Alexandrien wurde von Pantänus (gest. 200) begründet und hatte ihre Leuchten in Clemens von Alexandrien (gest. vor 216) und Origenes (185—254). Von Clemens von Alexandrien besitzen wir ein dreigliedriges Werk, bestehend aus dem Λόγος προτρεπτικὸς πρὸς Ἕλληνας, dem Παιδαγωγός und den Στρωματεῖς. — In seinem Hauptwerk: Περὶ ἀρχῶν unternimmt Origenes die erste systematische Darstellung der Dogmen. Unter den Alexandrinischen Kirchenvätern ist er am meisten durch sein Milieu beeinflußt: zunächst durch die griechisch-jüdische Philosophie, besonders durch Philon, dem er seine Theorie der allegorischen Bibelauslegung entnimmt, vermittelst des Neuplatonismus durch die Platonische, Aristotelische und Stoische Philosophie, sogar durch die gnostischen Systeme. Man konnte von Origenes sagen, er sei Christ im Gesellschaftsverkehr, Grieche in seiner Welt- und Gottesauffassung. Seine Widerlegungen des Gnostizismus führen ihn zu verschiedenen Theorien, die seine Nachfolger später verleugneten.

Den bemerkenswertesten Teil der Philosophie des Clemens und Origenes bilden die Lehren der Theodizee, Anthropologie und Ethik derselben.

Gegenüber den Monisten wird die göttliche Transzendenz energisch betont. Anderseits rückt Gott nicht in eine unerreichbare Ferne, er ist nicht das unbestimmte Wesen, als welches er bei Philon und den Gnostikern auftritt, sondern dem menschlichen Geiste, der ihn in seinen Geschöpfen erkennt, zugänglich.

Die Schöpfungslehre, welche bereits die Vorgänger des Clemens und Origenes im biblischen Sinne auffassen, wird beredt verteidigt. So endet das Schwanken der griechischen Philosophie, welche die Beziehungen zwischen Gott und Welt nicht zu erklären vermochte. Platon und Aristoteles lehren betreffs des Verhältnisses zwischen Gott und Materie dualistisch, ohne den Ursprung und die Unabhängigkeit der letzteren zu begründen; die Stoiker und Neuplatoniker behaupten die naturnotwendige Ergießung der göttlichen Substanz oder Kraft in das Endliche. Aber der monistische Pantheismus erklärt nicht, warum Gott sich im Zufälligen ausbreitet, und

---

[1]) Dieselben philosophischen Prinzipien finden sich im Manichaeismus, wenn auch ihre Anwendungen auf die christlichen Dogmen nicht so erfolgen wie im Gnostizismus.

der dualistische Individualismus scheitert an dem unerklärlichen Nebeneinanderbestehen von Gott und Materie. Die Theorie der Schöpfung, der Erzeugung der Welt aus nichts durch einen freien Willensakt des Allmächtigen ist eine vollkommenere philosophische Lösung; mit Aristoteles hält sie die substantielle Verschiedenheit des reinen Aktes von der mit Potentialität vermischten Wirklichkeit fest, mit Plotin die ursprüngliche Abhängigkeit der Welt von Gott. Die Schöpfungstheorie wird in der ganzen patristischen und mittelalterlichen Epoche wieder aufgenommen.

Die Seele ist geistiger Art und dem Körper durch ihre Natur überlegen (gegen Epikur), obgleich manche Stellen bei Origenes dagegen zu sprechen scheinen; die Existenz der sittlichen Freiheit wird dem gnostischen Determinismus entgegengesetzt; eine sittliche Ordnung natürlicher Art dient zur Norm unseres Handelns[1]).

§ 3. Die patristische Philosophie vom 4. bis zum 7. Jahrhundert.

90. Die Patristik im 4. und 5. Jahrhundert. — Das Edikt von Mailand (313), welches der Gunst Constantins des Großen zu verdanken ist, hatte der katholischen Kirche im Kaiserreich Bürgerrecht verliehen; das Konzil von Nicaea (325) hatte ihre Hauptdogmen festgelegt. Nunmehr konnte sie feierliche Sitzungen abhalten, um den Unterricht ihrer Gelehrten zu verbreiten. Die Schulen von Antiochia, Alexandrien und Kappadokien waren im Orient die Hauptstätten des theologischen Studiums; die doktrinalen Kämpfe absorbierten die besten Kräfte der Männer dieser Zeit. Nach ihrem Hauptinhalt unterscheiden wir die trinitarischen, christologischen und anthropologischen Kontroversen.

Die **trinitarischen** Streitigkeiten gingen vom Arianismus aus. **Athanasius**, Bischof von Alexandrien (gest. 273), dann **Gregor von Nyssa** (331—394), dessen Bruder **Basilius der Große** (gest. 379) und **Gregor von Nazianz** — die „drei Leuchten von Kappadokien" — waren die heftigsten Gegner des Arianismus.

Im Abendlande wurde der Arianismus durch **Hilarius** von Poitiers (gest. 366) und den heiligen **Ambrosius** (um 349—397) bekämpft. Die Schriften des heiligen Ambrosius bekunden die praktische Sinnesart ihres Verfassers; bei dem berühmten Bischof von Mailand ist der Mann der Wissenschaft dem Praktiker untergeordnet. Unter allen Schriften der Kirchenväter ist das „Hexaemeron" des heiligen Ambrosius eine der im Mittelalter

---

[1] Der berühmteste der lateinisch schreibenden Autoren dieser Zeit ist Tertullian von Karthago (169—220). Seine kernigen und schwungvollen Schriften (besonders: „De idolatria", „Apologeticus", „de anima", „libri duo ad nationes", sowie mehrere Abhandlungen über den Gnostizismus) enthalten scharfe Ausfälle gegen die Gnostik, gegen die künstlerische und wissenschaftliche Produktion in der römischen Gesellschaft, ja gegen alle rationale Wissenschaft. Bekannt ist jenes ihm in den Mund gelegte „credo quia absurdum". Streng aufgefaßt, entstellt es die philosophische Grundlage des Glaubensaktes. Alle Lehren Tertullians halten nicht der Kritik stand. Er bekennt sich zum Traduzianismus und glaubt an der Seele eine gewisse körperliche Beschaffenheit zu entdecken. Nach Tertullian treten die minder bedeutenden Cyprian von Karthago (um 200—258), Commodian, Arnobius, der in den ersten Jahren des 4. Jahrhunderts schrieb („adversus gentes") und Lactantius (um 260—340, „Institutiones divinae") auf.

am meisten gelesenen; die Schrift „de officiis ministrorum", in der er die Ciceronianische Schrift „de officiis" im christlichen Sinne bearbeitet, verschaffte ihm ein Ansehen als Ethiker.

Die **christologischen Kontroversen** treten mit **Nestorius** (428) und dem Nestorianismus auf, den **Cyrillus** von Alexandrien (gest. 444) bekämpfte; die **anthropologischen Kontroversen** zeitigt der Pelagianismus, der im heiligen Augustinus einen genialen Gegner fand.

91. Der heilige Augustinus. Leben und Werke. — Der heilige Augustinus ist nicht bloß einer der berühmtesten Kirchenväter, sondern auch der bedeutendste Philosoph der patristischen Zeit.

Geboren in Thagaste (354) als Sohn einer christlichen Mutter, Monica, die auf seine sittliche Entwicklung großen Einfluß ausübte, gab Augustinus bald den Unterricht in der Rhetorik, den er in verschiedenen Städten Kleinasiens und Italiens erteilt hatte, auf und widmete sich theologischen Studien. Nachdem er dem Manichaeismus angehangen und auch Neigungen für den Skeptizismus der neueren Akademie gehegt hatte, ward er durch den heiligen Ambrosius von Mailand, der ihn im Jahre 387 taufte, für den Katholizismus gewonnen. Später finden wir ihn in Hippo (395), dessen Bischofssitz er zierte. Bis zu seinem im Jahre 430 erfolgten Tode widmete sich Augustinus der Verbreitung des Katholizismus und der Widerlegung der zeitgenössischen Haeresien, namentlich des Pelagianismus und des von ihm früher vertretenen Manichaeismus.

Hauptwerke in philosophischer Hinsicht: 1. Confessionum libri XIII, eine Autobiographie (um 400), in der er die Geschichte seiner geistigen und sittlichen Bildung bis zum Tode seiner Mutter (387) darstellt; 2. Retractationum libri duo, um 427 verfaßt, enthält eine kritische Zusammenfassung seiner Arbeiten von seiner Bekehrung an; 3. Contra Academicos, gegen die Neo-Skeptiker, deren Zweifel er eine Zeitlang geteilt hatte; 4. Soliloquiorum libri II; 5. Liber de immortalitate animae; 6. De quantitate animae; 7. De magistro; 8. De libero arbitrio; 9. De anima et eius origine; 10. und 11. die berühmten Schriften: De civitate Dei und: De trinitate, in erster Linie von dogmatischer und apologetischer Bedeutung, aber reich an philosophischen Erörterungen. Die Sprache des Augustinus ist reich, aber oft wenig präzis.

Vgl. Willmann, Geschichte des Idealismus, Braunschweig, 2. A. 1908, Bd. II, § 61—66 (Übersicht); J. Martin, S. Augustin, Paris 1901, in der Sammlung: Les grands philosophes (Monographie des Augustinischen Systems, sehr umstritten); Portalié, Saint Augustin, Art. im Dictionn. de Théologie cathol. de Vacant, I, col. 2268—2472 (in theologischer und philosophischer Hinsicht ausgezeichnete Studie); Grandgeorge, Saint Augustin et le néoplatonisme, Paris 1896 (gut). Mausbach, Die Ethik des heiligen Augustin (Freiburg i. Br. 1909), 2 Bde.; Weinand, Die Gottesidee, der Grundzug der Weltanschauung des heiligen Augustinus (Forsch. zur Christl. Liter. u. Dogmengesch. von Ehrhard u. Kirsch, X, 2), Paderborn 1910.

92. Charakter der Augustinischen Philosophie. — Augustinus ist mit einer großen Zahl von Lehren des Altertums vertraut, die durch seine Vermittlung dem Mittelalter zufließen. Vor allem kennt er die Neuplatoniker, namentlich Plotin und Porphyr, die er aber wegen mangelnder Kenntnis des Griechischen in Übersetzungen des Marius Victorinus liest. Platon, dem er seine schönsten Lobsprüche erteilt, war ihm wahrscheinlich nur durch neuplatonische Quellen bekannt. Aristoteles zitiert er nur dreimal („vir excellentis ingenii et eloquii Platonis quidem impar")[1]) und augenscheinlich kennt er sein System nicht[2]); aber die Bedeutung, die er der Dialektik für die Erklärung der Heiligen Schrift zuerkennt, sollte später zur Verehrung, welche das Mittelalter für die Aristotelische Logik hegte, beitragen. Hingegen kennt Augustinus Pythagoras, die Stoiker, die Epikureer, die Akademiker, besonders aus den Berichten Ciceros[3]).

Dem Neuplatonismus verdankt Augustinus seine Psychologie, seine Forschungsmethode vermittelst des Bewußtseins, seine extreme Scheidung zwischen Sinnlichem und Übersinnlichem und eine große Anzahl von Lehren über Gott. Aber die neuplatonischen Einflüsse büßen trotz ihrer Gewichtigkeit ihren spezifischen Charakter ein und passen sich dem Geiste einer neuen Philosophie an. Der Polytheismus der niederen Gottheiten, die Weltseele und die Ewigkeit der Welt, die Seelenwanderung und besonders der Pantheismus und die notwendige Emanation werden ausdrücklich verworfen. Viele Theorien, namentlich solche, die Platon zugeschrieben werden, werden den Bedürfnissen einer neuen Theodizee angepaßt.

Die Philosophie Augustins hat Gott zum Mittelpunkt. Seine Metaphysik, Ethik und besonders seine Psychologie konvergieren dahin. „Deum et animam scire cupio. Nihilne plus? Nihil omnino."[4]) Dieses Forschen nach Gott ist von einem Intellektualismus, der zugleich mit einem Mystizismus innig verschmolzen ist, beseelt. Wir müssen das Wahre suchen, nicht bloß um es zu erkennen, sondern auch um es zu lieben[5]). Die Philosophie ist die Weisheitsliebe, d. h. die Gottesliebe. „Si sapientia Deus est verus philosophus est amator Dei."[6]) Und dieser Gott, den die Philosophie lieben lehrt, ist die heilige Dreifaltigkeit, wie sie der christliche Glaube verkündet[7]).

Endlich ist die Augustinische Philosophie religiös und schmiegt sich eng dem Rahmen seiner Dogmatik an, wie er sie im Verlaufe seiner Polemik

---

1) De civitate Dei VIII, 12.
2) Er meint, die Aristotelische Philosophie unterscheide sich nicht wesentlich von der Platonischen und trennt Platon nicht von den Alexandrinern. Grandgeorge, S. Augustin et le néo-platonisme, S. 52.
3) Grandgeorge, a. a. O., S. 30 ff.
4) Soliloqu. I, 7.
5) „O veritas, veritas! quam intime etiam tum medullae animi mei suspirabant tibi (Confess. III, C. VI). Augustinus besitzt die wunderbare Gabe, die Wahrheit mit allen Fibern der Seele zu ergreifen, nicht mit dem Gemüt allein, welches nicht denkt, auch nicht mit dem bloßen Intellekt, der nur die abstrakte, tote Wahrheit erfaßt. Augustinus sucht die lebendige Wahrheit; auch wo er gewisse Platonische Anschauungen bekämpft, gehört er zum Geschlecht Platons, nicht zu dem des Aristoteles. Dadurch gehört er sicherlich allen Zeiten an, da er mit allen Geistern in Berührung tritt; vor allem aber ist er modern, denn bei ihm ist die Lehre nicht das kalte Licht der Schule, sondern sie ist lebendig und von persönlichem Gefühl durchtränkt" (Portalié, a. a. O., Sp. 2453).
6) De civit. Dei VIII, 1.
7) De ordine II, 16.

zu bearbeiten genötigt ist. Den Diensten, welche die Vernunft dem Glauben erweist, entsprechen Dienste, die der Glaube der Vernunft leistet: das „intellige ut credas" und „crede ut intelligas" deutet ein System von Beziehungen an, das erst im 13. Jahrhundert seine wissenschaftliche Begründung erfährt. Die Vernunft liefert die Begriffe, welche die Grundlage dessen, was zu glauben ist, bilden, sie begründet die Existenz und Unfehlbarkeit der Offenbarung. Anderseits aber gibt es Wahrheiten, welche die Vernunft nicht einmal ahnen würde, wenn sie Gott nicht unserem Glauben enthüllte.

Schon aus den Lebensschicksalen des Lehrers von Hippo erhellt, daß er erst zahlreiche Phasen zurückgelegt hat, bis er zur völligen und endgültigen Reife seines philosophischen Denkens gelangte. Wir wollen diese Phasen hier nicht beachten, aber in einer Spezialarbeit über Augustinus müssen sie berücksichtigt werden.

93. Theodizee und Metaphysik. — Augustinus beweist das Dasein Gottes a posteriori aus der Zufälligkeit (Kontingenz) der Welt, aus der Ordnung des Universums, aus dem Zeugnis des Bewußtseins und aus der allgemeinen Übereinstimmung. Einer seiner Lieblingsbeweise aber ist die Deutung der Notwendigkeit und Unveränderlichkeit unserer Begriffe und der obersten Wahrheiten, welche die Norm zu unseren Urteilen und Handlungen enthalten. Der Gegenstand dieser Ideen kann nur deshalb notwendig und unveränderlich sein, weil er an dem notwendigen und unwandelbaren Wesen Gottes teilhat; unsere Urteile über die Wahrheit, das Gute, die Schönheit setzen eine ihnen zur Norm dienende absolute Wahrheit, Güte und Schönheit voraus. Daher gibt es einen Gott[1]).

Gegen die Manichaeer verficht er den ursprünglichen Monismus eines guten, unendlich vollkommenen Gottes, gegen die Neuplatoniker die Lehre von der notwendig zeitlichen Schöpfung. In dieser Augustinischen Theodizee sind verschiedene Alexandrinische Anschauungen enthalten, aber mit den Modifikationen, welche die anti-monistische Richtung des Augustinismus erfordert: die Unfähigkeit des Menschen, Gott zu begreifen; die Erhebung Gottes über alle Kategorien; seine Einfachheit, Ewigkeit, Güte. Das göttliche Wissen ist eines der Lieblingsprobleme der Augustinischen Philosophie; hieran knüpft sich die folgende Theorie des „Exemplarismus"[2]). Vor der Herstellung eines Möbels muß der Schreiner sein Modell im Kopfe haben. Ebenso mußte Gott vor der Erschaffung der Welt den gewaltigen Plan dazu entworfen haben; er kennt die möglichen Wesen in ihrer Beziehung zu seinem unendlichen Wesen, dessen entfernte Nachahmungen sie sind („principales formae quaedam vel rationes rerum in divina intelligentia continentur"). Jeder entstandenen Individualität entspricht eine göttliche **Idee**, als Norm, Urbild ihrer Wirklichkeit, („singula igitur propriis sunt creata rationibus").

Jenseits aller entstandenen Wirklichkeit schwebend, sind die göttlichen Ideen zugleich der tiefste Grund für die **Begreiflichkeit** der Wesenheiten; daher beruht auf ihnen die **Gewißheit** des menschlichen Wissens, denn unsere Begriffe sind den Dingen angemessen. Weder in den Dingen

---

1) De liber. arbitrio II, 12 u. 15.
2) Vgl. besonders I. 83 ff., q. 46.

noch in uns selber ist ein zureichender Grund der unwandelbaren und notwendigen Wahrheit dieser Dinge zu finden.

Der Augustinische Exemplarismus ist eine Anleihe beim Platonismus, berichtigt aber in einem wichtigen Punkte die Platonische Lehre von den getrennt existierenden Ideen; ebenso berichtigt er die Neuplatonische Anschauung, für welche die Ideen ein Produkt und eine Abschwächung des Einen sind.

94. Physik. — Um die Beschaffenheit der körperlichen Dinge zu erklären, nimmt Augustinus einen Stoff und eine Form an; wenn auch sein Begriff der Materie an gewissen Stellen an eine auf einen Wink des Schöpfers aus dem Nichts hervorgegangene chaotische Masse denken läßt, so äußert er sich doch in den „Konfessionen"[1]) verschiedentlich über den Stoff oder das nicht ohne Form Existenzfähige in Ausdrücken, die an die Aristotelische Lehre erinnern. In diesem Sinne nimmt er auch eine „quasi materia" der Engel an. Die Physik Augustins bringt die Materie in keinen Bezug zum quantitativen Zustand des Wesens.

Gott hat in die Materie einen verborgenen Quell tätiger Kräfte versenkt, die nach Urbildern geschaffen sind, welche im ewigen Wissen den materiellen Wesen zugeordnet sind. Es sind dies die „samenhaften Gründe" („rationes seminales", 59), deren sukzessive Produktion im Innern des Stoffes unter günstigen Umständen („acceptis opportunitatibus")[2]) die Einzelwesen hervorbringt. Jeder natürlichen Art von Körpern entspricht ein besonderer Keim.

Augustinus vertritt entschieden den aesthetischen und metaphysischen Optimismus und findet dessen Grundlagen im göttlichen Denken, welches harmonische Beziehungen zwischen den Wesen ersinnen mußte.

95. Psychologie. — Augustinus ist im vollen Sinne des Wortes Psychologe. Seine Analyse der psychischen Zustände zeugt von großem Talent zu psychologischer Beobachtung.

Die Seele ist **geistig**. Dies beweist Augustinus aus den Eigenschaften des Denkens und aus der Erkenntnis der Seele von sich selbst; die **Unsterblichkeit** der Seele beruht auf deren Geistigkeit und deren Anteil an den unwandelbaren, ewigen Wahrheiten. Da der Denker aus Afrika es unterläßt, sich über den **Ursprung** der Seele entschieden zu äußern, verbleibt er hier in einem Schwanken, das während der ersten Hälfte des Mittelalters nachwirkt: einerseits treibt ihn die Übermittelung der Erbsünde dem **Traduzianismus** oder **Generatianismus** zu, nach welchem sich die Kindesseele von der Seele der Erzeuger selbst ablöst; andererseits lehnt er nicht den **Kreatianismus** ab, der die beständige Erzeugung der Seele bei der Geburt lehrt. Es gibt in uns nur **eine** Seele, und diese einzige und einfache Seele (gegen Platon, Nr. 27) ist im ganzen Körper verbreitet, mit dem zusammen sie den Menschen bildet.

Seele und Leib bewahren ihre besondere Substantialität; die Seele bedient sich des Leibes („homo anima rationalis est mortali atque terreno utens

---

1) XII, 6 u. 8.
2) De Gen. ad litter. VII, 28.

corpore")[1]) und beherrscht ihn („regendo corpori accommodata")[2]). Diese Bestimmungen verraten Platonische Einflüsse; Augustinus hat sich von ihnen niemals befreit, wenn man auch gelegentlich Wendungen begegnet, die einen anderen Geist atmen.

Die Seele manifestiert sich durch eine **Vielheit von Kräften**, die von ihrer Substanz nicht real verschieden sind. Augustinus spricht gern von drei Vermögen: Gedächtnis, Verstand, Wille — eine der zahlreichen Dreiteilungen seiner Psychologie, in welchen er vorzugsweise ein Bild der heiligen Dreifaltigkeit erblickt. Wir wollen nun den Intellekt und den Willen näher betrachten.

Seine Theorie der geistigen Erkenntnis stützt Augustinus auf ein dogmatisches Postulat, das er dem, von ihm zuerst selbst vertretenen, akademischen Skeptizismus entgegenhält: eine Gewißheit existiert und sie ist notwendig für die Glückseligkeit. Eine ursprüngliche Gewißheit ist die des Bewußtseins („noli foras ire, in te redi, in interiori homine habitat veritas")[3]) und des denkenden Ich („omnis qui se dubitantem intelligit, verum intelligit, et de hac re quam intelligit, certus est")[4]). Gewißheit haben auch die logischen, metaphysischen und sittlichen Axiome und die begrifflichen Vorstellungen der Außenwelt (ratio, intellectus). Wir schenken diesen ein Vertrauen, das wir der Sinneswahrnehmung und ihren flüchtigen und veränderlichen Inhalten versagen (Platon), weil wir die Norm ihrer Wahrheit kennen. Diese Norm ist die Übereinstimmung unserer Vorstellungen mit den göttlichen Ideen und somit auch mit der objektiven Wirklichkeit. Unser Verstand ist, als endlicher Anteil am unendlichen Intellekt, zur Erkenntnis der Wahrheit bestimmt. So löst Augustinus das erkenntnistheoretische Problem schließlich durch eine Folgerung aus der Theodizee.

Die göttliche Erleuchtung spielt in der geistigen Erkenntnis eine näher darzulegende Rolle. Augustinus vergleicht gern Gott mit der Sonne des Geistes (Neuplatonismus), mit dem Lichte des Verstandes, in welchem wir die unwandelbare Wahrheit der Dinge erblicken („ea non posse intelligi nisi ab alio quasi suo sole illustrentur"[5]); „in quadam luce sui generis omnia quae cognoscit intueatur")[6]. Die Schrift „de magistro" stellt Gott als inneren Lehrer der Seele dar; in „de trinitate"[7]) wird die „ratio inferior" („quae intendit temporalibus") der „ratio superior" („quae intendit aeternis conspiciendis aut consulendis") gegenübergestellt.

Diese und andere Wendungen haben im Mittelalter eine wichtige historische Rolle gespielt, und aus der Schwierigkeit ihrer Deutung erklärt es sich, daß entgegengesetzte Systeme sich der Reihe nach auf sie berufen. Sicher ist, daß Augustinus mit ihnen keinen „ontologistischen" Sinn verbunden hat, als ob etwa unser Intellekt die unwandelbaren Wahrheiten unmittelbar im

---

[1] De moribus Eccl. cath. I. XXVII.
[2] De quant. animae, XIII.
[3] De vera relig. 72.
[4] Ibid. 73.
[5] Soliloqu. I, 8.
[6] De trinit. XII, 15.
[7] XII, 1, 7.

göttlichen Wesen schauen würde. Ebenso sicher ist es, daß nach mehreren Stellen die erleuchtende Tätigkeit Gottes den Schöpferakt bedeutet, dem die Seele und der Verstand ihr Dasein verdanken.[1]) Viele andere Wendungen sind nur verschiedene Umschreibungen seiner Lieblingslehre von der Natur des geistigen Wissens und den letzten Grundlagen der Gewißheit desselben. So z. B. seine Theorie der „ratio superior", durch die wir verstehen, daß die Wesenheiten aller Dinge notwendig und unveränderlich ihrem unerschaffenen Urbilde, der Grundlage alles Daseins („incommutabilia vera") entsprechen und daß so die Notwendigkeit und Konstanz unserer Begriffe und Grundsätze auf dem göttlichen Wesen beruht.[2]) Andere Stellen endlich scheinen zu einer Deutung zu nötigen, die ebenso gut mit den Voraussetzungen der Augustinischen Ideogenie und seinen Beweisen für das Dasein Gottes im Einklang stehen: Augustinus beantwortet die Frage nach dem Ursprung der Ideen dahin, Gott drücke sie uns nacheinander so auf, wie das Siegel seinen Eindruck im Wachs hinterläßt.[3])

Welches ist der Ursprung der geistigen Erkenntnisse? Der Bischof von Hippo bekannte sich ursprünglich zur Platonischen Lehre von der Wiedererinnerung,[4]) und wenn er später diese Ideologie verwarf, so geschah dies, um die Platonische Lehre von der Praeexistenz der Seele abzulehnen. Nach ihm vermag die Seele, welche geistiger Natur ist, ihre Erkenntnisse durch Reflexion auf sich selbst zu entdecken.[5])

Die Rolle, welche Augustinus den körperlichen Sinnen bei der Entstehung der Empfindung zuweist, ist dieser Lehre von den angeborenen Ideen angemessen. Der psychische Vorgang ereignet sich in der Seele („sensum puto esse non latere animam quod patitur corpus"), der Körper wirkt nicht auf das Höhere ein.[6]) Nicht der Körper drückt sein Bild der Seele ein, sondern die Seele erzeugt in sich das Bild des Körpers.

1) z. B. de civit. Dei X, 2.
2) Im Gegensatze zur „ratio inferior", der unmittelbaren Erkenntnis der Dinge seitens des Intellekts. Selbst die Erkenntnisse der zeitlichen Dinge „non sunt tamen rationis expertia nec hominibus pecoribusque communia. Sed sublimioris rationis est iudicare de istis corporalibus secundum rationes iucorporales et sempiternas, quae, nisi supra mentem humanam essent, incommutabiles profecto non essent" (De trinit. XII, 2; XII, 15, wo er als Wissen bezeichnet die „temporalium rerum cognitio rationalis", im Gegensatze zur „sapientia" oder Erkenntnis der Grundlagen der Gewißheit, vgl. de libero arbitrio, II).
3) De trinitate XIV, 15. Portalié (a. a. O. I, Sp. 2334ff.), der diese Frage ausführlich erörtert, gibt allen Wendungen einen ideogenetischen Sinn. Dieser Auffassung können wir uns in dieser extremen Form nicht anschließen. Portalié spricht nicht von der Unterscheidung der „ratio superior" und „inferior", die hier wichtig ist und sicherlich auf die Grundlagen der Wesenheiten und der Gewißheit Bezug hat. Vgl. Kleutgen, La philosophie scolastique II, 411—451. (Die Philosophie der Vorzeit,² 1878).
4) De quantitate animae, 20
5) „Illud quod dixi, ‚omnes artes animam secum attulisse mihi videtur .. non sic accipiendum est, quasi ex hoc approbatur, animam vel hic in alio corpore, vel alibi ... aliquando vixisse: et ea quae interrogata respondet, cum hic non didicerit, in alia vita ante didicisse" (de trin. XII, c. 15). „Fieri enim potest, sicut iam in hoc opere supra diximus (c. 4), ut hoc ideo possit, quia natura intelligibilis est, et connectitur non solum intelligibilibus, verum etiam immutabilibus rebus, eo ordine facta, ut cum se ad eas res movet quibus connexa est, vel ad se ipsam, inquantum eas videt, intantum de his vera respondeat" (Retract. I, 8).
6) De quantitate animae, c. 23, 41. Vgl. Ott, Des hl. Augustinus Lehre über die Sinneserkenntnis (Philos. Jahrb. 1900, S. 50).

Unsere Ideen sind also angeboren (Platon).[1]) Ist dem aber so, dann ist ihr Vorhandensein ebenso durch aufeinanderfolgende göttliche Erleuchtungen, in dem Maße als unser Intellekt sich entfaltet, wie durch einen einzigen Akt Gottes erklärbar, der im Moment der Vereinigung der Seele mit dem Leibe in jener einen verborgenen Wissensschatz angelegt hat.

Im seelischen Leben hat der Wille die Vorherrschaft, dessen Vorrang gegenüber dem Erkennen Augustinus betont. Nicht bloß ist die Funktion des innern Sinnes und des Verstandes ihm untergeordnet, sondern die Reinheit des Willens und seiner Tendenzen ist eine Bedingung der Weisheit. Bloß die heilige, reine Seele („quae sancta et pura fuerit"[2]) kann die Erkenntnis der Wahrheit vermittelst der „ratio superior" anstreben. Die Wahrheit ist ein Gut, das wir mit allen seelischen Kräften lieben müssen. Ferner vollzieht sich die Hinwendung des Geistes zu gewissen mystischen Wahrheiten — wie die Vereinigung von Seele und Leib — nur durch einen Willensakt. Endlich hat der Wille den Vorzug, psychologisch und sittlich frei zu sein.

96. Ethik. — Jedes Wesen ist gut nach dem Maße seines Seins (Platon). Gott oder das höchste Gut ist der Endzweck des Menschen und die Vereinigung der Seele mit Gott wird für sie die höchste Glückseligkeit sein (Eudaemonismus). Diese Vereinigung wird sich durch die beseligende Vision vollziehen, die, weit entfernt, das Bewußtsein zu verlöschen (Neuplatoniker), die menschliche Persönlichkeit steigert. Die göttliche Gerechtigkeit und die notwendigen Beziehungen der Wesen sind die Grundlage des absoluten Unterschiedes zwischen gut und böse. Die Polemiken gegen den Manichaeismus, Pelagianismus und Semipelagianismus veranlaßten Augustinus zur Untersuchung der Probleme des Übels, der Freiheit, der Gnade und der Vorherbestimmung. Das Übel teilt nicht mit dem Guten den metaphysischen Himmel (Manichaeismus), es ist nichts Positives, sonst würde der Skorpion an seinem eigenen Gifte sterben; es ist eine Beraubung des Guten und berührt daher nur die zufälligen Dinge, die einen gewissen Grad von Güte besitzen. Was die Vereinbarung der menschlichen Freiheit mit der göttlichen Leitung durch die Gnade und Vorherbestimmung betrifft, so haben die hierauf bezüglichen Erörterungen Augustins zu langwierigen Kontroversen vornehmlich theologischer Art geführt und die verschiedensten Systeme haben sich auf den Lehrer von Hippo berufen.

Die Ethik Augustins verbindet wie seine übrige Philosophie das Leben der Natur und der Gnade eng miteinander; sie begründet den Begriff der christlichen Vollkommenheit, indem sie immer wieder das neue Ideal dem Glücke und der Tugend, wie sie die Stoiker, Epikureer und besonders die Neuplatoniker verstanden, entgegensetzt.[3])

Augustinus übte auf die Entwicklung der (spekulativen und mystischen) Theologie und der scholastischen Philosophie einen starken Einfluß aus.[4])

---

1) „Der hl. Augustinus vertritt von Anfang an die Lehre von dem Angeborensein der Ideen und bleibt stets ihr Anhänger" (J. Martin, S. Augustin, S. 51).
2) L. 83, p. 66.
3) Vgl. die Schrift von Mausbach, S. 92.
4) Unter den übrigen Autoren des 4. Jahrhunderts, die sich weniger an der Polemik be-

97. Nemesius. — Nemesius, Bischof von Emesa in Phoenizien, schrieb gegen Ende des 4. oder zu Beginn des 5. Jahrhunderts eine populäre Abhandlung περὶ φύσεως ἀνθρώπου, die im Mittelalter im Gebrauch stand[1]) und als das erste vollständige und systematische Handbuch der Anthropologie zu betrachten ist. Der Verfasser sucht die psychologischen Lehren des Altertums dem Dogma anzupassen. Eklektiker gleich allen Philosophen seiner Zeit, entlehnt Nemesius den Neuplatonikern ihre Lehren betreffs der Natur der Seele und deren Vereinigung mit dem Leibe, dem Galen die neuen physiologischen Einsichten, den Stoikern ihr System der Affekte, den Epikureern ihre Theorie der Lust, dem Aristoteles den Willensbegriff. Aus diesem Synkretismus entspringen Dunkelheiten und Widersprüche. Obzwar Nemesius es nicht wagt, seine Sympathien für den Stagiriten offen zu bekennen — er fürchtete, gegen die Ansichten seiner Zeitgenossen zu verstoßen, welche den empirischen Naturalismus des Aristoteles verwarfen und sich an den Platonischen Spiritualismus hielten — so ist doch diese dem Peripatetismus gezollte Achtung bedeutsam und verkündet ein neues Aufleben von Ideen.[2])

98. Die Autoren des 5. Jahrhunderts. Pseudo-Dionysius. — Im 5. Jahrhundert büßt die patristische Philosophie ihre Kraft ein. Der Einfluß des Neuplatonismus wird so groß, daß er sich bei Synesius von Kyrene (um 370—413) schwer mit dem Christentum verträgt. Prokopius von Gaza wird — vielleicht mit Unrecht — als Verfasser einer Schrift gegen des Proklus στοιχείωσις θεολογική angesehen. — Für die allgemeine Geschichte der Ideen kommt in der zeitgenössischen Literatur des Ostens nur ein Mann in Betracht: der Autor, der unter dem falschen Namen des heil. Dionysius Areopagita, eines Schülers des heil. Paulus, bekannt ist. Seine Persönlichkeit bildete das Zentrum vieler Streitigkeiten. Seine Schriften dürften in das Ende des 5. oder in den Anfang des 6. Jahrhunderts zu verlegen sein. Sie erscheinen nicht vor der Epoche der großen Religionssitzung in Konstantinopel (533) und Hypatus von Ephesus erklärte sie für apokryph. Hingegen glaubte Papst Martin I. an ihre Echtheit und führte sie in das Abendland ein. Die Schriften des Pseudo-Dionysius über die „göttlichen Namen", „die mystische Theologie", „die himmlische Hierarchie", „die kirchliche Hierarchie" haben die Mystik und Scholastik bis zur Renaissance inspiriert. Sie enthalten eine systematische, auf Allegorien beruhende Deu-

---

teiligten, nennen wir den hl. Hieronymus (gest. 419), den Verfasser der Vulgata, des „liber de viris illustribus" und einer Übersetzung der Chronik des Eusebius. Seine Briefe bildeten das Entzücken der mittelalterlichen Geistlichen und sein Geschichtswerk blieb Jahrhunderte hindurch das Vorbild der Annalisten und Chronisten. Rufinus (um 346—410), erst ein Freund des Hieronymus, dann infolge seiner Origenistischen Anschauungen ihm entfremdet, übersetzte eine große Anzahl griechischer Schriften ins Lateinische, namentlich die Kirchengeschichte des Eusebius, Homilien und „περὶ ἀρχῶν" des Origenes. Auch verfaßte er lateinische Originalarbeiten.

1) Unter dem Namen Gregors von Nyssa.
2) Domanski, Die Psychologie des Nemesius (in: Beitr. z. Gesch. d. Philos. d. Mitt. III, 1), Münster 1900. Eine mit den Werken Gregors des Thaumaturgen (Schüler des Origenes) gedruckte Abhandlung περὶ ψυχῆς ist nur eine Kompilation aus Nemesius, in der Zeit zwischen dem 5. und 7. Jahrhundert von einem Unbekannten hergestellt, der vielleicht ein Fragment Gregors verwertet hat. Vgl. J Lebreton, Bulletin littér. ecclésiast., März 1906, S. 73—83.

tung des christlichen Kultus. Einer der ersten Bewunderer und Nachahmer des Pseudo-Dionys war Maximus der Bekenner (um 580—662).

Der Angelpunkt der Philosophie des Pseudo-Dionysius ist Gott und die mystische Vereinigung.

Gott besitzt an sich alle Vollkommenheiten der Geschöpfe. Er ist Güte, Schönheit, Einheit („Über die göttlichen Namen"); infolge seiner Transzendenz aber („Myst. Theologie") ist er in gewisser Hinsicht unsagbar, dunkel, Nicht-Sein (Plotin).

Gott als Prinzip der Dinge ist vor allem Güte und Liebe. Die anderen Wesen sind Ausstrahlungen seiner Güte („processiones divinae"), so wie das Licht eine Ausstrahlung der Sonne ist (Platon, Plotin); sie sind Gegenstand seiner Vorsehung. Zwischen Gott und Mensch vermittelt eine Hierarchie himmlischer Geister (Von der himmlischen Hierarchie), deren Reflex die kirchliche Hierarchie ist („Von der kirchl. Hierarchie").

Als Ziel der Dinge zieht Gott alles an. Das Gute steigt, nachdem es in die Geschöpfe herabgestiegen, wieder zu seinem Ausgangspunkt empor. Die Vergottung, wodurch dies geschieht, erstreckt sich auf die toten und lebenden Dinge, da alles ein Streben nach dem Göttlichen in sich hegt. Beim Menschen vollzieht sich diese Rückkehr zu Gott durch die Verzückung der Erkenntnis und die Liebesleidenschaft in ihren verschiedenen Formen.

Zahlreiche Parallelen haben dargetan,[1]) daß Pseudo-Dionysius hauptsächlich durch Proklus beeinflußt ist, nicht bloß bezüglich einer Menge von Einzellehren, sondern auch in seiner Terminologie und seinen Wendungen. Ebenso wiederholt seine Mystik die Symbolik, die Allegorien, die mystischen Zustände und Prozeduren der Alexandriner, ihre Theorie des Gebetes und des göttlichen Charakters der Ekstase, „in welcher das Gleiche vom Gleichen erkannt wird." Trotz dieser Anleihen ist die Philosophie des Pseudo-Dionysius theistisch, nicht pantheistisch, denn sie behauptet die substantielle Verschiedenheit von Gott und Geschöpf; seine Mystik ist christlich, denn sie gründet sich auf die Gnade. Freilich lassen sich die dunklen, übertriebenen Ausdrücke, deren sich der Verfasser bedient, auch im pantheistischen oder individualistischen Sinne deuten.[2]) Im Mittelalter wechselt die Auffassung und der heterodoxe Mystizismus stützt sich ebenso wie der orthodoxe auf Pseudo-Dionysius (vgl. weiter unten die mittelalterliche Mystik).

Ihrer Eigenart, Denkweise und Bedeutung nach gehören die Philosophen nach dem 5. Jahrhundert der Epoche des Mittelalters an.

---

1) H. Koch, Pseudo-Dionysius Areopagita in seinen Beziehungen zum Neuplatonismus und Mysterienwesen, Mainz 1900. Betreffs des Dionysius-Problems vgl. auch J. Stiglmayr, Das Aufkommen der pseudo-dionysischen Schriften und ihr Eindringen in die christliche Literatur bis zum Laterankonzil (Feldkirch, 1895). Der Neuplatoniker Proklus als Vorlage des sogen. D. Areopagita in der Lehre vom Übel (Histor. Jahrb. 1895); Otto Siebert, Die Metaphysik und Ethik des Pseudo-Dionysius Areop. (Jena, 1894).

2) Koch, a a. O. S. 194.

Die mittelalterliche Philosophie.

Einleitung.

§ 1. Grundbegriffe.

99. Scholastische Philosophie und scholastische Theologie. Wie jede Philosophie besteht auch die scholastische Philosophie in einer **rationalen Erklärung der Natur und der Weltordnung aus ihren letzten Gründen.** Nachdem man lange Zeit die Existenz einer scholastischen **Philosophie**[1]) geleugnet hat, verwechselt man sie nun fast immer mit der scholastischen **Theologie,** die eine Systematisation von Lehren ist, welche eine positive **Offenbarung** Gottes an die Hand gibt.

Diese unberechtigte Vermengung verfälscht die Richtung der historischen Untersuchung, mit der unsre Arbeit es zu tun hat, denn sie macht die Geschichte der mittelalterlichen Philosophie zu einem Teile der Religionsgeschichte. Sie wird von den Meistern der Philosophie im 13. Jahrhundert, welche die **Unterscheidung** zwischen philosophischer und theologischer Wissenschaft begründeten, ausdrücklich mißbilligt.

Unsere historische Darstellung behandelt die scholastische Philosophie, nicht aber die scholastische Theologie. Das Wort „Scholastik" soll, wenn schlechthin gebraucht, soviel wie „scholastische Philosophie" bedeuten.

100. Arten der Definition der scholastischen Philosophie. Falsche und unvollständige Begriffe derselben. — Definieren läßt sich entweder der **Name** der scholastischen Philosophie oder die durch ihn bezeichnete **Sache.** Die erste der beiden Definitionen ist eine Nominal-, die zweite eine Realdefinition. Etwas definieren heißt, aussagen, was die Sache ist und was sie von anderen Dingen unterscheidet. Die Realdefinition wird um so vollkommener sein, je tiefer sie in das Wesen der zu erkennenden Sache dringt. Dieses Kriterium relativer Vollkommenheit der Realdefinitionen ermöglicht die Bewertung einer doppelten Gruppe solcher Definitionen: der wesentlichen und äußerlichen Definitionen. Jede Sache läßt sich nämlich in zweifacher Weise bestimmen. Indem man zu erforschen sucht, was die Sache **an sich selbst** ist, welches ihre konstituierenden Elemente sind und welchen Charakter sie haben, gelangt man zur Definition der Sache ihrem eigenen, absoluten, innern Sein nach; betrachtet man hingegen die **Beziehungen** der Sache zu einer anderen, so erkennt man ihre relative, äußere Seite.

---

[1] z. B. Prantl, Geschichte der Logik, der die Existenz einer eigentlichen Philosophie im Mittelalter bestreitet: es gab nach ihm damals nur logische und theologische Erörterungen.

Da eine Philosophie durch ihren Lehrgehalt konstituiert wird, so werden wir als essentielle oder absolute Definitionen jene bezeichnen, die sich auf diese Lehren stützen. Äußerliche, relative Begriffe der scholastischen Philosophie suchen, heißt, sich von jenem Lehrgehalt abkehren, ihre Eigenbedeutung und ihren Charakter vernachlässigen, um zwischen Elementen, die der Lehre fremd sind, und dieser Lehre selbst Beziehungen herzustellen.

Auf Vergleichungen dieser Art, zuweilen auch auf eine etymologische Wortanalyse, hat sich nun die definitorische Leistung fast aller Historiker der Scholastik beschränkt. Daraus ergab sich eine Reihe falscher oder unvollständiger Definitionen und wir müssen nun die einen widerlegen, sowie den partiellen Wahrheitsgehalt, aber auch die Unzulänglichkeit der anderen bestimmen.

Sie lassen sich in drei Gruppen ordnen, deren erste die Nominaldefinitionen enthält.

Die zweite Gruppe besteht aus Realdefinitionen, die aber nicht die scholastische Lehre treffen. Man hat die scholastische Lehre dadurch zu charakterisieren gesucht, daß man ihre Beziehungen 1. zu ihrer Sprache und ihren Darstellungsmitteln, 2. zum Mittelalter oder dem Moment ihrer historischen Entwicklung, 3. zur scholastischen Theologie, 4. zur antiken Philosophie bestimmte.

Die dritte Gruppe besteht aus Realdefinitionen essentieller, aber unzulänglicher Art.

101. Verschiedene dieser Auffassungen sind durch die Renaissance verbreitet worden. — Bevor wir die unzulänglichen Begriffe, welche betreffs der scholastischen Philosophie im Schwange stehen, genauer betrachten, sei die interessante Tatsache erwähnt, daß einige von ihnen das Echo der seitens der Renaissance gefällten und den folgenden Jahrhunderten überlieferten Urteile sind. Ihr Ursprung ist also suspekt. Denn die Autoren der Renaissance, wie Erasmus, Vives, Cornelius Agrippa,[1] welche in das klassische Altertum und in alle Erzeugnisse seiner Kultur verliebt sind, betrachten die Jahrhunderte, die sie vom Altertum scheiden, als eine barbarische Epoche und legen dem Ausdruck „Mittelalter" einen geringschätzigen Nebensinn bei (mittlere oder Zwischenzeit zwischen Altertum und Renaissance).[2] Wie der italienische Klassizismus des 16. Jahrhunderts das Beiwort „gotisch" im Sinne von „barbarisch" gebrauchte und damit die Architektur des Mittelalters[3] charakterisieren wollte, so legten der Humanismus, die Reformation und später die neuere Philosophie dem Ausdruck „scholastisch" einen entehrenden Sinn bei, um die Philosophie des Mittelalters zu charakterisieren — so wie sie dieselbe kannten oder zu kennen glaubten.

Als „scholastisch" bezeichnete man die in schlechtem Latein vorgetragene Philosophie, welche mit Syllogismen Mißbrauch trieb und sich mit Subtilitäten oder Nichtigkeiten befaßte. Man sagte ferner, sie habe sich

---

[1] Vgl. Vierte Periode, 2. Kapitel.

[2] Vgl. Kurth, Qu'est ce que le moyen âge, 2. éd., in der Sammlung: Science et Religion, 1905.

[3] André Michel, Histoire de l'Art I, S. 934, Paris 1905.

auf Aristoteles gestützt, ihn aber nicht verstanden. Und da alle Philosophen seit Beginn des 16. Jahrhunderts laut ihre Unabhängigkeit von den Dogmen verkünden, so beschuldigte man sie, im Dienste der katholischen Religion oder der päpstlichen Theologie zu stehen („eam esse philosophiam in servitutem theologiae Papaeae [sic] redactam").[1]) Hand in Hand mit der Verachtung der Scholastik nahm die Unkenntnis ihrer Lehren zu und der Name bezeichnete nur noch eine vage Philosophie, in der von Stoff und Form, Potenz, Wesen und Existenz u. dgl. die Rede ist.

Tribbechovius (1641—1687) belehrt uns darüber, wer die scholastischen Philosophen sind: vor allem die Terministen, Skotisten und Thomisten im Ausgange des Mittelalters; dazu kommen noch Anselmus, Abaelard, Roscelinus, Thomas von Aquino, Albert der Große („Hercules Albertus ille magnus"), Duns Scotus („tenebrarum magister") und einige andere.[2]) Er fügt hinzu, die Wissenschaft der Scholastiker rühre von den Arabern her: „Quidquid enim sapnere scholastici, illud omne Arabibus acceptum tulere."[3])

102. Bedeutung des Ausdrucks „scholastisch". — Das Wort „scholastisch" hat im Mittelalter eine andere Bedeutung als in der Renaissance. Im Mittelalter ist der „scholasticus" (von schola, Schule) der Lehrer, der eine Schule leitet, oder der im Besitze der Bildung, welche das Trivium und Quadrivium verleiht, Befindliche. Im weitereren Sinne nannte man jeden Gelehrten und Lehrer[4]) so und der Titel war ein Ehrenname.[5])

Die Renaissance und die Reformation hingegen geben diesen berufsmäßigen (auf einen Unterricht bezüglichen) Sinn preis und fassen ihn ideologisch auf, indem sie darunter die Theologen (scholastische Theologie) oder die Philosophen (scholastische Philosophie) des Mittelalters verstehen. Man unterscheidet zwar die Theologen von den Philosophen, zugleich aber nimmt das Beiwort für die einen oder die anderen einen geringschätzigen Sinn an, es wird synonym mit „Sophist".[6])

---

1) Vorwort von Heymannus zur Schrift des Tribbechovius, Jena 1719, S. XXII. Alle diese Begriffe findet man in einem interessanten und seltenen Büchlein, welches ausschließlich der Scholastik gewidmet ist und, ein Jahrhundert vor dem Bruckerschen Werke, eine Geschichte der scholastischen Philosophie darstellt: Adam Tribbechovius, De doctoribus scholasticis et corrupta per eos divinarum humanarumque rerum scientia, Giessen 1665 und Jena 1719.

2) S. 58, 46, passim.

3) S. 126.

4) Betreffs der historischen Bedeutung des Wortes „scholastisch" bei den Griechen, Römern und im Mittelalter vgl. Tribbechovius, a. a. O. und Manser, a. a. O. (116), S. 320 ff.

5) Der Abt Hilduin (um 835) bezeichnet einen gewissen Fortunat als „Scolasticissimus" (Monum. Germ. histor. Epp. V, 333 28).

6) Tribbechovius, a. a. O. S. 39, 66. Wir zitieren aufs Geratewohl: „Qui litterarum regnum media in barbarie tonuerunt Scholastici" (S. 37). „Scholastici omne punctum tum demum se tulisse arbitrantur, si quando tribus syllogismis instructi de quavis materia litem movere possent" (ibid.). „Abyssus potentionabilitudinalitatum et aptitudinalitatum" (S. 46). Er erinnert an das Urteil Bullingers: „Utuntur interpretibus sive expositoribus putidissimis, Tartareto Bricoto, Scoto et copulatis quibusdam terque quaterque ineptissimis" (S. 49), die Diatriben des Erasmus: „cum nil nisi meram barbariem evomuerint" (S. 336), des Vives, Aventinus Von der letzten Periode bemerkt er: „Habetque post Scotum, Holcot, Tricot, Bricot, Boquinquam et plures alios   Et quis sigillatim omnes enumerare, deque operibus eorum commentari posset, cum numerus eorum ad XII M. excreverit" (S. 333). Dieselbe Unterscheidung zwischen scholastischer

103. Nominaldefinition. Die Scholastik und die Schulen. — Unter „Scholastik" versteht B. Hauréau die Philosophie, wie sie in den Schulen des Mittelalters gelehrt wurde.¹) Ebenso nennt Picavet die Scholastik „Tochter der Schulen".²) Diese rein etymologische und nominale Definition ist für die uns interessierende Frage belanglos. Das spätere Mittelalter verstand unter „Scholastikern" ebenso seine Musiker und Astronomen wie seine Philosophen und Theologen. Zugegeben selbst, daß man unter „schola" den eigentlichen Unterricht, den in der Philosophie und Theologie, in den beiden Wissenschaften, welche das Wissen krönten, verstand, so verhilft uns doch dieser Begriff nicht zur Erkenntnis und Beurteilung der auf den Kanzeln des Mittelalters vorgetragenen Lehre selbst; ganz abgesehen davon, daß, wenn die Scholastik die Tochter der Schulen ist, sie dem Mittelalter nicht mehr als unserem Jahrhundert angehören würde, da die Verbreitung des gedruckten Buches dem mündlichen Lehrbetrieb kein Ende bereitet hat. Vermöge einer logischen Erweiterung des Begriffes konnte gesagt werden, „es gibt Scholastiker bei den Neuplatonikern, in der Zeit Kants, Hegels, Cousins."³) Aber diese über das Mittelalter hinausgehende Ausdrucksweise ist noch nicht akzeptiert worden und wir bezweifeln, daß sie es jemals sein wird.

104. Definition der Scholastik nach ihrer didaktischen Methode. — Unter „scholastischer Methode" verstehen die Historiker sehr verschiedene und oft miteinander vermengte Dinge.

1. Von der scholastischen Philosophie ausgesagt, bedeutet der Name ein Verfahren wissenschaftlicher Begründung (Forschungsmethode) oder ein äußerliches Lehrverfahren (didaktische Methode).

2. In bezug auf die scholastische Theologie bedeutet die scholastische Methode vielfach die Anwendung der Dialektik im Dienste des Dogma; wir kommen weiter unten darauf zurück.

Manche definieren die scholastische Philosophie nach ihrem didaktischen Verfahren, d. h. entweder nach der paedagogischen Systembildung als solcher oder nach einem besondern Lehrverfahren. Die Scholastik bedeutet die Anpassung einer beliebigen Wissenschaft an die Schule (Schulwissenschaft); man stellt dann das ungeordnete wissenschaftliche Material

---

Theologie und Philosophie, dieselbe Identifizierung der scholastischen Sekten und der drei großen Schulen des 14. Jahrhunderts (Thomisten, Skotisten, Okkamisten), dieselben Vorwürfe finden sich bei Christ. Binder, Scholastica Theologia, in qua disseritur de eius causis, origine, progressu ac methodo legendi scholasticos (Tübingen, 1614), bei Busse, Verfasser einer Abhandlung „De doctoribus scolasticis", Leipzig, 1676 (A. 2 verso: „cum vero duplicem eorum differentiam animadvertamus Theologos alios, alios philosophos, quamquam illis hoc nomen potius tributum sit"). Diese, von Busse praeside J. Thomasio verteidigte Reihe von Thesen hat Ueberweg (a. a. O. 1905, S. 155) fälschlich letzterem zugeschrieben. Ich fand sie in der Biblioth. nation. in Paris in einer Sammlung von Thesen, gleichzeitig auch eine Abhandlung von J. B. Niemeier, De sequioris aevi philosophis quos scolasticos vocant cum Aristotele in studio philosophiae, praesertim primae, coniungendis oratio. Helmstädt CIƆIƆCLXXV.

1) Hist. de la philos. scolast. I, 36; Dictionnaire des sciences philos. (von Franck), Artikel „Scholastik".

2) Revue philos. 1902, S. 185; Grande Encyclop., Artikel „Scholastik".

3) Picavet in „Le moyen âge", 1902, S. 34; er ist hierin konsequenter als Hauréau, der den Verfall der Scholastik mit der Entdeckung der Buchdruckerkunst zusammenfallen läßt.

der Kirchenväter den trockenen, starren Fächern, welche die mittelalterliche Lehre einschließen, gegenüber.[1] Hören wir von dieser oder jener Systematisationsform sprechen, so wird die scholastische zur syllogistischen Methode, „welche Folgerungen ins Unendliche zieht",[2] oder zum „Denken, welches von der Dialektik eingeschnürt wird".[3]

Diesen Auffassungen läßt sich der gemeinsame Fehler vorwerfen, daß sie die Lehre rein formal eingliedern, ohne zu den so eingeordneten Lehren selbst vorzudringen. Die paedagogische Systematisierung ist ebenso wie irgendein methodisches Verfahren auf die Kantsche Philosophie nicht weniger anwendbar als auf die eines Thomas von Aquino. Überdies sind die Regeln der Methodologie, dem Geiste der scholastischen Logik gemäß, nicht der Philosophie allein eigen, sondern beherrschen alle Wissenszweige.

Was den Syllogismus betrifft, so ist zu bemerken, daß er nicht das einzige Verfahren der Scholastiker ist.

Es ist kaum nötig, die — richtigen, aber oberflächlichen — Ansichten zu verzeichnen, denen zufolge die Scholastik durch ihre „peripatetische" Ausdrucksweise[4] oder durch die von ihr bevorzugten Kunstausdrücke charakterisiert ist.[5]

Es ist so, als wollte man von der griechischen Philosophie sagen, sie sei die in griechischer Sprache vorgetragene Philosophie, oder den Kantianismus als eine Philosophie bestimmen, die zu ihrem Verständnis der Hilfe eines Spezialwörterbuchs bedarf.[6]

105. Definition der Scholastik mittelst ihrer Identifizierung mit der Philosophie des Mittelalters. Stand der Frage. — Viele Historiker identifizieren scholastische und mittelalterliche Philosophie. Ein Scholastiker ist hiernach jeder Philosoph des Mittelalters (Cousin, Hauréau, Ueberweg-Heinze, Erdmann, Picavet u. a.).

Der Ursprung dieser chronologischen Bestimmung geht auf die Renaissance zurück, für welche die Scholastik die vage Philosophie bedeutet, welche die „barbaries medii aevi" (101) erfüllt. Da die historischen Untersuchungen der mittelalterlichen Philosophie erst seit kurzem einen Aufschwung genommen haben, so ist diese Begriffsbestimmung selbst von jenen aufrecht erhalten worden, deren Arbeiten gezeigt haben, daß die Gleichartigkeit des mittelalterlichen Denkens nur eine scheinbare ist und bei näherem Zusehen erheblichen Differenzen Raum gibt.

Die Untersuchungen der letzten zwanzig Jahre haben zur Evidenz dar-

---

1) Vgl. diese Auffassung bei Willmann, Gesch. d. Idealismus II, § 67, Nr. 2 u. 4.
2) Fouillée, Hist. de la Philos., S. 198 (Paris 1883); vgl. Diderot: „La scolastique est moins une philosophie qu'une méthode d'argumentation sèche et serrée" (Oeuvres complètes XIX, 362).
3) Dräseke, in der „Rev. philos." 1909, S. 641.
4) z. B. Huet, Recherches hist. et crit. sur la vie, les ouvr. et la doctrine de Henri de Gand (Gent, 1838), S. 95.
5) Hogan, Les Études du clergé (übersetzt von Boudinhon, Paris 1900), S. 97f.
6) Den Auffassungen, welche den Charakter der Scholastik in einer didaktischen Methode erblicken, lassen sich jene angliedern, die aus der Scholastik eine vage Geistesrichtung, einen allen intellektuellen Erzeugnissen des Mittelalters eigenen Geist machen, der stets im üblen Sinne gemeint ist.

getan, daß im Mittelalter eine Mehrzahl philosophischer Systeme bestand, die teils miteinander verwandt, teils einander fremd sind, und daß einige dieser Systeme durch die Aufstellung entgegengesetzter Prinzipien in unvermeidliche Konflikte miteinander gerieten. War dies nicht zu erwarten? Es war a priori unwahrscheinlich, daß die zahlreichen Generationen des Mittelalters sich mit ein und derselben philosophischen Weltanschauung hätten begnügen können, ohne daß jemals eine abweichende Stimme diesen geistigen Einklang störte. Etwas Derartiges stände einzig in der Geschichte da, welche das Schauspiel herrschender, aber nicht ein Monopol besitzender Systeme darbietet.

Diese neuen Tatsachen verlangen offenbar eine geschichtliche Darstellung, in der es sich nicht um eine Namenaufzählung und philosophische Vorkommnisse, sondern um die logische Entwicklung der Ideen handelt.

Zwei Gesichtspunkte sind berechtigt. Wie unter der „griechischen Philosophie" die Zusammenfassung disparater Systeme, die in Griechenland auftraten, verstanden wird, so kann man den Ausdruck „Scholastik" als eine Gesamtbezeichnung für den Inbegriff v e r s c h i e d e n e r mittelalterlicher Systeme beibehalten.

Man kann aber auch den Sinn des Wortes „Scholastik auf bloß e i n e G r u p p e mittelalterlicher Systeme mit Ausschluß der übrigen beschränken. Dieses Verfahren ist das unsrige, zunächst aus dem Grunde, weil es verschiedenen Unzuträglichkeiten steuert, dann, weil es mit zwei oder drei Grundergebnissen, welche die Seele dieses Werkes bilden und die Philosophiegeschichte des Mittelalters zusammenfassen, völlig übereinstimmt, endlich weil es die Bedeutung des Ausdrucks „Scholastik" im Sinne der Renaissance übernimmt, um sie aber zu praezisieren. So steht das terminologische Problem in innigem Zusammenhange mit dem Problem der Interpretation der mittelalterlichen Systeme.

106. Die scholastische Philosophie bildet eine Gruppe unter den zahlreichen Systemen des Mittelalters. — *1.* Unzuträglichkeiten der Identifikation der Scholastik mit dem Ganzen der mittelalterlichen Philosophie. — Die schwerste dieser Unzuträglichkeiten besteht in der Anwendung d e s s e l b e n N a m e n s auf verschiedene oder entgegengesetzte Dinge.

Wohin man auch blickt, überall erweitert sich der Horizont. Die abendländische Philosophie gliedert sich in eine Vielheit von Systemen. Im 9. Jahrhundert tritt eine Art des Pantheismus, als Erneuerung des Neuplatonismus, in Konflikt mit verschiedenen, mehr oder weniger ausgeprägten Formen des Aristotelischen Individualismus. Im 13. Jahrhundert entspinnt sich ein langwieriger Kampf zwischen dem Averroismus, der sofort energische Anhänger findet, und den großen Systemen, mit denen Albert der Große, Bonaventura, Thomas von Aquino, Duns Scotus ihren Namen verknüpft haben. In dem Maße, als wir uns vom 13. Jahrhundert entfernen, wird der Streit der Ideen heftiger, bis die vereinten Kräfte der Renaissance der herrschenden Philosophie zum letzten Male auf den Leib rücken.

Noch mehr: Parallel mit der abendländischen Philosophie laufen durch das Mittelalter andere, selbständig entspringende Gedankenströmungen, die man nicht vernachlässigen darf; einerseits die byzantinische Philosophie, anderseits die orientalischen Philosopheme. Jede dieser Strömungen teilt sich in verschiedene Systeme, deren jede ihre Sonderart besitzt.

Diese Synthesen, die im Mittelalter sprießen, sind tatsächlich Gebilde, die sich nicht aufeinander zurückführen lassen. Selbst wo einzelne Anschauungen in mehreren verschiedenen oder entgegengesetzten Systemen identisch sind, nehmen sie den Sondercharakter jedes Systems an, wenn man sie nur nicht isoliert, sondern im Verhältnis zum Ganzen betrachtet.

Aus diesem Grunde ist es vom **doktrinalen** Gesichtspunkte — dem einzigen, der einer Philosophie als solchen gerecht wird — unmöglich, in der großen Mannigfaltigkeit mittelalterlicher Systeme, der abendländischen, byzantinischen oder morgenländischen, einen gemeinsamen Geist zu finden, der die Grundlage zur gemeinsamen Anwendung des Ausdrucks „scholastisch" abgeben könnte[1]).

Schränkt man aber den Ausdruck „scholastische Philosophie" auf eine einzige Gruppe mittelalterlicher Systeme ein, so verschwinden die verzeichneten Schwierigkeiten. Die Namen sind die konventionellen Vertreter der Sachen. Ist eine durch einen Ausdruck bezeichnete Sache einfach und einheitlich, so ist der Name für jeden verständlich und er erfüllt seine stellvertretende Funktion vollkommen. Zeigt sich jedoch, daß diese scheinbare Einfachheit eine tatsächliche Zusammengesetztheit verhüllt, so muß die Sprache präziser und reicher werden. So schritt die biologische Terminologie in dem Maße fort, als das Mikroskop in einer anfangs für homogen gehaltenen Zelle neue Körper entdecken ließ. Der Historiker der mittelalterlichen Philosophie gehorcht dem gleichen Bedürfnis. Wenn er verschiedenen Systemen verschiedene Namen gibt, so beachtet er nur das Gesetz, welches die Entwicklung des wissenschaftlichen Wortschatzes beherrscht.

Bemerkt sei noch, daß die von uns getroffene Wahl der mittelalterlichen Philosophien, die als „scholastisch" bezeichnet zu werden verdienen, dem Herkommen entspricht.

Der Ausdruck „scholastisch", wie wir ihn gebrauchen, stammt nicht aus dem früheren Mittelalter, sondern aus der Renaissance- und Reformationszeit; es kann sich nicht um die Verwerfung oder Entstellung desselben handeln, sondern nur um dessen Klärung[2]) und um die Erfassung der historischen Wirklichkeit, die sich hinter gewissen durch den Gebrauch geheiligten Ausdrücken birgt. Die Renaissance gebrauchte den Namen „Scholastik" für die seitens einiger vorzüglicher Denker — eines Anselm von Canterbury, Alexander von Hales, Bonaventura, Thomas von Aquino, Duns Scotus —

---

1) Man bringt in die Ideen Verwirrung, wenn man die scholastische Philosophie und die zahlreichen, selbständigen Philosophien des abendländischen, byzantinischen und orientalischen Mittelalters als eins nimmt. Um in einer so umfassenden Gruppe gemeinsame Merkmale zu finden, ist man genötigt, zu extradoktrinalen, d. h. unphilosophischen Begriffen, seine Zuflucht zu nehmen, zu vagen Elementen, die ihren Wert als Kulturzeichen haben können, aber zur Grundlegung einer Realdefinition und Wesensbestimmung nicht ausreichen.

2) Wir stimmen der treffenden Bemerkung Rousselots (L'intellectualisme de S Thomas, Paris 1908, S. IX) zu. „Oft geschieht es, daß die Umgangssprache, durch eine oberflächliche Ähnlichkeit getäuscht, unter einem Ausdruck unvereinbare Elemente zusammenfaßt und in den dadurch bezeichneten Begriff auch Widersprüche hineinbringt."

gelehrte Philosophie, deren Urheber gerade jene Denker sind, die seit langem als hohe Gipfel aus dem Dunkel, welches das Mittelalter bedeckte, hervorragten. Unbekannt waren damals die Kämpfe, welche jene Männer zu bestehen hatten. Kann man aber heute, da man diese Kämpfe kennt, denselben Familiennamen auf jene anwenden, **von denen sie bekämpft wurden**, oder auch auf Denker, die unter einem anderen Himmel lebten und **von deren Existenz sie oft nichts wußten?**

Wir nennen also „Scholastiker" *die Philosophen, denen das 16. und 17. Jahrhundert diesen Beinamen gaben und die man für die einzigen Philosophen des abendländischen Mittelalters hielt, weil man nicht wußte, daß diese Scholastiker mit Gegnern ihrer Lehre zusammenlebten.* Da sich heutzutage Klassifikationen ergeben, welche der Renaissance unbekannt waren, so sind wohl jene, welche ein' jahrhundertlang befestigtes Übereinkommen als Fürsten der Scholastik bezeichnet und die in der Regel auch noch jetzt diesen Namen führen, zuerst berechtigt, einer denominatio a potiori teilhaftig zu werden und ihren lange innegehabten Titel weiter zu führen.

Dazu kommt noch vor allem, daß die von mir vorgeschlagene Lösung dieses Problems historischer Terminologie mehreren geschichtlichen Tatsachen von Bedeutung angemessen ist. Diese sind: Eine philosophische Synthese erweist sich als einer Gruppe der Hauptlehrer des Abendlandes gemeinsam angehörend. — Diese Synthese ertötet bei keinem derselben die Selbständigkeit des Denkens. — Sie herrscht im Mittelalter vor. — Sie tritt in Konflikt zu entgegengesetzt gerichteten Systemen.

2. Es besteht eine Synthese, die einer Gruppe der vornehmsten Denker des Abendlandes gemeinsam angehört. Wir brauchen nur Anselm von Canterbury, Alexander von Hales, Thomas von Aquino, Bonaventura, Duns Scotus, Wilhelm von Occam zu erwähnen. Diese Denker weisen in der Tat ausgeprägte Verwandtschaften auf: sie stimmen in einer großen Menge fundamentaler Anschauungen überein, besonders betreffs jener, welche die Struktur eines Systems bilden, da sie die Grundfragen aller Philosophie betreffen.

Diese spezifische Weltanschauung ist nicht das Werk eines Tages oder eines einzelnen Menschen, sie ist nicht die Schöpfung eines Albert des Großen oder Thomas von Aquino. Die scholastische Philosophie, welche so viele Ähnlichkeit mit dem gotischen Dome hat, ist gleich diesem die Frucht ihrer Zeit, das Ergebnis einer fortschreitenden Bewegung. Zur Errichtung der Gedanken- wie der Steinbauten, die parallel miteinander sich erhoben und entfalteten, bedurfte es zahlreicher Generationen von Baumeistern und Handwerkern. Jahrhunderte waren notwendig, um das umfassende Lehrgebäude, welches das Stammgut der Scholastik bildet, zu errichten. Dieses Gemeingut[1]) wird vom 9. bis zum 12. Jahrhundert allmählich angesammelt, im 13. Jahrhundert steht es in vollem Reichtum da, um dann seit dem Ende

---

1) Seit der Auflage von 1905 halten wir die Freude, diesen kräftigen Ausdruck „Gemeingut" bei Baeumker, Die europ. Philos. des Mittelalters, S. 366, passim, zu finden. Ebenso spricht Endres von einer großen Weltanschauung, welche „ein Gemeingut aller Schulen und Richtungen" bildete, (Gesch. d. mittelalterl. Philos. im christl. Abendlande, 1908, S. 4).

des 14. Jahrhunderts nach und nach zu zerrinnen. Es wird gegen Eindringlinge, die es zugunsten gegensätzlicher Systeme zerstören wollen, verteidigt; es entspinnen sich Kämpfe und diese in der Blütezeit kraftvolle und sieghafte, in der Verfallsperiode aber lässige und unheilvolle Verteidigung erklärt den Umstand, daß Männer wie Thomas von Aquino, Bonaventura, Duns Scotus, die doch betreffs einzelner Fragen miteinander in endlose Streitigkeiten verflochten waren, Hand in Hand vorgehen, sobald es sich darum handelt, den Angriffen gemeinsamer Gegner Widerstand zu leisten.

Der tiefere Grund dieser Gemeinsamkeit eines geistigen Stammgutes, die sich ebenfalls auf künstlerischem, wissenschaftlichem und theologischem Gebiete findet, liegt im spezifischen Geiste des Mittelalters: die Wahrheit ist hier nicht ein persönliches Gut, das jeder durch seine Bemühungen gewinnt, sondern ein unpersönlicher Schatz, den die Generationen einander, durch ihn bereichert, überliefern. Die philosophische Denkarbeit ist das Werk einer Gesamtheit.

3. Die Einheit des scholastischen Systems ertötete nicht die Selbständigkeit des Denkens bei dessen verschiedenen Vertretern. Die scholastischen Philosophen stimmen betreffs der Lösungen, zu welchen die Grundprobleme führen, also bezüglich eines theoretischen Minimum, wodurch sich das scholastische von anderen Systemen unterscheidet, überein. Aber diese prinzipielle Einheit verhindert nicht Nuancen und Anwendungen, Weiterbildungen und Deutungen verschiedener Art; dadurch unterscheidet sich die Scholastik eines Alexander von Hales von der eines Bonaventura, Thomas Aquino, Duns Scotus, Wilhelm von Occam.

Diese gemeinsame Scholastik ist anderseits ein Abstraktionsgebilde, denn die lebendige Wirklichkeit bildete stets eine ganz bestimmte Art von Scholastik mit ihren besonderen Einzelheiten. Ein Vergleich mit dem gotischen Dom läßt uns aber das Wohlbegründete dieser Abstraktion besser einsehen. Die Grundmerkmale des gotischen Stiles — z. B. die Verwendung des Spitzbogenfensters — gehören den Kathedralen von Amiens und Chartres ebenso an wie jenen von Paris und Köln, und doch ist jede gotische Kathedrale ein Sonderbauwerk. Ebenso verhält es sich mit den Philosophien eines Anselm von Canterbury, Bonaventura, Thomas von Aquino, Duns Scotus. Wir können, einen im Mittelalter beliebten Ausdruck wieder aufnehmend, sagen, daß jedes scholastische System wie jeder gotische Dom sein „Individuationsprinzip" hat.

Es macht nichts aus, daß diese Systeme hinsichtlich ihrer Entwicklung, Anwendungen und Argumente differieren. Gewiß ist jede konkrete Philosophie das, was sie selbst ist; die Philosophien des Thomas von Aquino und Duns Scotus sind, ihrer lebendigen Wirklichkeit nach, ebenso ursprünglicher Art wie die Plotins und Proklus', Fichtes und Hegels. Wer wird aber leugnen, daß einerseits zwischen Thomas von Aquino und Scotus, zwischen Fichte und Hegel anderseits ein solches Maß von Verwandtschaft besteht, daß sich diese Personengruppierung nicht ändern läßt, etwa Thomas von Aquino und Fichte einerseits, Scotus und Hegel anderseits zusammenstellen lassen könnten. Warum? Weil sich bei diesen zwei Gruppen von Philosophen organische Lehren oder, wenn man will, Systemelemente finden, die, abstrakt betrachtet, ihnen gemein sind und zwischen Thomas von Aquino und Duns Scotus eine andere Ideenverwandtschaft stiften als zwischen Fichte und Hegel. Wenn wir von allgemeiner Scholastik sprechen, meinen wir nichts anderes. Die Mannigfaltigkeit und Eigenheit der scholastischen Philosophien ist also recht wohl mit der abstrakten Auffassung vereinbar, die man zur Herstellung objektiver Einteilungen der Äußerungen des philosophischen Lebens heranzieht. Niemand wird sagen, der vom Botaniker gebrauchte Begriff der Pflanze sei gegenstandslos, weil der Rosenstock sich nicht auf die Dahlia zurückführen läßt und von zwei Rosenstöcken jeder sein Sonderdasein besitzt.

Die scholastische Philosophie bedeutet also, je nach dem eingenommenen Standpunkte, entweder ein System (abstrakter Gesichtspunkt) oder aber eine feste Gruppe innig miteinander verwandter Systeme (konkreter Gesichtspunkt). Gleich den zahlreichen Mitgliedern ein und derselben Familie tritt jeder Scholastiker in seiner Individualität auf und es gibt unter ihnen Persönlichkeiten, die den anderen überlegen sind.

4. *Diese gemeinsame Synthese herrscht im Abendlande.* Sie zählt die bedeutendsten Namen in ihrer Mitte und sie hat eine riesige Majorität für sich gewonnen. Vor dem 12. Jahrhundert wird sie durch die Mehrzahl der Philosophen in verschiedener Weise angebahnt. Sie beherrscht das 13. Jahrhundert, und der mit ihr rivalisierende Averroismus ist nur „von kurzer Dauer und geringerer Kraft"[1]). Nach dem 13. Jahrhundert scharen sich um sie hunderte von Persönlichkeiten, die ihre Grundlösungen fortsetzen und verbreiten.

5. Während des ganzen Mittelalters gab es *nicht-scholastische* oder „a-scholastische" Systeme, d. h. Philosophien, deren Leitsätze von denen der Scholastik abweichen. Diese Bezeichnung ist relativer Art; von einem anderen Gesichtspunkt aus sind diese Systeme antischolastisch, denn sie bestanden neben den scholastischen Systemen und der Zusammenprall der Ideen war unausbleiblich. Wir brauchen hier nur an zwei Hauptformen der Gegnerschaft zu erinnern, an den Pantheismus des Eriugena und den lateinischen Averroismus. Pantheismus und Scholastik sind Bezeichnungen, die absolut nicht zueinander passen[2]). Wie groß auch die Divergenzen zwischen Anselmus, Thomas von Aquino, Duns Scotus sein mögen, sie alle verwerfen die Seinsgemeinschaft von Gott und Geschöpf.

Selbstredend verdienen die nicht-scholastischen Philosophien dieselbe Aufmerksamkeit des Historikers wie die scholastischen; ihr Studium ist

---

[1]) Mandonnet, Siger de Brabant et l'averroisme latin (Philos. Belges VI. S. 29).

[2]) Wir freuen uns, bei Baeumker zu lesen: „pantheistische Richtung, die außerhalb der scholastischen Philosophie im Mittelalter stets aufs neue auftritt" (Europ. Philos. d. Mittelalters, S. 371). „Wo eine historische Erscheinung nach ihrer Ideenrichtung und ihrer formalen Ausgestaltung aus dem Rahmen dieser schulmäßigen Überlieferung ganz herausfällt, wie die Mystik und gewisse pantheistische Systeme, wird man sie daher wohl der Philosophie des Mittelalters, aber nicht der Scholastik zurechnen können" (Ibid. S. 342). Ebenso spricht Lappe, bei der Beurteilung des Skeptizismus des Nicolas d'Autrecourt, vom „Kampf gegen die Scholastik" (Beitr. z. Gesch. d. Philos. d. Mittelalt. VI, 2, 1908, S. 2).

von hoher Bedeutung, um den allgemeinen Geist einer Epoche festzustellen[1]).

Das Schlußergebnis lautet: Unter „scholastischer Philosophie" wird man am zweckmäßigsten nicht sämtliche philosophische Richtungen des Mittelalters verstehen, sondern nur eine bestimmte Synthese, und zwar die in der Geistesgeschichte des abendländischen Mittelalters verbreitetste.

107. Erwiderung auf einige Einwände. — 1. „Der Historiker muß den Ausdruck ‚scholastisch' in dem Sinne auffassen, den er im Mittelalter hatte. Da nun jeder Philosoph sich einen ‚scholasticus' nannte, Scotus Eriugena nicht anders als Anselm, so sind alle Philosophien des Mittelalters scholastisch"[2]). Wir gehen noch weiter: jeder Literat, auch der nicht philosophische, hieß so; dies zeigt die Leerheit der Bezeichnung in unserem Falle. — Aber, ist es denn richtig, daß man im 20. Jahrhundert den Ausdruck „scholasticus" im Sinne des Mittelalters zu nehmen hat? Wir halten es für zweckmäßiger, dem Ausdruck den ideologischen Sinn zu geben, den er in der Renaissance erhielt und den er bisher bewahrt hat. — Übrigens ist das ein bloßer Wortstreit. Wir fragen: gab es im Mittelalter einander bekämpfende Systeme und eine offensive und defensive Vereinigung gegen den Pantheismus, Materialismus und Skeptizismus in jeglicher Form? Das ist die Grundtatsache, an die sich die Terminologie halten muß. Unter der mittelalterlichen Scholastik verstehen wir das aus einer Reihe umfassender Lehren, die weiter unten zur Sprache kommen, bestehende herrschende System.

2. „Man wäre nur dann berechtigt, die Scholastik von der Antischolastik zu unterscheiden, wenn die so eingeteilten mittelalterlichen Systeme nichts miteinander gemein hätten. Dem ist aber nicht so, da sie alle einen eigenen Geist atmen, der die mittelalterliche Philosophie zur griechischen oder neuen in Gegensatz bringt[3]).

Wäre dies stichhaltig, dann würde jede Klassifikation philosophischer Systeme unmöglich, nicht bloß für das Mittelalter, sondern für jede beliebige historische Periode. Wo gibt es Systeme, die miteinander nichts gemein haben? Gibt es z. B. nichts Gemeinsames zwischen Kartesianismus und Kantianismus? Und doch stellt man den Dogmatismus des einen dem Kritizismus des anderen entgegen. Die Systeme gliedern sich nach ihren unterscheidenden Elementen, und dies ungeachtet ihrer Ähnlichkeiten.

3. „In den scholastischen Systemen gab es weder im früheren Mittelalter, noch im 13. oder 14. Jahrhundert eine wirkliche Einheit, also auch keine gemeinsame Synthese. Jedes philosophische System bildete ein selbständiges Ganzes"[4]).

---

1) Man möge uns also nicht mehr den Vorwurf machen, daß wir uns auf die Scholastik allein konzentrieren. Da die nicht scholastischen Systeme an Zahl geringer sind, weniger Anhänger und Bedeutung besitzen, so liegt es in der Natur der Sache, daß ihnen weniger Platz eingeräumt ist.

2) „Das Mittelalter selbst soll uns Aufschluß erteilen über Anfang und Begriff seiner Scholastik" (Manser, a. a. O. S. 321).

3) Gentile, Il modernismo e i rapporti tra religione e filosofia (Bari 1909), Kap. 5; Il neotomismo, a proposito del libro di M. de Wulf, S. 111—148.

4) Jacquin, Manser, Gentile, a. a. O. Nr. 116.

Die gemeinsame scholastische Synthese ist, wie gesagt, ein abstrakter Begriff und insofern bei einer Vielheit antreffbar, wobei er im einzelnen eine konkrete Form annimmt. Das genügt zur Rechtfertigung unserer Auffassung durch die Tatsache. Wir werden auf diesen Einwand nach Maßgabe seiner Beziehung auf die verschiedenen Perioden unserer Geschichte zurückkommen.

108. Definition der Scholastik nach ihren Beziehungen zur scholastischen Theologie und zur Religion. — Von allen Begriffen der scholastischen Philosophie ist der verbreitetste jener, der sich auf die Beziehungen zwischen ihr und der christlichen Religion und Dogmatik stützt. Man betont die zentrale Bedeutung der Religion für die mittelalterliche Kultur sowie den religiösen Charakter der Philosophie (Manser, Picavet). Eine Magd oder Sklavin („philosophia ancilla theologiae") nach den einen (Cousin, Ueberweg-Heinze, Freudenthal, Windelband, Dilthey, Paulsen u. a.), eine Mitarbeiterin nach anderen (Gonzalez, Erdmann, Willmann, Picavet, E. Blanc), erscheint die Scholastik als die der Herrschaft oder Leitung der katholischen Theologie unterworfene Philosophie.

Manche Autoren erweitern diese Formulierung in sinnreicher Weise. Wie man jede Tochter der Schulen (103) Scholastik nennen konnte, so dehnte man diesen Namen auf jede einem Dogma unterworfene Philosophie aus. Der „scholastische Charakter" einer Philosophie wäre dann nach der Größe dieser Unterordnung zu beurteilen und die Verschiedenheit des leitenden Dogmas würde die Arten dieses Gattungsbegriffes begründen. In diesem Sinne konnte man von einer jüdischen (Zeller), arabischen (Carra de Vaux) und protestantischen Scholastik sprechen.

Zum Verständnis des ganzen Sinnes dieser Formulierung und zur Erörterung ihrer Grundlagen ist es nötig, das System der Beziehungen, welche das Mittelalter zwischen der Philosophie einerseits und der Theologie andererseits gestiftet hat, zu betrachten. Die mittelalterliche Blütezeit bahnt sie an, das 13. Jahrhundert vollendet sie. Diese weiter unten zur Sprache kommenden Beziehungen sind teils doktrinärer, teils nicht doktrinärer Art.

109. Allgemeine Beziehungen der Philosophie zur Religion und Theologie im Mittelalter. — *1. Nicht-doktrinäre Beziehungen.* Die Kultur des Mittelalters ist, namentlich im Abendlande, vom religiösen Geiste erfüllt: eine religiöse Atmosphäre umgibt alle Äußerungen des Familien-, sozialen, politischen, künstlerischen, wissenschaftlichen Lebens. Alles das, was die germanischen Rassen von der Vergangenheit übernahmen, sowie alles, was ihre Naturanlagen hervorbrachten, ist vom Christentum befruchtet, und diese Beeinflussung ist der hervorstechende Zug der mittelalterlichen Kultur[1]. Als Bestandteil dieser dem Mittelalter eigenen Kultur ist die Philosophie von der Religion abhängig. Daraus ergibt sich, daß man den Ursprung verschiedener Probleme der scholastischen Philosophie, besonders zu Beginn des Mittelalters, auf dem Felde der religiösen und theologischen Diskussion zu suchen hat.

---

[1] Dies zeigt vortrefflich Henry O. Taylor, The Mediaeval Mind (London, 1911) I, S. 3—22.

Daraus ergibt sich ferner, daß vom paedagogischen Gesichtspunkt die Theologie als die höhere und heilige Wissenschaft galt, deren Studien- und Lehrbetrieb die vollkommene Ausbildung zu sichern strebte. Diese Neigung findet sich in den Programmen der Klosterschulen und später der Universitäten. Der Ehrgeiz aller zielt dahin, Theologe zu werden, nachdem man Philosoph gewesen oder indem man es noch bleibt (zweite Periode).

2. *Doktrinäre Beziehungen.* Die zuerst mit der Theologie verschmolzene Philosophie wird im 12. Jahrhundert gesondert behandelt. Die beiden Disziplinen hatten somit jede ihre konstituierenden Methoden und ihre eigenen Prinzipien, ihre Entwicklung vollzog sich parallel und im Zusammenhange.

Doch ist die mittelalterliche Philosophie in einer Reihe von Punkten der Theologie untergeordnet.

Auf diese Unterordnung, deren Natur und Ausmaß wir später darlegen werden, und auf den religiösen Charakter der Philosophie stützen sich die betreffenden Definitionen der Scholastik. Kann aber dieser religiöse Grundzug der Scholastik und die Kontrolle, der ihre Lehren ausgesetzt waren, zu einer hinreichenden Definition der scholastischen Philosophie führen? Dies ist die einzige Frage, die sich jetzt aufdrängt.

110. Der religiöse Charakter der Scholastik genügt nicht zu ihrer Definition. — Dieser Charakter besteht tatsächlich und soll keineswegs abgeschwächt werden. Er genügt zur Bewertung der mittelalterlichen Scholastik als **Kulturelement** innerhalb der sozialen Faktoren, deren Einheitsband die Religion ist; aber er reicht nicht aus, die Scholastik ihrem **Lehrgehalt** nach zu kennzeichnen. Warum sollen wir uns denn auf dieses soziologische Merkmal beschränken, da es doch möglich ist, die Scholastik an sich selbst, ihren philosophischen Lösungen nach, als systematische Weltanschauung zu prüfen? Warum will man auf halbem Wege stehen bleiben? Etwas anderes ist die Kultur des Mittelalters, etwas anderes die Philosophie, die nur einen ihrer Bestandteile darstellt. Den religiösen Charakter hat die Philosophie mit der Kunst, der Wissenschaft, der staatlichen und gesellschaftlichen Organisation gemein[1]; hingegen gehören die bei der Untersuchung der philosophischen Lehren gefundenen Merkmale diesen ausschließlich an. Diejenigen, welche sich an den religiösen Charakter der mittelalterlichen Philosophie halten, irren nicht, aber ihre Betrachtungsweise ist unvollständig. Sie gleichen demjenigen, der sich damit begnügt, zu wissen, daß die Erde gleich anderen Planeten von der Sonne ihr Licht empfängt, und der unter dem Vorwande, diese Beziehung zur Sonne erschöpfe alles Wißbare, sich weigert, die Erde zu erforschen oder ihre physische Gestaltung kennen zu lernen.

111. Der Primat der scholastischen Theologie gibt nur eine unzureichende Definition der scholastischen Philosophie an die Hand — mag man nun aus der „Scholastizität" einer Philosophie einen Gattungsbegriff machen, der durch bestimmte Grunddogmen spezialisiert wird, oder mag man ihn ausschließlich auf die mit den Religionen des Mittelalters, namentlich mit dem Katholizismus im Einklang stehenden Systeme anwenden.

---

[1] Vgl. Taylor, a. a. O. S. 13 ff., der die Dinge ebenso ansieht.

1. Wenn auch die Tatsächlichkeit der Unterordnung der Philosophie unter die mittelalterliche Theologie unbestreitbar ist, so bestimmt doch die von dieser Tatsache ausgehende Definition der Scholastik nicht das Wesen der scholastischen Philosophie als solcher, d. h. ihren **Lehrgehalt**. Sie enthält somit nur **äußerliche Merkmale** des zu Definierenden, Merkmale sekundärer Art.

2. Ist es denn nicht klar, daß, welches auch die Ursache, Ausdehnung und Natur der Unterordnung der Scholastik unter die Theologie sein mag, diese Philosophie eine Bedeutung an sich besitzt, abgesehen von dem Dogma, auf das sie sich bezieht, und daß sie nach Maßgabe ihres Charakters als **rationelle Weltanschauung** ihren Sinn hat?

Sogar in den **auf das Dogma sich beziehenden Theorien** bleibt also Raum für andere Bewertungselemente als die bloße Abhängigkeit vom Dogma.

3. Dies zeigt sich noch klarer, wenn man bedenkt, daß die mittelalterliche Scholastik aus einer Menge von Lehren besteht, **die zum Katholizismus in keiner unmittelbaren Beziehung stehen**.

Die Scholastik ward nämlich in keiner Weise seitens der Dogmatik genötigt, das Sein und Werden der Natur durch die „erste Materie" und die „substantielle Form" zu erklären. Das steht ja fest, da Aristoteles, der Urheber dieser Lehre, nicht daran dachte, seine Kosmologie mit dem Katholizismus oder sonst irgendeiner Religion in Einklang zu bringen, und da verschiedene Philosophen des Mittelalters trotz ihres Katholizismus die atomistische Theorie vertraten. Man wird nun wohl nicht sagen, die Theorie des Stoffes und der Form, die für die Scholastik grundlegend ist, dürfe bei der Charakterisierung ihrer Welterklärung nicht in Betracht gezogen werden; noch, daß diese Lehre selbst bei Aristoteles keine eigentliche philosophische Bedeutung hat; noch auch, daß diese Aristotelische Lehre infolge ihrer Übertragung ins Mittelalter und ihrer Verbindung mit Lehren, die seitens des Dogmas kontrolliert werden, in der Scholastik ihre Geltung einbüßt. Ähnliche Beispiele ließen sich in Fülle erbringen.

Das gemeinsame Gebiet der scholastischen Philosophie und Theologie ist viel kleiner als jedes der Sondergebiete selbst, so daß eine Unterordnung des einen unter das andere außerhalb des gemeinsamen Wissenschaftsgebietes **sinnlos** wäre. Es bleibt also dabei: diese Unterordnung reicht zur Charakterisierung der scholastischen Philosophie als solcher nicht hin.

4. Erweitert man den Begriff der Scholastik und nimmt ihn im ganz abstrakten Sinne der „irgendeinem Dogma untergeordneten Philosophie", so treten dieselben Schwierigkeiten in allgemeiner Form auf. Die katholische Scholastik wird zu einer **Abart**, analog der jüdischen, arabischen, protestantischen Philosophie. Das Spezifische dieser verschiedenen Unterarten ist ein **religiöses und dogmatisches**, also ein **außerphilosophisches Element**, und so wird eine Philosophie nach wie vor durch das Nichtphilosophische, also durch etwas Unzulängliches charakterisiert. — Ferner vergißt man, mag nun das Leitdogma der Brahmanismus oder Mohammedanismus oder Katholizismus oder Protestantismus sein, daß die philosophischen Theorien, welche diesem Dogma untergeordnet sind, ihre eigene Bedeutung nicht ver-

lieren, die sie vom philosophischen, rationalen Gesichtspunkt besitzen, abgesehen davon, daß eine wahrhafte Synthese eine Menge von Lösungen zuläßt, auf' welche die Dogmatik deshalb keinen Einfluß ausübt, weil sie sich um die betreffenden Probleme nicht kümmert.

5. Die Definition der Scholastik als einer mit dem Dogma im Einklang stehenden Philosophie würde endlich die überraschende Folgerung nach sich ziehen, daß sich innerhalb derselben Scholastik — z. B. der katholischen — mannigfache und einander widersprechende Typen unterscheiden lassen. Vermittelst des Prinzips der allegorisch-symbolischen Deutung der Heiligen Schrift glauben die Pantheisten, durch die Lehre von der zweifachen Wahrheit die Averroisten ihrer Orthodoxie sicher zu sein. Mehrere von ihnen rühmen sich, den wahren Geist der Evangelien zu besitzen. Wer wird die Behauptung wagen, die thomistische Philosophie sei auf den Pantheismus oder Averroismus zurückzuführen? Am Eingange der Renaissance wußte Nicolaus von Cusa, ein Kardinal der römischen Kirche, eine geistvolle Verbindung zwischen seiner Lehre von der „coincidentia oppositorum" und seinem Katholizismus herzustellen. Diese Vereinbarung läßt sich anfechten, aber der Fehler hat in der Schwäche dieser Philosophien seinen Grund und ist in keinem Falle ein Einwand gegen unser Argument. Sind Descartes und Malebranche in anderer Weise katholisch als Thomas von Aquino? Und doch, welcher Abstand besteht zwischen diesen Männern in philosophischer Hinsicht!

Wurde nicht auch der gotische Stil ebenso unzureichend definiert, indem man ihn für den Stil erklärte, der dem Katholizismus angemessen ist? Als ob das Romanische oder sonst eine Kunstform nicht geeignet waren, einen dem katholischen Kult angepaßten Kirchenbau zu zeitigen! Wie viel treffender hat Viollet-le-Duc das Gotische an sich definiert nach den eigenartigen Lösungen, welche seine Formen bieten, und den rationellen Lösungen des Problems der Schwere!

Es ist demnach richtig, aber nicht hinreichend, wenn man die Scholastik als religiöse Philosophie bestimmt. Ebenso ist das Verhältnis zwischen der scholastischen Philosophie und Theologie tatsächlich vorhanden, aber es genügt nicht zur Definition der scholastischen Philosophie. Diese letztere muß somit in zweifacher Weise untersucht werden:

1. *An und für sich selbst* — die Hauptaufgabe des Historikers.

2. *In ihren Beziehungen zur Religion und Theologie* — eine sekundäre, wenn auch nicht zu vernachlässigende Untersuchung.

112. Definition der scholastischen Philosophie nach ihren Beziehungen zur antiken Philosophie. — *1. Scholastik und Aristotelismus.* Ein seit der Renaissance eingewurzeltes Vorurteil macht aus der Scholastik einen bloßen Abklatsch der peripatetischen Philosophie. Wäre dem so, dann würde die Definition des philosophischen Gehaltes beider identisch.

Zweifellos berufen sich die Scholastiker gern auf Aristoteles, nicht bloß im 13. Jahrhundert, sondern auch im früheren Mittelalter. Schon Johannes von Salisbury nennt jenen „philosophus", den Philosophen $\varkappa\alpha\tau^{\prime}\ \dot{\varepsilon}\xi o\chi\acute{\eta}v$, so wie Rom „die Stadt" $\varkappa\alpha\tau^{\prime}\ \dot{\varepsilon}\xi o\chi\acute{\eta}v$ bedeutete (Polycrat. VII, 6). Für Albert den Großen ist er der „archi-doctor philosophiae" (De propriet. element. I, tr. I, C. I). Ferner haben die Scholastiker für Aristoteles ein Verständnis, um das sie viele neuere Philosophen beneiden könnten.

Aber der Aristotelismus der Scholastiker ist von der Knechtschaft, die man ihnen vorwirft, weit entfernt. Zunächst hat für sie der Autoritätsbeweis, das letzte der Argumente auf philosophischem Gebiete, nur geringen Wert; dafür gibt es unzählige Zeugnisse. In der Tat werden viele aristotelische Theorien verworfen; von denjenigen, welche angenommen worden sind, werden einige ergänzt, andere berichtigt, alle werden einer wesentlichen Kontrolle unterworfen und in neue, der Scholastik eigentümliche Formen gegossen, wie aus der Geschichte der Scholastik erhellen wird. Endlich hegt eine ganze Gruppe von Scholastikern, selbst im 13. Jahrhundert, gegenüber Aristoteles ein dauerndes Mißtrauen.

Der Vorwurf der Dienstbarkeit wird übrigens angesichts der Tatsache zunichte, daß die Scholastik eine Menge anderer philosophischer Systeme verwertet.

2. *Scholastik und Neuplatonismus.* Durch Vermittlung der Kirchenväter, des Pseudo-Dionys und besonders im 13. Jahrhundert durch die „Schrift von den Ursachen", die Werke des Proklus und die arabischen Philosophen dringen zahlreiche neuplatonische Anschauungen in die Scholastik ein. Aber sie verlieren ihren pantheistischen und emanatistischen Sinn, d. h. die Seele des neuplatonischen Systems des Proklus und des „liber de causis"[1]). Die Behauptung Picavets, Plotin sei „der wahre Meister der Scholastik gewesen", ist falsch[2]).

3. *Scholastik, Platonismus und Augustinismus.* Platon und der heilige Augustinus haben in einer Weise Bewunderung erregt, die mit dem stärksten Enthusiasmus für Aristoteles zu wetteifern vermag. Namentlich hat Augustinus, der bekannteste und einflußreichste Kirchenvater, die Scholastik inspiriert und sein Einfluß auf ihre Anschauungen ist bis gegen Ende des 12. Jahrhunderts vorherrschend. Selbst noch im 13. Jahrhundert, da der Wirkungsbereich des Peripatetismus sich erweitert, ist sein Ansehen beträchtlich und eine ansehnliche Gruppe von Scholastikern hegt noch immer Neigungen für den Augustinismus[3]).

4. *Die Scholastik und die anderen Systeme der griechischen Philosophie und Patristik.* Der Pythagoreismus, der Demokritische Mechanismus, der Epikureismus, der Stoizismus, verschiedene patristische Lehren nehmen in den Kontroversen des abendländischen Mittelalters eine zwar sekundäre, aber unverkennbare Stelle ein.

Kurz, was die Scholastiker bei ihren Anleihen bei der Vergangenheit

---

1) Die bei Plotin strittige pantheistisch-emanatistische Tendenz kommt im „liber de causis" und in den Schriften des Proklus entschieden zum Ausdruck.

2) Picavet, Esquisse d'une histoire générale et comparée des Philosophies médiévales, 1907, Kap. 5. Das Hauptargument Picavets geht dahin, daß bei Plotin die Verbindung der Philosophie mit der Religion zum erstenmal auftritt, und daß sie im Mittelalter fortdauert. Hier liegt unseres Erachtens eine Verwechslung der religiös begründeten Kultur mit der Philosophie vor (vgl. 110). Dies bemerkte ich schon im Jahre 1905 (Revue d'histoire et de littérat. religieuse, S. 74); es ist hinzuzufügen, daß das Mittelalter die „Enneaden" Plotins nicht kannte.

3) Vgl. Zweite Periode, Kap. III, 1.

leitet, ist nicht die blinde Verehrung einiger historischer Gestalten, sondern die Suche nach der Wahrheit um ihrer selbst willen. Die Scholastik sucht bei allen ihren Vorgängerinnen Belehrung, ohne aber irgendwem sklavisch zu folgen[1]).

113. Unzureichende Wesensdefinitionen. — Die von uns betrachteten Definitionsweisen enthalten alle einen Wahrheitskern, leiden aber an dem gemeinsamen Fehler, die scholastische Philosophie nach demjenigen zu definieren, was nicht ihre Philosophie ist. Nur ein Wesensbegriff, d. h. ein solcher, der auf der von der Scholastik vorgetragenen Lehre beruht, kann sie in ihrem Eigencharakter erfassen. Nun ist die Philosophie als Lehrgehalt[2]) in zweifachem Sinne zu verstehen: im strengen Sinne ist sie ein System, d. h. ein vollständiges Lehrgebäude, ein Inbegriff von Theorien betreffs der Natur und der Weltordnung; im weitern bedeutet sie eine oder mehrere Sonderlehren, entsprechend einem oder mehreren Problemen, die hier auftreten.

Diesen zweiten Standpunkt nehmen jene ein, welche die Scholastik auf einen Streit über die Universalien reduzieren (Hauréau, der ihn das scholastische Problem par excellence nennt; Taine). Zur Beurteilung einer Philosophie genügt es überdies nicht, die Probleme, mit denen sie sich beschäftigt, anzugeben (sie sind für alle Philosophen die gleichen), sondern man muß sich an die vorliegenden Lösungen halten. Wir werden weiter unten deutlich sehen, daß sich die Scholastik mit einer Menge Fragen befaßt, die das Universalien-Problem nicht berühren. Eine Definition der Philosophie, welche nur dieses Problem behandelt, mag exakt sein, aber sie ist notwendig unvollständig.

Derselbe Einwand erhebt sich gegen jene, welche das Grundmerkmal der scholastischen Philosophie in der Versöhnung von Idealismus und Realismus durch die Immanenz des intelligiblen Ideals im Sinnlichen[3]) erblicken, oder die ihren Begriff von der Scholastik dem „Problem der ontologischen Beschaffenheit des Seienden" entnehmen.[4]) Diese Formulierungen sind zwar umfassender als die früheren, berücksichtigen aber doch nur gewisse psychologische und metaphysische Lehren mit Ausschluß der Fragen und Lösungen, welche andere wichtige Zweige der scholastischen Philosophie mit sich bringen.

114. Elemente eines vollständigen Lehrbegriffs. — Die scholastische Philosophie ist eine Synthese, in der alle Fragen der Philosophie behandelt werden, alle Antworten miteinander im Einklang stehen, einander stützen ($συντίθημι$) und fordern.

Eine auf die Lehre sich beziehende Wesensdefinition muß sich an diese Antworten halten. Sie wird so zusammengesetzt sein wie das zu Definierende.

---

1) „Weder die Abhängigkeit von den Autoritäten, noch das Vorwiegen der deduktiven Methode ist für die Scholastik besonders charakteristisch" (Harnack, Lehrbuch der Dogmengeschichte III, 313).
2) Wenn man von griechischer, abendländischer, byzantinischer, asiatischer, moderner u. a. Philosophie spricht, nimmt man nicht den doktrinalen Standpunkt ein, sondern gruppiert in geographischer oder historischer Weise. S. 80.
3) Willmann, a. a. O. II, 322.
4) Morin, Dictionn. de philos. et de théol. scolastique, 1856, S. 23.

Da die Fragen und Antworten im Verlaufe der Geschichte der Scholastik zum Austrag kommen, so ist es zweckmäßig, diese Untersuchung bis zu dem Augenblick zu verschieben, wo wir von der **scholastischen Lehre**, wie sie der mittelalterliche Geist auf seinem Höhepunkt erarbeitet hat, Kenntnis erlangt haben. (275.)

115. Schluß. — Die doktrinale Wesensbestimmung der Scholastik schließt die relativen Begriffe derselben nicht aus. Um etwas als Ganzes zu erkennen, muß man es, nachdem es an sich selbst betrachtet worden ist, in seinen Beziehungen zu den anderen Dingen untersuchen. Daher ist der Historiker, nachdem er die Philosophie untersucht, den Wert der übrigen Äußerungen des Geisteslebens und deren Eigenbedeutung bestimmt hat, berechtigt, an eine zweite Problemgruppe heranzutreten, nämlich an die Wechselbeziehungen jener verschiedenen Kulturzweige einer Periode. Die Philosophie steht nicht bloß zur Theologie und zur antiken Philosophie in Beziehung, sondern auch zum wissenschaftlichen, künstlerischen, politischen und wirtschaftlichen Leben des Mittelalters, denn in der Wirklichkeit des sozialen Lebens sind alle menschlichen Phaenomene solidarisch verknüpft und konvergent gerichtet.

116. Bibliographie. — Die Grundbegriffe werden auf den ersten Seiten der meisten Kompendien dargetan (§ 3).

De Wulf, La notion de la scolastique (Revue philos., Juni 1902); Introd. à la philos. néo-scolastique, § 1—10 (Louvain, 1904), wo sich die weitere Ausführung mehrerer hier angedeuteter Ideen findet). Jacquin und De Wulf, Diskussion über den Begriff der Scholastik in: Revue d' histoire ecclesiast. V (1904), S. 429, 716; Richard, Étude critique sur le but et la nature de la scolastique (Revue thomiste, 1904); P. von Hollum (Philos. Jahrbuch, 1905 und 1906) über die Beziehungen zwischen Philosophie und Theologie, schließt sich uns an; Diego, Libéralisme philosophique (Études francisc., Okt. 1904), voll Konfusionen. Entgegnung von P. Hadelin, Replik von Diego und De Wulf, ibid. 1905. Manser, Über Umfang und Charakter der mittelalterlichen Scholastik (Histor. polit. Blätter, Bd. 139, 1907) identifiziert Scholastik und mittelalterliche Philosophie und charakterisiert sie nach ihren religiösen Kennzeichen. Ch. Huit, Brève histoire du mot scolastique (L' enseignement chrétien, Juli 1911). J. M. Verweyen, Philos. u. Theol. im Mittelalter, Bonn 1911. — G. Gentile, Il modernismo usw. (vgl. die Anmerkung S. 85) deutet die Scholastik vom Hegelischen Standpunkt als historisches Werden des absoluten Geistes. Vgl. meine Antwort in: Critica, 1911, S. 213 — Vgl. De Wulf, La notion de la scolastique médiévale (R. Néo-scol. 1911, S. 177—196). Neue Diskussion über meinen Begriff der Scholastik von B. Nardi (Scolastica vecchia e nuova Riv. di filos. neo-scolast., Okt. 1911 u. 1912). Vgl. Meine Antwort ibid. 1912. De Wulf, Les courants philosoph. du moyen âge occidental. (R. de philosophie 1912. Drei Aufsätze. 1. Civilisation et philosophie. 2. L' essor de la scolastique. 3. Le conflit des idées.) Gesamtübersicht. — Picavet, vgl. außer den erwähnten Arbeiten: La valeur de la scolast. (in: Bibl. du Congrès de Philos. IV. 1912); L' origine de la philos. scol. en France et en Allemagne (Bibl. de l'école des hautes études 1, 1888); La scolastique (R. intern. enseignement, April 1893). Der Verfasser entwickelt die oben verzeichneten Gesichtspunkte. — Frendenthal, Zur Beurteilung der Scholastik (Archiv f. Geschichte d. Philos III. 1890), vag. — Dewey, Scholasticism. (Diction. of Philos. and Psychol., hrsg. von Baldwin, 1902). Schwach. — Lindsay, Scholastic and mediaeval Philosophie (Arch. f. Gesch. d. Philos., 1901). Schwach. — Delacroix, La philos. médiévale latine jusqu'au XIVe siècle (Revue synth. histor. 1902). Bibliographische Übersicht der neuen Arbeiten. — Rickaby, Scholasticism. (Westminster Constable, 1908). Überblick; entlehnt meine Anschauungen und Einteilungen. — J. L. Perrier, The Revival of scholastic Philosophy, New-York 1909, Kap. I—VIII) schließt sich vielen meiner Anschauungen an. — Grabmann, Die Geschichte der scholastischen Methode, Bd. I. Die scholast. Methode von ihren ersten Anfängen in der Väterliteratur bis zum Beginn des 12. Jahrhunderts. Freiburg, 1909. Einführung, S. 1—36. Unter scholastischer Methode wird hier die dialektische Methode

in der Theologie verstanden. Treffliches Werk, auf Grund von unveröffentlichten Quellen. — Henry Osborn Taylor, The mediaeval Mind (Macmillan, New-York, 1911), 2 Bde. 613 und 588 S. Sehr interessant. Untersucht alle Kulturfaktoren und den Eigengeist des Mittelalters; die Philosophie ist nur einer dieser Faktoren.
Talamo, L' aristotelismo della scolastica nella storia della filosofia, 3 ed. Siena, 1881 (französ. Übers. 1876). Gut, könnte aber methodischer sein. — Schneid, Aristoteles in der Scholastik (Eichstädt, 1875). — Chollet, L' aristotélisme de la scolastique (Dictionn. de Théol. cathol. hrsg. von Vacant). Übersicht auf Grund der neuesten Arbeiten. — C. Sauter, Der Neuplatonismus, seine Bedeutung für die antike und mittelalterliche Philosophie (Philos. Jahrb. 1910). — W. Rubczinski, Über den Einfluß des Neuplatonismus im Mittelalter (Krakau, 1891 und Phil. Revue, hrsg. von Weryho, 1900). Polnisch.
Huit, eine Reihe von Artikeln über den Platonismus im Mittelalter (in: Ann. philos. chrét. Neue Serie, Bd. 20—22). Auch Picavet forscht in seinen Schriften nach dem Maße des Einflusses, welcher den nicht-aristotelischen Elementen zukommt.

§ 2. Einteilung der mittelalterlichen Philosophie.

117. Zeitliche Abgrenzung des philosophischen Mittelalters. — Gemäß einer überkommenen Chronologie reicht das Mittelalter vom Tode des Theodosius (395) bis zur Einnahme von Konstantinopel durch die Türken (1453). Berücksichtigt man, daß das Hauptereignis der Philosophie dieser Zeit in der Entwicklung der Scholastik besteht, so kann man diese Zeitgrenzen nur mit einem doppelten Vorbehalt auf die mittelalterliche Philosophie beziehen. Einerseits treten die ersten Schriften, in welchen eine neue Denkweise aufkommt, die vorzeitigen und wenig schmackhaften Früchte der neuen Kultur, erst nach 395 auf, sie erscheinen nicht vor dem 6. Jahrhundert oder auch später.[1]) Anderseits gab es für die mittelalterliche und neuere Philosophie eine ziemlich lange Übergangsperiode, denn das Mittelalter ist von der Neuzeit nicht durch schroffe Vorgänge wie jene, welche den Untergang des römischen Reiches und die Bildung der germanischen Staaten kennzeichnen, geschieden. Daher währen die Schicksale der mittelalterlichen Philosophie bis über das Jahr 1453 hinaus, bis in die Mitte des 17. Jahrhunderts hinein.

Die **selbständige** Entwicklung der mittelalterlichen Philosophie und namentlich der Scholastik ist das Kriterium für unsere Abgrenzung. Bei der Wahl anderer Kriterien läuft man Gefahr, die Grundtatsachen der Chronologie umzustoßen.[2]) Diejenigen, welche das philosophische Mittelalter nicht bloß mit den christlichen Philosophen, sondern schon mit einer Gruppe von Neuplatonikern, eklektischen Platonikern und Neupythagoreern beginnen lassen, weil sie die Vermengung von Religion und Philosophie gestatten, sind genötigt, „das Mittelalter mit dem Ende des ersten vorchrist-

---

1) Willmann (a. a. O. II, 342) läßt die Scholastik in der ersten Hälfte des 8. Jahrhunderts mit der πηγή γνώσεως des Johannes Damascenus, beginnen, weil den Teilen dieses Werkes κεφάλαια φιλοσοφικά vorangehen. Taylor (a. a. O. I, 6) meint ebenso, die mittelalterliche Kultur beginne nicht vor Gregor dem Großen (gest. 604), noch vor Boëthius (gest. 523) und Cassiodorus (gest. 575).

2) Brucker betrachtet als Ausgangspunkt des philosophischen Mittelalters das 12. Jahrhundert (Historia critica philos. III, 709). Freilich schrieb er im 18. Jahrhundert, wo man vom Frühmittelalter fast nichts kannte. Tribbechovius (a. a. O. S. 312ff.) geht von den Kommentaren des Petrus Lombardus aus.

lichen Jahrhunderts zu beginnen" und es bis in die Gegenwart hinein reichen zu lassen.¹)

118. Einteilung der Philosophie des Mittelalters. — Die Philosophie des Mittelalters hat sich gleichzeitig im Abendlande, in Byzanz und in verschiedenen Zentren des Orients entwickelt, aber von diesen drei Strömungen — der abendländischen, byzantinischen, orientalischen — ist die erste die bedeutendste und wird uns am meisten beschäftigen. Anderseits stellt im Abendlande die scholastische Philosophie die Hauptrichtung des Denkens dar. Hiernach kann man die mittelalterliche Philosophie a potiori einteilen, mit Zugrundelegung der Entwicklung der Scholastik.

Diese Entwicklung verläuft langsam, allmählich, glatt. Mit der Scholastik verhält es sich wie mit der Architektur des Mittelalters, die sich aus dem Romanischen mittels stetiger und gradueller Differenzierungen ins Gotische umwandelte. Daher erschöpfen die folgenden Einteilungen nicht die unendliche Fülle der bestehenden Systeme, sondern basieren auf einigen hervorstechenden Entwicklungstatsachen.

Von diesem Gesichtspunkt aus betrachtet, machen die Ereignisse, welche die wissenschaftliche Renaissance des 13. Jahrhunderts bestimmen, Epoche; die vorangehende Periode arbeitet ihr lange vor. Im 13. Jahrhundert entfaltet die Scholastik alle Blüten ihres Geistes, aber ihre Blüte währt nicht lange. Der Verfall macht sich schon im 14. Jahrhundert bemerkbar und tritt im 15. zutage. Seit der zweiten Hälfte des 15. bis zum 17. Jahrhundert erschlafft die Scholastik um so mehr, als sie von allen Seiten Angriffen seitens neuer Systeme, Vorläufer der neuern Philosophie, ausgesetzt ist. Vergeblich suchen einige ausgezeichnete Köpfe im 16. Jahrhundert das Ansehen der entthronten Herrscherin zu erneuern: die von ihnen ausgelöste Reaktion ist lokaler und flüchtiger Art, verglichen mit der ruhmvollen Vergangenheit, an der sie sich orientieren.

Wir unterscheiden innerhalb der mittelalterlichen Philosophie vier Perioden:

Erste Periode: Periode der Ausbildung (vom 9. bis zum Ende des 12. Jahrhunderts).

Zweite Periode: Blütezeit (13. Jahrhundert).

Dritte Periode: Verfallszeit (14. Jahrhundert und erste Hälfte des 15. Jahrhunderts).

Vierte Periode: Übergangszeit zwischen mittelalterlicher und neuerer Philosophie (von der zweiten Hälfte des 15. bis zum 17. Jahrhundert).²)

An die Einteilung der abendländischen Philosophie wird sich die Geschichte des byzantinischen und orientalischen Denkens knüpfen. Während der ersten Periode entwickeln sich diese drei Geistesströmungen völlig selb-

---

1) Picavet, Entre Camarades, S. 71 und 74. Betreffs des „terminus ad quem" scheint Picavet die Meinung zu hegen, daß noch heute die mittelalterliche Kultur neben der modernen herläuft.

2) Tribbechovius, dessen Werk eine der ältesten (wenn nicht die älteste) Geschichten der Scholastik ist, gliedert sie in drei Perioden: 1) von Petrus Lombardus bis Albert dem Großen; 2) von Albert dem Großen bis Durand; 3) von Durand bis Luther. Von der byzantinischen Philosophie ist nicht die Rede und die Araber kennt er nur als Inspiratoren der Scholastik.

ständig und parallel miteinander: Paris, Byzanz, Bagdad sind drei voneinander isolierte Studienzentren, und so werden wir diese verschiedenen Bewegungen in getrennten Abschnitten behandeln. Seit dem 13. Jahrhundert aber vereinigen sich die drei Strömungen: die abendländische Philosophie schöpft aus dem Einsickern arabischer und byzantinischer Ideen neues, dauerndes Leben, während die arabisch-jüdische Philosophie rasch verschwindet und die byzantinische Philosophie bis zu ihrem Erlöschen im 15. Jahrhundert dahinwelkt. Daher werden wir in den letzten drei Perioden die byzantinische, arabische und jüdische Philosophie gelegentlich, ohne ihnen besondere Abschnitte zu widmen, behandeln.

Endlich bedarf es für das Abendland keines geographischen Klassifikationsprinzips, da die Philosophie im Mittelalter, wie die ganze wissenschaftliche Kultur und die Zivilisation international ist.

119. **Bibliographie.** — Picavet, Le moyen âge, caractéristique théologique et philosophico-scientifique. Limites chronologiques. In: Entre Camarades (Paris 1901). Betrachtungen ganz allgemeiner Art. — Vgl. zahlreiche Einteilungen der Philosophie in den angeführten Arbeiten.

§ 3. Ältere und neuere Gesamtquellen.

120. **Die älteren Quellen.** — Die philosophischen Handschriften des Mittelalters bilden natürlich die Urquelle einer Philosophiegeschichte. Sie sind in großer Anzahl in den Sammlungen der europäischen Bibliotheken verstreut. Viele sind noch unveröffentlicht oder gar noch unbekannt. Die Geschichte der Philosophie wird von der überall zum Teil unternommenen Veröffentlichung der Handschriftenverzeichnisse der verschiedenen Bibliotheken profitieren. Anderseits wird seit einigen Jahren die Publikation der unveröffentlichten Texte, die kritische Neuherausgabe und besonders die für die mittelalterliche Philosophie oft schwierige Autorenfeststellung sorgfältig ins Werk gesetzt. Es wäre zweckmäßig, die Liste der Ursprungszeiten der philosophischen Manuskripte des Mittelalters aufzustellen. Viele Werke sind anonym oder zweifelhaften Ursprungs; nur die Anwendung der modernen Methoden innerer und äußerer historischer Kritik kann zu sicheren Ergebnissen führen.

Außerhalb der Reihe der philosophischen Schriften muß man, zwecks Findung anderer Dokumente, die allgemeinen Quellen der Ideengeschichte konsultieren, da das Mittelalter keine speziell philosophiegeschichtlichen Arbeiten hinterlassen hat. Solche Quellen sind zahlreich vorhanden und von ungleichem Werte. Dazu gehören u. a. die Schriften der alten Annalisten, die Fortsetzer der Schrift „de viris illustribus" des h. Hieronymus, (Isidor von Sevilla, Sigbert von Gembloux, Honorius von Autun, u. a.), deren Berichte Trithemius im 15., Miraeus im 17., Fabricius im 18. Jahrhundert gesammelt haben. Es sind namentlich die Lebensbeschreibungen aller Schriftsteller eines religiösen Ordens; jeder Orden hatte seinen oder seine Annalisten. Sehr oft verherrlichen sie die Vergangenheit, aber Kompilationen wie die von Quetif-Echard, Scriptores ordinis Praedicatorum (Paris, 1719, 2 Bde.), Wadding, Scriptores ord. minor. (nebst Supplement von Sbaralea, wird in Rom neu herausgegeben, bisher 2 Bde. erschienen, 1906—1908) sind von großem historischen Werte. R. Coulon kündigt eine Neuausgabe der Dominikanischen Enzyklopaedie an (Scriptores ord. Praedicatorum, etc., emendata, plurimis accessionibus aucta et ad hanc nostram aetatem perducta, Paris, 1910 f.), er setzt die Arbeit von 1701 bis auf unsere Zeit fort. Hierher gehören auch die Wörterbücher nationaler Biographien nach Ländern (zuweilen nach Provinzen), wie die im 18. Jahrhundert von den Benediktinern von St.-Maur begonnene „Histoire littéraire de France. Ossinger, Bibliotheca augustiana, Ingolstadt 1786. Die zahlreichen Sammlungen der „Scriptores Ecclesiae" bieten ebenfalls Dokumente betreffs der Beziehungen zwischen Philosophie und Theologie.

Da diese älteren Quellen nicht der mittelalterlichen Philosophie speziell angehören, so verweisen wir auf die modernen Bibliographien, die sich mit ihnen befassen, wobei wir uns die gelegentliche Erwähnung einer oder der andern Quelle vorbehalten. Die wichtigsten neueren Werke aus dem Gebiete der allgemeinen Bibliographie des Mittelalters sind: Ebert, Allgemeine Geschichte der Literatur des Mittelalters im Abendlande (3 Bde., 1874—1887); Manitius, Geschichte der latein. Literatur des Mittelalters. Erster Teil: von Justinian bis zur Mitte des 10. Jahrhunderts (München, 1911). Der zweite Teil soll 1913 erscheinen. H. Oesterley, Wegweiser durch die Literatur der Urkundensammlungen (2 Bde., 1885, 1886); U. Chevalier, Répertoire des sources historiques du moyen âge. I. Bio-Bibliographie, 2. éd; A. Potthast, Bibliotheca historica medii aevi (2. Aufl. 1896); E. Bernheim, Lehrbuch der historischen Methode und der Geschichtsphilosophie (4. Aufl. 1903), sowie die einzelnen Ländern angehörenden Bibliographien, wie: Wattenbach, Deutschlands Geschichtsquellen im Mittelalter bis zur Mitte des 13. Jahrhunderts (7. Aufl. 1904); O. Lorenz, Deutschlands Geschichtsquellen im Mittelalter seit der Mitte des 13. Jahrhunderts (3. Aufl., 2 Bde., 1886). — Über die Scholastik handeln einige Arbeiten von Humanisten, Reformatoren und Kartesianern, deren Berichte mit Beachtung ihres Standpunktes zu benutzen sind: L. Vives, De causis corruptarum artium (1555); A. Tribbechovius, a. a. O. (S. 167); J. Thomasius, De doctoribus scholasticis; A. Geulincx, Discours et questions quodlibétiques, in: Opera (ed. Land, Haag, 1891 bis 1893).

121. Neuere Literatur. — Wir zählen hier nur die auf die allgemeine Philosophie des Mittelalters bezüglichen Werke und Untersuchungen auf. Spezialwerke werden im Verfolg verzeichnet werden. Diese Liste ist ferner nicht vollständig, sie umfaßt nur die wichtigsten oder neuesten Werke.

1. Allgemeine Werke über die Geschichte der mittelalterlichen Philosophie: Stöckl, Geschichte der Philosophie des Mittelalters, Bd. I—III (Mainz, 1864 bis 1866). Wertvolle Darstellung, aber jetzt unzureichend in urkundlicher Hinsicht; Hauréau, Histoire de la philosophie scolastique (3 Bde., 1872 bis 1881). Sehr gelehrt, aber irrige Auffassungen betreffs vieler philosophischer Lehren; mit Vorsicht zu benutzen; Ueberweg-Heinze, Grundriß der Geschichte der Philosophie, II: Die mittlere oder die patristische und scholastische Zeit (9. Aufl., 1905), bibliographisch sehr wertvoll. Ein Teil des Werkes ist von Baumgartner, ein anderer von Wehofer durchgesehen; Windelband, Zur Wissenschaftsgeschichte der romanischen Völker (in: Gröber, Grundriß

der romanischen Philologie II³, 1893, S. 570—578), objektiv, zusammenfassend, chronologische Anordnung; Willmann, Geschichte des Idealismus, Bd. II: Kirchenväter und Mittelalter (Braunschweig, 2. Aufl. 1907). Ausgezeichnete Arbeit zur Ideenlehre; Gonzalez, Histoire de la Philosophie, Bd. II (1898). Gut, aber unzulänglich; Erdmann, Grundriß der Geschichte der Philosophie (4. Aufl., 1896). Die Arbeiten von K. Werner umfassen fast das gesamte Mittelalter, sind aber ziemlich oberflächlich (vgl. weiter unten im Verfolge); B. Adlhoch, Praefationes ad artis Scholasticae inter Occidentales fata (Brünn, 1898), interessant: der Verfasser übertreibt das ideologische Moment und hält sich nicht genug an die historische Reihenfolge; De Wulf, Histoire de la philos. scolast. dans les Pays-Bas (Louvain, 1895); eine zweite Auflage erschien unter dem Titel: Histoire de la philosophie en Belgique (379 S., 1910); Introduction à la philosophie néo-scolastique (Louvain 1904). Der erste Teil enthält allgemeine Untersuchungen über die Scholastik und das Mittelalter. Picavet, Esquisse d'une histoire générale et comparée des philosophies médiévales (2. éd., Paris, 1907). Vermengt scholastische Philosophie und mittelalterliche Religion, betrachtet mit Unrecht Plotin als den Meister der Scholastiker. Derselbe: Essais sur l'histoire générale et comparée des theologies et des philosophies médiévales (Paris, 1913); Cl. Baeumker, Die europäische Philosophie des Mittelalters, in: Die Kultur der Gegenwart I 5 (Berlin, 1913, S. 338—431). Vortreffliche Überblicke; Endres, Geschichte der mittelalterlichen Philosophie im Abendlande (Kempten, 1908), elementar, versteht unter Scholastik noch die ganze Philosophie des Mittelalters; Grabmann, a. a. O. S. 129. Band II behandelt das 12. und den Beginn des 13. Jahrhundert. Band III wird das 13. Jahrhundert behandeln.

2. Geschichte einzelner Disziplinen: Prantl, Geschichte der Logik im Abendlande, Bd. II—IV (Leipzig, 1885, 1867, 1870). Zitiert viele Stellen, reicher Quellennachweis, wertvoll; Siebeck, Geschichte der Psychologie 1, 2: Die Psychologie von Aristoteles bis Thomas von Aquino (Gotha, 1884); die Darstellung des Mittelalters ist kürzer; Abhandlungen von demselben im Archiv f. Gesch. d. Philos. Bd. I—II (1888—1890). O. Willmann, Didaktik als Bildungslehre (3. Aufl., Braunschweig, 1903); Bd. 1 enthält, nach einer Einleitung, eine historische Untersuchung: „Die geschichtlichen Typen des Bildungswesens". § 17—20 kommen für die mittelalterliche Didaktik und Paedagogik in Betracht. Übersichtlich, vortrefflich. Werner, Entwicklungsgang der mittelalterl. Psychologie (1876); Mabilleau, Histoire de l'atomisme (Paris, 1895); K. Lasswitz, Geschichte der Atomistik vom Mittelalter bis Newton (Bd. I. 1890); Ziegler, Geschichte der Ethik (Straßburg, 1886). Dessoir, Geschichte der Psychologie, 1911; O. Klemm, Geschichte der Psychologie, 1911.

Zur Geschichte der Wissenschaften: Berthelot, La Chimie au moyen âge (1893); Cantor, Vorlesungen über die Geschichte der Mathematik, II und III (1894); Rouse Ball, Histoire des mathématiques (französ. Ausgabe von Freund, Paris, 1906—1907); Höfer, Histoire de l'astronomie (1873); Jessen, Botanik der Gegenwart und Vorzeit (1864); Carus, Geschichte der Zoologie (1872); Haser, Lehrbuch der Geschichte der Medizin (1875); E. Gerland, Geschichte der Physik (1892); A. Heller, Geschichte der Physik von Aristoteles bis auf die neueste Zeit (Stuttgart, 1882); Höfer, Histoire de la botanique, de la minéralogie et de la géologie; J. Abert, Die Musikanschauungen des Mittelalters und ihre Grundlagen (Halle, 1905); A. Mohler, Geschichte der alten und mittelalterlichen Musik (2 Bde., Leipzig); F. Strunz, Geschichte der Naturwissenschaften im Mittelalter (Stuttgart, 1910). — Mitteilungen zur Geschichte der Medizin und der Naturwissenschaften (Leipzig, seit 1902).

3. Sammlungen von Texten und Einzelforschungen: Migne, Patrologiae cursus completus. 1. Series latina, 221 Bde., 1844—1855. 2. Series graeca, 161 Bde., 1857—1866. Hier finden sich zahlreiche Ausgaben mittelalterlicher Schriften; eine wohlbekannte, sehr wertvolle Sammlung. Sigmund Barach, Bibliotheca philosophorum mediae aetatis, 2 Bde. erschienen, abgebrochen. I. De mundi universitate libri duo sive megacosmus et microcosmus (Innsbruck, 1876); II. Excerpta a libro Alfredi anglici „de motu cordis", Costa ben Lucae de differentia animae et spiritus (1878). Notices et extraits des manuscrits de la Bibliothèque nationale. Reiche Angaben betreffs lateinischer Manuskripte philosophischen Inhalts; Hauréau, Notices et extraits de quelques manuscrits latins de la Bibl. nationale, 6 Bde., 1890—1893. Mitteilungen über verschiedene philosophische Handschriften in numerischer Anordnung, wertvoll. Von demselben: Untersuchungen im „Journal des savants" 1888 bis 1890; Ehrle, Bibliotheca theologiae et philosophiae scholasticae, 7 Bde. erschienen, sehr sorgfältig (Komment. zu Aristoteles von Maurus, 1885—1887) und „Summa philosophiae" von C. Alamannus (1891), abgebrochen. De Wulf, Les Philosophes belges (Louvain et Paris, 1901—1913), 6 Bde. erschienen. Scriptores rerum Britannicarum, enthält Dichtungen, Urkunden, philosophische Schriften von Engländern im Mittelalter; Beiträge zur Geschichte der Philosophie des Mittelalters, hrsg. von Baeumker und von Hertling (Münster, 1891—1913, 58 Hefte erschienen). Sehr wertvolle Sammlung. Publikationen des Kollegiums des h. Bonaventura in Quaracchi (Florenz).

4. Schriften über die Kultur und die allgemeine Geistesgeschichte des Mittelalters: Beiträge zur Kulturgeschichte des Mittelalters und der Renaissance, hrsg. von Goetz (Teubner, Leipzig); bis 1910 8 Hefte erschienen. Reuter, Geschichte der religiösen Aufklärung im Mittelalter, 2 Bde. (1875 bis 1877); R. L. Poole, Illustrations of the History of Medieval Thought (1884). Monographien: Von Eicken, Geschichte und System der mittelalterlichen Weltanschauung (1887); W. Dilthey, Einleitung in die Geisteswissenschaften (1883), I, 338 ff. Ch. Jourdain, Excursions historiques et philosophiques à travers le moyen âge (Paris, 1888), umfaßt 21 Untersuchungen; Carlyle, History of the medieval political theory in the West (London, 1909). Behandelt das 10.—13. Jahrh.; H. O. Taylor, The Medieval Mind, 2 Bde., 1911. Bedeutendes Werk. Baeumker kündigt eine Arbeit: „Die mittelalterliche Weltanschauung" in der Sammlung von v. Below und Meinecke: „Handbuch der mittelalterlichen und neueren Geschichte" (München, Oldenbourg) an.

5. Werke über die Geschichte der Theologie und Religion: Feret, La faculté de théologie de Paris et ses docteurs les plus célèbres. Le moyen âge, Paris, 1894—1897, 4 Bde. Der erste Band behandelt die Anfänge und die Schulen des 11. und 12. Jahrhunderts, der zweite Band die zweite Hälfte des 13. Jahrhunderts, der dritte das 14., der vierte das 15. Jahrhundert.

Wenig kritisch; quellenmäßige Biographien, der Geschichte der Ideen ist wenig Platz vergönnt. Hefelé, Histoires des conciles, französ. Übers. von Leclercq; Schwane, Dogmengeschichte der mittleren Zeit (Freiburg, 1882); katholischer Standpunkt. Harnack, Lehrbuch der Dogmengeschichte, Bd. III. 4. Aufl. 1910; protestantischer Standpunkt.

Vgl. die Sammlungen von Erhard und Kirsch, Forschungen zur christlichen Literatur- und Dogmengeschichte (Paderborn), Sdralek, Kirchengeschichtliche Abhandlungen (Breslau), Knöpfler, Veröffentlichungen aus dem kirchengeschichtlichen Seminar (München), Bonwetsch und Seeberg, Neue Studien zur Geschichte der Theologie und Kirche (Berlin).

6. Wörterbücher und Kataloge. Dictionnaire des sciences philosophiques. hrsg. von A. Franck, 3. éd. 1885. Viele Artikel von Hauréau, unter dem Einflusse von dessen Grundanschauungen. Dictionary of Philosophy and Psychology, hrsg. von Baldwin (1901 f.). Bezüglich des Mittelalters schwach. Wörterbuch der philos. Begriffe (3. Aufl., 3 Bde., 1910), von R. Eisler; von demselben: Philosophen-Lexikon, 1911. A. Seth, Artikel „Scholasticism" in der „Encyclopedia Britannica", Bd. XXI (1886). Zusammenfassend mit historischen Umrissen; hat das Verdienst, schon gegen die herabsetzenden Urteile über die mittelalterliche Philosophie zu reagieren. Fr. Nitzsch, Artikel „Scholastische Theologie" in: Realenzyklopaedie für protestant. Theologie und Kirche, hrsg. von Herzog-Hauck, Bd. 13 (1884), verkennt den Eigenwert der Philosophie im Mittelalter. Artikel über die mittelalterliche Philosophie in der „Grande Encyclopédie". Gute Artikel in „The Catholic Encyclopedia" (Washington); Dictionary of Christian Biography, ed. by Will. Smith and Henry Wace. Dictionnaire de théologie catholique, begonnen von Vacant 1899, fortgesetzt von Mangenot. Bis 1912 40 Hefte erschienen. Viele wertvolle Artikel über die mittelalterliche Philosophie. Hurter, Nomenclator litterarius theologiae catholicae, Bd. I (bis 1909), 3. Aufl. 1903. Wertvoll. Neue Ausgabe von Bd. II (1109—1563). Wetzer und Welte, Kirchenlexikon, 2. Aufl.

Ursprungslisten: A. T. Little, Initia operum quae saeculis XIII, XIV, XV attribuuntur, secundum ordinem alphabeticum disposita (Manchester, 1904); Anecdota Oxoniensia. Index Britanniae Scriptorum; John Bale's index of british and other writers, edited by Reginald Lane (Oxford, Clarendon Press, 1902).

7. Hilfswissenschaften: Über die mittelalterliche Philologie: Ducange, Glossarium mediae et infimae latinitatis (1840, 6 Bde.). Über die philosophische Palaeographie gibt es unseres Wissens keine spezielle Arbeit; es ist dies eine Lücke, da viele Abkürzungen in den Handschriften den philosophischen Autoren eigen sind. Ehrle, Das Studium der Handschriften der mittelalterl. Scholastik mit besonderer Berücksichtigung der Schule des hl. Bonaventura (Zeitschr. f. kathol. Theologie, 1883, S. 1—50). Über die Philologie vgl. die Sammlung von Traube, Quellen und Untersuchungen zur lateinischen Philologie des Mittelalters; Signoriello, Lexicon peripateticum philosophico-theologicum in quo Scholasticorum distinctiones et effata praecipua explicantur (3. ed., Neapel, 1893); Reeb, Thesaurus philosophorum, ed. Cornoldi. Vgl. die Spezialwörterbücher zu Thomas, Bonaventura, Duns Scotus.

8. **Zeitschriften**: Für die Geschichte der mittelalterlichen Philosophie bestehen keine eigenen Zeitschriften, aber eine große Anzahl von Untersuchungen sind enthalten in: Archiv für Literatur- und Kirchengeschichte des Mittelalters, hrsg. von Denifle und Ehrle; sehr wertvoll, abgebrochen. Philosophisches Jahrbuch (Fulda); Annales de philosophie chrétienne (Paris); Revue de philosophie (Paris); Revue Thomiste (Freiburg); Revue Néo-Scolastique (Louvain), wo ich seit 1904 jährlich „Berichte über die mittelalterliche Philosophie" publiziere, mit kritischen Analysen neuer Erscheinungen. Archiv für Geschichte der Philosophie, hrsg. von L. Stein; Zeitschr. für katholische Theologie (Innsbruck); Jahrbuch für Philosophie und spekulative Theologie (Paderborn); Revue des sciences philos. et théologiques, (Kain, Belgien); Ciencia Tomista (Madrid, seit 1910). Archivum franciscanum historicum (Quaracchi, seit 1908); Rivista di filosofia neoscolastica (Florenz, seit 1909). Vgl. auch: Zeitschrift für wissensch. Theologie; Theolog. Quartalsschrift.

Anzuführen sind auch einige dem Mittelalter überhaupt gewidmete Zeitschriften: Bibliothèque de l'école des chartes; Le moyen âge (Abhandlungen und Analysen).

Erste Periode.
Die mittelalterliche Philosophie bis zum Ende des 12. Jahrhunderts.

I. Die abendländische Philosophie.

Erstes Kapitel.
Allgemeine Bemerkungen.

122. Grundcharakter dieser Periode. — *1. Allmähliche Abgrenzung des philosophischen Gebietes.* Die Entstehung der mittelalterlichen Gesellschaftsgebilde auf den durch barbarische Eroberer hinterlassenen Ruinen ging langsam und mühsam vonstatten. Die keltischen und germanischen Rassen, die dazu bestimmt waren, die neue Kultur zu zeitigen, nahmen eine Menge Überbleibsel aus der römischen Welt auf, aus welchen sich nicht bloß ihr soziales und politisches Leben, sondern auch ihr Wissen aufbaute. Ihre Wissenschaft ist anfangs durch Passivität und Rezeptivität gekennzeichnet und es währt mehrere Jahrhunderte, bis die Reaktion der Rassenmerkmale und der Einfluß der übrigen Kulturfaktoren der abendländischen Philosophie ihren Sondercharakter verleihen.

Die ersten Männer der Wissenschaft sind Kompilatoren, die alles aufgreifen, was sie nur finden, und Enzyklopaedien des antiken Wissens zum Gebrauche der Generationen des frühen Mittelalters verfassen. Im 7. Jahrhundert schreibt Isidor von Sevilla (Hispalensis, um 570—636) in seinen „Originum seu Etymologiarum l. XX" nicht bloß über die sieben freien Künste, sondern über alles Wissensmaterial, das er zu sammeln vermag: Medizin, Jurisprudenz, Heilige Schrift, Sprachen und Literatur, Etymologie, Anthropologie, Zoologie, allgemeine und spezielle Geographie, Baukunst, Agri- und Hortikultur, Kriegskunst, Metallurgie, Gewichts- und Maßkunde, Schiffahrt, Kleidung usw., alles Wissenswerte findet in dieser Universalübersicht seinen Platz[1]).

Dieselben enzyklopaedischen Tendenzen finden wir in dem theologischen Werke des berühmten Zeitgenossen Isidors, des Benediktiners und Papstes Gregor der Große (um 540—604) und später bei Beda Venerabilis (672 673—735), dem Mönche von Jarrow (Northumberland), der für den bedeutendsten Kopf seiner Zeit gilt. Sein Hauptwerk, „Historia ecclesiastica

---

[1]) Andere Schriften sind: de natura rerum, de numeris, de viris illustribus, historiae, sowie Chroniken. Vgl. Manitius, Gesch. d. latein. Literatur d. Mittelalt. (1911) I, S. 52 ff.

gentis Anglorum"¹), das wie ein Widerschein des sprudelnden Lebens der ähnlichen Schriften Gregors von Tours erscheint, gilt als der erste Versuch einer Geschichte Englands. Außer theologischen verfaßte Beda verschiedene wissenschaftliche und chronologische Schriften, namentlich ein Büchlein „De orthographia" und eine von Isidor von Sevilla beeinflußte Schrift „De natura rerum"²).

Der philosophisch einflußreichste Vertreter dieser enzyklopaedischen Literatur ist aber Rhabanus Maurus (Magnentius Hrabanus Maurus, 784 bis 856), ein Schüler Alcuins in Tours, Scholaster in Fulda, wo er zahlreiche Hörer (darunter Servat Loup von Ferrières) hatte, dann Erzbischof von Mainz. Seine Schrift „De clericorum institutione" trug ihm den Titel eines „praeceptor Germaniae" ein; sein Werk „De rerum naturis" erweitert noch die von Isidor von Sevilla behandelte Stoffmenge und stellt das enzyklopaedische Wörterbuch des frühen Mittelalters dar. Rhabanus Maurus nimmt außer anderen antiken Texten etwa hundert Verse des Lucrez auf, welche die Grundlage der Kenntnis bilden, die in den vorscholastischen Schulen betreffs Lucrez' und Epikurs bestand. Dem römischen Philosophen folgend, nimmt Rhabanus an, daß alles, außer Gott, körperlich sei³).

Das Wissen der ersten Jahrhunderte gleicht nicht bloß einer Enzyklopaedie, sondern man gibt diesem Inbegriff disparater Wissenselemente den Namen „Philosophie". Alcuin trägt nur den herrschenden Anschauungen Rechnung, wenn er die Philosophie so definiert: „naturarum inquisitio, rerum humanarum divinarumque cognitio quantum homini possibile est aestimare"⁴).

Es ergibt sich demnach, daß im 9. Jahrhundert weder zwischen Philosophie und Theologie, noch zwischen der Philosophie und den freien Künsten eine Abgrenzung besteht. Diese Abgrenzung⁵) war in den folgenden Jahrhunderten das Ergebnis einer langsam erfolgenden Arbeitsteilung: die Philosophie löste sich von den mit ihr verbundenen Disziplinen ab und wuchs heran.

2. *Allmähliche Aufstellung der philosophischen Probleme.* Das Mittelalter hat nicht gleich von Anfang an sämtliche Probleme einer Gesamt-

---

1) Hurter, Nomenclator, etc. 1, 557 und Manitius, a. a. O., 92. Seine Schriften sind rein theologischen Inhalts.

2) Manitius, a. a. O. S. 70—87. Das Mittelalter schrieb dem Beda fälschlich zu „De mundi coelestis terrestrisque constitutione" sowie eine Sammlung philosophischer Aussprüche: „Axiomata philosophica venerabilis Bedae", die vielen, darunter späteren Verfassern entnommen sind. Über die erste Schrift Pseudo-Bedas vgl. Duhem, La physique néo-platon. du moyen âge, S. 47, der jene einem Schüler des Macrobius zuschreibt.

3) Vgl. Philippe, Lucrèce dans la théologie chrétienne du IIe au XIIIe siècle, S. 58 (Paris, 1896). Rhabanus ist zugleich Exeget und Kommentator des Macrobius. Manitius, a. a. O. S. 288.

4) P. L., Bd. 101, col. 952 A.

5) Unter den enzyklopaedischen Werken dieser ersten Periode ist zu nennen der „Hortus deliciarum" der Herrad von Landsberg, verfaßt im 12. Jahrhundert zum Unterricht der Nonnen. Aber diese Sammlung zieht aus allen seitens der Scholastik erreichten Fortschritten Nutzen. Es findet sich darin besonders eine Einteilung der Philosophie in „ethica, logica, physica" und die sieben freien Künste dienen als Einleitung in die Philosophie (126). Willmann, Didaktik 1, 278, A. 1.

philosophie erörtert. Genötigt, den durch die Unbilden der Zeit abgerissenen Faden der Überlieferung mühsam wieder zu knüpfen, mußte es die philosophischen Grundlagen mit energischer Denkarbeit Stück für Stück herstellen.

Der Beginn des Mittelalters treibt einen außerordentlichen Kultus der Dialektik, und wir werden weiter unten sehen, daß die in den Schulen des ersten Jahrhunderts gebräuchlichen Hauptwerke zur Verschärfung der Ausschließlichkeit der formalen Logik beitragen. Es läßt sich annehmen, daß unter den Disziplinen, denen wir heute einen streng philosophischen Charakter beimessen, die Dialektik allein als solche gelehrt wurde und in den Rahmen der Didaktik gehörte, aber es folgt daraus nicht, daß sie die ganze Philosophie des 8. und 9. Jahrhunderts bildete. Zur rechten Zeit, aber stufenweise, treten Spekulationen außerhalb des Feldes der Dialektik auf. Seit dem 8. Jahrhundert erscheinen mitten in den theologischen Erörterungen philosophische Fragen; der entstehende Universalienstreit lehrt die Behandlung einer Menge ontologischer, auf die Natur, Gott, das Seiende überhaupt sich beziehender Begriffe. Die Dinge bringen es mit sich, daß Probleme der Kosmologie, der Theodizee aufsteigen. Die psychologischen Untersuchungen nehmen im 11. Jahrhundert zu, und dies ist ein unzweideutiges Zeichen des philosophischen Fortschrittes.

Zu Ende des 12. Jahrhunderts, an der Schwelle der großen intellektuellen Umwälzung, welche die Geschichte der abendländischen Philosophie in zwei Abschnitte gliedert, werden alle wichtigen Fragen behandelt. Diese langsame Herstellung einer Synthese ist eine der interessantesten Tatsachen dieser Periode.

3. Mangel an Systembildung. Die mittelalterliche Philosophie hat allmählich die Rahmen zu ihren Erörterungen gestaltet, indem sie ihre Forschungen unaufhörlich erweiterte; wie hat sie diese Rahmen ausgefüllt?

Das 13. Jahrhundert ist im Besitze harmonischer Synthesen, deren Elemente miteinander fest zusammenhängen und von einem Einheitsprinzip beherrscht werden. Diese Konvergenz der philosophischen Theorien fehlt nun den Werken vor dem 13. Jahrhundert durchweg.

Zunächst schöpft nämlich die Scholastik dieser Periode ihre Lehren aus Quellen, die einander widersprechen. Indem sie diesen Autor entstellt, jenen mißversteht und von keinem die historische und logische Verwandtschaft kennt, nehmen die von ihr gezeitigten philosophischen Lehren heterogene, zuweilen auch widerspruchsvolle Elemente auf. Der Scholastik dieser Zeit mangelt ein Geist, der ihren Eklektizismus beseelt und die von ihr entlehnten Elemente verknüpft. Dieser eigenartige Geist, der im 13. Jahrhundert voll erblüht, ist während der ersten Periode selbst im Werden begriffen.

Die verschiedenen Einflüsse, welche die Scholastik beschäftigen, lassen sich in eine Reihe von Gruppen bringen: vorherrschend ist die Gruppe der platonisch-augustinischen Anschauungen, welche den aristotelischen an Einfluß überlegen ist. Neben diesen beiden Gruppen zeigt sich die minder bedeutende, aber tatsächliche Wirksamkeit verschiedener pythagoreischer, epikureischer, stoischer, neuplatonischer, arabischer Lehren.

Die Einteilung der philosophischen Disziplinen ist keine gleichförmige, aber die Mehrzahl der Klassifikationen ist doch der Platonischen Einteilung der Philosophie (Logik, Ethik, Physik) verwandt, die von mehreren erneuert wird. Durch Boëthius kennt man die aristotelische Gliederung (Metaphysik, Mathematik, Physik), sie bleibt aber einflußlos.

In der Dialektik herrscht Aristoteles unbeschränkt und die den Scholastikern bekannten platonischen Kommentatoren beugen sich einmütig vor dieser Herrschaft, welche durch äußere Umstände (128) noch verstärkt wird. Selbst der h. Augustinus empfiehlt das Studium der Dialektik, und seine Empfehlung kommt Aristoteles zugute. Leider beschränkt sich die im Trivium vorherrschende Dialektik zu oft auf das Studium der logischen Ausdrücke und Formen, ohne in der zeitgenössischen Metaphysik ein hinreichendes Gegengewicht zu finden. Überdies ist bis zum Ende des 12. Jahrhunderts die deduktive oder synthetische Methode sehr im Schwange und das Überwiegen derselben erklärt sich aus dem geringen Raume, welchen man der Psychologie und der Beobachtung zumißt. Joh. Scotus Eriugena in der nicht scholastischen, der h. Anselmus in der scholastischen Gruppe sind die ausgeprägtesten Typen deduktiver Philosophen. In dem Maße als das Denken reifer wird, berichtigt man das Einseitige des synthetischen Verfahrens, aber erst dem 13. Jahrhundert ist es vorbehalten, die Philosophie auf Grund der analytisch-synthetischen Doppelmethode zu erneuern.

Die Metaphysik bleibt bis zum 13. Jahrhundert fragmentarisch und ermangelt des Zusammenhanges[1]). Sie bekundet einen seltsamen Bund zwischen aristotelischen und platonischen Anschauungen. Dem „Timaeus" entnimmt man die Formulierung des Kausalitätsprinzips, dem Aristoteles das Schema der vier Ursachen, aber man gelangt nicht zum Aufbau einer Ätiologie[2]). Die verführerische Lehre von den platonischen „Ideen", die Mutter des extremen „Realismus", tritt den aristotelischen Theorien der Substanz, der Natur, der Person, der Kategorie zur Seite und es dauert mehrere Jahrhunderte, bis eine befriedigende Lösung des metaphysischen Problems der Universalien gefunden wird. — Bekannt ist auch, durch Vermittlung des h. Ambrosius und des Boëthius sowie durch die zaghaften Erklärungen des h. Augustinus (94), die Verbindung von Stoff und Form; aber diese organische Lehre des Peripatetismus spielt keine große Rolle und wird fast stets mißverstanden. Für die einen ist der Stoff das ursprüngliche Chaos der Elemente (Alcuin), für die anderen ist er das materielle Atom als letzter Rest der Teilung (Die Atomisten, Wilhelm von Conches), für noch andere ist er eine qualitativ zusammengesetzte Masse mit einer dynamischen Bewegung (Schule von Chartres). Wenn manche (Isidor von Sevilla, Rhabanus Maurus, Gilbert de la Porrée) den Charakter absoluter Unbestimmtheit und Passivität, welchen Aristoteles dem Stoffe zuschreibt, ahnen, so sind sie doch nicht imstande, diesen Begriff tiefer zu fassen. Ebenso gilt die Form

---

[1]) Das ist auch die Ansicht Espenbergers, Die Philosophie des Petrus Lombardus Beitr. z. Gesch. d. Philos. d. Mitt. III, 5, 1901, S. 86); Dom et de Vorges, S. Anselme, S. 149, passim.

[2]) Vgl. Espenberger, a. a. O. S. 67ff., der Begriff der Kausalität zur Zeit des Petrus (Lombardus, nebst Quellenangaben.

nicht als das substantielle Prinzip des Wesens, sondern als die Summe von dessen Eigenschaften[1]). Demnach berühren das Werden und die Bewegung nicht die fundamentale Wirklichkeit der Dinge, sondern nur das Auftreten und Verschwinden der aus jener entspringenden Eigenschaften. Diese Auffassung der hylemorphischen Lehre wurzelt in der Verlegung einer logischen Theorie in das metaphysische Gebiet. Die Untersuchung des Stoffes und der Form stützt sich nicht auf den kosmischen Prozeß, sondern wird der Theorie des Urteils angepaßt. Die Wesen bestehen aus Stoff (Subjekt) und Form (Eigenschaft), ganz so, wie das Urteil aus Subjekt und Praedikat besteht[2]). Man kann von der hylemorphischen Theorie des frühen Mittelalters sagen, daß zwischen dem wahren Sinn der angewandten Formeln und dem irrigen, den man ihnen leiht, ein Gegensatz klafft.

Dieselben Ungenauigkeiten bekunden die physikalischen oder kosmologischen Lehren. Wie wir sahen, dient eine irrige Auffassung des Stoffes zur Grundlage atomistischer Systeme. Ebenso schreibt man unter dem Einflusse der neuplatonischen Theorie der Weltseele oder des Stoischen Fatums der Natur als solchen gern ein Eigensein, ein Eigenleben zu; die Weltseele ist nach des Macrobius „Kommentar zu Scipios Traum" die gleiche für die Himmelskörper und für die Menschen. — Dies hindert aber nicht, daß verschiedene Scholastiker, darunter die besten (z. B. Abaelard, Joh. von Salesbury) mit Aristoteles die Besonderheit jeder natürlichen Substanz des Universums behaupten — zwei unvereinbare Annahmen. Der „Timaeus" liefert philosophisches und dichterisches Material betreffs der Gestaltung des Stoffes und der Elemente, der Rolle des Demiurgen und der Funktion der Ideen.

In der Psychologie zeigen sich andere Widersprüche. Man kann sagen, die scholastische Psychologie ist bis zum 13. Jahrhundert vorwiegend augustinisch und platonisch. Der Mensch ist ein Mikrokosmus, ein Spiegel der Welt. Der h. Augustinus liefert die Theorie unseres Erkenntnisprozesses; manche deuten auch die Theorie der Abstraktion im augustinischen Sinne. Die meisten entlehnen ihm ebenfalls seine Gliederungen der Seelenkräfte und seine Lehre von dem Mangel aller realen Trennung zwischen der Seele und ihren Kräften. Doch verzeichnet der „Metalogicus" des Joh. von Salisbury[3]) die Lehre von der realen Vielheit der Seelenvermögen, welche einige der augustinischen Auffassung entgegensetzen.[4]) Seinen Untersuchungen über die psychischen Funktionen schließt man seit Constantinus dem Afrikaner physiologische Beobachtungen an, die von der arabischen Wissenschaft angeregt sind; aber diese Beobachtungen verraten sehr oft eine Tendenz, den psychischen mit dem physiologischen Vorgang zu verwechseln, so daß sie

---

1) Baumgartner, Die Philosophie des Alanus de Insulis, im Zusammenhange mit den Anschauungen des 12. Jahrhunderts dargestellt (Beitr. z. Gesch. d. Philos. d. Mittelalt. II, 4, 1896). Diese vortreffliche Monographie enthält reichhaltige Angaben zur Geschichte der scholastischen Anschauungen.

2) Diese Erklärung entlehnen wir Baumgartner, a. a. O. S. 57ff.

3) IV, 9.

4) Vgl. Friedrich, Geschichte der Lehre von den Seelenvermögen bis zum Niedergange der Scholastik (in: Paedagog. Abhandl. V, 1); unverarbeitete Stoffsammlung.

schlecht zu anderen psychologischen Lehren passen. Ohne die Freiheitslehre zu vertiefen, entnimmt man dem h. Augustinus die Ansicht, daß der Wille frei ist, sofern er durch sein Wesen den Zwang ausschließt.[1]) Was die Natur des Menschen betrifft, so wird alles, was sich auf die Entstehung und das Geschick der Seele bezieht, mit besonderer Vorliebe erforscht. Das Schwanken des h. Augustinus zwischen Kreatianismus und Traduzianismus findet in den ersten Jahrhunderten einen Widerhall. Bis zum 12. Jahrhundert gibt es Traduzianisten, und sie bemerken nicht, daß sie durch ihre Verteidigung der Geistigkeit der Seele — eine im Anschluß an Platon allgemein angenommene These — einen offenbaren Widerspruch begehen. Auch das Verhältnis von Seele und Leib wird im Geiste der platonischen Psychologie und im Hinblicke auf Chalcidius aufgefaßt. Die Seele ist mit dem Leibe nach Zahlenverhältnissen (Pythagoras) verbunden, wie der Steuermann mit seinem Fahrzeug, der Reiter mit seinem Reittiere. Trotz der Unabhängigkeit der ihn zusammensetzenden Substanzen wird die Einheit des Menschen betont. Obzwar man die aristotelische Definition der Seele kennt[2]) („die Seele ist die Entelechie des Leibes"), weigert man sich, die Seele als die substantielle Form des Leibes anzusehen, d. h. nach der Auffassung der Zeit, die Seele als eine Eigenschaft des Stoffes zu betrachten. Verdankt nicht die platonische Lehre einen Teil ihres leichten Sieges dieser falschen Auffassung von Stoff und Form?[3]).

Die Ethik behandelt man vorwiegend vom theologischen Gesichtspunkte, oder aber die wenigen, die sich als Philosophen mit ihr befassen, widmen sich nach der Weise der Stoiker der Schilderung der einzelnen Tugenden. Die politischen Anschauungen schließen sich eng an die „Civitas Dei" des h. Augustinus an, dessen teleologische Philosophie einen beträchtlichen Einfluß übte. Ebenso machen diejenigen, welche sich mit der Philosophie der Geschichte beschäftigen, aus der irdischen Gesellschaft eine Annäherung an den himmlischen Staat und ordnen den Staat der Kirche unter.

Es erübrigt noch die Theodizee, welche von den Scholastikern stets als eines der wichtigsten Kapitel der Philosophie angesehen wurde. Cicero, der h. Augustinus, Pseudo-Dionys, Boëthius hatten breite Erörterungen über Gott, die Schöpfung und den Exemplarismus hinterlassen; auch finden sich in dieser Periode die pythagoreischen Überlieferungen über die Harmonie und die Zahl. Zum Beweise des Daseins Gottes dienen zwei Verfahren: das erste, realistisch beeinflußte, beruht auf dem Postulat, daß die Ordnung unserer Begriffe die objektive Wirklichkeit des Gedachten verbürgt, daß die Idee eines vollkommenen Wesens die Existenz eines solchen Wesens beweist (Anselm, Richard von St. Victor u. a.). Das zweite Verfahren stützt sich auf das Kausalitätsprinzip und nimmt verschiedene Formen an. Die Ordnung und Leitung der Welt bieten einen leichten und rudimentären Beweis

---

1) Vgl. Verweyen, a. a. O. S. 77.

2) Durch Chalcidius, der übrigens diese Definition in derselben Weise kritisiert, wie die Scholastiker der ersten Periode.

3) Aus demselben Grunde wollte man die Zusammensetzung der anderen Lebewesen nicht vermittelst der Theorie von Stoff und Form erklären. Die einen leugneten die tierische Seele, die anderen machten aus ihr einen körperlichen „spiritus" usw.

(Cicero, Seneca). Aber man argumentiert auch auf Grund des Wechsels der Dinge (Augustinus, R. Pulleyn, Petrus Lombardus), und die Viktorianer (Hugo und Richard von St. Victor) berufen sich diesbezüglich stark auf die äußere und innere Erfahrung. Das aristotelische Argument der Bewegung und des ersten Bewegers wird, ohne daß ihm seine metaphysische Tragweite gegeben wird, wieder aufgenommen (Boëthius, Adelard von Bath); Alain de Lille zeigt zuerst, daß die Reihe der bewirkenden Ursachen eines Abschlusses bedarf.[1)]

Man wirft dem Stagiriten vor, die Vorsehung[2)] geleugnet zu haben, und hält sich lieber an Platon, den „symmystes veri", weil er nach Johann von Salisbury die Existenz Gottes oder des höchsten Gutes, den Unterschied von Zeit und Ewigkeit sowie von Idee und Stoff lehrt.[3)] Alle diese platonischen Lehren werden übrigens im augustinischen Sinne aufgefaßt. Vom h. Augustinus übernimmt man auch die Lehren von der Transzendenz, den Ideen, den urbildlichen Ursachen der Welt, der Schöpfung, den ewigen Gesetzen als Grundlage von Sittlichkeit und Recht.

Endlich beruft sich die Scholastik der ersten Periode auf den h. Augustinus, um die Beziehungen zwischen Philosophie und Theologie, festzulegen, wobei sie aber seine Unterweisungen praezisiert und bereichert. Nachdem das Mittelalter zuerst unter dem Namen „Philosophie" die eigentliche Philosophie mit dem Studium des religiösen Dogmas verbunden hatte, unterschied es seit dem 11. Jahrhundert praktisch zwischen beiden Gebieten,[4)] ohne aber zur methodisch-systematischen Formulierung der Gesamtheit der zwischen beiden Wissenschaften bestehenden Beziehungen zu gelangen, wie sie sich im 13. Jahrhundert auf der ersten Seite der theologischen „Summen" findet.

Wir können zusammenfassend sagen, daß die Philosophie dieser Periode, mit Ausnahme der Theodizee, einem Schmelztiegel gleicht, in welchem heterogene Stoffe miteinander verschmolzen sind. Johann von Salisbury hätte das, was er über die auf eine Vereinbarung Platons mit Aristoteles bedachten Philosophen von Chartres schreibt, auf alle Männer seiner Zeit anwenden können: „Vergebens haben sie sich bemüht, Tote miteinander zu versöhnen, die ihr Leben lang einander widersprochen haben."[5)] In dem Maße, als die Scholastik heranwächst, entfernt sie die widerspruchsvollen Elemente und ihr Streben nach Einheit ist das Kennzeichen der geistigen Entwickelung vom 9. bis zum 12. Jahrhundert. Schon die Sprache der Scholastiker verrät das tastende Denken; erst allmählich erhält sie die Bestimmtheit, die man im großen Jahrhundert bewundert. Vergleicht man die Philosophie der Schulen des frühen Mittelalters mit den harmonischen Synthesen des 13. Jahrhunderts, so sieht man sich an einer genetischen Arbeit teilnehmen,

---

1) Baeumker, Witelo, S. 286 ff.
2) J. Salisbury, Metalogicus IV, 27: Quod Aristoteles in multis erravit.
3) „Principio docet esse Deum, distingnit ab aevo. — Tempus et ideas applicat, aptat hylen" (J. Salisbury, Entheticus, v. 941—942).
4) Vgl. Brunhes, La foi chrétienne et la philosophie au temps de la Renaissance carolingienne, Paris, 1903, S. 178—180.
5) Metalog. II, 17.

an der Erzeugung der scholastischen Lösungen; die Sonderbetrachtung der Philosophen dieser Perioden wird zu demselben Ergebnisse führen. Der Mangel an Systematisation ist in den abschließenden Erzeugnissen des 12. Jahrhunderts, obzwar sie die bemerkenswertesten dieser Periode sind, noch nicht völlig behoben. Ja, gewisse Gegensätze verbleiben und wiederholen sich im 13. Jahrhundert.[1]

123. Organisation der philosophischen Schulen. — Das frühere Mittelalter kennt zwei oder auch drei Schultypen. Es sind dies:

1. Die Klosterschulen, aus zwei Abteilungen bestehend: a) die „schola interior claustri", für die Mönche; b) die „schola exterior", für die Weltlichen. Die meisten Lehrer der karolingischen und ottonischen Periode gehören durch ihre Bildung oder Stellung dem Benediktinerorden an, von Beda Venerabilis, dem Schulhaupte von Jarrow angefangen, der Überlieferung nach der Lehrer Alcuins. Seit dem 6. und 7. Jahrhundert verbreitet der Benediktinerorden seine Schulen im ganzen Abendlande. Den Benediktinern reihen sich im 10. Jahrhundert die Mönche von Cluny, im 11. Jahrhundert andere Zweige der großen Mönchsfamilie des Abendlandes an.

2. Die Episkopal-, Dom- oder Stiftsschulen. Im 8. Jahrhundert organisierte Chrodegang von Metz (gest. 766) nach dem Muster des Klosterlebens ein Gemeinschaftsleben für die Geistlichen der Episkopalkirchen. In diesen Schulen herrscht dieselbe Gliederung in innere und äußere Schule.

Um die Lehrstellen („scholasticum officium") bewerben sich hervorragende Persönlichkeiten. Häufig sieht man, besonders in den Anfängen, die Klosteräbte, Bischöfe, Kanzler die Funktionen des Scholasticus oder Scholasters ausüben. Später fällt dieser Titel den einfachen „magistri scholae" zu.

3. Die Hofschulen („scholae palatinae" oder „palatii"), deren berühmteste die der Frankenkönige ist. Ihre Lehrer entstammen der Geistlichkeit und zu ihren Schülern gehören Geistliche wie Laien. Die Palatinalschule war mit dem Hofe verknüpft und wechselte wohl mit ihm den Platz.

124. Die Karolingische Renaissance. Alcuin. — Im Jahre 778 verleiht Karl der Große dem Bischof von Fulda, Bangulf, einen Stiftsbrief, in welchem er zur Gründung von Kloster- und Bischofsschulen aufmuntert. Das ist das Signal zu einem glänzenden Aufschwung der Studien, der zu den reinsten Ruhmestiteln des großen Herrschers gehört. Die Renaissance des 9. Jahrhunderts ist nicht ausschließlich philosophischer Art, sondern erstreckt sich auf alle Wissensgebiete. Ferner geht sie mehr direkt auf das heidnische Altertum als auf die Patristik zurück. Die Männer dieser Zeit reproduzieren alles, was sie vor der Barbarei retten können, sie sammeln rohes, ungeformtes Material, das andere nach ihnen selbständigeren philosophischen Arbeiten dienstbar machen. Diese Kompilationsarbeit wird durch Alcuin und Rhabanus Maurus personifiziert. Eine Ausnahme macht bloß Joh. Scotus Eriugena, den seine Zeitgenossen nicht verstanden haben. Es ist dies zu-

---

[1] Ist es nicht die Schwierigkeit der Systematisation, was in den ersten Jahrhunderten die Blütenlesen oder Sammlungen von Aussprüchen zahlreicher Autoren zeitigt? Diese Blütenlese bezieht sich auf theologische und philosophische Stoffe.

gleich die Epoche der ersten theologischen Kontroversen, so daß die karolingische Renaissance das erste Stadium der Entstehung der Faktoren ist, welche den spekulativen Geist des früheren Mittelalters bilden.

Alcuin oder Alchvine (um 730—804) war der Ausgestalter der paedagogischen Reformen des Fürsten. Von der Schule zu York herkommend traf er 781 Karl den Großen in Parma und lehrte acht Jahre lang am Hofe, wo Karl der Große sowie dessen Söhne und Töchter seinen Unterricht genossen. Nach einem fieberhaft tätigen Leben zog sich Alcuin in die Abtei von St. Martin de Tours zurück, begründete dort eine Schule und starb daselbst. Kompilator und Grammatiker, verdient Alcuin nicht das ihm zuteil gewordene Ansehen als Philosoph. In seinen Arbeiten über Logik findet sich nichts, was nicht schon bei Boëthius und Cassiodorus vorkommt. Die freien Künste sind die Grundlage alles Wissens. Die in seinem Briefe „de animae ratione ad Eulaliam virginem"[1]) entwickelten psychologischen Anschauungen sind augustinischer Herkunft: so seine Definition des Menschen („anima et caro"), seine Auffassung des Verhältnisses von Leib und Seele, sein Empfindungs- und Schmerzbegriff, seine Dreiteilung der psychischen Fähigkeiten, die er nicht vom Wesen der Seele unterscheidet, die zentrale Stelle, die er Gott und der Seele einräumt. Die in diesem Briefe enthaltenen ethischen Lehren wiederum sind Cassianus entlehnt.[2])

Wenn es auch Alcuin an Originalität gebricht, so ist er doch ein bedeutender Erneuerer von Ideen. Er verpflanzte die Kultur und das Wissen der iberischen Länder nach Deutschland; er führte in die Palatinalschule das Trivium und Quadrivium ein und seine Schriften blieben lange als Lehrbücher in Gebrauch. Er hinterließ einen hervorragenden Schüler, Rhabanus Maurus, der ihn an Ruhm übertraf. Die Schulen, die der von ihm den Studien gegebene Impuls zeitigte, blieben Zentren der Philosophie bis zum Aufkommen der Universität von Paris.

125. Hauptschulen. — Von den angesehensten Schulen nennen wir:

In England die Abteischule zu York (Alcuin).

In den Niederlanden die Kapitularschulen in Utrecht (Adalbode), Lüttich (Ratherius von Verona, Notger, Adelman), Tournai, (Odo von Tournai); die Abteischulen von Lobbes (Eracle), St. Laurent (Rupert von Deutz).

In Deutschland die Schulen von Fulda (Rhabanus Maurus), Münster (Ludger), Salzburg (Arnulph), St. Gallen (Notker Labeo, gest. 1022, übersetzte hier ins Deutsche die bekannten Teile des „Organon", die „consolatio philosophiae" des Boëthius, „de nuptiis mercurii et philol." des Martianus Capella), Reichenau (Walfred Strabo). — In Italien die Abtei von Monte Cassino (Alfanus, Desiderius).

In Frankreich besonders die Palatinalschule, geziert durch Alcuin, Joh. Scotus Eriugena, Fredegis (gest. 834), Agobard, Candidus,

---

1) Andere Schriften kommen für die Philosophie in Betracht: de virtutibus et vitiis ad Widonem comitem; grammatica: de dialectica: de rhetorica. Vgl. Mauitius, a. a. O. S. 273—288.

2) Seydl, a. a. O. Nr. 130.

Rhabanus Maurus; die Abteischulen von Tours (Alcuin, Rainaud de Tours), Corbie (Paschasius Radbert, Ratramnus), Ferrière (Loup de Ferrières), Cluny (Odo), Bec (Lanfranc, Anselmus), Fleury (Abbon), Auxerre (Remigius und Heiric); die Bischofsschulen von Lyon, Reims (Gerbert), Laon (Anselm, gest. 1117, und Raoul). Die Schulen von Chartres machten unter der weisen Leitung des Bischofs Fulbert (960 bis 1028), des größten Schulhauptes seiner Zeit, und des Ives von Chartres (gest. 1115) zwei Glanzperioden durch. Sie übertrafen alle übrigen Schulen an Berühmtheit und konnten bis zur Mitte des 12. Jahrhunderts mit den Schulen von Paris wetteifern. Adelman von Lüttich und Berengar von Tours waren Hörer Fulberts in der Schule von Chartres. Im 12. Jahrhundert gehören die Kanzler Bernhard von Chartres, Gilbert de la Porrée, Thierry von Chartres zu den hervorragendsten Persönlichkeiten ihrer Zeit. Im 9. Jahrhundert besaß Paris schon die drei Schulen von St. Geneviève, St. Germain des Prés und die Kathedralschule. Ihr Ansehen nahm immer mehr zu und seit der zweiten Hälfte des 12. Jahrhunderts verdunkelte die französische Metropole, um deren Kanzeln sich alle auserlesenen Geister scharten, die rivalisierenden Akademien.

126. Studienordnung. — Die Studien erfolgen gemäß einer hierarchischen Reihenfolge, deren Etappen sind: die freien Künste, die Wissenschaften, zuhöchst die Philosophie und Theologie.

1. Die freien Künste. Die schon vor dem Mittelalter[1]) übliche Klassifikation der sieben freien Künste („artes liberales", die von „liber", Buch abgeleitet wurden) ward durch die Kompendien des Boëthius, Cassiodorus, Martianus Capella, Alcuin verbreitet. Man schied sie in zwei Gruppen:

a) Das **Trivium** („artes triviales, sermonicales, rationales") bildet die Hauptgruppe und umfaßt Grammatik, Rhetorik und Dialektik.

Die **Grammatik** besteht aus dem Studium der Grammatiker und der antiken und mittelalterlichen Autoren. Von den Grammatikern werden besonders Donatus und Priscianus zitiert, aber man sucht die Begründung der grammatikalischen Regeln auch in der Vulgata.[2]) Den grammatikalischen Autoritäten sind Isidorus von Sevilla und besonders Remigius von Auxerre (gest. um 908), dessen Kommentar über die „ars minor" des Donatus klassisch wurde, hinzuzufügen. Später tritt mit dem „Doctrinale" des Alexander von Villedieu und dem „Graecismus" des Eberhard von Béthune (Ende des 12. oder Anfang des 13. Jahrhunderts) die Form der versifizierten Grammatiken auf, deren Erfolg beträchtlich war. — In der Grammatik liest man auch die alten lateinischen Klassiker, Vergil, Seneca, Horaz, Terenz, Juvenal u. a., und mittelalterliche Autoren wie Orosius, Gregor von Tours, Boëthius u. a.

---

1) Die Zweige des Quadrivium werden von Ammonius Saccas als Untereinteilung der Mathematik angeführt (Zeller, a. a. O. II2, S 177, Anm. 1). Mariétan glaubt den Ursprung der vollständigen Klassifikation der freien Künste bei Augustinus zu finden (Problème de la classificat. des sciences, S. 54 ff.).

2) Smaragdus, Abt von Saint-Michel um 850 (vgl. Hist. litt. de France IV, S. 455) schreibt: „Donatum non sequimur quia fortiorem in divinis Scripturis auctoritatem tenemus." Vgl. Thurot, Notices et extraits de divers manuscrits latins pour servir à l'histoire des doctrines grammaticales au moyen âge, in: Notices et extraits des manuscrits de la Bibliothèque Nationale XXII, 2. Teil (Paris, 1868), S. 81.

Die **Rhetorik** ist weniger im Schwange als bei den Römern. Cicero, Quintilian, Marius, Victorinus werden im „Heptateuchon" des Thierry von Chartres als Lieblingsmuster der Rhetorik erwähnt.[1]

Die **Dialektik** nimmt im Trivium den meisten Platz ein und breitet sich in dem Maße noch mehr aus, als man die Teile des „Organon" findet (128).

Die relative Bedeutung, die man den Zweigen des Trivium zuerkannte, zeitigte verschiedene Tendenzen. In Paris neigte der Einfluß Abaelards zur Erdrückung der Grammatik und Rhetorik; in Chartres hingegen, wo der Humanismus eine seiner Pflegestätten fand, erhielten sich die drei Teile des Trivium nebeneinander[2], und in Orléans, dessen Schulen beim Verfalle der Schulen von Chartres in Blüte standen, war der Unterricht in den lateinischen Klassikern berühmt.[3] Die interessanteste Tendenz ist das Eindringen der Dialektik in die Grammatik. Die „Modisten" unterwarfen in ihren Schriften „de modis significandi" die Barbarismen des Schullateins, welches manche dem klassischen Latein vorzogen, der dialektischen Analyse. Diese Bewegung verstärkte sich durch den berühmten Pierre Hélie und führte im 13. Jahrhundert zur spekulativen Grammatik.[4]

b) Das **Quadrivium** („artes quadriviales, reales, physica, mathematica") umfaßt die Arithmetik, Geometrie, Astronomie und Musik. Die enzyklopaedischen Arbeiten antiker Autoren, die Schriften des Boëthius, das „Astrolabium" Gerberts und, seit Adelard von Bath, die Theorien Euklids bilden die Grundlage des mathematischen und astronomischen Unterrichts; das Studium der Musik wird mit den religiösen Zeremonien verbunden.

Das Quadrivium hatte weniger Erfolg als das Trivium, da die Fachkenntnisse, die dazu gehören, nicht so leicht zu erlangen waren. Den vier Teilen des Quadriviums fügte man die Medizin an.

2. *Die Natur- und Geschichtswissenschaften.* In der Regel beschränkte sich der wissenschaftliche **Unterricht** des frühen Mittelalters auf das Quadrivium. Doch gab es auch, besonders seitens der Alchimisten, einige Naturforschung. Ferner findet sich bei den ersten Enzyklopaedisten dieser Zeit eine Materialiensammlung, die besonders dem Plinius entnommen ist. Gerbert streift naturwissenschaftliche Probleme (137), und diese stehen im Kloster von Monte Cassino und in der Schule zu Chartres in Ehren. Der „Physiologus", eine merkwürdige Schrift aus der patristischen Zeit, liefert symbolische Tierbeschreibungen. Was die Geschichte anbelangt, so stehen die sich mit ihr Befassenden unter dem Einflusse des h. Hieronymus und Eusebius und verfassen lokale Chroniken.[5]

3. Die Philosophie. Die philosophischen Probleme, die seit dem 8. Jahr-

---

1) Clerval, Les écoles de Chartres au moyen âge du Ve au XVIe siècle, S. 309 ff.
2) Vgl. die Programmschrift Peters von Blois bei Clerval a. a. O. S. 309 ff.
3) Ein Trouvère des 13. Jahrhunderts, Henry d'Andely, symbolisiert in einer allegorischen Dichtung über den Streit der sieben Künste diesen Konflikt der durch die Orleanisten vertretenen Grammatiker und der durch die Pariser Lehrer vertretenen Dialektiker, die den Sieg errangen. Vgl. Willmann, Didaktik I, 272.
4) Vgl. die zweite Periode.
5) Vgl. Wattenbach, Deutschlands Geschichtsquellen im Mittelalter bis z. Mitte d. 13. Jahrh., Bd. I, 1904.

hundert allmählich gestellt werden und zu Ende des 12. Jahrhunderts in erheblicher Anzahl vorliegen, dürfen nicht als Weiterentwicklung, als Annex der Dialektik betrachtet werden, als ob etwa die Philosophie in das Trivium einzubeziehen wäre (Ferrère, Mariétan und die meisten Historiker), sondern die Philosophie muß als eine den freien Künsten übergeordnete Vorbereitung, als eine neue Disziplin angesehen werden, die in den Schulprogrammen ihren Platz zwischen den freien Künsten und der Theologie erhielt (Willmann). Diese Stufenfolge braucht lange zu ihrer Bestimmtheit, aber im 12. Jahrhundert wird sie durch eine Menge Vorschriften sowie durch mehrere Codices durch Hugo von St. Victor[1]) klar festgelegt und im 13. Jahrhundert völlig adoptiert.

4. *Die Theologie* wird in den großen Schulen zugleich mit der Philosophie gelehrt.

127. Didaktische Methoden. — Bei der Ausbildung der scholastischen Methoden sind Forschungs- und Darstellungs-, sowie Lehrmethoden zu unterscheiden. Von den ersteren war oben die Rede, hier handelt es sich um die letzteren. Die didaktischen Formen haben sich langsam herausgebildet und ihre Modifikationen sind in den Schulen des Abendlandes sehr gleichartig. Der Annahme desselben Studienplanes in den Abtei- und Klosterschulen aller Länder des Abendlandes entspricht eine einheitliche Organisation der Lehrmethoden und der Ortswechsel der Schulen erleichtert die Verbreitung der gemachten Fortschritte.

Einige Besonderheiten der scholastischen Methode:

1. Der wissenschaftliche Unterricht wird durch eine **einheitliche Sprache**, das allmählich zur Ausbildung gelangende philosophische Latein gefördert.

So entstand neben den Volkssprachen, welche die Rassen weiter differenzierten, eine einheitliche wissenschaftliche Sprache. Die Gleichförmigkeit der philosophischen Ausdrücke und Formulierungen trug in hohem Maße zur Erzeugung eines gleichförmigen philosophischen Geistes und zur Sicherung des übernationalen Charakters der Scholastik bei.

2. Die **Kommentierung** eines Textes („lectio") ist die erste und natürlichste Form des Unterrichts. Die auf einem Meinungsaustausch zwischen Lehrer und Schüler beruhende „disputatio" erscheint im 12. Jahrhundert seit der Einführung der „logica nova". Es gab auch schon frühzeitig nach einem bestimmten Plan ausgearbeitete Lehrbücher und später zusammenfassende Werke („sententiae", „summae").

3. Die **didaktische Systematisierung** eines bestimmten Problems, die anfangs noch mangelhaft ist, wird seit Abaelard klar durchgeführt. Ein formales Schema wird vorherrschend, wenn es auch nicht in jedem scholastischen Werke vorkommt.[2])

---

1) Erud. didasc. III.
2) Grabmann, Geschichte der scholast. Methode (1909, S. 31 f., läßt mich sagen, die scholastische Lehrmethode bestehe ausschließlich in der Anwendung des Schema: „videtur quod sic — sed contra — respondeo dicendum." Ich schrieb aber nicht, es sei dies das einzige Verfahren der mittelalterlichen Didaktik gewesen, sondern — wie Grabmann selbst zugibt — eine der hervorstechendsten Methoden. Ich bin über die Kritik Grabmanns um so

4. Da die freien Künste und die Philosophie der Vorbereitung zur Theologie dienten, so hatte diese Organisation eine dem Mittelalter eigene, mit der Zeit immer schärfer zum Ausdruck gelangende Erscheinung zur Folge, nämlich die **Vermischung gewisser Wissensmaterialien und philosophischer Argumente** mit den theologischen Materien und Argumenten. Das ist der Grund, warum man die philosophischen Erörterungen innerhalb des für das theologische Studium entworfenen Rahmens zu suchen hat. Selbstverständlich läßt diese einfache Aneinanderreihung von Materialien die Frage nach der Unterscheidung zwischen beiden Wissenschaften unberührt, ebenso wie der Ursprung der Philosophie auf theologischem Gebiete mit ihrer Selbständigkeit sich verträgt.

Ebenso bleiben die theologischen von den philosophischen Methoden unterschieden, obgleich sie sich parallel miteinander entwickelten und einander ähnlich sind (Kap. III, 3. Abschn.).

5. Den didaktischen Methoden lassen sich indirekt die **Arten der literarischen Überlieferung** angliedern. Das Mittelalter und namentlich dessen erste Lehrer erblicken in der Geschichte der Philosophie nur ein Mittel im Dienste der Wahrheit. Daher die Plagiate und „deflorationes", die Gepflogenheit, Texte zweiter Hand zu kopieren, sie öfter zu modifizieren, die Sucht, die alten und mittelalterlichen Zeitgenossen anzugeben, in unbestimmter, anonymer[1]) Weise zu bezeichnen, die Ungeniertheit, mit der man apokryphe Werke zirkulieren läßt, die Texte verstümmelt und interpoliert, alle Arten historischer Irrtümer bestehen läßt.

128. Philosophischer Bücherschatz. — Die Hauptwerke, welche das philosophische Handwerkszeug dieser Periode bilden, lassen sich in verschiedene Gruppen bringen. Sie gehören allen Schulen an und diese Gemeinsamkeit trägt zur Erklärung der Gleichförmigkeit der philosophischen Strömungen im Abendlande bei.

I. Griechische Philosophen. Selten sind jene, welche die griechischen Autoren in der Ursprache lasen; fast alle griffen zu lateinischen Übertragungen.

1. **Aristoteles.** a) Logik. Man kennt im 9. Jahrhundert „de interpretatione" in den Übersetzungen des Marius Victorinus und Boëthius, und seit dem Ende des 10. Jahrhunderts die „Kategorien" (durch Boëthius). Um 1121 noch besitzt Abaelard keine anderen aristotelischen Schriften, aber das „Heptateuchon" des Thierry von Chartres (um 1141 vollendet) enthält unter anderem das erste Buch der „ersten Analytiken", die „Topik" und „Sophismen", d. h. die übrigen Bücher des „Organon" mit Ausnahme der „zweiten

---

mehr erstaunt, als ich stets ausdrücklich die Unzulänglichkeit der Auffassungen der Scholastik betont habe, die auf bloßen Besonderheiten der Lehrmethoden beruhen (vgl. 104, und in der Ausgabe von 1905 S. 113 ff.)

1) Mandonnet (Siger de Brabant, VI, S. 46) nennt dies das „Gesetz des Schweigens." Die Häufigkeit der Anonymitäten und die Menge irriger Zuweisungen haben nach ihm ihren Grund nicht in einem Mangel an Sinn für literarisches Eigentum, sondern in der übergroßen Bescheidenheit der Verfasser oder in der Nachlässigkeit der Abschreiber, welche es unterließen, den Urheber einer Schrift anzugeben, oder endlich in dem Umstande, daß manche Schriften nicht für die Öffentlichkeit bestimmt waren (Revue Thomiste, 1909, S. 46).

Analytiken" und des zweiten Buches der „ersten Analytiken".[1]) Einer Bemerkung in der Chronik des Robert von Torigny für das Jahr 1128 zufolge hätte schon Jakob von Venedig die „Topik", die beiden Analytiken und die „sophistischen Argumente" aus dem Griechischen ins Lateinische übertragen.[2]) Sie wurden ebenfalls von Heinrich Aristipp aus St. Severin in Calabrien (gest. 1162) übersetzt. Gerhard von Cremona (gest. 1187) übersetzte, wahrscheinlich aus dem Arabischen, die „zweiten Analytiken" sowie den Kommentar des Themistius. Um die Mitte des 12. Jahrhunderts verbreitete Otto von Freisingen (gest. 1158) die neuen Schriften in Deutschland. Die zweite Hälfte des 12. Jahrhunderts ist im Besitze des gesamten „Organon" des Aristoteles.[3]) Im 12. Jahrhundert findet also eine zweite partielle Aufnahme des „Organon" statt, und sie dient zum Ausgangspunkt einer Gliederung der Logik in „logica vetus" (die vor dem 12. Jahrhundert bekannten Schriften) und „logica nova" (die seit dem 12. Jahrhundert bekannten Schriften).[4])

b) Hingegen besitzt das frühere Mittelalter weder die „Metaphysik" noch die „Physik", noch auch die Schrift „über die Seele", d. h. also keine der grundlegenden Schriften der peripatetischen Synthese. Wird nun das „Organon" getrennt studiert, so kann man betreffs des Gesamtdenkens des Stagiriten fehlgehen und seine Philosophie auf eine Summe logischer Regeln reduzieren. Nur indirekt (durch Chalcidius, Boëthius) sind einige metaphysische, physikalische und kosmologische Lehren des Aristoteles bekannt.

Die abendländischen Generationen des 13. Jahrhunderts verwerten die Hauptschriften der aristotelischen Synthese in vollem Maße,[5]) aber die neue Einwirkung des Aristoteles auf das Abendland ist mehr zu berücksichtigen als es bisher geschah. Duhem zeigt, daß im „opusculum de opere sex dierum" des Thierry von Chartres mehrere Lehren der peripatetischen Physik entlehnt sind, und bei anderen Autoren aus Chartres verzeichnete er ähnliche Einflüsse. Er schließt daraus, daß die „Physik" des Aristoteles um die Mitte des 12. Jahrhunderts wohl durch Übersetzungen des Gundissalinus in Chartres bekannt war.[6]) Auf andrem Wege gelangt zu demselben Resultate Mandonnet: „Man hat in der Regel dieses Ereignis zu spät angesetzt. Dieses zweite Eindringen des Aristoteles bei den Lateinern erstreckt sich übrigens auf ein ganzes Jahrhundert, seit der Übersetzung des 4. Buches der „Meteora" durch Heinrich Aristipp vor 1162 bis zur Übertragung der Ökonomik durch Wilhelm von Moerbeke um 1267."[7])

Kurz, die Scholastiker der ersten Jahrhunderte sahen in Aristoteles nur

---

1) Clerval, a. a. O. S. 244.
2) Migne, P. L., 64.
3) In der Übersetzung des Jakob von Venedig.
4) Betreffs der Übersetzungen der „Logik" vor dem 13. Jahrhundert vgl. Mandonnet, Siger de Brabant VI. S. 9, A. 2.
5) Vgl. die zweite Periode.
6) Duhem, Du temps où la scolastique latine a connu la physique d'Aristote (Revue de Philos. 1909, S. 162—178).
7) Mandonnet, a. a. O. VI, S. 131.

einen Logiker, und es zirkulieren in den Schulen bittere Klagen über seine Dunkelheit.[1]

2. Von **Platon** besitzt man ein Fragment des „Timaeus" in der Übersetzung des Cicero und Chalcidius (85). Schon Joh. Scotus Eriugena zitiert den berühmten Dialog, der immer mehr an der literarischen Ausbreitung teilnimmt. Die metaphysischen Annahmen, deren der „Timaeus" voll ist, hätten in gewissem Maße dem Einfluß der aristotelischen Dialektik das Gleichgewicht halten können. Aber der „Timaeus" ist dunkel, ganz abgesehen davon, daß er an vielen Stellen die wahre Meinung Platons verschleiert; dazu kommt noch, daß die eklektischen Kommentare des Chalcidius zur Erschwerung seiner Verständlichkeit beitragen. Man kann im ganzen sagen, daß er innerhalb der ersten Periode nicht unverstanden blieb. Außer dem „Timaeus" sind von den Schriften Platons nur gelegentliche Stellen oder auch nur die Titel (durch Chalcidius) bekannt. Erst im 12. Jahrhundert beginnen einige Abschriften des „Phaedon" und „Menon" Verbreitung zu finden. In Sizilien übersetzt sie Heinrich Aristipp. Anderseits werden viele platonische Lehren durch Augustinus und neuplatonische Kommentare, in denen sie übrigens modifiziert oder entstellt sind, überliefert.

3. **Kommentare zu Aristoteles**. a) Die „Isagoge" (auch „institutio" oder „Einleitung" oder „von den fünf Wörtern") des **Porphyrius**[2], von den letzten griechischen Philosophen bereits mehrmals kommentiert, genoß bei den ersten mittelalterlichen Philosophen großes Ansehen, zuerst in der Übersetzung des Marius Victorinus, dann in der Übertragung und zweifachen Kommentierung des Boëthius. Porphyr gilt für einen Anhänger des Aristoteles und man ahnt nicht einmal, daß er einer gegnerischen Schule angehört (79).

Die „Abhandlung von den fünf Wörtern" untersucht die fünf Praedikabilien (Gattung, Art, spezifische Differenz, Eigenschaft und Zustand) und diente als Einleitung zu den „Kategorien" des Aristoteles. Die Praedikabilien drücken die verschiedenen Arten aus, auf welche das Praedikat eines Urteils von einem Subjekt ausgesagt werden kann. Auch Porphyr geht in seiner „Isagoge" nicht über diese logische Bedeutung der Praedikabilien hinaus, kaum daß er das Problem der Objektivität der Allgemeinbegriffe andeutet; die von ihm aufgestellte Streitfrage wird zum Ausgangspunkt des Universalienstreites (Kap. II, 1, § 1).

b) **Boëthius** kommentierte die „Kategorien" und die Schrift „de interpretatione". Seine übrigen Kommentare sind verloren gegangen.

Das frühere Mittelalter kannte keine anderen Werke der griechischen Philosophie, aber die lateinischen Autoren und die Kirchenväter hatten die Namen einer großen Anzahl berühmter Persönlichkeiten übermittelt und man besaß Brocken von verschiedenen griechischen Systemen, besonders vom

---

[1] Boëthius nennt ihn „turbator verborum". Ein unbekannter Autor des 10. Jahrhunderts spricht vom „aristotelicus labyrinthus" (Baumgartner, a. a. O. S. 10f.).

[2] Neu herausgegeben von A. Busse, Berlin 1887 (Bd. IV der „Commentaria in Aristotelem graeca", herausgegeben von der Berliner Akademie).

Epikureismus, Stoizismus, Pythagoreismus.[1]) Vom Neuplatonismus war kein Originalwerk übrig geblieben.

II. Lateinische Philosophen. Das Vermächtnis des literarisch so reichen Altertums beschränkte sich für die Philosophie auf:

1. **Eine Reihe von Kompilationen der lateinischen Verfallsperiode.** Wir nennen: die Schriften des Marius Victorinus, von dem eine Übersetzung der „Isagoge" Porphyrs und mehrere andere Schriften und Kommentare zur Logik bekannt sind; des Macrobius, des Verfassers der „Saturnalia" und eines Kommentars zu „Scipios Traum", der im Mittelalter oft zitiert wird, enthaltend die Lehren von der Einheit der Weltseele und vom einheitlichen Intellekt aller Menschen sowie eine Menge mathematischer und astronomischer Daten; des Claudius Mamertus von Vienne (um 450), der „de statu animae" schrieb, wo er die Unsterblichkeit der Seele gegen den Semipelagianer Faustus verficht; des Donatus. Durch Macrobius und Donatus erlangt das Mittelalter von vielen Begebenheiten der alten Geschichte Kenntnis.

2. **Mehrere neuplatonische Kommentare.** a) Unter dem Namen des Apuleius von Madaura ist bei den Scholastikern ein Kommentar „de interpretatione" und eine Abhandlung „de dogmate Platonis" verbreitet. Mancherseits wird ihm auch ein „Asclepius" betitelter Dialog zugeschrieben. Andere hingegen, die besser bewandert sind, rechnen den Dialog „Asclepius" zu den „hermetischen" Schriften und schreiben das Buch „de deo deorum" einem ägyptischen Philosophen Hermes Trismegistos zu. Noch andere hermetische Schriften sind bekannt, wie der „Logostileos" ($\lambda\acute{o}\gamma o\varsigma$ $\tau\acute{e}\lambda\varepsilon\iota o\varsigma$), den Abaelard und Alanus von Lille zitieren.

b) Zu derselben Gruppe gehört der Kommentar, den Chalcidius seiner Übersetzung des Timaeus beigibt. Dieser Kommentar ist eine unselbständige Kompilation im Geiste des platonischen Eklektizismus des 2. Jahrhunderts n. Chr. Hauptsächlich kompiliert Chalcidius aus Posidonius, Adrastus, Albinus. Er übermittelt eine Reihe platonischer Anschauungen und zitiert Auszüge aus anderen Schriften Platons als dem „Timaeus", zugleich berichtet er über aristotelische Theorien (wobei er besonders die Definition der Seele als Form verwirft), zitiert die Stoiker Chrysipp und Kleanthes und vergleicht deren Lehren, entlehnt den Pythagoreern, Philon, Numenius und anderen Ideen, ohne die griechischen Ärzte zu vergessen. Die Ionier, Eleaten und Atomisten der vorsokratischen Periode werden fast alle zitiert, so daß Chalcidius bis zum 12. Jahrhundert eine der Hauptquellen für die Geschichte der griechischen Philosophie bildet, und dies trägt zur Erklärung des gewaltigen Einflusses seines Kommentars bei.

3. Einige Schriften (oder Teile von solchen) des Cicero („Topica", „de officiis", „de inventione rhetorica", die beiden Bücher „rhetoricarum ad Herennium", „de partitione oratoria"), Seneca (z. B. „de beneficiis") und Lucrez.

Cicero gilt in der Dialektik und Rhetorik als Autorität. Was Seneca anbelangt, so werden seine Stoischen Maximen vermöge ihrer Sittenstrenge

---

[1]) Joh. von Salisbury zitiert auch Auszüge aus einem Pseudo-Plutarch (s. unten).

von den wenigen Scholastikern, die sich mit Ethik befassen, gern angeführt. Seit dem Beginn des Mittelalters sind unter dem Namen Senecas verschiedene apokryphe Werke verbreitet, so sein angeblicher Briefwechsel mit dem h. Paulus und die Schriften „formula honestae vitae" (oder „de quatuor virtutibus cardinalibus"), „de moribus" u. a., die im 4. Jahrhundert n. Chr. verfaßt sind.[1]) Hingegen ist Lucrez[2]), der berufene Interpret des Epikureismus, bei den Scholastikern weniger gut angeschrieben und ist öfter der Bundesgenosse ihrer Gegner. So entlehnt ihm die materialistische Psychologie der Katharer ihre Argumente (Kap. III, 2).

III. Die Kirchenväter, die bestallten Lehrer der mittelalterlichen Theologie, hinterlassen ihre philosophischen Anschauungen neben denen des Altertums. Man nennt sie, im Gegensatze zu den „philosophi", „sancti".

1. Den ersten Rang nimmt unter ihnen der h. Augustinus ein. Man erfüllt sich besonders mit dem Geist seiner Psychologie und entlehnt ihm metaphysische Thesen. Auf seine Autorität beruft sich die bedeutende Gruppe der platonisch-augustinischen Lehren.

2. Pseudo-Augustinus. Das Ansehen des h. Augustinus als Philosoph wie als Dogmenerklärer macht es begreiflich, daß unter seinem Namen eine Reihe unechter Schriften läuft, die sehr oft antischolastische, ja sogar antiaugustinische Theorien enthalten. Die wichtigsten pseudoaugustinischen Schriften sind: a) „Categoriae decem", ein Abriß der „Kategorien" des Aristoteles, der großen Einfluß ausübte; b) „Principia dialecticae", eine grammatische Monographie über die Unterscheidung der einfachen und zusammengesetzten Ausdrücke, c) „Contra quinque haereses", dessen Verfasser besonders die hermetischen Texte zitiert, wobei er sie in christlichem Sinne umdeutet; d) später: „de spiritu et anima", ein rechtes Handbuch augustinischer Psychologie, bei den Scholastikern sehr verbreitet.

Das Mittelalter besitzt oder zitiert Schriften des Origenes (in der Übersetzung des Rufinus), Gregor von Nyssa, Clemens von Alexandrien, Lactantius, Hieronymus, Ambrosius, dessen „Hexaëmeron" mehr als eine aristotelische Theorie bekannt macht. Der Semipelagianer Cassianus (gest. 435), gegen welchen Augustinus seine letzten Traktate schrieb, übermittelt dem Mittelalter indirekt, durch Alcuin und Rhabanus Maurus, einige philosophische Anschauungen. Viel gelesen wurde seine Schrift „de institutis coenobiorum" und seine „collationes patrum XXIV".

4. Im 12. Jahrhundert zirkuliert eine Übersetzung der Schrift „περὶ φύσεως ἀνθρώπου" des Nemesius, aus der Feder des Alfanus (1058—1085), des Erzbischofs von Salerno[3]). Im Jahre 1159 wurde dasselbe Werk von Richard Burgondio von Pisa (unter Friedrich Barbarossa) übersetzt. Burgondio übersetzte ferner die „πηγὴ γνώσεως" („fons scientiae") des Joh. Damascenus (V. Abschn., 2).

---

1) Hauréau, Not. et extr. de q. man. latins, II, 202; IV, 15 u. 267.
2) Am meisten schätzen ihn zwei Kompilatoren, Isidor von Sevilla und Rhabanus Maurus.
3) Baeumker, Nemesius. Sonderabdr. aus Wochenschr. für klass. Philol. 1896, S. 2f., Domanski, Die Psychol. d. Nemesius, S. XII. Die Übersetzung des Alfanus wurde von Holzinger (Prag) herausgegeben, die des Burgundio von Burkhard (Wien). Grabmann gliedert

5. Zu erwähnen sind auch die Schriften des Pseudo-Dionys Areopagita und Maximus Confessor. Die Traktate „Von den göttlichen Namen" und „Von der himmlischen Hierarchie", von denen man seit dem 8. Jahrhundert im Abendlande mehrere Abschriften besaß[1]), wurden im 9. Jahrhundert durch Joh. Scotus Eriugena übersetzt. Der h. Anselmus bringt sie im 11. Jahrhundert zu Ehren. Johannes Sarazenus, ein Freund Johanns von Salisbury, übersetzte im 12. Jahrhundert mehrere Schriften des Pseudo-Dionys. Sie durchdringen die mittelalterliche Mystik und Aesthetik und wurden der Reihe nach teils im Sinne des neuplatonischen Pantheismus, teils in dem des orthodoxen Individualismus erläutert.

IV. Arabische und byzantinische Autoren. Durch Vermittlung der Mönche von Monte Cassino kannte das Abendland im 12. Jahrhundert einige Erzeugnisse der arabischen Wissenschaft. Namentlich übersetzte Constantinus aus Afrika oder Constantin von Karthago (um 1050) eine Schrift des Isaak Israeli (um 900) über die Elemente. Auch Werke des Galen und Hippokrates wurden (1145/47) übersetzt. Aber diese Übersetzungen sind ohne Wichtigkeit: vor dem 13. Jahrhundert gab es keine engere Berührung des Abendlandes mit der byzantinischen und arabischen Philosophie.

V. Mittelalterliche Autoren. Neben Isidor von Sevilla, Gregor dem Großen[2]), Beda Venerabilis und Rhabanus Maurus, von dem oben die Rede war, waren Martianus Capella, Cassiodorus und Boëthius die großen Erzieher des früheren Mittelalters. Zu erwähnen ist auch, daß mehrere Werke späterer mittelalterlicher Philosophen in großem Ansehen standen und gleichsam klassisch wurden, so die Schriften des h. Anselm und des Gilbert de la Porrée „Liber sex principiorum."

129. Martianus Capella, Boëthius, Cassiodorus. — Martianus Capella aus Karthago (2. Hälfte des 5. Jahrhunderts) kam nach Rom und verfaßte (um 430) eine Schrift „Satyricon" sowie eine Arbeit „De nuptiis Mercurii et Philologiae", in welcher er Varro und andere Grammatiker kompiliert. Das Mittelalter studierte diese sonderbare Enzyklopaedie eifrig, weil sie den Versuch einer Klassifikation der menschlichen Erkenntnisse darstellt und ein Programm zu vollständigen Studien entwirft. Martianus machte das trivium und quadrivium populär. Künste und Wissenschaften erscheinen unter der Form mythischer Persönlichkeiten. Der Verfasser geht mehr spielerisch als wissenschaftlich vor und genießt im frühesten Mittelalter ein unverdientes Ansehen[3]).

---

die im 12. Jahrhundert unternommenen Übersetzungen aus dem Griechischen ins Lateinische in zwei Gruppen. An die erste Gruppe, die mit der byzantinischen Welt in Verbindung steht, schließen sich Jakob von Venedig und Burgondio von Pisa an; die zweite Gruppe hat ihre Wirkungsstätte in Sizilien und umfaßt Alfanus von Salerno, dessen Freund Constantinus aus Afrika und Heinrich Aristipp. Grabmann, Die Gesch. d. scholast. Methode II, S. 75 ff.

[1] Papst Paul I. sandte um 757 ein Exemplar an Pipin, Hadrian I. um 750 eines an den Abt von St. Denis; ein drittes erhielt (827) Ludwig der Fromme.

[2] Im Beginne des Mittelalters übertrifft die Häufigkeit, mit der Gregor der Große zitiert wird, sogar die der Zitierung des h. Augustinus.

[3] Die sieben Künste werden in Gestalt junger Mädchen dargestellt, welche die Philologie, die Braut Apollos, begleiten. Die Grammatik ist eine Tochter von Memphis und trägt auf einem Brette Vorrichtungen, um die Sprache der Kinder auszulösen usw. Die Dialektik wird

Boëthius und Cassiodorus waren beide Minister des Gotenkönigs Theodorich, der vermöge seiner klugen Initiative in seinem Staate einen wissenschaftlichen Betrieb ins Leben gerufen hatte[1]). Boëthius (um 480 bis 525, zuweilen als „Consul Manlius" benannt) ist ein viel stärkerer Geist als M. Capella und Cassiodorus. Seine philosophischen Leistungen umfassen:

1. Übersetzungen, namentlich der „Isagoge" des Porphyr und verschiedener Schriften des Aristoteles, der „Kategorien" und von „$\pi\varepsilon\varrho\grave{\imath}\ \acute{\varepsilon}\varrho\mu\eta\nu\varepsilon\acute{\imath}\alpha\varsigma$". Die drei letzten Teile des „Organon" (Analytica, Topica, Elench. sophist.) scheinen nicht vor dem Ende des 12. Jahrhunderts gefunden worden zu sein. Er selbst verweist auf die „Metaphysik" und „Physik" des Aristoteles (In lib. de interpret. II) und kündigt seine Absicht an, den ganzen Aristoteles zu übersetzen und zu kommentieren[2]).

2. Kommentare: ein doppelter Kommentar zur „Isagoge", ein Kommentar zu den „Kategorien" und „de interpretatione" des Aristoteles (logisches Hauptwerk), der „Topik" des Cicero.

3. Selbständige Schriften über die kategorischen und hypothetischen Schlüsse, die Einteilung, die Definition, die topischen Unterschiede — alles Monographien, die im Mittelalter sehr geschätzt waren. Mit nicht geringerem Lobe zitieren die Scholastiker seine Arbeiten über die Mathematik und Musik und besonders eine ethische Schrift, welche der aus politischen Gründen in Ungnade gefallene Boëthius in seinem Kerker zu Ticinum verfaßte: „de consolatione philosophiae". Dieses elegant geschriebene Werk zeigt, wie sehr dessen Verfasser von der antiken Kultur erfüllt war[3]).

Boëthius hinterließ außerdem verschiedene theologische Schriften („de trinitate", „de hebdomadibus", „de duabus naturis in Christo"). Der Ursprung der Schrift „de fide catholica" ist zweifelhaft.

Boëthius übte auf die Philosophie dieser Periode einen großen Einfluß aus. Er bildete bis zum Ende des 12. Jahrhunderts die Hauptquelle des Aristotelismus und galt als dem Aristoteles ebenbürtig, wenn nicht überlegen. Nicht bloß seine Übersetzungen und Erläuterungen des Stagiriten, auch seine selbständigen Traktate, welche lange Zeit die unbekannten Teile des „Organon" vertraten, wurden zur Grundlage der dialektischen Studien. Der barbarische Philosoph eröffnete auch Einblick in eine Menge anderer aristotelischer Lehren; so erwähnt er verschiedene methodologische Theorien, wie

---

durch eine Frau mit abgezehrtem Antlitz dargestellt, welche in einer Hand eine Schlange, in der anderen einen Angelhaken hält.

1) Diese Renaissance wurde durch den Einfall der Langobarden (568) zunichte, so wie später die Erneuerung der Zivilisation in Spanien, deren Urheber Isidor von Sevilla war, durch die arabische Eroberung (712) zum Abbruch kam.

2) „Ego omne Aristotelis opus quodcumque in manus venerit in Romanum stilum vertens eorum omnium commenta Latina oratione perscribam (de interpret. ed. II, l. II). Betreffs der Übersetzungen des Boëthius vgl. eine Anmerkung Mandonnets, Siger de Brabant, S. 7—9. Vgl. Grabmann, a. a. O. I, 150 ff.; Manitius, a. a. O. S. 25 ff.

3) Nach Brandt (Philologus 62, 141 ff.) sind die philosophischen Schriften des Boëthius so zu gruppieren: 1. Commenta in isagogen Porphyrii. 2. In categorias Aristotelis. 3) In libr. Aristotelis de interpretatione. 4. Priora et posteriora analyt. Aristot., Übers. und Komment. 5. De syllogismo categorico. 6. De syllog. hypothetico. 7. De divisione. 8. Schriften über die Topik des Aristoteles und Cicero. 9. De consolatione philosophiae.

die berühmte Dreiteilung der theoretischen Wissenschaften in Metaphysik, Mathematik und Physik. Er selbst bevorzugt und verwendet die mathematisch-deduktive Methode, auch finden sich in seinen Schriften Ansätze zu Ideen über die Natur und den Prozeß des Erkennens, unzulängliche Anschauungen über die Materie, die substantielle Form, die Veränderung, die Substanz, die Person, die Ursachen. Die Schrift „de consolatione philosophiae" wiederholt das Argument des „unbewegten Bewegers", die Abhandlung „de trinitate" untersucht die Anwendung der grammatikalischen Formen auf die Gottheit usw. Endlich bereicherte Boëthius die lateinische Terminologie mit einer Menge Ausdrücke der Aristotelischen Philosophie.

Boëthius ist aber kein treuer Anhänger der Aristotelischen Doktrin. Er bringt viele neuplatonische (Transzendenz des überkategorialen Einen, das unaussprechbare Urprinzip), stoische, pythagoreische, augustinische Anschauungen in Umlauf. Die Theodizee der „consolatio" ist eine Untersuchung über die Güte und Vorsehung Gottes; die Begriffe der Zahl und der Einheit spielen in seinen Lehren betreffs des göttlichen Wesens, der Schöpfung, des Exemplarismus eine große Rolle.

Kurz, Boëthius vermittelt den Scholastikern die verschiedensten Elemente, die man später in den Synthesen des 13. Jahrhunderts seitens des Eklektizismus ausgelesen findet.

Was Cassiodorus (um 470—570) anbelangt, so ist er gleich Martianus Capella ein Paedagoge, der in seinen Schriften „de orthographia", „de artibus ac disciplinis liberalium litterarum", „de institutione divinarum litterarum" alles, was er — namentlich in der Schule des Boëthius — betreffs des trivium und quadrivium gelernt hat, zu verzeichnen bemüht ist. Sein Büchlein „de anima", welches von Augustinus beeinflußt ist, wurde von Rhaban und Hincmar verwertet[1]).

130. Einteilung der Periode. — Das Hauptbemühen der Scholastik in dieser Periode geht auf die Ausarbeitung der Grundlehren, welche den Kern der Synthese des 13. Jahrhunderts zu bilden bestimmt sind. Diese langwierige und mühevolle Ausarbeitung geht nicht ohne zahlreiche tastende Versuche vor sich. So gewähren die meisten Scholastiker in ihren Lehren unangemessenen Theorien Raum; andere wieder adoptieren neben wahrhaft scholastischen Anschauungen Lehren, welche streng genommen zu entgegengesetzten Folgerungen führen müßten. Aber diese Philosophen hüten sich oder lehnen es ausdrücklich ab, bis zu solchen Extremen zu gehen, sie bemerken die Konsequenzen ihrer Prinzipien nicht oder verwerfen sie. Aus diesem Grunde betrachten wir sie alle ohne Unterschied, wenn auch in verschiedener Hinsicht, als die Pioniere desselben Werkes. „Scholastiker" wird ihr Gattungsname sein.

Andere Philosophen hingegen schlagen abweichende Wege ein, ihre Prinzipien bilden den Gegensatz zu den Grundlehren der scholastischen Philosophen. So steht der Monismus eines Scotus Eriugena in geradem

---

[1]) Ein anderer Kompilator, Martin von Bracara (gest. 580) ist in seinen ethischen Schriften: „formula vitae honestae", „de ira", „de paupertate", „de moribus", „pro repellenda iactantia", „de superbia", „exhortatio humilitatis" stark von Seneca beeinflußt. Manitius, a. a. O. S. 110.

Gegensatz zum individualistischen Realismus, der in den Glossen eines Heiric von Auxerre oder in den Schriften Anselms von Canterbury zum Ausdruck kommt, und dieser Monismus hat sich in Lehren entfaltet, deren Gegensatz den Zeitgenossen keineswegs entging. Ebenso tritt der Materialismus der Katharer in offenen Gegensatz zum Spiritualismus eines Alane von Lille und man schrieb ex professo Abhandlungen zu dessen Bekämpfung.

Über den scholastischen Charakter der vorscholastischen Lehren läßt sich nicht mittels einer stofflichen Kollationierung, eines Verzeichnisses der Ähnlichkeiten und Abweichungen dieser Lehren gegenüber der Scholastik des 13. Jahrhunderts, etwa in der Weise, wie man die Daten der synoptischen Evangelien verzeichnet, urteilen.

Eine historische Untersuchung muß die Lehren nicht bloß vom statischen, sondern in erster Linie vom dynamischen Gesichtspunkt und nach ihrer Entwicklung betrachten. Nimmt man nun diesen Standpunkt ein, so zeigt uns die Geschichte der Anschauungen die Ausbildung des scholastischen Lehrgehaltes bis zum 12. Jahrhundert, und diese innere Arbeit vollendet sich im 13. Jahrhundert. Das Problem der Universalien wird uns dafür ein gutes Beispiel gewähren[1]). Man hat also diese Ausbildung selbst zu untersuchen, indem man sie mit ihrem Abschlusse zusammenhält. In der Lehrentwicklung des früheren Mittelalters ist die zur Reife führende Kraft so zu erblicken, wie in der Eichel die Eiche. Wir haben daher die **Übereinstimmung oder Nichtübereinstimmung der seitens eines Philosophen formulierten Theorien mit den Grundtendenzen des scholastischen Denkens des 13. Jahrhunderts, welches die vom früheren Mittelalter empfangenen Lehren vervollständigt, vereinheitlicht und verknüpft, zum Klassifikationsprinzip für die Systeme dieser Periode genommen.**

Diesem begrifflichen läßt sich ein chronologisches Einteilungsprinzip angliedern. Da das 12. Jahrhundert das goldene Zeitalter der philosophischen Schulen ist, so wird die Geschichte der ersten Periode zwei Kapitel umfassen, deren Gegenstand 1. die abendländische Philosophie vom 9. bis zum 12. Jahrhundert, 2. die abendländische Philosophie des 12. Jahrhunderts bildet.

In jedem dieser Kapitel werden wir zwischen den scholastischen und nicht-scholastischen Lehren unterscheiden.

131. Quellen und Bibliographie. — Johannes Salisbury, Polycraticus und Metalogicus.

Betreffs aller Persönlichkeiten dieser Periode vgl. Manitius, a. a. O. — Marius Michel, Le livre des origines d'Isidore de Séville (R. int. d'enseignement, 1891, S. 198). Philologischgrammatikalischer Gesichtspunkt. A. Schenk, De Isidori Hispalensis de natura rerum libelli fontibus (Diss. Jena, 73 S.). Schütte, Studium über den Autorenkatalog (de viris illustribus) des heiligen Isidorus von Sevilla (coll. Sdralek, Breslau, 1905). K. Seydl, Alkuins Psychologie (Jahrb. f. Philos. u. spekul. Theol. 1910, S. 34—55). — Über Boëthius: Usener, Anecdoton Holderi, ein Beitrag zur Gesch. Roms in ostgot. Zeit (Festschr. z. Begrüßung d.

---

[1]) Domet de Vorges bemerkt betreffs einer der glänzendsten Köpfe dieser ersten Periode sehr treffend: „Der Peripatetismus des 13. Jahrhunderts war nicht, wie viele zu glauben scheinen, eine völlige Umwälzung der vorangegangenen Philosophie, sondern die Hauptlösungen desselben bestanden schon lange, wenn auch weniger scharf formuliert und namentlich weniger methodisch entwickelt." S. Anselme, S. 82.

32. Versamml. deutsch. Philologen, Bonn, 1877). Wichtig. Grabmann, a. O., S. 148—178, und die Publikation von Rand, in der Traubeschen Sammlung; G. Browne, Alcuin of York (London, 1908); J. Langen, Dionysius Areopag. und die Scholastiker (Rev. intern. de théol., 1900); F. Zimmermann, Cassiodors Schrift über die Seele (Jahrb. f. Philos. u. spekul. Theol. 1911, 414); Godet, Bède le Vénérable (Art. im Dict. Théol. Cathol. von Vacant, 1903). Allgemein gehalten Über Rhabanus Maurus: Fr. Kunstmann, Hrabanus Magnentius Maurus (Mainz, 1841); Hablitzel, Hrab. Maurus (Bibl. Stud. 9, 3, Freiburg 1906 und Histor. Jahrb. 1906). U. Berlière, Loup de Ferrières. Un bibliophile du IXe s. (Mons, 1912) 14 p.; J. Müller, Notker als Lehrer und Dichter (St. Gallen, 1912); H. Amstad, Notker Balbulus und die Schule von St. Gallen (Appenzell, 1912).

Philosophie und Theologie: Brunhes, La foi chrétienne et la philosophie au temps de la Renaissance carolingienne, Paris 1903. Sorgfältig. Heitz, Essai historique sur les rapports entre la philos. et la foi de Bérenger de Tours à S. Thomas d'Aquin (Paris, 1909). Sorgfältig.

Theodizee: G. Grunwald, Geschichte der Gottesbeweise im Mittelalter bis zum Ausgange der Hochscholastik (Beitr. zur Gesch. d. Philos. d. Mittelalt. VI, 3). Baeumker, Witelo (ebend. III, 2). S. 286—338, Exkurs über die Geschichte der Beweise für das Dasein Gottes. Zwei gediegene Arbeiten.

Willensfreiheit: J. Verweyen, Das Problem der Willensfreiheit in der Scholastik auf Grund der Quellen dargestellt und kritisch gewürdigt (Heidelberg, 1909). Sorgfältig.

Schulen: L. Maitre, Les écoles épiscopales et monastiques de l'Occident depuis Charlemagne jusqu' à Philippe-Auguste, Paris, 1866; A. Ebert, Die literarische Bewegung zur Zeit Karls d. Gr. (Deutsche Rundschau II, S. 398—410); Specht, Geschichte des Unterrichtswesens in Deutschland (Stuttgart, 1886); veraltet. Willmann, Didaktik Bd. I, § 18; gut. Clerval, Les écoles de Chartres au moyen âge du Ve au XVIe s. (Mém. de la soc. archéol. Eure et Loir, 1895). Vortrefflich. Allgemeine Beschreibung der vorscholastischen Schulen. La Forêt, Histoire d'Alcuin, 1898, behandelt besonders sein Leben und seine organisatorische Tätigkeit; Robert, Les écoles et l'enseignement de la théol. pendant la première moitié du XIIe s. (Paris, 1909). Der erste Teil befaßt sich mit der allgemeinen Organisation der Schulen. Studienpläne und Methoden: Mariétan, Problème de la classification des sciences d'Aristote à S. Thomas, Paris, 1901. Mit vielen Belegen, nicht immer methodisch. Willmann, u. a. O. § 19 (Reiche Bibliographie, besonders für jede der freien Künste, S. 267ff.). Clerval, a. a. O. Die Organisation der Studien in Chartres gibt einen Begriff von dem, was anderwärts bestand. Pfister, Études sur le règne de Robert le Pieux (Bibl. des Hautes Études, Paris 1885), verzeichnet Studienpläne; Picavet, Hist. de l'enseignement et des écoles du IXe au XIIIe s. (R. intern. enseign. 1901); M. Roger, L'enseignement des lettres classiques d'Ausone à Alcuin, Paris, 1905; Ferrère, De la division des sept arts libéraux (Ann. de philos. chrét. Juni 1900); Willmann, Gesch. d. Idealismus, II, § 67; De Wulf, Introd. à la philos néoscol. § 4 u 9; G. Kurth, Notger de Liège et la civilisation au Xe s. (Bruxelles, 1905), Kap. XIV: Der öffentliche Unterricht. M. Esposito, Greek in Ireland during the Middle Ages (Studies, Dublin, 1912, p. 665).

Bibliothek. Über die Kataloge des Mittelalters: Gottlieb, Über mittelalterl. Bibliotheken. Leipzig. 1900. — J. Bernays, Über den unter den Werken des Apuleius stehenden hermetischen Dialog Asclepius (in: Monatsber. d. k. Akad. d. Wissensch. Berlin, 1871, S. 500); Switalski, Des Chalcidius Kommentar zu Platos Timaeus (in: Beitr. z. Gesch. d. Philos. d. Mittel. 1902, III, 6). Untersucht die Quellen des Chalcidius, nicht seinen Einfluß aufs Mittelalter. Portalié, 'Développement historique de l'Augustinisme, in: Dict. théol. cathol. 1903; vgl. den sehr interessanten ersten Teil. Jourdain, Recherches crit. sur l'âge et l'origine des traduct. d'Aristote (Paris, 1843). Bildete den Ausgangspunkt dieser Untersuchungen, jetzt unzureichend — Vgl. die ganze Bibliographie bis 1902 bei Ueberweg-Heinze. Über die Übersetzungen des Aristoteles vor dem 13. Jahrhundert. Vgl außer den angeführten Stellen bei Mandonnet: Steinschneider, Die europ. Übersetz. aus dem Arabischen usw. (Sitzungsber. d. k. Akad. d. Wissensch. Wien, Philol.-histor Klasse, Bd 149 u. 151); Hartwig, Die Übersetzungsliteratur Unteritaliens in der normannisch-staufischen Epoche (Zentralblatt f. Bibliothekswesen III, 1886); Haskins and Lockwood, The Sicilian translators of the XII cent. and the first latin version of Ptolemys Almagest (Harvard studies in classical Philol. XXI, 1910. S. 75—102); Grabmann, a. a. O. Bd. II, S 59. Eingehende Untersuchung über die dem 12. Jahrhundert bekannten Autoren.

Duhem, La Physique néo-platonicienne au moyen âge (Rev. quest. scientif. 1910). Darlegung des Schicksals der Astronomie des Chalcidius und des Macrobius in der ersten Hälfte des Mittelalters. Appuhn, Das Trivium und Quadrivium in Theorie und Praxis (Erlangen, 1900).
Migne gab heraus die Werke des Alcuin (P. L. Bd. 100, 101); Boëthius (Bd. 63 u. 64); Beda (Bd. 90—95), Cassiodorus (Bd. 69, 70); Isidor von Sevilla (Bd. 81—84); Hrabanus Maurus (Bd. 107—112). Eyssenhardt gab 1893 eine zweite Edition von Martianus Capella heraus (Leipzig, Teubner). Neue Ausgabe der Kommentare des Boëthius zur Isagoge von S. Brandt. Boethii in Isagogen Porphyrii commenta, in: Corpus scriptorum ecclesiast. latin. (Wien, 1906), mit interessanter Vorrede.

Zweites Kapitel.
Die Philosophie des 9., 10. und 11. Jahrhunderts.

132. Übersicht. — Die ersten Fortschritte des scholastischen Denkens treten in der Universalienfrage zutage (1. Abschn. § 1). Hier läßt sich Schritt für Schritt die allmähliche Ausbreitung der Kontroversen, das Auftreten der Psychologie und mit ihr die langsame Ausbildung einer Lösung, die im folgenden Jahrhundert endgültig wird, verfolgen. Im 11. Jahrhundert versucht der hl. Anselm (1. Absch. § 2) zum erstenmal eine Synthese der gewonnenen Elemente. Diese noch unvollständige Synthese wird nach und nach durch die folgenden Generationen bereichert.

Joh. Scotus Eriugena ist der Vater der Antischolastiker. Seine Philosophie enthält im Keime alle Tendenzen, welche bis zum Ende des 12. Jahrhunderts die scholastische Lehre hemmen (2. Abschn.). Ein dritter Abschnitt behandelt die theologischen Kontroversen in ihren Beziehungen zur Philosophie.

Erster Abschnitt.
Die scholastische Philosophie.

§ 1. Die Universalienfrage in ihrer historischen Entwicklung.

133. Entstehung der Universalienfrage in der Philosophie. — Wenn sich auch die Scholastik nicht künstlich auf einen monotonen Streit um das Problem der Universalien (113) zurückführen läßt, so ist doch dieses Problem nichtsdestoweniger eines der ersten auf dem Felde der reinen Spekulation auftretenden und es absorbiert die meiste Denkenergie dieser Periode. Auch gehört die Universalienfrage allen philosophischen Richtungen an, weil sie vitaler Art ist. Und sie brachte der Scholastik Glück, denn sie leitete die Diskussion auf fundamentale Theorien der Metaphysik und Psychologie.

Das Universalienproblem ist kein anderes als das der realen Objektivität unserer intellektuellen Erkenntnisse. Während die Sinnendinge besondert und vielfältig sind, ist der Gegenstand gewisser Vorstellungen, eben der intellektuellen Erkenntnisse, unabhängig von aller individueller Bestimmtheit: er ist abstrakt und allgemein. Es erhebt sich nun die Frage, ob diese Auffassungen treu sind, ob die Merkmale des gedachten Gegenstandes nicht mit jenen des außer uns existierenden Objektes unvereinbar sind; also, ob unsere Begriffe uns Kunde von einer realen Welt geben, und in welchem Maße sie dies tun.

Man pflegt vier Antworten auf diese Frage zu unterscheiden.[1]) Sie müssen um so mehr präzisiert werden, als die Historiker bezüglich des Sinnes ihrer Formulierungen nicht im Einklange sind.

1. Der extreme Realismus. Die Harmonie zwischen Begriff und objektiver Wirklichkeit erscheint evident, wenn letztere denselben Charakter der Allgemeinheit hat wie die gedachte Wirklichkeit; es besteht dann ein genauer Parallelismus zwischen Denken und Sein. Der extreme Realismus, wie ihn Platon offen bekennt (20), löst das Problem genau so. Tut er aber nicht dem gesunden Menschenverstand Gewalt an? Ist denn nicht in der Natur jedes Wesen individuell und sind nicht die Substanzen in ihrer Existenzweise noch von einander unabhängig? Aristoteles hat diesen Satz auf der ersten Seite seiner Metaphysik verkündigt (44) und alle Gegner des extremen Realismus haben sich ihm angeschlossen.

Aber die Behauptung der substantiellen Unabhängigkeit des Einzelwesens zeitigt sogleich die Frage, welche der extreme Realismus vermeidet und welche die eigentliche Schwierigkeit in sich schließt: wie kann eine **allgemeine Vorstellung einer nur aus Einzeldingen bestehenden Welt konform sein**?

2. Der Nominalismus. Im Gegensatz zum extremen Realismus, welcher die reale Welt nach den Merkmalen der gedachten Welt bestimmt, gestaltet der Nominalismus die Vorstellung nach dem Außending; demgemäß leugnet er die Existenz allgemeiner Begriffe und spricht dem Verstande die Fähigkeit zu ihrer Erzeugung ab. Unsere Vorstellungen sind singulär wie das vorgestellte Wirkliche. Was sind dann aber die vermeintlichen Allgemeinbegriffe? Taine antwortet: verstandene Worte.[2])

Der so definierte Nominalismus ist sensualistisch, da er die Leugnung des von der Sinneswahrnehmung unterschiedenen abstrakten und allgemeinen Begriffes einschließt. Unseres Erachtens hat ein solcher Nominalismus im Mittelalter nicht existiert. Er konnte sich in der Scholastik, einer spiritualistischen Philosophie, nicht entwickeln; hebt man die wesentliche Unterscheidung zwischen Empfindung und Denken auf, so fallen die Grundsätze der Scholastik in sich zusammen.[3])

3. Der Konzeptualismus erkennt die Existenz und die **ideelle Bedeutung** der allgemeinen Begriffe, nicht aber deren **reale Bedeutung** an. Die Begriffe haben einen allgemeinen Gegenstand zum geistigen Objekt (**ideelle Objektivität**), aber wir wissen nicht, ob sie eine Grundlage außer uns haben und ob **in der Natur** die Einzeldinge das Wesen, welches wir in jedem von ihnen verwirklicht **denken**, jedes für sich besitzen (**reale Objektivität**).

4. Der gemäßigte Realismus oder **aristotelische Realismus** (41), auch thomistischer Realismus genannt, erkennt sowohl die ideelle als die reale Bedeutung des Begriffs an. Die Dinge sind besondert, aber wir haben die Fähigkeit, sie uns abstrakt vorzustellen. Der **abstrakte Typus** ist nun,

---

1) Eine vollständige Darlegung dieser Antworten findet sich in Merciers Critériologie générale, Nr. 134 ff., Louvain 1911.
2) De l'Intelligence I, S. 26.
3) Vgl. Zweite Periode: Die scholastische Synthese.

wenn der Intellekt ihn reflexiv betrachtet und ihn zu den einzelnen Dingen, in denen er verwirklicht oder realisierbar ist, in Beziehung setzt, von jedem einzelnen von ihnen und allen aussagbar. Diese Anwendbarkeit des abstrakten Typus auf die Individuen macht seine Allgemeinheit aus.[1])

134. Die Fragestellung im Beginne des Mittelalters. — Auf die Philosophen dieser Periode lassen sich die angeführten Klassifikationen nicht anwenden. Das Problem der Universalien ist eben sehr kompliziert; es handelt sich nicht bloß um die Metaphysik des Individuellen und Allgemeinen, sondern auch um wichtige Sätze der Logik, Ideologie und Erkenntnislehre.[2]) Die ersten Scholastiker aber, in diesen schwierigen Dingen noch Neulinge, haben diese mannigfachen Seiten des Problems nicht bemerkt.

Das Problem der Universalien trat im Mittelalter nicht spontan auf; es wurde durch scheinbar einfache, aber dunkle Stellen bei Porphyr und Boëthius, die durch eine Reihe von Umständen zum unausweichlichen Thema der ersten Spekulationen wurden, angeregt.

In seiner „Isagoge" oder Einleitung zu den „Kategorien" des Aristoteles gliedert Porphyr das Problem in drei Teile: 1. Existieren die Gattungen und Arten in der Natur oder bestehen sie nur in seinen Denkgebilden? 2. Sind sie (falls sie dinglicher Natur sind) körperliche oder unkörperliche Objekte? 3. Existieren sie außer den Sinnendingen oder sind sie in ihnen verwirklicht?[3]) Historisch betrachtet, hängt die erste Frage mit den beiden anderen zusammen, denn diese haben keinen Sinn, wenn der rein subjektive Charakter der allgemeinen Wesenheiten geleugnet wird. Diese erste Frage wird nun so gefaßt: sind die Gattungen und Arten Dinge an sich oder nur Denkgebilde, „sive subsistant, sive in nudis intellectibus posita sint?" Mit anderen Worten: der Streit dreht sich um die **objektive Geltung** der Universalien; ihre Beziehung zum Verstande und dessen abstraktiver Funktion kommt nicht in Frage. Getrennt von den Lösungen, welche Porphyr in Schriften, welche den ersten Scholastikern nicht bekannt sind, vorschlägt, zeigt dieser Text die Frage in unvollständiger Form, er berücksichtigt nur ihre **objektive** Seite und vernachlässigt den **psychologischen** Gesichtspunkt. Ja Porphyr lehnt es nach Aufwerfung seiner dreifachen Frage ab, sie zu beantworten, „dicere recusabo."

Boëthius gibt in seinen beiden Kommentaren wenig zusammenstimmende und präzise Antworten.[4]) Der zweite, bedeutsamere Kommentar nimmt an, daß die Gattungen und Arten zugleich „subsistentia" und „intellecta" sind (erste Frage), indem die Ähnlichkeit der Wesen das gemeinsame Fundament (subiectum) ihrer Besonderheit in der Natur und ihrer Allgemeinheit im Denken ist; daß ferner die Gattungen und Arten nicht von Natur, sondern

---
1) Mercier, a. a. O S. 321.
2) Vgl. Zweite Periode. Die scholastische Synthese.
3) „Mox de generibus et speciebus illud quidem sive subsistant sive in nudis intellectibus posita sint, sive subsistentia corporalia sint an incorporalia, et utrum separata a sensibilibus an in sensibilibus posita et circa haec consistentia, dicere recusabo."
4) Im 12. Jahrhundert richtet Gottfried von St. Victor folgende spöttische Verse an Boëthius: „Assidet Boëthius stupens de hac lite — Audies quid hic et hic afferat perite — Et quid cui faveat non discernit rite — Nec praesumit solvere litem definite." Zitiert bei Loewe, Kampf zwischen Realismus und Nominalismus im Mittelalter, S. 30.

in der Abstraktion unkörperlich sind (zweite Frage), und daß sie zugleich in und außer den Sinnendingen existieren (dritte Frage).[1]) Obgleich man in diesen Erklärungen des Boëthius aristotelische Lösungen finden kann, waren sie doch für Anfänger nicht genug klar. Es ist hinzuzufügen, daß Boëthius, der Lehrer der Logik für die ersten mittelalterlichen Generationen, die Logik im wörtlichen Sinne auffaßte. Bei Erörterung des Titels der Kategorien schreibt er: „praedicamentorum tractatus non de rebus sed de vocibus est."[2]) Wir werden weiter unten sehen, wie diese Auffassung des gotischen Philosophen zur Bildung der „sententia vocum" beitrug.

Die ersten Scholastiker nahmen das Problem in den Ausdrücken Porphyrs auf, indem sie eine der beiden möglichen Antworten auf die erste Frage: existieren die Gattungen und Arten in der Natur („subsistentia") oder sind sie auf bloße Denkgebilde („nuda intellecta") zurückzuführen, akzeptierten. Einfacher lautet die Frage: sind die Universalien etwas Wirkliches oder nicht? Jene, welche die Frage bejahen, haben den Namen (extreme) „Realisten" erhalten, weil sie aus den Universalien reale Gegenstände machen; für die anderen behalten wir uns einstweilen die Bezeichnung „Gegner des extremen Realismus" vor.

135. Der extreme Realismus. — Der extreme Realismus „realisiert" also den Inhalt unserer abstrakten Begriffe und bekleidet ihn in der extramentalen Welt mit der Allgemeinheit, in der wir ihn denken. Ihm fallen zuerst Anhänger zu, denn der Chronist Heriman (11. Jahrh.) bezeichnet als „antiqui doctores"[3]) jene, welche die Dialektik „in re" lehren; Abaelard spricht von ihr als von der „antiqua doctrina",[4]) und man bezeichnet bis zum Ende des 12. Jahrhunderts ihre Gegner als „moderni."

Das Ansehen, das der extreme Realismus vier Jahrhunderte hindurch genoß, hat einen zweifachen Grund. Zunächst scheint diese Theorie eine vernünftige Erklärung verschiedener Dogmen des Katholizismus, namentlich der Übermittlung der Erbsünde zu liefern (139). Sodann bietet sie positive und leichte Lösungen. Denn der Realismus ist die am wenigsten komplizierte Auffassung, weil seine Grundthese die adaequate Übereinstimmung der Naturobjekte mit unseren Begriffen von ihnen ist. Der Realismus verführt durch die Einfachheit seiner Lehre.

136. Zwei Gruppen des extremen Realismus. Mittelalterlicher und platonischer Realismus. — Die Realisten der ersten Jahrhunderte gliedern sich in zwei gesonderte Gruppen. Die erste derselben schreibt jeder Art und jeder Gattung ein allgemeines Wesen (subsistentia) zu, an dem alle untergeordneten Individuen teilhaben. Die zweite Gruppe geht weiter und verschmilzt alle Wirklichkeit in einem Wesen mit den verschiedensten Formen. Der Pantheismus ist die logische, notwendige Folgerung des Realismus; denn,

---

1) P. L., Bd. 64, Sp. 84 u. 85.
2) In Categorias Aristotelis I, P. L. Bd. 64, Sp. 162, A-D.
3) Liber de restauratione monasterii S. Martini Tornacensis ed. Waitz (Monum. German. historica, SS. Bd. XIV, S. 275); vgl. weiter unten.
4) Ebenso eine anonyme Handschrift des 12. Jahrhunderts, herausgegeben von Hauréau (Not. et extr. d. ms. lat. Bibl. nation., Bd. XXXI, 2. T., S. 201): „Est autem antiqua sententia et quasi antiquis erroribus inveterata."

wenn die Merkmale der realen Gegenstände sich nach den Eigenschaften der gedachten Objekte bemessen, so muß dem abstraktesten Begriffe, dem des Seins, in der Außenwelt etwas entsprechen.

Wir sehen: müßte man sich nicht an die Theorien, wie sie tatsächlich formuliert werden, sondern an die Strenge ihrer Konsequenzen halten, so würde der extreme Realismus zur Negation der Scholastik selbst führen. Mit Ausnahme Joh. Scotus Eriugenas gingen aber die Realisten des 9., 10. und 11. Jahrhunderts nicht so weit. Manche lehnen den Pantheismus ausdrücklich ab und suchen ihren Realismus mit den Theorien der menschlichen Persönlichkeit, der Schöpfung sowie auch mit dem katholischen Dogma zu vereinbaren. Daher ist in unseren Augen die erste Form des extremen Realismus geschichtlich keine antischolastische Lehre. Die zweite Form des Realismus hingegen, der pantheistische Realismus, atmet antischolastischen Geist, wie wir im nächsten Abschnitt sehen werden.

Wenn man die mittelalterlichen Realisten — mögen sie sich vom Pantheismus fern halten oder nicht — dem Haupte der Akademie angliedert, so darf man nicht vergessen, daß ihre Lehre in einem wichtigen Punkte von der platonischen „Dialektik" sich scheidet. Für Platon haben nämlich die Ideen eine von der Sinnenwelt getrennte Existenz (20), während für die mittelalterlichen Realisten das Wesen gänzlich in den Einzeldingen verbleibt.

137. Wichtigere Realisten: Fredegisus. Remigius von Auxerre. — Der weise Athener, **Atheniensis sophista**, am Hofe Karls des Großen „realisiert" den Tod, weil er den Preis des Lebens empfangen soll! **Fredegisus**, ein Schüler Alcuins und dessen Nachfolger in der Abtei von **Tours**, liefert ein weiteres Beispiel für jene naive Unbewußtheit, die wir bei den Realisten der ersten Gruppe in verschiedenem Maße finden. Indem er sich auf die Stelle der Heiligen Schrift stützt: Aegypten war mit so dichter Finsternis bedeckt, daß sie mit den Händen zu greifen war, geht er so weit, daß er in seiner Schrift „de nihilo et tenebris" Gedankendinge wie die Finsternis und das Nichts hypostasiert. Die gleichen Anschauungen entwickelt er in einem Schreiben an Agobard.

Zu Ende des 9. Jahrhunderts wurde der Realismus durch **Remigius von Auxerre** (um 841—908) erneuert, der seinem Lehrer Eric — dessen Lehre (141) er aufgab — in der Abtei von Auxerre nachfolgte. Später (862) lehrte er in Rheims, und er wird als der erste Lehrer genannt, der die Dialektik in die Pariser Schulen einführte. Von ihm ist ein bis zum 12. Jahrhundert viel gebrauchter Kommentar zur „ars minor" des Donatus erhalten, ferner ein Kommentar zu Priscian und Martianus Capella, in welchem Remigius eine ähnliche Arbeit des Joh. Scotus Eriugena stark heranzieht.

138. Gerbert. — Das 10. Jahrhundert ist eine blutige Zeit. Die Normannen zerstören alles, und die philosophischen Schulen machen eine verhängnisvolle Krise durch. Eine Ausnahme macht nur Deutschland unter der Herrschaft der Ottonen, welches die wissenschaftliche Tradition bewahrt. Aus der Reihe bedeutenderer Philosophen erwähnen wir **Otto von Cluny, Reinhard von St. Burchard, Poppo von Fulda, Gunzo, Notker Labeo Bruno von Köln, Ratbod von Trier, Rather von Verona**, dem man Schriften über Dialektik zuschreibt. Keiner aber kann es mit Gerbert aufnehmen.

Nach dreijährigem Studium in Spanien wurde Gerbert (geb. um die Mitte des 10. Jahrhunderts, gest. 1003) der Reihe nach Lehrer am Hofe Ottos I., Schulhaupt in Rheims und in Paris, wo er sich einen europäischen Ruhm erwarb, später Abt von Bobio, Erzbischof von Rheims, Ravenna, endlich Papst unter dem Namen Sylvester II. Einer seiner Zeitgenossen nennt ihn den „philosophischen Papst".

Gerbert kommentiert mehr aristotelische Schriften als irgendeiner seiner Zeitgenossen, und noch ein Jahrhundert später kennen Anselm und Roscelinus von den Werken des Stagiriten nicht mehr. Er beherrscht gründlich das trivium und quadrivium, er schreibt über Geometrie, Arithmetik und bietet Elemente der arabischen Wissenschaft dar; er ist Gelehrter, Humanist, Schriftsteller, Redner, Forscher zugleich. Seine „Briefe" bekunden einen bedeutenden Mann und der Mönch Richer zeigt in seiner „Geschichte" eine berechtigte Bewunderung seiner Person. Betreffs der philosophischen Lehren Gerberts besitzen wir nur den von Richer mitgeteilten Bericht über einen dialektischen Streit mit Otric, ein Büchlein „de rationali et ratione uti" und ein weniger bedeutendes „de corpore et sanguine Domini." Läßt sich nun Gerbert zu den extremen Realisten rechnen?[1]) Gewisse Wendungen scheinen uns dazu zu berechtigen, aber man muß damit vorsichtig sein, denn Gerbert ist vor allem Logiker; die Metaphysik tritt in seinen Schriften nur sporadisch und spärlich auf (so z. B. die Unterscheidung von Akt und Potenz) und er gibt auf die Fragen des Porphyr keine klare und entschiedene Antwort. Als Ethiker ist Gerbert einigen stoischen Lehren recht gewogen. Seine Ethik ist fragmentarisch und angewandter Art; er rechtfertigt die politische Unterordnung aller Christen unter die Einheit der Kirche.

Gerbert machte Schule. Zu seinen Hörern zählten der Realist Fulbert, der Begründer der Schule von Chartres[2]), die Bischöfe Girard, Lentheric, vielleicht der Historiker Richer u. a.

139. **Otto von Tournai.** — Während der zweiten Hälfte des 11. Jahrhunderts glänzte in der Kathedralschule von Tournai eine ausgezeichnete Persönlichkeit, welche dem extremen Realismus einen neuen Glanz verlieh, Otto von Tournai. Fünf Jahre hindurch (vor 1092) war Otto Schulhaupt von Tournai, wo ihm die Hörer zuströmten; er begründete sodann in derselben Stadt die Abtei von St. Martin, ward Bischof von Cambrai und starb im Kloster von Anchin (1113). Sein Schüler, der Chronist Heriman, der von der Lehrtätigkeit Ottos ein reizendes Bild entwirft[3]), berichtet, daß er nach dem Beispiele des Boëthius und der alten Lehrer die Dialektik in realistischer Weise („in re") lehrte, ohne gewisse neuere nachzuahmen, die sie verbal („in voce") behandelten, als „stolze und höchst anmaßende Geister, die nur darnach trachteten, als Weise zu gelten und zu diesem Behufe neue Auffassungen des Porphyr und Aristoteles erfanden"[4]). Er eröffnete bezüglich

---

1) Haureau, Hist. de la philos. scolast. I, 216 (1880).

2) Endres. Studien zur Gesch. der Frühscholastik (Notizen über Bovo II aus Corvey in Sachsen, lebte anfangs des 10. Jahrhunderts, und über Fulbert von Chartres) in: Philos. Jahrb. 1912, S. 364.

3) Vgl. meine „Histoire de la Philosophie en Belgique", Louvain, 1910, S. 24—32.

4) „Dialecticam non iuxta quosdam modernos in voce, sed more Boethii antiquorumque doctorum in re discipulis legebat", Heriman. a. a. O. S. 275.

dieses Punktes eine Polemik gegen Meister Raimbert von Lille, einen Vertreter dieser Neuerungen.

In seinem Hauptwerke, „de peccato originali"[1]), verficht Otto die klassische These des Realismus und er verdient besondere Erwähnung, weil er interessante Anwendungen des Realismus auf folgende katholische Lehren gemacht hat:

a) *Die Übermittlung der Erbsünde.* Die Menschen bilden nur **eine** spezifische Wirklichkeit, welche in einem gegebenen Momente der Geschichte in den verschiedenen Vertretern derselben verbreitet ist. Als Adam und Eva sündigten, wurde die ganze Substanz in allen ihren damaligen Verzweigungen angesteckt und die in dieser verderbten Substanz antizipatorisch lebenden künftigen Generationen erlitten alle diese Schwächung[2]). Ist das nicht eine Art des menschlichen Monopsychismus?

b) *Die tägliche Schöpfung der Seelen bei der Geburt der Kinder.* Da die Substanz eines Neugeborenen die der Art ist, in welchem Sinne kommt diese alte Substanz zum Aufleben? Otto antwortet: Was Gott bei jeder Geburt bewirkt, ist nicht eine Substanz, sondern eine neue **Eigenschaft einer einzigen, bereits bestehenden Substanz.** Auf der bleibenden Grundlage der menschlichen Art erscheinen, wie auf der Oberfläche, immer neue individuelle Eigenschaften: die Menschen unterscheiden sich nur durch Akzidentien voneinander. So ist es verständlich, daß Otto die Argumente der Traduzianisten schätzt.

140. Die Gegner des extremen Realismus. — Den Realisten erwachsen bald zahlreiche Gegner. Alle scharen sich, im Namen des Aristoteles, Boëthius und des gesunden Menschenverstandes um eine **negative** These: „Die Universalien sind keine in der Natur als **allgemeine Wesenheiten** bestehenden Dinge (subsistentia), denn nur das Einzelne existiert." Und da das zu lösende Problem in der Alternative des Porphyr formuliert ist, so schließt man, die Universalien seien **Denkgebilde** (nuda intellecta). Bevor wir auf den **positiven** Teil ihrer Lehren eingehen, müssen wir die allgemeine Bemerkung machen, daß diese Lehren nicht vollständig sind; sie gleichen mehr Versuchen, welche mit der Zeit durch immer vollkommenere Lösungen ersetzt werden sollen. Wenn die ersten Realisten erklären, die Universalien seien „nuda intellecta" (wobei unter „intellectum" die begriffliche Vorstellung zu verstehen ist) oder Wortformen (flatus vocis, voces), so wollen sie damit nicht einen **Nominalismus** bekennen, wie er heute in der positivistischen Schule aufgefaßt wird. Und wenn sie später von begrifflichen Vorstellungen reden, so haben sie die Entstehungsgesetze des Denkprozesses noch nicht hinreichend erfaßt, um zu entscheiden, ob diese Denkformen eine rein **ideale** Geltung (**Konzeptualismus**) oder zugleich eine **reale** Gültigkeit (**gemäßigter Realismus**) besitzen. Erst nach langwieriger Arbeit, welche etwa vier Jahrhunderte ausfüllt, werden diese gedanklichen Feinheiten zum Ausdruck kommen.

141. Die ersten Gegner des extremen Realismus. — Der Kommentar

---

[1]) Heriman zitiert von ihm noch „Der Sophist", „liber complexionum", „de re et ente".
[2]) De peccato originali, l. II, Migne, P. L. Sp. 1079, Bd. 160.

eines gewissen Jepa¹) (Zeit unbekannt) und der Verfasser der Glossen zur „Isagoge" und „Hermeneutik", die Cousin dem Hrabanus Maurus zuschreibt²), während Prantl sie für Arbeiten eines Pseudo-Hraban hält, nehmen ohne Zusatz die logische Theorie des Boëthius wieder auf, „daß das Einzelne und Allgemeine ein und dasselbe individuelle Subjekt sind"³).

Eric von Auxerre (841 bis nach 876), ein Hörer des Servat Loup von Ferrières, Hraban und des Iren Dunchad, bekundet in seinen Glossen dieselben Tendenzen. Hauréau schreibt ihm Kommentare zur „Hermeneutik", zur „Dialektik" und zum „Buch von den zehn Kategorien" des Pseudo-Augustinus, zur Isagoge, zum lateinischen Text des „Syllogismus" von Apuleius und zu verschiedenen Werken des Boëthius zu⁴).

Ein anonymer Kommentar zu Martianus Capella, verfaßt von einem Zeitgenossen Erics und ebenfalls von Cousin entdeckt, kann zu den antirealistischen Erzeugnissen dieser Periode gerechnet werden⁵).

142. Die „sententia vocum" und die Partei der „Nominales". — Im 11. Jahrhundert tritt eine interessante Gruppe von Antirealisten oder Gegnern des extremen Realismus auf, welche Joh. von Salisbury später als „secta nominalis" bezeichnet. Ihre Anhänger behaupten, die Gattungen und Arten seien „voces", Wörter, und kritisieren scharf jene, für die sie „res" bedeuten. Das ist der Streit zwischen „Realen" und „Nominalen". Der scharfe Gegensatz zwischen „res" und „voces"⁶) ist die Auffassung, welche der antinomischen Alternative Porphyrs im 11. Jahrhundert zuteil wird, und es ist wahrscheinlich, das Boëthius durch seine Lehre: die Kategorien der Logik seien „voces", zu ihrer Verbreitung beigetragen hat⁷). Nach dem Berichte des Pseudo-Hraban war eine ähnliche Auffassung betreffs der Praedikabilien oder der Universalien, von denen Porphyr handelt, verbreitet: „Quorumdam tamen sententia est Porphyrii intentionem fuisse in hoc opere non de quinque rebus, sed de quinque vocibus tractare"⁸).

Häufig gilt Roscelinus als der Urheber der „sententia vocum". Sein Zeitgenosse Otto von Freisingen sagt von ihm: „Qui primus nostris temporibus sententiam vocum instituit"⁹). Nach einer anonymen Chronik des

---

1) Cousin, a. a. O. S. LXXXII—LXXXV.
2) Ibid., S. LXXVIII.
3) Vgl. Domet de Vorges, S. Anselme, S. 35.
4) Hist. de la philos. scol. I, 198. Nach Baeumker kann bloß ein Teil der Glossen zu den „Kategorien des Pseudo-Augustinus" Eric zugeschrieben werden. Nach Clerval, a. a. O. S 105, gehören diese Glossen einem Schüler des Hraban an. Vgl Rand, Joh. Scotus, S. 83. Manitius hält es für wenig wahrscheinlich, daß er der Verfasser der Kommentare zu Boëthius sei; er schreibt die Kommentare zu Martianus dem Iren Dunchad zu (a. a. O. S. 502).
5) Nach Reiners, Der Nominalismus in der Frühscholastik, S. 8 u. 9, haben des Eric und des Anonymus Kommentare zu Martianus Capella keinen Bezug zur Universalienfrage; dasselbe behauptet er von einem anonymen Kommentar zu den „Kategorien" des Pseudo-Augustinus.
6) In zahlreichen zeitgenössischen Belegen zum Ausdruck kommend.
7) Vgl. Reiners, a. a. O. S. 14.
8) Vgl. Cousin, Ouvr. inéd. d'Abélard, S. LXXVIII.
9) Gesta Friderici imperat I, 47, in: Monum. German., S. S., XX, 376.

11. Jahrhunderts[1]) soll aber Roscelinus in einem gewissen Johannes seinen Vorläufer gehabt haben[2]).

Roscelinus, geboren zu Compiègne um 1050, lehrt seit 1087. Er steht mit Lanfranc, Anselm, Iwo von Chartres in Verbindung. Vor ein Konzil in Soissons geladen (1093), wo er des Tritheismus bezichtigt wird, widerruft er die ihm vorgeworfenen Lehren, freilich aus Furcht vor Exkommunizierung. Denn später kommt er wieder auf seine Lehren zurück. Er verweilt der Reihe nach in England, in Rom, dann wieder in Tours, wo Abaelard sein Zuhörer war.

Man hat die Rolle, welche Roscelinus in der Geschichte der Ideen gespielt hat, überschätzt, ebenso die Bedeutung seines „Nominalismus". In Wahrheit ist Roscelinus besonders durch seinen theologischen Tritheismus, von dem weiter unten (160) die Rede sein wird, berühmt.

Von Roscelinus besitzen wir nur ein an Abaelard gerichtetes Schreiben[3]); seine Lehre muß man auf Grund von Stellen bei Anselm, Abaelard, einem anonymen Epigrammatiker, Johannes von Salisbury[4]), sowie nach der Darstellung der Schrift „de generibus et speciebus" beurteilen.

Sicherlich erscheint hier Roscelin vor allem als Gegner des Realismus: In der Natur gibt es nur Einzelwesen[5]), die Gattungen sind also keine „res" (die „subsistentia" des Porphyr). Was sind sie denn? Wörter allgemeiner Art („voces"), Lautgebilde (flatus vocis") aus Buchstaben und Silben. Die Universalienfrage wird auf eine ziemlich kindliche Form elementarer Phonetik zurückgeführt; es handelt sich um das „universale in voce" im Gegensatz zum „universale in re" und zum „universale in intellectu", um das sich Roscelinus nicht kümmert.

Hat aber Roscelin in der Streitfrage einen extremeren Standpunkt eingenommen? Hat er, wie so lange wiederholt worden ist, dem Verstande die Fähigkeit zur Bildung allgemeiner Begriffe abgesprochen? Schließen die „voces, flatus vocis" den allgemeinen Begriff aus? Die Quellen berechtigen uns in keiner Weise, der „sententia vocum" des Roscelinus diese bestimmte

---

1) Recueil des historiens des Gaules et de la France, ed. Dom. Bouquet, XII, Paris 1781, S. 3.

2) Dieser Philosoph, den manche mit Joh. Scot. Eriugena identifizieren (vgl. Revue Thomiste. Juli 1897, Abhandl. von Mandonnet), andere mit Jean-le-Sourd oder Johannes dem Arzt aus Chartres, Schüler Fulberts (Clerval, a. a. O. S. 122 ff.) ist eine bisher wenig bekannte Persönlichkeit. Die im 11. Jahrhundert von Bernhard von Angers redigierte Schrift „liber miraculorum Sanctae Fidis" erwähnt einen gewissen Johannes Scottigena als Zeitgenossen des Verfassers, den dieser scharf von Joh. Scot. Eriugena unterscheidet; vielleicht ist er mit dem unbekannten Johannes der anonymen Chronik zu identifizieren. A. Thomas. Nos maîtres. Un Jean Scot inconnu (Revue intern. d'enseignement, 1903, S. 193).

3) Hauréau schreibt ihm einen von ihm entdeckten Text zu („Sententia de universalibus sec. mag. R.". Notices et extr. d. qq. man. lat., Paris, 1892, V, 224), aber das ist nur eine Konjektur. Ferner anerkennt diese Quelle die mindestens ideale Gültigkeit der Universalien und somit die Existenz allgemeiner Begriffe. Vgl. V, 326.

4) Polycraticus VII, 12. „Fuerunt et qui voces ipsas genera dicerent et species; sed eorum iam explosa sententia est, et facile cum auctore suo evanuit" (Ed. Webb, Bd. II, S. 142). Vgl. Metalogicus II, 17.

5) „Nam cum habeat eorum sententia nihil esse praeter individua". De generibus et speciebus, ed. Cousin, a. a. O. S. 524. In gleichem Sinne äußert sich Anselm.

Bedeutung des zeitgenössischen Nominalismus zu geben, und man kann sagen, daß Roscelinus sich die Frage gar nicht gestellt hat. Wie alle seine Zeitgenossen läßt er sich durch die Fragestellung Porphyrs leiten und die von ihm verwandten Ausdrücke müssen gemäß den historischen Voraussetzungen des Problems gedeutet werden. Was die Bezeichnung „ars sophistica vocalis" anbelangt, welche in gewissen Quellen des 11. Jahrhunderts vorkommt, so ist sie nur ein anderer Ausdruck für die dialektische Wissenschaft oder Logik und berührt nicht die aktuelle Frage.

Wir dürfen also den Schluß ziehen, daß die „nominales" des 11. Jahrhunderts mit den heutigen Nominalisten keine Ähnlichkeit haben[1]). Man hüte sich also, sie miteinander zu verwechseln. Roscelin ist, wie Adlhoch, der unsere Auffassung akzeptiert und ergänzt, treffend bemerkt, ein „vokalistischer Pseudo-Nominalist"[2]). Seine Lehre enthält nichts, was der gemäßigte Realismus des 13. Jahrhunderts ablehnen müßte und was zu ihm im Gegensatze stände.

Anselm und Abaelard wenden sich gegen Roscelinus auch hinsichtlich einer weniger klaren Auffassung des Ganzen und der zusammengesetzten Substanz. Nach Anselm soll er behauptet haben, die Farbe existiere nicht unabhängig vom Pferde, das ihren Träger bildet, und die Weisheit der Seele sei nicht außerhalb der Seele, welche weise ist[3]). In Gesamtheiten wie: das Haus, der Mensch, anerkennt er nicht die reale Existenz von Teilen. Nur das Wort habe Teile, „sicut solis vocibus species, ita et partes ascribebat"[4]). Sind diese schwerer verständlichen Stellen nicht eine andere Form der Behauptung der alleinigen Realität der individuellen Substanzen?

Roscelinus hatte Anhänger. Sein Zeitgenosse Raimbert von Lille gehört zu denselben, und was der Mönch Heriman von dessen Lehre berichtet, stimmt mit den Anschauungen des Meisters von Compiègne überein. Die allgemeinen Substanzen, sagt Heriman, sind nur ein Hauch der Stimme, und das bedeutet, „eos de sapientium numero merito esse exsufflandos"[5]).

---

1) Reiners beanstandet meinen Ausdruck „Pseudo-Nominalismus" (S. 31). Er hat mich mißverstanden, denn ich habe dieses Beiwort gegenüber dem Nominalismus, wie man ihn heute definiert — z. B. dem sensualistischen Positivismus eines Taine — gebraucht. Nun liegt es auf der Hand, daß Roscelinus mit Taine verglichen ein Pseudo-Nominalist ist (ebenso kritisiert Reiners Hauréau, der Eric von Auxerre zu einem Nominalisten stempelt, S. 50; ein Wortstreit, denn es ist bekannt, daß für Hauréau der Nominalismus die aristotelische Theorie der Universalien bedeutet). Übrigens akzeptiert Reiners, ohne mich zu zitieren, meine ganze Behauptung („und ebenso ungerechtfertigt ist es, anzunehmen, die Nominalisten hätten die Existenz, ja sogar die Möglichkeit der Begriffe geleugnet", S. 30). Dies habe ich bereits im Jahre 1905 erklärt (S. 172 der 2. Auflage dieses Werkes).

2) Reiners zitiert Adlhoch, der dieselbe Behauptung vor ihm aufgestellt hat, nicht. Er fügt hinzu: „De Wulf hat das Wort „vox" nicht in seiner richtigen Bedeutung aufgefaßt" (S. 31). Ich möchte bemerken, daß meine „Histoire de la Philosophie en Belgique (1910, S. 24 ff.) betreffs des Nominalismus Raimberts von Lille eine vollständige Darstellung der Theorie der „voces", so wie sie Reiners in seiner jüngsten Monographie bietet, enthält.

3) De fide Trinit., 2.

4) Liber divisionum, bei Cousin, Ouvr. inéd. d'Abélard, S, 471. „Ita divinam paginam pervertit, ut eo loco, quo Dominus partem piscis assi comedisse, partem huius vocis, quae est piscis assi, non partem rei intelligere cogatur." Cousin, P. Abaelardi opera, II, S. 151.

5) A. a. O., S. 275.

Er paraphrasiert nur den Ausspruch Anselms, der den gleichen Spott enthält: „A spiritualium quaestionum disputatione sunt exsufflandi"[1]). Und er berichtet, daß jemand, um das windige Gerede („ventosam loquacitatem") Raimberts von Lille verständlich zu machen, sich damit begnügte, in seine Hand zu blasen („manuque ori admota exsufflans").

Joh. von Salisbury bezeugt, daß die „sententia vocum" Roscelin nicht lange überlebte[2]).

143. Die Sophisten. — Seit Beginn des Mittelalters waren oberflächliche, mehr verbale als gehaltvolle, dem Sophismus verwandte Weisen des Argumentierens, aufgekommen. So versteht es Fredegisus, der mit seinem Nebenbuhler Agobard von Lille einer Meinung ist, aus dessen Schlüssen unerwartete und sophistisch erscheinende Folgerungen zu ziehen. Ein anderer Lehrer des kaiserlichen Hofes, Candidus von Fulda (9. Jahrh.), verachtet nicht (in seinen „Dicta") diese syllogistischen Spiele[3]). Diese Verstöße gegen die formale Logik nahmen im 11. Jahrhundert zu und die Theorie der „nominales" mußte sie fördern. Weltliche Lehrer, die aus Italien kamen und nach der Sitte der Zeit von einer Schule zur andern gingen, verpflanzten diese Tendenzen in die Studienzentren des Abendlandes. Man nennt sie „philosophi", „dialectici", „sophistae", „peripatetici", und was uns von gewissen Schriften derselben erhalten ist, zeigt klar, daß diese Disputiergeister die ihnen von P. Damiani beigelegten scharfen Beinamen („scholaris infantiae naeniae") verdienten. Diesen Typus verkörpert so recht Anselm von Besate (Anselmus Peripateticus) aus Parma (1. Hälfte des 11. Jahrhunderts), und seine „Rhetorimachia" ist ein Musterstück dieser Art Sophistik. Als diese Dialektiker sich auf theologische Stoffe warfen, indem sie die absolute Berechtigung ihres Vorgehens verkündeten, gelangten sie zu Ketzereien, und man begreift die Opposition, die sie bei den Theologen erregten (161).

144. Ergebnis. — Der extreme Realismus behauptet die Existenz der Gattungen und Arten als Dinge an sich. Im Gegensatze dazu betont der Antirealismus in seinen ersten Formen prinzipiell die Nichtexistenz der allgemeinen Wesenheiten.

Beide Theorien bieten eine unvollkommene Lösung des Universalienproblems. Während aber die erste zum Verschwinden verdammt ist, bildet die zweite den Ausgangspunkt einer exakten Doktrin (gemäßigter oder aristotelischer Realismus), die durch eine Reihe von Formulierungen zu immer genauerer Ausbildung gelangt.

In bezug auf die Ausdehnung der scholastischen Philosophie haben die Richtungen der „Realen" und „Nominalen" eine verschiedene Wirkung ausgeübt. Die extremen Realisten, welche auf die substantielle Wirklichkeit der Dinge achten, tragen zur **Entwicklung der Metaphysik** bei. Die

---

1) A. a. O., P. L. Migne, S. 265.
2) „Alius ergo consistit in vocibus, licet haec opinio cum Roscelino suo fere omnino iam evanuerit" (Metalog II, 17, P. L., Bd. 199, S. 874, c. Vgl. Polycraticus, VII, 12. Zu seinen Anhängern rechnet man auch Robert von Paris und Arnulph von Laon.
3) Eines dieser „Dicta" enthält einen freilich unvollkommenen Beweis für das Dasein Gottes. Endres, Fridigisus u. Candidus, S. 449.

Antirealisten, welche stark in der Beseitigung von Chimären sind, sind zaghafter, wenn es sich um die genaue Bestimmung des Verhältnisses von Sein und Denken handelt. Um nun zu entdecken, wie ein abstrakter Begriff einem Einzeldinge zu entsprechen vermag, werden sie in der Folge zur Untersuchung der Entstehung unserer Erkenntnisse, der Abstraktions- und Reflexionsgesetze schreiten müssen. So entwickeln sich im Lager der Antirealisten allmählich die **psychologischen Untersuchungen**.

145. Bibliographie. — Schriften des Fredegisus bei Migne (Bd. 105): „de nihilo et tenebris" in: Mon. Germ. Hist., Epistolae Carolini Aevi, III, 615. Eine vollständige Ausgabe des Remigius von Auxerre existiert nicht. Vgl. Migne, Bd. 131 u. 117, unter den Schriften Haymons. Die Briefe Gerberts (983—997) hat Havet herausgegeben (Collect. pour servir à l'étude et l'enseign. de l'hist.), Paris, 1889; die „Geschichte" Richer's in: Monum. German. (Diskussion mit Otric, l. III, LV—LXV). Die Werke Gerberts bei Migne, Bd. 139; des Otto von Tournai: Bd. 160; eine Dichtung Eric's von Auxerre: Bd. 129. Über neugefundene mathematische Schriften Gerberts vgl. O m o n t, in: Notices et extr. des man. (Paris, 1909, Bd. XXXIX). N. B u b n o w, Gerberti opera. mathematica, Berlin, 1899. Ausgabe der „Rhetorimachia" des Anselmus Peripateticus von Dümmler (1872), „Dicta Candidi" in: Mon. histor. Germ., Epistolae Karol. Aevi II, 552 (1895).

C o u s i n, Ouvrages inédits d'Abélard (Paris, 1839), Einleitung. Eröffnet die Wege zur Forschung. — L o e w e, Der Kampf zwischen Realismus und Nominalismus im Mittelalter (in Abhandl. d. k. böhmischen Geseltsch. d. Wissensch. VI. T., Bd. VIII, 1876). Gut. Historische Entwicklung des Problems im Altertum und Mittelalter. D e W u l f, Le problème des universaux dans son évolut. histor. du IXe au XIIIe s. (Archiv f. Gesch. d Philos. IX, 4, 1896). R i c h t e r, Wizo und Brunn, zwei Gelehrte im Zeitalter Karls des Großen, Leipziger Programm, 1890. Über Eric und Remigius von Auxerre. M a n i t i u s, a. a. O. S. 499—519. — S c h u l t e, Dr. K., Das Verhältnis von Notkers Nuptiae Philologiae et Mercurii zum Kommentar des Remigius Autissidorensis, Münster, Aschendorff, 1911. E n d r e s, Fridugisus und Candidus (Philos. Jahrb. XIX, 4, 1906). Gute Monographie. — W i l l m a n n, Gesch. d. Idealismus, II, § 69 u. 70. P i c a v e t, Gerbert, un pape philosophe, d'après l'histoire et d'après la légende (Paris, 1897). Roscelin, théologien et philosophe (Paris, 2. éd. 1911). Vgl. meine Kritik in der „Rev. Néo-Scolast.", 1898, S. 75. P i c a v e t, Quelques documents sur nos vieux maîtres, Roscelin de Compiègne (R. intern. enseignement, Juli 1912). — S. B a r a c h, Zur Geschichte des Nominalismus von Roscelin, 1866. — A d l h o c h, Roscelin und s. Anselm (Philos. Jahrb. Bd. 20, H. 4, 1907) ergänzt meine Auffassung des Pseudo-Nominalismus Roscelins. — G. C a n e l l a, Per lo studio del problema d. universali nella scolastica (La scuola cattolica, 1904—1907). Allgemein gehalten. — R e i n e r s, Der aristotelische Realismus in der Frühscholastik. Ein Beitrag zur Geschichte der Universalienfrage im Mittelalter (Aachen, 1907). Derselbe: Der Nominalismus in der Frühscholastik (Beitr. z. Gesch. d. Philos. d. Mittelalters VIII, 5, 1910). Gibt im Anhang das Schreiben Roscelins an Abaelard neu heraus. Gute Arbeit; vgl. aber meinen Vorbehalt in den Anmerkungen dieses § und weiter unten. B u o n a i u t i, Un filosofo della contingenza nel sec. XI. Roscelino (Riv. storico-crit. d. scienze teol. 1908). E n d r e s, Die Dialektiker und ihre Gegner im 11. Jahrhundert (Philos. Jahrb. 1906); Studien zur Geschichte der Frühscholastik (ibid., 1913, p. 84).

§ 2. Der hl. Anselm von Canterbury.

146. Leben und Werk. — Einer patrizischen Familie aus Aosta entsprossen (1033), wurde Anselm der Reihe nach Abt im Kloster zu Bec (1078), wo er den berühmten Lanfranc kennen lernte, und Erzbischof von Canterbury (1093). Bis zu seinem 1109 erfolgten Tode widmete er hingebungsvollst sein Leben der Wissenschaft und der Kirche.

Von seinen Schriften, deren Echtheit nicht zweifelhaft ist, sind die philosophisch bedeutendsten: „Monologium" und „Proslogium" (zwischen 1070 und 1078), „Liber apologeticus ad insipientem" (als Entgegnung auf die unten zu erwähnende Schrift des Gaunilo), „de fide trinitatis et de incarnatione Verbi", die Dialoge „de Grammatico", „de veritate", „de libero arbitrio", „cur Deus homo".

Man hat von Anselm sagen können, er sei der letzte Kirchenvater und der erste Scholastiker gewesen.[1]) Vom hl. Augustinus[2]), auf den er sich mit besonderer Vorliebe beruft, angeregt, versucht er die erste S y s t e m a t i s i e r u n g der scholastischen Philosophie und trägt in hohem Maße dazu bei, diese über die Erörterungen der formalen Logik zu erheben. Er begründet die Theodizee und gibt ihr ihre metaphysische Grundlage. Seine Psychologie, die freilich unvollständig ist, enthält Grundlehren der Scholastik. Tausend Probleme beschäftigen seinen Geist und er vereinigt sie in einer Synthese, die sich mit der antischolastischen Synthese des Joh. Scotus Eriugena messen kann. Der hl. Anselm erinnert an Gregor VII., der in der religiösen und politischen Sphäre die kirchliche Organisation vollendete und das Verhältnis der Kirche zum Staate festlegte; er ist der Gregor VII. der Wissenschaft. Diese beiden Gestalten sind der Glanz der Restaurationsperiode und der Zeit endgültiger Grundlegung, welche das 11. Jahrhundert bedeutet. Die in den letzten Jahren so zahlreich erschienenen Untersuchungen über Anselm haben auf diese große Persönlichkeit, welche die Reihe der hervorragenden Scholastiker eröffnet, neues Licht geworfen.

147. Philosophie und Theologie. — In den Formulierungen, in denen der hl. Anselm seiner Auffassung bezüglich des Verhältnisses beider Ausdruck gibt, ist der augustinische Einfluß zu erkennen. „Crede ut intelligas". Das bedeutet zunächst, daß der Glaube der Vernunft vorangeht, weil er die Seele läutert, vor allem aber dies, daß der Glaube sich in einer vernunftgemäßen Untersuchung des Glaubensinhalts vollenden muß; mit anderen Worten, daß die Philosophie der Theologie Dienste zu leisten hat. Indem Anselm mit dem Grundsatz die Anwendung verbindet, unternimmt er die vernünftige Rechtfertigung der Dogmen, wobei er jedoch die Tragweite seiner Argumente einigermaßen beschränkt.[3])

Bei seinem Unternehmen stößt er auf zahlreiche philosophische Probleme. Der hl. Anselm glaubte nur Theologie zu treiben, und schon brütete er den Embryo der Philosophie aus.[4])

---

1) G r a b m a n n, a. a. O. S. 258, nennt ihn den Vater der Scholastik, aber nur deshalb, weil er auf Glaubensobjekte die dialektische Methode anwendet. Hingegen schreibt D r a e s e k e: „Man kann Anselm nicht eigentlich einen Scholastiker nennen, weil sein Denken nicht in der Dialektik aufgeht" (Rev. de philos. 1909, S. 641). Unseres Erachtens ist Anselm ein Scholastiker aus philosophischen Gründen, weil sich bei ihm metaphysische, psychologische und teleologische Lehren finden, die in den Bereich der scholastischen Philosophie fallen.

2) „Nihil potui invenire me dixisse quod non catholicorum Patrum et maxime Beati Augustini scriptis cohaereat" (Monol., Vorwort). Von Scotus Eriugena oder Pseudo-Dionysius ist Anselm nicht abhängig (Draeseke, a. a. O.). Eine andere Untersuchung Draesekes über die Quellen des „Monologium" und „Proslogium" in: Neue Kirchl. Zeitschrift. 1900, S. 243.

3) „Er streift unbewußt an den Rationalismus, ohne ihm zu verfallen": Heitz, Essai historique sur les rapports entre la philosophie et la foi de Bérenger de Tours à Thomas d'Aquin (Paris, 1909), S. 63. G r a b m a n n (a. a. O. I, S. 265ff.) billigt nicht diese Verdächtigung des Rationalismus.

4) D o m e t de Vorges, S. Anselm, S. 328. Das „crede ut intelligas" bezieht sich also wörtlich nur auf die Theologie. Domet de Vorges bemerkt, dieser Ausspruch habe im Denken

148. Metaphysik und Theodizee. — Anselm, der den Tendenzen seiner Zeit folgt, nimmt in der Metaphysik alle philosophischen Probleme in Angriff und seine Metaphysik hat, dank der von ihm gewählten Methode, ein umfassendes System der Theodizee zum Angelpunkt. Diese Methode ist die Deduktion oder der von Augustinus geschätzte synthetische Regreß: Gott erscheint als urbildliche, bewirkende und Zweck-Ursache der intelligiblen und realen Welt.

Die Theodizee des hl. Anselm ist in dieser Periode die erste, die diesen Namen verdient, und überragt durch ihre Spannweite alle Arbeiten, die später eine rationale Erforschung Gottes unternahmen. Man kann sagen, bei Anselm ist die scholastische Theodizee eine fertige Wissenschaft; und in der Folge „wenn der Kern fest ist, bearbeitet ihn jeder Lehrer nach der eigenen Besonderheit seines Geistes".[1]) Das „Proslogium" und namentlich das „Monologium", welches, durch seinen großen Zug an die „Bekenntnisse" des hl. Augustinus erinnert, handeln ausführlich vom Dasein und Wesen Gottes.

Die Argumente für das Dasein Gottes sind berühmt und einige derselben sind originell. Seinem Realismus gemäß denkt Anselm die Wirklichkeit nach der Ordnung unserer logischen Begriffe. Das „Monologium" enthält drei auf diesem Verfahren beruhende Beweise; zugleich zeigt sich hier der platonisch-augustinische Einfluß: 1. Alles Gute hat an derselben Güte teil; diese Güte muß an sich gut, nicht mitgeteilt sein; sie ist das höchste Gut.[2]) 2. Alles Seiende hat das Sein durch ein Einziges, das an sich im höchsten Grade existiert. 3. Die Vielheit und Stufenfolge der Wesen bezeugt, daß eine alle überragende einzige Natur, die göttliche Natur, existieren muß.[3]) — Aber Anselms Name ist besonders durch ein „ontologisch" genanntes Argument bekannt geworden, welches im „Proslogium" ausgeführt wird. „Wir haben die Idee eines Wesens, des höchsten, das wir uns denken können. Eine solche Vorstellung nun schließt notwendig die Existenz ein, denn die Existenz ist eine Vollkommenheit, die also dem höchsten Wesen zukommen muß. Also existiert Gott."[4]) Dieses Argument schließt von der subjektiven oder ideellen auf die objektive oder reale Daseinssphäre. Ein größtmögliches, daher auch die Existenz einschließendes Wesen **denken** ist nicht dasselbe, wie das **objektive Dasein** dieses Wesens behaupten.[5])

Anselms eine größere Tragweite und zielt dabei auf die Bedingungen für jeden, der zur Wahrheit gelangen will, hin: „An das Wahre glauben ist eine notwendige Vorbedingung zu dessen Entdeckung" (a. a. O. S. 135).

1) Domet de Vorges, a. a. O. S. 261.
2) Dasselbe Argument wird auf die Größe angewendet.
3) Baeumker, Witelo, S. 290 ff. und Grunwald, a. a. O. S. 30, geben seinen Argumenten einen rein logisch-begrifflichen Sinn, im Gegensatze zu Stöckl, Gesch. d. Philos. d. Mittelalt. I, 163, der darin eine Berufung auf das Kausalitätsprinzip findet, und Domet de Vorges, a. a. O. S. 233, der sie den Beweisen des hl. Thomas annähert.
4) Proslogium, cap. II: „Si enim vel in sola cogitari non potest est in solo intellectu, idipsum quo maius cogitari non potest est quo maius cogitari potest. Sed certe hoc esse non potest. Existit ergo procul dubio aliquid, quo maius cogitari non valet, et in intellectu et in re."
5) Über den Sinn und die Gültigkeit dieses Arguments sind die Historiker verschiedener Meinung. In jüngster Zeit kam es zu neuen, bedeutsamen Erörterungen darüber. Domet de Vorges, Baeumker, Grunwald, Fischer fassen es wie wir im logischen Sinne auf und sehen

Schon ein Zeitgenosse Anselms, der Mönch Gaunilo, greift das ontologische Argument an und erklärt, es habe nicht die Kraft, einen Atheisten zu überzeugen. Ebenso könne man die Existenz einer schönsten Insel im Ozean aus der Vorstellung, die ich von ihr habe, beweisen[1]).

Das ontologische Argument fand Anhänger und Gegner. Wilhelm von Auxerre nimmt es wieder auf, Wilhelm von Auvergne, Alexander von Hales, Bonaventura nähern sich ihm, Duns Scotus „färbt" es („potest colorari illa ratio Anselmi"). Andere, wie Albert der Große, Thomas von Straßburg, Aegidius von Rom pflichten nur dem Satze bei: Daß Gott existiert, ist für gebildete Geister evident. Thomas von Aquino verwirft ihre Lehre und bekämpft energisch alle apriorischen Beweise für das Dasein Gottes[2]).

Über die Einfachheit, Unveränderlichkeit, Ewigkeit Gottes, über sein Wissen um die Welt, seinen Schöpferakt und seine Allgegenwart schrieb Anselm gründliche Abhandlungen, welche Gemeingut der scholastischen Theodizee werden sollten.

Die Metaphysik der Wahrheit ist mit der Untersuchung über Gott sehr verwandt. „Res sunt verae quando sunt ut debent", schreibt Anselm im Dialog „de veritate". Er befaßt sich also nur mit der transzendentalen, ontologischen Wahrheit (das „ut debent" bedeutet die Übereinstimmung der Dinge mit der durch ihr Wesen — eine Nachahmung des göttlichen — vorgezeichneten Bestimmung), obgleich er, um zu dieser Definition zu gelangen, von der Wahrheit des Urteils ausgeht. Die Wahrheit ist die Richtigkeit der durch den bloßen Verstand erfaßbaren Dinge („veritas est rectitudo sola mente perceptibilis"[3]). Sie ist ewig, überragt den veränderlichen Geist und muß in Gott ihren Grund haben. So spricht der Schüler des hl. Augustinus. Weniger präzis als die thomistische Lehre, ist doch die metaphysische Doktrin des hl. Anselm richtig.

149. Kritik Roscelins und extremer Realismus. — Roscelin wendete seinen Antirealismus auf das Trinitätsdogma an und gelangte so zum Tritheismus: existiert bloß das einzelne, dann bilden drei göttliche Personen

---

darin eine neue Anwendung des Prinzips des extremen Realismus. Ragey, Adlhoch u. a. vertreten einen psychologischen Standpunkt. Die Vorstellung des Vollkommenen in uns ist nur durch ihre Abhängigkeit von der objektiven Existenz des Vollkommenen zu erklären. Vor Adlhoch hatte Van Weddingen in diesem Argumente den Ausdruck eines höheren Triebes, der sich auf das Absolute richtet, gefunden. Descartes hat das Argument in dessen logischer Form erneuert. Leibniz hat es etwas modifiziert und im Sinne des Duns Scotus „gefärbt", indem er sich auf die Möglichkeit des unendlichen Wesens stützte. Betreffs der Bezeichnung „ontologisches Argument", welche namentlich seit Kant verbreitet ist, bemerkt Baeumker (a. a. O. S. 297) treffend, daß sie durch den Kantianismus bedingt ist; denn Kant nennt „ontologisch" jeden von der Erfahrung unabhängigen, auf eine bloße Begriffsanalyse gestützten Beweis. Diese Bezeichnung entspricht weder dem Geiste des Aristotelismus noch dem der Scholastik, denn die Metaphysik hat zum Gegenstand das seiende Wesen, nicht den apriorischen Begriff des Wesens und der subjektiven Bedingungen seines Gedachtseins. Das ontologische Argument hat auch nichts mit dem Ontologismus oder der Schauung der Ideen in Gott gemein.

1) Liber pro insipiente adversus Anselmum in Proslogio ratiocinantem.
2) Über die Geschichte des ontolog. Argumentes vgl. Grunwald, a. a O. S. 87ff. Baeumker, a. a. O. S. 300—317; Domet de Vorges, a. a. O. S. 280—298 — Vgl. auch Eisler, Wörterb. d. philos. Begriffe, 3. Aufl. 1910.
3) De veritate, 11.

drei Götter (161). Der hl. Anselm bekämpfte diese Häresie heftig und vindizierte die Einheit Gottes auf Grund seiner Unendlichkeit. Die These Anselms ist unanfechtbar, aber nicht alle seine Argumente sind stichhaltig. Denn indem er die Angriffswaffen im selben Arsenal wie seine Gegner suchte, zog er zur Stütze seiner Lehren die Lösungen des extremen Realismus heran und setzte so dem einen Extrem ein anderes entgegen.

Denn Anselm ist Realist. „Er ist sogar dann extremer Realist gewesen, wenn man seine Wendungen nicht buchstäblich nimmt. Wir müssen aber den Mangel an Genauigkeit der philosophischen Sprache des 11. Jahrhunderts berücksichtigen."[1]) Sind nicht seine Beweise für das Dasein Gottes durch seinen extremen Realismus beeinflußt? „Wer", sagt der Philosoph von Bec, „nicht versteht, wie mehrere Menschen der Art nach nur ein einziger Mensch sind, wie wird dieser begreifen, wie mehrere Personen, deren jede Gott ist, einen einzigen Gott bilden?"[2]

Ebensowenig wie seine Vorgänger gab Anselm dem extremen Realismus den strengen Sinn, der ihn zum Pantheismus und sogar zur Verleugnung seiner ganzen Theodizee geführt hätte — ein weiterer Beweis, daß in der Universalienfrage die historischen Lösungen nicht für sich, sondern mit Berücksichtigung der besonderen Verhältnisse der Zeit zu beurteilen sind[3]).

150. Psychologie und Ethik. — Anselm hat zwar keinen psychologischen Traktat hinterlassen, aber er streift einzelne psychologische Probleme in einer Weise, die an Augustinus erinnert. Er kennt den wesentlichen Unterschied zwischen den sinnlichen und geistigen Fähigkeiten, zwischen Vernunft und Willen; zugleich unternimmt er eine Dreiteilung der höheren Seelenkräfte: „memoria, intelligentia, amor"[4]), ohne sich aber über ihr Verhältnis zur Seele selbst zu äußern. Die Empfindung ist eine seelische Funktion (Augustinus), sie läßt sich nicht auf die intellektuelle Erkenntnis zurückführen, welche vermittelst der Abstraktion in das innerste Wesen der Dinge eindringt und sich bis zu den geistigen Substanzen und zu Gott erhebt[5]). Anselm spricht vom sinnlichen Ursprung der Vorstellungen, ohne aber die Schwierigkeiten, die sich hier ergeben, zu berühren; er entwirft die Theorie der „species intentionales", ohne ihr den unberechtigten Sinn, den ihr die Historiker vorwerfen, zu geben. Er betont gern das unmittelbare Wissen der Seele um ihre Existenz („semper sui meminit anima"[6]). Betreffs der intellektuellen Erkenntnis schreibt er dem göttlichen Lichte einen Einfluß zu, der an die augustinische Lehre von den letzten Grund-

---

1) Domet de Vorges, a. a. O. S. 153, und in: Le milieu philos. à l'époque de S. Anselme (Rev. de philos. 1909, S. 612).

2) „Qui nondum intelligit quomodo plures homines in specie sunt unus homo, qualiter comprehendit quomodo plures personae quarum singula perfectus Deus est sint unus Deus?" (De fide Trinitatis, 2).

3) Die realistischen Lösungen Anselms, wie sie z. B. im „Monologium" verzeichnet sind, haben mit der Theorie in der Schrift „De Grammatico" nichts gemein, welche nicht das Was der Dinge, sondern die Bedeutung der Wörter und grammatischen Formen untersucht.

4) Monologium, cap. XXXIII.

5) J. Fischer, Die Erkenntnislehre Anselms von Canterbury, S. 24 ff.

6) Monolog., 46. — Cf. Augustinus, S. 70.

lagen der Wahrheit gemahnt[1]). Obgleich ihm die Anwendung der hylemorphischen Theorie auf das menschliche Gebilde nicht bekannt ist und er aus Seele und Leib zwei selbständige Substanzen macht (Augustinus), ist er doch von der Einheit des menschlichen Wesens in dessen körperlich-geistiger Doppelnatur tief überzeugt. Hinsichtlich des Ursprungs der Seele schwankt er.

Seine Ethik ist hauptsächlich theologischer Art. Er löst das Problem der Übermittlung der Erbsünde ungefähr so wie Otto von Tournai und erneuert die augustinischen Lehren vom Übel und der Praedestination[2]). Die Willensfreiheit hat ihn stets beschäftigt und er widmet diesem Gegenstande zwei Schriften. Die Freiheit definiert er als Fähigkeit, die gute Willensrichtung zu bewahren[3]).

Anselm hat die Entwicklung der Scholastik nachhaltig beeinflußt. Sein Name wurde zu einer Autorität und die philosophierenden Theologen des 13. Jahrhunderts, namentlich die Vertreter der älteren Franziskanerschule, berufen sich mit Vorliebe auf seine Lehren aus dem Gebiete der Metaphysik und Theodizee.

151. Bibliographie. — Ausgabe von Gerberon, 1675 (mit Biographie Anselms von dessen Schreiber Eadmer), neu aufgelegt 1721 und bei Migne, Bd. 158—159. Über die Anselm fälschlich zugeschriebenen Schriften vgl. Hauréau, Not. et extr. d. qqes. manuscr. lat. IV, S. 192, 320.

Über die allgemeine Bildung im 19. Jahrhundert vgl. Taylor, a. a. O. S. 280 ff. Van Weddingen, Essai critique sur la philosophie de S. Anselme (Mém. cour. Acad. Belg., 1875). Sehr vollständig, aber weitschweifig und nicht frei von historischen Irrtümern; Ragey, Histoire de S Anselme, Paris 1890, 2 Bde.; Luigi Vigna, San Anselmo filosofo, Mailand. Unvollständig. Bainvel, S. Anselme (Dict. théol. cathol., 1901). Befaßt sich mit dem Theologen, nicht genügend mit dem Philosophen: sehr vollständige Bibliographie. Dom et de Vorges, S. Anselme (Samml. „Les grands philosophes", 1901). Vorzüglich; Untersuchung der Lehren vom Gesichtspunkt der scholastischen Entwicklung. — Seit 1909 sind, anläßlich der Zentenar-Feier des Todestages Anselms (1109), zahlreiche Untersuchungen erschienen. Die „Revue de philosophie" hat ihm ein eigenes Heft gewidmet (Dez. 1909), mit Untersuchungen über Zeit und philosophisches Milieu Anselms (Dufourq, de Vorges, Porée), seine Quellen (Dräseke), das ontologische Argument (Lepidi, Geyser, Adlhoch), seine Theologie und seinen Asketismus (Beurlier, Bainvel, Maréchaux). — Über die Beweise für das Dasein Gottes und das ontologische Argument, welches eine ansehnliche Literatur aufweist, vgl. unter den neueren Arbeiten besonders die Abhandlungen von Bertin (Congr. scientif. de Bruxelles, 1894); setzt sich für die Gültigkeit des Arguments ein Hurtaud (Revue thomiste, 1895). Fuzier, La preuve ontol. de l'existence de Dieu par S. Anselme (Freiburger Kongreß, 1898); Anselm habe in seiner Erwiderung gegen Gaunilo sein Argument modifiziert. Adlhoch, Der Gottesbeweis des h. Anselm (Philos. Jahrb. VIII, IX und X). Derselbe: Roscelin und S. Anselm (zitiert Nr. 145) und: Glossen zur neuesten Wertung des Anselmischen Gottesbeweises (ebda, XV, 1903). Baeumker, a. a. O., und Grunwald, a. a. O. (Nr. 135). Daniels, Quellenbeiträge und Untersuchungen zur Geschichte des Gottesbeweises im dreizehnten Jahrhundert, mit besonderer Berücksichtigung des Argum. im Proslogium des hl. Anselm (Beitr. z. Gesch. d. Philos. d. Mittelalt. VIII, 1, 1909). Entgegnung Adlhochs auf Baeumkers Kritik in: Philos. Jahrb XXIII, 3, 1910. M. Esser, Finden sich Spuren des ontolog. Gottesbeweises vor dem hl. Anselm? (Jahrb. f. Philos. u. spekul. Theol. XXIV, 3, 1910); verneint die Frage. Der ontolog. Gottes-

---

1) S. 70 „Quanta namque est lux illa de qua micat omne verum quod rationali menti lucet." Proslog. c. 14. Vgl. Fischer, a. a. O. S. 49.

2) De concordantia praescientiae, praedestinationis et gratiae cum libero arbitrio.

3) „Libertas arbitrii est potestas servandi rectitudinem voluntatis propter ipsam rectitudinem" (de lib. arb. 1).

beweis und seine Geschichte. 1905. — Über die Quellen vgl. die angeführten Untersuchungen Dräsekes. Über die Psychologie A.'s: J. Fischer, Die Erkenntnislehre A.'s von Canterbury (Beitr. z. Gesch d Philos. d. Mittelalt. X, 3, 1911): Analyse, bietet wenig Neues. — Über Vernunft und Glauben vgl. Grabmann, a. a. O. (Nr. 120); Maréchaux, A propos du fides quaerens intellectum de S. Anselme (Riv. Storica Benedettina, 1909). Baeumker, Die Lehre Anselms v. Canterbury über den Willen und seine Wahlfreiheit (Beitr. z. Gesch. d. Philos. d. Mittelalt. X, 6, 1912).

Zweiter Abschnitt.
Die nicht scholastischen Philosophen.

152. Johannes Scotus Eriugena als Vater der Antischolastik. — Entgegen der Mehrzahl der Historiker, welche Eriugena[1]) zum ersten Scholastiker machen, tragen wir kein Bedenken, ihn den Vater der Antischolastiker und als den gewaltigsten derselben in dieser Periode zu bezeichnen[2]). Diese Benennung ist aus rein philosophischen Gründen gerechtfertigt. Denn die Lehre Eriugenas enthält philosophische Grundsätze, welche im Gegensatz zu denen der Scholastik stehen und den Ausgangspunkt antagonistischer Strömungen bilden.

Nicht als ob wir deshalb die historische Bedeutung des Joh. Scotus Eriugena schmälern wollten; er ist im Gegenteil als einer der hervorragendsten philosophischen Köpfe des frühen Mittelalters anzusehen. Er ist seiner Zeit voraus. Während seine Zeitgenossen nur ein philosophisches Gestammel hervorbringen und seine Nachfolger mehrere Jahrhunderte hindurch sich auf die Erörterung einer beschränkten Anzahl von Problemen beschränken, arbeitet Eriugena im 9. Jahrhundert eine pantheistisch gefärbte Synthese aus.

Joh. Scotus versteht — im 9. Jahrhundert eine Ausnahme — das Griechische, von dem Alcuin kaum die Buchstaben kennt. Er ist auch mit den Kirchenvätern vertraut und zitiert häufig Gregor von Nazianz, Gregor von Nyssa, Maximus den Bekenner und namentlich den hl. Augustinus.

153. Leben und Schriften. — Das Leben des Joh. Scotus Eriugena ist in Dunkel gehüllt. Geboren zwischen 800 und 815, kommt er aus überseeischen Ländern, aus England oder Schottland, wahrscheinlicher aus Irland, wo er eine Bildung empfing, welche die Schulen des Kontinents nicht mehr

---

1) Die alten Handschriften weisen den Namen Johannes Scotus Eriugena auf; Baeumker, Jahrb. f Philos. u. spekul. Theol. 1893, S. 346, Anm. 2. Die Texte, in welchen die Zeitgenossen von Scotus sprechen, sind gesammelt bei Traube, Monumenta germ. histor., Poetae Aevi Carolini, III, 518 (1896).

2) Die Identifizierung der mittelalterlichen mit der scholastischen Philosophie verführt eine Reihe von Historikern, Joh. Scotus zu einem Scholastiker zu stempeln. Nach Ueberweg-Heinze. Grundriß der Gesch. d. Philos. II. Teil (1898) ist Scotus „der früheste namhafte Philosoph der scholastischen Zeit" (S. 105). Saint-RénéTaillandier: „Nicht bloß ist Scotus Eriugena der Vater der scholastischen Philosophie, sondern es scheint, daß er alle ihre Entwicklungsstufen in sich birgt" (Scot. Eriugène et la philos. scolastique, Paris, 1845). Andere machen Scotus zum ersten Scholastiker, weil seine Philosophie mit seiner Theologie verbunden ist und diese Verbindung nach ihnen für die Scholastik charakteristisch ist. Delacroix (Rev. synth. histor. 1902, S. 105), Baeumker (a. a. O. S. 322) und Glossner (Jahrb. f. Philos. u. spekul. Theol 1906, S. 403) geben zu, daß Joh. Scotus nicht unter die Scholastiker gehört, was Grabmann (a. a. O. 1, 208) bestreitet.

bieten konnten, und erscheint am Hofe Karls des Kahlen als der geachtetste Philosoph der Palastschule. Eine Legende läßt ihn im vorgerückten Alter (nach 877), ermordet von seinen Schülern, sterben.

Zwei Perioden lassen sich in seiner Schriftstellerlaufbahn unterscheiden. Bis zum Jahre 851 beschäftigt er sich fast ausschließlich mit lateinischen Autoren (namentlich Augustinus), er verfaßt die Schrift „De praedestinatione" und seine Glossen zu Martianus Capella. Seit 858 hat er mit den griechischen Autoren Fühlung genommen und er übersetzt und kommentiert nun die Schriften des Pseudo-Dionys (858), welche durch eine Gesandtschaft aus Konstantinopel namens Michael des Stammlers Ludwig dem Frommen im Jahre 827 dargeboten worden waren[1]). Er übersetzt ferner die „Ambigua" des Maximus Confessor und verfaßt Glossen zu verschiedenen Abhandlungen des Boëthius[2]). Sein philosophisches Hauptwerk aber ist die Schrift „De divisione naturae", in welcher er den Neuplatonismus mit Anpassung an die katholische Lehre erneuert. Ohne Proklus zu kennen, erneuert er ihn wieder. Einem im karolingischen Zeitalter sehr beliebten didaktischen Verfahren gemäß schreitet das Werk in Form eines Dialoges zwischen Lehrer und Schülern fort.

Woraus hat er diesen Neuplatonismus geschöpft? Er muß ihn aus den Schriften des Pseudo-Dionysius und Maximus Confessor erraten haben, aber er selbst hat den Lehren des Pseudo-Dionysius einen pantheistischen Sinn gegeben.

Wir wollen nun, um auf dem Wege der Folgerung die Einflüsse festzustellen, welche der Hofphilosoph auf die mittelalterliche Philosophie ausgeübt hat, die Grundsätze der Metaphysik und Psychologie Eriugenas darlegen.

154. Metaphysik. — Grundprinzip: Es existiert nur ein einziges Wesen, Gott, der vermittelst einer Reihe Emanationen substantieller Art („participationes")[3]) alle Dinge ins Leben ruft. Scotus unterscheidet in der Entfaltung des göttlichen Wesens (natura, $\varphi \dot{v}\sigma\iota\varsigma$, $\pi\tilde{a}v$) vier sukzessive Phasen:

1. Die unerschaffene, schaffende Natur („natura creans nec creata"), oder Gott in seiner undurchdringlichen und ursprünglichen Wesenheit. Als solche ist das Wesen unerkennbar (vgl. Philo, Plotin und die negative Theologie des Pseudo-Dionys), es ist über die Kategorien erhaben. Diese haben keinen Bezug auf eine weder ausdrückbare noch begreifliche Natur[4]). Die Theologie des Scotus läßt von Gott nur das Unausdrückbare bestehen.

---

[1] Jacquin, Le néo-platonisme de J. Scot, in: Rev. d science philos. et théol., 1907, S. 675. Vgl. H. Omont, Manuscrit des oeuvres de S. Denys l'Aréopagite envoyé de Constantinople à Louis de Débonnaire en 827 (Revue des études grecques, XVII, 1904, S. 230—236). Schon Papst Paul I. hatte eine Abschrift der Werke des Pseudo-Dionys an Pipin gesandt (757), aber niemand am Hofe konnte sie übersetzen. S. 118, Anm. 1.

[2] Von Rand festgestellt. Manitius (a. a. O. S. 338) fügt eine Übertragung des Priscianus Lydus, einen Auszug aus Macrobius und Gedichte hinzu.

[3] Vgl. den Begriff der Teilnahme („participatio"), De divis. nat. III, 3. P. L. Bd. 122. 630.

[4] „Nam in ipsis naturis a Deo conditis, motibusque earum, categoriae qualiscunque sit potentia, praevalet. In ea vero natura quae nec dici nec intelligi potest, per omnia in omnibus deficit" (Ebd. I, 15, c. 463).

2. *Die geschaffene, schaffende Natur* („natura creans creata"), oder Gott, sofern er die Urgründe der Dinge in sich birgt. Infolge einer notwendigen „progressio" erfaßt das Wesen in einem zweiten Stadium die in seiner abgründigen Wesenheit („abyssus") enthaltenen Vollkommenheiten. Es erkennt in sich die primordialen Ursachen von allem, was einmal in phaenomenaler Weise erscheinen muß. Gott wird, er bildet sich in dieser Erkenntnis [1]).

Indem Joh. Scotus diese Anschauungen mit der katholischen Lehre verbindet, erklärt er das göttliche Wesen im ersten Stadium für Gott Vater. Gott Sohn ist das göttliche Wesen, das sich als Urgrund, primordiale Ursache der Welt erkennt. Der hl. Geist tritt in der Scotistischen Philosophie da auf, wo die im Innern der göttlichen Einheit auf der zweiten Stufe enthaltenen primordialen Ursachen sich in Gattungen, Arten, Individuen veräußerlichen. Es ist dies:

3. *Die geschaffene, nicht schaffende Natur* („natura creata nec creans"), oder die in der Zeit realisierten Wesen. Alle kontingenten Wesen, körperlicher oder geistiger Art, sind nur Entfaltungen der göttlichen Substanz oder, wie sich Joh. Scotus lebendig ausdrückt, „Theophanien". Die Gottheit geht in das Innere der Welt selbst ein (J. leitet $\vartheta\varepsilon\acute{o}\varsigma$ von $\vartheta\acute{\varepsilon}\omega$, laufen, ab.[2]) Die Welt ist eine ungeheure Schwingung des göttlichen Werdens. Im Innern von allem findet sich dieselbe $o\dot{v}\sigma\acute{\iota}\alpha$; die Individuen sind voneinander nur durch Akzidenzien verschieden, und die Natur ist nur ein Riesenpolyp, der überallhin seine ungeheuren Arme ausstreckt. Gott gestaltet sich in den Wesen ohne Bewegung (motus) und ohne seine Unveränderlichkeit aufzugeben. Nachdem er sich in den Urprinzipien gestaltete (zweite Stufe), beginnt er in den Theophanien, die nur deren Endgestaltungen sind, zu erscheinen; die göttliche Natur „taucht" aus ihren unermeßlichen Tiefen hervor, wo ihre Unendlichkeit es verhinderte, daß sie sich in einem bestimmten Wesen, d. h. in einer der Kategorien der Erkenntnis erfaßte. Indem sie sich gleichsam selbst erschafft, beginnt sie in einem Wesen zu werden.[3]) An der Idee der abnehmenden Emanation festhaltend und um die allmähliche Ergießung Gottes in das allgemeine Leben zu kennzeichnen, lehrt Joh. Scotus, daß die Gattung vor der Art, die Art vor dem Einzelobjekt existiert. Scotus ist also in der Universalienfrage der extremste aller Realisten.

Kann man diese Entfaltung einer einzigen göttlichen Substanz in der Welt als Schöpfung bezeichnen? Im strengen Wortsinne gewiß nicht. Um

---

1) „Et creari et creare conspicitur divina natura. Creatur enim a seipsa in primordialibus causis, ac per hoc seipsam creat, hoc est, in suis theophaniis incipit apparere, ex occultissimis naturae suae finibus volens emergere, in quibus et sibi ipsi incognita, hoc est, in nullo se cognoscit, quia infinita est, et supernaturalis descendens vero in principiis rerum ac veluti seipsam creans in aliquo inchoat esse Creatur ergo et creat in primordialibus causis: in eurum vero effectibus creatur et non creat" (Ebd. III, 23, Sp. 689. Vgl. III, 4, 633; III, 17, c. 678).

2) „Ipse enim in omnia currit, et nullo modo stat, sed omnia currendo implet." Ebd. I, 12. Manche Wendungen suchen mit diesem totalen Monismus eine Unterscheidung von Gott und Geschöpf zu vereinigen. z. B. III, 17, c. 675: „Totum vero quod creavit et creat, intra seipsum continere; ita tamen ut aliud sit ipsa quia superessentialis est, et aliud quod in se creat."

3) Vgl. die vorhergehende Anmerkung.

mit dem katholischen Dogma im Einklang zu bleiben, deutet Joh. Scotus die Hl. Schrift in symbolischer Weise: „Gott hat sich in der Welt geschaffen".
4. Die nicht schaffende, unerschaffene Natur („natura nec creata nec creans"), oder Gott als Ziel des Universum. Alles von einem Prinzip Ausgehende strebt nach Rückkehr zu diesem Prinzip; das Ziel einer Bewegung ist die Rückkehr zu ihrem Ausgangspunkt: „Finis enim totius motus est principium sui; non enim alio fine terminatur nisi suo principio a quo incipit moveri".[1] Gott kehrt notwendig zu sich zurück: dies ist die Vergottung der Dinge („deificatio", $\vartheta\acute{\epsilon}\omega\sigma\iota\varsigma$), die kosmische Auflösung in das große All (vgl. Plotin und Pseudo-Dionys). Die universelle Ursache zieht alle aus ihr hervorgegangenen Dinge an, ohne sich im geringsten zu bewegen, rein durch die Wirksamkeit ihrer Schönheit.[2]

155. Psychologie. — Joh. Scotus wendet nun die Grundsätze seines Pantheismus auf den Menschen an. Betreffs des Erkennens und der menschlichen Natur lehrt er im wesentlichen folgendes.

Der Mensch erkennt vermittelst des äußeren Sinnes („sensus exterior") die Wahrnehmungsobjekte, vermittelst des innern Sinnes („sensus interior") das Wesen aus dessen Erscheinungsformen, durch die Vernunft („ratio") die primordialen Ursachen der Dinge, durch den Intellekt („intellectus") Gott in dessen unveränderlicher Wirklichkeit.

Ebensowenig wie seine Zeitgenossen ahnt Scotus die Schwierigkeiten, welche im Problem des Ursprungs der Erkenntnis liegen. Er lehrt die Existenz einer doppelten Erkenntnisweise: der aufsteigende Weg, ausgehend von der sinnlichen Erkenntnis, und der absteigende Weg („gnosticus intuitus"), auf dem die menschliche Vernunft zur Erlangung des Wissens parallel mit der Selbstgestaltung der göttlichen Substanz fortschreitet. Ihrer selbst unbewußt („intellectus"), erfaßt sich das Erkenntnisvermögen nur durch die Vorstellung („ratio") der primordialen Wesen. Auf diese Weise erfaßt es das realisierte Wesen („sensus interior") und dessen sinnliche Merkmale („sensus exterior"). Das menschliche Denken ist in seinem Grunde göttlich und folgt den Bewegungen des göttlichen Wesens. Die menschliche Erkenntnis ist ferner unbegrenzt, weil es Gott selbst ist, was in uns denkt.

In jedem Menschen ist die Seele einfach und einzig,[3] in letzter Linie aber ist der Mensch nur eine Projektion Gottes. Das Individuum geht in der Menschheit auf und diese wiederum ist mit der übrigen Natur eins. Indem Scotus seine allegorischen Scholien zur hl. Schrift vorbringt, gestaltet er die ganze Erzählung vom Sündenfall und der Erbsünde nach der Weise des gnostischen Symbolismus um. Die Übermittlung der Erbsünde findet in seinem Pantheismus eine bequeme Erklärung (vgl. Otto von Tournai.)

Der ursprüngliche Körper, „wie er in der zweiten Natur gedacht ist" war frei von Unvollkommenheiten. Jetzt sind wir in einem argen Entartungszustande. Die Rückkehr des Menschen zu seinem ersten Zustande und in

---
1) Ebd. V, 3.
2) „Ita rerum omnium causa omnia, quae ex se sunt, ad seipsam reducit, sine ullo sui motu, sed sola suae pulchritudinis virtute." Ebd. I, 75. Er vergleicht diese Anziehung mit der des Magneten.
3) Ebd. IV, 5, c. 754.

den Schoß Gottes wird durch Christi Erlösung erfolgen und durch Christus vollzieht sich auch die schließliche Weltentwicklung. Die Erlösung ist nur ein Moment des Naturprozesses. Wenn Joh. Scotus von der mystischen Vergottung und den sieben Graden der Kontemplation spricht, so überspannt er die Spekulationen des Pseudo-Dionys und erinnert an die deutsche Mystik des 15. Jahrhunderts.

156. Vernunft und Glaube. — Als Neuplatoniker unterscheidet Joh. Scotus nicht zwischen philosophischem und theologischem Gebiet. „Quid est aliud de philosophia tractare nisi verae religionis, qua summa et principalis omnium rerum causa Deus et humiliter colitur et rationabiliter investigatur, regulas exponere".[1] Die Hl. Schrift ist die Hauptquelle unserer Erkenntnis Gottes, „sacrae siquidem scripturae in omnibus sequenda est auctoritas".[2] Die Vernunft hat zwar gegenüber der Hl. Schrift nicht den Vorrang, aber sie begründet deren Inhalt, von Gott erleuchtet.[3] Weit entfernt, dem Dogma entgegenzutreten, will der Hofphilosoph ihm treu bleiben; aber wir sahen, daß er der Hl. Schrift nach der Art der Gnostik einen allegorischen Sinn gibt, über den schließlich die Vernunft entscheidet.

Ist diese Stellungnahme als rationalistisch zu bezeichnen? Ja, in einem ganz besonderen Sinne, der dem Mittelalter eigen ist und diesen Rationalismus zum Aequivalent dessen gestaltet, was andere Theosophie nennen.[4] Im Gegensatze zum neueren Rationalismus, welcher alle Offenbarung namens der Vernunft verwerfen will, begründet Joh. Scotus namens derselben Vernunft den Glaubensinhalt.

157. Einfluß des Joh. Scotus Eriugena. — Obgleich die Philosophie des Joh. Scotus von den Zeitgenossen mißverstanden worden zu sein scheint, übte sie doch auf die Entwicklung des mittelalterlichen Denkens im Abendlande einen beträchtlichen Einfluß aus, der sich bis in das 13. Jahrhundert erstreckt. Remigius von Auxerre und Gerbert benutzen ihn, Berengar beruft sich auf ihn. Im 12. Jahrhundert sind Abaelard, Isaak von Stella, Garnerius von Rochefort, Alanus von Lille mit seinen Lehren vertraut. Hugo von St. Victor benutzt seine Arbeiten über Pseudo-Dionysius. Die Schrift „de divisione naturae" beeinflußt stark die „clavis physicae" des Honorius von Autun.[5] Jene Schrift ist in Chartres bekannt und verschiedene Lehrer zu Chartres

---

1) De div. praedest. 1, 1. P. L. Bd. 122, 357—358. Diese Bemerkungen des Scotus sind der Grund, warum ihn eine Gruppe von Historikern, welche in dem Einklang zwischen Philosophie und katholischer Theologie den wesentlichen Charakterzug der Scholastik erblicken, zu den Scholastikern rechnen. Und doch, welch ein Abgrund klafft zwischen der Philosophie eines Joh. Scotus und der Anselms oder des Thomas von Aquino!

2) De divis. naturae I, 64.

3) Jacquin bemerkt richtig, daß in der oft zitierten Stelle: „Omnis enim auctoritas quae vera ratione non approbatur, infirma videtur esse. Vera autem ratio, quoniam suis virtutibus rata atque immutabilis munitur, nullius auctoritatis astipulatione roborari indiget" (De div. nat. I, 69) der Verfasser die Vernunft zwar über die Autorität der Kirchenväter, aber nicht über alle Autorität setzt. Jacquin, Le rationalisme de J. Scot, S. 748. Vgl. Ueberweg, a. a. O. S. 165.

4) Z. B. Stöckl.

5) Endres, Honorius Augustodunensis (Kempten, 1906, S. 141—145). Endres zitiert lange Stellen, die aus „de div. nat." genommen sind.

gelangen zu einer Art Pantheismus, die ihren Einfluß verraten.¹) Zu Ende des 12. Jahrhunderts schöpft aus ihr Amalrich von Bène seine pantheistischen Theorien.²) Die Albigenser berufen sich auf Joh. Scotus Eriugena, und dies erklärt, warum am 25. Januar 1225 Honorius III. die schon auf einem Konzil zu Sens verbotene Schrift verdammt.³) Obwohl der Papst den Auftrag gab, das Werk des Hofphilosophen, das noch „in nonnullis monasteriis et aliis locis" gelesen wurde,⁴) zu verbrennen, gelang es doch nicht, die Schrift aus dem literarischen Verkehr zu bringen. Im 14. und 15. Jahrhundert findet sie sich in zwei Verzeichnissen⁵) und es sind uns verschiedene Handschriften davon erhalten.

Die von Joh. Scotus Eriugena ausgehenden Grundtendenzen sind: 1. Der **Pantheismus**. Joh. Scotus lehrt die Wesensgemeinschaft Gottes und der Geschöpfe; er gibt den Ideen einen evolutionellen Sinn, da sie ein Stadium in der Wesensbildung Gottes sind; endlich leugnet er die Individualität der Substanzen. Durch seinen Pantheismus ist Joh. Scotus ein antischolastischer Philosoph, denn die substantielle Verschiedenheit Gottes und der abhängigen Wesen sowie die Individualität jeder Substanz sind Grundprinzipien der Scholastik. Es berufen sich denn auch alle Pantheisten, mit denen die Scholastiker bis zum 13. Jahrhundert in Streit geraten, auf Joh. Scotus. Ist dieser Pantheist, so noch mehr extremer Realist.

2. Der **heterodoxe oder pantheistische Mystizismus**, der als Ziel des mystischen Lebens das Bewußtsein der substantiellen Identität der Seele mit Gott bezeichnet. Der Einfluß des Scotus begegnet uns in allen populären Abarten der Mystik.⁶)

158. Der menschliche Monopsychismus. — Die Schrift „de constitutione mundi" des Pseudo-Boëthius widerlegt die Ansicht gewisser Philosophen, welche eine Weltseele annehmen⁷) und nach welchen diese einheitliche Seele den Menschen die Rasseneinheit und die unpersönliche Unsterblichkeit verleiht. „Nach dieser Lehre ist kein Mensch schlechter als der andere, denn ein und dieselbe gute und makellose Seele belebt alle Körper; aber man kann sagen, daß sie in dem einen Leibe mehr entartet ist als in dem andern Ferner stirbt nach dieser Lehre kein Mensch, denn, wenn er auch von den vier Elementen sich scheidet, so erleidet er doch keine Trennung der Seele." Ist dies Prae-Averroismus?⁸) Der Name ist unpassend; es findet hier nur eine Anwendung der Lehre von der Einheit der kosmischen Seele auf den Menschen statt⁹) und es ist dies nur ein logischer Kommentar zu den Lehren des Macrobius.

1) Clerval, a. a. O. S. 245.
2) Vgl. S. 1.
3) Chartul. Univ. Paris, I. 106—107.
4) Jacquin, L'influence doctrin. de J. Scot au début du XIII⁰ s.. S. 104—106. Der Verfasser meint, der Papst könne wohl Cisterzienserklöster im Auge gehabt haben, da Isaak von Stella, Garnier von Rochefort und auch Alanus von Lille dem Cisterzienserorden angehörten.
5) Manitius, a. a. O. S. 329.
6) Kap. III, Abschn. III, § 2.
7) „Sicut unus vultus in pluribus speculis et in uno speculo plures vultus apparent, ita una anima in pluribus rebus, et ubique omnes vires suas habet licet in diversis habeat exercitium pro habilitate corporum". P. L. Bd. 90, c. 902.
8) Renan, Averroès et l'averroisme. Vgl. Duhem, La phys. néoplat. S. 45.
9) „Nullus homo videtur esse peior alio, quia una eademque anima bona et immaculata

Vielleicht nimmt die Schrift des Pseudo-Boëthius auf die Lehren des Macarius Scottus Bezug. Ratramnus schreibt ihm in seiner Schrift „De quantitate animae" eine ähnliche Psychologie zu und befaßt sich mit deren Widerlegung.[1]

159. Bibliographie. — Werke des Joh. Scotus bei Migne, Bd. 122 (Ausgabe von Floß.) Seine Kommentare zu Martianus Capella hat Hauréau herausgegeben, Not. et extr. ms. Bd. 20, 2. T., 1862. Traube, Monum. Germ. hist. poëtae lat. aevi Carolini, Bd. III, 1896. A. Schmitt, Zwei noch unbenutzte Handschriften des Joh. Scotus Eriugena, Bamberg, 1900. Die Handschriften der „divisio naturae" in Bamberg und Avranches zeigen, daß die Floßsche Ausgabe unzulänglich ist.

Huber, Joh. Scotus Eriugena (München, 1862). — Astier, Mémoire sur Scot Eringène au congrès des sociétés savantes (Bibl. école Chartres, Bd. 62). — Draeseke, J. Scotus und dessen Gewährsmänner in Divisione naturae (Bonwetsch-Seebergs Studien IX, 2, Leipzig, 1902). Vgl. Zeitschrift f. wissenschaftl. Theologie, XLVII, N. F. XII, 1, wo Draeseke die ähnlichen Ergebnisse Brilliantoffs verwertet und ergänzt (Brill., Einfluß der orientalischen auf die abendländische Theologie *in den Schriften des Joh. Scotus Eriugena, St. Petersburg, 1898) E. K. Rand, Johannes Scotus, München, 1906 (Quellen und Untersuch. z. latein. Philol. des Mittelalters, I, 2). Über die Quellen der Schrift „De praedestinatione", eines älteren Werkes, in dem Pseudo-Dionys noch nicht vorkommt, vgl. Jacquin, Le néo-platonisme de J. Scot (Rev. scient. philos. et théolog., 1907, 674—685). Derselbe: L'influence doctrinale de J. Scot (ebd. 1908, S. 745—746). Dräseke. Zum Neoplatonismus E. (Zeitsch. f. Kirchengesch. 1912, S. 78—84). Manitius, a. a. O. S. 323—339; Buchwald, Der Logos-Begriff des Joh. Scotus Eriugena (Leipzig, 1884). Über die Gestirntheorie vgl. Duhem, La phys. néo-platon. (Rev. quest. scientif., 1910, S. 8). F. Vernet, Erigène (Dictionn. Théol. cathol. fasc. XXXV, 1911, c. 401—434). Viele Quellen.

Dritter Abschnitt.

Die Philosophie und die theologischen Kontroversen.

160. Historische Stellung. Seit Beginn des Mittelalters treten heftige Kontroversen auf, die zwar eigentlich der Geschichte der Theologie angehören, aber doch in einer Geschichte der mittelalterlichen Philosophie nicht vernachlässigt werden dürfen.

Zunächst haben wir auf theologischem Gebiete den Ursprung verschiedener Probleme der scholastischen Philosophie zu suchen, in dem Sinne, daß diese aus Anlaß theologischer Kontroversen auftraten. Im 9. und 10. Jahrhundert zeitigte der Streit um die Praedestination das Problem der menschlichen Freiheit und ihrer Beziehung zur göttlichen Vorsehung und Gerechtigkeit. Die Paschasianische Kontroverse über die wirkliche Gegenwart Christi im hl. Abendmahl gab Anlaß zu Erörterungen über Substanz und Akzidens. Das Trinitätsdogma führte zu einer Diskussion über die Begriffe der Natur, des Einzeldinges, der Persönlichkeit, das Mysterium der Transsubstantiation zur Untersuchung des Werdens. Die in den ersten Zeiten bestehende Vermischung von Philosophie und Theologie gibt diesen

---

in sui natura est in omnibus corporibus, sed dicitur magis degenerare in uno quam in alio secundum hanc quoque sententiam nullus homo moritur, ita quod patiatur separationem animae quamquam separatur a quatuor elementis. Praeterea dicunt quidam eandem mundanam animam pariter cum humana anima esse in homine .., sicque hominem duas animas asserunt habere" (Sp. 903).

[1]) Von dieser Schrift ist nur das Schreiben an Otto von Beauvais erhalten. „Dicit namque quod omnis homo unus homo sit per substantiam. Quod si ita est, sequitur ut non sit nisi unus homo et una anima". Mon. Germ. hist. Ep. 6, 151, N. 11.

Kontroversen ihre Färbung; sie verführt die hitzigsten Köpfe, die rein rationale Methode auf heikle Fragen der Dogmatik anzuwenden.

Diese berühmten Diskussionen fielen ferner mit dem Aufkommen einer falschen Dialektik zusammen, die ihren Höhepunkt im 11. Jahrhundert erreichte (142). Diese Sophistik nun wurde auf die in Frage stehenden Dogmen angewandt; Männer wie Gottschalk, Berengar, Roscelinus sind davon nicht frei. Alle betätigen in verschiedenem Maße die Devise Berengars: „per omnia ad dialecticam confugere."

Eine Reaktion ging von einer Theologengruppe aus, die aus Männern der Praxis bestand, welche die Dialektik selbst des Mißbrauches, dessen sich manche Dialektiker schuldig machten, bezichtigten. Die religiöse Autorität legte sich ins Spiel und ihre Interdikte gingen manchmal zu weit.

Die Gegenbewegung seitens der ängstlichen Theologen war zu heftig. Allmählich ist aber eine neue Tendenz ersichtlich, welche die Rechte der Vernunft und der Autorität zu vereinbaren sucht; von nun an ergeben sich die wahren Beziehungen zwischen Theologie und Philosophie.

161. Theologisch-philosophische Hauptkontroversen. — 1. *Die Kontroverse über Praedestination und Freiheit.* Ein Mönch von Orbais, Gottschalk, Zeitgenosse des Rhabanus Maurus, gelangt beim Studium des hl. Augustinus zu Zweifeln betreffs der Vereinbarkeit der menschlichen Freiheit mit der göttlichen Gnade. Indem er eine absolute Praedestination für die Guten wie für die Bösen annimmt, schließt er, der Mensch sei das Spielzeug Gottes und es gebe weder Freiheit noch Verantwortlichkeit.

Erinnern wir uns an den Sturm, welchen die analogen Behauptungen Jansenius in der Neuzeit hervorriefen, so begreifen wir die allgemeine Erregung bei den Publizisten des 9. Jahrhunderts. Rhabanus Maurus und namentlich Hinkmar von Rheims (806—882), dann auch der Diakonus Florus von Lyon machten sich zu Verteidigern der menschlichen Freiheit. Ratramnus von Corbie, Servat Loup traten auf die Seite Gottschalks, während die Gegner und Anhänger des letzteren sich gegen Joh. Scotus Eriugena verbanden, der ebenfalls an diesem Streite teilnahm, aber nur um gegen Gottschalk eine nicht minder kühne Lehre aufzustellen. Gottschalks Lehre wurde auf den Synoden von Mainz (848) und Quiercy (849) verdammt.

2. *Der Transsubstantiationsstreit.* — Berengar von Tours (998—1088), der aus der Schule von Chartres hervorging und durch seine Anschauungen betreffs der Universalien zu den Antirealisten zu gehören scheint, entstellte das Dogma der eucharistischen Transsubstantiation, indem er es der aristotelischen Theorie der Substanz und des Akzidens annäherte. Die akzidentellen Qualitäten des Brotes und des Weines (Farbe, Gestalt, Geschmack usw.) könnten sich nach ihm nicht ohne den innern Kern, der sie stützt und den Aristoteles Substanz nennt, erhalten.[1] Er folgert daraus, das Evangelium könne nicht von einer wahren Transsubstantiation sprechen, Leib und Blut Christi seien in den sakramentalen Formen nur in verhüllter

---

[1] Berengars Vorgänger waren Ratramnus von Corbie (gest. nach 868, „De quantitate animae") und Heriger, Abt von Lobbes, die von Paschasius Radbertus oder Radbert von Corbie (gest. um 860), Verfasser von „De corpore et sanguine Domini" bekämpft wurden.

Weise gegenwärtig. Ein unruhiger und feuriger Geist, brachte Berengar Zwiespalt in die Schulen. Lanfranc (um 1010—1089) bekämpfte ihn; ebenso traten Adelman von Lüttich (1048), Durand von Throarn, Hugo von Breteuil und andere ehemalige Mitschüler Berengars in Chartres[1]) gegen seine Lehren auf. Es bedurfte aber nicht weniger als eines zwanzigjährigen Streites und es waren vier Synoden nötig, um sie unwirksam zu machen.

3. Der Tritheismus Roscelins. Roscelin verdankt seine Berühmtheit viel mehr dem von ihm begründeten Tritheismus als seiner antirealistischen Theorie. Er macht aus den drei göttlichen Personen drei unabhängige Wesen gleich drei Engeln; man könnte, meint er, wenn es der Brauch gestattete, in Wahrheit von drei Göttern sprechen. Sonst, fährt er fort, müßten Gott Vater und der Hl. Geist zu gleicher Zeit wie Gott Sohn sich inkarniert haben. — Um das Dogma äußerlich zu bewahren, nahm Roscelin an, daß die drei göttlichen Personen nur **einen** Willen und **dieselbe Macht** besitzen.[2])

Dieser ausgesprochene Tritheismus[3]), den Anselm und Abaelard trotz der Bekehrung seines Urhebers bekämpfen, erscheint uns als eine unzweifelhafte Anwendung des Roscelinischen Antirealismus.[4]) Bilden, bemerkt Roscelin, die drei göttlichen Personen einen einzigen Gott, so haben sich alle drei inkarniert, was unannehmbar ist; daher gibt es drei göttliche Substanzen, drei Götter, wie es drei Engel gibt, **denn jede Substanz konstituiert eine Individualität**. Dies ist eben die Grundthese des Antirealismus. Die Gedanken des Theologen hängen mit denen des Philosophen innig zusammen.

162. Die Gegner der Dialektik unter den Theologen. — Die seitens gewisser Dialektiker zur Schau getragene Anmaßung, die Dialektik und Sophistik über die Autorität zu setzen, sowie die Ketzereien, zu welchen diese Methode der Dogmenbehandlung führte, zeitigten eine Partei reaktionärer Theologen, die, in geringerem oder höherem Grade Gegner aller Philosophie, keine andere theologische Methode als das wortmäßige Studium der Hl. Schrift duldete. Diese Gegenbewegung knüpft sich eng an einen Versuch zur Reform des religiösen Lebens, an eine Rückkehr zu den reinen Traditionen des Mönchslebens. Ihre Spuren finden sich in den Klöstern der Cluniazenser in Frankreich und der Benediktiner in Deutschland. Die hervorragendsten Persönlichkeiten dieser Gruppe gehören dem 11. Jahrhundert an; es sind: in Italien Petrus Damiani, in Deutschland Manegold von Lautenbach und Otloh von St. Emmeram. Lanfranc verdient eine gesonderte Behandlung.

---

1) Clerval, a. a. O. S. 64, 131—141.

2) „Audio quod Roscelinus clericus dicit in Deo tres personas esse tres res ab invicem separatas, sicut sunt tres angeli, ita tamen ut una sit voluntas et potestas, aut Patrem et Spiritum sanctum esse incarnatum; et tres deos vere posse dici si usus admitteret." Brief Anselms an Fulko.

3) Anders Picavet, Roscelin, S. 25.

4) Vgl. meine Abhandlung „Les récents trav. sur l'hist. de la philos. méd. (Rev. néo-scol. 1898, S. 74).

163. Petrus Damiani, Otloh von St. Emmeram, Manegold von Lautenbach. — Petrus Damiani, geboren 1007 in Ravenna, gestorben 1072, Einsiedler, setzt die weltliche Wissenschaft und die freien Künste herab. Die Dialektik betrachtet er als ein „superfluum"; er wendet sich gegen die Mönche, die sich um die Regel des hl. Benedikt wenig kümmern und an den Regeln des Donat Gefallen finden („parvipendentes siquidem regulam Benedicti, regulis gaudent vacare Donati"[1]). Er selbst hat sich aber dazu verführen lassen, in einer Desiderius von Monte Cassino gewidmeten, „De divina omnipotentia" betitelten kleinen Schrift philosophische Betrachtungen anzustellen. Bei der Erläuterung des Ausspruchs des Psalmisten: „omnia quaecumque voluit, fecit" vindiziert Damiani Gott eine absolute Allmacht, vermöge deren er, wenn er es wollte, bewirken könnte, daß das Vergangene nicht geschehen ist. Gewiß scheine eine solche Behauptung das Prinzip des Widerspruches zu verletzen, aber dieses Prinzip gelte nur für menschliches Urteilen („ordo disserendi") und die schwache Natur, nicht aber für die Majestät Gottes und die heiligen Erkenntnisse. — So muß denn die Dialektik, wenn sie zuweilen (quando) und ausnahmsweise sich mit theologischen Dingen zu befassen hat, ohne magistrale Prätension hinter das Dogma zurücktreten. Die dienende Stellung der Philosophie ist die Folge ihres Unwertes und ihrer Ohnmacht. „Quae tamen artis humanae peritia, si quando tractandis sacris eloquiis adhibetur, non debet ius magisterii sibimet arroganter arripere, sed velut ancilla dominae quodam famulatus obsequio subservire."[2]

Dies ist der berühmte, so oft entstellte Ausspruch, in dem man den Beweis für die Verachtung, welche das gesamte Mittelalter der Vernunft gegenüber gehegt haben soll, hat finden wollen. In Wahrheit bekundet er nur die Ansicht einer beschränkten Theologengruppe, welche die großen Scholastiker des 13. Jahrhunderts mißbilligt hätten.

Die gleichen Anschauungen finden sich bei Manegold von Lautenbach (2. Hälfte des 11. Jahrhunderts). Sein „Opusculum Manegoldi contra Wolfelum Coloniensem" hat die Tendenz, die Widersprüche zwischen den alten Philosophen mit den katholischen Lehrern und die Gefahr des philosophischen Studiums für den Glauben zu zeigen.

Otloh von St. Emmeram in Regensburg (um 1010—1070) verbietet, ohne die weltliche Wissenschaft, d. h. die freien Künste und die Philosophie an sich zu verdammen, den Mönchen die Beschäftigung mit ihr, da diese der Welt entsagt hätten, um sich der göttlichen Wissenschaft („res divinae") zu widmen.

164. Lanfranc und die Anfänge der dialektischen Methode. — Lanfranc zog sich, nachdem er in Frankreich von einer Schule zur anderen gezogen, in das Kloster zu Bec zurück, welches unter seiner Leitung ein hohes Ansehen erlangte („magnum et famosum litteraturae gymnasium").[3] Obgleich er den Gegnern der Dialektik zugezählt werden kann, verdient doch der berühmte Opponent Berengars einen eigenen Platz. Die freien Künste und

---

1) De perfectione monachorum, c. II, P. L., 145, 306 c.
2) C. 5, P L., c. 603.
3) Wilhelm von Malmesbury, De gestis pont. Angl. l. l. P. L. Bd. 179, c. 1459.

die Philosophie sind nach ihm nicht an sich selbst schlecht, nur ihre mißbräuchliche und ausschließliche Verwendung in theologischen Dingen ist zu verdammen (non artem disputandi vituperat, sed perversum disputantium usum").[1] Lanfranc berichtet uns selbst, daß er in seinem theologischen Unterrichte — freilich nur zaghaft — zu philosophischen Argumenten seine Zuflucht nahm.[2]

So entsteht eine neue Tendenz, die sich bei anderen Theologen derselben Zeit, wie Wilhelm von Hirschau, Anselm von Canterbury findet. Sie benutzt die theologischen Schriften des Boëthius als Schwungbrett und führt zur Begründung eines theologischen Doppelverfahrens in den Schulen Abaelards, Gilberts de la Porrée und St. Victor (Kap. III, 3. Abschn., § 1).

165. Bibliographie. — Das Material zum Streite über die Praedestination hat Gilbert Mauguin gesammelt. (1650, 2 Bde. 4⁰.) Die Schriften Lanfrancs bei Migne, P. L. Bd. 150. Zweifelhaft ist die ihm zugeschriebene Schrift „Elucidarium sive dialogus de summa totius christianae theologiae." Endres, Lanfrancs Verhältnis zur Dialektik (Der Katholik, 1902, S. 215—281). Gut; berichtigt den Irrtum, der Lanfranc zu einem Gegner der Spekulation macht. W. Burger, Rhabanus Maurus, der Begründer der theolog. Studien in Deutschland (ebd. S. 51, 122). Über Hincmar: Schrörs, Hincmar. Erzbischof von Rheims (Freiburg, 1884); Manitius, a. a. O. S. 339. — Über Radbert und Ratramnus von Corbie: Manitius, a. a. O. S. 401—417. Über Berengar: Schnitzer, Berengar von Tours, sein Leben und seine Lehre; Grabmann, a. a. O. S. 218—224; Ueberweg, a. a. O. S. 178. Vernet, Bérenger de Tours (Dict. théol. cathol., H XII, S. 729). Endres, Studien z. Gesch. d. Frühscholastik (Berengar), Philos. Jahrb. 1913. S. 160—169. — Picavet, Les discussions sur la liberté au temps de Gottschalc, de Rhaban Maur, d'Hincmar et de J. Scot (Paris, 1876). — Gabriel Brunhes, La foi chrétienne et la philosophie au temps de la renaissance carolingienne, 1903. Gute Monographie. Endres, Die Dialektiker und ihre Gegner im 11. Jahrhundert (Philos. Jahrb. 1906). — Über Otloh: Dümmler, Über den Mönch Otloh von Emmeram (Sitz. d. k. pr. Akad. d. Wiss. Berlin, 1895, 2, S. 1070); Endres, Otlohs von St. Emmeram Verhältnis zu den freien Künsten (Philos. Jahrb., 1904, S. 44, 72 und 1906, H. 1); Petrus Damiani und die weltliche Wissenschaft (Beitr. z. Gesch. d. Philos. im Mitt. VIII. 3, 1910). Sorgfältig. Manegold von Lautenbach (Histor.-polit. Blätter, 1901, S. 127, 389, 486), Grabmann, a. a. O. S. 178—246; zusammenfassend. Über Manegold: Baeumker, Der Anteil des Elsaß an den geistigen Bewegungen des Mittelalters. Rede, Straßburg, 1912). Enthält die Bibliographie. Hirzel, Abt Heriger von Lobbes. Leipzig, Teubner, 1910.

Drittes Kapitel.
Die Philosophie im 12. Jahrhundert.

166. Übersicht. — Das 12. Jahrhundert verleiht der mittelalterlichen Kultur ihr endgültiges Gepräge; es fixiert die religiöse, soziale und künstlerische Anschauung des Abendlandes und bringt die nationalen Züge der zu einer dominierenden Rolle in der Politik berufenen Völker zum Ausdruck.

Die Schulen von Chartres und Paris sind der Schauplatz der heftigsten Kämpfe. Während der ersten Hälfte des 12. Jahrhunderts ist Chartres die höchststehende Bildungsstätte; dann verbleicht sein Ruhm vor dem der Pariser Schulen, deren Ausdehnung zu Ende des 12. Jahrhunderts die Begründung der ersten Universität des Mittelalters zur Folge hat.

In den philosophischen Anschauungen bekundet sich eine außerordentliche Erregung, welche verwickelte und heterogene Bewegungen erzeugt. Die

---
1) Migne, P. L., Bd. 150, Sp. 323.
2) Endres, Die Dialektiker, S. 33.

Scholastik (1. Abschn.) nimmt von neuem das Problem der Universalien auf und das Bekanntwerden der neuen logischen Schriften des Aristoteles schürt das Feuer der Diskussionen. Der extreme Realismus (§ 1) erweckt allerseits Gegner, die in der verschiedensten Form (§ 2) die Individualität des Wirklichen mit der Allgemeinheit des Gedachten zu vereinbaren suchen.

Als ein hervorragender Streiter tritt Abaelard auf; aber seine Bedeutung wird übertrieben und sein Zeitgenosse Gilbert de la Porrée hat für die definitive Lösung mehr als er geleistet (§ 3). Gleichzeitig vervollkommnen sich die didaktischen Methoden, die Terminologie wird präziser und wichtige Lehren gelangen zur Ausbildung. Ist auch bei den Scholastikern des 12. Jahrhunderts nicht der völlig harmonische Charakter der großen Systeme zu finden, so gibt es da doch interessante Versuche zu Synthesen, so die Arbeiten des Joh. von Salisbury und Alanus von Lille (§ 4).

Eine andere Richtung als die Scholastik schlagen verschiedene pantheistische Schulen (2. Abschn.) ein, welche unmittelbar auf Joh. Scotus zurückgehen. Der materialistische Epikureismus erhebt gleichfalls sein Haupt und nimmt in den Lehren der Katharer und Albigenser neue Gestalt an.

Zu gleicher Zeit erfolgt eine heftige theologische Bewegung (3. Abschn.) und die Diskussionen scheinen sich um das christologische und Trinitätsdogma zu konzentrieren.[1]) Trotz aller Widerstände und nach verschiedenen Versuchen triumphiert die „dialektisch" genannte Methode und ihr Aufkommen eröffnet die glänzendste Aera der Geschichte der dogmatischen Theologie (§ 1). Endlich finden wir in St. Victor ein lebhaftes Aufblühen des orthodoxen Mystizismus; hier vereinigt eine markante Persönlichkeit die dreifache Eigenschaft des Philosophen, Theologen und Mystikers (§ 2).

Das 12. Jahrhundert ist in jeder Beziehung die Ankündigung und Vorbereitung der Blüte der mittelalterlichen Spekulation.

Erster Abschnitt.

Die Scholastik.

§ 1. Der extreme Realismus (1. Hälfte des 12. Jahrhunderts).

167. Einteilung. — Die erste Hälfte des 12. Jahrhunderts erlebt eine Wiederkehr des extremen Realismus, welcher dem Inhalte unserer Art- und Gattungsbegriffe eine allgemeine Wesenheit zuschreibt, ohne aber die pantheistische Einheit des Seins oder der Substanz zu lehren. Die realistischen Theorien des 12. Jahrhunderts lassen sich in zwei Hauptgruppen gliedern: 1. Die Thesen Wilhelms von Champeaux; 2. Der Realismus von Chartres.

168. Erste Gruppe: Die Thesen Wilhelms von Champeaux. — Der erste Name, der uns entgegentritt, ist der Wilhelms von Champeaux, geboren im Jahre 1070 in Champeaux, gestorben 1120 als Bischof von Chalons. In seiner Jugend hörte er Manegold von Lautenbach, Anselm von Laon in der berühmten Schule von Laon, welche zu Beginn des 12. Jahrhunderts zu den

---

1) Grabmann, a. a. O. II,

besuchtesten Europas gehörte. Im Jahre 1103 lehrt er in der Domschule zu Paris und vertritt hier Anschauungen, welche denen Roscelins, den er in Compiègne gehört hatte, diametral entgegensetzt sind. Er selbst fand übrigens seinen Gegner in der Person eines seiner Schüler, des Abaelard.

Die Hauptquellen für das Verständnis der Lehre Wilhelms von Champeaux sind die Schriften Abaelards und die Abhandlung „De generibus et speciebus." Seine dialektischen Schriften sind verloren gegangen; von seinen übrigen Werken erwähnen wir eine Schrift „Sentenzen," aus welcher Lefèvre Auszüge veröffentlicht hat.[1])

Nach Abaelard und der Abhandlung „De generibus" hat Wilhelm von Champeaux in seinen Anschauungen über die Universalien geschwankt. Die verschiedenen Gestaltungen derselben sind:

1. Theorie der Identität. Das allgemeine Wesen ist einheitlich und identisch in allen Besonderungen; in jeder derselben ist es mit seiner gesamten Realität enthalten; das Einzelding ist nur eine akzidentelle Modifikation der spezifischen Substanz, die Art nur ein Akzidens des Gattungswesens.[2])

Diese Lehre war leicht ins Lächerliche zu ziehen. Wenn jeder Mensch, sagte man, die ganze menschliche Art ist, so ist diese ganz in Sokrates, der sich in Rom befindet, und in Platon, der in Athen weilt, enthalten. Demnach wird Sokrates, da er das ganze menschliche Wesen enthält, überall da gegenwärtig sein, wo dieses sich findet: zu gleicher Zeit wird er sich in Rom und in Athen befinden, was absurd ist.[3])

Von Abaelard verspottet, sah sich Wilhelm genötigt, die Schule von Notre Dame zu verlassen (1108). Etwas später lehrte er in der Schule von St. Victor, die er begründet haben soll, eine neue Theorie.

2. Theorie der Indifferenz. „Sic autem istam tunc suam correxit sententiam ut deinceps rem eamdem non essentialiter, sed indifferenter diceret."[4]) Wilhelm unterwirft sich den Argumenten seiner Gegner und kehrt sich vom extremen Realismus ab, denn er vertritt nun den „Indiffe-

---

1) G. Lefèvre, Les variations de Guillaume de Champeaux et la question des universaux (Lille, 1898).

2) „Erat autem (Willelmus) in ea sententia de communitate universalium, ut eamdem essentialiter rem totam simul singulis suis inesse adstrueret individuis: quorum quidem nulla esset in essentia diversitas, sed sola multitudine accidentium varietas" (Abael. op. éd. d'Amboise, S. 5). Dieselbe Formulierung in „De generibus et speciebus" (hrsg. von Cousin in: Ouvr. inéd. d'Abélard; S. 513).

3) De gener. et specieb., S. 514. Diese Widerlegung der schönen Lügen („pulchra mentientes") des Realismus findet sich in einer von Hauréau herausgegebenen anonymen Schrift (Not. et extr. de qqes man. lat. V, 306): „Sed quotiescumque homo qui est in Socrate agit vel patitur, et homo qui est in Platone agit vel patitur, cum sit eadem essentia, et sic (Platone) agente atiquid, agit Socrates et quaelibet alia substantia, et flagellato Socrate, flagellatur quaelibet alia substantia quod est inconveniens et etiam haeresis" (Nr. 17813, Bibl. nation., fol. 16).

4) Cousin, Ouvrag. inéd. d'Abélard, S. 6. In diesem Texte liest Hauréau „individualiter" statt „indifferenter" (Not. et extr. de qqes man. lat. V, 324, und Hist. de la philos. scol. I, 338). Dann wäre W. von Champeaux nicht der Begründer der Indifferenzlehre. Wir lesen mit Cousin „indifferenter", denn welchen Sinn könnte die von Hauréau dargebotene Formulierung („dieselbe Wirklichkeit, die nach ihrer Individualität in allen Individuen existiert", „ut eamdem individualiter rem totam simul singulis suis inesse adstrueret" haben?

rentismus", eine Lösungsart, die im Beginn des 12. Jahrhunderts einen großen Erfolg haben sollte. Abaelard fügt hinzu, Wilhelm hätte, auch in seiner neuen Stellungnahme geschlagen, die Waffen gestreckt[1]; muß man hier aber nicht die wohl bekannte Ruhmredigkeit Abaelards in Anschlag bringen? Die „Sentenzen" Wilhelms enthalten zweifellos eine dritte Formulierung, die aber, wie der Indifferentismus, antirealistischen Gepräges ist und jenen nur ergänzt.

3. *Theorie der Ähnlichkeit der Wesenheiten.* Diese sind in den Individuen wirklich vervielfacht, obwohl in jedem derselben ähnlich.[2] Roscelin und Abaelard lehren nicht anders.[3]

169. **Zweite Gruppe: der Realismus von Chartres. Bernhard von Chartres.** — Die von Fulbert begründete Schule von Chartres ist im 12. Jahrhundert eine Hochburg des Platonismus und extremen Realismus.[4] Bernhard von Chartres — nicht zu verwechseln mit Bernhard von Tours (Silvestris) oder mit Bernhard von Moélan[5] — eröffnet die interessante Reihe der Lehrer von Chartres. Er lehrt vor 1117 und zählt in diesem Jahre Gilbert de la Porrée zu seinen Hörern, später (vor 1120) auch Wilhelm von Conches und Richard l'Evêque. Seit 1119 Kanzler der Kirche zu Chartres, starb Bernhard vor 1130.

Er hinterließ einen Traktat „De expositione Porphyrii." Durch Joh. von Salisbury, der ihn „perfectissimus inter Platonicos saeculi nostri"[6] nennt, besitzen wir überdies einige kurze Bruchstücke verloren gegangener Schriften. Bernhard ist kein Psychologe, aber durch seine Metaphysik und Kosmologie interessant.

Der Philosoph von Chartres schreibt die **objektive Existenz des Allgemeinen** nicht bloß dem Art- und Gattungswesen, sondern auch den Akzidenzen zu. Streng genommen, verdienen bloß diese allgemeinen Wesenheiten den Namen des Seienden, denn die Sinnendinge sind nur Schatten, welche nach flüchtigem Erscheinen verschwinden. Das ist ein extremer Realismus in einer dem antiken Platonismus ganz verwandten Form.

Bernhard gibt diesen Wesenheiten ihren bestimmten Platz in der metaphysischen Welt. Er nimmt eine dreifache Klasse von Wesen an: Gott, die höchste, ewige Wirklichkeit; die Materie, durch den göttlichen Schöpfungsakt aus dem Nichts gezogen und durch ihre Verbindung mit den Ideen die Erzeugerin der Sinnenwelt; die Ideen oder urbildlichen Formen, vermöge deren die Welt des Seienden und Möglichen dem unendlichen In-

---

1) „Cum hanc ille correxisset, immo coactus dimisit sententiam" (Cousin, ebenda).

2) „Ubicumque personae sunt plures, plures sunt et substantiae … Non est eadem utriusque (scil. Petri et Pauli) humanitas, sed similis, cum sint duo homines" (Guillelmi Campellensis Sententiae vel quaestiones XLVII, ed. Lefèvre, S. 24).

3) Lefèvre ist nicht dieser Ansicht. Da die zweite und dritte Formel zum extremen Realismus im Gegensatz stehen, so kann man mit Dehove (a. a. O., n. 171, S. 52) sagen, daß W. von Champeaux nur zwei Lehren verlrat: den extremen Realismus, den er aufgab, um antirealistische Formeln zu adoptieren.

4) Doch gab es in Chartres auch Antirealisten. Clerval, a. a. O. S. 266. Vgl. Gilbert de la Porée.

5) Ebda , S. 158 ff.

6) Metalog. IV, 35. P. L. Bd. 199, c. 938.

tellekt von Ewigkeit her vorschwebt. Welche Beziehungen stellt der Philosoph von Chartres zwischen diesen drei Prinzipien her? Nach Joh. von Salisbury, der über die Lehren Bernhards berichtet, hätte dieser geschwankt; bald hätte er zwischen die der Gottheit immanenten Ideen und die vergänglichen Dinge ein vermittelndes Prinzip, die ursprünglichen Formen, Abbilder der göttlichen Ideen in der Materie und von diesen verschieden,[1]) gelehrt, bald wieder die unmittelbare Durchdringung der Materie durch die Ideen oder die Identität der göttlichen Idee mit der ursprünglichen Form.[2])

Würde diese zweite Auffassung vorherrschen, so wäre Bernhard Pantheist und wir müßten ihn zu den Antischolastikern rechnen. Hierzu bedürfte es aber ausdrücklicher Erklärungen, die wir bei dem Philosophen von Chartres nicht finden. Diese Zweifel werden durch den Umstand gestützt, daß er die Erschaffung der Materie in der Zeit lehrt.

Bernhard betrachtet die „materia primordialis" des Universums als eine schon bestehende, aber chaotische Masse (Timaeus), welche vermöge eines immanenten Prinzips, der Form, einer Reihe von Umwandlungen unterliegt. Dieser Dynamismus, welcher die aristotelische Theorie des Hylemorphismus entstellt, bildet eine der Lieblingsanschauungen der Schule von Chartres. Ihr entspricht eine andere These, deren platonischer Ursprung nicht zweifelhaft ist: die, personifizierte, Natur ist ein besonderer, den Einzeldingen, die sie enthält, überlegener Organismus; insofern besitzt sie eine Seele. Zahlenverhältnisse (Pythagoras) beherrschen die Formung der Natur durch die Weltseele wie die der körperlichen Dinge durch die Ideen.

Bernhard von Chartres hatte zahlreiche Schüler. Noch größer war die Menge der Hörer, welche die Vorlesungen seiner Nachfolger besuchten, namentlich jene Thierrys, des jüngeren Bruders Bernhards, durch welchen die Schulen von Chartres ihren höchsten Glanz erreichten.

170. Thierry von Chartres. — Im Jahre 1121 magister scholae in Chartres, lehrte Thierry 1140 in Paris, wo er Joh. von Salisbury zum Schüler hatte. Um 1141 kehrte er nach Chartres zurück, wurde Nachfolger des Gilbertus Porretanus im Kanzleramt und starb 1155.

Von Schriften Thierrys kennt man „de sex dierum operibus", „Heptateuchon", einen Kommentar zu „de inventione rhetorica ad Herennium". Thierry ist die Personifikation der lebhaften humanistischen, platonisierenden, wissenschaftlichen Strömung, welche in der Mitte des 12. Jahrhunderts in den Schulen von Chartres herrschte.

Das Trivium stand hier in großem Ansehen. Das Studium der rhetorischen Vorschriften und die Kenntnis der großen lateinischen Klassiker galt als die unerläßliche Grundlage aller wissenschaftlichen Bildung. Von Chartres gingen die Angriffe auf die Cornificier aus, welche den Studienplan einschränken und die Pflege der literarischen Form abschaffen wollten (s. unten).

---

1) Ebda.
2) Ebda., II, 17, c. 875.
3) Neben Wilhelm von Conches nennt Joh. von Salisbury aus der Schule Bernhards Richard von Coulances (122), Lehrer in Paris, gestorben als Bischof von Avranches (1182), Verfasser von Bemerkungen zu Aristoteles, die sich nicht erhalten haben.

Um 1130 stellte sich Thierry an die Spitze einer heftigen Fehde gegen diese Partei der Unbildung. Er verdiente es, von Joh. von Salisbury als „artium studiosissimus investigator" bezeichnet zu werden.

Der von Thierry in der Logik erzielte große Fortschritt ist uns bereits bekannt: sein „Heptateuchon", das Handbuch der sieben freien Künste in Chartres, erwähnt beträchtliche Teile des „Organon", dessen Verbreiter er wahrscheinlich war. Woher empfing Thierry dieses kostbare Erbe, welches seine Vorgänger nicht verwertet hatten? Clerval, der das „Heptateuchon" entdeckt hat, sagt uns nichts darüber. Thierry war einer der gelehrtesten Männer seiner Zeit und äußerst bestrebt, sich wissenschaftliche Beziehungen zu verschaffen. Im Jahre 1144 sandte ihm namentlich Hermann der Dalmate die Übersetzung des „Planisphaerium" des Ptolemaeus (aus dem Arabischen ins Lateinische übersetzt).

Die Metaphysik Thierrys säumte nicht, sich im Sinne des extremen Realismus auszusprechen, der sich in Chartres eingebürgert hatte und hier bis zum Verfalle der Schulen sich erhielt. Von mancher Seite wird sogar behauptet, er habe die schmale Grenze zwischen dem extremen Realismus und Pantheismus überschritten (Hauréau, Clerval). Thierry ist aber nicht so weit gegangen. Seine Lieblingsuntersuchungen über das Überwesen Gottes, die Wesensabhängigkeit der Geschöpfe vom Schöpfer ist mit Vorsicht aufzufassen; besonders ist seiner zu bereitwilligen Aufnahme pythagoreischer Reminiszenzen betreffs der Einheit und der Erzeugung jeder Zahl aus dem Grunde der Einheit mit Mißtrauen zu begegnen. Gott ist das Ewige, die oberste, der Zweiheit vorangehende Einheit. Alles andere existiert nur vermöge der Durchdringung des Unendlichen („divinitas singulis rebus forma essendi est"[1].

Ist aber auch Gott für jedes geschaffene Ding das innere Prinzip seines wirklichen Vorhandenseins im Reiche des Physischen, so hat dieses Ding deshalb doch ein von Gott, dessen Werk es ist, unterschiedenes Wesen. Dies gibt Thierry ausdrücklich zu[2]. Er hätte sich gegen jeden Vorwurf des Pantheismus gewendet, mit demselben Rechte wie Meister Eckehart und andere Mystiker des 14. Jahrhunderts, welche einen ähnlichen Unterschied zwischen dem jedem Geschöpf eigenen **individuellen Wesen** und dessen **göttlichen Wesen** („esse formale") machten[3]. Doch ist es richtig, daß trotz der Gegenerklärungen ihrer Urheber diese Systeme sich mittels einiger logischer Prozeduren leicht in antischolastische Theorien umwandeln lassen[4].

---

1) „At aeternum nihil aliud est quam divinitas; unitas igitur ipsa divinitas est. At divinitas singulis rebus forma essendi est; nam, sicut aliquid ex luce lucidum est, vel ex calore calidum, ita singulae res suum ex divinitate sortiuntur. Unde Deus totus et essentialiter ubique esse vere perhibetur. Unde vere dicitur: Omne quod est ideo est quia unum est" (Hauréau, Not. et extr. I, 63). Baeumker hat dargetan, daß in dem letzten Satze „ideo est", nicht „in deo est" zu lesen ist (Arch. f. Gesch. d. Philos. X, 138, A. 37). Diese pythagoreisch gefärbte Wendung findet sich bei den meisten Zeitgenossen. So versagt eines der gewichtigen Argumente jener, welche Thierry zum Pantheisten stempeln.

2) „Sed cum dicimus singulis rebus divinitatem esse formam essendi, non hoc dicimus quod divinitas sit aliqua forma, quae in materia habeat consistere" (Hauréau, ebda.).

3) Diese Erklärung gibt Baeumker (a. a. O. S. 139), dem wir uns hierin anschließen.

4) Vgl. die Philosophie des Eckehart und des Nicolaus von Cusa.

In seiner Kosmologie huldigt Thierry den Anschauungen seines Bruders, wobei er deren Einklang mit dem biblischen Schöpfungsberichte dartut. In der Schrift „de sex dierum operibus" machen sich rein peripatetische physikalische Theorien über den Raum, die notwendig kreisförmige Himmelsbewegung und das Schweben der unbewegten Erde im Weltmittelpunkte bemerkbar[1]). Diese und ähnliche, von Gilbertus Porretanus und Wilhelm von Conches wieder aufgenommenen Lehren erregen die Vermutung, daß um die Mitte des 12. Jahrhunderts die Philosophen von Chartres die erste Bekanntschaft mit den lateinischen Übersetzungen der „Physik" machten, welche Gundissalinus zwischen 1125 und 1140 am Hofe von Toledo unternahm[2]).

171. Wilhelm von Conches. — Man kann Wilhelm von Conches (um 1080—1154) wegen seines Lehrers Bernhard von Chartres (von 1110 bis 1120), wegen seines Humanismus und seines Streites mit den Cornifizienten, wegen seiner Beschäftigung mit den Naturwissenschaften und seiner ersten philosophischen Lehren der Schule von Chartres angliedern. Nachdem er um 1122 in Paris gelehrt hatte, wurde er Erzieher Heinrichs Plantagenet. Außer verschiedenen Glossen zum „Timaeus" und zu „de consolatione philosophiae"[3]) hat Wilhelm einen Traktat „de philosophia mundi" verfaßt — häufig Beda Venerabilis und Honorius von Autun[4]) zugeschrieben —, ferner eine Schrift „Dragmaticon philosophiae" sowie eine „Summa moralium philosophorum", unter verschiedenen Titeln zitiert und einer großen Anzahl von Philosophen, meistens Hildebert von Lavardin[5]) zugeschrieben.

Im Beginne seiner Laufbahn neigte Wilhelm dem extremen Realismus zu. Namentlich durch eine bedenkliche Verpflanzung des Pythagoreismus in die Theologie verführt, ging er soweit, eine Lehre zu verfechten, welche auch Bernhard und Thierry von Chartres vertreten zu haben scheinen, nämlich die Angleichung des Heiligen Geistes an die Weltseele. Von Wilhelm von St. Thierry angegriffen, widerrief er und entsagte seiner Metaphysik, um sich dem Studium der Wissenschaften zu widmen.

In den Schulen von Chartres standen die medizinischen Studien in Ansehen[6]). Wilhelm von Conches machte sich — aus den Übersetzungen des Constantinus Africanus — mit den physiologischen Theorien Galens und Hippokrates' bekannt und setzte sie zum Verfahren der sinnlichen Erkenntnis in Beziehung. Constantinus war es, der in die abendländischen

---

1) Vgl. Aristoteles, Physik IV; de caelo et mundo 1 u. II.

2) Dies ist die Hypothese Duhems, Du temps la Scolastique latine a connu la Physique d'Aristote. S. 114. Anm. 6.

3) Jourdain, Excurs. histor. et philosoph. à travers le moyen âge, 1888. Nach Jourdain wäre Wilhelm von Conches bis zum 14. Jahrhundert der offizielle Interpret von „de consolatione" gewesen. Sein Kommentar ward von Nicolaus Triveth (1258—1328) plagiiert.

4) Hauréau, Not. et extr. de qqes man. V, 195.

5) Duhem, La Physique néoplaton. an moyen âge (Rev. quest. histor. 1910, S. 393), bezweifelt die Existenz einer „magna de naturis philosophia", von welcher, wie er sagt, kein Exemplar bekannt ist.

6) Man besaß „De arte medica" des Arztes Alexander, die „Isagoge Johannitii", die „Aphorismen" des Hippokrates, „De pulsibus" des Philaretes, „De urinis" des Theophilus, die „Theorica" des Constantinus Africanus und Kommentare des Galen (Clerval, a. a. O. S. 240).

Schulen das Studium des physiologischen Korrelats des Erkennens einführte; er räumt den organischen Funktionen einen großen, sogar zu großen Platz ein, denn er läuft Gefahr, die psychische und physiologische Seite der Empfindung zu vermengen. Adelard von Bath, Wilhelm von St. Thierry, Wihelm von Hirschau und viele andere haben seinen Einfluß erfahren, dem wir im 13. Jahrhundert wieder begegnen.

Während die beiden Schulhäupter von Chartres eine dynamische Welterklärung geben, greift Wilhelm in der Kosmologie zur Hypothese der Atome. Die vier Elemente führt er auf Kombinationen gleichartiger, unsichtbarer Teilchen zurück[1]). Alle Naturgebilde entspringen dieser Plastizität der Atome, auch der menschliche Körper mit seinen höchsten Lebenskräften; dies bedeutet, daß die Seele in keiner Hinsicht die konstitutive Form des Leibes ist. Es darf nicht wundernehmen, wenn man bei Wilhelm von Conches die Theorie der Weltseele wiederfindet; sie koëxistiert in jedem Menschen mit einer Sonderseele.

Die „Summa moralium philosophorum" Wilhelms von Conches ist einer der seltenen ethischen Traktate des früheren Mittelalters. Sie ist eine der Selbständigkeit ermangelnde, besonders aus Seneca („De beneficiis") und Cicero („De officiis") entlehnte Zusammenstellung von Vorschriften. Ihrem Beispiele folgend, wendet sich der Verfasser Einzelfragen, z. B. der Unterscheidung des Nützlichen und Anständigen, der eingehenden Schilderung der Tugenden, zu; er hat die Beschränkung der scholastischen Ethik nicht begriffen und sagt nichts über die Grundbegriffe des Endzweckes und der Sittlichkeit. Das wissenschaftliche Studium der Moral gelangt erst im 13. Jahrhundert zu voller Ausbildung.

172. Bibliographie. — Fragmente Wilhelms von Champeaux bei Migne (Bd. 163) und Lefèvre, Les variations de G. de Champeaux et la question des universaux (Lille, 1898). Gut; einige irrige Auffassungen des Textes. Michaud, G. de Ch. et les écoles de Paris au XIIe s. (Paris, 1867); H. Dehove, Qui praecipui fuerint labente XIIe s. ante introductam arabum philosophiam temperati realismi antecessores (Lille, 1908). Gut und präzis. Hurtault, Théologie de G. de Champeaux (Rev. sc. ecclésiast. et sc. cathol., 1908 und 1909); Adlhoch, War Wilhelm von Champeaux Ultrarealist? (Philos. Jahrb. 1909); Picavet, Note sur l'enseignement de G. de Champeaux d'après l'Historia calamitatum d'Abélard (Rev. intern. enseign. Okt. 1910). Bringt nichts Neues. — Fragmente Bernhards von Chartres bei Joh. von Salisbury (P. L. Bd. 199, Sp. 666 und 938). — Von Thierrys „De sex dierum operibus" bei Hauréau (Not. extr. ms. Bd. 32, S. 2 und 187; P. Thomas, Mélanges, 1884, bringt Auszüge aus dem Kommentar zu „De inventione rhetorica"). — Wilhelm von Conches: „De philosophia mundi", P. L. Bd. 172, Sp. 39; „Dragmaticon", Bd. 90, unter dem Titel „Elementorum philosophiae l. IV". Fragmente der Glossen und Kommentare bei Cousin, Ouvr. inéd. d'Abélard, S. 669; Jourdain, Not. et extr., Bd. 20, S. 2. Artikel Baeumkers in: Wetzer und Weltes Kirchenlexikon II, 1885. Über die Schule von Chartres vgl. das wichtige Werk Clervals (op. cit.). — Werner, Die Kosmologie und Naturlehre des scholast. Mittelalters mit spezieller Beziehung auf Wilhelm von Conches (Sitzungsber. d. k. Akad. d. Wissensch. Philos Klasse, Wien, 1873, Bd. 75, S. 309). Quellenmäßig, sehr gut. — Steinschneider, Constantinus Africanus und seine arabischen Quellen (Arch. f. pathol. Anatomie u. Physiolog., Bd. 37, S. 351). Untersuchung betreffs seiner Schriften. — Reiners, op. cit., Duhem, op. cit.

---

1) „Elementa sunt simplae et minimae particulae, quibus haec quatuor constant quae videmus. Haec elementa nunquam videntur, sed ratione divisionis intelliguntur" (Elementa philosoph. I, Migne, Bd. 90, Sp. 1132).

§ 2. Die Gegner des extremen Realismus.

173. Die antirealistischen Formulierungen. — Unter diesem Titel gruppieren wir zahlreiche Lösungen, welche innerhalb der ersten Hälfte des 12. Jahrhunderts auftauchen und den Kampf gegen den extremen Realismus fortsetzen[1]). Im Sinne des Boëthius gehen sie von der Behauptung aus, daß die Gattungen und Arten nichts anderes sind als das unter verschiedenen Gesichtspunkten betrachtete Einzelding. Dieser Gruppe sind die Lehren Adelards von Bath und Walthers von Mortagne, der Indifferentismus und die Theorie der „collectio" anzugliedern.

174. Adelard von Bath und die „respectus"-Theorie. — Der Engländer Adelard von Bath, Lehrer in Paris und Laon, gehört zu den ersten, welche daran dachten, ihre wissenschaftliche Ausbildung durch eine Reise nach Griechenland und Spanien zu vervollständigen. Die Frucht dieser Berührung mit einer unbekannten Welt sind die „Quaestiones naturales". Außer einer Übersetzung des Euklid aus dem Arabischen (um 1116) und mathematischen Abhandlungen verfaßte Adelard eine Schrift „De eodem et diverso" (um 1105—06), die dem Bischof Wilhelm von Syrakus gewidmet ist. Es ist dies ein Dialog zwischen der Philosophie (dem Unveränderlichen, de eodem) und der Philokosmie (dem veränderlichen Wissen, de diverso), welcher platonische Einschläge aufweist, wie sie von älteren Quellen (Chalcidius, Augustinus, Boëthius) und besonders von den zeitgenössischen Erzeugnissen der Schule von Chartres ausgehen[2]).

In der Schrift „De eodem et diverso" findet sich der prinzipielle Gegensatz zum extremen Realismus. Ein und dasselbe konkrete Wesen ist Gattung, Art, Individuum zugleich, aber in verschiedener Hinsicht (respectus)[3]). Gattung und Art sind Betrachtungsweisen des Einzelnen, sie sind das Objekt einer tiefer dringenden Anschauung („altius intuentes, acutius considerata")[4]). Demnach ist die Einheit des Gattungsmoments in verschiedenen Individuen nur begrifflicher, nicht realer Art, und die Theorie des „respectus" stellt eine der Formen des Antirealismus dar. Die psychologische Seite des Problems erörtert Adelard nicht weiter; in seiner Schrift herrscht die logische Betrachtungsweise der Aussage vor und dies bildet eine Quelle von Schwierigkeiten bei der Interpretation des Textes[5]).

Adelard ist aber mehr als ein bloßer Gegner des extremen Realismus.

---

1) „Antirealismus" bedeutet also nur den Gegensatz zum extremen Realismus.

2) Die Schrift enthält auch eine kurze Darlegung der freien Künste, und was Adelard über die Dialektik bemerkt, zeigt, daß er das Ganze der Teile des Organon kennt. Willner, a. a. O. S. 97).

3) „Si res consideres, eidem essentiae et generis et speciei et individui nomina imposita sunt, sed respectu diverso" (ebd., S. 11).

4) „Eosdem autem acutius intuentes, videlicet non secundum quod sensualiter diversi sunt, sed in eo quod notantur ab hac voce, homo speciem vocaverunt" (S. 11). „Quoniam igitur illud idem quod vides, et genus et species et individuum sit, merito ea Aristoteles non nisi in sensibilibus esse proposuit. Sunt enim ipsa sensibilia, quamvis acutius considerata" (S. 12).

5) Willner bringt im Anhang (nach Hauréau, Not. et extr. V, S. 293—296) einen anonymen Kommentar zur Isagoge, welcher denselben Gesichtspunkt einnimmt wie die Schrift „De eodem et diverso".

Die Schrift „De eodem et diverso" und die „Quaestiones naturales" zeigen ihn uns als Psychologen und Forscher. Seine Psychologie ist vom Platonismus und Augustinismus beeinflußt. Die intellektuelle Erkenntnis, die Quelle der Gewißheit, ist angeboren und die Sinne sind in keiner Weise die Ursachen derselben. Die von Gott erschaffene unsterbliche Seele ist substantiell von dem Leibe, mit dem sie gewaltsam verbunden ist, völlig unabhängig. Die Seelenkräfte sind mit der Seele identisch. Von Constantinus Africanus übernimmt Adelard eine Theorie betreffs der Lokalisationen der Seelenfunktionen sowie verschiedene physiologische Begriffe, die von Galen und Hippokrates herrühren. Seine Psychologie bekundet ein ernstliches Bemühen um Beobachtung und Erfahrung. — Die Kosmologie Adelards ist wie die Wilhelms von Conches ein dem Demokritischen verwandter Atomismus; sie betont die pythagoreische Idee der Einheit und Harmonie und betrachtet das Universum als einen gewaltigen Organismus.

175. **Walther von Mortagne und die „status"-Theorie.** — Geboren in den ersten Jahren des 12. Jahrhunderts zu Mortagne in Flandern, wurde Walther[1]) in der Schule von Tournai herangebildet. Von 1126 bis 1144 lehrte er der Reihe nach auf dem Berge St. Geneviève Rhetorik und Philosophie und starb 1174 als Bischof von Laon. Wir besitzen von ihm einen „Tractatus de sancta trinitate" und sechs kleine Schriften von geringerer philosophischer Bedeutung. Walther erweist sich in einem Schreiben an Abaelard als Platoniker, indem er den Leib als ein Hindernis für die höheren Einsichten der Seele betrachtet.

Durch Johannes von Salisbury kennen wir die von Walther von Mortagne verteidigte „status"-Formel[2]). Platon ist je nach seinen verschiedenen Zuständen (status) Individuum (Platon), Art (Mensch), niedere oder höchste Gattung (Lebewesen, Substanz). Der Text des Joh. von Salisbury ist knapp und schwer zu erklären[3]), Ist nicht der „status" Walthers von Mortagne nur eine neue Bezeichnungsweise für den „respectus" des Adelard von Bath, da ja beide sich betreffs der realen Identität des Einzelwesens, der Art und der Gattung ähnlich ausdrücken?[4]) Dies ist unsere Auffassung.

Nach einer Annahme Hauréaus wäre Walther der Verfasser des in Nr. 17813 der lateinischen Schriften der Bibliothèque nationale enthaltenen Textes[5]), in welchem wir einer neuen Formel begegnen: dem Indifferentismus.

---

1) Vgl. meine „Histoire de la Philosophie en Belgique" (2. éd. 1910), S. 34.
2) Metalog. II. 17: „Eorum vero, qui rebus inhaerent (die Realisten), multae sunt et diversae opiniones, siquidem hic, ideo quod omne quod est, unum numero est (Migne druckt mit Unrecht: omne quod unum est, numero est) aut rem universalem, aut unam numero esse, aut omnino non esse concludit . Partiuntur itaque status duce Gautero de Mauritania, et Platonem, in eo quod Plato est, dicunt individuum; in eo quod homo, speciem; in eo quod animal, genus, sed subalternum; in eo quod substantia, generalissimum" (Migne, P. L. Bd. 199, S. 874 u. 875).
3) Joh von Salisbury erwähnt noch eine Theorie des „status".
4) Diese Stelle des „Polycraticus" (VII, 12: Ed. Webb, I, 14) schreibt dem „status" eine begriffliche Funktion zu und behauptet die alleinige Existenz der Einzeldinge: „Inde est quod sensibilibus aliisque singularibus apprehensis quoniam haec sola veraciter esse dicuntur, ea in diversos status subvehit, pro quorum ratione in ipsis singularibus specialissima generalissimaque constituit."
5) Not. et extr. d. qqes man. latins. V, 313 ff.

176. Der Indifferentismus. — Außer der angeführten Quelle besitzen wir zur Beurteilung des Indifferentismus eine in „De generibus et speciebus" enthaltene Darlegung und Widerlegung, aus der wir den Ausdruck „sententia de indifferentia" hervorheben[1]. Jede Existenz ist individuell, aber in jedem Einzelwesen vereinigen sich die Bestimmtheiten, welche ihm besonders eignen und seine unterscheidende Quiddität („differens") ausmachen, ferner spezifische und generische Realitäten, die sich in den übrigen Einzelvertretern der Art und Gattung als nicht verschieden („indifferentes") finden. Als vernünftige Lebewesen bilden die Menschen ein „unum et idem"[2]. Obgleich der Text über die Art der „Einheit", die sich bei Sokrates und den übrigen Menschen findet, nichts aussagt, so kann diese doch nur ein Denkgebilde sein, denn es gibt nichts außerhalb des Einzelnen: „nihil omnino est praeter individuum"[3]. Der Indifferentismus ist zu den antirealistischen Richtungen zu zählen.

177. Die Theorie der „collectio". — Ebenso steht es unseres Erachtens mit der Theorie der „collectio", die der Verfasser von „De generibus et speciebus" verteidigt, nachdem er der Reihe nach die Theorien der Identität, des Indifferentismus und der „voces" dargelegt und widerlegt hat. Jedes Wesen existiert im individuellen Zustand. „Species" nennt man den Inbegriff (collectio) der Dinge, welche dasselbe Wesen haben, da die ihnen zugeschriebene Einheit auf ihrer natürlichen Ähnlichkeit beruht.[4]

Der Verfasser betrachtet die „species" nicht vom Gesichtspunkte des Inhalts, sondern des Umfangs des Begriffs und begeht den Fehler, die Sphäre der von diesem Inbegriff umfaßten Dinge nicht über die Reihe der in einem gegebenen Zeitpunkt existierenden Gegenstände hinaus zu verlegen. Warum werden nicht auch die möglichen Dinge hineinbezogen? Aber diese Eigenheit, aus welcher der Verfasser einige Folgerungen hinsichtlich der logischen Praedizierung zieht, hindert ihn nicht, die Grundsätze des Antirealismus zu akzeptieren[5].

---

1) Die Theorie wird auch in den „Glossulae super Porphyrium d'Abélard" (éd. Cousin, S. 552ff.) vertreten.

2) „Sed simpliciter attendatur Socrates, non ut Socrates, id est in omni proprietate Socratis, sed in quadam, scilicet in eo quod est animal rationale mortale, iam secundum hunc statum est differens et indifferens: **differens** a qualibet alia re existente hoc modo, quod ipse Socrates nec secundum statum hominis, nec secundum aliquem alium, est essentialiter aliquod aliorum; item **indifferens** est, id est consimilis cum quibusdam, scilicet cum Platone et cum aliis individuis hominis in eo quod in unoquoque eorum est animal rationale mortale. Et attende quod Socrates et unumquodque individuum hominis, in eo quod unumquodque est animal rationale mortale, sunt **unum et idem**..." (Hauréau, a. a. O. V, 313, Paris, 1892).

3) De gener. et specieb., ed. Cousin, S. 518.

4) „Et sicut Socratitas quae formaliter constituit Socratem, nusquam est extra Socratem, sic illa hominis essentia, quae Socratitatem sustinet in Socrate, nusquam est nisi in Socrate. Speciem igitur dico esse non illam essentiam hominis solum quae est in Socrate, vel quae est in aliquo individuorum, sed totam illam collectionem ex singulis aliis huius naturae coniunctam" (S. 524f.). „Neque enim diversum iudicaverunt unam essentiam illius concollectionis a tota collectione, sed idem, non quod hoc esset illud, sed quia similis creationis in materia et forma hoc erat cum illo" (S. 526).

5) Wir können nicht der Ansicht Reiners beipflichten, der in dieser Theorie einen Realismus, der gröber als der Indifferentismus ist, erblickt. Reiners, Der aristotel. Realismus in der Frühscholastik, 1907, S. 43.

Joh. von Salisbury schreibt Joscelinus von Soissons eine Theorie der „collectio" zu, welche mit der Darstellung in „De generibus et speciebus" ziemlich übereinstimmt: „Est et alius qui, cum Gausleno Suessionensi episcopo, universalitatem rebus in unum collectis attribuit, et singulis eamdem denuit".[1])

178. Ergebnis. — Ob man nun mit Adelard von Bath vom „respectus", mit Walther von Mortagne vom „status", mit den Indifferentisten vom „non differens", mit Joscelin von Soissons von der „collectio" spricht: alle diese Theorien sind Kriegserklärungen gegen den Ultrarealismus und stellen trotz ihrer verschiedenen Nuancen **Etappen in der Richtung der endgültigen Lösung** dar. Ihr unpräziser Charakter erklärt sich aus ihrem Milieu.[2])

179. Bibliographie. — Vgl. die Stellen bei Joh. von Salisbury, Metalogicus II, 17. — Die „Quaestiones naturales" des Adelard von Bath sind in einem Münchener Inkunabel vorhanden: „De eodem et diverso" ist von Willner herausgegeben: Des Adelard von Bath Traktat de eodem et diverso (Beitr. z. Gesch. d. Philos. d. Mittelalt. IV, 1, Münster, 1903), mit einer guten Studie. Haskins, Adelard of Bath (The english histor. Review, Juli 1911). Der „Tractatus de S. Trinitate" von Walther von Mortagne bei Pez, Thesaurus anecd. nov. II, 2; das Schreiben bei d'Achéry, Spicileg. III (1723). Die Schrift „De generibus et speciebus" in „Oeuvres inédites d'Abélard" hrsg. von Cousin.

Reiners, a. a. O. S. 173: interessant, sorgfältig; übertreibt die Differenzen zwischen den dargestellten realistischen Systemen. — Dehove, a. a. O.

§ 3. Abaelard und Gilbert de la Porrée.

180. Pierre Abélard (Petrus Abaelardus), geboren 1079 in Pallet, aus einer Familie von Kriegern, ist als der Ritter der Dialektik zu bezeichnen. Von der Schule Roscelins geht er zu der Wilhelms von Champeaux über; von Paris zieht er nach Melun, Corbeil und kehrt dann nach Paris zurück, um alle Welt zu philosophischen Turnieren aufzufordern. Später lehrt er selbst in der französischen Metropole die heilige Wissenschaft und läßt sich durch die Beifallsbezeugungen einer begeisterten Menge berauschen. Nach dem Erfolge kommt aber der Umschlag. Genötigt, Paris zu verlassen, irrt er von Kloster zu Kloster bis zu seinem Tode (1142) in der Abtei St. Marcel-lez-Châlons. Seine Geistesart treibt ihn mehr der Dialektik als der metaphysischen Spekulation zu und in seinen Schriften treten seine Charakterzüge zutage: ein Bedürfnis, die anderen zu kritisieren und sich selbst zu rühmen.

Zahlreich sind Abaelards Schriften. Auf dem Gebiete der dogmatischen Theologie: „Tractatus de unitate et Trinitate divina"; „Theologia christiana"; „Introductio ad theologiam", die nur der erste Teil der „Theologia" ist, der einzig erhaltene Teil dieses großen Werkes; „Sic et non". Auf philosophischem Gebiete: „Scito te ipsum seu Ethica"; „Dialogus inter philosophum, iudaeum et christianum"; Glossen zu Aristoteles, Porphyr und Boëthius; „Dialectica". Seine „Historia calamitatum" ist ein langer Bericht über seine

---

1) Metalog. II, 17.
2) Joh. von Salisbury spricht (Metal. II, 17) auch noch von einem Autor, welcher „status" durch „maneries rerum" ersetzt (Migne druckt irrtümlich „materies rerum") und faßt dies im ultrarealistischen Sinne auf. Nachdem er an die Theorie der „maneries rerum" erinnert hat, schließt er: „Longum erit, et a proposito penitus alienum, si singulorum opiniones posuero, vel errores; cum, ut verbo comici utar: Fere quot homines, tot sententiae" (II, 18).

Unglücksfälle. Hier interessiert uns nur der Philosoph; vom Theologen ist im nächsten Paragraphen die Rede.

181. Philosophie Abaelards. — Abaelard stellt zwischen der Philosophie und Theologie ein theoretisches System von Beziehungen her, welches ihn den Scholastikern anreiht. Der Mensch vermag weder das Mysterium zu begreifen („comprehendere") noch es in empirischer Weise, wie die gegebenen Objekte, zu erkennen („cognoscere seu manifestare"). Höchstens kann er sich davon vermittelst Ähnlichkeiten und Analogien ein annäherndes Bild machen („intelligere seu credere").[1]

Nach diesen grundsätzlichen Erklärungen aber macht er in der Anwendung eine Konzession: das Trinitätsdogma ist der Vernunft zugänglich. Die Griechen, sagt er, hatten davon eine Ahnung, denn in den drei Personen ist die Dreiheit von Gott, νοῦς und Weltseele wiederzufinden (neuplatonischer Einfluß). Er selbst gelangte zu sabellianischen Anschauungen, die zu seiner Verdammung führten (3. Abschn.).

Man hat Abaelard das Verdienst zugeschrieben, eine Lehrmethode, ein formales Schema eingeführt zu haben, welches den größten Erfolg haben sollte: er stellt in „Sic et non" bei der Aufstellung von 150 theologischen Fragen eine Reihe abweichender Aussprüche aus der Schrift und den Kirchenvätern zusammen. Es ist dies eine Darlegung des Für und Wider, die, weit entfernt von einem skeptischen Hintergedanken, als Vorarbeit zu einer harmonisierenden Tätigkeit dient, da die scheinbaren Widersprüche sich aus terminologischen, zeitlichen und örtlichen Unterschieden erklären lassen sollen. In seiner „Dialectica" gibt Abaelard eine analoge Zusammenstellung der profanen und kirchlichen Autoren. Das Ziel, das er in „Sic et non" verfolgt, ist ein didaktisches: die Sammlung von Diskussionsmaterial für die dialektischen Übungen in der Theologie zum Gebrauche der Anfänger („teneres lectores").[2] Das Verfahren, welches die Grundlage von „Sic et non" bildet, hat Abaelard nicht erfunden, denn es findet sich schon bei den Kanonisten zu Ende des 11. Jahrhunderts.[3] Aber Abaelard hat diesem Verfahren eine große Verbreitung in den Schulen verschafft. Diese Methode wird dann von den Summisten wieder aufgenommen und die Scholastiker des 13. Jahrhunderts vervollkommnen sie, indem sie der Darlegung des Für und Wider eine systematische Lösung angliedern.[4]

---

1) Diese Terminologie ist von Kaiser, Pierre Abélard critique, aufgestellt; vgl. Heitz, a. a. O. S. 16 ff., und Grabmann, a. O. II, 188. Abaelard ist demnach nicht Rationalist im Prinzip.

2) Es ist eine „Lehrmethode", neben welcher es übrigens auch noch andere gibt.

3) Bernold von Konstanz (gest. 1100), Dieusdedit, Ives von Chartres (gest. 1116); Grabmann, a. a. O. I, 234—246; II, 216. Ebenso bei Adelard von Bath; Willner, a. a. O. S. 40. Die „Florilegia" des früheren Mittelalters (Prosper von Aquitanien, Tajus) waren Sammlungen von Zitaten, nicht Zusammenstellungen verschiedener Anschauungen (S. 147).

4) Robert, Les écoles et l'enseignement de la Théologie, S. 170—178, schreibt der Schrift „Sic et non" einen überwiegenden Einfluß auf die Lehrmethode und die Darstellungsweise der theologischen Traktate nach Abaelard zu. Grabmann (a. a. O. II, 217—221) bestreitet diesen Einfluß nicht, aber mit der zweifachen Einschränkung, daß die „disputatio" erst zu Ende des 12. Jahrhunderts als Schulübung eingeführt wird, und daß der „logica nova", hauptsächlich der „Topik" des Aristoteles eine mindestens ebenso starke Wirkung als jener

In metaphysischer Hinsicht sammelt und übermittelt Abaelard die von Boëthius hinterlassenen Grundsätze. Er glaubt an die Weltseele, verbreitet eine falsche Theorie von Stoff und Form, entwickelt ausführlich die Lehre von den göttlichen Ideen (Platon), die er mit Augustinus als Anschauungen des göttlichen Geistes auffaßt.[1)]

Betreffs der Universalienfrage geriert sich Abaelard als Zerstörer von Systemen. Er kritisiert Roscelin und gibt namentlich dem extremen Realismus den Gnadenstoß, indem er die Lehren Wilhelms von Champeaux ins Lächerliche zieht.

Was lehrt nun Abaelard selbst betreffs der Universalien? Weder seine „Dialektik" noch seine „Glossen" lassen dies vollständig erkennen, und die von Ravaisson entdeckten und von Rémusat verwerteten „Glossulae super Porphyrium" bleiben unveröffentlicht.[2)] Joh. von Salisbury schreibt ihm die Theorie der „sermones" zu und nähert sie zweimal der Roscelins.[3)] Ist also Abaelard nur ein Verbalist wie der von ihm verspottete Lehrer? Wohl sagt er ebenso wie dieser als Dialektiker: Das Allgemeine ist das, was sich von mehreren aussagen läßt, „natum praedicari de pluribus". Eben deshalb ist es keine „res", denn eine „res", sagt er, läßt sich nicht von einem Subjekt aussagen.[4)] Aber es besteht zwischen der Theorie Abaelards und der Roscelins ein wichtiger Unterschied: das Allgemeine ist kein bloßes Wort („vox"), sondern „sermo" oder „nomen", d. h. gemäß der Terminologie des Boëthius eine Aussage in bezug auf einen bezeichneten Inhalt, eine gedachte Wirklichkeit („nomen est vox significativa").

Neben dieser Theorie über den universalen Charakter der „sermones" finden sich nicht bloß reichliche Bemerkungen über die Existenz der Einzeldinge, der einzigen Substanzen in der Natur, sondern auch die Anschauung, daß die Natur der Dinge sich in den Worten des Logikers spiegelt,[5)] sowie

---

Abaelards beizumessen ist. Er erinnert an den Ausspruch des Joh. von Salisbury: „Sine eo [scil. libro Topicarum octavo] non disputatur arte sed casu" (Metalog. 3, 10). Vgl. S. 112.

1) Introduct. ad Theolog. I und II (Abael. opera II, S. 14, 109).

2) Rémusat gibt in seinem Werke: Abélard (Paris, 1845, Bd. II, S. 93) eine Zusammenfassung. Aus einem Briefwechsel Hauréaus mit Baeumker schließt Reiners (a. a. O. S. 42), daß diese Dokumente verloren seien, aber Geyer findet sie in der Bibliothek von Lunel (Theol.Revue, 1911, S. 14). In einem Codex der Bibl. Ambrosiana (Mailand) hat Grabmann Glossen gefunden, die viele Verwandtschaft mit diesen Dokumenten haben (Theol. Quartalssch. 1911, S. 538).

3) Gleich nach der Stelle über Roscelin steht im „Metalogicus" zu lesen: Alius sermones intuetur et ad illos detorquet, quidquid alicubi de universalibus meminit scriptum. In hac opinione deprehensus est peripateticus palatinus Abaelardus noster qui multos reliquit, et adhuc quidem aliquos habet professionis huius sectatores et testes. Amici mei sunt, licet ita plerumque captivatam detorqueant litteram, ut vel durior animus, miseratione illius movetur. Rem de re praedicari monstrum ducunt, licet Aristoteles monstruositatis huius auctor sit" (Metalog. II, 17; P L., Bd. 199, S. 874). Ebenso sagt der „Polycraticus" nach der oben zitierten Stelle über Roscelin: „Sunt tamen adhuc qui deprehenduntur in vestigiis eorum (d. h. jener, welche die Universalien für „voces" halten) licet erubescant auctorem vel sententiis profiteri, solis nominibus inhaerentes, quod rebus et intellectibus substrahunt sermonibus ascribunt" (VII, 12; ed. Weber I, 142). Rémusat a. (a. O. II, 104) reproduziert ein Epitaph Abaelards, in dem zu lesen ist: „et genus et species sermones esse notavit".

4) Vgl. die Stelle des „Metalog." in der voranstehenden Anmerkung.

5) „Cum autem rerum natura percepta fuerit, vocum significatio secundum rerum proprietates distinguenda est" (Ouvr. inéd., S. 351).

der Gedanke, daß die Gattungen und Arten („species) den Individuen immanent sind, nicht außer ihnen existieren.¹) Gewiß ist zwischen diesen metaphysischen Behauptungen und der Sermonen-Theorie keine Verbindung hergestellt, aber sie besteht tatsächlich. Es hätte gezeigt werden müssen, daß die durch die allgemeinen Aussagen bezeichneten Begriffe abstrakt und universal sind und daß die Grundlage des Verallgemeinerungsprozesses durch die Ähnlichkeit der Einzelwesen gebildet wird. Aber dies wäre eine Beschreibung des Abstraktionsverfahrens gewesen und Abaelard ist kein Psycholog. Seine Bedeutung in der uns beschäftigenden Streitfrage ist geringer als man dies früher glaubte.²) Wie dem auch sein mag, wenn man vom „Nominalismus" Abaelards³) spricht, so muß man diesen Nominalismus sorgfältig von der ideologischen Theorie des modernen Positivismus, der dieselbe Bezeichnung trägt, unterscheiden und beachten, daß der Nominalismus des' 11. Jahrhunderts zwar zum extremen Realismus im Gegensatz steht, nicht aber zum gemäßigten Realismus des 13. Jahrhunderts. Ebenso ist Abaelard nicht „Konzeptualist" in dem Sinne, als ob er den Allgemeinbegriff auf eine rein subjektive Form ohne Korrelat in der extramentalen Wirklichkeit zurückführte. Abaelard hat, da er die Entstehung der Begriffe nicht erörtert, diese Frage nicht behandelt. Seine Lehren sind zwar unvollständig, atmen aber den Geist des gemäßigten Realismus, der keine derselben ablehnen würde, und so kann Joh. von Salisbury, ein Anhänger des aristotelischen Standpunktes von ihm und dessen Anhängern sagen: „Amici mei sunt".

Abaelard ist auch einer der bedeutendsten Ethiker seiner Zeit. Seine ethischen Lehren bilden noch einen Bestandteil theologischer Erörterungen, aber man sieht die rein rationalen Lösungen in der beständigen, in der Schrift „Scito te ipsum" zutage tretenden Bemühung hervorsprießen, alle ethischen Probleme auf das subjektive Gewissen zu beziehen — eine Auffassung, die in seiner Ethik zentrale Bedeutung hat. Erörterungen über die Sünde, die Freiheit, die Gnade gehören zur den Lieblingsuntersuchungen Abaelards.

Abaelard hinterließ einen großen Eindruck. Nach ihm wurde Alberich der Hauptvertreter der von ihm begründeten Schule.⁴) Unter seinem Einfluß steht auch Gilbert de la Porrée.

182. Gilbert de la Porrée. — Gilbert de la Porrée (Porretanus) wurde 1076 in Poitiers geboren, hörte Hilarius von Poitiers, Anselm von Laon, ward mit Bernhard von Chartres befreundet und lehrte selbst über zwölf Jahre in Chartres. Später (1141) wurde er Schulhaupt in Paris, und

---

1) „Neque enim substantia specierum diversa est ab essentia individuorum, nec res ita sicut vocabula diversas esse contingit Cum videlicet nec ipsae species habeant nisi per individua subsistere etc." (Dialect ; S. 204 der Ouvr. inéd.). Vgl. „nunquam etenim genus nisi per aliquam speciem suam esse contingit" (Opera II, 98).

2) Eine nicht auf Abaelard zu beziehende Stelle bei Rémusat (a. a. O. 1, 495) hat einen Irrtum in der Ausgabe dieses Werkes von 1905 veranlaßt.

3) Reiners (a. a. O. S. 58) bemerkt, es sei Abaelards Theorie des „sermo" oder des „nomen" gewesen, die den Ausdruck Joh.s von Salisbury „nominalis secta" veranlaßt habe.

4) Joh. von Salisbury schreibt: „Post discessum eius (Abaelard) adhaesi magistro Alberico, qui erat revera nominalis sectae acerrimus impugnator" (II, 10, S. 867).

Joh. von Salisbury, der hier seine Vorlesungen hörte, betont die hohe Wertschätzung, die er in der literarischen Metropole genoß. Im Jahre 1142 wurde Gilbert Bischof von Poitiers bis zu seinem im Jahre 1154 erfolgten Tode, ohne aber bei der Übernahme der Bischofsgewalt seine Lehrtätigkeit aufzugeben.

Unter den zahlreichen theologischen und philosophischen Schriften Gilberts sind die wichtigsten: „Liber sex principiorum", zwei Kommentare zu den Schriften des Boëthius „De trinitate" und „De duabus naturis in Christo", nicht aber die Schrift „De causis", welche ihm Berthaud und Clerval zuschreiben.

183. Gilberts Philosophie. — Gilbert ist nicht bloß von Boëthius und dessen deduktiver Methode beeinflußt, er verarbeitet nicht bloß die von Thierry von Chartres kommentierten, von Abaelard nicht gekannten neuen Bücher, sondern unternimmt es auch, in „Liber sex principiorum" die „Kategorien" des Aristoteles zu ergänzen. Der Stagirite untersucht nämlich nur die vier ersten Praedikamente, die Substanz und die absoluten Akzidenzien der Substanz oder, wie Gilbert sagt, die „formae inhaerentes". Der Bischof von Poitiers beschreibt die übrigen Praedikamente, d. h. die Akzidenzien, welche die Substanz in Beziehung zu anderen Substanzen voraussetzen, die „formae adjacentes". Das genügte, um ihm seinen Ruhm zu sichern. Der Liste der klassischen Lehrbücher eingereiht, wird die Schrift „Liber sex principiorum" von Albert dem Großen und Rob. Kilwardby kommentiert, vom hl. Thomas zitiert und bis zum Ausgang des Mittelalters studiert.

Gilbert ist ein entschiedener Gegner des extremen Realismus: die Wesen existieren nur in den Einzeldingen, in jedem von ihnen real vervielfacht.[1]) Die „formae nativae" oder die den wahrnehmbaren Dingen inhaerenten „subsistentia" sind Abbilder der göttlichen Ideen, von denen sie dem Wesen nach unterschieden sind. Gilbert rezipiert eine These seines Lehrers Bernhard, aber er nimmt ihr im Gegensatze zu den Tendenzen von Chartres jeden pantheistischen Sinn und bringt seine Lösung des Universalienproblems in Einklang mit der Theorie des Exemplarismus.[2]) Welches ist nun der Ursprung und Wert der Universalien? Gilbert antwortet: der Geist vergleicht („colligit") die in zahlreichen Wesen verwirklichten essentiellen Bestimmtheiten („diversae subsistentiae") und stellt aus ihren ähnlichen Existenzen eine **geistige Einheit** her, und dieses ähnliche, konforme (cumforma, von gleicher Form) Element ist es, was man Gattung, Art nennt.[3]) Oder auch: Gattung und Art sind der Inbegriff der Wesen, bei denen sich diese ähnlichen Inhalte finden, obgleich sie eigentlich jedem derselben[4]) angehören („quamvis conformes, tamen diversas").[5]) Die ratio abstrahiert

---

1) „Unus enim homo una singulari humanitate   ut pluribus humanitatibus plures homines et substantiae" (In Boëth. de duab. natur, P. L. Bd. 64, 1378).

2) „Non ideae sed idearum εἰκόνες i e imagines" (In Boëth. de Trinit., ebd. 1267).

3) „Universalia quae intellectus ex particularibus colligit   (ebd. 1374).

4) „Genus vero nihil aliud putandum est, nisi subsistentiarum secundum totam earum proprietatem ex rebus secundum species suas differentibus similitudine comparata collectio etc." (Ebda. 1389).

5) Ebda. 1262.

sie „quodammodo abstrahit, ut earum naturam perspicere et proprietatem comprehendere possit".[1]) Diese Stelle ist charakteristisch und zeigt, daß Gilbert sich sehr dem gemäßigten Realismus annähert; die Lehre von den Ähnlichkeiten der Wesen als der Grundlage des Abstraktionsprozesses ist nun endgültig aufgestellt. Gilbert gebührt der lange Zeit Abaelard zuteil gewordene Ruhm, auf den Ruinen des extremen Realismus, der „sententia vocum" und ihrer Surrogate eine Lösung angebahnt zu haben, welche zum gemäßigten Realismus des 13. Jahrhunderts sich gestaltet.

Doch ist die Metaphysik des Bischofs von Poitiers nicht frei von Schwächen. Er unterscheidet im wirklichen Wesen die wesenhaften Realitäten, die es besitzt und die sich ähnlich bei anderen Wesen finden („subsistentia, id quo est") und die individuelle Bestimmtheit, welche das Wesen in die reale Existenz setzt („substantia, id quod est").[2]) Nun neigt Gilbert zur Überspannung des Unterschiedes, der zwischen dem gemeinsamen Wesen und der individualisierten Substanz zu machen ist, und er scheint aus der letzteren einen real verschiedenen Bestandteil des ersteren zu machen. Zufolge derselben mißlichen Tendenz betrachtet er gewisse transzendentale Praedikate (wie z. B. die Einheit), die von dem Wesen selbst nicht wirklich verschieden sind, als besondere „subsistentia" im Einzelding.[3]) Es sind dies zwar metaphysische Irrtümer, aber sie beziehen sich nicht unmittelbar auf die Universalienfrage. Wie es sich auch mit der von Gilbert gemachten Unterscheidung zwischen den metaphysischen Elementen des Wesens verhalten mag, diese Elemente besitzen nicht eine allgemeine, sondern eine jedem Individuum eigene Existenz.

Wenn Gilbert „Materie" und „Form" einander gegenüberstellt, so macht er aus letzterer eine Eigenschaft des Wesens, indem er hierbei eine irrige Ansicht, wie sie dieser Zeit eigen ist, aufnimmt. Es ist daher nicht verwunderlich, daß er eine Vielheit von Formen anerkennt. Gilbert verwirft den Pantheismus, aber seine metaphysischen Lehren wirken auf seine Theologie zurück. (3. Abschn.).

Ebensowenig wie Abaelard ist Gilbert ein ausgeglichener Geist; neben Lehren von rein scholastischem Charakter finden sich bei ihm Widersprüche und Mängel. So bestätigt sich bei den berühmtesten Philosophen um die Mitte des 12. Jahrhunderts der Mangel an Systematisierung, der eines der hervorstechendsten Merkmale der Scholastik in dieser Periode bildet.

1) Ebda., 1374. Prantl nennt ihn einen „ontologischen Realisten" (?), a. a. O II, 221; Stöckl einen „Konzeptualisten" (a. a. O. I, 277); Clerval einen extremen Realisten (a. a. O., 262). Das konzise Urteil Joh.s von Salisbury über Gilbert lautet: „Universalitatem formis nativis attribuit. Est autem forma nativa, originalis exemplum, et quae non in mente Dei consistit, sed rebus creatis inhaeret. Haec graeco eloquio dicitur ιδος, habens se ad ideam ut exemplum ad exemplar; sensibilis quidem in re sensibili, sed mente concipitur insensibilis, singularis quoque in singularibus, sed in omnibus universalis" (Metal. II, 17). Das „in omnibus universalis" muß offenbar in Übereinstimmung stehen mit „singularis quoque in singularibus", was keinen Zweifel betreffs des Antirealismus Gilberts übrig läßt.

2) „Genera et species, e. generales et speciales subsistentia, subsistunt tamen, non substant vere" (Ebd., 1318).

3) Ebd., 1148. „Quod est unum, res est unitati subiecta cui scilicet vel ipsa unitas inest, ut albo, vel adest ut albedini Ideoque non unitas ipsa sed quod ei sublectum est, unum est" (Vgl. Prantl, S. 221)

Unter den Schülern Gilberts ist der bedeutendste[1]) der Historiker Otto von Freisingen (von 1115—1158), dessen „Chronik" und „Gesta Friderici" einen geschichtsphilosophischen Versuch darstellen. Oben war bereits von seiner Tätigkeit als Verbreiter der neuen logischen Schriften des Aristoteles die Rede. Otto stand mit der byzantinischen Welt in Kontakt; die in seiner „Chronik" angeführten aristotelischen Stellen sind der Übersetzung Jakobs von Venedig entnommen, die gleichsam zur Vulgata der späteren Scholastiker wurde.[2]) Die Theorien Gilberts über die „formae nativae", seine neuen Lösungen des Universalienproblems,[3]) seine metaphysischen Lösungen[4]) sind den „Gesta" Ottos mit einer Treue einverleibt, welche dessen Abhängigkeit vom Bischof von Poitiers aufs klarste erkennen läßt.

184. Die Sophisten. — Die Mitte des 12. Jahrhunderts erlebte eine Verschlimmerung der sophistischen Logik, die mit dem vorangehenden Jahrhundert nicht aufgehört hatte, sich wie eine parasitäre Bewegung in den Schulen zu entfalten. Die Verbreitung der „logica nova" gab den Subtilitäten neue Nahrung. Johannes von Salisbury hat jene „nugiloquos ventilatores", jene Wortspalter, die nur um des Disputs willen disputierten, ohne ihre Erörterungen der Erlangung des Wissens zu unterordnen, und glaubten, die Ausübung der Dialektik bestände in diesem Überschwang an Worten („qui sapientiam verba putant"), streng gegeißelt.[5]) Sein „Cornificius" gehört hierher; in dieser Schule erörterte man die Frage, ob das zum Markte geführte Schwein durch den Strick oder durch den, der es führt, gehalten werde.[6]) Alexander Neckam führt weitere Beispiele dieser Disputierweise an.[7]) Zu diesen Dialektikern gehört ein gewisser Adam du Petit-Pont,[8]) dessen „ars dialectica" (1132) den Gipfelpunkt der Sophistik bildet.

1) Zu erwähnen wäre auch der anonyme Verfasser des „Liber de vera philosophia".
2) Joh. Argyropulos arbeitete sie im 15. Jahrhundert für Pietro von Medici um; irrtümlicherweise ist sie den Schriften des Boëthius von deren Baseler Herausgebern und von Migne eingegliedert worden (vgl. Schmidlin. Die Philos. Ottos von Freisingen, S. 168 ff.). Grabmann (a. a. O. II, 71) schreibt mir die Ansicht zu, die von Otto verbreiteten Wendungen seien die des Boëthius; ich habe dies nicht gesagt.
3) Die Stellen hat Schmidlin (a. a. O. S 321 ff.) gesammelt und zu den entsprechenden Stellen Gilberts in Beziehung gesetzt: „Universalem dico non ex eo quod una in pluribus sit, quod est impossibile, sed ex hoc, quod plura in similitudine uniendo, ab assimilandi unione universalis, quasi in unum versalis dicitur" (Gesta I, 53). „Quamvis Socrates et Plato ratione partiendi in numerum veniant, ut duo dicantur homines, tamen ratione assimilandi unus possunt dici homo" (I, 5).
4) Der Subsistenz, der Person, des Einzeldinges. In der Formulierung Ottos: „Quidquid est, aut genuinum (d. h. a se) est, aut nativum (d. h. ab alio)", findet Schmidlin Ähnlichkeiten mit der „natura naturans" und „natura naturata" des Joh. Scot. Eriugena (S. 414).
5) Polycrat. VII, 12. Desgleichen Metalog. II, 7: „Fiunt itaque in puerilibus Academici senes, omnem dictorum aut scriptorum excutiunt syllabam, imo et litteram; dubitantes ad omnia, quaerentes semper, sed nunquam ad scientiam pervenientes". — „Debuerat Aristoteles hanc compescuisse intemperiem eorum qui indiscretam loquacitatem dialecticae exercitium putant" (II, 8).
6) „An porcus qui ad venalitium ducitur, ab homine an a funiculo teneatur. Item an capucium emerit, qui cappam integram comparavit" (I, 3).
7) De naturis rerum, im Kap. „de septem artibus" (ed. Wright, 1863, S. 303): „Docuere idem enuntiabile omni tempore fuisse verum et omni tempore fuisse falsum Docuere infinitam esse lineam, et nullam lineam esse infinitam, salva pace Aristotelis."
8) Geboren in Balsham bei Cambridge; genannt du Petit Pont (Parvipontanus), weil er das trivium in einer bei der kleinen Seinebrücke gelegenen Schule lehrte.

185. Aufkommen des gemäßigten Realismus. — Die Individualität der Substanzen und die Ähnlichkeit ihrer wesentlichen Elemente hat Gilbert de la Porrée entschieden anerkannt. Zur Lösung des Universalienproblems genügte die Annäherung dieser Lehren an die Abstraktionstheorie und der Nachweis, daß eine reale Grundlage es ermöglicht, den Allgemeinbegriff auf das Einzelwesen zu beziehen: die Dinge besitzen in Wirklichkeit die Natur, welche die Abstraktion erfaßt, und wenn die Form der Allgemeinheit als solche ein Denkgebilde ist, so ist doch der Gegenstand oder Inhalt dieser Form in Wahrheit auf eine unbegrenzte Zahl wirklicher oder möglicher Wesen anwendbar.

Der Kern dieser Lehren ist enthalten in einem anonymen Traktat „de intellectibus",[1] der mit einer bisher unbekannten Genauigkeit den sinnlichen Ursprung der Vorstellungen,[2] die Immaterialität des Begriffs und die Rolle der Abstraktion darlegt. Der Intellekt erfaßt das Reale „absque suorum scilicet individuorum discretione".[3] Das Allgemeine ist das Erzeugnis einer geistigen Fixierung („ab individuis universale abstrahitur").

In den letzten Jahren des 12. Jahrhunderts beginnt der rasche und endgültige Siegeszug des gemäßigten Realismus. Man spürt denselben in den Schriften des Simon von Tournay (zwischen 1176 und 1192), den man mit Unrecht des Rationalismus und Averroismus bezichtigt hat,[4] und in den Schriften des Joh. von Salisbury tritt er offen zutage.[5]

186. Ergebnisse. — Zwei Hauptfolgerungen hat diese historische Untersuchung der Universalienfrage gezeigt:

1. Weder der Nominalismus noch der Konzeptualismus, so wie diese Systeme in der Folge definiert worden sind, haben vor dem 13. Jahrhundert existiert. Die Lehre der „nominales" im 11. Jahrhundert hat mit dem modernen Nominalismus keine Ähnlichkeit.

2. Die Systeme, welche den extremen Realismus bekämpfen, sind nur mehr oder minder unvollkommene Formen des gemilderten Realismus, nur Phasen, die eine Idee in ihrer organischen Entwicklung durchläuft.

187. Quellen und Bibliographie. — Die Gesamtausgabe der Schriften Abaelards, 1616, wurde durch die Untersuchungen von Durand, Pez, Cousin, Stölzle um neue Schriften bereichert. Stölzle hat entdeckt und herausgegeben: Abaelards 1121 zu Soissons verurteilten Tractatus de unitate et Trinitate divina, 1891. Die „Theologia Christiana" hat Martène veröffentlicht (1717; Thesaurus novus anecdot. V. 1139); die „Introductio ad theologiam" veröffentlichte Amboise (1616), die „Epitome" und den „Dialogus" Reinwald (1835), „Sic et non" Henke (1851), Migne; die Glossen und die „Dialectica" finden sich bei Cousin, Ouvr. inéd. d'Abélard pour servir à l'hist. de la philos. scolast. en France (1836), mit Einleitung von Cousin. Hier auch die Schriften „Sic et non", „Dialectica", „De generibus et speciebus" (nicht von Abaelard), Glossen zu Porphyr, den Kategorien, de interpretatione, der Topik des Boëthius. Vgl. Migne, Bd. 178. Cousin, Petri Abaelardi opera hactenus inedita, 2 Bde., Paris 1849, 1859.

[1] Herausgegeben von Cousin in „P. Abaelardi opera hactenus inedita", II, 733.
[2] „Totam humanam notitiam a sensibus adeo surgere" (S. 747).
[3] S. 745.
[4] Verfasser eines Kommentars zum Symbolum des heiligen Athanasius (ungedruckt), von „Disputationes" und einer „Summa" (ungedruckt), wo er oft Joh. Scotus Eriugena zitiert, ohne daß sich hier aber etwas Antischolastisches findet. Simon kennt als einer der ersten die Aristotelische „Physik". Vgl. meine „Hist. philos. en Belgique", S. 56.
[5] Bei Nicolaus von Amiens, Verfasser einer Schrift gegen die Mohammedaner, „de arce fidei" und bei Robert Pulleyn ist keine Spur des extremen Realismus zu entdecken.

— De Rémusat, Abélard, sa vie, sa philosophie et sa théologie, 2 Bde., 1855; Deutsch, Peter Abaelard, 1883; Portalié, Abélard (Dict. théol. cathol., Bd. I); E. Kaiser, Abélard critique (Freiburg, 1901); sehr gut. Heitz, a. a. O, S. 7—30, nach Kaiser. Picavet, Abélard et Alexandre de Halès, créateurs de la méthode scolastique (Bibl. Ec. Hautes Études, Sciences religieuses. Bd. VII, 1); gut. G. Robert, Abélard créateur de la méthode de la théol. scolast. (Rev. sc. philos. et théol. 1901.) H. Ligeard, Le rationalisme de P. Abélard. Essai de reconstitution d'après les manuscr. d'un texte controversé (Recherches de science relig. Nr 4, 1911).

Migne gab Gilberts „De sex principiis" (Bd. 184) und Kommentar zu Boëthius (Bd. 64) heraus. — A. Berthaud, Gilbert de la Porrée et sa philosophie, 1892. — Ausgabe der „Chronik" und der „Gesta" Ottos von Freising von Wilmans (Mon. Germ. histor. SS. XX). Über Otto vgl. Hashagen, Otto von Freising als Geschichtsphilosoph und Kirchenpolitiker, 1900; Schmidlin, Die Philosophie Ottos von Freising (Philos. Jahrb. 1905, S. 154, 313, 407), mit vollständiger Bibliographie, vortrefflich. Dehove, a. a. O. Hoffmeister, Studien über Otto von Freising, Neues Archiv 1911, p. 37

§ 4. Hugo von St. Victor, Joh. von Salisbury, Alain von Lille.

188. Allgemeine Charakteristik. — Hugo von St. Victor, Joh. von Salisbury und A. von Lille sind synthetische Geister. Der erste stellt eine vollständige Klassifikation der Wissenschaften auf; die beiden anderen finden eine schöne Vereinbarung der humanistischen und philosophischen Bildung mit den Ansprüchen der Religion und verstärken die Stellung des Aristotelismus. Alle drei beseelt das Bedürfnis, das Wissen zu erweitern und zu harmonisieren. So bereiten sie die Geistesart des großen Jahrhunderts vor.

189. Hugo und Richard von St. Victor. — Hugo von St. Victor wurde im Jahre 1096 in Hartingam (Sachsen) geboren, trat zuerst in das Kloster von Hamerlève, dann in die Abtei St. Victor in Paris ein, wo er um 1125 bis zu seinem 1141 erfolgten Tode die Leitung des Unterrichts übernahm. Seine Hauptschriften sind: „De sacramentis christianae fidei" und „Didascalicon". Außer Arbeiten über die Hl. Schrift verfaßte er auf Grund der Übersetzung des Joh. Scotus einen Kommentar zur „Himmlischen Hierarchie" des Pseudo-Dionys, ferner eine kleine Schrift „De unione corporis et spiritus"[1]) sowie zahlreiche mystische Schriften („De arca Noe morali", „De arca Noe mystica", „De vanitate mundi", „De arrha animae", „De amore sponsi ad sponsam" u. a.). Hugo von St. Victor, der im 12. und 13. Jahrhundert eines so glänzenden Ruhmes sich erfreute, ist eine komplizierte Persönlichkeit, da er Philosoph, dogmatischer Theolog und Mystiker ist; diese drei Eigenschaften durchdringen sich in harmonischer Weise und machen ihn zu einem der universellsten Denker seiner Zeit.

In philosophischer Beziehung bezeugt er keineswegs den Skeptizismus oder die überlegene Verachtung, die man ihm lange Zeit vorgeworfen hat und die manche seiner Nachfolger in St. Victor an den Tag legen. Sein „Didascalicon", eine Enzyklopaedie des weltlichen und religiösen Wissens, ist das Werk eines Liebhabers der Wissenschaft. Es enthält einen Begriff und eine vollständige Klassifikation der Wissenschaften,[2]) welche weit über

---

1) Unveröffentlicht sind noch: „Epitome philosophiam" und „De contemplatione et eius speciebus".

2) Einteilung der weltlichen Wissenschaft: 1. Theorica (Theologie, Mathematik, Physik;

die Grundlegung des Boëthius hinausgehen und, im Vereine mit ähnlichen zeitgenössischen Versuchen, die Klassifikationen des 13. Jahrhunderts anbahnen. Hier findet sich auch eine Untersuchung über die drei Bedingungen des Wissenserwerbes: die natürliche Anlage („natura"), die schulmäßige Übung („exercitium", aus „lectio" und „meditatio" bestehend) und der Eifer („disciplina").

Hugo interessiert sich für die philosophischen Probleme seiner Zeit. In seiner Exegese des Pseudo-Dionys gibt er seiner Abneigung gegen den Pantheismus Ausdruck und zugleich verbessert er die verdächtigen Formulierungen des Joh. Scotus Eriugena im Sinne des Individualismus.[1]) Seine Beweise für das Dasein Gottes eröffnen eine neue Phase in der Geschichte der Theodizee: er verzichtet auf die apriorischen Argumente und stützt sich ausschließlich auf die Erfahrung. Vor allem auf die innere Erfahrung: aus der Existenz eines Ich, das sich nicht immer gekannt hat, schließt er auf dessen Beginn und hiervon auf das Dasein eines Wesens, dem alle Dinge ihre Existenz verdanken. Aber auch auf die äußere Erfahrung, welche die Veränderlichkeit der Dinge bezeugt und uns deren Beginn sowie auch die Existenz des Schöpfers erschließen läßt.[2])

Der Viktoriner stellt betreffs der Zusammensetzung der Körper eine ziemlich verworrene atomistische Theorie auf: die Körper bestehen aus Atomen, deren Bewegungen die Veränderung der körperlichen Formen erklärt; aber diese einfachen Elemente sind, anstatt starr und unveränderlich zu sein, der Vervielfältigung und Vergrößerung fähig.[3]) Bezüglich der Universalienfrage wiederholt Hugo die Lösung Gilberts de la Porrée.

Vorzugsweise befaßt er sich aber mit der Psychologie — was bei einem Mystiker natürlich ist — und da läßt sich nun im allgemeinen sagen, daß er ein Anhänger der Augustinischen und pseudo-Augustinischen Psychologie ist. Das Selbstbewußtsein bezeugt nicht bloß die Existenz der Seele, sondern der Weise entdeckt hierdurch die Substantialität der Seele, ihre Geistigkeit, ihre Gegenwart im ganzen Leibe und in jedem Teile desselben. Die Seele ist nichts anderes als das Ich; sie ist einheitlich, geistig, unsterblich, sie allein konstituiert die menschliche Person und der Leib hat an dieser nur teil, weil er mit der Seele vereinigt ist.[4]) Die Kräfte der Seele sind Entfaltungen ihres Wesens. Der Intellekt hat einen dreifachen Gegenstand: vermittelst des „oculus carnis" erkennt er die Außenwelt, mittels des „oculus rationis" durchdringt er sich selbst, mittels des „oculus contemplationis" er-

---

die Mathematik umfaßt die Disziplinen des Quadriviums). 2. Practica (Ethik, Ökonomik, Politik). 3. Mechanik, scientiae adulterinae. 4. Logik.

1) Ostler, Die Psychol. des Hugo von St. Victor (S. 9, A. 3) gibt viele Beispiele dafür. Von der Einheit der Wesen in Gott sprechend, sagt er: „ut unum sint in illo, qui unam trahunt similitudinem ex illo.

2) Vgl. die Stellen bei Grunwald, a. a. O. S. 69ff.

3) „Qualia sunt corpora simplicia, quae atomos dicunt, quae quidem ex materia non sunt quia simplicia sunt, sed tamen materia fiunt, quia in semetipsis multiplicantur et in augmentum excrescunt." (Sacram I, VI, 37; P. L., 176, Sp. 286).

4) „In quantum ergo corpus cum anima unitum est, una persona cum anima est; sed tamen personam esse anima ex se habet, in quantum est rationalis spiritus; corpus vero ex anima habet, in quantum unitum est rationali spiritui" (ebd. 2, I, II. Sp. 408).

faßt er Gott. Ohne vom „tätigen Intellekt" zu sprechen, beschreibt Hugo die Abstraktion und zeigt, daß der Intellekt unter dem Einfluß der Wahrnehmungsinhalte eine Ähnlichkeit mit der Natur der Sinnendinge erzeugt („oculus carnis"). Oben war bereits von der Bedeutung der Selbsterkenntnis und von den Quellen der Introspektion („oculus rationis") die Rede. Die Gotteserkenntnis, zu der uns die Introspektion führt, vollendet sich in der mystischen Erleuchtung.[1]) Bei Hugo treffen wir ferner eine scharfe psychologische Analyse des Glaubensaktes, den er als „voluntaria certitudo absentium supra opinionem et infra scientiam constituta"[2]) definiert, sowie ein System von Beziehungen zwischen Glauben und Wissen.[3]) Hugo erblickt wie der hl. Augustinus das tiefste Wesen der Seele im Willen.

Nach dem „Didascalicon" ist die Philosophie der Vorhof einer höheren Wissenschaft, der Theologie, welche der berühmte Victoriner in deren dogmatischen und mystischen Form untersucht.[4])

Richard von St. Victor, der unmittelbare Nachfolger und Schüler Hugos, mit dem er die komplexe Geistesart gemein hat, wiederholt in seinem „Liber excerptionum" einen Teil des „Didascalicon". Er entwickelt seine Beweise für das Dasein Gottes auf Grundlage der Beobachtung und lehnt die aprioristischen Argumente des hl. Anselm ab. Hieraus konnte man den Schluß ziehen, daß in der Zeit zwischen Anselm und Thomas von Aquino die Beweise Richards die philosophischsten waren, die in der Geschichte zu verzeichnen sind.[5])

190. Die Klassifikationen der Wissenschaften. — Die Versuche zur Klassifikation der Wissenschaften während der zweiten Hälfte des 12. Jahrhunderts lassen sich als Zeugnis der Reife betrachten. Die von Hugo und Richard von St. Victor unternommenen Versuche sind nichts Vereinzeltes. Grabmann hat uns, auf Grund unveröffentlichter Quellen, mit mehreren anderen bekannt gemacht. Sie sind nicht gleichartig und bedeuten eine Annäherung an die „Wissenschaftslehren" des 13. Jahrhunderts. Neuplatonische Einflüsse verrät die von Raoul von Longo Campo gewählte Einteilung (Kommentar zum „Anticlaudianus"); andere nehmen platonische Einteilungen auf; eine der bemerkenswertesten, die in einem Bamberger Kodex enthalten ist, unterscheidet scharf zwischen Philosophie und Theologie und gliedert die theoretische Philosophie nach aristotelischen Prinzipien.[6])

---

1) Abschn. III, § 2.
2) Ostler, a. a. O. 148; Grabmann, a. a. O. II, S. 279.
3) Heitz führt dieses System auf neuplatonische (augustinische) Einflüsse zurück und schreibt diesbezüglich: „Im wesentlichen läßt sich der Neuplatonismus der Victoriner auf folgendes zurückführen: alles, was wir von Gott wissen, wissen wir durch Offenbarung, auch Erleuchtung genannt ... Die rationale Erkenntnis ist derart durch die Erleuchtung bedingt, daß ein moderner Theologe nicht recht entscheiden könnte, ob die rationale Erkenntnis übernatürlich ist oder ob die Offenbarung auf das Niveau der Vernunft herabgesetzt ist" (a.a.O. S.83).
4) Abschn. III.
5) Grunwald, a. a. O. S. 78. Vgl. Baeumker, Witelo, S. 312.
6) Cod. Q. VI, 30. Philosophia, Sapientia: 1) Theoretica (theologica, physica, mathematica). 2. Practica (ethica, oeconomica, politica). 3. Mechanica. — Die höhere geistliche Wissenschaft ist von der Philosophie unterschieden. — Gewisse Stoffe sind der Philosophie oder der Theologie eigen, andere gemeinsam angehörig. „Tribus autem modis animae occulta dei innotescunt vel ratione tantum vel divina tantum revelatione vel utroque modo" (Grabmann, a. a. O. II,

191. Johannes von Salisbury. — Johannes Parvus von Salisbury gehört zu den bedeutendsten Männern und namhaftesten Denkern seiner Zeit. In die Politik verstrickt, ward er der Reihe nach Geheimschreiber des Erzbischofs Theobald von Canterbury, Vertrauter des Thomas Becket, König Heinrichs, Intimus des Papstes Hadrian IV. Keiner seiner Zeitgenossen verfolgte die philosophische Bewegung um die Mitte des 12. Jahrhunderts mit solchem Eifer. Joh. von Salisbury kam sehr jung nach Paris (1136) und genoß den Unterricht aller namhaften Lehrer: Abaelard, Alberich, Wilhelm von Conches, Thierry von Chartres, Walther von Mortagne, Adam von Petit-Pont, Gilbert de la Porrée, Robert Pulleyn und viele andere. Im Jahre 1176 wurde er zum Bischof von Chartres ernannt, wo er im Jahre 1180 starb.

Die glänzende Bildung Joh.'s von Salisbury, die zahlreichen Beziehungen, die aus seinen Briefen erhellen, seine nicht gewöhnliche politische Stellung geben seinen Schriften ein erhebliches Gewicht. Außer seinen „Briefen", zwei Heiligenbiographien und einigen religiösen Abhandlungen hat er ein philosophisches Lehrgedicht, „Entheticus de dogmate philosophorum", ein Schriftchen „de septem septenis" und besonders zwei Werke, den „Polycraticus" (1155) und „Metalogicus" (1159) hinterlassen, welche letzteren ein einzig dastehendes Denkmal der Ideengeschichte des 12. Jahrhunderts bilden. Das erste dieser beiden Werke ist eine Theorie des öffentlichen Lebens, das zweite eine Verteidigung der Logik. Eine vollständige Monographie über Joh. von Salisbury steht noch aus. Wir beschränken uns auf die Darlegung der Grundzüge seiner philosophischen Persönlichkeit.

Joh. von Salisbury tritt energisch für die Pflege der freien Künste ein, so wie er sie in Chartres hatte ausüben sehen: Trivium und Quadrivium sind die sieben Wege, welche die Seele in das Sanktuarium der Wissenschaft einführen.[1]) Er verachtet nicht die Grammatik, kann aber nicht die Anmaßungen der einseitigen Grammatiker gutheißen, die sich in trockene Analysen der Arbeit Priscians vergruben. Der literarische Humanismus, der den Ruhm der Schulen von Chartres bildete, war aus einer wohl verstandenen Erweiterung der Rhetorik erwachsen. Eine genaue Bekanntschaft mit den lateinischen Klassikern, namentlich Cicero, machte den englischen Publizisten zum elegantesten und konzisesten Autor des 12. Jahrhunderts; seine Prosa und seine Verse sind voll von klassischen Reminiscenzen. Seine Neigung für die literarische Form war der Hauptgrund für die heftige Polemik, die er im Einklang mit den Lehrern von Chartres gegen eine Partei des Ignorantismus, die Cornifizier führte, welche nicht bloß das Trivium, sondern alles Studium systematisch anschwärzten, da dieses in ihren Augen nur ein Mittel war, rasch zu einträglichen Ämtern zu gelangen. Der „Metalogicus"

S. 39). In einem andern Codex (Paris, lat. 6570) wird der propaedeutische Charakter der freien Künste betont: „Ad istas tres scientias (physica, theologia, scientia legum) paratae sunt tamquam viae septem liberales artes, quae in trivio et quadrivio continentur" (S. 46, A.). Die gleiche scharfe Unterscheidung von Philosophie und Theologie sowie dieselbe Charakterisierung der freien Künste in einer Stelle des Cod. 14401 von Regensburg (12 Jahrhundert): „Non solum enim philosophi humanae videlicet sapientiae amatores rite discendo docendoque hos praedictos (nämlich die freien Künste) sequebantur gradus, sed et divinae scripturae doctores (ebd. I, 191).

1) De septem septenis, II.

beginnt mit einer heftigen Polemik gegen die Verächter des Wissens, die Joh. von Salisbury in einem eigentümlichen Wesen, Cornificius, verkörpert.[1]) Nachdem er die Bedeutung der Dialektik dargetan („cum itaque logicae tanta sit vis"), erneuert er seine Invektiven gegen jenen „logicae criminator, philosophantium scurra".[2]) Hier will aber Joh. von Salisbury andere Irrtümer berichtigen. Er verteidigt die Dialektik gegen ihre eigenen Auswüchse und verfolgt die rabulistischen Wortmacher, die sie mit einer pomphaften Phraseologie verwechseln.[3]) Die Dialektik ist die Königin des Trivium; sie hat bildenden Wert und die Anfänger lernen durch sie jene Kunst des Denkens und Sprechens, ohne die jede Philosophie unmöglich ist.[4])

So erörtert denn Joh. von Salisbury mit Vorliebe den Begriff der Logik, deren Einteilungen sowie die Art und Weise, wie Aristoteles und Porphyr zu lesen seien.[5]) Nicht minder aber betont er die Unzulänglichkeit der Logik, sobald sie mit Ausschluß der übrigen philosophischen Disziplinen gepflegt wird: auf sich selbst angewiesen, ist sie blutleer und unfruchtbar: „Sicut dialectica alias expedit disciplinas, sic, si sola fuerit, iacet exsanguis et sterilis, nec ad fructum philosophiae fecundat animam, si aliunde non concipit".[6]) Im gleichen Sinne spricht Alain von Lille: der Despotismus der Logik ist vorbei.

Bei der Grundlegung zu seiner Philosophie geht der englische Denker mit äußerster Vorsicht vor. Er will alles kontrollieren, bevor er irgend etwas als wahr annimmt. Er beruft sich auf die großen Skeptiker des Altertums,[7]) nicht um sich dem Zweifel hinzugeben, sondern um sicherer zur Wahrheit zu gelangen. Ebenso legt er Gewicht auf die Ansichten seiner Zeitgenossen, die er diskutiert. Sein im „Metalogicus" beschriebener Studiengang[8]) gibt ein außerordentlich vollständiges Bild von den Schulen des 12. Jahrhunderts.[9]) Seine Untersuchungen über die Ansichten anderer sind der Angelpunkt des Werkes des englischen Autors und machen ihn zum wichtigsten Historiker der Philosophie dieser Periode.

Der „Metalogicus" adoptiert die platonische Einteilung der Philosophie,[10]) aber der Einfluß des Aristoteles dominiert. Die Universalienfrage nimmt einen großen Raum ein. Mit Notwendigkeit — denn bei ihrer Behandlung „war die Welt alt geworden und sie hatte mehr Zeit erfordert, als Caesar

---

1) Nach Clerval (a. a. O., 227) entstand die Sekte der Cornifizier unter der Leitung eines Mönches Reginald (um 1130). Mandonnet glaubt ihn mit einem gewissen Gualon identifizieren zu können (a. a. O. S. 122, A.).
2) Metalog. IV, 25.
3) Ebd. II, 8, 9.
4) „Inchoantibus enim philosophiam, praelegenda est, eo quod vocum et intellectuum interpres est, sine quibus nullus philosophiae articulus recte procedit in lucem" (ebd. II, 3).
5) Ebd. II, 2, III und IV, 1—7 u. 8.
6) Ebd. II, 10. Vgl. II, 9: „Quod inefficax est dialectica, si aliarum disciplinarum destituatur subsidio."
7) Polycrat. VII, 1—6.
8) II, 10 und 17.
9) Vgl. bei Webb, Polycraticus, Bd. I, S. XXI ff. die Liste der im Polycraticus angeführten Autoren.
10) II, 2 und 5.

zur Eroberung und Beherrschung der Welt gebraucht hatte".[1] Joh. von Salisbury bekämpft den extremen Realismus („qui autem ea esse statuit, Aristoteli adversatur"[2]) und löst das Problem in der Weise des Aristoteles: Die Analyse der abstraktiven Erkenntnis führt ihn zum gemäßigten Realismus.[3] Übrigens, fügt er hinzu, darf man nicht in den Schulen bei dieser ewigen Frage graue Haare bekommen, es gibt noch viele andere Dinge, die den Denker beschäftigen.

Vor allem gehören dazu die Gebiete der Psychologie, namentlich die Untersuchung unserer psychischen Fähigkeiten und Akte. Die Empfindung ist eine seelische Erregung („anima pulsata sensibus"),[4] die uns mit den Sinnendingen in Verbindung setzt, während die intellektuelle Erkenntnis außerdem noch die immaterielle Wirklichkeit zu erfassen vermag.[5] Alle Erkenntnis hat ihren Ursprung in den Sinnen („ars sive scientia originem trahit a sensu".[6] Die „rationes aeternae" bilden die Grundlagen der Gewißheit.[7]

Der englische Philosoph betont die wechselseitige Abhängigkeit der Seelenvermögen, besonders die Rückwirkung des physiologischen Lebens auf die übrigen Kräfte unseres Wesens; hier zeigt sich der Einfluß des Constantinus Africanus. Die Seele ist einfach und unsterblich.[8] Diese und andere Betrachtungen werden nicht didaktisch entwickelt, sondern fallweise vorgebracht. Es würde, meint der Autor, Bände brauchen, um die Kräfte und die Natur der Seele gründlich zu studieren.[9] Wie schade, daß er diese Bände nicht geschrieben!

In der Ethik spricht Joh. von Salisbury über Epikur, den er verdammt, und geht im einzelnen auf die Laster ein.[10] Er erörtert die Vorsehung und das göttliche Vorherwissen, das er mit der menschlichen Freiheit zu vereinbaren sucht.[11] Es finden sich auch lange Kapitel über den Staat, betreffs dessen er gern die Theorien der Alten prüft.[12] Er folgt Cicero und der Schrift eines Pseudo-Plutarch („Institutio Trajani"). Seine Lehren betreffs der organischen Natur des Staates beeinflußten verschiedene politische Theorien des Mittelalters; einige derselben werden in der Schrift des Helinand von Fremont „De bono regimine principis" wiederholt.

192. Isaak von Stella und Alcher von Clairvaux. — Aus der Mitte des 12. Jahrhunderts stammen zwei kleine psychologische Schriften, die man als das Produkt und die Zusammenfassung der herrschenden Psychologie dieser ersten Periode betrachten kann. Die eine, betitelt „De anima", ist ein

---

1) „In qua laborans mundus iam senuit, in qua plus temporis consumptum est quam in acquirendo et regendo orbis imperio consumpserit Caesarea domus (Polycrat. VII, 12).
2) Metalog. II, 20.
3) Ebd. II, 20.
4) Ebd. IV, 15.
5) IV, 16.
6) IV, 20.
7) IV, 32 ff.
8) IV, 20.
9) Ebd.
10) Polycrat. VII.
11) Ebd. II, 20, 21.
12) IV und V.

Schreiben Isaaks von Stella (geboren in England, Zisterzienser-Mönch in Citeaux, 1147 Abt von Stella, gest. 1169), im Jahre 1162 verfaßt. Die andere, „Liber de spiritu et anima", ist wahrscheinlich die Antwort des Korrespondenten Isaaks, Alcher von Clairvaux.[1]) Diese Schrift „De anima" enthält eine Summe ziemlich unzusammenhängender, auf die Bitten Alchers niedergeschriebener Betrachtungen.[2]) Der „Liber de spiritu et anima" hingegen hat die Form einer gelehrten Abhandlung, mit Einteilungen, die ihr einen gewissen didaktischen Wert sichern mußten. Alcher steht unter dem Einfluß der augustinischen Psychologie. Die Schrift enthält u. a. das Schreiben Alcuins „ad Eulaliam virginem" sowie Fragmente von Augustinus, Boëthius, Isidorus, Cassiodorus, Hugo von St. Victor u. a. Alcher vergleicht die Seele mit dem Gottesstaat. Die Definitionen, die er von ihr gibt, sind augustinisch gefärbt; einige reproduzieren aristotelische Formulierungen, bleiben aber unverstanden. Die Seele regiert den Leib; sie ist mit ihm innig verbunden, obzwar er die Ausübung ihrer Funktionen hemmt, und liebt ihren Kerker.[3]) Mannigfaltig sind die Kräfte der Seele, aber keine derselben ist von der Seele selbst wahrhaft unterschieden. In verschiedenen, wenig übereinstimmenden Dreiteilungen entdeckt der Verfasser die Spuren der Trinität.[4]) Er beschreibt ausführlich unsere seelischen Fähigkeiten, von der „vis vitalis" und „animalis" angefangen bis zur Vernunft. Die Empfindung ist eine psychische Fähigkeit („anima per corpus videt"),[5]) die Vernunft eine abstraktive Tätigkeit; die Seele erkennt sich selbst und durch eine göttliche „illustratio" Gott. Isaak formuliert die Lösung des Universalienproblems in folgender konziser und prägnanter Weise: „Secundae enim substantiae sunt *in* primis, sed primae *a* secundis".[6])

193. Alain (Alanus) von Lille. — Von seinem Leben ist nur wenig bekannt. Geboren im Jahre 1128, scheint er in Paris gelehrt zu haben und nahm am dritten Lateranischen Konzil teil. Er wurde Zisterzienser und beteiligte sich an der Propaganda des Ordens gegen die Albigenser. Im Jahre 1202 starb er im Kloster Citeau. Die Nachwelt gab ihm den Beinamen des „doctor universalis".

Seine Hauptwerke sind: „Tractatus contra haereticos",[7]) „Theologicae regulae", „Anticlaudianus",[8]) „De planctu naturae". Ihre Bedeutung ist

---

1) Diese Identifikation haben Stöckl (Gesch. d. Philos. d. Mittelalt. I, 384 ff.) und Hauréau (a. a. O. V, 113, Paris 1892) vorgeschlagen. Thomas von Aquino schreibt in seiner „quaestio unica de anima" (art. 12, a. 1) diese Schrift einem anonymen Zisterzienser-Mönch zu (Arch. f. Gesch. d. Philos. X, 141, a.).

2) „Cogis me, dilectissime, scire quod nescio et quod nondum didici docere" (Migne, P. L., Bd. 194, Sp. 1875).

3) „Sociata namque illi, licet eius societate praegravetur, ineffabili tamen conditione diligit illud; amat carcerem suum" (De spiritu et anima, P. L., Bd. 40, Sp. 789).

4) Kap. 6.
5) Kap. 2.
6) Ebd., Sp. 1884.

7) Die „ars catholicae fidei" gehört dem Alanus an. Diese Schrift wird von Hauréau, Hertling und jüngst Grabmann (a. a. O. II. 459 ff.) dem Nicolaus von Amiens zugeschrieben.

8) Adam de la Bassée gab ein gleichnamiges Werk heraus (Hauréau, Not. et extr. V, 548, 549, 559.

sowohl theologischer als philosophischer Art; für uns kommt hier nur die zweite in Betracht.

Der Philosoph von Lille hat wohl eine beträchtliche Menge von Ideen verarbeitet, aber keine persönliche Synthese hergestellt; er begnügte sich mit der Sammlung und Harmonisierung von Theorien verschiedener Provenienz und Tendenz, wie sie während der zu Ende gehenden Periode sich angehäuft hatten. Als ein gewandter Denker und perfekter Dialektiker weiß er seinen Anschauungen einen poetischen Einschlag zu geben, der sein Werk neben dem Joh.'s von Salisbury zum hervorragendsten Denkmal des Humanismus und der philosophischen Literatur des 12. Jahrhunderts macht. Aus diesem Grunde hat er die Aufmerksamkeit jener auf sich gelenkt, welche die goldene Kette der christlichen Literatoren des Mittelalters wieder zusammenfügen wollen. Sein Stil ist bilderreich und elegant, aber oft allegorisch und blendend. Alain darf nicht zu den Mystikern gezählt werden (Hauréau); er ist ein spekulativer Kopf, der den Platonismus mit aristotelischen und neupythagoreischen Elementen verbindet, wobei das Ganze eine christliche Färbung erhält. Den Einfluß der arabischen Literatur hat er nicht erfahren, wiewohl er des Gundissalinus Schrift „De unitate" gekannt zu haben scheint und sich bei ihm zum erstenmal das „Buch von den Ursachen" zitiert findet (vgl. zweite Periode).

Die Logik ist hier nicht mehr die despotische Göttin des Denkens. Sie trägt die Züge eines blassen, durch übermäßige Nachtwachen erschöpften Mädchens. Unter den logischen Theorien des Alain ist die interessanteste seine methodologische Auffassung der Philosophie. Er verkündet — eine im Mittelalter fast unerhörte Erscheinung — die unbedingte Berechtigung der mathematischen und deduktiven Methode, deren systematische Anwendungen er sogar auf dem Gebiete der Mysterien durchführen will. Das Argument der Vernunft ist dem Argument der Autorität vorzuziehen, das man allzuleicht entgegengesetzten Meinungen anpaßt.[1]) Das Mysterium selbst ist dem strengen Syllogismus des Philosophen unterworfen; mag auch der Geist die Motive zum Glauben entdecken können, so ist er doch nicht imstande, sie wissenschaftlich zu demonstrieren.

Der Philosoph von Lille befaßt sich vorzugsweise mit Psychologie und Metaphysik. Seine Metaphysik ist von Boëthius beeinflußt und weicht in mancher Hinsicht von der peripatetischen Ontologie des 12. Jahrhunderts ab. Durch Boëthius kennt Alain die aristotelischen Lehren von den Kategorien, der Persönlichkeit, den vier Ursachen des Seins. Die erste Materie ist nicht unbestimmt, das Potentielle, sondern eine Art von „chaos antiquum", eine wirklich existierende und somit schon geformte Masse — eine Theorie, die mit jener des Aristoteles nichts gemein hat. Die Form wiederum ist nicht das konstituierende Prinzip der Dinge, sondern die Eigenschaft oder Eigenschaftssumme eines Wesens. Bezüglich der Universalienfrage ist Alain Antirealist in der Weise Joh.'s von Salisbury.

Als Psycholog streift Alanus nur das Problem der Erkenntnisentstehung

---

[1] „Quia auctoritas cereum habet nasum, i. e. in diversum potest flectisensum, rationibus roborandum est." Vgl. Baumgartner, Die Philos. des Alanus de Insulis, S. 27—38.

und wendet seine Aufmerksamkeit der Natur der Seele zu. Mit einer polemischen Wendung beweist er gegen die Katharer die Immaterialität, Einfachheit und Unsterblichkeit der Seele. Infolge seiner irrigen Auffassung der Form gibt er nicht zu, daß die Seele die Form, die „Eigenschaft" des Körpers ist, sondern sie ist eine selbständige Substanz, durch ein „connubium", eine „copula maritalis" mit dem Leibe verbundene Substanz. Ein „spiritus physicus" stellt die Verbindung zwischen Leib und Seele her, deren Beziehungen durch die Zahl, die Harmonie geregelt sind. Die, mit Pythagoreismus vermischte, augustinische Auffassung beherrscht die Lehre des Alain über die Natur der Seele; der Aristotelismus findet hier keinen Platz.

Die pythagoreische Zahl tritt in der Kosmologie des Philosophen von Lille überhaupt als Einheitsprinzip der Weltelemente, als Grundlage der Ordnung auf. Seine Theodizee ist augustinisch und seine Beweise für das Dasein Gottes ergeben sich aus seiner ultra-deduktiven Methode. Zwischen dem Schöpfer und den Einzelwesen steht ein Mittelwesen, die Natur, die Dienerin Gottes („Dei auctoris vicaria"), eine Art Weltseele, welche das Universum regiert.[1] Handelt es sich hier um eine gesonderte Realität, ein wirkliches Wesen oder vielmehr um eine dichterische Personifikation der Naturkräfte? Das ist schwer zu entscheiden.[2]

Alain von Lille ist der letzte hervorragende Denker des 12. Jahrhunderts.[3] Die Scholastik entfaltet sich im Aufgange des 13. Jahrhunderts zu ihrem vollen Glanze. Ihre Blütezeit beschleunigen jähe Ereignisse, namentlich das Bekanntwerden des Abendlandes mit der reichen griechischen und arabischen Literatur (Zweite Periode, Kap. 1).

Die Frage drängt sich auf, was aus der Scholastik geworden wäre, wenn sie, auf ihre eigenen Kräfte angewiesen, sich ohne diesen reichen Zufluß von Ideen selbständig entwickelt hätte. Vielleicht hätte sie mit größerer Mühe, aber auch größerem Ruhme die Denker, auf die sie stolz ist, erzeugt. Die Billigkeit verlangt es, daß man die innerhalb der ersten scholastischen Periode bewerkstelligte Arbeit anerkennt, die ihre Wirksamkeit am besten durch die Raschheit bezeugt hat, mit der die großen Lehren, deren sich das 13. Jahrhundert rühmen kann, ins Leben traten. Schon

---

1) Baumgartner, a. a. O. S. 77 ff.
2) Die Allegorie herrscht auch in einem anderen Werke aus der Mitte des 12. Jahrh. vor. in des Petrus Compostellanus „De consolatione rationis". Diese teils in Prosa, teils in Versform gehaltene Schrift ist eine Diskussion zwischen „mundus", „caro", ratio", die sieben freien Künste u. a. und Petrus Compostellanus, der sie in der Gestalt junger Mädchen im Traume erblickt. Philosophische und ethische Fragen werden erörtert. Blanco, der die Schrift nach einem Manuskript aus dem Eskurial herausgegeben hat (Petri Compostellani de consolatione rationis l. II, Beitr. z. Gesch d. Philos. d. Mitt. VIII, 4, 1912) setzt deren Abfassung nach 1120 an und vermutet in ihr ein Werk des Petrus Micha. Die Schrift ist dem Erzbischof von Compostella, Berengar von Santiago gewidmet. Sie gehört noch zum westgotischen Kulturkreise und verrät den Einfluß von Boëthius, Isidor von Sevilla und dem heiligen Augustinus, steht aber schon an der Schwelle der Renaissance, welche mit D. Gundissalinus in Spanien einsetzt.
3) Alain genoß bei seinen unmittelbaren Nachfolgern ein gewisses Ansehen. Er wurde von Raoul (Radulfus) von Longo Campo (1216), Wilhelm von Auxerre (vor 1231) und anderen kommentiert.

wenige Jahre nach dem Eindringen der neuen aristotelischen Schriften in das Abendland begründen Alexander von Hales und Albert der Große umfassende Systeme, die in einem für ihre Aufnahme nicht vorbereiteten Milieu nicht hätten entstehen können.

Das 13. Jahrhundert wird stets den Ruhm in Anspruch nehmen dürfen, das Gebäude der Scholastik in großen Proportionen erweitert und alle Teile desselben in harmonischer Einheit geordnet zu haben.

194. Bibliographie. — Werke Hugos von St. Victor Migne, P. L., Bd. 175—177. Viele Schriften werden im Mittelalter ihm fälschlich zugeschrieben. Vgl. Hauréau, Les oeuvres de H. de S. Victor, 1886, und: Notices et extr., passim. De Ghellinck, La table des matières de la 1re édit. des oeuvres de H. de S. Victor (Recherches de science relig. 1910, S. 270), und R. Neo-scolast. 1913, p. 226. R. a S. Victore opera, P. L. 194. — Werke des Joh. von Salisbury, P. L., Bd. 199. Webb veröffentlichte eine kritische Ausgabe des „Polycraticus": J. Saresburensis ep. Carnotensis Policratici ..., l. VIII (Oxford, 2 Bde., 1909) mit einer Vorrede über die Handschriften, Ausgaben, die von Joh. von Salisbury zitierten Autoren. — Werke des Alain von Lille, P. L., Bd. 210. Neue Ausgabe der Schriften „Anticlaud." und „De planctu naturae" von Wright (Rer. britannic. script. m. aevi, London 1872, Bd. II). Schriften Isaaks von Stella, P. L., Bd. 194; Alchers von Clairvaux: Bd. 40. Über die apokryphen Schriften des Alanus vgl. Hauréau, Not. et extr. de qques ms., V, 509, 547, 548 etc.

A. Mignon, Les origines de la scolast. et H. de S. Victor (2 Bde., Paris 1895); gut. J. Kilgenstein, Die Gotteslehre des H. von S. V. nebst einer einleitenden Untersuchung über H.s Leben und seine hervorragendsten Werke (Würzburg, 1898); H. Ostler, Die Psychol. des H. von S. Victor. Ein Beitrag z. Gesch. d. Psychol. in d. Frühscholastik (Beitr. z. Gesch. d. Philos. d. Mitt. VI, 1, 1906); gut, eindringend. — G. Bertazzi, La filosofia di Hugo da san vittore (Roma 1912). Oberflächl. Außer dem veralteten Werke Schaarschmidts, J. Saresburensis nach Leben und Studien, Schriften und Philosophie (1862) sind erschienen Abhandlungen von Siebeck (Arch. f. Gesch. d. Philos. I, 520), R. Lane Poole (in: Dict. of Nat. Biogr. XXIX, S. 439) und eine Studie von Cl. Webb (in: Proceedings of Aristot. Society, 1894, S. 91). Noël Valois, Guillaume d'Auvergne, Paris 1880. Buonaiuti, G. di Salisbury e le scuole filosofiche del suo tempo (Riv. stor. crit. delle scienze teolog. 1908). Baumgarten, Die Philosophie des Alanus de Insulis (Beitr. z. Gesch. d. Philos. d. Mitt. 1896); vortrefflich, mit reichhaltigen Angaben über die Geschichte besonderer Theorien. Hauréau, Mémoire sur la vie et qques oeuvres d'Alain de Lille (Mém. Acad. Inscript. et B. Lettres, Bd. 32, S. 1). P. Braun, Essai sur la philos. d'Alain de Lille (Rev. sc. ecclés. 1898 u. 1899). — P. Bliemetzrieder, Isaak von Stella, Beiträge zur Lebensbeschreibung (Jahrb. f. Philos. u. spekul. Theol. XVIII, 1). Eine unbekannte Schrift I.'s von Stella (Studien u. Mitteil. aus d. Benediktin.- u. Zisterzienserorden 1908, S. 433). Es handelt sich hier um eine Exposition über das Buch Ruth; sie ist dem Bischof Johannes von Poitiers gewidmet.

Zweiter Abschnitt.

Die nicht-scholastischen Philosophen.

195. Verschiedene Formen der Antischolastik. — Jede die Geistigkeit der Seele oder die menschliche Persönlichkeit oder den wesenhaften Unterschied zwischen Gott und Geschöpf regierende Theorie untergräbt die Grundprinzipien der Scholastik. Daher lassen sich jene den Materialismus, die Seelenwanderung, den Atheismus oder den Pantheismus verteidigenden Denker nicht zu den Scholastikern rechnen.

196. Der Materialismus der Katharer und Albigenser. — Die Katharer und Albigenser, zwei verwandte Sekten, die im 12. Jahrhundert in Frankreich und Italien sehr verbreitet waren, setzten dem scholastischen Monotheismus einen den Manichaeern entlehnten, dem Atheismus gleichwertigen Dualismus entgegen. Neben Gott, dem Prinzip des Guten, stellten sie ein von Gott unabhängiges Prinzip des Bösen auf.

Zugleich lehrten die Katharer in der Psychologie, daß der menschliche „spiritus" mit dem Leibe zugrunde gehe, aus eben demselben Grunde wie der „spiritus" der Tiere: „Hi autem volunt dicere ideo resurrectionem non futuram, quia anima perit cum corpore, sicut nostri temporis multi falsi christiani, imo haeretici".[1]) Alain von Lille, der sie in seinen Schriften direkt bekämpft, hat mehrere ihrer Argumente aufbewahrt. So z. B. beriefen sie sich zugunsten ihrer Theorie auf die Ansicht gewisser Scholastiker (z. B. Adelard, Wilhelm von Conches), welche an die Immaterialität jedes Lebensprinzips glaubten, und argumentierten wie folgt: „Si incorporalis est (spiritus animalis) sicut spiritus humanus, qua ratione perit cum corpore et non spiritus hominis? Qua enim ratione aut vi conservabitur potius anima humana in corpore quam anima bruti?"[2]) Besonders aber stützten sie sich auf Epikur und Lucrez, deren materialistischen Atomismus sie reproduzierten, und nachdem sie einmal die Unsterblichkeit der Seele beseitigt hatten, leugneten sie offen die Belohnung der Guten und die Bestrafung der Bösen. Das praktische Leben der Katharer war eine Betätigung ihrer materialistischen Grundsätze.[3]) Ihre Lehren überdauerten das 12. Jahrhundert.[4])

Wieder ist es Alain von Lille[5]), der uns von jener anderen Lehre der Albigenser berichtet, nach welcher die Seelen mancher privilegierter Menschen gefallene Engel sein sollen, die dazu verdammt sind, sich so und so vielmal mit menschlichen Leibern zu verbinden (Pythagoreismus).

197. Der Pantheismus. — Das Aufkommen des Pantheismus im 12. Jahrhundert fällt mit einer Neubeachtung der Schrift „De divisione naturae" des Joh. Scotus zusammen.

1. Pantheismus von Chartres. Zunächst findet sich, wie es scheint, der Pantheismus bei einem mit den Lehrern von Chartres bekannten Denker, Bernhard von Tours (oder Silvestris). Zwischen 1145 und 1153 verfaßte er in Tours eine, Thierry von Chartres gewidmete, Schrift „De mundi universitate", voll von neuplatonischen und pythagoreischen Lehren, einen Monismus und eine Emanationstheorie begründend. „Ea igitur noys summi et exsuperantissimi Dei est intellectus et ex eius divinitate nata natura."[6]) Die ganze Metaphysik wird aus der pythagoreischen „monas" abgeleitet. Zugleich ist die Schrift „De mundi universitate" eine allegorische Dichtung, halb in Prosa, halb in Versen, in welcher die metaphysischen Begriffe anthro-

---

1) Alain von Lille, Contra haeret. I, 27 (Sp. 238).
2) Ebd.
3) Ebd. I, 63. Marbod schildert diesen Materialismus so: „Inter quos habitus non ultimus est Epicurus. — Ex atomis perhibens mundi consistere molem. — Iste voluptatem summum determinat esse — Perfectum bonum, quo quisque fruendo beatus — Congaudensque sibi sine sollicitudine vivat: — Scilicet aut animas cum corporibus perituras — Aut nullum credens meritum post fata manere — Quis numerare queat regiones, oppida, vicos, — Urbes atque domos Epicuri dogma sequentes?" (Liber decem capitulorum, C. 7, zitiert von Philippe, Lucrèce dans la théol. chrétienne, S. 67).
4) Zweite Periode.
5) Anticlaud. I, 11, 12, 318 C D.
6) De mundi univers. I, I, 2.

pomorphisiert und in dramatische Personen verwandelt sind, wodurch das Verständnis der Ausführungen erschwert wird.

2. *Amalrich von Bènes und die Sekte der Amalricianer.* Amalrich von Bènes, geboren in der Umgebung von Chartres (zweite Hälfte des 12. Jahrhunderts), stand zweifellos unter dem Einflusse der Schule von Chartres, ging aber nach Paris, wo er in der Dialektik, dann in der Theologie einen ausgeprägten Pantheismus lehrte. Alles, was existiert, ist eines; Gott ist allem immanent, denn das Wesen aller Dinge wurzelt im göttlichen Sein. „Omnia unum, quia quidquid est est Deus." Es ergibt sich daraus, daß die Menschheit vergöttlicht wird und daß jeder Mensch in ebendemselben Sinne wie Christus eine Erscheinung der Gottheit ist. „Nemo potest esse salvus, nisi credat se esse membrum Christi."[1]) Die Stellen in der Hl. Schrift über die Gottheit beziehen sich buchstäblich auf jeden von uns. Amalrich steht in engerem Zusammenhange mit Joh. Scotus Eriugena[2]); die Zeitgenossen täuschten sich darin nicht und ein und dieselbe Verdammung verband Lehrer und Schüler. Denn als Amalrichs Lehren von zahlreichen Haeretikern ausgebeutet wurden, ward er verfolgt, widerrief aber vor seinem 1204 erfolgten Tode.

Seit dem Jahre 1200 aber hatten die Lehren Amalrichs Erfolg. Es gab Sekten, welche seine Anschauungen über die Vergottung zur Anwendung brachten, und man lehrte den Massen, der Mensch sei als Glied der Gottheit über alle Sünde erhaben; seit 1210 auch: Jeder Mensch sei der Heil. Geist. Ein gewisser Godinus und ein Goldschmied namens Wilhelm verbreiteten diese Anschauungen in den ersten Jahren des 13. Jahrhunderts. Sie haben auch zahlreiche Berührungspunkte mit den gleichzeitigen, aber unabhängigen Träumereien des Joachim von Floris (gest. 1202) und mußten den Anhängern der Sekte des „evangelium aeternum" gefallen, welche die Reihenfolge der großen Perioden der Menschheitsgeschichte mit der Erzeugung der drei göttlichen Personen identifizierten und die Zügellosigkeiten des sittlichen Lebens im Namen der unserem Wesen einwohnenden Gottheit rechtfertigten.

Gegen die Lehren der Amalricianer erhoben sich die Philosophen und Theologen. Ein zu Beginn des Jahres 1210 oder ehestens 1208 verfaßter Traktat „Contra Amaurianos", den Baeumker[3]) Garnerius von Rochefort[4]) zuschreibt, bekämpft die Grundlehren der Amalricianer. Im Jahre

---

1) Baeumker, Ein Traktat gegen die Amalricianer, S. 386.
2) Heinrich von Ostia bezeugt dies (Super quinque lib. decret. 1; vgl. Huber, a. O. S. 436). Alberich von Trois Fontaines schreibt in seiner Chronik von 1225: „Hoc anno damnationem incurrit (sc. J. Scot.) propter novos Albigenses et falsos theologos qui verba bene forsitan suo tempore prolata et antiquis simpliciter intellecta male intelligendo pervertebant et ex eis suam haeresim confirmabant" (Monum. Germ. Histor. S. 23, 914, 42 ff).
3) Baeumker, a. a. O. S. 346.
4) Der Zisterzienser Garnerius von Rochefort, 1192 Bischof von Langres, nach 1215 in Clairvaux gestorben, verfaßte außerdem Reden und kompilierte aus den Schriften Pierres von Poitiers und des Jean Beleth. Er selbst konnte sich nicht des Einflusses des Joh. Scotus erwehren, ohne aber sich des Pantheismus verdächtig zu machen. Die Ansicht Baeumkers bestreitet Mandonnet (Rev. thomiste I, 261), der für den Verfasser des Werkes Rudolf von Namur hält. Baeumkers Entgegnung: Jahrb. f. Philos. u. spekul. Theol. 1894.

1210 verbietet die Pariser Synode die Lehren Amalrichs; im selben Jahre werden verschiedene Priester und Kleriker in Paris verdammt, weil sie diese Haeresien verfochten hatten, und fünf Jahre später werden diese Verbote durch Robert von Courçon in Paris und vom Lateraner Konzil erneuert.

3. *David von Dinant.* Nach dem anonymen Chronisten von Laon hätte Amalrich von Bènes seine Lehren von David von Dinant[1]) entlehnt — einer Persönlichkeit, deren Leben so gut wie unbekannt ist[2]), deren Schriften aber ihren Augenblick des Ruhmes erlebten, Schriften, welche in den letzten Jahren des 12. Jahrhunderts den vollständigsten materialistischen Pantheismus zum Ausdruck brachten. Schon der Titel seiner Schrift „De tomis, id est de divisionibus" (auch unter dem Namen „Quaternuli" zitiert) verrät den Einfluß, den Joh. Scotus auf den pantheistischen Philosophen ausüben mußte. Vielleicht kannte David auch des Avicebron „fons vitae"; nichts gemein aber hat, wie man lange gemeint hat, sein Pantheismus mit des Gundissalinus „De unitate", denn diese Schrift atmet den Geist des scholastischen Individualismus.

Man kennt David von Dinant aus den Urteilen, die Albert der Große und Thomas von Aquino über ihn gefällt haben und aus der wiederholten Verdammung seiner Schriften.[3]) David lehrt zwar eine dreifache Kategorie von Substanzen: Gott, die Seelen und die Materie, aber diese drei Wesen verschmelzen zu ein und derselben numerischen Einheit. Albert der Große hat uns sein subtiles Argument hinterlassen: „Sollen zwei Dinge sich voneinander unterscheiden, so muß man ihnen ein gemeinsames und ein verschiedenes Element finden. Würde nun der Geist von der Materie verschieden sein, so gäbe es in der ersten Materie eine weitere Materie und dies würde ins Unendliche führen".[4])

Die „Quaternuli" wurden im Jahre 1210, auf dem Pariser Konzil von

---

[1]) In Belgien. Vlg. A. Boghaert-Vaché, David de Dinant liégeois ou breton? (Wallonia 1904, 266—272).

[2]) Nach den Chronisten stand er zu Papst Innozens III. in Beziehungen. Als Gesinnungsgenossen von Amalrich und David nennt er einen „anderen Seelenräuber" Walther von Muissi. Der interessanteste Teil der Chronik lautet: „A. 1212. Nota superiori anno hibernis temporibus quidam presbyteri innovasse, quam etiam defendere praesumpserunt; inde iudicio ecclesiae. praesentibus magistris theologis Parisiensibus, primo fuerunt, a domino Petro Parisiensi episcopo exordinati, deinde igne sunt conflagrati, quidam vero inmurati. Inter quos fuerunt praecipui: Stephanus presbyter parochialis de Corbolio et magister Garinus eiusdem castri cappellanus et magister Bernardus. Nota. Almaricus, cuius supra fecimus mentionem, vir quidem subtilissimus, sed ingenio pessimus fuit. In omnibus facultatibus, in quibus studebat aliis contrarius inveniebatur   Magister vero David, alter haereticus de Dinant, huius novitatis inventor, circa papam Innocentium conversabatur, eo quod idem papa subtilitatibus studiose incumbebat. Erat enim idem David subtilis ultra quam decerct: ex cuius quaternis, ut creditur, magister Almaricus et caeteri haeretici huius temporis suum hauserunt errorem. Tertius trux et animarum lanista fidei et honestatis fuit magister Galterus de Muissi, Canonicus Lingonensis, magni nominis vir. (Hic dominam Blancam comitissam Campaniae quaesivit ludificare   .). Novissime vero omni Almaricorum haereticorum fuit magister Godinus, qui Ambianiae haereticus probatus est et ibidem igne fuit ustulatus" (Chronicum universale anonymi Laudunensis von 1154 bis zum Schluß 1219, herausgegeben von A. Cartellieri, bearbeitet von Wolf Stechele, Leipzig u. Paris 1906, S. 69 f.).

[3]) Thomas, Sum. theolog. I, qu. III, art. 8, in corp.

[4]) Albertus Magnus, Sum. theol. Ia, tr. 4. qu. 20, m. 2.

Peter von Corbeil, Erzbischof von Sens, verdammt. Fünf Jahre verbot der Kardinal Robert die Lektüre der Schriften Davids in den theologischen und philosophischen Fakultäten. Dieselbe Ächtung traf Amalrich und Maurice d'Espagne.[1])

Amalrich von Bènes und David von Dinant gehören, wenn sie auch im Beginne des 13. Jahrhunderts auftreten, beide zur vorangegangenen Epoche. In der nun folgenden Periode setzt die Antischolastik in neuen Formen ihren Kampf gegen die sieghafte Scholastik fort.

198. Bibliographie. — Die Schrift des Bernh. Silvestris „De mundi universitate libri duo sive Megacosmus et Microcosmus" haben Barach und Wrobel herausgegeben (Bibl. philos. mediae aetatis, 1876).

Baeumker, Ein Traktat gegen die Amalricianer aus dem Anfang des XIII. Jahrh. (Jahrb. f. Philos. u. spekul. Theol. 1893, S. 346). Dieser von Baeumker herausgegebene Traktat ist eine Quelle ersten Ranges für das Verständnis der Theorien Amalrichs. Die anderen Quellen sind Caesar von Heisterbach, Wilhelm der Bretone und ein Bericht über die Akten des Konzils, welches Amalrich verdammte, herausgegeben von Martène und Durant, Thesaurus Anecdotorum, IV, 163. Über Amalrich vgl. Delacroix, a. a. O. Kap. II. — Jourdain, Mémoires sur les sources philosophiques des hérésies d'Amaury de Chartres et David de Dinant (Excursions etc., 1888, S. 101); die Ergebnisse sind zu modifizieren. Über die Katharer, Waldenser und Amalricianer vgl. P. Alphandéry, Les idées morales chez les hétérodoxes latins au début du XIII. s. (Bibl. Ec. htes études, sc. relig. XVI, 1, Paris 1903; untersucht die ethischen Anschauungen, besonders in ihrer populären Form. Die Moral der Katharer soll von dem Grundsatz geleitet sein, daß, da die Sünde in der Unterwerfung unter die Materie besteht, die Vollkommenheit durch Loslösung von allem, was mit dem Leibe zusammenhängt, erreicht werde. Der Verfasser betrachtet die von Alain von Lille mitgeteilten Lehren als „Abweichungen von dem Denken der Katharer" (S. 107). — Denifle, Das Evangelium aeternum u. die Kommission von Anagni (Arch. Liter. Kirchengesch. d. Mittelalt. I, 1885); Fournier, Joachim de Flore et le livre de vera philosophia (Rev. hist. et littér. relig. 1899, S. 37; Rev. quest histor. 1900, S. 457).

Dritter Abschnitt.

Die theologische Bewegung im 13. Jahrhundert.

§ 1. Die Richtungen der scholastischen Theologie.

199. Fortschritte der scholastischen Theologie. — Im 12. Jahrhundert ist die scholastische Theologie von der scholastischen Philosophie reinlich abgegrenzt: die beiden Königinnen des mittelalterlichen Wissens besitzen beide ihre Selbständigkeit als besondere Wissenschaften. Die Theologie erlebt einen mächtigen Aufschwung, und zwar treten zwei Schulen auf, in welchen zwei fundamentale Fortschritte zutage treten: die Kodifikation des Wissensstoffes und die Verallgemeinerung der dialektischen Methode.

Johannes Damascenus hatte im 8. Jahrhundert in seiner πηγὴ γνώσεως, in welcher jedem Thema philosophische Vorbemerkungen (κεφάλαια φιλοσοφικά) vorangeschickt werden, den Versuch zu einer theologischen Kodifikation gemacht, der nicht ohne Einfluß auf die Sententiarier blieb. Die theologischen Kodifikationsarbeiten, deren erste Idee im Abendlande zur Zeit Abaelards auftauchte, sollten einen gewaltigen Erfolg haben. Sie erscheinen in der Form von „Sentenzen" („sententiae, libri sententiarum")

---

1) Chartul. Univ. Paris, herausgegeben von Denifle und Chatelain, I, 70.
2) Grabmann, a. O. II, 222.

und „Summen". Die „Sentenzen" sind Sammlungen von Stellen und Lehren aus Schriften kirchlicher Autoren, während die „Summen" eine systematische und individuellere Verarbeitung gesammelten Materials darstellen.[1)]
Die didaktische oder Darstellungsmethode der Sentenzenschreiber und Summisten verrät den Einfluß von Abaelards „Sic et non". Man findet hier eine kontradiktorische Darlegung der Probleme. Oft fehlt es an klaren Lösungen, worauf Walther von St. Victor anspielt, wenn er Petrus Lombardus eines der vier Labyrinthe Frankreichs nennt. — Neben diesem dialektischen Verfahren kommt aber eine neue konstitutive oder Forschungsmethode auf: die „dialektische Methode". Als selbständige Wissenschaft besaß die scholastische Theologie ihre eigenen konstruktiven Methoden, wie die Philosophie solche hatte. Sie beziehen sich auf den Inhalt der christlichen Offenbarung und vor allem auf die Auslegung der Heiligen Schrift und der Kirchenväter, mit welcher sich alle Theologen seit Rhabanus Maurus, dem „Begründer der Theologie in Deutschland", beschäftigen.[2)] Doch griff die bedeutendste Gruppe der mittelalterlichen Theologen außerdem zu einer Hilfsmethode, dem dialektischen Verfahren. Die Theologie verlangt von ihrer Genossin, der Philosophie, eine Dienstleistung; nach Aufstellung eines Dogma ladet sie sie ein, den rationalen Charakter desselben wenn nicht logisch zu beweisen, so doch darzutun. Schon Lanfranc empfiehlt eine behutsame Anwendung der Dialektik auf die Theologie, während Fulbert von Chartres jede Einmischung der einen in die andere verdammt.[3)] Anselm bedient sich der dialektischen Methode mit Vorsicht, aber dabei in kraftvoller Weise. Im 12. Jahrhundert entwickelt sie sich gewaltig, und zwar infolge des Aufschwunges der Dialektik und des zur Geltung Kommens der neu bekannten Teile des Organon. Nunmehr dringt die „disputatio" in die Theologie ein: „Quae omnia deo annuente loco suo secundum doctrinam Aristotelis explicabimus".[4)] So erhält die Autorität der Hl. Schrift („auctoritates") ihre Stütze in einer wahren Apologetik („rationes"). Die Unterscheidung beider Ausdrücke findet sich bei Peter von Poitiers[5)] und später bei Thomas von Aquino; sie ist charakteristisch.

Die Anwendung der dialektischen Methode gibt zu lebhaften Kontroversen unter den Theologen[6)] Anlaß und dient zur Grundlage für die Ent-

---

1) Sententiae: „Aussprüche, Thesen, Quaestionen, Abhandlungen, welche man aus den hl. Vätern, den kirchlichen Lehrern und Canonensammlungen nahm." Manchmal führten die Arbeiten der Kompilatoren selbst den Titel „Sentenzen" (Denifle, Arch. f. Liter. u. Kirchengesch. d. Mittelalt. I, 588). — In einer von Ghellinck (Rev. hist. ecclés. X, 2, S. 200) angeführten Sentenzensammlung wird gesagt: „ut ex diversis praeceptis et doctrinis Patrum excerperem et in unum colligerem eos flores quos solemus, quasi singulari nomine, Sententias appellari." Robert von Melun: „Quid enim summa est? Nonnisi singulorum brevis comprehensio" (cod. Brug. 191, fol. 1, zitiert von Grabmann).
2) Burger, a. a. O. (Der Katholik, August 1902, S. 135).
3) Endres, Lanfranc. S. 231.
4) Anonymer Traktat aus der Mitte des 12. Jahrh., zitiert von Grabmann, a. a. O. II, S. 20. Als Typus theologischen Unterrichts in der Mitte des 12. Jahrh. führt Grabmann (S. 25) die „Quaestiones" Ottos von Ourscamps an (herausgegeben von Pitra; Quaest. mag. Odonis Suessionensis, in: Analecta novissima spicilegii Solesmensis, II, Paris, 1888.
5) Unveröffentlichte Glosse, nach Grabmann, a. a. O. I, 33.
6) Offenbar ist also die dialektische Methode eine theologische Methode, die in der

stehung mehrerer Parteien, die wir hier nur in ihrer allgemeinen Bedeutung kennzeichnen wollen.

Wie im vorangehenden Jahrhundert sind hier zu unterscheiden:

1. Eine Partei reaktionärer Theologen, Gegner der Einführung der Dialektik in die Theologie.

2. Eine Partei gemäßigter Theologen, welche die dialektische Methode in der Theologie zulassen, indem sie dieselbe der Methode der Schriftauslegung unterordnen. Diese letzteren lassen sich wiederum nach zwei Tendenzen gruppieren: die einen beschränken die Philosophie bloß auf die nützliche Rolle, den Vernunftgehalt des Dogma hervorzuheben; sie verdienen den Namen „utilitaristische Theologen". Die anderen, welche außerdem den Eigenwert der Philosophie erkennen und sie um ihrer selbst willen pflegen, können als „Argumentationstheologen" bezeichnet werden; sie sind die wahren Repraesentanten des scholastischen Geistes und die Vorläufer der großen Denker des 13. Jahrhunderts.

200. Die Argumentationstheologen. — Die Argumentationstheologie, die recht eigentlich die „scholastische Theologie" bildet, entwickelt sich breit in zwei großen Schulen: die Schule Abaelards und die Schule von St. Victor.[1]) Ihnen läßt sich noch eine dritte, weniger bekannte Schule, die des Gilbert de la Porrée, angliedern.

Abaelards „Introductio ad theologiam" war, wie es scheint, die erste theologische Koordinationsarbeit bei den Scholastikern, in welcher der Hauch des neuen Geistes zu verspüren ist. Seine Einteilung der Theologie in drei Teile (fides, caritas, sacramentum) ist charakteristisch. Indem Abaelard mit gleicher Heftigkeit gegen die reaktionären Theologen wie gegen die Gegner der Dialektik auftritt, geht er von dem Grundsatz aus, man müsse die Dialektik auf die Theologie anwenden.

Eine Kämpfernatur, entlehnt er vor allem der Dialektik Waffen gegen den Tritheismus Roscelins. Aber sein Eifer reißt ihn zu weit fort — in gutem Glauben, wie mehrere seiner Biographen sagen — und so irrt er betreffs der Ausdehnung des Mysteriums: dies erregte die Wachsamkeit der kirchlichen Gewalt und trug dazu bei, daß eine Gruppe von Ängstlichen ein übermäßiges Mißtrauen gegen die Philosophie bekundete. Abaelard machte Schule. Denifle hat dies dargetan, indem er vier „Summen" be-

---

Philosophie nichts zu suchen hat. Sie ist eine philosophische Rechtfertigung des Glaubensinhaltes. Dies ist der Sinn, den Grabmann dem Ausdruck „scholastische Methode" gibt. Zur Vermeidung jedes Mißverständnisses und Wahrung der Rechte der Methoden scholastischer Philosophie wäre es gut gewesen, wenn der Verfasser sein bedeutendes Werk „Geschichte der theologischen scholastischen Methode" betitelt hätte. Vgl. meine Bemerkungen in der „Rev. Néo-scol. 1910, S. 397.

1) Aus der Zwischenzeit zwischen Anselm und Abaelard betrachtet Grabmann eine Reihe von Persönlichkeiten zweiten Ranges, die sich an die Schulen Anselms (Bruno von Segni, gest. 1123; Otto von Cambrai; Honorius von Autun; die Sentenzen des Irnerius; Alger von Lüttich, gest. 1131 oder 1132), Wilhelms von Champeaux und Anselms von Laon (Raoul von Laon; Alberich von Rheims, der Theologe, gest. 1141; viele Anonyme) anschließen. Anselm von Laon ist der Verfasser von „Sententiae", die einen sehr unvollkommenen Versuch theologischer Kodifikation darstellen und ohne Einfluß auf die späteren Schriften der Schulen Abaelards und von St. Victor blieben (de Ghellinck, The Sentences of A. of Laon etc., S. 435—436).

kannt machte, welche durch die Dreiteilung des Stoffes, die Darstellungsmethode und die Lehre unmittelbar mit der „Introductio ad theologiam" zusammenhängen. Es sind dies: „Epitome theologiae", bisher dem Abaelard zugeschrieben, in Wahrheit das Werk eines Schülers, der den Traktat des Lehrers getreu zusammenfaßt; „Sententiae Rodlandi Bononiensis magistri auctoritatibus rationibus fortes" von Roland Bandinelli (Alexander III.), herausgegeben von Gietl; eine Summe des Ognibene, eines Zeitgenossen Rolands; eine andere, anonyme Summe in der Bibliothek von St. Florian. Die Schule Abaelards überlebte also die Verdammung, die ihn im Jahre 1141 traf, denn die Summe Rolands ist späteren Datums.

Die Existenz einer Schule des Gilbert de la Porrée wird durch die „Sententiae divinitatis" (zwischen 1141 und 1147—48) bezeugt, welche die durch die Synode von Rheims (1148) verdammten charakteristischen Irrtümer Gilberts reproduziert und zugleich von der „Summa sententiarum" stark beeinflußt ist.[1]) Zu den Schülern des G. de la Porrée („Porretani") gehören Radulfus Ardens[2]), Verfasser von Homilien, eines „liber epistolarum" und besonders eines „speculum universale". Dieses in den Jahren 1179 bis 1215 ausgearbeitete Werk[3]) beginnt mit einer Klassifikation der Wissenschaften, versucht eine Systematisation der theologischen Materien, befaßt sich mit der Einführung der philosophischen Terminologie in diese letzteren („qua necessitate quave intentione nomina sunt translata a naturali facultate ad theologiam")[4]) und stellt zugleich einen bemerkenswerten Abriß der Ethik dar.

Die Schule von St. Victor war vorsichtiger als die beiden anderen. Sie entnahm zwar von Abaelard die Fortschritte, die er in den didaktischen und konstruktiven Methoden der Theologie erzielt, wußte aber diese Methoden in den Grenzen einer vollkommenen Orthodoxie zu halten; so trug sie nicht minder als Abaelard dazu bei, die endgültige Richtung der scholastischen Theologie anzubahnen. Diese heilsamen Einflüsse treten schon in den Arbeiten Rolands und Ognibenes zutage. Hugo von St. Victor ist der bedeutendste Vertreter der theologischen Richtung, die ihren Namen von dem berühmten Mystiker-Kloster empfangen hat. Seine Schrift „De Sacramentis" ist eine vollkommenere dogmatische Synthese als Abaelards „Introductio ad theologiam", ist aber späteren Datums als dieses Werk. Was die „Summa sententiarum" betrifft, welche von der Methode Abaelards unmittelbarer beeinflußt ist und über deren Provenienz lebhaft diskutiert wird[5]), so macht

---

1) Nach Geyer, a. a. O., Nr. 204.
2) andere Schüler: Jourdain Fantasma, Ives de Chartres († 1165), Jean Beleth et un certain Nicolas. R. Martin, Le péché original d'après G. de la Porrée dans: Revue d'histoire ecclésiastique, 1912, p. 676.
3) Grabmann (a. a. O., I) setzt R. Ardens in das 11. Jahrhundert. Geyer, Radulfus Ardens und das speculum universale (Theol. Quartalsschrift, 1911, S. 63) zeigt, daß sein Werk dem 12. Jahrhundert angehört. Im „speculum" findet sich insbesondere G. de la Porrée erwähnt: zugleich werden Petrus Lombardus und Joh. Damascenus benutzt.
4) Grabmann, a. a. O. I, 255.
5) Die von Denifle angefochtene Autorschaft Hugos (vgl. Arch. f. Lit. u. Kirchengesch. d. Mittelalt. III, 1887, S. 634) behaupten Fournier Ostler. Gietl schreibt sie „einem von der Schule Abaelards stark beeinflußten Schüler Hugos" zu (a. a. O. S. 57). Portalié (Ecole théol. d'Abélard, in: Dict. théol. cath.) und andere weisen auf die Irrtümer hin, die, nach ihnen, die

sie bei der Schule Abaelards Anleihen und beeinflußt ihrerseits verschiedene Sentenzensammlungen der Folgezeit.

Dem theologischen Wirken Hugos läßt sich jenes **Richards von St. Victor** angliedern, dessen den Geist Anselms atmende Schrift „De trinitate" ein System von Beziehungen zwischen Glauben und Vernunft herstellt. Seine Exegese der „fides quaerens intellectum" anerkennt zur Rechtfertigung des Glaubensinhalts nicht bloß „rationes probabiles", sondern auch „rationes necessariae". Dies könnte übertrieben erscheinen[1]), würde man nicht auch die mystischen Tendenzen des Verfassers berücksichtigen.

Unter den übrigen Sententiariern, die von der Schule Hugos von St. Victor abhängig sind, sind zu erwähnen Hugo von Rouen und besonders **Robert von Melun**[2]). Sein Hauptwerk[3]), die „Sentenzen", ist durch dessen systematische Ansätze bemerkenswert. Die Einleitung betont den intellektuellen Charakter des Glaubens und gewährt wertvolle Einblicke in die oberflächlichen Lehrmethoden, deren sich gewisse zeitgenössische Glossatoren bedienten und die der Verfasser durch ein kritischeres Verfahren ersetzen will. Robert von Melun hatte Hugo von St. Victor und vielleicht auch Abaelard zu Lehrern; er eröffnete in Melun eine Schule und Joh. von Salisbury, der zu seinen Hörern gehörte, charakterisiert ihn als „in responsionibus perspicax, brevis et commodus."

Abaelard, Gilbert de la Porrée und Hugo von St. Victor sind Theologen auf philosophischer Grundlage und vereinigen so zwei Persönlichkeiten in sich. Das gleiche gilt von allen Theologen dieser Zeit.

201. Die rigoristischen Theologen. — Der Mißbrauch, der mit der dialektischen Methode getrieben wurde, machte viele Theologen sehr besorgt. Es waren dies zunächst gewisse exaltierte Mystiker, so z. B. Walther und Absalon von St. Victor, welche alles Wissen verdammten, auf deren Stimme aber nicht gehört ward. Walther von St. Victor richtet in seiner Schrift „Contra quatuor labyrinthos Franciae" (um 1179) seinen Tadel zugleich gegen den Verfasser der „sententiae divinae", Abaelard, Gilbert de la Porrée, Petrus Lombardus, Peter von Poitiers. Citeaux und Fonteavellana waren Zentren, in welchen eine ähnliche Reaktion herrschte. — Besonders war es eine einflußreiche Gruppe rigoristischer Theologen, welche mit Peter von Blois, Etienne von Tournai (gest. 1203) „den Verfertigern neuer Summen übel wollten".[4]) Der hl. Bernhard, Ernaud von Bonneval, Hugo von Amiens, Geoffroi von Auxerre, Jean de Cornouailles, Bruno von Segni, Philipp von Harvengt (gest. 1182), Michael von Corbeil (gest. 1199; „inutilis inquisitio studium philosophiae") bezichtigten die dialektische Methode der theologischen Irrtümer Roscelins, Abaelards, Gilberts de la Porrée. Mittelbar gingen andere

---

Annahme der Autorschaft Hugos verbieten. Grabmann (a. a. O. II, 297) hält sie für wahrscheinlich, fügt aber hinzu, es gebe keine entscheidenden Gründe für oder gegen sie.

1) Heitz, a. a. O. S. 72ff.

2) Grabmann nennt unter den Erzeugnissen von St. Victor auch des Gottfried von St. Victor „Fons vitae" und einen anonymen Traktat „De sancta trinitate" (II, 318—328).

3) Er schrieb auch „Quaestiones de divina pagina" und exegetische Werke; vgl. bei Grabmann (a. a. O. S. 323 ff.) zahlreiche unveröffentlichte Sentenzenauszüge.

4) Epist. ad R. Pont., zitiert bei Portalié, a. O. Sp. 55.

so weit, die Philosophie selbst zu verdammen, und das war zu viel. Denn die Philosophie war nicht bloß für die theologischen Irrtümer nicht verantwortlich, sondern auch der Mißbrauch der dialektischen Methode konnte deren Verwendung nicht belasten.

Pierre le Mangeur (Comestor, Kanzler von Paris, gest. um 1178, Verfasser einer „Historia Scholastica") und Pierre le Chantre oder von Reims (Cantor, gest. 1179) geben der Theologie eine praktische und positive Richtung. Ihr Einfluß macht sich bemerkbar bei Liebhard von Prüfening, Guido von Orchelles und einer Gruppe englischer Lehrer: Richard von Lester, Wilhelm de Montibus, Peter von London, namentlich aber bei Robert Courçon (Summa)[1], einem der ersten Organisatoren der Pariser Universität, und Stephan Langton.

202. Die utilitarischen Theologen. — In der Mitte zwischen den mißtrauischen und den Argumentationstheologen steht eine Theologenpartei, die in der Philosophie nur ein **Werkzeug** erblickt, von dem man übrigens nur geringe Dienste verlangt.

Diesen utilitarischen Standpunkt nimmt der berühmteste Sententiarier, **Petrus Lombardus**, mit dem Beinamen „magister sententiarum" ein (geb. zu Novara in der Lombardei, Lehrer an der Kathedralschule um 1140, um 1159 Bischof von Paris, gest. 1164). Zu den philosophischen Begriffen nimmt er nur in dem Maße seine Zuflucht, als sie geeignet sind, das Dogma zu deuten und ihm zu dienen. Er ist eben kein Philosoph, sondern höchstens ein Schriftsteller mit philosophischem Anstriche.[2]) Seine Philosophie ist fragmentarisch, nebensächlich, schwankend, unoriginell. Er ist ein „Eklektiker, der bald in sehr oberflächlicher Weise, bald mit gründlicher Besinnung seine Ideen von überall her bezieht, um die kirchliche Lehre zu erhellen".[3]) Auch auf theologischem Gebiete kann Petrus Lombardus auf Originalität keinen Anspruch erheben. Seine „Libri IV Sententiarum" sind eine Nachahmung und sehr oft nur eine Kopie der „Summa sententiarum"; Hugo von St. Victor und Abaelard[4]) gebührt der beste Teil des gewaltigen Ansehens, welches die „Bücher der Sentenzen" im Mittelalter genoß.[5])

[1]) Diese „Summa" befaßt sich mit Problemen der Moraltheologie und des kanonischen Rechtes. Einen der interessantesten Teile, der vom Wucher handelt, hat G. Le Fèvre herausgegeben: Le traité de usura de R. de Courçon (Lille, 1902). Zu bemerken ist, daß der Verfasser nicht (wie es später üblich ward) die Stellen aus der „Ethik" und „Politik" zur Verurteilung der Wucherzinsen heranzieht. Daraus schließt Le Fèvre, daß bis zum 13. Jahrhundert die Anklagen gegen das Zinsennehmen selbständig, ohne Beihilfe des Aristoteles vorgebracht wurden.

[2]) Espenberger, Die Philosophie des Petrus Lombardus und ihre Stellung im 12. Jahrhundert.

[3]) Ebd., S. 11. Dehove (a. a. O. S. 119) zeigt, daß Petrus Lombardus trotz Schwankens zu den Vertretern des gemäßigten Realismus zu rechnen ist.

[4]) Espenberger bestreitet, daß Robert Pulleyn (Robertus Pullus, gest. um 1150), Lehrer in Paris und Oxford, Verfasser der „Sententiarum libri octo", nach 1136 bearbeitet) den Lombarden beeinflußt hat. Die Klassifikationen des Lombarden verraten den Einfluß des 3. Teiles der $\pi\eta\gamma\dot{\eta}$ $\gamma\nu\dot{\omega}\sigma\epsilon\omega\varsigma$ des Joh. Damascenus in der Übersetzung des Burgondio. De Ghellinck hat diesen Einfluß festgestellt (Les oeuvres de Jean Damas en Occident au XIIe s.; Rev. quest. histor. LXXXVIII; von demselben: Le traité de P. Lombard sur les sept ordres ecclésiast. Ses sources, ses copistes (Rev hist. ecclés. Louvain, 1900). P. Lombardus ist von Alger von Lüttich (de Ghellinck) und den „Sententiae divinitatis" (Geyer) beeinflußt.

[5]) Wegen der historischen Bedeutung der „Sentenzen" des Lombarden hatten die

Zu den ersten Nachahmern des Petrus Lombardus gehören Meister Bandinus, Gandulph von Bologne, der erst als einer der Anreger des Lombarden galt und der nur aus ihm schöpft[1]), und besonders Peter von Poitiers (gest. 1205), Lehrer der Theologie, dann Kanzler von Paris, der treueste Schüler des Lombarden[2]), dessen „Sententiarum libri quinque" und beachtenswerten Kommentare („Glossae super sententias", vor 1175) in hohem Maße zur Verbreitung des Werkes seines Lehrers beitrugen.[3]) Die Kommentare zum „Lehrer der Sentenzen", die in der zweiten Hälfte des 12. Jahrhunderts entstanden, nahmen seit Beginn des 13. Jahrhunderts rapid an Zahl zu; man zählt ihrer hunderte und kein Werk im Mittelalter hatte solchen Erfolg. Bis in die Mitte des 16. Jahrhunderts ist der Rahmen desselben klassisch geblieben und auf den theologischen Fakultäten der zahlreichen europäischen Universitäten wurden neben der Bibel die Sentenzen erklärt.

An Peter von Poitiers lassen sich Martin de Fugeriis, Peter von Capua (gest. 1242) und zwei bedeutende Persönlichkeiten des beginnenden 13. Jahrhunderts anreihen: Simon von Tournai (Theologische Summe, „Quaestiones quodlibetales", „Expositio super symbolum") und Praepositinus von Cremona (Theologische Summe). Endlich wären hier als eine der systematischen Darstellungen des Dogma die „Catholicae fidei libri quinque" des Alain von Lille anzuführen.[4])

203. Zusammenfassung. — 1. Die bedeutendsten Persönlichkeiten in der Geschichte der Theologie des 12. Jahrhunderts, Abaelard, Gilbert de la Porrée, Hugo von St. Victor, um nur die Schulhäupter anzuführen, sind Philosophen und Theologen zugleich. Als Philosophen wollen sie eine Erklärung der

---

Wiedergabe des Rahmens, den ihr Inhalt ausfüllt, für interessant. Der Verfasser behandelt der Reihe nach die „res" oder Dinge, die nicht das Symbol von etwas anderem sind, und die „signa" oder Symbole. Die „res" sind: a) der Gegenstand unseres Genießens: Gott (Lib. I); b) die Mittel zu dessen Erlangung: die Geschöpfe (L. II); c) die Tugenden, die zugleich Gegenstände des Genusses und Mittel zur Erlangung der Glückseligkeit sind; die Menschen und die Engel, oder die zum Genusse der Glückseligkeit bestimmten Wesen.

1) De Ghellinck, Les sententiae de Gandulphe de Bologne ne sont-elles qu'un résumé de celles de P. Lombard? (Rev. néo-scol., 1909); Les citations de J. Damascène chez G. de Bologne et Pierre Lombard (Bull. Littér. ecclés. 1910). La diffusion des oeuvres de G. de Bologne au moyen âge (Rev. Bénédictine, 1910, S. 386).

2) Grunwald (a a O. S. 53) bemerkt, die Beweise für das Dasein Gottes, wie sie Peter von Poitiers aufstellt, seien denen des Lombarden an Präzision überlegen und nicht ohne Originalität, besonders ein Beweis, der sich auf die Einteilung der Wesen in Substanzen und Akzidenzen sowie auf die Unfähigkeit beider durch sich („a se") zu existieren, gründet. Ein anderer Beweis hat zur Grundlage die Unfähigkeit jedes aus Teilen zusammengesetzten Wesens, per se zu existieren.

3) Die Widerstände, die der Lombarde seitens des Walther von St. Victor, Jean de Cornouailles, des anonymen Verfassers des „liber de vera philosophia" und Joachim von Flore erfuhr, wurden bald behoben (Grabmann, a. a. O. II, S. 398).

4) Aus der Reihe der Summisten und Philosophen ist zu streichen Hildebert von Lavardin (1057 bis um 1133), Bischof von Tours; denn der ihm zugeschriebene „Tractatus theologicus" rührt von Hugo von St. Victor her (Hauréau, Not. et extr. V, 251), während die seinen Namen tragende „Philosophia moralis" von Wilhelm von Conches ist. Andere Summisten dieser Zeit sind, da ihre handschriftlich verfaßten Werke nicht studiert wurden, unzulänglich bekannt. Hierher gehören: Stephan von Langton, Lehrer in Paris, Kardinal (1206), Erzbischof von Canterbury; Philipp von Grève, Kanzler von Paris (gest. 1236); Gottfried von Poitiers, Lehrer in Paris (1231), dessen Herausgabe Brommer ankündigt.

Naturordnung durch das Licht der Vernunft geben; als dogmatische Theologen machen sie sich die systematische Darstellung des katholischen Glaubensinhalts zur Aufgabe und weisen zu diesem Behufe dem Autoritätsbeweis die Hauptrolle zu. Ferner räumen sie durch den Gebrauch der dialektischen Methode, deren Wirksamkeit von den meisten gerühmt wird, der Philosophie die Rolle einer Hilfswissenschaft ein und führen sie so auf eine Einheit höherer Ordnung zurück. So zeigt es sich, daß im Mittelalter die Philosophie einen zweifachen Charakter aufweist: sie hat selbständigen Wert, und sie zeitigt die dialektische Methode in der Theologie. Unsere historischen Darlegungen sind nach dem ersten dieser Gesichtspunkte orientiert. — 2. Es gab auch Theologen, die nicht Philosophen sein wollten. Hingegen gab es, so viel wir wissen, keine Philosophen, die nicht zu gehöriger Zeit P~~hilosophen~~ waren.

204. Theologische Verurteilungen. Kirche und Philosophie. — Oben sahen wir, auf welche Weise Abaelard zu Irrtümern gelangte, namentlich betreffs des Trinitätsdogmas. Nach ihm bilden die drei Personen nicht jede für sich das ganze göttliche Wesen, sondern sie sind nur Besonderheiten eines einzigen Wesens und entsprechen der Macht, der Weisheit und der Güte Gottes. Der hl. Bernhard setzte alle Hebel in Bewegung, um die Häresie Abaelards zu ersticken, wie er es später gegenüber der Gilberts de la Porrée tat. Die Schrift „De unitate et trinitate divina" wurde im Jahre 1121 auf dem Konzile zu Soissons verdammt, die „Theologia" auf dem Konzile von Sens (1140 oder 1141).[1]

Gilbert de la Porrée wiederum, der die Unterscheidung des Allgemeinen und Besondern in die Gottheit hineintrug, „machte aus Gott (deus) und der Gottheit (divinitas), Vater und Vaterschaft, sogar aus dem Wesen und den Personen wirkliche Verschiedenheiten".[2] Dies bedeutete die Leugnung der göttlichen Einheit. Diese Sätze wurden auf der Kirchenversammlung zu Rheims (1148) zur Anklage gestellt und der Bischof von Poitiers nahm sie zurück.

Man erhebt oft den Vorwurf gegen die Kirche, sie habe in der Person Roscelins, Abaelards, Gilberts de la Porrée die **Philosophie** verdammt. Nichts ist ungerechtfertigter als dieser Vorwurf. Was die Kirche verdammt hat, ist weder der sogenannte Nominalismus[3], noch der Realismus, noch die Philosophie überhaupt, noch auch die Argumentationsmethode in der Theologie, sondern **Anwendungen** dieser Methode, die als gefährlich galten, d. h. theologische, nicht philosophische Lehren.[4] Im 13. Jahrhundert nehmen eine Menge von Lehrern die philosophischen Theorien Roscelins und Abaelards wieder auf, ohne daß die Konzile zu deren Verdammung sich versammelten.

---

1) Betreffs des guten Glaubens Abaelards bemerkt Portalié: „Abaelard war nie ein Freidenker oder ungläubig . . ., er wollte ein aufrichtiger Glaubender sein und war es auch" (a. a. O. Sp. 41).

2) Clerval, a. a. O. S. 263.

3) „Der Nominalismus ist der alte Feind und er ist in der Tat die Lehre, welche, weil sie am besten mit der Vernunft übereinstimmt, sich von den Glaubenssätzen um so mehr entfernt. Auf mehreren Konzilen der Reihe nach verfolgt, wurde der Nominalismus in der Person Abaelards verdammt, so wie er in der Person Roscelins verurteilt worden war" (Hauréau, Hist. de la philos. scol. I, 292).

4) Vgl. Willmann, Gesch. d. Idealismus II, 360.

205. Bibliographie. Theologische Schriften Abaelards und Hugos von St. Victor, vgl. Nr. 186 u. 193. Kritische Ausgabe der „Libri quatuor sententiarum" des Petrus Lombardus, in den Werken des hl. Bonaventura, Ausgabe von Quaracchi, Bd. I—IV; Migne gab die Sentenzen des R. Pullus heraus (Bd. 186), ferner die des Peter von Poitiers (Bd. 211), Fragmente Walthers von St. Victor (Bd. 199). Von Walter, Prof. in Breslau, kündigt eine Ausgabe der „Summa" des Gandulph von Bologna an. B. Geyer, Die Sententiae divinitatis, ein Sentenzenbuch der Gilbertischen Schule (Beitr. z. Gesch. d. Philos. d. Mittelalt. VII. 2—3); bringt den Text nach zwei Münchener Handschriften und Auszüge aus dem Traktat „contra quatuor labyrinthos Franciae" des Walther von St. Victor, ferner eine Studie.
Denifle, Abaelards Sentenzen und die Bearbeitung seiner Theologia (Arch. f. Lit. u. Kirchengesch. d. Mittelalt. 1885, Bd. I); meisterhaft. Gietl, Die Sentenzen Rolands nachmals Papstes Alexander III., 1891; Text und Untersuchung ersten Ranges. Portalié, École théolog. d'Abélard, in: Dict. théol. cathol. Bd. I, Sp. 49 ff., vortrefflich, klar, wohlbewundert Derselbe: Alexander III. Claeys-Bouüaert, La Summa Sentent. appartient-elle à H. de St. Victor (Rev. histor. ecclés. 1909). Vgl. die in der Anmerkung zu Nr. 201 verzeichneten Arbeiten. Delatour, Pierre le Chantre (Bibl. éc. Chartres, 1897). Gutjahr, P. Cantor parisiensis (Graz, 1898); G. Lefèvre, Le traité de usura de Robert de Courçon; Text und Übersetzung mit Einleitung (Trav. et mém. univers. Lille, X, 30).
Protois, P. Lombard, son époque, sa vie, ses écrits, son influence, Paris 1881. Espenberger, Die Philos. d. Petrus Lombardus und ihre Stellung im 12. Jahrhundert (Beitr. z. Gesch. d. Philos. d. Mittelalt. III, 5, 1901); untersucht die Provenienz aller philosophischen Ideen bei P. Lombardus, sehr nützlich. — Studien zur Gesch. d. Theologie u. Kirche, Bd. VIII, H. 5: Die Sentenzen des Petrus Lombardus. Ihre Quellen und dogmengeschichtliche Bedeutung von O. Baltzer. — Vacandard, Vie de S. Bernard, 2 Bde., 4e edit. 1911; untersucht auch dessen Bedeutung als Denker. G. Robert, Les écoles et l'enseignement de la théologie pendant la première moitié du XIIe s., Paris, 1909. Simmler, Des sommes de théologie, Paris, 1871. Vacandard, Histoire de S. Bernard, 4. éd, 1911. De Ghellinck, The Sentences of Anselm of Laon and their place in the codification of theology during the XIIth Cent. (Irish. theolog. Quarterly, Okt. 1911). Über die Theologen des 12. Jahrhunderts vgl. Grabmann, Die Geschichte der scholastischen Methode, Bd. II, zweiter, spezieller Teil; wichtig, faßt die zeitgenössischen Arbeiten zusammen. Untersuchungen über die Schulen Wilhelms von Champeaux und A.'s von Laon, des Hugo von St. Victor, Rob. de Melun, Petrus Lombardus, die Schule von Chartres, bis zu Praepositinus.

§ 2. Der Mystizismus der Scholastiker.

206. Mystik und Scholastik. — Die orthodoxe Mystik hat sich parallel mit der scholastischen Philosophie und Theologie entwickelt, sie hat sich sozusagen auf sie gepfropft; die erste Blüte der spekulativen Mystik aber reicht nicht hinter das 12. Jahrhundert zurück.

Die Mystik bildet für die scholastischen Theologen ein Gebiet übernatürlicher Ordnung; sie ist von der scholastischen Philosophie unterschieden und daher gehört ihr Studium nicht zu deren Geschichte. Wir kommen hier nur deshalb auf sie zu sprechen, weil die meisten großen Persönlichkeiten des Mittelalters zugleich Philosophen, dogmatische und mystische Theologen waren und weil ferner neben der katholischen, übernatürlichen Mystik im Mittelalter natürliche mystische Tendenzen auftraten, die nicht mit Stillschweigen übergangen werden können. Einige allgemeine Darlegungen über die Mystik werden diese Unterscheidungen begreiflich machen.

207. Praktische und spekulative Mystik. — Es ist nicht leicht, eine Definition des Mystizismus zu geben. Das Wort führt auf die Wurzel $\mu\nu$ (Gedanke des Schließens, Zuschließens) und bezeichnet im allgemeinen eine

Tendenz, die den Menschen dazu treibt, sich in inniger und heimlicher Weise mit dem Unendlichen zu vereinigen. Die praktische Mystik ist mit der Religion eng verwandt und blüht um so mehr, als das religiöse Gefühl verbreiteter ist. Hingegen schließt der religiöse Skeptizismus die Mystik aus.

Unter spekulativer Mystik ist eine Lehre zu verstehen, deren Gegenstand die Schilderung der unmittelbaren Verkehrsbeziehungen zwischen Seele und Gott, sowie die Erklärung der Weltordnung aus dieser Vereinigung ist.

a) Der Verkehr bedingt eine Kontemplation, welche dem Geist die Erhabenheit und Größe des Unendlichen enthüllt und in eine Gemütsbewegung und in einen köstlichen Besitz Gottes ausmündet. Diese Ruhe des Besitzes erzeugt eine Art Unbeweglichkeit, welche die mannigfachsten Formen annehmen kann (Apathie, Quietismus, Schwinden des Bewußtseins, usw.).

b) Der Verkehr ist ein unmittelbarer. Das bedeutet, er beruht nicht auf einer gewöhnlichen Erkenntnis Gottes, der analogischen Erkenntnis vermittelst der Geschöpfe, sondern auf unmittelbarer Anschauung. Daher nehmen alle Mystiker neben der Sinnes- und Vernunfterkenntnis noch andere Erkenntnisarten an, die wir insgesamt als innere Schauung bezeichnen. Sie nehmen auch entsprechende Gemütsbewegungen an. Nicht der Mensch strebt zu Gott empor, er wird gesucht und Gott bemächtigt sich seiner. Der Mensch geht aus sich heraus, er liebt sich nicht, er liebt nur Gott.

c) Diese Vereinigung wird zum Gipfelpunkt der geistigen Tätigkeit. Alle anderen Untersuchungen, namentlich die philosophischen, sind ihr untergeordnet.

208. Einteilung der Mystik. — Von diesem Gesichtspunkt aus läßt sich die spekulative Mystik folgendermaßen gliedern:

1. Pantheistische und individualistische Mystik, nach der Art der Herstellung des unmittelbaren Verkehrs zwischen Mensch und Gott. Manche Mystiker nämlich erzielen die Vereinigung mit Gott durch eine aufs höchste gesteigerte Betätigung unserer Erkenntnis- und Willenskraft, während andere, um den Verkehr mit Gott inniger zu gestalten, die Substanz des Menschen selbst mit der göttlichen identifizieren. Sie vergöttlichen den Menschen, um ihn dem Unendlichen zu nähern.

2. Übernatürliche und natürliche oder theologische und philosophische Mystik, je nachdem die mystischen Intuitionen einer übernatürlichen Beteiligung Gottes zugeschrieben werden oder aber als Produkt der Natur und als höchster Ausdruck des natürlichen Seelenlebens gelten. Die indischen Philosophen, Plotin, Joh. Scotus Eriugena sind Vertreter der philosophischen, die Scholastiker hingegen Vertreter der theologischen Mystik.

Von Wichtigkeit ist der Umstand, daß die meisten historischen Formen der philosophischen Mystik zugleich der pantheistischen Richtung angehören.

209. Grundmerkmale der Mystik. — Diese Andeutungen betreffs der Mystik erklären uns das Vorhandensein gewisser, mehr oder weniger vorherrschender, allgemeiner Merkmale aller mystischen Lehren.

1. Da die erhabenen Sphären mystischer Kontemplation geheimnisvoll verschleiert sind, so eignen sie sich leicht zu poetischen Schilderungen und phantasievollen Darstellungen. Daher die Neigung zum Gebrauch von Allegorien, Personifikationen, Gleichnissen, daher auch die Bevorzugung des **symbolischen** Verfahrens.

2. Da die Vereinigung der Seele mit Gott das Lebensziel der Mystiker bildet, so bevorzugen diejenigen unter ihnen, welche sich der Philosophie befleißigen, die Probleme der Psychologie und Ethik. In ihrer Philosophie findet sich ferner die Grundrichtung des mystischen Denkens. So konzentrieren sie, nach dem Rate des hl. Augustinus, ihre ganze Aufmerksamkeit auf den „innern Menschen." Gern betonen sie den Dualismus von Leib und Seele und den Kampf, den die letztere zu bestehen hat, um sich von den Banden der Sinnlichkeit zu befreien.

3. Die extremsten Mystiker bekunden eine hochmütige Verachtung gegenüber der Philosophie und den Philosophen. Sie betrachten dieselben als Verirrte, die den Wert und die Bedeutung des menschlichen Wissens falsch einschätzen. An die Stelle der beraubten Vernunft setzen die Mystiker den gefühlsmäßigen Glauben.

210. Doppelform der mittelalterlichen Mystik. — Das Mittelalter, eine Zeit kraftvollen Glaubens, ist das goldene Zeitalter der Mystik. Die praktischen Mystiker schließen sich in einem frommen Leben ab, die spekulativen schreiben Bücher. Wir begegnen der Mystik in der doppelten Form des Individualismus und Pantheismus.

Die **pantheistische** Mystik tritt zuerst bei Joh. Scotus Eriugena auf, verschwindet dann für eine kurze Zeit, um im 12. Jahrhundert wieder zu erscheinen.

Neben dieser heterodoxen Mystik entfaltet sich parallel mit der scholastischen oder dogmatischen Strömung eine orthodox mystische Richtung, eine **theologische** Mystik, welche den Aufstieg der Seele zu Gott und zur Vollkommenheit auf eine seit Lebensbeginn empfangene übernatürliche Gnade basiert.

Die Scholastiker konnten, wollten sie nicht inkonsequent sein, **eine natürliche oder philosophische Mystik nicht anerkennen**. Denn nach ihrer Ideologie vermag die menschliche Seele nur von der sinnlichen Erfahrung ausgehend Gott zu erkennen und zu lieben. Nun stellt diese **mittelbare** Erkenntnis des Unendlichen nicht die **direkte** Verbindung, das zentrale Phaenomen des mystischen Lebens her. Daher unterscheiden sich die „mystischen Wege", die Verzückungen und Ekstasen, welche die Seele mit Gott vereinigen und die ein Hugo von St. Viktor oder Bonaventura mit so feurigem Enthusiasmus schildert, wesentlich von der philosophischen Gotteserkenntnis auf dem Wege der Verneinung und Transzendenz. Sie bilden die Stufen einer höheren Leiter, die der Mensch nicht ohne die Gnade ersteigen kann.[1])

---

[1]) Delacroix bringt die Mystik und Scholastik auf eine Weise in Beziehungen zueinander, die, wie wir glauben, auf einer Verwechslung beruht: „Die Scholastik besteht nicht ohne die Mystik, denn sie ist die auf die Religion angewandte Wissenschaft und geht von dem Axiom aus, daß alles durch die Theologie begreiflich wird und daher alles auf sie zurückführbar ist;

Zwischen der scholastischen Philosophie, scholastischen Theologie und Mystik besteht also keine Unvereinbarkeit.

211. Quellen der mittelalterlichen Mystik. — Die mystischen Anwandlungen des hl. Augustinus finden im Mittelalter ihren Widerhall. Man zog auch die „Stromata" und den „Paedagogus" des Clemens Alexandrinus heran, ferner des Cassianus „De institutione coenobiorum" und die dem Prosper von Aquitanien zugeschriebene Schrift „De vita contemplativa." Vor allem aber stützte man sich auf Pseudo-Dionysius Areopagita (in der Übersetzung des Joh. Scotus Eriugena und anderer) und es konnten sich, wie wir oben bemerkten, ebenso die individualistische wie die pantheistische Mystik auf ihn berufen. Endlich kamen, seit dem Ende des 12. Jahrhunderts, die Einflüsse der arabischen Mystik zur Geltung.

212. Die ersten Mystiker. Der heil. Bernhard. — Paulin von Aquilaea, Otto von Cluny, Anselm von Canterbury, Hildebert von Lavardin schrieben über die Grade der niederen Askese viel mehr als über die Mystik. Einige mystische Theorien finden sich bei Rupert von Deutz (gest. 1135), Otto von Tournai, Walther von Lille, Honorius von Autun. Letzterer ist eine vielfältige Natur, er ist ein einzeln stehender Schriftsteller, der im zweiten Viertel des 12. Jahrhunderts zur Umgebung des Abtes Christian von Regensburg gehörte, mehr Popularisator als Gelehrter, zeitweilig als Dichter auftretend, dessen bunte literarische Produktion nicht weniger als achtunddreißig Werke und Werkchen umfaßt.

Das methodische Studium der erhabenen Sphären der Vollkommenheit beginnt aber erst im 12. Jahrhundert. Hier ist der erste große Name der des hl. Bernhard („doctor mellifluus", 1091—1153), der als Begründer der wissenschaftlichen Mystik anzusehen ist. Für den hl. Bernhard ist das Wissen nur ein Mittel zu geistiger Wiedergeburt; das Lebensziel ist die Gottesliebe, welche vier Grade hat. Man gelangt zu ihr vermittelst der zwölf Stadien der Demut. An den hl. Bernhard läßt sich Wilhelm von S. Thierry anschließen.

213. Die Mystik von St. Victor. — Um das vollständige Inventar der Gesetze zu finden, welche den Aufstieg der Seele zu Gott beherrschen, muß man ins Sanktuar des Mystizismus, in die Schule von St. Victor eintreten.

Hugo von St. Victor war der Begründer und hervorragendste Vertreter einer das ganze 12. Jahrhundert erfüllenden mystischen Bewegung. Die mystische Theologie beschäftigt sich mit dem Glauben und dessen objektivem Inhalt („fides quae creditur, materia fidei") und besonders mit dem durch ihn erregten Gemützustand („affectus, fides qua creditur"). Wie der hl. Augustinus, dessen Mystik er nahe steht, schildert Hugo die Phasen des

---

aber dieses Axiom selbst setzt voraus, daß der Denker seine Abhängigkeit von Gott empfindet und bemüht ist, dieses Abhängigkeitsgefühl zu vertiefen. So wird die persönliche Frömmigkeit zur Bedingung der Wissenschaft; da aber diese Frömmigkeit nichts anderes ist als das Gefühl für das Göttliche, als die asketische Betrachtung der Beziehung des Ich zu Gott, welche Gegenstand der Mystik ist, so ist die Mystik die Grundlage der Scholastik" (Essai sur le mysticisme spéculat. en Allemagne au XIVe s., S. 10). Der Verfasser verwechselt scholastische Theologie und Philosophie und nimmt mit Unrecht an, daß die Frömmigkeit eine Bedingung zum Philosophieren in scholastischer Weise sei.

Aufstiegs zu Gott, den die Seele durch Geistesblick erfaßt.[1]) Daalle Erkenntnis durch eine Verähnlichung erfolgt, so findet die Seele in dieser Besitzergreifung Gottes die Vollendung ihres Wesens und die Gottesliebe, welche durch die Schauung erregt wird, gibt der Seele ihre vollendetste Form. Obwohl diese Vereinigung mit Gott nicht die Tätigkeit einer vom Intellekt verschiedenen Fähigkeit erfordert, stützt sich Hugo auf eine übernatürliche Unterstützung der Gnade, um die Seele zu diesen Höhen der mystischen Vision zu führen. Vermittelst der „contemplatio" richtet die Seele mühelos einen freien tiefen Blick auf das unendliche Sein ihres Schöpfers.[2])

Richard von St. Victor, 1162—1175 Prior des Mystiker-Klosters, unmittelbarer Schüler Hugos, ist fast ebenso bekannt wie sein Lehrer (Schriften: De exterminatione mali et promotione boni; de statu interioris hominis; de eruditione hominis interioris; de praeparatione animi ad contemplationem; libri quinque de gratia contemplationis; de arce mystica).

Nach ihnen wucherte der Mystizismus in St. Victor immer üppiger. Immer mehr betrachtete man den Glaubensakt als einen bloßen Gefühlszustand, unabhängig selbst von den Beweggründen des Glaubens. Die Philosophie galt als unnützer Überfluß. Die Verachtung aller Spekulation bekundet sich bei **Achard** und **Gottfried von St. Victor** und erreicht ihren höchsten Grad bei **Walther**, dem Nachfolger Richards, für den die Dialektik eine Teufelskunst ist. Er schrieb ein Buch „In quatuor labyrinthos Franciae." Die gleichen Tendenzen finden sich außerhalb St. Victors bei **Adam dem Praemonstratenser** und **Adam von Perseigne**. Später verquickte **Thomas Gallus**, Abt von Verceil (gest. 1246), die Mystik der Victoriner mit der des Pseudo-Dionys. Er repraesentiert den Übergang der Schule von St. Victor zu der des Bonaventura.

214. Bibliographie. — A. Endres, Honorius Augustodunensis. Beitrag zur Geschichte des geistigen Lebens im 12. Jahrh. (München, 1906); verknüpft alle auf diese wenig bekannte historische Persönlichkeit bezüglichen historischen Elemente. Über seine einzelnen Schriften vgl. zahlreiche Monographien von J. Kelle, 1901—1906 (Sitzungsber. d. k. Akad. d. Wissensch. in Wien. Philos.-histor. Klasse). Daux, Un scolastique du XIIe s trop oublié H. d'Autun (Rev. sc. ecclés. et sc. cathol. 1907). Vacandard, Vie de S. Bernard, abbé de Clairveaux, Paris 1895, 2 Bde.; gut. Über H. von St. Victor vgl. Nr. 204 und Buonamici, Riccardo da S. Vittore, saggi di studio sulla filosofia mistica del sec. XII, Alatri, 1898.

Werke des heiligen Bernhard, ed. Mabillon, 1696 und 1719. Über die Mystik überhaupt: Denifle, Eine Geschichte der christl. Mystik (Histor.-polit. Bl., 1875); Pachen, Introduction à la psychologie des mystiques (Paris 1901); Psychologie des mystiques. Les faits. Dante et les mystiques (Paris, 1909). Allgemeiner Überblick von P. Martin, Revue Thomiste, 1911. — Scharpe, Mysticism. Its true nature and value (London, Sands, 1910); klare Auffassung und Klassifikation; H. Osborne Taylor, The mediaeval Mind, 1911, Bd. II, Book V: Symbolism.

1) „Qui autem Spirituum Dei in se habent, et Deum habent; hi Deum vident, quia oculum illuminatum habent, quo Deus videri potest, et sentiunt non in alio vel secundum aliud, quod ipse non est, sed ipsum et in ipso, quod est, quod praesens est" (Hier. III; P. L. 175, 967). Vgl. Ostler, a. a. O. S. 139.

2) „Tria sunt animae rationalis visionis: cogitatio, meditatio, contemplatio" (Hom. 1; P. L. 175, c. 116). Die „cogitatio" ist ein oberflächlicher und weiter Blick, die „meditatio" ein überlegendes, auf einen bestimmten Punkt eingestelltes Nachdenken, die „contemplatio" ist „perspicax et liber animi contuitus in res perspiciendas usquequaque diffusus". Ostler bemerkt treffend, es handle sich hier um die **Erkenntnisweise** einer Sache, während die Einteilung des dreifachen Geistesblicks auf der Verschiedenheit der **Erkenntnisobjekte** beruht (a. a. O. S. 145).

II. Die byzantinische Philosophie.

215. Charakter derselben. — Durch das Dekret Justinians im Jahre 529 aus Athen verbannt, bei der Invasion der Araber im Jahre 640 gezwungen, Alexandria zu verlassen, ward die griechische Philosophie nach der Hauptstadt des Ostreiches verpflanzt. Hier erhält sie sich das ganze Mittelalter hindurch, aber ihre Entwicklung ist unregelmäßig, langsam wie der byzantinische Geist selbst. Obzwar die Anschauungen des Altertums in ihrer ursprünglichen Gestalt aufgenommen worden waren, wurden sie von der byzantinischen Philosophie doch viel oberflächlicher verarbeitet als von der arabischen Wissenschaft, welche sie, wie wir sehen werden, durch zahlreiche Vermittler übernahm.

Im ganzen genommen, ist die Leistung der byzantinischen Philosophie unbedeutend. Sie hat einen enzyklopaedischen Charakter; ihre Vertreter berufen sich teils auf Platon, teils auf Aristoteles, ohne eine scharf ausgeprägte Persönlichkeit aufzuweisen.

216. Hauptvertreter. — Schon die letzten Anhänger des Neuplatonismus, Themistius und Proklus, stehen in Beziehung zu Byzanz. Leontius von Byzanz (gest. um 543) verlangt vom Aristotelismus eine dialektische Methode zur Rechtfertigung des Christentums. Im 7. Jahrhundert kommentiert Stephan von Alexandria Aristoteles. Die „Isagoge" des Porphyr und die Schriften des Pseudo-Dionysius genießen in byzantinischen Kreisen ebenfalls viel Ansehen. Trotz unzähliger Schwierigkeiten infolge der stürmischen Herrschaft der Dynastie der Isaurier versucht Johannes Damascenus (gest. 750) eine Anpassung der aristotelischen und neuplatonischen Lehren an das christliche Dogma. Man kann sagen, daß seine $\pi\eta\gamma\dot{\eta}$ $\gamma\nu\dot{\omega}\sigma\varepsilon\omega\varsigma$ der erste Versuch einer philosophischen Synthese ist. Dieses berühmte Werk enthält eine „Dialectica", ein Verzeichnis „De haeresibus" und eine Abhandlung „De fide orthodoxa". Die Einteilungen desselben sind einer Rangordnung gemäß durchgeführt und jeder Teil enthält philosophische Vorbemerkungen ($\kappa\varepsilon\varphi\dot{\alpha}\lambda\alpha\iota\alpha$ $\varphi\iota\lambda o\sigma o\varphi\iota\kappa\dot{\alpha}$), in welchen sich manche aristotelische Lehren aus dem Gebiete der Logik und Metaphysik finden. Das Werk des Joh. Damascenus war stark verbreitet, auch im Abendlande.

Michael Psellus der Ältere und besonders der Patriarch Photius sind die philosophischen Repraesentanten des 9. Jahrhunderts. Letzterer ist ein namhafter Philologe und der erste Philosoph seiner Zeit. Er tritt eifrig für den Aristotelismus ein und bekämpft den platonischen Realismus.

Was Photius für die Erneuerung des Aristotelismus unternimmt, das leistet sein Schüler Arethas (10. Jahrh.) für den Platonismus. Arethas gehört übrigens wie Nicetas der Paphlagonier und Suidas, der Verfasser eines wohlbekannten Lexikons, zu jener Pleiade von Gelehrten, welche der liberale und gebildete Kaiser Constantin VII. Porphyrogenetos zu ermutigen verstand. Das 10. Jahrhundert ist eines der glänzendsten der byzantinischen Kultur. Aber nicht der Hauch der Neuheit ist es, der die byzantinische Wissenschaft im 10. Jahrhundert belebt; ihre Vertreter hegen keinen andern Ehrgeiz, als den, das literarische Erbe der Vergangenheit und die Sammlung der bestehenden Werke vor der Vergessenheit zu behüten. Natürlich hatte die Philosophie wie die anderen Wissenschaften ihren Vorteil davon.

Die hervorragendste wissenschaftliche Persönlichkeit des 11. Jahrhunderts ist jedenfalls Michael Psellus (1018 bis nach 1096). Psellus, erster Minister Michaels Parapinakes, Lehrer an der Akademie von Konstantinopel — eine neue Schöpfung des Kaisers Constantin Monomachos — ist der Urheber einer Bewegung, die stetig zum Platonismus der italienischen Renaissance führte. Er ist kein bloßer Kompilator; er vertritt einen neuplatonisch und aristotelisch gefärbten Eklektizismus. Er verfaßt Schriften über Platon (z. B. $Εἰς τὴν ψυχογονίαν τοῦ Πλάτωνος$), er kommentiert ferner die Abhandlung des Porphyr „über die fünf Worte" sowie des Aristoteles $περὶ ἑρμηνείας$.

Das 12. Jahrhundert, die Blütezeit der byzantinischen Wissenschaft, ist nicht ebenso fruchtbar an philosophischen Leistungen. Doch sind hier einige Kommentatoren des Aristoteles zu erwähnen: Johannes Italus, der Nachfolger des Psellus in der Akademie, der wie dieser das Studium des Aristoteles mit dem des Platon verbindet, Anna Comnena (1083—1148), Michael von Ephesus, ein Schüler des Psellus, Eustratius von Nicaea. Um dieselbe Zeit schrieb Theodoret von Smyrna eine Physik. Nikolaus von Methone schreibt nur den im 5. Jahrhundert von Procopius von Gaza gegen des Proklus $στοιχείωσις θεολογική$ gerichteten Traktat ganz oder teilweise ab.

217. Beziehungen der byzantinischen zur abendländischen Philosophie. — Das griechische Schisma (858) bildete den Ausgangspunkt langwieriger Mißverständnisse zwischen Abend- und Morgenland. So kommen denn vor dem 12. Jahrhundert beide Kulturen nur in oberflächliche Berührung und jede dieser großen menschlichen Familien arbeitet für sich, ohne daß sie ihre Forschungsergebnisse miteinander austauschen. Die Kreuzzüge und namentlich die Einnahme von Konstantinopel im Jahre 1204 machen dieser Isolierung ein Ende. Seit Beginn des 13. Jahrhunderts tritt in der Entwicklung der byzantinischen Philosophie ein charakteristischer Umstand auf: sie übermittelt ihre Anschauungen der abendländischen Philosophie.

218. Bibliographie. — Ludwig Stein, Die Kontinuität der griechischen Philosophie in der Gedankenwelt der Byzantiner (Arch. f. Gesch. d. Philos. Bd. II, H. 2, 1896). — K. Krumbacher, Gesch. d. byzantin. Literatur, 2. Aufl., München, 1897. — Abhandlungen von Huit in: Annales Philos Chrét. 1895.

III. Die morgenländische Philosophie.

219. Die Philosophie bei den Armeniern, Persern und Syrern. — Die Geschichte der philosophischen Ideen bei den Persern, Armeniern, Syrern, Arabern und Juden ist komplizierter und bewegter als die der byzantinischen Lehren.

Von den philosophischen Lehren der Armenier ist nur wenig bekannt. Doch begegnen wir hier dem Namen eines berühmten Übersetzers des Aristoteles; es ist dies David der Armenier (um 500 n. Chr.), Schüler des Olympiodoros.

In Persien versammelt der gastfreundliche Hof des Chrosroës Nuschirwan die letzten Vertreter der griechischen Philosophie, den Syrer Damascius, Simplicius und eine Menge Neuplatoniker, die aus Athen verbannt worden waren. Die Anwesenheit dieser gelehrten Emigranten zeitigte eine philosophische Bewegung auf den Akademien von Nisibis und Gandisapora. Am Hof des Chrosroës übersetzte Uranius Aristoteles und Platon ins Persische. Aber dieser Ideenstrom verlor sich bald und sein Einmünden in die arabische Philosophie ist zweifelhaft.

Die Syrer übernahmen die Erbschaft der griechischen Philosophie aus erster Hand und übermittelten sie den Arabern und, mittelbar, den Juden. Die Feldzüge Alexanders des Großen hatten nach Syrien so lebendige griechische Traditionen verpflanzt, daß viele Jahrhunderte hindurch die Sprache des einstigen Gegners die religiösen und profanen Produkte der syrischen Literatur beherrschte. Im 5. Jahrhundert übertrugen Theodor von Mopsueste, Theodoret von Cyr, Ibas, Cumas und Probus von der glanzvollen Nestorianischen Schule in Edessa die Schriften des Aristoteles aus dem Griechischen ins Syrische und kommentierten sie. Die Schule wurde im Jahre 489 von Zenon aufgehoben, aber im 6. Jahrhundert setzten die Monophysiten der Schulen von Resaïna und Chalcis diese Übersetzungstätigkeit fort. In Resaïna übersetzte Sergius die „Kategorien" des Aristoteles, die „Isagoge" des Porphyr, die Schriften des Pseudo-Dionys, Teile der Schriften des Galen; er selbst verfaßte mehrere Abhandlungen, welche neuplatonische Einflüsse aufweisen. Im 7. Jahrhundert trat Jakob von Edessa als Übersetzer auf; verschiedene Nestorianer des 7. und 8. Jahrhunderts unternahmen andere Übersetzungen. Im allgemeinen kannten die syrischen Philosophen von Aristoteles nichts als das Organon; gleichzeitig aber bevorzugten sie gern die Neuplatoniker, besonders Porphyr, was nicht wunder nimmt, wenn man bedenkt, daß Porphyr und Jamblich Syrer von Geburt waren. Dieser Umstand erklärt auch die Vorliebe, mit der später in der arabischen Philosophie die „Isagoge" des Porphyr behandelt wurde, welche durch zahlreiche syrisch-arabische Übersetzungen populär wurde.

Die griechisch-syrischen Übersetzungen, namentlich die der Schule von Resaina sind sehr mangelhaft, weil sie am Buchstaben kleben, ohne den Sinn zu beachten.[1]

220. Ursprung der Philosophie bei den Arabern. — Auch schon vor der Hedschra (622) und dem Sieg des Islam, der die Perser und Syrer den Arabern unterwarf, waren die letzteren mit der christlichen Kultur in Berührung gekommen, „von der sie die Wissenschaft empfangen sollten, um sie ihr in der Folge, nach jahrhundertlanger Fruchtbringung, zurückzugeben".[2] Die Pflege der empirischen Wissenschaften und die religiösen Erörterungen hatten eine selbständige philosophische Bewegung gezeigt, aber die arabische Philosophie sollte erst in der Berührung mit den Ideen der Griechen ihren eigentlichen Aufschwung nehmen. Als im Jahre 750 die Abassiden an Stelle der Ommaiaden traten, luden sie die syrischen

---

[1] Pollak, Entwickl. d. arab. u. jüdischen Philos. im Mittelalter, S. 206.
[2] Carra de Vaux, Avicenne, S. 49 (Paris, 1900).

Gelehrten an den Hof zu Bagdad und gaben mit ihrer Hilfe der geistigen Kultur einen starken Impuls. Die Syrer waren es, welche die Araber in die großen Schöpfungen der griechischen Philosophie einführten, indem sie diese aus dem Syrischen ins Arabische übertrugen. Diese Übersetzungstätigkeit begann unter dem Khalifat El-Mansurs (753—774) und wurde unter El-Mamun noch energischer betrieben. Dieser begründete (um 832) in Bagdad eine Übersetzungskanzlei, an deren Spitze sich Honain ben Isaak (der Iohannitius der Scholastiker, gest. 873) findet, ein Zeitgenosse des Joh. Scotus Eriugena und des Photius in Byzanz. Diese Arbeit wurde im 10. Jahrhundert von syrischen Christen fortgesetzt, zu welchen Costa ben Luca gehört. Man übersetzte nicht bloß philosophische, sondern auch mathematische und medizinische Schriften aus dem Griechischen.[1]) Die philosophischen Studien folgen den wissenschaftlichen. Während die syrischen Schulen sich fast ausschließlich auf das Organon des Aristoteles verlegten, machten die Übersetzer die Araber mit allen Grundschriften desselben bekannt. Zugleich übermittelten sie ihnen die Kommentare des Alexander von Aphrodisias, Porphyr, Themistius, Ammonius. Platon war weniger bekannt, aber die neuplatonischen Überlieferungen waren noch lebendig. Wir begegnen ihnen in einer der zuerst übersetzten Schriften (spätestens aus dem Jahre 840), der berühmten „Theologie des Aristoteles", die fälschlich dem Stagiriten zugeschrieben wurde und nur eine Kompilation aus den „Enneaden" (IV—VI) des Plotin ist (aus dem 3. oder 4. Jahrhundert).[2]) Zur berühmten „Isagoge" des Porphyr sind mehr als fünfhundert arabische Kommentare verfaßt worden.

Unter der Herrschaft dieser Ideen entstand eine arabische Philosophie, welche dreieinhalb Jahrhunderte ausfüllte und sich zuerst im Morgenlande, dann in Spanien entfaltete.

221. Charakter der arabischen Philosophie. — *1. Schätzung des Aristoteles.* Aristoteles ist der Philosoph κατ' ἐξοχήν und die Araber besitzen im hohen Maße die Fähigkeit, seine Lehre zusammenzufassen. Als Gelehrte schätzen und betonen sie die empirische Grundlage seines Systems; doch ist der Peripatetismus der Araber modifiziert. Zunächst hatte die Einschiebung mehrerer Sprachen zwischen das Original und den übersetzten Text (aus dem Griechischen ins Syrische, aus dem Syrischen ins Arabische, zuweilen auf dem Wege des Hebräischen) und besonders die unzulängliche Art des wörtlichen Übersetzens den Gelehrten nur unvollkommenes, dunkles oder unkorrektes Material geliefert. Ferner interpretierten die arabischen Peripatetiker den Stagiriten oft aus den Kommentaren Alexanders von Aphrodisias oder der Neuplatoniker. Weiter haben sie Lehren, welche in den Schriften des Meisters vag blieben, namentlich die auf den Intellekt bezüglichen, umgebildet oder hervorgehoben, und endlich sind die aristotelischen Elemente der arabischen Philosophie mit fremdartigen Bestandteilen

---

[1]) Es gab auch einige Übersetzungen persischer und indischer Schriften, aber von geringerer Bedeutung (ebd. S. 37).

[2]) Eine lateinische Paraphrase erschien (1519) in Rom unter dem Titel: Sapientissimi Aristotelis Stagiritae Theologia sive mystica philosophia secundum Aegyptios noviter reperta et in latinum castigatissime redacta (zitiert bei Carra de Vaux, a. a. O. S. 74).

vermengt, so daß die arabischen Philosophen in Wahrheit zu einem Synkretismus gelangten.

2. Sie vertreten also einen *Synkretismus*. Ihre rationale Erklärung der Welt entnimmt ihren Grundcharakter den Theorien der **Emanation der Sphaeren und des menschlichen Intellekts**. Als Anhänger der aristotelischen Lehre von der Ewigkeit der Welt milderten die arabischen Peripatetiker des Morgenlandes von Al Kindi bis Avicenna den Dualismus, der in ihr liegt, durch die Emanationstheorie und dies um so bereitwilliger, als die Emanation in einer sehr berühmten pseudo-peripatetischen Schrift, der „Theologie des Aristoteles", gelehrt wurde.[1]) Was die Theorie des einzelnen und allgemeinen menschlichen Intellekts betrifft, so nimmt sie ihren Ausgang von einer dunklen Stelle bei Aristoteles, welche so gedeutet wird, daß sie neuplatonischen Anschauungen angenähert wird. Aristotoliker in ihrer Auffassung der Philosophie und ihrer Beziehungen zur Wissenschaft, behandeln die Araber eine Menge von Einzelproblemen in Aristotelischem Geiste und so erklärt es sich, daß die Scholastiker sie so gern zum Führer nehmen. Es finden sich Spuren der alexandrinischen Gnosis in ihrer Mystik, ihren Theorien über den $νοῦς$, die Emanation, die Ekstase, und so empfängt die Scholastik, als sie die arabische Philosophie zum Gegenstand ihres Studiums macht, durch sie neue Einflüsse seitens des Neuplatonismus. Diese platonischen Elemente wurden fälschlich Platon zugeschrieben, den man, freilich vergebens, mit Aristoteles versöhnen wollte, um die Einheit der philosophischen Überlieferung herzustellen.[2]) Endlich finden wir bei den Arabern Spuren griechischer Wissenschaft; besonders stützen sich die Psychologen gern auf die — manchmal des Materialismus verdächtigte — Physiologie Galens und anderer griechischer Ärzte.

3. *Die Harmonie zwischen dem philosophischen Denken der Araber und dem Dogma des Islam* ist eine der wichtigsten Angelegenheiten der arabischen Philosophie. Die meisten unterscheiden die auf einer wörtlichen Auslegung des Koran beruhende Volksreligion von der auf philosophischen Untersuchungen basierenden Religion der Gelehrten. Auf diesen Punkt beziehen sich die Streitigkeiten zwischen den orthodoxen Mutakallimûn[3]) und zahlreichen haeretischen Sekten, deren Geschichte hier nicht verfolgt werden kann. Unter **mohammedanischer oder arabischer Scholastik** kann man die zwischen dem Koran und der Philosophie angestrebte Harmonie[4]) verstehen. Doch darf nicht außeracht gelassen werden, daß die arabische Philosophie als Welterklärung ihre selbständige, von der Unterordnung unter den Koran unabhängige Bedeutung hat. Es gilt von der arabischen Philosophie betreffs ihres Verhältnisses zum Koran ebendasselbe, was wir oben bezüglich der abendländischen Scholastik und ihres Verhältnisses zum christlichen Dogma bemerkten (S. 87).

---

[1]) Worms, Die Lehre von d Anfangslosigkeit d. Welt bei d. mittelalterl. arabischen Philos. d. Orients (a. a. O. S. 13).

[2]) Carra de Vaux, a. a. O. S 79, 272.

[3]) Unter „Mutakallimûn" sind alle jene zu verstehen, die sich mit religionsphilosophischen Problemen beschäftigen (Pollak, a. a. O. S. 214).

[4]) Carra de Vaux, a. a. O.

222. Orientalischer Kreis der eigentlichen Philosophen. Al-Farabi. Avicenna. — Der Mutazilit An-Nazzam (um 835) wird als der erste arabische Philosoph genannt. Mit Alexander von Aphrodisias vertraut, erneuerte er dessen Verteidigung der menschlichen Freiheit. Etwas später tritt Al-Kindi (gest. um 873), ein Zeitgenosse des Joh. Scotus Eriugena, als äußerst fruchtbarer Enzyklopaedist und bedeutender Übersetzer auf. Vorzugsweise widmete er sich der Logik. Seine philosophischen Schriften sind nur in kürzlich herausgegebenen, von Gerhard von Aemona und Joh. Avendeath stammenden lateinischen Übersetzungen erhalten. Wahrscheinlich überarbeitete er eine frühere arabische Übersetzung der „Theologie des Aristoteles".

Den Scholastikern bekannter war Al-Farabi (gest. 940.50), ebenfalls aus der Schule von Bagdad, der größte arabische Philosoph vor Avicenna, mehr Erklärer und Kommentator der griechischen Autoren als Übersetzer derselben. Seine philosophische Tätigkeit war ertragreich und wir besitzen von ihm mehrere wichtige Schriften. Von den logischen Schriften, die ihn berühmt gemacht haben und eine gründliche Kenntnis des Aristoteles bezeugen, erwähnt man vorzugsweise seine Kommentare zu den letzten Analytiken, eine Abhandlung „De ortu scientiarum" und eine andere „De intellectu et intelligibili", die im Mittelalter oft zitiert wird. Die pantheistische Lehre enthält im Keime die Metaphysik Farabis, welche die unverkennbaren Spuren der neuplatonischen Emanationslehre aufweist. Das System zeigt zum Schluß mystische Tendenzen. Nach Carra de Vaux hat Farabi als erster die Lehre vom tätigen Intellekt, der vom Stoffe getrennten reinen Form, eingeführt, und er rühmt ihn wie folgt: „Farabi war eine wahrhaft kraftvolle und einzig dastehende Persönlichkeit. Meines Erachtens ist er reizvoller als Avicenna, da er mehr inneres Feuer besitzt und impulsiver, weniger berechenbar ist. Sein Denken macht Sprünge wie das eines Lyrikers, seine Dialektik ist scharf, geistvoll und voll von Antithesen, sein Stil ist konzis und von seltener Tiefe."[1])

Der Nachfolger Farabis[2]), Ibn-Sina (Avicenna, 980—1037), Theologe und Arzt zugleich, ist einer der Hauptphilosophen der Araber. Trotz seines bewegten Lebens und der Wechselfälle desselben konnte er eine Menge von Schriften — wie man meint, über hundert — verfassen. Avicenna ist unter den Arabern einer der treuesten Interpreten des Aristoteles. Ausgehend von der Synthese Farabis, befreit er sie von verschiedenen neuplatonischen Anschauungen, um sich der peripatetischen Wahrheit mehr zu nähern.

Aus der Zahl der philosophischen Schriften allgemeinen Inhalts erwähnen wir den „Chifâ", von den Scholastikern durch „Sufficientiae" wiedergegeben (Logik, Mathematik, Physik und Metaphysik; die „Metaphysica Avicennae sive eius prima philosophia", 1499 in Venedig gedruckt, scheint ein Teil des „Chifâ" zu sein), den „Nadjât", einen Abriß des ersten,

---

1) A. a. O. S. 102—116.
2) Die „Brüder der Reinheit" (lauteren Brüder), welche in derselben Periode auftreten, sind Enzyklopaedisten und Popularisatoren; zugleich bilden sie eine mystische Sekte. Auszüge aus ihren Schriften hat Dieterici veröffentlicht.

das „Buch der Theoreme und Ankündigungen", der „Führer zur Weisheit", die „Philosophie Arndis", die „Philosophie Alâs". Spezielle Arbeiten behandeln eine Menge wichtiger Fragen, abgesehen davon, daß Avicenna zahlreiche mystische und wissenschaftliche Schriften (besonders medizinischen und astronomischen Inhalts) hinterlassen hat.

Die Logik, klar und scharf, ein freier Kommentar zu Aristoteles, räumt der Definition und dem Schließen eine zentrale Stelle ein. Die Logik ist das Werkzeug zur Erwerbung der Philosophie, nicht diese selbst. Die Klassifikation der philosophischen Disziplinen nach Avicenna war im Mittelalter klassisch und die Scholastiker des 13. Jahrhunderts beriefen sich mit Vorliebe auf sie. Physik, Mathematik und Theologie, jede aus einem reinen und angewandten Teile bestehend, bilden die theoretische, Ethik, Oekonomik, Politik die praktische Philosophie.

Der Metaphysik räumt Avicenna den ersten Rang ein. Das Grundproblem, das ihn beschäftigt, ist das des Hervorgangs der Wesen oder die Erzeugung des Vielen aus dem Einen heraus. Zuhöchst im metaphysischen Empyreum findet sich der Erste, Gott, der vollkommene Geist, das absolute Gute. Aus dem Urwesen emaniert der erst Erzeugte. „Daraus, daß der erst Erzeugte das Urwesen erkennt, entspringt ein Intellekt, der zunächst unter ihm gelegene, der Sphärengeist des Saturn; daraus, daß der erst Erzeugte sich selbst als durch das Urwesen bedingt erkennt, entspringt die Seele der begrenzten Sphäre; daraus, daß er sich als durch sich selbst möglich erkennt, entspringt der Körper dieser begrenzten Sphäre. Diese Art des Hervorgangs wiederholt sich im Abstiege auf der astronomischen Stufenleiter. Aus der Saturnintelligenz geht, sofern sie Gott erkennt, die Intelligenz der Jupitersphäre hervor; aus derselben Intelligenz, sofern sie sich selbst erkennt, entspringen Seele und Körper der Saturnsphäre. Dies geht so weiter, bis man zum tätigen Intellekt gelangt. Hier hört der Hervorgang auf, denn es besteht, wie Avicenna bemerkt, keine Notwendigkeit, daß er ins Unendliche fortgeht".[1]

Die Theorie des Sphärenhervorgangs erhält ihre Vervollständigung durch die der Bewegung und beide liefern eine synthetische Erklärung der astronomischen Erfahrungen der Araber. Die Kreisbewegung, welche die Sphären mit sich reißt, hat ihren letzten Grund in der von Gott ausgehenden Finalität, indem die Seele jeder Sphäre das höchste Gut anstrebt, dessen Geist sie anzieht. — Der tätige Intellekt, das letzte Erzeugnis der reinen Intelligenzen, regiert unsere Welt; aus ihm gehen vermöge des Einflusses der Himmelsbewegungen alle substantiellen Formen hervor, welche der sublunarische Stoff empfangen soll. Hieraus ist zu ersehen, daß der aktive Intellekt nicht bloß eine psychologische Rolle spielt, sondern daß er im Emanationsprozesse das metaphysische Prinzip ist, dem die menschlichen Seelen ebenso wie die übrigen irdischen Formen entfließen. Die Materie hingegen ist wie nach Farabi nicht ein Ausfluß der Seele, sondern ein ewiges Element, welches neben Gott existiert und die völlige Indifferenz zum Sein oder Nichtsein aufweist.

---

1) Carra de Vaux, a. a. O. S. 247.

Die Theorie der Ursachen, die aristotelische Lösung des Universalienproblems und namentlich seine Lehre von der Individualität der Substanzen und von den drei Zuständen des Wesens (ante multitudinem, in multiplicitate, post multiplicatem"[1]) geben den übrigen Lehren der Metaphysik Avicennas ein entschieden aristotelisches Gepräge, das ihr die Aufmerksamkeit der abendländischen Scholastiker zugewandt hat.

Als Psychologe akzeptiert Avicenna die aristotelische Theorie der Seelenvermögen. Wenn er auch die Zahl derselben, welche die Brüder der Reinheit übermäßig vervielfacht hatten, einschränkte, gelangt er doch zuweilen zu extremen Darlegungen. So durchläuft nach ihm der theoretische Intellekt (— der jedem Menschen eigene passive Geist —) fünf Stadien, entsprechend den sukzessiven Verwirklichungen, abgesehen von der Mitwirkung des aktiven Intellekts, einer getrennten Form, deren Erleuchtung für jede geistige Tätigkeit notwendig ist. Diese Stadien sind: der materiale Intellekt, d. h. die absolute Erkenntnisfähigkeit; der mögliche Intellekt, der sich der Grundwahrheiten versichert; der verwirklichte Intellekt, der vollkommen zur Erlangung anderer Einsichten bereit ist; der erworbene Intellekt, der diese Einsichten besitzt; der heilige Geist, oder die mystische Schauung, die einigen Bevorzugten zu eigen ist. — Andere Fähigkeiten wiederum, wie die Denkkraft, werden in interessanter Weise erörtert. — Es gibt weder eine Praexistenz noch eine Metempsychose der menschlichen Seelen. Die Geistigkeit und Unsterblichkeit derselben wird ausführlich bewiesen. Diese Unsterblichkeit muß eine persönliche sein; hier tritt uns wieder der Individualismus entgegen, vermittelst dessen Avicenna bestrebt ist, den pantheistischen Tendenzen seiner Emanationslehre das Gegengewicht zu halten. Wie bei Farabi erhält die Philosophie Avicennas einen mystischen Abschluß; zahlreiche Grade der Ekstase und Prophetie finden in ihr Platz (Neuplatonismus).[2])

223. Orthodoxe und mystische Theologie. Gazali. — Gazali (1058—1111) ist der bedeutendste unter den Theologen, welche die eigentlichen Philosophen im Namen der mohammedanischen Orthodoxie bekämpften. In seinen Hauptschriften: „Vernichtung der Philosophen" und „Erneuerung der religiösen Wissenschaften" verwirft er eine Menge philosophischer Tendenzen, namentlich die Ewigkeit der Welt, die Art des Hervorgangs der Sphären, als haeretisch. Ihre rationalistische Wissenschaft will er durch eine orthodoxe Theologie ersetzen. Hierbei weist er nicht die Dienste der Spekulation zurück, unter der Bedingung, daß diese demütig und unterwürfig bleibt, sich der Subtilitäten enthält und in keinem Falle sich für allein fähig hält, die Glaubenswahrheiten zu begründen. Die Theodizee Gazalis ist die des Koran. Auch seine Ethik ist diesem entnommen, obwohl sie auch den Einfluß griechischer und christlicher Ideen verrät. Die Ethik ist unlösbar mit der Mystik verbunden.

---

1) Logik, Venedig 1508, Fol. 12.
2) Erwähnt sei hier noch Alhazen, ein Psychologe und Physiker, dessen Abhandlung über das Licht von Witelo übersetzt wurde.
3) Die Lehre von der Ewigkeit oder Nicht-Ewigkeit der Welt dient als „Schibboleth" zwischen Gläubigen und Ungläubigen (a. a. O S. 268).

Die späteren Theologen, wie Razi (gest. 1209) stellen die Anschauungen der Griechen in den Dienst des Koran. Ihre Denkweise bleibt griechisch, auch wenn sie sich energisch gegen gewisse Theorien wenden, die als mit dem Koran unvereinbar gelten, z. B. die Ewigkeit der Welt.

Der Sufismus oder die orthodoxe Mystik des Islam ist nicht die Frucht des Koran, sondern führt auf indische, neuplatonische, christliche Einflüsse zurück, welch letztere dem Sufismus sein eigentümliches Gepräge verleihen. Gazali, eine stark mystisch empfindende Persönlichkeit, untersucht alle Stufen des intuitiven Wissens, welches der Askese und dem Glauben entspringt, während die gewöhnliche Erkenntnis in den Sinnen und in der Vernunft ihre Quelle hat. Gleich der christlichen ist die Mystik Gazalis und der orthodoxen Sufis nicht pantheistisch. Dies ist um so bemerkenswerter, als hier die Ekstase, im Gegensatze zur christlichen Mystik, im natürlichen Machtbereich des Menschen liegt. „Gazali und die orthodoxen Sufis betrachteten die Askese als ein regelrechtes Mittel zur Erlangung des Wissens und die Ekstase als einen Zustand, der durch asketische Übungen früher oder später zu erreichen war. Eine solche Lehre kann, wie wir bemerkten, dem Christentum nicht zugerechnet werden; der Gedanke, durch die zähe Ausdauer des Asketen könne Gott gleichsam sein Geheimnis entrissen werden, hat nur in Indien seines Gleichen".[1])

Neben der orthodoxen Mystik gab es seit der Zeit Avicennas in der Welt des Islam eine neuplatonisch gefärbte Mystik unter dem Namen einer „Erleuchtungsphilosophie", welche in der Mitte des 12. Jahrhunderts ans Licht trat.

224. Abendländischer Zweig der philosophischen Schule. Averroës. — Nach Avicenna geht die Philosophie im Orient zurück, behauptet aber in Spanien ihr Ansehen. Das Spanien des 10. Jahrhunderts ist der Sammelplatz der verschiedensten Rassen; bis zum 13. Jahrhundert ist Spanien infolge der großen Denkfreiheit, die hier herrscht, die Stätte einer lebhaften geistigen Bewegung.

Unter den spanischen Arabern sind die hervorragendsten A v e m p a c e (Ende des 11. Jahrh. — 1138), Abubacer (Ibn Thofail, 1100—1185), zwei mehr mystisch gerichtete Denker, und besonders A v e r r o ë s, dessen Einfluß auf das abendländische Mittelalter groß war.

Geboren 1126 in Cordova, war Averroës (Ibn Roschd) als Arzt tätig, nach dem Beispiele Avicennas, dessen bewegtes Leben mit dem des Averroës viele Ähnlichkeit aufweist; denn Averroës, der alle Ehren, die der Hof der Großen verleihen kann, genossen hatte, erfuhr auch deren Ungnade. Er starb im Jahre 1198. In erster Linie ist Averroës ein Kommentator der aristotelischen Enzyklopaedie, seine Bewunderung für den Stagiriten kommt einem Kult nahe. Und doch geben seine Kommentare ebensowenig wie die des Avicenna und aus ebendenselben Gründen in allen Punkten die echte Lehre des Aristoteles wieder. Averroës hat auch selbständige Werke verfaßt. Von den philosophischen Schriften nennen wir die „Destructio

---

[1] Carra de Vaux, Gazali, S. 207; entnehmen ihm die Darstellung der Lehren Gazalis.

destructionis" (Erwiderung gegen Gazali), „Quaesita in libris logicae Aristotelis", vier Bücher über die Einheit des Intellekts[1]), „De substantia orbis", verschiedene Abhandlungen über den Einklang des religiösen Gesetzes mit der Philosophie. Bei Averroës kommt die philosophische Denkweise der Araber zu stärkster Geltung. Seine Grundlehren sind:

1. *Der Sphärenintellekt,* die Emanation und Rangordnung der Sphären. Der Himmel besteht aus mehreren Sphären, deren jede einen Geist als seine Form besitzt. Der erste Beweger setzt die erste Sphäre in Bewegung, diese teilt die Bewegung den Planetensphären mit, bis auf den Mond, dessen Beweger die menschliche Intelligenz ist („intelligentia vel motor lunae"). Dieser bei unseren Denkakten beteiligte Intellekt ist wie bei Avicenna von metaphysischer Bedeutung.

2. *Ewigkeit und Potentialität der Materie.* Während die orientalischen Araber gleich den Neuplatonikern die Materie oder das Prinzip der Unvollkommenheiten in das Gebiet des Nichts versetzen, betrachtet sie Averroës nicht als ein Leeres, sondern als eine universelle Potenz, welche im Keime alle Formen enthält. Der erste Beweger („extractor"), welcher die Materie vor sich hat, löst die aktiven Kräfte der Materie aus („extractio") und die stetige Abfolge dieser Entfaltungen zeitigt die materielle Welt. Die Reihe der Erzeugungen ist notwendig, unendlich a parte ante und a parte post.

3. *Der Monismus des menschlichen Intellekts und die Leugnung der persönlichen Unsterblichkeit.* Die menschliche Intelligenz ist die letzte der planetarischen Geister, eine immaterielle, ewige Form, welche von den Individuen gesondert ist und numerische Identität besitzt. Diese Intelligenz ist zugleich aktiver und materialer oder möglicher Intellekt. Die menschliche Vernunft ist völlig unpersönlich und objektiv; sie ist die Fackel, welche die individuellen Seelen erleuchtet und der Menschheit die ungetrübte Teilnahme an den ewigen Wahrheiten sichert.[2]

Im menschlichen Individuum vollzieht sich der Intellektionsprozeß wie folgt: Durch seine Einwirkung auf die jedem Menschen eigenen Sinnesanschauungen geht der gesonderte Intellekt eine akzidentelle Verbindung mit dem Individuum — im Verhältnis zu den Anlagen desselben — ein, ohne daß diese vielfachen Verbindungen die innere Einheit des Intellekts aufheben.[3] Diese erste Stufe des Besitzes erzeugt im Individuum den er-

---

[1] De animae beatitudine; libellus seu epistola Averroës de connexione intellectus abstracti cum homine (Bd. X der Ausgabe Venedig). Eine Abhandlung über den materialen Intellekt in hebräischer Übersetzung hat L. Hannes (Halle, 1892) herausgegeben (mit deutscher Übersetzung), Tract. Averroys qualiter intellectus materialis coniungitur intelligentiae abstractae; Auszüge daraus bei Renan, Averroës et l'Averroisme.

[2] „Cum ex hoc dicto nos possumus opinari intellectum materialem esse unicum in cunctis individuis, possumusque adhuc ex hoc existimare humanam speciem esse aeternam... ideo oportebit intellectum materialem non posse denudari a principiis universalibus natura notis universae humanae speciei" (De anima III, ed. Juntes, Venedig, 1550, S. 165 R, B.).

[3] „Et, cum declaratum est... quod impossibile est ut intellectus copuletur cum unoquoque hominum, et numeretur per numerationem eorum per partem, quae est de eo quasi materia, secundum intellectum materialem, remanet ut continuatio intellectorum cum nobis hominibus sit per continuationem intentionis intellectae cum nobis, et sunt intentiones imagi-

worbenen Intellekt, den man als die „unpersönliche Vernunft, sofern die Persönlichkeit an ihr Anteil hat"[1]), bezeichnen kann. Es gibt aber noch innigere Verbindungen des Menschen mit dem universalen Intellekt, jene nämlich, welche aus dem wirklichen Besitze der abstrakten Wesenheiten sich ergibt und, auf der höchsten Stufe, jene, welche durch die mystische Erkenntnis und die prophetische Erleuchtung zustande kommt.[2])

Aus dieser Lehre folgt das Schwinden des individuellen Bewußtseins, die Unpersönlichkeit des Überlebens. Die Glückseligkeit beruht auf einer immer inniger werdenden Vereinigung mit der Gattungsintelligenz; die Einzelseelen sterben, aber die Menschheit bleibt unsterblich in der Ewigkeit der objektiven Vernunft. Averroës löst Probleme, welche Aristoteles Schwierigkeiten machen, auf logischem Wege.

4. Die allegorische Deutung des Korau und die Philosophie. Mehr als eine von den Lehren des Averroës steht im Gegensatz zur mohammedanischen Religion. Diese Heterodoxie, auch diese Philosophie wurde verdächtig und brachte den Philosophen bei dem Kalifen in Ungunst. Doch Averroës ist weder unfromm noch ein Gegner des Koran, sondern die Beziehungen, die er zwischen Glauben und Wissen herstellt, führen ihn zum Rationalismus. Er unterscheidet nämlich zwischen der wörtlichen Auslegung des Koran, welche für die Ungebildeten genügt, und der allegorischen Deutung, die den Philosophen zugänglich ist. Die allegorische Deutung allein verschafft den Zugang zu den höheren Wahrheiten; sie steht nicht in jeder Beziehung in Einklang mit der wörtlichen Deutung, welche für sich allein nicht imstande ist, die Wahrheit zum Vorschein zu bringen. Die philosophische Vernunft entscheidet, was in der Religion Überlieferung ist, welche Dogmen zu interpretieren sind und in welchem Sinne dies geschehen muß. Diese Grundsätze ermöglichten es Averroës bekanntlich, die von Gazali verfochtene Lehre vom zeitlichen Ursprung der Welt mit der peripatetischen Lehre von der Ewigkeit zu versöhnen, was Averroës in einer besonderen Schrift tat.[3]) Auf diese Weise wird der Grund zur Lehre von den zwei-

---

natae,' (ebd. S. 164, V. A.). Viele Historiker schreiben die Einheit nur dem aktiven Intellekt zu, welcher auf den in den Individuen vervielfältigten materialen oder passiven Intellekt wirken soll. Aus den oben zitierten Stellen geht hervor, daß Averroës weiter geht; vgl. den ganzen Kommentar zu lib. III De anima sowie die Schriften über den gesonderten Intellekt. Auch die großen Scholastiker des Mittelalters, z. B. der hl. Thomas in seiner Schrift „de unitate intellectus", Dante im Purgator. XXV, 64, und die Averroisten des 13. Jahrhunderts (z. B. Siger von Brabant), welche gewissenhafte Kommentatoren des Averroës waren, schreiben ihm die Lehre von der Einheit des tätigen und möglichen Intellekts zu oder sprechen von der Einheit des menschlichen Intellekts überhaupt. Die komplizierte Terminologie, die sich bei Averroës wie bei den übrigen arabischen Philosophen findet, ist die Quelle dieser Verschiedenheit in den Auslegungen. An gewissen Stellen zählt Averroës fünf Intellekte auf: aktiver, passiver, materialer, spekulativer, erworbener Intellekt. Vgl. Avicenna. Auch Renan, auf den sich diejenigen, welche bloß von der Einheit des tätigen Intellekts sprechen, in der Regel stützen, schreibt, der materiale Intellekt des Averroës, unter dem er die „Erkenntnisfähigkeit" versteht, sei unzerstörbar, ewig, einzig, in jeder Hinsicht dem tätigen Intellekt ähnlich, vgl. Averroës et l'Averroÿsme, 5me édit., S. 139 f.

1) Renan, a. a. O. S. 140.
2) „Ita ut ipse idem recipiat seipsum" (De animae beatitud. c. 4).
3) Herausgegeben von Worms, a. a. O. Betreffs der Schöpfung der Welt in der Zeit

fachen Wahrheiten gelegt, welche die lateinischen Averroisten später sehr ausgiebig verwerten.

Man kann sagen, daß mit Averroës das Geschlecht der arabischen Philosophen erlischt; aber ihr Einfluß kommt in der jüdischen und besonders in der abendländischen Philosophie des 13. Jahrhunderts zur Geltung.

225. Die Philosophie bei den Juden. Saadja. — Die jüdische Philosophie von der auf die Kabbala gestützten Mystik sehen wir ab — ist durch die Verschmelzung des Judentums mit der griechischen Philosophie charakterisiert. Diesen schon in der Philonischen Synthese zutage tretenden Charakterzug finden wir im Mittelalter wieder, wobei aber hinzugefügt werden muß, daß die griechischen Ideen, von denen die jüdischen Philosophen beeinflußt sind, ihnen durch die Araber übermittelt sind. Es konnte sogar gesagt werden, daß „die arabische Philosophie eigentlich nur von den Juden ernst genommen wurde".[1]) Aus der Zahl der philosophischen Autoren vor dem 11. Jahrhundert nennen wir den Arzt und Logiker Isaak Israeli (gest. 940), den Karaiten David ben Merwan und namentlich dessen Zeitgenossen und Gegner Saadja (892—942), den man als den ersten jüdischen Philosophen bezeichnet hat. Sein Hauptwerk „Amânât", „Buch des Glaubens und des Wissens", ist der Grundstein der ganzen Religionsphilosophie der Juden. Dieses exegetische Werk (933 verfaßt) ist zugleich eine Apologetik, da es den Einklang von Dogma und Vernunft zu zeigen sucht. In seinen Entlehnungen verhält sich Saadja eklektisch; er entnimmt seine philosophischen Begründungen ebenso den Griechen wie den rationalistischen und den orthodoxen Arabern. Das Werk ist in arabischer Sprache verfaßt, wurde aber zweimal ins Hebräische übersetzt; eine dieser Übersetzungen wurde im Jahre 1186 von Jehuda ben Saul ibn Tibbon vollendet.

Die jüdische Philosophie entfaltete sich, ebenso wie die Wissenschaft und Literatur der Juden, hauptsächlich in Spanien, dank der großen Freiheit, die sie unter arabischer Herrschaft genossen.

226. Avicebrol, Maimonides. — Salomon Ibn Gebirol (Avicebrol, um 1020—1050/70) ist einer der hervorragendsten unter diesen Männern. Er hat viele selbständige Gedanken, obwohl er vom arabischen Neuplatonismus stark beeinflußt ist. Gott oder das höchste Wesen, welches das unerkennbare Eine ist (Plotin), ist die unwandelbare Quelle, der alles Sein entströmt. Zuerst erzeugt er den aus Stoff und Form bestehenden Weltgeist. Dieser Stoff und diese Form der Welt sind zwei einheitliche, universale Prinzipien, an welchen alle endlichen Wesen teilhaben und die der

---

erklärt Averroës z. B.: „Omnia ista sunt existimationes vulgares, valde sufficientes secundum cursum quem nutriuntur homines in eis, non secundum sermonem sufficientes" (Comment. ad Phys. Aristot. Bd. IV, Opera, Venedig 1560, I. VIII, c 1, S 271).

1) Renan, a. a. O. S. 173. Neumark (a. a. O., Nr. 226) gliedert die jüdischen Philosophen des Mittelalters in drei Gruppen: die erste (Israeli, Saadja, Almoqammes, Abusahal, Bachja) stützt sich auf die Physik des Aristoteles, die zweite (Gebirol, Abraham bar Chija, Moses Ibn Esra u. a) auf die Metaphysik, während Maimonides wieder zu den Prinzipien der Physik zurückkehrt.

göttliche Wille in untrennbarer Einheit umspannt. Aus der unwandelbaren Zeugungskraft beider Prinzipien gehen alle übrigen Wesen, geistiger wie körperlicher Art, stufenweise hervor. Jedes dieser Wesen birgt in sich außer dem gemeinsamen Form- und Stoffprinzip besondere Formen und Stoffe, welche die spezifischen und individuellen Vollkommenheiten des Wesens bilden. So finden sich im Menschen außer der kosmischen Form und Materie Prinzipien der Körperlichkeit und Geistigkeit, insbesondere drei unterschiedene Seelen, welche dem vegetativen, sensitiven und intellektuellen Leben zugrunde liegen. Alle Wesen streben zu Gott oder dem absoluten und einzigen Gut als ihrem Ziele. Der Emanationspantheismus und der Pluralismus der Stoffe und Formen in den Einzelwesen sind die Grundanschauungen der Metaphysik Avicebrols. Dieses System hat er in seiner Hauptschrift „Fons vitae" dargestellt, der einzigen, welche den Scholastikern des 13. Jahrhunderts bekannt war und welche den größten Einfluß auf sie ausgeübt hat.

Dem Namen Avicebrols schließen wir den des Josef Ibn Zaddik (gest. 1149) an. Sein „Mikrokosmos" stellt den Übergang zwischen der religiösen Wissenschaft, welche die Mutakallimûn der Philosophie entgegensetzten, und dem jüdischen Aristotelismus, wie er sich in Moses Maimonides verkörpert, dar.

Moses Maimonides (1135 1204) sucht nämlich in seinem „Buch der Vorschriften" und in seinem „Führer der Verirrten" (von den Scholastikern als „Dux neutrorum sive dubiorum" bezeichnet), Aristoteles mit dem Judentum zu versöhnen. Die wahre Erkenntnis Gottes ist das oberste Ziel, welches Religion und Wissenschaft gemeinsam anstreben. Ohne in die Übertreibungen des allegorischen Verfahrens zu verfallen, erkennt doch Maimonides der Auslegung nach dem Buchstaben keine absolute Berechtigung zu, sondern er erklärt, der biblische Text müsse so erklärt werden, daß er gesicherten wissenschaftlichen Wahrheiten nicht widerspricht[1]); ein Grundsatz, der in den jüdischen Schulen nachhaltige Kontroversen hervorrief. Die Philosophie, welche Maimonides erneuern will, ist die aristotelische, die er aber nach der Art des Averroës auffaßt, dem man seine Lehre hat annähern wollen. Von Gott läßt sich nur aussagen, was er nicht ist, nicht aber, was er ist. Eine Hierarchie von Sphären stellt die Vermittlung zwischen Gott und den Dingen des Universums her. Maimonides anerkennt nicht die Ewigkeit des Stoffes. Der menschliche Intellekt ist einheitlich und gesondert; nur der erworbene Intellekt ist in den menschlichen Individuen vervielfacht. Eine höhere Erleuchtung durch jenes Licht der Wahrheit, auf welches jeder Mensch Anspruch besitzt, erzeugt den prophetischen Zustand oder das Maximum an Erkenntnis und Glückseligkeit.

Maimonides ist der letzte große Vertreter der jüdischen Philosophie. Seine Religionsphilosophie erweckte, weil sie rationalistisch gefärbt ist, Gegnerschaft bei den strengeren Theologen und bildete den Gegenstand langwährender Kontroversen in der jüdischen Welt des 13. und 14. Jahrhunderts.

---

1) Pollak, a. a. O. (Arch. f. Gesch. d. Philos. 1904, S. 453).

227. Bibliographie. — Gesamtübersichten bei Munck, Mélanges de philosophie juive et arabe, Paris, 1859, sowie in den Abhandlungen von L. Stein: Das erste Auftreten d. griechischen Philosophie unter den Arabern (Arch. f. Gesch. d. Philos. VII, 1894, H. 3, S. 353). Die Kontinuität d. griech. Philos. in d. Gedankenwelt der Araber (ebd. 1898, S. 412 ff.; 1899, S. 379). — J. Pollak, Entwicklung d. arab. und jüdischen Philos. im Mittelalter (ebd, XVII, S. 196 u. 433); gut. — Horten, Die Entwicklungslinie d. Philos im Kulturbereiche des Islam (ebd. 1909, S. 166). — Boer, Gesch. d. Philos. im Islam (Stuttgart, 1901) vorzüglich. — Brockelmann, Geschichte der arabischen Literatur, Bd. I, II (Weimar, 1898—1902). — C. Sauter, Die peripatetische Philosophie bei den Syrern und Arabern (Arch. f. Gesch. d. Philos. XVII, 1904, S. 516). — Forget, Les philosophes arabes et la philosophie scolastique (Compte-rendu du congrès scient. intern. des cathol., S. 223 ff, Brüssel, 1895). — H. Bauer, Die Psychologie Alhazens auf Grund von A.'s Optik (Beitr. z. Gesch. d. Philos. d. Mittel. 1911, X, 5).
   Horten, Das Buch der Ringsteine Farabis (Beitr. z. Gesch. d. Philos. d. Mitt. 1906, V, 3). — Horten, Die spekulative und positive Theologie des Islams nach Razi († 1209) und ihre Kritik durch Tusi († 1273). Leipzig, Harrassowitz 1912; Die philosophischen Ansichten von Razi und Tusi (Bonn 1911). — M. Winter, Über Avicennas opus egregium de anima, München, 1903. — Carra de Vaux, Avicenne, Paris, 1900; sorgfältig, enthält auch eine Geschichte der Philosophen vor Avicenna. Derselbe: Gazali, Paris, 1902; untersucht auch die Theologie und Mystik des Islam. — Miguel Asin hat eine wertvolle Untersuchung „Algazel, dogmatica moral ascetica", Saragossa, 1901, veröffentlicht und kündigt ein terminologisches Wörterbuch der mohammedanischen Philosophie und Theologie an. — Steinschneider, Alfarabi, des arabischen Philosophen Leben und Schriften (Mém. acad. impér. science Petersburg, 7. Serie, Bd. XIII, 4, 1869) und zahlreiche andere Arbeiten. — L. Gauthier, La théorie d'Ibn Roschd sur les rapports de la religion et de la philos. (Paris, Leroux, 1909; Publ. école de lettres d'Alger, Bd. XLI); gut. Accord de la religion et de la philosophie, die Schrift des Ibn Roschd, übersetzt und mit Anmerkungen versehen. — Manser, Das Verhältnis von Glaube u. Wissen bei Averroës (Jahrb f. Philos. u. spekul. Theol. 1908); zeigt, daß A. zur Lehre von den zwei Wahrheiten gelangt und polemisiert darüber gegen Miguel Asin; Die göttliche Erkenntnis d. Einzeldinge u. d. Vorsehung bei A. (ebd. 1908). — Horten, Die Metaphysik des Averroës nach dem Arabischen übersetzt und erläutert, Halle. 1912. — Doncœur, La religion et les maîtres de l'averroisme (Rev. sc. philos. et theol., 1911), nach Gauthier — Worms, Die Lehre von d. Anfangslosigkeit d. Welt bei d. mittelalterl. arabischen Philosophen d. Orients u. ihre Bekämpf. durch d. arab. Theologen (Beitr. z. Gesch. d. Philos. d. Mittelalt. III, 4); behandelt in einer Spezialfrage den Einfluß der neuplaton. und aristotelischen Anschauungen. — Renan, Averroës et l'Averroisme, 3me éd. I. Teil; gut. — D. Neumark, Gesch. d. jüdischen Philos. d. Mittelalters nach Problemen dargestellt (Berlin 1908, 1910). Bd. I: Die Grundprinzipien. Buch I, Einleitung; Buch II, Materie u. Form. Bd. II: Buch III, Attributenlehre; behandelt durchgängig die griechische und jüdische Philosophie des Altertums. — Guttmann, Die Religionsphilosophie des Saadja, Göttingen, 1882; behandelt die griechischen und arabischen Quellen — W. Engelkemper, Die religionsphilos. Lehre Saadja Gaons über d. Hl. Schrift; apologetische Untersuchung über den dritten Traktat des Amânât. — Guttmann, Die Philosophie des Salomon ibn Gabirol, Göttingen, 1889, sowie die Einleitung der Monographie Wittmanns über Thomas und Avicebron; Wittmann, Zur Stellung Avencebrols (Ibn Gebirols) im Entwicklungsgang der arabischen Philosophie (Beitr. z. Gesch. d. Philos. d. Mittelalt. V, 1, Münster, 1905); zeigt, worin sich Avicebrol von Plotin entfernt. — A. Grünfeld, Die Lehre vom göttlichen Willen bei den jüdischen Religionsphilosophen d Mittelalt. von Saadja bis Maimûni (Beitr z. Gesch. d. Philos. d. Mitt. 1909, VII, 6). — Guttmann, Die philos. Lehren des Isaak ben Salomo Israeli, in: Beitr. z. Gesch. d. Philos. d Mitt. X, 4. — Lévy, La métaphysique de Maimonide, Dijon, 1905. — Ausgabe des „Guide des égarés" (arabisch und französisch) von Munck, Paris, 1885—86, 3 Bde. — Moses ben Maimon, Sein Leben, seine Werke u. sein Einfluß, Bd. I, Leipzig, 1908 (enthält 12 Arbeiten, insbesondere von H. Cohen, Charakteristik d. Ethik M.'s, und Guttmann, Der Einfluß d. maimonidischen Philosophie auf d. christl. Abendland). — Max Doctor, Die Philosophie des Josef (Ibn) Zaddik, Münster, 1895 (Beitr. z. Gesch. d. Philos. d. Mittelalt. II, 2).
   Im 15. und 16. Jahrhundert wurden lateinische Übersetzungen der Schriften von Alfarabi, Algazel, Avicenna und Averroës herausgegeben. Besonders von Averroës gibt es zahlreiche Ausgaben, und seine Kommentare sind den Ausgaben des Aristoteles beigefügt. Alle diese

Werke sind selten geworden; eine kritische Neuedierung ist dringend. Im Jahre 1515/16 wurden die Werke des Isaak Israeli herausgegeben. Des Saadja „Amânât" gab in arabischer Sprache Landauer heraus; hebräisch erschien das Werk 1562 und 1789, teilweise ins Deutsche übersetzt 1879 (Block). Horten, der seit 1906 eine kritische Ausgabe der Metaphysik und Psychologie Avicennas ankündigt, hat mehrere Schriften ins Deutsche übertragen; Das Buch der Genesung der Seele, Leipzig, 1907—1909; Metaphysik, Halle, 1907. — Dieterici, Die sogenannte Theologie des Aristoteles, 2 Bde., Leipzig, 1882—1883, mit deutscher Übersetzung.

A. Nagy gab die kleinen Schriften Alkindis heraus: Die philos. Abhandlungen des Al-Kindi, Münster, 1897 (Beitr. z. Gesch. d. Philos. d. Mittel. II, 5).

Zweite Periode.
Die mittelalterliche Philosophie im 13. Jahrhundert.

Erstes Kapitel.
Allgemeine Charakteristik.

228. Abendländische, arabische, jüdische und byzantinische Philosophie. — Das 13. Jahrhundert ist das goldene Zeitalter der mittelalterlichen Philosophie, und im Abendlande erstrahlt ihre Glorie. Gegen Ende des 12. Jahrhunderts tritt die abendländische Philosophie in Berührung mit der arabischen, jüdischen und byzantinischen Philosophie, aber nur sie zieht daraus Vorteil. Die historische Rolle der Araber und Juden erscheint beendigt, während der byzantinische Geist bis zur Renaissance schlummert.

Die Reihe der arabischen Philosophen erlischt in der Tat mit Averroës, denn die Mystiker, die auf ihn folgten, sind nur von sekundärer Bedeutung für unsere geschichtliche Darstellung. Eine arabische Schule christlicher Theologen begründet Jahja ibn Adi (gest. 1285), ein Übersetzer des Aristoteles und Verfasser theologischer Abhandlungen, in welchen er die christlichen Dogmen verteidigt.[1]) Die Juden wiederum produzieren nichts Originelles. Einerseits beschränken sich die Erörterungen über das System des Maimonides auf einige Synagogen der Provence, Kataloniens und Aragoniens, wohin der Fanatismus der Almohaden die Juden verdrängt hatte; wenn auch die Partei der rationalistischen Philosophen den Sieg über die der Theologen erringen, so weichen sie doch nicht von den Lehren des „Führers der Verirrten" ab. Anderseits kommt die Herrschaft, welche Averroës über die jüdischen Autoren ausübt, immer mehr zur Geltung. Samuel ben Tibbon in seinen „Anschauungen der Philosophen" (Beginn des 13. Jahrhunderts), Juda ben Salomo Cohen, ein Günstling Friedrichs II., in seiner „Erforschung der Weisheit" (1247), der Spanier Falaquera (geb. um 1226), Gerson ben Salomon in seiner „Himmelspforte" (2. Hälfte des 13. Jahrhunderts) verfassen nur Enzyklopaedien auf Grundlage des Averroës, und dieser ist es auch, der in den zahlreichen arabo-hebräischen Übersetzungen am meisten zur Geltung kommt.

Was nun Byzanz anbelangt, so beschränkt sich hier die philosophische Produktion auf die Werke von zwei oder drei Autoren, welche mehr Enzyklopaedisten als Denker sind: Nicephorus Blemmides (1197 oder 1198

---

[1]) G. Graf, Die Philosophie und Gotteslehre des Jahjâ ibn Adî und späterer Autoren. Skizzen meist nach ungedruckten Quellen (Beitr. z. Gesch. d. Philos. d. Mittelalt. VIII, 7, 1910).

bis 1272) und Georgius Pachymeres (1242—1310). Der erstere erwarb sich infolge seines umfassenden Wissens den Beinamen des „Philosophen" (ὁ φιλόσοφος) und verfaßte, wie bekannt ist, einen Abriß der Logik und Physik; der letztere gab eine Zusammenfassung der ganzen aristotelischen Philosophie und verfaßte eine wohlbekannte Paraphrase der Schriften des Pseudo-Dionys. Die Namen zweier Kommentatoren des Aristoteles seien hinzugefügt: Sophonias und Leo Magentinos — Männer, die sich mit den Meistern des abendländischen Denkens nicht vergleichen lassen.

Diese letzteren, besonders aber die Scholastiker, werden uns in dieser Periode vorzugsweise beschäftigen.

229. Gliederung der Periode. — Nicht ohne Kampf siegt die Scholastik. Sie sieht sich genötigt, einen philosophischen Kreuzzug gegen rivalisierende mächtige Lehren zu unternehmen. Zwei Kapitel werden zum Gegenstande haben I. Die scholastischen Philosophen (Kap. III); II. Die nichtscholastischen oder antischolastischen Philosophen (Kap. IV).

Es gab auch sekundäre philosophische Richtungen. Wir treffen da bedeutende Persönlichkeiten, die aber vereinzelt bleiben und die wir am besten zu einer besonderen Gruppe vereinigen (Kap. V). Denn einerseits enthält ihre Weltanschauung Elemente, welche mit der Scholastik nicht im Einklang stehen, wobei sie zugleich nicht wenige Grundsätze derselben beibehalten. Anderseits besitzt ihre Philosophie keinen antischolastischen Charakter; wenn sie in die Kämpfe der Scholastik gegen den Averroismus hineingerissen wird, so nimmt sie eine entschieden aggressive Stellung gegen diesen ein. Die Philosophen dieser dritten Gruppe weisen ein besonderes Gepräge auf und lassen in hohem Maße die Energie des geistigen Lebens im 13. Jahrhundert erkennen.

Bevor wir uns mit diesen Gruppen im einzelnen beschäftigen, müssen wir die wissenschaftliche und philosophische Renaissance des 13. Jahrhunderts betrachten (Kap. II).

230. Quellen und allgemeine Schriften über die abendländische Philosophie des 13. Jahrhunderts. — Eine der Hauptquellen ist: Denifle und Chatelain, Chartularium Universitatis Parisiensis, erste zwei Bände, Paris 1889-1891. Dokumente betreffs der Geschichte der Pariser Universität von 1200—1350. Erstklassiges Werk, nicht bloß für die Geschichte der Universitätsorganisation, sondern auch für die Geschichte der philosophischen Lehren im 13. Jahrhundert. — Die in der Franziskaner-Ausgabe der Werke des hl. Bonaventura (Quaracchi, 1882-1902) veröffentlichten „scholia" enthalten eine Fülle von Belegen, da die Lehren des hl. Bonaventura mit denen der Hauptphilosophen des 13. Jahrhunderts verglichen werden. — Unter den Schriften, welche die theoretische Bewegung des 13. Jahrhunderts, die scholastische wie die antischolastische, behandeln, nennen wir das glänzende Werk Mandonnets, „Siger de Brabant et l'averroisme latin au XIIIe siècle". Zweiter Teil, 2. Aufl., Louvain 1908—1910 (Bd. VI der „Philosophes Belges"). Hurter, Nomenclator litterarius (1109—1563), Innsbruck 1906. von Hertling, „Wissenschaftliche Richtungen u. philosophische Probleme im 13. Jahrhundert" (Festrede, Akad. der Wissenschaften, München 1910), allgemein gehalten.

Zweites Kapitel.
Die philosophische Renaissance im 13. Jahrhundert.

Die philosophische Renaissance, welche den ersten Jahren des 13. Jahrhunderts im Abendlande raschen und allgemeinen Glanz verlieh, beruht auf dem Zusammenwirken dreier Ursachen: 1. dem Bekanntwerden des Abendlandes mit einer großen Anzahl bisher unbekannter philosophischer Schriften; 2. der Begründung der Universitäten, besonders der von Paris und Oxford; 3. der Entstehung der Bettelorden. Zu diesen äußeren Ursachen kommt noch ein innerer Faktor: die Lebenskraft, welche jahrhundertlange Arbeit den scholastischen Lehren verliehen hatte.

§ 1. Das Bekanntwerden des Abendlandes mit neuen philosophischen Werken.

231. Die neuen lateinischen Übersetzungen. — Zum zweiten oder dritten Male entdeckt das Abendland wieder einen Teil der Monumente griechischer Philosophie; zu gleicher Zeit wird es mit den Schriften der arabischen Philosophen bekannt. Alle diese Werke werden den abendländischen Philosophen in lateinischen Übertragungen zugänglich; sie lassen sich in drei Gruppen gliedern:

I. Übersetzungen griechischer Werke. Es ist hier sorgfältig zwischen den unmittelbaren Übertragungen aus dem Griechischen und den nach dem Arabischen hergestellten Übersetzungen zu unterscheiden.

1. Die griechisch-lateinischen Übersetzungen sind die vollkommeneren. Seit Beginn des 12. Jahrhunderts besuchen französische Gelehrte Griechenland, Sizilien und den Orient; später nehmen infolge der Eroberung von Konstantinopel (1204) die wissenschaftlichen Beziehungen zwischen Byzantinern und Abendländern zu. Die Übersetzungen aus dem Griechischen sind weniger zahlreich und meist weniger verbreitet als die aus dem Arabischen.

Aus der Reihe der Übersetzer erwähnen wir Robert Grossetête (1175—1253), der nach Abschluß seiner Studien in Paris magister scholarum in Oxford und seit 1235 Bischof von Lincoln wurde. Hier verfaßte er kritisch wertvolle Übersetzungen der „Ethica Nicomacheia" mit den Kommentaren des Michael von Ephesus und Eustratius.[1] Er übersetzte auch den Pseudo-Dionys und zwar stellte er seine Übersetzungen nach griechischen Handschriften her, die er mit großer Mühe aus Konstantinopel und Athen kommen ließ.[2] Johannes Basinstock, Thomas von Cantimpré haben

---

[1] „Et postmodo reverendus pater magister Robertus Grossi capitis, sed subtilis intellectus, Linkolniensis episcopus, ex primo fonte unde emanaverat, graeco videlicet, ipsum est completius interpretatus et graecorum commentis praecipuas annexens nolulas commentatus" (Einleitung zur Übersetzung der „Ethik" von Hermannus Alemannus; vgl. Marchesi, L'Etica Nicomachea nella tradizione latina mediaevale, 1904, S. 57). Eine Handschrift aus dem Anfange des 14. Jahrhunderts, von Baur verzeichnet, enthält das Werk unter dem Titel: Versio librorum decem Ethicorum Aristotelis ex Graeco latinum R. Grosseteste (Baur, Die philos. Werke des R. G., S. 27).

[2] L. Baur, Das philosophische Lebenswerk des Robert Grosseteste, Bischofs von Lincoln (Vortrag auf der Goerres-Versammlung zu Metz, Oktober 1910). S. 64 u. Die philos. Werke etc. p. 31 ff.

fragmentarische Übersetzungen hinterlassen. Albert der Große gebraucht Übertragungen des „Phaedon" und „Menon"; ein unbekannter Autor aus der zweiten Hälfte des 13. Jahrhunderts verfaßt eine selten gebrauchte Übersetzung der „Pyrrhonischen Hypotyposen" des Sextus Empiricus,[1]) deren nicht weniger ephemeres Auftauchen in der Philosophie des Byzantiners Kabasilas zu Beginn des 14. Jahrhunderts (vgl. Dritte Periode) zu bemerken ist.

Besondere Erwähnung verdient ein Dominikaner Wilhelm von Moerbeke, der auf Wunsch von Thomas von Aquino eine vollständige Übersetzung der Aristotelischen Schriften oder, hinsichtlich gewisser Teile, eine Revision der vorhandenen Übersetzungen[2]) verfaßte und der insbesondere der erste Übersetzer der „Politik" (um 1260) war. Um 1215 geboren, war Wilhelm von Moerbeke Gelehrter, Orientalist, Philosoph und einer der hervorragendsten Schriftsteller in der zweiten Hälfte des 13. Jahrhunderts. Er stand mit Thomas von Aquino, dem Mathematiker Johannes Campanus, dem Physiker und Naturforscher Witelo, dem Astronomen Henri Bate von Malines in Verbindung. Er lebt am päpstlichen Hof in Viterbo (1268), erscheint auf dem Konzil von Lyon (1274) und wirkt von 1277 bis zu seinem 1286 erfolgten Tode als Erzbischof von Korinth. Er übersetzte nicht bloß den Aristoteles,[3]) sondern auch mathematische Abhandlungen, Kommentare des Simplicius und besonders die „Theologischen Elemente" des Proklus

---

1) Jourdain, Excurs. histor. 1888, S. 191; Baeumker, Archiv f. Geschichte d. Philos. IV, 574 (1891).

2) Wilhelm von Tocco berichtet in seinem „Leben des hl. Thomas" über ihn: „Scripsit etiam super philosophiam naturalem et moralem et super metaphysicam, quorum librorum procuravit, ut fieret nova translatio quae sententiae Aristotelis contineret clarius veritatem" (Acta Sanctorum, 1643, mensis martii, I, 665).

3) Nach einer Hypothese Marchesis (a. a. O. S. 60) hätte Thomas von Aquino, um die Arbeit sicherer vollenden zu lassen, sie unter zwei Hellenisten, Wilhelm von Moerbeke und Heinrich von Brabant, verteilt. Die Autorschaft des letzteren ist, aber weniger sicher als die des ersteren, von Aventinus begründet worden („Anno Christi 1271, Henricus Brabantinus, dominicanus, rogatu S. Thomae e Graeco in latinam linguam, de verbo ad verbum, transfert omnes libros Aristotelis", Annalium Boiorum, Lipsiae, 1710, l. VII, S. 673). Betreffs Wilhelms besitzen wir ein Zeugnis Roger Bacons aus dem Jahre 1272 und eines von Bernhard Guidon („Fr. Wilhelmus Brabantinus, Corithiensis, transtulit omnes libros naturales et moralis philosophiae de graeco in latinum ad instantiam fratris Thomae", Archiv f. Litter. u. Kirchengesch. d. Mittelalt. II, 226). Andere Quellen bei Marchesi, S. 61. Marchesi stellt Heinrich von Brabant's Namen betreffs des „LiberEthicorum", welches zur Grundlage der Kommentare des Thomas von Aquino zur Aristotelischen Ethik diente, voran; aber Baur (a. a. O. S. 27) zeigt, daß die Schrift R. Grossetête zugehört. Marchesi identifiziert ohne Beweis Heinrich von Brabant mit Heinrich Kosbien, von dem Echard (Scriptores ord. Praed. 469) spricht. Doch zeigt er klar, daß die Nikomachische Ethik eine von den übrigen Schriften des Aristoteles getrennte Sondergruppe bildet und daß man sie um das Ende des 13. Jahrhunderts aus fünf Quellen kannte: 1. Griechisch-lateinische Übersetzungen: a) Ethica vetus (2. und 3. Buch), anonym, vielleicht aber Boëthius zuzuschreiben; b) Ethica nova (1. Buch), erscheint anfangs des 13. Jahrhunderts; c) Liber Ethicorum, alle Bücher enthaltend, nicht aus der Zeit vor Thomas. — 2. Arabisch-lateinische Übersetzungen: a) der mittlere Kommentar des Averroës zur Ethik, übersetzt von Hermannus Alemannus („liber minorum moralium, liber Nicomachiae"); b) ein Abriß, von demselben Übersetzer. Dieser Abriß wurde populär; Taddeo übersetzt ihn ins Toskanische (2. Hälfte des 13. Jahrh.) und der „Schatz" des Brunetto Latini ist von ihm beeinflußt (Marchesi, a. a. O. S. 26).

(18. Mai 1268),[1]) welche nebst dem „Liber de causis" eine der unmittelbarsten Quellen der neuplatonischen Einflüsse im 13. Jahrhundert wurden. Die Übersetzungen Wilhelms von Moerbeke gelten im 14. Jahrhundert als klassisch;[2]) sie sind wörtlich und getreu und, obwohl der Feinheit ermangelnd, noch heute wertvoll.[3])

Von Bartholomaeus von Messina, der am Hofe Manfreds, des Königs von Sizilien, lebte, kennt man eine Übersetzung der „Magna Moralia". Ferner enthält ein Paduaner Codex aus dem 14. Jahrhundert[4]) seine Übersetzungen der „Problemata", des „liber de principiis", „de mirabilibus auditionibus", der „physionomia", von „de signis" und berichtet, diese Übersetzungen seien im Auftrage des Königs angefertigt worden. Nicolaus von Sizilien, welcher die Schrift „liber de mundo" übersetzte, und Durand d'Auvergne sind von geringerer Bedeutung. In italienischen Handschriften finden sich anonyme Übersetzungen der „Physik", der Schrift „über die Seele", von „de caelo et mundo".[5])

Die Scholastiker des 13. Jahrhunderts kennen auch einige Schriften von Byzantinern; so z. B. besaßen Albert der Große und Bonaventura die Schrift des Eustratius über die Aristotelische Ethik.[6])

Die Byzantiner wiederum übersetzten infolge ihrer Verbindung mit dem Abendland einige lateinische Werke ins Griechische. Der erste byzantinische Übersetzer war Maximus Planudes (1260—1310), den der Palaeologe Andronikos II. 1296 mit einem wissenschaftlichen Auftrage nach Venedig sandte. Er übersetzte die Werke Ciceros, des Macrobius und Boëthius; seine Übersetzung der Schrift des Boëthius „De consolatione philosophiae" wird noch von den ersten Humanisten verwendet.

2. *Arabisch-lateinische* Übersetzungen. Die Araber sind es hauptsächlich, die dem Abendlande das wissenschaftliche und philosophische Altertum erschlossen haben; im allgemeinen gingen ihre Übersetzungen den griechisch-lateinischen voran. Bedenkt man, daß das Aristotelische Denken der Reihe nach aus dem Griechischen ins Syrische, aus diesem ins Arabische, aus diesem ins Hebräische, endlich aus diesem oder dem Arabischen ins Lateinische umgegossen wurde — hierbei oft auch eine Volkssprache[7]) passierend — so kann es nicht wundernehmen, daß die Scholastiker die griechisch-lateinischen den entstellten Übersetzungen arabischer Provenienz

---

1) Denifle, Archiv etc. I, 226f.

2) „Quibus nunc utimur in scolis" (Heinrich von Hervordia, Liber de rebus memorabilibus, ed. Potthast, 1859, S. 203).

3) Susemihl, der eine kritische Ausgabe der Aristotelischen „Politik" ediert hat, fügt die Übersetzung Wilhelms von Moerbeke hinzu

4) Vgl. Marchesi, S. 9.

5) Ibid., S. 11, 15.

6) Deren Übersetzung Baur dem Robert Grosseteste zuschreibt.

7) „Man kennt das gleichmäßige Verfahren der mittelalterlichen Übersetzer. Ein jüdischer Konvertit (oder ein Araber) übertrug die arabische Übersetzung des griechischen Textes in eine Volkssprache, z. B. das Spanische, und diese zweite Übersetzung übertrug der Verfasser der endgültigen Übersetzung ins Lateinische" (Lucquet, Hermann le Dalmate, Rev. hist. relig., Bd. 44, S. 415).

vorzogen, in welchen stets „der lateinische Ausdruck das arabische Wort so deckt, wie die Schachfiguren zu den Feldern passen".[1]

Man übersetzte vor allem die Schriften des Aristoteles, namentlich die „Physik", „Metaphysik".[2] „Über die Seele", ferner eine Menge wissenschaftlicher Werke, besonders mathematische, die Schriften des Ptolemaeus und Galenus. Für die praktische Anwendung ergiebiger, wurden die wissenschaftlichen Werke vor den philosophischen übertragen. — Aus zweiter Hand, besonders durch Vermittlung der Araber, kennen die Scholastiker die Kommentatoren des Aristoteles; doch besitzt Thomas von Aquino eine Übersetzung des Kommentars des Themistius zu „De anima".[3]

Sicher ist, daß man die Aristotelischen Schriften nicht auf einmal erhielt, sondern sie wurden nach und nach während der letzten Jahre des 12. und der ersten Jahrzehnte des 13. Jahrhunderts eingeführt. Um die Mitte des 12. Jahrhunderts finden sich in Chartres Grundlehren der peripatetischen Physik, die vielleicht dem ersten Einfluß der toledanischen Übersetzungen der Physik zuzuschreiben sind. Aus Universitätsdokumenten wissen wir, daß seit dem Jahre 1213 die „Physik" und „Metaphysik" bekannt sind. Raoul von Longo Campo, der Alain von Lille um 1216 kommentiert, zitiert nicht diese eben verbotenen Schriften, wohl aber „Über die Seele", „Über den Schlaf und das Wachen" neben verschiedenen Arbeiten des Averroës und Avicenna. Wilhelm von Auvergne, der 1228 lehrt, kennt die Arbeiten des Aristoteles besser, und Albert der Große kommentiert die ganze peripatetische Enzyklopaedie.

Die arabisch-lateinischen Übersetzungen des Constantinus Africanus, Adelard von Bath, Hermann des Dalmaten bleiben vereinzelt. Das Abendland wurde mit den Werken des Aristoteles wahrhaft erst durch eine Kollektivarbeit bekannt, deren Zentrum Toledo war. Der Erzbischof Raymund (1126—1151) schuf hier eine berühmt gewordene Übersetzerschule und leistete so der abendländischen Wissenschaft unschätzbare Dienste. Dominicus Gundissalinus oder Gundissalvi, der Jude Johannes David (Avendeath, auch Johannes Hispanus genannt, mit Johannes von Luna identisch?), der Jude David und Jehuda ibn Tibbon, der Engländer Alfred von Morlay (die drei ersten Bücher der „Meteora", die Schriften „De vegetabilibus") und Gerhard von Cremona (gest. 1187; „Physik", „De Caelo", „De generatione" u. a.) verdienen besondere Erwähnung. Etwas später wurden in der Schule zu Toledo zwei andere Übersetzer herangebildet: Michael Scotus und Hermannus Allemannus.

II. Übersetzungen arabischer und jüdischer Schriften. — Hier sind zu unterscheiden: die arabisch-lateinischen und die arabisch-hebräischen Übersetzungen.

---

1) Jourdain, a. a. O. S. 19.
2) Aus der Aristotelischen „Metaphysik" kennt man die ersten griechischen Physiker. In der Schrift „De unitate intellectus" teilt uns der hl. Thomas mit, daß die letzten zwei Bücher der Metaphysik, welche von den getrennten Substanzen handeln, noch nicht übersetzt waren. Doch kennt er deren Existenz, da er den griechischen Text gesehen hat: „Quos etiam libros vidimus numero XIV, licet nondum translatos in linguam nostram".
3) Wahrscheinlich von W. von Moerbeke (Mandonnet, Siger, Bd. VI, 178).

1. Arabisch-lateinische Übersetzungen. Wieder sind es die Übersetzer der Schule von Toledo, namentlich Johannes Hispanus,[1]) Domin. Gundissalinus und Gerhard von Cremona,[2]) denen das Abendland um das Ende des 12. Jahrhunderts die Kenntnis der Hauptwerke von Al-Kindi, Farabi, Gazali, Avicebron, Avicenna, Moses Maimonides und Averroës verdankt. Die Kommentare der großen arabischen Philosophen zu den Schriften des Aristoteles wurden gleichzeitig mit dem aristotelischen Text übersetzt. So übersetzte Gundissalinus die Metaphysik des Avicenna und dessen Kommentare zur Physik (mit dem Juden Salomon), zu „De caelo et mundo" und zu „De anima" (mit Joh. Hispanus und Gerhard von Cremona); Joh. Hispanus übertrug die Kommentare des Avicenna zur Logik und vielleicht zur Metaphysik. Hermannus Allemannus — nicht mit Hermann dem Dalmaten zu verwechseln — übersetzte im Jahre 1240 den mittleren Kommentar des Averroës' zur „Nikomachischen Ethik", 1244 einen Alexandrinischen Auszug aus der „Ethik", gegen 1250 eine Schrift des Averroës über die „Rhetorik", nachdem er den Anfang der Glossen Alfarabis zu demselben Werke übertragen; etwas später fügte er diesen Übersetzungen eine eigene Arbeit über die „Rhetorik" hinzu und endlich, im Jahre 1256, den Kommentar zur „Poetik".[3]) Nichts berechtigt zur Annahme, daß er in Sizilien gelebt habe; er lebte in Spanien, wahrscheinlich als Bischof von Astorga, von 1266 bis zu seinem Tode (1271). Michael Scotus (gestorben kurz vor 1235) übersetzte einen Kommentar des Averroës zu „De caelo et mundo" und „De anima",[4]) sowie „De animalibus" im Auszuge des Avicenna.

Der Sizilische Hof unter Friedrich II. und dessen Sohne Manfred (1258—66) war ebenfalls ein Zentrum arabischer Kultur, wenn auch hier nicht nur aus dem Arabischen, sondern auch aus dem Griechischen übersetzt wurde.

Hier finden wir Michael Scotus und Bartholomaeus von Messina („Magna Moralia").[5]) Friedrich II. schätzte die Kommentare des Averroës sehr und trug wesentlich zu deren Verbreitung bei. Um die Mitte des 13. Jahrhunderts besaß man in Paris die gesamten Werke des Averroës mit Ausnahme der Kommentare zum „Organon" und seiner „Destructio destructionis".

Diese Gelehrten sind übrigens nicht bloße Interpreten der arabischen Wissenschaft, sondern ihre Gelehrsamkeit erstreckt sich auch auf die Werke

---

1) Übersetzt die Logik Avicennas. Vgl. Bibliogr. Beitr. zur Gesch. d. Philos. d. Mittelalt. I, 1, S. 32.

2) Er machte nämlich die Arabische Wissenschaft bekannt und soll über 200 Schriften übersetzt haben.

3) Lucquet, a. a. O. 421. Mandonnet verlegt den Auszug aus der Nikomachischen Ethik in das Jahr 1243 44.

4) Ferner, fügt Renan hinzu, die den Handschriften gewöhnlich beigefügten Kommentare zu „De generatione et corruptione", „Meteora", „Parva naturalia", sowie die Übertragung von „De substantia orbis" (a. a. O. S. 206f.; Hauréau, Hist. de la philos. scolast. II, S. 127ff.).

5) Lucquet hat eine verbreitete falsche Auffassung der bekannten Stelle bei Roger Bacon berichtigt: „Infinita quasi converterunt in latinum — Gerardus Cremonensis, Michael Scotus, Alvredus Anglicus, Hermannus Alemannus et translator Meinfredi nuper a domino rege Carolo devicti" (Opus tertium, ed. Brewer, S. 9). „Translator" bezieht sich nicht auf Hermann, der nach dieser falschen Interpretation am Hofe Manfreds gelebt haben soll, sondern auf einen andern Übersetzer an diesem Hofe, zweifellos auf Bartholomaeus von Messina.

der patristischen Periode und des christlichen Frühmittelalters. Außerdem finden manche von ihnen in dem reichen Gedankenschatz, mit dem sie sich befassen, Stoff für selbständige philosophische Arbeiten. So verfaßte z. B. Michael Scotus eine „divisio philosophiae", kompilierte sie aber aus der ähnlichen Schrift des Gundissalinus. Dieser namentlich verdient als philosophischer Autor einen besonderen Platz; wir kommen noch auf ihn zurück.[1]

2. *Arabisch - hebräische* Übersetzungen. Im 13. Jahrhundert tauchen auch zahlreiche Übersetzungen arabischer Schriften ins Hebräische auf. „Nachdem die jüdische Kultur aus dem mohammedanischen Spanien nach der Provence und den Pyrenäengebieten übergesiedelt und die arabische Sprache, die bis dahin ihre Umgangs- und Schriftsprache gewesen, den Juden nicht mehr geläufig war, empfanden sie das Bedürfnis, alle bedeutenden wissenschaftlichen und philosophischen Werke ins Hebräische zu übertragen".[2] Diese Arbeit leistete besonders die in Lunel wohnhafte Familie der Tibboniden; übersetzt wurden fast ausschließlich die gesamten Werke des Averroës, namentlich seine Kommentare zu Aristoteles, sowie auch der Aristotelische Text selbst, dem diese Kommentare beigefügt waren. Manche von diesen Kommentaren sind in mehrfacher Übersetzung vorhanden.

III. Einige *apokryphe Schriften*, durch die Araber übermittelt und aus dem Arabischen ins Lateinische übertragen, enthalten neuplatonische Lehren und wurden fast insgesamt dem Aristoteles zugeschrieben.

1. „Secretum secretorum", eine von wissenschaftlicher Gelehrsamkeit zeugende Arbeit, von einem Geistlichen in Tripolis übersetzt.

2. Die „Theologie des Aristoteles", auch unter dem Titel „De secretiori Aegyptiorum philosophia" bekannt.

3. Eine pseudo-aristotelische Schrift „De anima." — Die dem Aristoteles zugeschriebene Abhandlung des Nicolaus von Damaskus „De vegetabilibus" wurde von Alfred Sereshel übersetzt.

4. „Liber de causis", von den Scholastikern unter verschiedenen Titeln zitiert, übersetzt von Johannes Hispanus oder Gerhard von Cremona (1167 bis 1187), kommentiert von Thomas von Aquino, der zuerst den Ursprung dieser Schrift erkannte und sie Proklus zuschrieb, später Aristoteles zugeschrieben und seinen Schriften beigefügt. Diese kleine Schrift, deren Hauptsätze seit dem 13. Jahrhundert in erstaunlicher Weise verbreitet sind, ist ein Auszug aus des Proklus στοιχείωσις θεολογική und bildet mit dieser Schrift eine der ergiebigsten Quellen für die neuplatonischen Lehren. Guttmann schreibt sie dem Joh. Hispanus zu und Bardenhewer hat sie nach einer arabischen Handschrift aus dem Jahre 1197 herausgegeben.[3]

5. Außer diesen pseudo-aristotelischen Werken waren in den Schulen

---

1) Das Abendland lernte auch die Religion der Araber kennen. Schon im 12. Jahrhundert ließ Peter der Ehrwürdige, Abt von Cluny, die religiösen Bücher der Sarazenen ins Lateinische übersetzen und unternahm eine Polemik gegen den Islam. Vgl. Mandonnet, Pierre le Vénérable et son activité littéraire contre l'Islam, Revue Thomiste, 1894.

2) Renan, a. a. O. S. 185.

3) Bardenhewer, vgl. Nr. 233; Guttmann, Die Scholastik des 13. Jahrhunderts, S. 54.

noch Schriften im Umlauf, die fälschlich dem Empedokles (Über die fünf Elemente) und Pythagoras zugeschrieben wurden.¹)

232. Allgemeiner Einfluß dieser Übersetzungen auf die Scholastik des 13. Jahrhunderts. — Es empfiehlt sich, den durch die Werke des Aristoteles ausgeübten Einfluß von demjenigen zu unterscheiden, den die arabischen und jüdischen Schriften hinterließen.

Die großen Werke des Aristoteles lenkten die Aufmerksamkeit auf neue Probleme und brachten allen eine Fülle neuen Gedankenmaterials. Die Scholastiker entnehmen ihnen eine Menge von Lösungen, welche aber vor der Aufnahme in ihre Synthesen ausgesucht, vervollständigt und berichtigt werden. Anderseits hat Aristoteles zur Begründung und Verallgemeinerung der dialektischen Methoden des 13. Jahrhunderts beigetragen.

Die arabischen und jüdischen Philosophen übermittelten neuplatonische Anschauungen, wissenschaftliche und besonders psycho-physiologische Ergebnisse und unterstützten auch die Interpretation mancher aristotelischer Lehren. In dieser Hinsicht hat Avicenna die Entstehung von mehr als einer scholastischen Theorie gefördert. Aber niemals haben die Scholastiker die philosophischen S y n t h e s e n der Araber akzeptiert oder gebilligt. Um sich davon zu überzeugen, braucht man nur ihre Stellungnahme gegenüber den Persönlichkeiten, von denen sie am stärksten beeinflußt werden: Avicenna und Averroës bei den Arabern, Isaak Israeli und namentlich Avicebron und Moses Maimonides bei den Juden, zu betrachten. Averroës ist ja der Begründer einer Philosophie, deren Grundideen die Scholastik stets bekämpft hat. Er bedeutet für die Antischolastiker des 13. Jahrhunderts, was Joh. Scotus Eriugena für die der ersten Periode war. Avicenna wird in seinen Sonderlehren und betreffs seiner falschen Auffassungen des Aristoteles bekämpft. Übrigens ward er niemals so populär wie Averroës; es gab wohl mehrere Jahrhunderte lang einen lateinischen Averroismus, aber nie einen „Avicennismus". Avicebron, den die Abendländer nicht für einen Juden hielten, übermittelt manchen scholastischen Richtungen sehr bedeutsame Lehren und Duns Scotus rühmt sich seiner Führerschaft; aber diese Lehren haben keine monistische Tragweite mehr, und man kann sagen, daß sie von einem neuen Geist beseelt sind. Überdies wird die pantheistische und emanatistische Anschauung Avicebrons ausdrücklich bekämpft. Moses Maimonides lenkt besonders durch seine Versuche einer Vereinbarung des Aristotelismus mit der Bibel die Aufmerksamkeit auf sich, da die Scholastiker in ähnlicher Weise bemüht sind, ihre Philosophie mit dem katholischen Dogma in Einklang zu bringen. Außerhalb dieses Rahmens wird seine Philosophie sehr oft von denselben Vorwürfen getroffen, welche gegen Averroës gerichtet werden.

233. Verbot der Aristotelischen Schriften in Paris. — Zu Beginn des 13. Jahrhunderts werden die Aristotelischen Schriften von mehreren Verboten seitens der kirchlichen Gewalt betroffen. Ein 1210 in Paris versammeltes

---

1) Daniel von Morlay, ein Schüler Gerhards von Cremona schreibt Aristoteles auch ein „liber de assignanda ratione unde ortae sunt scientiae" zu; diese Schrift ist identisch mit des Gundissalinus „De divisone philosophiae" (Rose, Hermes, VIII, 332 A).

Provinzialkonzil von Sens verbot die öffentliche oder private Lehre der Naturphilosophie des Aristoteles und ihrer Kommentare („nec libri Aristotelis de naturali philosophia nec commenta legantur Parisiis publice vel secreto",[1] verfluchte zugleich das Andenken Amalrichs von Bènes und überlieferte die „Quaternuli" des David von Dinant den Flammen. Wahrscheinlich ist unter „libri de naturali philosophia" nicht bloß die „Physik", sondern auch die „Metaphysik" des Aristoteles zu verstehen; die Kommentare, die hier gemeint sind, stammen von Averroës und Avicenna. Fünf Jahre später erneuert der Legat Robert von Courçon[2] an der jungen Universität dieselben Verbote; er schreibt die „alte" und „neue" Logik vor, gestattet die „Ethik", verbietet aber ausdrücklich die „philosophia naturalis", die „Metaphysik", die „Summae de eisdem" sowie die Lehre Davids von Dinant, der Ketzers Amalrich und des Spaniers Mauritius.[3]

Diese strengen Maßnahmen der kirchlichen Zensur hatten verschiedene Ursachen. Zunächst mußte die Menge der den Schulen zugänglichen neuen philosophischen Quellen Verwirrung bringen. Insbesondere beanstandeten die Theologen gewisse aristotelische Lehren, welche im Widerspruch zum Dogma stehen; es sei nur an die Lehre von der Ewigkeit der Welt erinnert. Die arabischen Kommentare legten Nachdruck auf diese Theorien und fügten, stets unter dem Deckmantel des Aristoteles, neue hinzu, ganz abgesehen davon, daß die schlecht übersetzten aristotelischen Texte zu abweichenden Auffassungen leicht Gelegenheit boten, ein Umstand, den manche zur Verbreitung gefährlicher Neuerungen benutzten.

Nachdem die erste Erregung sich gelegt hatte und die mit den neuen Anschauungen des Peripatetismus besser vertrauten Scholastiker unterscheiden konnten, was davon mit dem Dogma vereinbar war, milderte die Kirche die Strenge ihrer Verbote. Wurden sie auch nicht ausdrücklich zurückgenommen,[4] so gerieten sie doch in Vergessenheit und die zuständigen Autoritäten ließen sich nichts merken: die Tatsachen hoben das Gesetz auf. Im Jahre 1231 gibt der den Studien holde Papst Gregor IX. den Verboten, die er aufrecht hält, den Charakter des Provisorischen und betraut drei Theologen (Wilhelm von Auxerre, Simon von Authie und Stephan von Provins) mit der Berichtigung der verbotenen Bücher, zu dem Zwecke, diese verbesserten Ausgaben dem Studienplane der wissenschaftlichen Fakultät in Paris einzuverleiben („ne utile per inutile vitietur"); auch verleiht er dem Abte von St. Victor und dem Prior des Dominikanerklosters die nötigen Vollmachten, um jene, welche die Kirchenverbote übertreten hatten, zu absolvieren.[5] Diese wissenschaftliche Mission hatte keinen Erfolg, aber seit Beginn des

---

1) Chartul. Univ. Paris. I, 70. Mandonnet bemerkt (a. O. S. 15, Anm.) treffend: Die naturwissenschaftlichen Schriften und die Metaphysik des Aristoteles wurden nicht bloß gegen Ende des 12. Jahrhunderts benützt, sie wurden auch zu Beginn des 13. Jahrhunderts in Paris gelesen und gelehrt, sonst wäre das Verbot dieser Schriften in den Jahren 1210 und 1215 unverständlich.
2) Robert de Conrçon, Lehrer in Paris, Kardinal (gest. 1218).
3) Chartul. I, 78. Nach Mandonnet ist mit Mauricius Averroës, der spanische Maure, gemeint (a. a. O. VI, 18).
4) Chart., S. 427.
5) Ibid., S. 138, 143.

Jahres 1252 regelt die wissenschaftliche Fakultät (englische Nation) den Vortrag über die Logik und „De anima"[1]) und im Jahre 1255 organisiert sie offiziell die öffentliche Lehre aller bekannten Schriften des Aristoteles, inbegriffen die Physik und Metaphysik.[2]) Der päpstliche Stuhl ließ dies zu. Das Dekret Urbans IV., welches im Jahre 1263[3]) an die Verbote Gregors IX. erinnerte, wurde vielleicht durch die Gefahren des Averroismus veranlaßt, blieb aber toter Buchstabe und tat der peripatetischen Bewegung in Paris keinen Einhalt. Es ist übrigens bemerkt worden, daß Wilhelm von Moerbeke und Thomas von Aquino sich am Hofe Urbans IV. begegneten und daß der Papst den Plan einer neuen Übersetzung und Kommentierung des Aristoteles kennen und vielleicht auch unterstützen mußte. Dazu kommt noch, daß die Zensuren von 1210 und 1215 nur für die Pariser Schulen[4]) galten und nicht die persönliche Benutzung der Schriften durch die Lehrer, sondern nur den öffentlichen und privaten Unterricht betrafen. Das Ansehen, welches Aristoteles in der Folge genoß, entschädigte ihn reichlich für diese anfänglichen Mißtrauenskundgebungen. Im Jahre 1366 fordern die Legaten Urbans V., daß die Kandidaten des wissenschaftlichen Lizentiats Vorlesungen über alle Schriften des Aristoteles gehört haben.[5])

234. **Bibliographie**. — Rose, Die Lücke im Diogenes Laërtius und der alte Übersetzer (Hermes I, 1866, S. 367—397); Ptolemaeus und die Schule von Toledo (ibid. 1874, S. 327 bis 349); Jourdain, a. a. O.; F. Wüstenfeld, Die Übersetzungen arabischer Werke in das Lateinische (Abhandl. der kgl. Gesellsch. der Wissenschaften zu Göttingen, LXXII, 1877); Steinschneider, Die hebräischen Übersetzungen des Mittelalters und die Juden als Dolmetscher, 2 Bde., Berlin 1893; Die arabischen Übersetzungen aus dem Griechischen; Die europäischen Übersetzungen aus dem Arabischen bis Mitte des 17. Jahrhunderts (Wien, 1904; Akad. der Wissensch.); vortrefflich. Eine zusammenfassende Anmerkung Mandonnets, in: Siger de Brabant et l'Averroisme latin, 2me édit. (Louvain 1910, S. 9—11 u. 13—15) über die im 13. Jahrhundert vorhandenen Übersetzungen, namentlich für die Werke des Aristoteles und die Verdammungen desselben; A. Vacant, Les versions latines de la morale à Nicomaque, Paris, 1885; C. Marchesi, L'Etica Nicomachea nella tradizione latina mediaevale, Messina, 1904; verwertet Daten der italienischen Handschrift, bringt die „Ethica vetus, nova" und „liber ethicorum"; Renan, a. a. O., K. II, § 1—3. — Lucquet, Hermann l'Allemand (Rev. hist. relig. 1901, Bd. 44, S. 407); berichtigt biographische und Autoren betreffende Irrtümer. — J. W. Brown, An enquiry into the life and legend of Michel Scot, London, 1897. — Über Wilhelm von Moerbeke vgl. des Verfassers „Histoire de la Philosophie en Belgique", 2me édit. 1910. Über Robert Grossetête vgl. Baur, a. a. O. S. 291, Anmerk. — Baeumker gab Avicebrons „Fons vitae" nach der lateinischen Übersetzung des Domin. Gundissalinus und Joh. Hispanus heraus (Beiträge I, 2—4, 1892—95). — Forster, De Aristotelis quae feruntur secretis secretorum commentatio, Kiellae, 1888; Scriptores physiognomici, II. S. 181—222, Lipsiae, 1893. — Bardenhewer, Die pseudo-aristotelische Schrift über das reine Gute, Freiburg, 1882, S. 37 und 51. — Man kennt auch ein pseudo-aristotelisches Büchlein „De anima". Vgl. Löwenthal, Pseudo-Aristoteles über die Seele, Berlin, 1891. — Lucquet, Aristote et l'université de Paris pendant le XIIIe s. (Bibl. Hautes Études, sc. relig. XVI, 2, 1904); erörtert die Tragweite des Konzils vom Jahre 1210. — Vgl. die Arbeiten von Talamo, Schneid, Chollet, Nr. 116. — Guttmann, Die Scholastik des XIII. Jahrhunderts in ihren Beziehungen zum Judentum und zur jüdischen

---

1) Ibid., S. 228.
2) Ibid., S. 278.
3) Ibid., S. 427.
4) Im Jahre 1229 beriefen sich die Lehrer von Toulouse darauf (Ibid. S. 131). Im Jahre 1245 erstreckte Innozenz IV. das Verbot in der ihm von Gregor IX. 1231 gegebenen Form auf Toulouse.
5) Chart. III, 145.

Literatur. Breslau, 1902, besonders die Vorrede. Der Verfasser verfolgt in besonderen Kapiteln die Einflüsse auf die verschiedenen Scholastiker des 13. Jahrhunderts; Wittmann, Die Stellung des hl. Thomas von Aquino zu Avencebrol, S. 15—33 (weiter unten angeführt). Husik, An anonymous mediaeval christian critic of Maimonides (Jewish Quart, Oktober, 1911).

§ 2. Die Gründung der Universitäten.

235. Gründung und Ausgestaltung der Pariser Universität. — Die Verbreitung so vieler neuer Werke fällt mit der Gründung der Pariser Universität zusammen. Diese ersteht in den letzten Jahren des 12. oder zu Beginn des 13. Jahrhunderts aus der Vereinigung aller den Schulen der Notre Dame-Kirche angehörenden Lehrer und Schüler, welche der Jurisdiktion ihres Kanzlers unterstehen („universitas magistrorum et scolarium"). Nach und nach gruppiert nämlich die Interessengemeinschaft die Lehrer in vier Fakultäten: die theologische, artistische oder philosophische, die der Dekretisten und die der Mediziner. Im Verlaufe des 13. Jahrhunderts kommt es zu den unter dem Namen der „Nationen" bekannten Vereinigungen (Picarden, Gallier, Normannen, Engländer).[1] Sie umfassen nur die Hörer und Lehrer der artistischen Fakultät; da sie aber am zahlreichsten vertreten waren und da Lehrer und Hörer nach den einleitenden Studien der Künste ihren Nationen einverleibt blieben, so repräsentierten diese letzteren sozusagen die ganze Universität. Es gibt nichts Unruhigeres als diese Schar von Lehrern und Hörern. Wir sehen im Jahre 1229 die Lehrer auseinanderlaufen; von 1252 bis 1259 bekämpft eine Gruppe von Weltlichen die Dominikaner. Oder im Jahre 1226 kommt es anläßlich der Rektorwahl zu Streitigkeiten zwischen den Nationen, und die französische Nation, welche sich mit den anderen zerschlägt, wählt einen Rektor auf eigene Faust. Nach 1270 sind es die großen theoretischen Streitigkeiten, welche die Universitätsgruppen in Kämpfe — gegen die Bettelorden, zwischen Scholastikern und Averroisten — verwickeln. An der Spitze der Nationen steht der Rektor, der von Anfang an mit dem Kanzler, dem Gesamtleiter des Unterrichts, rivalisiert. Diese Rivalität währt anderthalb Jahrhunderte; unmerklich wird der Kanzler durch den Rektor verdrängt, der von nun an das Haupt der Universität ist.

Die Pariser Universität nimmt infolge der zahlreichen Privilegien, die ihr seitens der Päpste und französischen Könige zuteil werden, einen gewaltigen Aufschwung. Sie ist die Pflanzschule der Theologen und Philosophen. Ihre im Laufe der Zeit sehr kompliziert gewordene Organisation dient den übrigen Universitäten des Mittelalters zum Vorbilde. Es ist daher zweckmäßig, die Grundlagen des philosophischen und theologischen Unterrichts kurz darzulegen.

Die Organisation der Universität ist der getreue Ausdruck der mittelalterlichen Geistesart. Ebenso wie die Philosophie der Theologie untergeordnet ist, ist auch die Magisterschaft der freien Künste nur eine Vorbereitung auf die Würden der theologischen Fakultät.[2] Man wird in den

---

1) Nach dem „hundertjährigen Krieg" wurden die letzteren durch die Alemanni ersetzt.
2) Und auch zu den juristischen und medizinischen Studien. Tatsächlich haben aber an der Pariser Universität die philosophischen und theologischen Studien den Vorrang vor den übrigen.

Künsten nicht alt („non est consenescendum in artibus, sed a liminibus sunt salutandae"). Doch legte der magister artium als Theologe nicht die Denkgewohnheiten ab, die er durch seine philosophische Ausbildung sich angeeignet hatte. Überdies verführte die rasche Verbreitung der dialektischen Methode in der Theologie die Lehrer zu ausgedehnten und häufigen Streifzügen in das Gebiet der Philosophie. Dazu kommt noch, daß infolge der ungenügenden philosophischen Vorbildung vieler Hörer — „propter imperitos", wie Heinrich von Gent sagt[1]) — nicht wenige Theologielehrer genötigt waren, Argumente wieder aufzunehmen, die als bekannt hätten gelten sollen. So erklärt es sich, warum man, um den philosophischen Unterricht der Pariser Lehrer zu genießen, zugleich die Vorträge der Artisten und der Theologen hören muß.

Zwei Momente beherrschen den Pariser Universitätsbetrieb: der Internationalismus der Studierenden und Lehrer sowie die Lehrfreiheit. Aus allen Gegenden des Abendlandes erfolgt der Zuzug nach Paris. Da es noch keine Immatrikulation gibt, so scharen sich die Studenten um einen der Lehrer („Nullus sit scolaris Parisius qui certum magistrum non habet").[2]) Die Lehrfreiheit bezeugt die außerordentliche Verbreitung des Magistergrades oder des Professorats. Bei den leicht zu erfüllenden Bedingungen kann jeder Begabte Lehrer werden, ja die Studien sind nur eine lange Vorbereitungszeit für das Lehramt und der Studierende kann sich Professurskandidat nennen; er erlangt das Lehramt durch dessen Ausübung. Diese Lehrfreiheit bekundet sich auch in der Selbständigkeit der Sprache, deren sich manche Lehrer bei den Disputationen bedienen.[3])

Die Reihe der Scholarbedingungen, welche der Studierende unter der Leitung des Lehrers zu erfüllen hat, hat mit der Zeit sich geändert. Im Jahre 1215 fordert Robert von Courçon für den Unterricht ein Altersminimum: 21 Jahre für die freien Künste, 34 für die Theologie, sowie ein Mindestmaß an Vorbereitung: 6 Jahre Universitätsbesuch für die freien Künste, ein achtjähriges Studium für die Theologie. Den ersten Grad der Artistenfakultät stellt das Bakkalaureat („baccalaureatus, determinantia") dar. Im 13. Jahrhundert muß der Aufzunehmende ein Examen vor drei, später vor vier Fakultätsmitgliedern ablegen. Wird sein Wissen für zureichend befunden, so wird er zur Determinierung („determinatio") zugelassen, einer feierlichen Prüfung, die zur Osterzeit des folgenden Jahres stattfand. Unter dem Vorsitze des von ihm ausgewählten Lehrers verteidigte der „baccalariandus" Thesen, die zur Diskussion gestellt wurden. Die Prüfung währte lange, sie nahm die ganze Fastenzeit in Anspruch. In einer Schlußsitzung zog der Bewerber seine Folgerungen; er „bestimmte" die auf die verschiedenen gestellten Fragen zu gebenden Antworten und widerlegte die Einwände („quaestionem determinare"); von nun an führte er den Titel „determinator, determinans".[4]) Meist bestand zwischen dem Bakkalaureat

---

1) Quodlib. X.
2) Grundbestimmungen, 1215 durch Robert von Courçon normiert. Chart. I, 79.
3) Bezeichnend sind dafür die „Quodlibeta" Gottfrieds von Fontaine. Vgl. des Verfassers Artikel „Un preux de la parole au XIIIe s." (Revue Néo-Scolast. 1904, S. 416).
4) Chart I, 563; II, 673. Auctarium I, S. XXIX.

und dem zweiten Grade oder dem „Lizentiat" eine Zwischenzeit von zwei bis drei Jahren, wiewohl, besonders in der ersten Zeit, einzelne Kandidaten drei Fakultätsgrade in einem einzigen Jahre erwarben. Nach der Lizenz trachteten die Lizentiaten („licentiati"), ihre erste Vorlesung abzuhalten („incipere in artibus"); der Prokurator der betreffenden Nation ließ sie dann zur Magisterwürde („magister") zu. Die meisten von diesen Magistern lehrten nach ihrer Antrittsvorlesung nicht weiter („magistri non regentes"), sondern verließen Paris oder begannen hier neue Studien. Hingegen hielten die diplomierten Lehrer („magistri actu regentes"), welche dazu von ihrer „Nation" designiert wurden, regelmäßige Jahreskurse in deren Örtlichkeiten oder in ihren eigenen Schulen ab.[1]

Eine ähnliche Organisation regelte die Grade der theologischen Fakultät: Bakkalaureat, Lizentiat, Magisterwürde, nur daß die Etappen des Bakkalaureats zahlreicher und länger waren. Das Bakkalaureat umfaßte drei Grade: man wurde der Reihe nach „biblicus ordinarius", „sententiarius" und „baccalareus formatus". Im 14. Jahrhundert „verteidigte jeder Bakkalaureus vier Thesen gegen seine Kollegen: die erste in einem Hofe (in aula episcopi), die zweite bei Vesperien, die dritte während der Ferien in den Sälen der Sorbonne, die vierte zur Adventszeit (de quolibet)".[2] Dann erst hatte man das Recht, beim Kanzler wegen des Lizentiats vorzusprechen. Nach einer formellen Prüfung erteilte dieser unter großem Gepränge dem Bakkalaureus den zweiten akademischen Grad, die „Lizenz", zu lehren und zu predigen. Wer den Bedingungen dieser langen Probezeit genügt hatte, hatte bestanden und wurde zur offiziellen und definitiven Ausübung der Tätigkeiten, die ihm bis dahin nur als Lehrling gestattet waren, zugelassen. Was nun die Magisterwürde oder die Einreihung in das Lehrerkollegium betrifft, so waren die Akte, die zu ihr gehörten, mehr eine Ehrensache; nach einer Bemerkung Thurots „verhielt sich das Magisterium im Verhältnis zum Lizentiat so, wie das Hochzeitsfest zur kirchlichen Einsegnung". Die Lehrer „actu regentes" oder jene, welche nach der Erlangung der Magisterwürde ihr Lehramt wirklich ausübten und sich nicht mit dem bloßen Titel begnügten („actu non regentes"), hielten wie ihre Bakkalauren öffentliche Vorlesungen und veranstalteten Disputationen.[3]

Als Lehrformen lassen sich nämlich „Vorlesungen" (lectio, lectio cursoria) und „Disputationen" (disputatio) unterscheiden.[4] Der Lehrer „las" (legere; englisch „lecture"), d. h. er nahm zur Grundlage seiner Vorlesung einen „Text", den er erklärte und darlegte. In der theologischen Fakultät las man zuerst die Bibel wörtlich („lectores biblici"), die „Sentenzen" des Lombarden („baccalarei"); die Magister endlich nahmen das Studium der

---

[1] Auctarium I, S. XXVIII ff. Vgl. Chart. I, 530 die „Ordinatio facultatis artium de determinantibus, de baccalareis et de magistris" vom Jahre 1275, die Indices daselbst und Thurot.

[2] Thurot, De l'organisation de l'enseignement dans l'Université de Paris, Paris, 1850, S. 149f.

[3] Seit dem 13. Jahrhundert deponierte der Autor oder seine Vertreter bei den Buchhändlern eine Handschrift (exemplar) zur Abschrift seitens der Kopisten. Auf diese Weise stellte die Universität Kataloge von Büchern her, deren Preis sie festsetzte.

[4] Chart. I, 178.

Bibel wieder auf.[1]) Das Programm der „lectiones" in der artistischen Fakultät ist in der Anordnung Roberts von Courçon vom Jahre 1215 nur angedeutet, für die Mitte des 13. Jahrhunderts aber in seiner Gänze bekannt, einerseits durch die Statuten der englischen Nation (1252) betreffs der Zulassung der Bakkalauren zur „Determination" am ersten Fastensonntag,[2]) anderseits namentlich durch ein Statut der artistischen Fakultät vom Jahre 1255 „de modo docendi et regendi in artibus deque libris qui legendi essent".[3]) Aus dem letzten Dokument erhellt, daß man las: die „vetus Logica" (nämlich: librum Porphyrii, praedicamentorum, periermenias, divisionum et topicorum Boethii), Priscian (maior et minor), die „Logica nova" (topica, elenchi, analyt. priora et posteriora), die Nikomachische Ethik (in dem Dokumente ist nur von den ersten vier Büchern die Rede, d. h. von der „Ethica vetus" nebst dem ersten Buche), die sechs Prinzipien Gilberts de la Porrée, den Barbarismus (d. h. das 3. Buch der „ars maior" des Donat), des Priscian Abhandlung über die Betonung; von Aristoteles die Physik, Metaphysik, „De animalibus", „liber coeli et mundi", das erste Buch der „Meteora", die Schrift über die Seele, „De generatione"; die Schrift von den Ursachen, über die Sinne und Wahrnehmungen, über Schlaf und Wachen, über die Pflanzen, „De memoria et reminiscentia", „De differentia spiritus et animae" von Costa ben Luca,[4]) „De morte et vita". Man kann die Abteilungen dieser Studienordnung mit der Einteilung der philosophischen Disziplinen vergleichen und sich von dem Parallelismus zwischen beiden überzeugen.

In den „Disputationen" wurden die Probleme in der Form von Einwänden und Erwiderungen behandelt; das Studium wurde lebendig, da es jedem freistand, sein Licht leuchten zu lassen. Auf solche Weise spielten sich die „disputationes generales de quolibet" in der theologischen Fakultät ab.[5]) Einen solchen Charakter hatten auch, in der artistischen Fakultät, die

---

1) Denifle, Quel livre servait de base à l'enseignement des maîtres en théologie dans l'Université de Paris? (Revue Thomiste, 1894, S. 149—161).

2) Chart. I, 228.

3) Ibid., S. 277 ff. Dieses Statut ist vom 19. März datiert und beseitigt die Schwierigkeiten, „magistris aliquibus lectiones suas terminare festinantibus antequam librorum quantitas et difficultas requireret."

4) Herausgegeben von Barach, Biblioth. philos. med. aetatis, 1878, II.

5) Von den „Quaestiones ordinariae" zu unterscheiden. Es waren „außerordentliche Disputationen", welche die Lehrer ein- bis zweimal des Jahres vor Ostern und Weihnachten abhielten. Von den gewöhnlichen Disputationen unterschieden sie sich darin, daß sie sich auf eine Mannigfaltigkeit von Fragen bezogen, welche von den Hörern, Lehrern wie Schülern, aufgeworfen werden konnten. Der Magister oder der Bakkalaureus unter seiner Leitung erwiderte auf die verschiedenen Einwände betreffs jedes Problems und am nächsten oder an einem der folgenden Tage nahm der Lehrer die Fragen und Einwendungen wieder auf, ordnete die oft sehr disparaten Materien so gut als möglich und löste die Schwierigkeiten endgültig. Dieser Schlußakt hieß „Determinierung". Die zahlreichen Schriften, die uns unter dem Titel „quodlibeta" seit der zweiten Hälfte des 13. Jahrhunderts überliefert sind, sind nichts anderes als diese letzten Entscheidungen als Ergebnisse der außerordentlichen Disputationen" (Mandonnet, Siger de Brabant, Bd VI, S. 85). — Während die gewöhnlichen Vorlesungen der Bakkalauren und Magister sich notwendig auf die Bibel bezogen, berührten die quodlibetanischen Disputationen alle Wissensgebiete. Neben theologischen Fragen finden wir hier rein philosophische, moraltheologische, kirchenrechtliche Themen, sowie auch gelegentliche Probleme, welche heftige Kontroversen zeitigten. Diese Disputationen gewannen im 14. Jahrhundert große Verbreitung;

„disputationes magistrorum in studio solemni" und die „sophismata". Diese letzteren, die logischen Übungen, spielten in einem Unterricht, wo die Logik, wie wir sahen, reichlich vertreten war, eine wichtige Rolle. Die Nation der Engländer forderte von ihren Bakkalauren den zweijährigen Besuch der „sophismata".[1]) Es waren dies nur Übungen in geistiger Gymnastik, durch die man die seitens der Opponenten vorgebrachten Fehlschlüsse aufdecken lernte; zuweilen aber wurde das sophisma auch zu einem eigentlichen Lehrverfahren.[2]) Der Inhalt gewisser sophismata knüpfte zwar an die Aristotelische Schrift über die Sophismen an, viele andere aber beziehen sich auf Fragen aus der Grammatik oder aus verschiedenen philosophischen Gebieten.[3])

236. Gründung der Universitäten Oxford und Cambridge. — Im 13. Jahrhundert wuchs die Oxforder Universität sehr rasch und wurde eine wichtige Stätte philosophischer Tätigkeit. Sie selbst anerkennt die Suprematie der Pariser Universität, der sie ihre Organisation[4]) und ihre besten Lehrer verdankt. Die Universität von Cambridge, weniger bedeutend als die Oxforder, wurde nicht vor dem 14. Jahrhundert endgültig ausgestaltet.[5]) Der wissenschaftliche Pilgerzug der Engländer nach Paris beginnt um die Mitte des 12. Jahrhunderts. Robert Grossetête, sein Kanzler Wilhelm von Shyreswood ziehen nach Paris, die Franziskaner Adam von Marisco, Richard Cornubiensis und viele andere lehren zuerst in Paris, dann in Oxford. Die Universität von Bologna, welche der Pariser an Alter nicht nachsteht, war besonders durch ihre Rechtsschulen berühmt, aber in den folgenden Jahrhunderten beherbergt sie auch bedeutende Philosophen.

237. Bibliographie. — Die Quellen für die Geschichte der Pariser Universität sind in „Chartul. Univ. Paris" (vgl. Nr. 230) veröffentlicht. Die Einleitungen sind zu beachten; die Anmerkungen zu den Dokumenten enthalten viel Material betreffs der Vertreter der Wissenschaft.

---

sie finden sich sogar in den Generalkapiteln der geistlichen Orden. Aegidius von Rom veranstaltet 1295, anläßlich des in Sienne abgehaltenen Generalkapitels der Augustiner, eine Disputation (Ibid., S. 87).

1) Statut vom Jahre 1252: „per duos annos... disputationes magistrorum in studio solemni frequentaverit, et per idem tempus de sophismatibus in scolis requisitus responderit" (Chart. I, 228).

2) So z. B. bediente sich Siger von Courtrai reichlich dieses didaktischen Verfahrens. Wallerand, Les oeuvres de Siger de Courtrai (Bd. VIII, Philosophes Belges, S. 145). Öfter kündigt Siger an, er übergehe gewisse Darlegungen, weil sie in „sophismata" gegeben wurden (Ibid., S. 107, 135, 138, 140). Auch gebrauchte Siger von Brabant in der logischen Untersuchung, welche Pelzer herausgeben wird, den Ausdruck „determinare in sophismate".

3) In den Handschriften finden sich viele sophismata; vgl. Chart. II, 65. Mandonnet (Siger, Bd. VI, 124) erwähnt solche von Pierre d'Auvergne, Boëthius von Dacien, Nicolas de Normandie. Vgl. auch Manuskr. Bibl. Brügge, 435, 500; die sophismata Sigers von Brabant (ed. Mandonnet) und Sigers von Courtrai (ed. Wallerand); Prantl, a. a. O. III, passim. Wallerand unterscheidet in einem eigenen Kapitel „insolubilia", „impossibilia" und eigentliche „sophismata" und deren Abarten: alle diese Arten führen den Gattungsnamen „sophisma". Da das sophisma eine zur Diskussionsgrundlage gemachte Behauptung ist, so kehren gewisse Fragen stereotyp wieder (z. B.: „Utrum homo sit animal, nullo homine existente"), wobei aber die Antworten verschieden ausfallen.

4) Um 1240 rät Robert Grossetête den Theologielehrern zu Oxford, die in Paris geltende Ordnung zu befolgen (Chart. I, 169). Im Jahre 1246 erteilt Innozenz denselben Rat (Chart. I, 189).

5) Denifle, Die Universit. des Mittelalters, S. 371.

Von denselben Verfassern: Auctarium Chartul. Univ. Paris. Bd. I: Liber procuratorum nationis anglicanae (Alemanniae) ab anno 1333—1406. Paris, 1894; Bd. II: ab anno 1406—1466 (1897).
Denifle, Die Universitäten des Mittelalters bis 1400 (Berlin, 1885); vortreffliche Darstellung ihrer Anfänge. Ch. Thurot, De l'organisation de l'enseignement dans l'Université de Paris, Paris, 1850; in mehreren Punkten unzulänglich, enthält aber vortreffliche Ausführungen und ist noch immer die beste Gesamtarbeit, die auf Grundlage des „Chartularium" neu zu unternehmen wäre. Zu beachten sind auch die Arbeiten von Donais und Felder (Nr. 240); Luchaire, L'Université de Paris sous Philippe-Auguste, 1899; kurze Monographie. — Über den Unterricht in Grammatik und Rhetorik: Paetow, The art course at medieval Universities with special reference to Grammar and Rhetoric (University Illinois, Bull. VII, 19, 1910); mit vielen Belegen. Maxwell, History of the University of Oxford; Hastings Rashdall, The Universities of Europe in the middle ages, Oxford, 1895; E. Coppi, Le universit. italian., 2. Aufl.; Mauri Sarti et Mauri Fattorini, De claris Archigymnasii Bononiensis professor. a saecul. XI u. ad s. XIV, Bononiae, 1888—1896; Chartul. studii Bononiensis, vol. I, Bologna, 1909; Studi e memorie per la storia dell' Universita di Bologna, Bologna, vol. I, 1909; vol. II, 1911; Dr. Liessen, Die quodlibetischen Disputationen an der Universität Köln (Programm des K.-Wilhelm-Gymnasium zu Köln, 1886, S. 58—70). L. Sallet, L'ancienne Université de Toulouse (Bull. Littér. ecclésiast. Januar 1912, ff.).

§ 3. Die Bettelorden.

238. Kämpfe zwischen Ordensgeistlichen und Weltlichen. — Kaum hatten sich die Dominikaner und Franziskaner in Paris niedergelassen (1217; 1219—20), so strebten sie die Berechtigung an, die Lehrkanzeln der Theologie an der Universität zu besetzen, was ihnen nicht ohne Schwierigkeiten gelang. Infolge eines Generalstreiks der Lehrer anläßlich einer Differenz mit dem Bischof von Paris und dem Kanzler von Notre-Dame erhielten die Dominikaner im Jahre 1229 eine theologische Lehrkanzel[1]); im Jahre 1231 gewannen sie eine zweite Kanzel und in dieser Zeit wurden die Franziskaner Inhaber eines Lehrstuhls in der Fakultät. Der erste Dominikaner unter den Lehrern war Roland von Cremona, der erste Franziskaner Alexander von Hales.[2])

Das Recht der Bettelorden beruhte auf legitimen Ansprüchen. Gleichwohl bekundeten die weltlichen Lehrer, welche sich vergebens der Inkorporierung der Ordensgeistlichen widersetzt hatten, eine lebhafte Animosität gegen sie, welche in verschiedenen Formen zum Ausdruck kam. Von 1252 bis 1259 gab es infolge ihres Erscheinens in der theologischen Fakultät Zerwürfnisse. Die Weltlichen, an ihrer Spitze Nicolaus von Lisieux, Gerhard von Abbeville[3]) und besonders der ungestüme Wilhelm von S. Amour (gest. 1272) wollten die Bestimmung treffen, daß ein geistlicher Orden nicht mehr als eine Lehrkanzel innehaben dürfe.

---

[1]) Mandonnet, De l'incorporation des Dominicains dans l'ancienne Université de Paris (Rev. Thomiste, 1896, S. 138).

[2]) Nach einer Annahme H. Felders, O. C., Geschichte der wissenschaftlichen Studien im Franziskanerorden bis in die Mitte des 13. Jahrhunderts, 1904, S. 216—231, hätten die Franziskaner zwischen den Jahren 1233 und 1238 eine zweite Lehrkanzel (jene, welche Joh. von la Rochelle eröffnete), innegehabt; diese Behauptung ist sehr bestritten worden. Vgl. die Kritik von Seppelt (Nr. 240). Inzwischen hat Felder die Unrichtigkeit seiner Annahme erkannt und festgestellt, daß J. von la Rochelle Nachfolger Alexanders von Hales gewesen sei, daß es also nicht gleichzeitig zwei vortragende Lehrer gab. Les franciscains ont-ils eu deux écoles universit. à Paris (de 1238 à 1253), in: Études francisc., Juni 1911.

[3]) Lehrer in Paris, gest. 1271, Verfasser von „Quodlibeta" (Kap. III, Abschn. III, § 1).

Zugleich bestritten die Weltlichen den Wert des Mönchswesens und es kam zwischen Ordens- und Weltgeistlichen zu endlosen Kontroversen, welche in den theologischen Streitigkeiten in der zweiten Hälfte des 13. Jahrhunderts ihr Echo finden. Wilhelm von S. Amour veröffentlichte im Jahre 1255 sein berühmtes Pamphlet „De periculis novissimorum temporum", auf welches Thomas von Aquino mit seiner Schrift „Contra impugnantes Dei cultum" antwortete. Der Zwist erledigte sich durch eine Intervention Alexanders IV., der den Ordensgeistlichen ihre Lehrkanzel bewahrte, sowie durch die Verdammung des Pamphlets „De periculis" und die Bannung des Verfassers. Im Jahre 1257 machte der Bischof von Paris den Studierenden und Lehrern der artistischen Fakultät von dem Inhalt päpstlicher Briefe Mitteilung, welche die Veröffentlichung von Pamphleten gegen die Ordensgeistlichen verboten und deren Einverleibung in die Universität bestätigten.[1]) Die Feindseligkeiten erneuerten sich 1268—1272, als Gerhard von Abbeville, der Führer der Opposition nach dem Abgang Wilhelms von S. Amour, um 1268 seine Abhandlung „Contra adversarium perfectionis christianae" veröffentlichte. Diese Schrift bildete den Ausgangspunkt eines Kreuzfeuers von Pamphleten. Thomas von Aquino, Bonaventura, J. Peckham verfaßten Widerlegungen; Nicolaus von Lisieux replizierte zur Verteidigung der These der Weltlichen und die Erbitterung fand noch im Generalkonzil von Lyon ihren Widerhall.

Noch schärfer waren die Auseinandersetzungen, welche die Bulle „ad uberes fructus" zur Folge hatte, durch die Martin IV. den geistlichen Orden die berühmten Beichtvorrechte gewährte (1281). Der von den Weltlichen geführte Kampf wurde abermals durch die Verdammung ihrer Ansprüche beendigt (Konzil von Paris, 1290). Sobald es sich um die Verteidigung ihrer kanonischen Rechte handelte, gingen die Ordensgeistlichen Hand in Hand vor, welcher philosophischen Richtung — die sie oft trennte — sie auch angehörten.[2])

239. Einfluß der Bettelorden auf die scholastische Philosophie. — Die Dominikaner und Franziskaner üben auf die Entwicklung der Scholastik einen gewaltigen Einfluß aus. In diesen großen Ordensgemeinschaften, welche zur Förderung des Aufschwungs der wissenschaftlichen Arbeiten ihren Mitgliedern das Studium auferlegten, finden sich die berühmtesten Vertreter der Philosophie des 13. Jahrhunderts.

Die seit dem Ende des 13. Jahrhunderts vollständigen, genauen Bestimmungen des Dominikanerordens gingen wenig über die ursprüngliche Studienordnung. Viel Mißtrauen und viele Gegnerschaften waren zu überwinden, bis der Orden neben dem theologischen Studium die Pflege der Philosophie zuließ. Das Studium der profanen Wissenschaften wurde erst nur gegen Dispens gestattet, bald aber wurde die Ausnahme zur Regel. Auf die anfängliche Feindseligkeit folgte, als Albert der Große und Thomas von

---

1) Chart. I, 402.
2) Im Jahre 1397 brach zwischen den Dominikanern und der Universität ein neuer Streit aus, diesmal anläßlich der von dem Dominikaner Johannes von Montesono aufgestellten zu kühnen theologischen Lehrsätze. Der Streit endigte mit einer zeitweiligen Ausschließung der Dominikaner aus der theologischen Fakultät.

Aquino die Gebiete der weltlichen Wissenschaften abgesteckt hatten, eine stürmische Begeisterung, so daß im Jahre 1271 ein Generalkapitel den philosophischen Eifer zu dämpfen bemüht ist. Bald wurde neben den jeder Provinz[1]) eigenen „studia solemnia" die Einrichtung von „studia generalia" beschlossen, welche den höheren Studien in der Philosophie und Theologie vorbehalten blieben. „Paris, wohin jede Provinz drei Studierende schicken durfte, war von Anfang an von größter Bedeutung und blieb es auch in der Folge."[2]) Seit dem Jahre 1232 beteiligten sich die Franziskaner, wenn auch in minderem Maße, an der geistigen Bewegung. Auch sie hatten außer den jeder Provinz eigenen „studia particularia" ihre „studia generalia" (namentlich in Paris, Oxford und Toulouse), für die höheren theologischen Studien bestimmt und in Universitätszentren gestiftet.[3]) Die „studia generalia" der Orden waren keine selbständigen Universitäten, sondern Glieder des Universitätsorganismus nach Maßgabe der Gewährung von Lehrkanzeln an Ordensgeistliche durch die theologischen Fakultäten. Nach Maßgabe dessen partizipierten auch die das Ordenskleid tragenden „magistri regentes" an den von den Fakultäten so eifersüchtig vorbehaltenen Privilegien. — Der Wetteifer zwischen den Franziskanern und Dominikanern spornte den Eifer aller an[4]); noch andere geistliche Orden traten in die Bewegung ein und erwarben theologische Lehrkanzeln[5]), so daß im Jahre 1271 Roger Bacon — etwas übertreibend — sagen konnte, seit vierzig Jahren hätten die Weltlichen weder eine philosophische noch eine theologische Schrift verfaßt.[6])

Den Dominikanern hauptsächlich, auf Grund der durch Albert den Großen und Thomas von Aquino[7]) geleisteten Arbeit, in zweiter Linie auch den Franziskanern gebührt das Verdienst, das gewaltige Projekt Gregors IX., die Berichtigung des Aristoteles, ausgeführt zu haben. So trugen die beiden großen Orden des h. Dominicus und des h. Franciscus zur Begründung

---

1) Die Ordensgeistlichen studierten die Logik und die freien Künste in den Klöstern.

2) Douais, Essai sur l'organisation des études dans l'ordre des Frères - Prêcheurs, S. 130. Das Generalkapitel beschloß im Jahre 1248 die Begründung vier neuer „studia generalia": in Köln, von Albert dem Großen nach seinem Abgang von Paris eingerichtet, in Bologna, Montpellier und Oxford.

3) In Oxford wurde erst seit 1247 der Lehrer dem Orden entnommen. Little, The grey friars in Oxford, S. 30.

4) Es wird im 13. Jahrhundert gesagt, die Franziskaner und Dominikaner hätten sich wie Esau und Jakob im Mutterschoße gestritten.

5) Die Zisterzienser erhielten die venia legendi 1256, die Einsiedler von St. Augustin um 1287 (Aegidius von Rom), die Karmeliter 1295. Nach Thurot (a. a. O. S. 112) waren im Jahre 1253 von zwölf Lehrkanzeln, welche damals den Theologiestudenten zugänglich waren, neun in den Klöstern.

6) Opera inedita, ed. Brewer, S. 428.

7) „Die ganze Arbeit wissenschaftlich-philosophischer Assimilation während der zweiten Hälfte des 13. Jahrhunderts ist so ziemlich das ausschließliche Werk der Praedikanten. Albert der Große und Thomas haben Aristoteles kommentiert, Wilhelm von Moerbeke hat die Aristotelischen Schriften nach dem Griechischen revidiert oder übersetzt und andere philosophische Schriften zum erstenmal übertragen; die Dominikanerschulen Spaniens oder von Tunis haben die arabischen und hebräischen Quellen verwertet und übersetzt, abgesehen von den Übersetzern, welche der Orden in Konstantinopel und Bagdad gefunden hat" (Mandonnet, Siger de Brabant, Bd. VII, S. XXVII).

der peripatetischen Elemente der scholastischen Lehre bei. Hingegen bewahren die weltlichen Lehrer bis zum Ende des 13. Jahrhunderts das größte Mißtrauen gegenüber dem Stagiriten.

Bezüglich der philosophischen Probleme gingen die Dominikaner und Franziskaner verschiedene Wege, ja selbst innerhalb jedes Ordens waren die Traditionen nicht gleichförmig. Abgesehen davon, daß nach dem Zeugnisse des h. Bonaventura die Minoriten im Unterschiede von den Praedikanten[1]) in erster Linie nach der Salbung und erst in zweiter nach der Spekulation streben, vertrat die Franziskanerschule zwei scharf ausgeprägte Hauptrichtungen: 1. die **alte philosophische Richtung**, welche mit Alexander von Hales beginnt, in Bonaventura ihre Fortsetzung findet und aus einer Verbindung aristotelischer Lehren mit heterogenen Anschauungen entspringt; 2. die **neue philosophische Richtung**, oder die von Duns Scotus begründete peripatetische Richtung, welche die einflußreichere ist. Sekundär sind die von Roger Bacon und Raymundus Lullus vertretenen Richtungen. Die mit Wilhelm von Occam einsetzende „terministische" Strömung erscheint erst in der folgenden Periode und verbreitet sich rasch außerhalb des Minoritenordens. Die „Spiritualen" wiederum nahmen dem Studium und der Philosophie gegenüber eine feindselige Haltung ein. — Die ersten, den herrschenden Lehren der älteren Scholastik sich nähernden Dominikaner, waren mit den ersten Franziskanern und Weltlichen einig; seit Thomas von Aquino aber vertreten sie mit wenigen Ausnahmen ziemlich gleichmäßig den scholastischen Peripatetismus der Alberto-Thomistischen Schule.

240. Die weltlichen Schulen. Die Sorbonne. — Das Bedürfnis, dem wachsenden Einfluß der Ordensgeistlichen zu begegnen, zeitigte wahrscheinlich den Plan der Gründung großer Schulen (collèges), welche bloß den weltlichen Studierenden zugänglich waren und deren Organisation derjenigen in den Klöstern nachgebildet war. Die berühmteste dieser Schulen des 13. Jahrhunderts ist die Sorbonne, im Jahre 1253 durch Robert von Sorbon (1201—1274), Kaplan Ludwigs IX., gegründet. Hier wurde eine gewisse Anzahl von Theologiestudenten zur Ausbildung in der Disputation und im Predigen aufgenommen. Sie waren genötigt, gemeinschaftlich zu leben und unterstanden der Leitung eines Provisors. Die Lehrer führten — nach dem Muster der Bettelorden — den Titel „pauperes magistri de Sorbona". Von den Schriften Roberts von Sorbon sind die bedeutendsten „De conscientia" und „De tribus dictis"; erstere handelt vom jüngsten Gericht, welches der Verfasser mit der Lizentiatsprüfung vergleicht, wobei er Gelegenheit hat, wertvolle und interessante paedagogische Unterweisungen zu geben; letztere erörtert die zum Paradies führenden Wege.

Da die Kurse an der Sorbonne in enger Verbindung mit dem Unterricht an der theologischen Fakultät standen, so waren die Disputationen nicht bloß Übungen für die Internen, sondern öffentlich.[2])

---

1) Opera, ed. Quaracchi IV, S. 440.
2) Im 14. Jahrhundert war ein als „Sorbonisch" bezeichneter Akt jedem Theologielehrer auferlegt. Thurot bemerkt: „Das Beispiel dieses Sorbonischen Aktes zeigt den Einfluß der Kollegien auf die Zunahme der öffentlichen Akte in der Fakultät. Ich schreibe diese Ver-

241. Bibliographie. — Quétif et Echard (vgl. Nr. 120); Denifle, Quellen zur Gelehrtengeschichte des Predigerordens im 13. u. 14. Jahrhundert (Arch. Literat. Kirchengesch. Mittelalter II. S. 165 ff.); Mandonnet, De l'incorporation des Dominicains dans l'ancienne université de Paris (Revue Thomiste IV, 1896; Darstellung der Kämpfe aus der ersten Zeit); Douais, Essai sur l'organisation des études dans l'ordre des Frères Prêcheurs (Paris, 1884); gut, lichtvoll, vollständig; Reichert, Acta capitulorum provincialum. Toulouse, 1894; Lucchini, Il beato Rolando da Cremona, 1886). Mortier, Histoire des maitres généraux de l'ordre des Frères Prêcheurs (Paris, 1905). — Wadding, Scriptores O. M. (Romae, 1600) cum supplemento Sbaraleae (Romae, 1806); Annalist der Franziskaner; neue Ausgabe von Nardecchia (Quaracchi, 3 Bde., 1906); in Quaracchi wird seit 1908 ein „Archivum franciscanum historicum" publiziert. Franziskaner Berichte in Buchbergers „Handlexikon" (München, 1907); Ehrle, Die Spiritualen, ihr Verhältnis zum Franziskanerorden und zu den Fraticellen, in: Arch. Lit. Kirchengesch. Mittelalt. I, II, III, IV; von demselben: Die ältesten Redaktionen der Generalkonstitutionen des Franziskanerordens, ibid. VI, 1 u. 86. Döllinger gab „De septem tribulationibus Ord. Min." von Angelo da Clareno heraus (Beiträge zur Sektengeschichte des Mittelalters, München, 1890, Bd. II). Sabatier, Collection de documents pour l'histoire relig. et litt. du moyen âge (Paris, 1898—1902, 4 Bde.); De Martigné, La scolastique et les traditions franciscaines, 1888; sorgfältige Untersuchung der beiden theoretischen Richtungen des Ordens. — P. Dr. H. Felder, Geschichte der wissenschaftl. Studien im Franziskanerorden bis in die Mitte des 13. Jahrhunderts (Freiburg, 1904); verwertet alle Quellen, sehr wertvoll, füllt eine große Lücke in der Ideengeschichte des 13. Jahrhunderts aus; französische Ausgabe von Eusèbe de Bar le Duc (Paris, 1908). Mehrere Behauptungen werden sehr angefochten. Seppelt, Der Kampf der Bettelorden an der Universität Paris in der Mitte des 13. Jahrhunderts (Kirchengeschichtl. Abhandlungen, Breslau, Bd. III, 1905); Wissenschaft und Franziskanerorden, ihr Verhältnis im ersten Jahrzehnt des letzteren (ibid. Bd. IV, S. 149—179). Gratien, Les Franciscains à l'université de Paris, Notes et Documents (Étud. franc. Januar 1912). — Little, The grey friars in Oxford (Oxford, 1892), in: Oxford historical Society. — Denifle, Quellen zur Gelehrtengeschichte des Karmeliterordens im 13. u. 14. Jahrhundert (in: Archiv usw. V, 349); die historischen Arbeiten von Denifle und Ehrle sind erstens Ranges. — Perrod, Étude sur la vie et sur les oeuvres de G. de Saint Amour (Mém. de la Soc. d'émulation du Iura, 1902). Über die Kollegien finden sich zahlreiche, aber ziemlich ungeordnete Bemerkungen bei Féret (a. a. O. S. 136). Handschriftlich existiert eine Abhandlung von Claude Héméré, Sorbonae origines, disciplina et viri illustres (Bibl. nation. lat. Nr. 5439) und eine anonyme Schrift: Domus Sorboniae historia (Bibl. Arsenal, Paris, Nr. 1020 u. 1021). — Franklin, La Sorbonne, ses origines, 1875; F. Chambon, R. de Sorbon, 1903; vollständige Bibliographie, Lebensbeschreibung, enthält (mit Anmerkungen) die Schriften „De conscientia" und „De tribus dictis". E. Méric (Mgr), La Sorbonne et son fondateur, Paris, 1888.

Drittes Kapitel.
Die scholastische Philosophie.

Erster Abschnitt.
Einleitung.

242. Allgemeine Charakteristik. — Im 13. Jahrhundert erreicht die scholastische Philosophie ihren Höhepunkt. Sie umspannt alle Probleme einer vollständigen Philosophie und löst sie in spezifischer Weise, indem sie sie zugleich zu einem imposanten System vereinigt, deren Grundlehren alle anerkennen. „Daß betreffs der Grundprinzipien Übereinstimmung herrschte,

---

änderung im theologischen Studium hauptsächlich der Vereinigung der Regelung der Kollegien und der Klöster mit der der Fakultät zu, und diese Vereinigung konnte nur erfolgen, weil die Fakultät außerhalb der Kollegien und Klöster keine Hörer hatte" (a. a. O. S. 134).

so daß wir die Scholastik als ein System, als eine philosophische Schule betrachten können, hat niemand ernstlich bezweifelt" (Ehrle).[1)]

Zugleich fällt auch die Individualität der Philosophen auf; wie alle großen Zeiten des menschlichen Denkens ist auch das 13. Jahrhundert reich an Persönlichkeiten. Da von den großen Scholastikern jeder das abstrakte System seinem eigenen Geiste gemäß konkretisierte, so sind die Formen der scholastischen Systematisation mannigfaltig und charakteristisch. Das 13. Jahrhundert ist auch das goldene Zeitalter der spekulativen Theologie.

Mit besonderer Vorliebe erörtert die Scholastik die **psychologischen und metaphysischen Fragen**. Auch hierin ist eine allmähliche Erweiterung zu konstatieren. Die Zeitgenossen Wilhelms von Auvergne (2. und 3. Jahrzehnt des 13. Jahrhunderts) befassen sich vorwiegend mit den Problemen der Erkenntnis, des Ursprungs und der Dauer der Welt, der Natur der immateriellen Substanzen und der menschlichen Seele.[2)] Bei Albert dem Großen treten alle psychologischen Lehren auf und das genaue Studium der großen metaphysischen Probleme (Wesen und Existenz, das Prinzip der Individuation, Stoff und Form, Ursache) zieht die Beschäftigung mit der ganzen Philosophie nach sich.

243. Einteilung. — Trotz der Mannigfaltigkeit der Systeme, aus welchen die Scholastik des 13. Jahrhunderts besteht, lassen sich dieselben in Gruppen gliedern, deren Reihenfolge zugleich eine historische und logische ist.

1. Die ältere Scholastik des 13. Jahrhunderts oder die vorthomistischen Systeme (3. Abschn.). Wenn auch die ersten Scholastiker des 13. Jahrhunderts die in den Überlieferungen des Aristoteles enthaltenen peripatetischen Grundanschauungen in sich aufnehmen, so bewahren sie doch nicht wenige Lehren aus der vorangehenden Periode, obwohl mehrere derselben mit dem Peripatetismus unvereinbar sind; sie rühren meist von Augustinus her. — Ferner gelingt es in den ersten Jahrzehnten des 13. Jahrhunderts weder, den wahren Sinn aller aristotelischen Theorien zu erfassen, noch die eigentliche Bedeutung einer jeden innerhalb des Ganzen einer Synthese zu erkennen, ganz abgesehen davon, daß die Scholastiker auch neuplatonische und arabische Elemente aufnehmen, welche die spanischen Kommentatoren als echte Lehre des Aristoteles darboten. Alle diese Umstände bringen in die ersten scholastischen Systeme Unebenheiten und hindern ihre strenge Einheitlichkeit. Diese geringere Übereinstimmung unterscheidet die ersten Systembildungen des 13. Jahrhunderts von den späteren auf entschieden peripatetischer Grundlage, welche zufolge der vollkommenen Harmonie aller ihrer Teile die reinsten Formen des scholastischen Geistes darstellen.

Unter den Elementen, welche mit der peripatetischen Grundlage der ersten scholastischen Systeme nicht im Einklang stehen, sind zu erwähnen: der Vorrang des Begriffs des Guten vor dem des Wahren und der analoge

---

1) Stimmen aus Maria-Laach, 1880, S. 28.
2) Vgl. Baumgartner, Die Erkenntnislehre des Wilhelm von Auvergne, S. 10.

Primat des Willens gegenüber dem Intellekt in Gott und dem Menschen; die Notwendigkeit einer unmittelbaren göttlichen Erleuchtung beim Vollzuge gewisser Erkenntnisakte; die zwar niederste, aber doch positive Wirklichkeit der ersten Materie unabhängig von aller substantiellen Formung; das Enthaltensein von Prinzipien oder „samenhaften Gründen" der Dinge in der Materie; die hylemorphische Bildung der geistigen Substanzen; die Vielfältigkeit der Formen in den Naturwesen, namentlich im Menschen; die Individualität der Seele unabhängig von ihrer Verbindung mit dem Leibe; die Identität der Seele mit ihren Kräften und die aktive Erzeugung ihrer Vorstellungsbilder; die Unmöglichkeit der Schöpfung der Welt ab aeterno.

Den Inbegriff dieser Lehren hat man als „Augustinismus" und die Gruppe der sie vertretenden Philosophen als „augustinische Richtung" der Scholastik (im Gegensatz zur „peripatetischen") bezeichnet; doch ist diese Bezeichnungsweise nur mit Einschränkungen zu gebrauchen.

Zunächst lassen sich die augustinische und peripatetische Richtung nicht in dem Sinne einander entgegensetzen, als ob beide bloß Anschauungen des h. Augustinus oder des Aristoteles enthielten[1]). Manche augustinische Lehren (wie z. B. der Exemplarismus) bilden ein Stück des Erbgutes aller Scholastik, sowohl bei dem „Peripatetiker" Thomas als auch bei dem „Augustiner" Bonaventura. Anderseits bleibt der Boden, auf welchem die sogenannten augustinischen Ideen Wurzel fassen, peripatetisch (z. B. Akt und Potenz, Stoff und Form). Endlich nimmt der „Peripatetiker" Duns Scotus mehrere dieser Ideen wieder auf, ohne deswegen zu den Augustinern des 13. Jahrhunderts gezählt werden zu können.

Der „Augustinismus", wie wir ihn dargestellt haben, zerfällt nämlich in drei bis vier Gruppen. Neben Anschauungen, deren augustinische Herkunft nicht zweifelhaft ist (z. B. die Identität der Seele und ihrer Kräfte, das Verhältnis zwischen Wille und Erkenntnis, die substantielle Unabhängigkeit von Seele und Leib, Fehlen der Wirksamkeit des Objekts beim Vorstellungsakt, Lehre von den „rationes seminales") gibt es solche, welche dem wahren Denken Augustins widersprechen, da dieses unter neuplatonischen und arabischen Einflüssen modifiziert wurde (Lehre von der höheren Erleuchtung). Andere wieder wurden unter der parallelen, aber vorherrschenden Einwirkung der arabischen und jüdischen peripatetischen Schriften verbreitet, wie die Begriffe von Stoff und Form und die hylemorphische Theorie der immateriellen Substanzen, welche offenbar von Avicebrol beeinflußt ist[2]). Endlich sind Lehren wie die von der Mehrheit der Formen dem Augustinismus absolut fremd; sie sind hauptsächlich arabischen Ursprungs.

Aus allen diesen Gründen ziehen wir der Bezeichnung „Augustinismus", die ohne genügende Berechtigung einen großen Namen und ein fast bestimmtes System für sich in Anspruch nimmt, umfassendere Signaturen vor: „ältere Scholastik des 13. Jahrhunderts" oder „vorthomistische Systeme".

---

1) So auch Grabmann, Die philos. u. theolog. Erkenntnislehre des Kard. Matthaeus ab Aquasparta, T. 19 (Wien, 1906) und P. De Groot, Het Leven van den hl. Thomas (Amsterdam 1907), S. 313.

2) Vgl. die Bemerkungen über den hl. Bonaventura (3. Abschn., § 3).

Bemerkt sei noch, daß die für diese Systeme charakteristischen Elemente einen schwankenden Charakter haben, daß sie bei den verschiedenen Lehrern wechseln, daß sie mehr oder minder fest mit aristotelischen Anschauungen verknüpft sind und daß ein und dieselbe Theorie mannigfaltige Schattierungen annimmt. Es wäre daher unangebracht, für alle Lehrer ein gleichförmiges Schema aufzustellen. So z. B. verwirft Alexander von Hales die Identität der Seele mit ihren Kräften, Bonaventura akzeptiert die Lehre nicht ohne Vorbehalt, während andere sie als grundlegend betrachten. Ebenso unterliegt die Theorie der höheren Erleuchtung den verschiedensten Deutungen und wird nicht von allen akzeptiert.

Zu bemerken ist ferner, daß im Laufe der Zeit die Wirkung der ungünstigen Faktoren sich abschwächt; allmählich eliminieren die Scholastiker die widerspruchsvollen Elemente aus ihren Synthesen. So zeigt ein Vergleich der Philosophie eines Bonaventura mit jener eines Wilhelm von Auvergne die Überlegenheit des ersteren aufs schlagendste. Aus diesem Grunde kann man nicht die Systeme der Vorläufer, das schon umfassendere Werk Alexanders von Hales und die besser geordnete Synthese des h. Bonaventura auf gleiche Stufe stellen. — Außerdem überlebt die ältere Scholastik sogar den Triumph des Peripatetismus.

Endlich bemerken wir, daß sich bei manchen Scholastikern des 13. Jahrhunderts ein mehr oder weniger ausgesprochenes Mißtrauen gegenüber der Philosophie und Aristoteles, den man für die in den Schulen verbreiteten Irrtümer verantwortlich machen möchte, findet.[1]) Diese Befürchtungen äußern sich in mehreren Dokumenten der Pariser Universität[2]), in Abhandlungen und Briefen von Ordens- und Weltgeistlichen (Johannes von St. Aegidius, Odo von Chateauroux, Jacques von Vitry, Wilhelm von St. Amour), in verschiedenen Anordnungen der Dominikaner und Franziskaner. Daher auch die bei einigen augustinischen Theologen sich offenbarende Tendenz, der Philosophie bloß eine apologetische Hilfsrolle zuzuerkennen.[3])

2. *Der Peripatetismus der albertistisch-thomistischen Schule.* In dem Maße, als das 13. Jahrhundert fortschreitet und die Verbote betreffs Aristoteles in Abkommen geraten (233), macht sich eine neue, entschiedenere peripatetische Strömung bemerkbar; sie kommt in der Philosophie Alberts des Großen zum Ausdruck, dem das Verdienst gebührt, die definitiven Rechte der profanen Wissenschaft festgelegt zu haben. Ihre endgültige und großartige Form gibt ihr aber der h. Thomas, der zugleich eine Reihe von Lehren, welche die Schulen vor ihm vertraten, verdrängt (4. Abschn.).

---

1) Mandonnet, a. a. O. VI, 156. Bonaventura bezichtigt Aristoteles eines „triplex error", „scilicet occultatio exemplaritatis, divinae providentiae, dispositionis mundanae" und einer „triplex caecitas", „de aeternitate mundi, de unitate intellectus, et quod post hanc vitam non est felicitas nec poena" (in Hexaëmeron, collatio VI; Opera V, 360, Quaracchi); aber es darf nicht übersehen werden, daß Bonaventura nichtsdestoweniger zahlreiche Hauptlehren von Aristoteles entlehnt, z. B. die Lehre vom Akt und der Potenz.

2) Vgl. z. B. das Schreiben Gregors IX. aus dem Jahre 1228 (Chart I, 115).

3) Ich berichtige betreffs dieses Punktes ein zu weit gehendes Urteil in meiner Arbeit über Aegidius von Lessines (S. 21). Die definitive Unterscheidung von Theologie und Philosophie und das System ihrer Wechselbeziehungen wird wissenschaftlich nicht vor Thomas formuliert.

Der Konflikt zwischen dem Thomismus und der älteren Scholastik (5. Abschn.). Der Thomismus mußte sogleich in Kampf mit der älteren Scholastik geraten, deren disparate, mit dem neuen System unvereinbare Lehren er verwarf. Der Zusammenstoß zwischen den neuen und älteren Anschauungen ist heftig und nimmt verschiedene Formen an. Die aus diesem Streite hervorgehenden Systeme gliedern sich in drei Gruppen: die der schroffen Gegner, der hartnäckigen Anhänger der traditionellen Scholastik, die sie gegen den Thomismus verteidigen (§ 1); die treuen, konsequenten Vertreter des Thomismus (§ 2); eine Reihe von Eklektikern, die in gewissen Punkten Thomisten sind, in anderen aber die Vergangenheit fortsetzen oder betreffs mancher Fragen selbst Neuerer sind (§ 3).

4. Der Peripatetismus des Duns Scotus und der Franziskanerschule. In den letzten Jahren des 13. Jahrhunderts begründet Duns Scotus auf peripatetischer Grundlage eine synthetische Philosophie, in der er zugleich von Thomas von Aquino und von der älteren scholastischen Richtung abweicht. Da fast alle Franziskaner diese Richtung vertraten, bringt die Philosophie des Duns Scotus den Orden auf eine neue Bahn (6. Abschn.).

5. Eine Gruppe von Logikern und Grammatikern (7. Abschn.). Die Diskussionen, welche sich zwischen den engeren Gruppen der Scholastik des 13. Jahrhunderts entspinnen, beseelt ein gemeinsamer Geist, welcher in verschiedenem Maße alle Lehrer durchdringt. Es herrscht eine Art stillschweigender Übereinstimmung betreffs eines Komplexes von Grundfragen. Die scholastische Synthese, deren abstrakten Charakter und allmähliche Gestaltung wir oben charakterisierten, kommt im 13. Jahrhundert zum vollkommensten Ausdruck. Im nächsten Abschnitt wird von ihr die Rede sein.

244. **Bibliographie.** Ehrle, Die päpstliche Enzyklika vom 4. August 1879 und die Restauration der christlichen Philos., in: Stimmen aus Maria-Laach, 1880; vier Artikel, von denen der zweite für die Geschichte der Scholastik des 13. Jahrhunderts von Interesse ist. Von demselben: Beitr. zur Gesch. d. mittelalt. Scholastik II: Der Augustinismus und der Aristotelismus in der Scholastik gegen Ende des 13. Jahrhunderts, in: Arch. f. Lit. u. Kirchengesch. des Mittelalt., 1889, Bd. V, S. 603—635 (mit wichtigen Stellen aus R. Kilwardby); J. Peckham über den Kampf des Augustinismus und Aristotelismus in der 2. Hälfte des 13. Jahrhunderts, in: Zeitschr. f. kathol. Theol. 1889, Bd. XIII, S. 172—193 (Stellen aus Peckham). Diese beiden Abhandlungen sind sehr wertvoll. Von demselben: Das Studium der Handschriften der mittelalterl. Scholastik mit besonderer Berücksichtigung der Schule des hl. Bonaventura (Zeitschr. f. kathol. Theologie, 1883, S. 1—50). Enthält (S. 40—51) eine Gliederung der älteren Franziskanerschulen in fünf Gruppen. Mandonnet, Siger VI, S. 50 ff.; befaßt sich mit den peripatetischen und augustinischen Richtungen, aber mit zu großer Vernachlässigung der aristotelischen Elemente der augustinischen Schulen. De Wulf, Le traité de unitate formae de Gilles de Lessines (Louvain, 1901; „Philosophes Belges" I). Text und Untersuchung; Kap. II befaßt sich mit der Klassifikation der Schulen des 13. Jahrhunderts. Portalié, Artikel „Augustinismus" im „Dictionnaire de théol. cathol." (Bd. I, Sp. 2506—2514), Zusammenfassung und Gliederung der Ergebnisse der vorangehenden Arbeiten. — Zur Geschichte bestimmter Theorien der älteren Scholastik vgl. die „scholia" der Ausgabe des hl. Bonaventura. Vgl. de Martigné (Nr. 241).

Zweiter Abschnitt.
Die scholastische Synthese.

Nach einer Reihe einleitender Darlegungen (§ 1) werden wir die bedeutsamen und fundamentalen Lehren auf den verschiedenen Gebieten der

Philosophie betrachten, ohne sämtliche Gesichtspunkte erschöpfen zu wollen:
1. Logik (§ 2); 2. theoretische Philosophie, umfassend die Metaphysik, Theodizee (§ 3), Physik (§ 4) und insbesondere die Psychologie (§ 5); 3. die praktische Philosophie, zu welcher die Ethik (§ 6) und Aesthetik (§ 7) gehören. Schließlich werden sich aus unseren Darlegungen gewisse Grundzüge der Scholastik ergeben (§ 8).

§ 1. Vorbemerkungen.

245. Scholastische Philosophie und Kultur. — Das 13. Jahrhundert bedeutet den Höhepunkt der mittelalterlichen Kultur, welche von der Religion inspiriert ist. Im Abendlande erklärt sich aus der Herrschaft des Katholizismus nicht bloß die zentrale Stellung des Papsttums, sondern auch die Auffassung der politischen Gewalt und deren Beziehungen zur Kirche. Der religiöse Geist zeitigt die großen klösterlichen Verbände, er führt die Kreuzzüge herbei, er durchdringt die korporative Arbeitsorganisation. Die Kunst steht unter dem Einflusse der innigen Verbindung der Religion mit der Schönheit. Die gotischen Kathedralen sind Wunderwerke und Symbole zugleich; die Skulpturen, die Kirchenfenster, die Fresken verwirklichen ein vollständiges ikonographisches Programm. Die Gedichte des hl. Franciscus besingen die Natur und erheben dabei die Seele zu Gott; und Dante sagt uns, „er habe die heilige Dichtung schreiben wollen, an welcher der Himmel wie die Erde Anteil haben." Der Unterricht ist auf allen seinen Stufen vom religiösen Hauch berührt: die Volks- wie die ritterlichen Schulen und die Universitäten verdanken der Kirche ihre Entstehung oder werden durch die Autorität derselben geweiht. Die Theologie krönt die Laufbahn des Gelehrten und die Universitätsstatuten sichern dem Theologen eine Ehrenstelle. Ist nicht der universelle Charakter des Theologen des 13. Jahrhunderts zum Teil aus dieser privilegierten Stellung zu verstehen? Er ist zugleich Philosoph, Jurist, Kanonist und erörtert alle aktuellen Fragen. Es nimmt daher nicht wunder, daß die Philosophie wie die Einzelwissenschaften das Ordnungsprinzip befolgte, wonach die profanen Wissenschaften nach der Theologie hin konvergieren (110). Dieses Prinzip stößt die Selbständigkeit der verschiedenen Teile des menschlichen Wissens nicht um, sondern regelt nur ihre soziale Stellung.

Hat die Scholastik die übrigen Gebilde der mittelalterlichen Kultur beeinflußt? Werke wie dasjenige Dantes zeigen, in welchem Maße sie die allgemeine Geistesbildung beherrschte; man hat ihre Einflüsse in der Malerei und Bildhauerkunst, in den volkstümlichen Sprichwörtern gefunden,[1]) doch liegen diese Untersuchungen soziologischer Art noch in den Anfängen.

246. Systematischer Charakter des Wissens. — Das 13. Jahrhundert will alles erkennen, alles vereinheitlichen und ordnen. Dieser Kultus der Harmonie, der in den Kathedralen, in der göttlichen Komödie, in den Enzyklopaedien und „Summen" zum Ausdruck gelangt, findet sich in allen Sta-

---

[1]) Vgl. z. B. Willmann, Geschichte des Idealismus, II, 330; er verzeichnet bei Zingerle, Deutsche Sprichwörter des Mittelalters (Wien, 1864) Aussprüche, welche die scholastische Ideologie widerspiegeln, z. B.: Erfahren macht klug; Erfahrung ist der Narren Vernunft.

dien der Systematisation des Wissens und macht den Umstand begreiflich, daß in verschiedenen Punkten die Phantasie die Unzulänglichkeit der rationalen Theorien ersetzt. Weiter unten werden wir dafür Beispiele erbringen. „Sapientis est ordinare" — nie ward diese Aristotelische Devise mit größerer Leidenschaft betätigt. Die Überzeugung, das Wahre könne dem Wahren nicht widersprechen, zeitigt den intellektuellen Optimismus. Einer gemeinsamen Quelle entspringend, schichten sich alle Formen des Wissens übereinander, um sich zu ergänzen. Die Basis bilden die Einzelwissenschaften, den Gipfel die Theologie, und die Philosophie nimmt die Mitte ein. Die Philosophie selbst läßt, wie die Glieder eines Gesamtorganismus, funktionelle Gliederungen zu. Von Boëthius angedeutet, aber nicht verwertet, im 12. Jahrhundert von Hugo von St. Victor und anderen wieder aufgenommen, von Gundissalinus und R. Kilwardby zur Geltung gebracht und ergänzt, haben diese Klassifikationen einstimmige Aufnahme bei den Scholastikern des 13. Jahrhunderts gefunden und der peripatetische Geist ist es, der sich in ihnen manifestiert.[1]) Sie absorbieren und überflügeln die bis dahin gebräuchlichen platonischen Einteilungen, und sie sind es auch, die den Rahmen zu unseren Darlegungen liefern werden. Aristoteles ist eben, mit Dante zu reden, „der Meister derer, die da wissen."

247. Philosophie und Theologie. — Die theoretischen Beziehungen zwischen Philosophie und Theologie werden in den Einleitungen der „Summen" des 13. Jahrhunderts festgelegt und begründet.

Die oben dargelegte Unterscheidung zwischen den beiden Wissenschaften schließt die Unabhängigkeit und Selbständigkeit ihrer besonderen Elemente ein. Die Scholastiker erklären übereinstimmend, das Kriterium der Verschiedenheit beider Disziplinen liege nicht in der Verschiedenheit des behandelten Stoffes (materialer Gegenstand), sondern in der Behandlungsweise dieses Stoffes selbst (formaler Gegenstand). Also ist der formale Gegenstand der Theologie von dem der Philosophie verschieden: die eine untersucht die übernatürliche Ordnung, sofern sie durch das Wort Gottes offenbart ist, die andere unterwirft die natürliche Ordnung der denkenden Erforschung. Das Studium des Dogma beruht auf der Autorität, das rationale Studium des Universums auf wissenschaftlicher Beweisführung.

Die Unterscheidung zwischen Philosophie und Theologie verhindert nicht die Unterordnung der ersteren unter die letztere. In der festen Überzeugung, daß das von Gott geoffenbarte katholische Dogma der unfehlbare Ausdruck der Wahrheit ist, sowie auch, daß die Wahrheit von der Wahrheit nicht umgestoßen wird, folgern die Scholastiker, daß die Philosophie, wenn sie sich mit Dingen, die sie mit der Theologie gemein hat, beschäftigt, zum Dogma nicht in Gegensatz treten kann. Um selbst die bloße Möglichkeit eines Konflikts zu vermeiden, ging Duns Scotus so weit, sogar die Gebiete beider Wissenschaften schroff voneinander zu scheiden. Bemerkt sei aber, daß die Unterordnung, um die es sich hier handelt, zwar eine prohibitive, aber keine imperative Bedeutung hat; denn die Scholastiker haben niemals der Philosophie die Pflicht einer Rechtfertigung des Dogma auferlegt.[2])

---

[1]) Baur (a. a. O., S. 202) betont diese Einhelligkeit der großen Scholastiker.
[2]) Diesen Sinn hat, meines Erachtens, die Verordnung der artistischen Fakultät vom

248. Philosophie und Einzelwissenschaften. — Die Einzelwissenschaften widmen sich dem Einzelstudium der Natur, wobei jede von ihnen mit einer besonderen Klasse von Gegenständen sich befaßt, je nach dem Gesichtspunkt, der den formalen Gegenstand der Wissenschaft bestimmt. Gemäß der scholastischen Ideologie, welche den gesamten Wissenschaftsbau auf der Basis der Sinnesdaten ausgestaltet (268), nehmen die beschreibenden Wissenschaften die erste Stufe der Wissensleiter ein. Das 13. Jahrhundert erlebt den ersten erheblichen Aufschwung der experimentalen Untersuchungen — als Beispiele dienen die Arbeiten eines Albert des Großen, Roger Bacon, Witelo — und man braucht nur die Anordnungen seitens der Pariser Artistenfakultät vom Jahre 1255 (vgl. oben) zu betrachten, um sich davon zu überzeugen, daß der Studiengang einen vollständigen wissenschaftlichen Unterricht einschloß: Astronomie, Botanik, Physiologie, Zoologie, Chemie und Physik (im engeren Sinne). Aber diese Erforschung der Welt in Bruchstücken befriedigt den Geist nicht. Nach griechischer und scholastischer Auffassung ist die Wissenschaft im höchsten Sinne (sapientia) oder Philosophie eine synthetische Erkenntnis des Wirklichen; sie ist eine Art Gesamtwissen, insofern die Vernunft, die sie erfaßt, die unermeßliche Wirklichkeit beherrscht und den intelligiblen Gegenstand bildet, der allen Dingen gemein ist. Diesen gemeinsamen Denkgegenstand bilden die Bewegung, die Größe, das Sein, mit denen sich die Physik, Mathematik, Metaphysik — die Trilogie der theoretischen Wissenschaften — beschäftigen. Nach dieser Auffassung dienen die empirischen Wissenschaften als Vorstufe zur Physik oder zur philosophischen Untersuchung der Sinnenwelt.[1]) An die Ethik knüpfen sich die historischen Studien, besonders die der biblischen Geschichte, ferner die Paedagogik und ein Teil dessen, was gegenwärtig als Sozialwissenschaft bezeichnet wird. Einen Anhang zur Logik bilden die Grammatik und die logische Untersuchung der grammatischen Formen. Aus dem allen ergibt sich:

1. Die Einzelwissenschaften wurden weniger um ihrer selbst willen wie als Vorbereitung zur philosophischen Arbeit betrieben.
2. Die Scholastik ist ihrem eigensten Wesen nach wissenschaftlich. Die synthetische Auffassung der materiellen Welt muß in jedem Stadium auf der Analyse beruhen; ohne diese ständige Berührung mit dem Einzelnen wäre sie ohne Wirklichkeitsgehalt.
3. Zwischen den philosophischen und den Einzelwissenschaften gibt es keinen wesentlichen Unterschied, denn in beiden herrscht dasselbe Verfahren, die Abstraktion; der Unterschied ist hier nur ein gradueller, aus dem Grade der Abstraktion sich ergebender.
4. Wie die Wissenschaft, so die Philosophie. Das Mittelalter kannte nicht die Scheidung zwischen dem, was man heute „naive" und wissenschaftliche Erkenntnis nennt. Naive, aber richtige Beobachtungen konnten

---

Jahre 1272, bei Berührung einer Frage „quae fidem videatur attingere simulque philosophiam" nicht „determinare contra fidem" (Chart. I, 499).

1) Das philosophische Studium der Natur unterscheidet sich so von den wissenschaftlichen Enzyklopaedien wie: „De proprietatibus rerum" des Bartholomaeus Anglicus, das „Speculum" des Vinzenz von Beauvais, der „große Schatz" des Brunetto Latini.

zu berechtigten Gesamtanschauungen führen, und vermeintliche Tatsachen mußten natürlich zu irrigen Verallgemeinerungen führen.

249. Darstellungsmethoden. — Die philosophischen Werke und Abhandlungen sind vor allem das Produkt des Unterrichts, dessen zweifache Form: Kommentierung (lectio) und Disputation (quaestio), sie annehmen. Im 13. Jahrhundert kommen die Predigten hinzu, welche nicht selten philosophische Erörterungen enthalten.[1]) Manche Vorlesungen oder Disputationen sind uns in der Form der „reportatio" oder einer von den Hörern stammenden Zusammenfassung überliefert. Außerdem gibt es Monographien und Flugschriften aller Art, die nicht für den Unterricht abgefaßt worden sind.[2])

Das Philosophen-Latein des 13. Jahrhunderts hat keine literarischen Praetensionen, sondern opfert die Form dem Gedanken, aber die Terminologie ist, besonders seit der innigeren Verbindung mit Aristoteles, praezis. Bei den großen Scholastikern ist die Sprache klar und kraftvoll und die Darstellungsmethoden erreichen hier ihre ganze Vollendung. Die Entwicklung des Lehrstoffes erfolgt in einem triadischen Prozeß (Darlegung des Für und Wider, Lösung und Antwort auf die Einwände), der sich logisch an die Aristotelische Lehre von der $\dot{\alpha}\pi o\rho i\alpha$ knüpft. Dieses Verfahren ist zwar vorherrschend, findet sich aber nicht in manchen Arbeiten, in welchen die freier gehaltene Auseinandersetzung sich wie in unseren modernen Schriften entwickelt. In der Darlegung des Für und Wider nimmt die Geschichte der Philosophie einen großen Platz ein; sie dient nur zur Stütze einer für wahr gehaltenen Lehre, und diese Unterordnung der Geschichte, die man nicht um ihrer selbst willen schätzt, erklärt in gewissem Maße die mangelnde Kritik bei der Bestimmung einer historischen Tatsache, das Bestreben, Stellen zugunsten einer These umzubiegen, selbst auf die Gefahr hin, das Zeugnis, auf das man sich beruft, zu entstellen.[3]) Mehr als je steht das syllogistische Verfahren im Schwang. — Schließlich erhält sich die Vermischung philosophischer mit theologischen Materien. Das hat seine tieferen Gründe, einerseits in der Organisation des Universitätsbetriebes, anderseits in der Eigenart der mittelalterlichen Kultur. Diese Vermischung zeigt sich besonders in den theologischen Vorlesungen. Wiederholt wurde den Artisten verboten, auf das theologische Gebiet überzugreifen (so namentlich im Jahre 1272).

§ 2. Logik.

250. Die Logik. — Im 13. Jahrhundert ist, wie in den vorangehenden Jahrhunderten, Aristoteles der unangefochtene Meister der Dialektik; die großen Scholastiker kommentieren hier nur seine Lehren (33).

---

[1] Vgl. z. B. die Predigt des hl. Bonaventura „De humanae cognit. ratione", S. XIII.

[2] Die freieren Formen philosophischer Didaktik erscheinen später wie poetische Darstellungen, Predigten und Schriften in der Volkssprache. Ausnahmen bilden im 13. Jahrhundert Dante und Eckehart.

[3] Dies nennt man einen Autor „reverenter" erklären oder ihm einen „pium intellectum" geben. So sagt der hl. Bonaventura bei Erwähnung der Aristotelischen Theorie von der Zerstörbarkeit des (unmöglichen) Intellekts: „Illud verbum philosophi debet pium habere intellectum" (II. Sentent. dist. 19, a. 1, qu. 1 ad 3). Vgl. Thomas, Sum. theol. I, qu. 89, a. 1, ad 1.

Die Logik ist ein Erkenntnismittel, steht aber in enger Beziehung zur Metaphysik und Psychologie. Albert der Große und seine Nachfolger anerkennen ausdrücklich diese Beziehungen zwischen der Wissenschaft der Begriffe und der Wissenschaft des Wirklichen. Die Logik ist eine „scientia specialis", der Vorhof der Philosophie, zu der sie, wie die Zeichnung zum Gemälde, die Vorbereitung bildet. Dieser Auffassung entsprechend sehen wir in den Schulen des 13. Jahrhunderts dialektische Übungen aller Art als Vorbereitung zu fruchtbaren Kontroversen sich erhalten. Der Syllogistik läßt sich eine Methodologie und Wissenschaftslehre anschließen, welche die Scholastik im Sinne des Aristotelismus entwickelt. Die Seele der philosophischen Untersuchungen stellt die wissenschaftlich-analytische Methode dar. Eine Wissenschaft gibt es nur vom Allgemeinen und Notwendigen.

251. Spekulative Grammatik. — Das hohe Ansehen, welches im 13. Jahrhundert die Logik genoß, macht es begreiflich, wie so sie in der Artistenfakultät den grammatikalischen Unterricht an sich reißen konnte. Donatus und Priscianus bleiben in Paris die klassischen Meister. Statt aber deren trockene Formeln zu erläutern, begründen die Grammatiker des zu Ende gehenden 13. und des beginnenden 14. Jahrhunderts eine wahre Sprachphilosophie und machen nicht bloß bei der Dialektik sondern auch bei der Metaphysik und Psychologie starke Anleihen.

§ 3. Metaphysik und Theodizee.

252. Kategorien und transzendentale Praedikate (38). Die Scholastik macht die Metaphysik zum Lieblingsgegenstande ihrer Untersuchungen und behandelt alle Probleme, welche sie heranzieht, vom metaphysischen Gesichtspunkte, woraus sich ihr überwiegend deduktiver Charakter ergibt. Der Begriff der Metaphysik wird von Aristoteles übernommen, aber erweitert. Wenn sie auch von der Substanz der sinnlich wahrnehmbaren Erfahrungsobjekte ausgeht und so im festen Grunde der Wirklichkeit verankert ist (Aristoteles), so widmet sie sich doch der Erforschung des Seienden als solchen, alles Seins, körperlicher und nichtkörperlicher Art. Augustinische und neuplatonische Elemente kommen in die deduktive Auffassung Gottes, der den Gipfel des Wirklichen bildet, hinein. An die Untersuchung des Seienden knüpft sich ein neues Kapitel, welches von den transzendentalen Begriffen handelt; gemeint sind damit einige ganz allgemeine Seiten des Wirklichen, wie Einheit, Güte, Wahrheit (unum, verum, bonum), welche die Bedeutung dessen, was der einfache und zugleich umfassende Begriff des Seienden besagen will, besser darlegen.

253. Akt und Potenz. — Wie im Peripatetismus (39) nimmt die Theorie des Wirklichen und Potentiellen eine zentrale Stellung ein; ja, die Scholastik verfolgt den Aristotelischen Gedanken bis in seine vom Stagiriten ungeahnten Anwendungen und Konsequenzen. Akt und Potenz sowie der verwandte Begriff der Bewegung (motus) sollen vor allem das Werden erklären. Unser Denken, welches die Veränderung erklären will, konstruiert die Welt in der Zweiheit von Potenz und Akt. Es sind dies zwei Stadien, welche das Seiende in jeder Kategorie seiner Verwirklichungen (substantieller oder akzidenteller Art) durchdringen. Aber diese Lehre erfährt noch eine Erweiterung. Akt und Potenz werden Synonyme für „bestimmend und bestimmbar." Abgelöst von dem ursprünglichen Begriffe des Werdens oder des organischen Prozesses, ist die Theorie von einer unbegrenzten Anwendbarkeit innerhalb der Ordnung des Wirklichen, wo sie alle Zusammensetzungen des zufälligen (kontingenten) Seins erfüllt.[1])

Die Zweiheit von Potenz und Akt findet sich in fundamentalen Zusammensetzungen: Substanz und Akzidenz, Stoff und Form, gemeinsames und besonderes Wesen. Hierher gehört auch die Theorie der Ursachen.

254. Substanz und Akzidenzen (38). — Nicht alles kann Erscheinung sein, es bedarf eines erscheinenden Subjekts, einer Grenze für den Regreß der Phaenomene. Die substantielle Realität des Seienden ist die konstituierende und für das „Subsistieren" selbstgenügsame Grundlage (Potenz), welche äußerliche Seinsbestimmungen, die man Akzidenzen (von accidere) nennt, annimmt.' Die Scholastik erneuert, nicht ohne eine erhebliche Weiterbildung, die Untersuchung der neun akzidentellen Praedikamente, insbesondere der Qualität, Quantität, Relation, der Zeit und des Raumes.

Die Untersuchung der Qualität („accidens modificativum substantiae in scipsa") zeitigt wichtige, von Aristoteles vernachlässigte Erörterungen, namentlich betreffs der Unterscheidung der Substanz und ihrer Kräfte oder Vermögen, sowie betreffs des Bandes, welches diese letzteren einigt. Kann die Tätigkeit beim kontingenten Wesen substantiell sein, oder wirkt dieses vermöge von Kräften? Dies ist eine Lieblingsfrage des 13. Jahrhunderts, deren Lösung verschiedene metaphysische und psychologische Probleme zeitigt.

255. Stoff und Form (40). — Die ursprünglich rein kosmologischen Begriffe des Stoffes und der Form werden bei den Scholastikern wie bei Aristoteles erweitert. Logisch genommen, sind „formalis" und „actualis" „materialis" und „potentialis" synonym.

Form und Materie sind Korrelate.[2]) Die Materie ist das passive und homogene Substrat, eine unvollständige Substanz, in der Mitte zwischen Sein und Nichtsein, aber ebensowenig ewig wie die Bewegung. Die Form ist der konstitutive Seinsgrund, die Norm der Vollendung des Seienden, die Quelle seiner Tätigkeiten[3]), der Sitz der natürlichen Neigungen, welche diese Tätigkeiten zu einem Ziele lenken. Die Form, welche die substantielle Bestimmung gibt („forma substantialis") ist fest und unveränderlich. Im Gegensatz zu den akzidentellen Formen, welche einer schon bestehenden Substanz eine Daseinsweise geben, ist sie weder der Vermehrung noch Verminderung fähig („forma substantialis non suscipit plus vel minus"), so daß die scholastische Metaphysik die Wesensentwicklung der Form verwirft.

---

1) Sie findet sich auch in anderen Gebieten, wie in der Logik und Ethik; überall bedeutet sie dieselbe Grundbeziehung zwischen dem Bestimmbaren und Bestimmenden: Gattung und Art, freie Handlung und Ziel verhalten sich wie Potenz und Akt.

2) Die Korrelation beider Begriffe ist logisch eine absolute. Zunächst bedeuten sie das Bestimmbare und Bestimmende. So z. B. bezeichnen die Begriffe der Gattung und Art objektive Aspekte einer einzigen Wirklichkeit, deren eine durch die andere vollendbar ist. In der realen Sphäre erfordert die Korrelation nach manchen Scholastikern eine Einschränkung.

3) Als inneres Tätigkeitsprinzip betrachtet, heißt die Substanz oder das Wesen „natura"; das Gesamtwesen („id quod") ist durch die Form („id quo") tätig.

Die Form ist auch das Einheitsprinzip und läßt die ausgedehnten Elemente in einem körperlichen Wesen nach einer einzigen Substanz hin konvergieren. Sie ist endlich das Prinzip der Begreiflichkeit des Seienden.

Die Scholastiker lehren übereinstimmend betreffs der Zusammensetzung der körperlichen Substanzen, welche insgesamt aus Stoff (Prinzip der Unbestimmtheit, Potenz) und Form (Prinzip der Bestimmung, Wirklichkeit) bestehen. Drei Grundfragen aber trennen sie in bezug auf die hylemorphische Theorie, Fragen, welche zu ausgedehnten Kontroversen führen.

Die erste dieser Fragen lautet: erstreckt sich diese substantielle Verbindung auch auf die immateriellen Wesen, auf die menschliche Seele und, insbesondere, auf die Engel, die Mittelstufe zwischen Gott und Mensch in der Seinshierarchie? Diese Erörterungen zeitigen ein neues metaphysisches Kapitel, eine Eidologie, die mit den vagen Andeutungen des Aristoteles über die bewegenden Sphärengeister nichts gemein hat.

Eine zweite Differenz in den Anschauungen besteht betreffs der Einheit oder Mehrheit der substantiellen Formen. Kann eine Substanz die innere Bestimmung mehrerer Formen annehmen?

Endlich wird gefragt, ob die Materie eine Wirklichkeit hat, welche ohne die Hilfe einer substantiellen Form als solche bestehen kann.

Diese drei Probleme trennten die Anhänger der älteren Scholastik und die Alberto-Thomisten, aber sie setzen die Übereinstimmung aller betreffs der Grundlehren des Hylemorphismus voraus.

256. Allgemeines und individuelles Wesen (40). — Im 13. Jahrhundert ist der Universalienstreit erledigt und die Scholastik stützt sich einhellig auf die schon zu Ende des 12. Jahrhunderts gegebene Lösung: „Das Einzelne ist die wahre Substanz, das Allgemeine entsteht als solches durch die subjektive Tätigkeit unseres Geistes." Die subtilsten Dialektiker erneuern diesen Kernsatz, selbst Duns Scotus ist nicht dagegen. Unter allen Lösungen der Universalienfrage steht der gemäßigte Realismus mit der scholastischen Philosophie am besten im Einklang. Synthetische Formulierungen, welche von Proklus[1]) herrühren und von Avicenna[2]) erneuert wurden, sind in den Schulen verbreitet und legen die Beziehungen des Individuellen zum Allgemeinen fest. Die Realität der Wesenheiten läßt sich nämlich in dreifacher Weise auffassen: ante rem, in re, post rem. Die Universalien „ante rem" sind in augustinischer Weise (Exemplartheorie) definiert; die Universalien „in re" bringen die physische Seite des Problems oder die Theorie der bloßen Subsistenz der Individuen und des Prinzips ihrer Individuation zum Ausdruck; die Universalien „post rem" beziehen sich auf die subjektive Verarbeitung der Objekte durch die Tätigkeit des Geistes, der sie unabhängig von ihren individuellen Umständen betrachtet.

Mit Ausnahme der Terministen des 14. Jahrhunderts, welche die reale Bedeutung unserer allgemeinen Vorstellungen leugnen und bei welchen die

---

1) **Proklus.** In Euclidis element. prol. II, 51, ed. Friedlein (Lipsiae, 1873): κατὰ γὰρ ταύτας οἴμαι τὰς τριπλᾶς ὑποστάσεις εὑρήσομεν τὰ μὲν πρὸ τῶν πολλῶν, τὰ δὲ ἐν τοῖς πολλοῖς, τὰ δὲ κατὰ τὴν πρὸς αὐτὰ σχέσιν κατηγορίαν ὑφιστάμενα. Und weiter oben: ἐν τοῖς καθ' ἕκαστα πρὸ τῶν πολλῶν ἀπὸ τῶν πολλῶν.

2) Vgl. weiter oben.

ersten Zeichen des Verfalles erscheinen, unterscheiden die Scholastiker bei jeder geschaffenen Substanz zwischen den allen Vertretern einer Art gleichmäßig zukommenden Wesensbestimmungen und den die Dinge voneinander unterscheidenden individualisierenden Determinationen. Erstere verhalten sich zu letzteren wie das Bestimmbare zum Bestimmenden, die Potenz zum Akt.

Ein weiteres Problem, das im 13. Jahrhundert am meisten erörtert wird, ist die Frage nach dem Individuationsprinzip. Wenn die Beständigkeit und Ähnlichkeit der Wesen der erstaunlichen Verschiedenheit ihres Besonderen gleich kommt, wie ist es dann möglich, daß eine einzige Art so viele Individuen umfaßt? Es ist dies eine echt scholastische Kontroverse, denn sie geht von der peripatetischen Lösung der Universalienfrage aus. Allerseits wird zugegeben, daß die Grundlage der Individuation wesenhaft und innerlich sein muß, aber eine Streitfrage bildet das Problem, ob die Individuation der Wesen durch den Stoff oder die Form oder die Vereinigung beider Prinzipien bedingt ist.

257. Essenz und Existenz. Diese von Aristoteles im Dunkel gelassene Verbindung bildet den Gegenstand heikliger Untersuchungen. Begnügt man sich damit, den Begriff der Essenz (des Wesens) auf den der Existenz (des Daseins) oder ein mögliches auf ein existierendes Wesen zu beziehen, so bestreitet niemand, daß zwischen den Gliedern dieser Vergleiche eine reale Verschiedenheit besteht. Man kann aber weiter gehen und fragen, ob in einem wirklichen Wesen die fundamentale, konstituierende Wirklichkeit („essentia, quod est") etwas anderes ist als der Akt, durch den diese Wirklichkeit existiert („esse quo est"). Dies ist der Sinn der berühmten Frage: besteht ein realer Unterschied zwischen Essenz und Existenz? Es gibt seit Beginn des 13. Jahrhunderts Scholastiker, welche diese Frage bejahend beantworten, aber eine ebenso bedeutende Gruppe entscheidet sie negativ. Für beide Parteien ist die geschaffene Existenz eine begrenzte Vollkommenheit, und diese Begrenzung ist der letzte Grund der Endlichkeit der Welt. Aus dem Mangel einer realen Verschiedenheit zwischen Essenz und Existenz schloß der antischolastische Averroismus allein auf die Ewigkeit der Welt und der natürlichen Arten, aus denen sie besteht.

258. Ursachen des Seienden. — Die Erforschung der Ursachen basiert auf den Lehren des Aristoteles (42). Das Wesen existiert, nach seiner substantiellen oder akzidentellen Seite betrachtet, in seinen Ursachen oder potentiell, bevor es in Wirklichkeit oder Wirksamkeit erscheint. Diese durch die Bewegung sich vollziehende Verwirklichung kann kein Wesen sich selbst erteilen: „Quidquid movetur, ab alio movetur" (bewirkende Ursache). Wir werden sehen, wie die Aristotelische Theorie von der Ewigkeit des Stoffes und der Bewegung durch die Schöpfungslehre modifiziert wird. Unter dem Einflusse der bewirkenden Ursache nimmt ein Substrat (Stoff), das einer Vervollkommnung (Form) fähig ist, diese wirklich an. Durch ihre innige Wechseldurchdringung üben das empfangende Substrat und die Bestimmung auf das neue Wesen oder auf dessen neuen Zustand eine konstitutive Wirkung aus; sie sind konstituierende Ursachen, sei es der Substantialität selbst (erste materielle Ursache, substantielle Formursache), sei es einer aus der Substantialität sich ergebenden Daseinsweise (sekundäre materielle Ursache, akzidentelle Formursache). Endlich unterliegt die bewirkende Ursache der Anziehung durch ein zu verwirklichendes Gut (Zweckursache) und entfaltet ihre Kraft in dieser Richtung. Die Sollizitation der Wirksamkeit durch eine Finalität kommt in der wunderbaren Ordnung und Schönheit des Universums zum Ausdruck. Wäre diese Ordnung nur eine seltene Ausnahme, so könnte sie einem zufälligen Zusammenkommen bewegender Ursachen entspringen. Anderseits wären ihr Bestand und ihre Allgemeinheit unbegreiflich, würde nicht eine innere Tendenz der Wirksamkeitsfaktoren die Koordination ihrer Tätigkeiten, die Realisation der Naturpläne sichern. Die Theorie der Zielstrebigkeit bildet die Krönung der Philosophie des Seienden.

259. Der Anschluß der Theodizee an die Metaphysik. — Die Metaphysik, welche in den körperlichen Substanzen das (in der Abstraktion oder negativ immaterielle) Wesen getrennt von der Materie erfaßt, gewinnt ebendamit eine Reihe von Erkenntnissen, welche per analogiam auf das positive oder von Natur aus immaterielle Wesen anwendbar sind. So rechtfertigt sich die bei Aristoteles, den Arabern und zuweilen auch bei den Scholastikern vorkommende Verwendung des Ausdrucks „(rationelle) Theologie" als Synonym für die Metaphysik.

Schon bei Aristoteles findet sich die Grundeinteilung der Wesen in zwei Klassen: Wesen, die aus Akt und Potenz bestehen, und die reine Wirklichkeit (actus purus) ohne Potentialität oder Gott (43). Die Scholastiker verstanden es, die Aristotelischen Lehren zu vervollständigen und sie auf Gebiete, die Aristoteles nicht kannte, anzuwenden. Indem sie dieselben manchen Theorien der Kirchenväter, besonders des hl. Augustinus annäherten, schufen sie eine ganze Theodizee, deren Neuheit vor allem darin besteht, daß dem peripatetischen Begriffe des unbewegten, in seiner Selbstbetrachtung unerregbaren Bewegers, die Lehre vom aktual unendlichen „ens a se" folgt.

260. Beweise für das Dasein Gottes. — Mit Ausnahme einiger skeptischer Geister aus der Zeit des Verfalls geben alle Scholastiker zu, daß die Vernunft die Existenz Gottes beweist, und zwar vor allem aus der Ungenügsamkeit des Seins, welche die kontingente Welt bekundet (Beweise a priori). Man verstärkt den Aristotelischen Beweis des ersten Bewegers: das Wirkliche ist stets vor dem Potentiellen; ersteres ist im Absoluten das vollendete Wesen, ohne welches keine Verwirklichung möglich wäre. Die apriorischen Argumente, deren sich Anselm bedient hatte, werden von einer Gruppe von Scholastikern beibehalten, welche die Mängel seiner Argumentation zu vermindern suchen, indem sie dieselbe modifizieren (colorari [1]), während

---

[1] „Wir finden also bei den Lehrern des großen scholastischen Jahrhunderts Lehren, welche sich der Denkweise des hl. Anselm mehr oder weniger nähern Aber alle fügen diesen Lehren Einschränkungen bei, durch welche die Hauptmängel behoben werden" (Domet de Vorges, S. Anselme, S. 295). Daniels (a. a. O.) faßt die Stellung der Scholastiker des 13. Jahrhunderts zu dem Argument des hl. Anselmus wie folgt zusammen: a) gegen dasselbe: Thomas, Richard von Middleton; b) für dasselbe: Wilhelm von Auxerre, R. Fitsacre, Alex. von Hales, Bonaventura, M. von Aquasparta, J. Peckham, Aegidius von Rom, Duns Scotus; c) unentschieden: Albert der Große, P. von Tarentaise, Heinrich von Gent.

andere das Lieblingsargument des hl. Augustinus erneuern, welches sich auf die Allgemeinheit und Unwandelbarkeit der Prinzipien stützt.

261. Das Wesen Gottes. — Die menschliche Vernunft erkennt die göttliche Natur aus der Beobachtung der Geschöpfe und zeigt, daß alle geschaffenen Vollkommenheiten in Gott auf überragende Weise (eminenter) enthalten sind. Gott ist, als „actus purus", das Unendliche, der in der Fülle des Seins Wesenhafte. Insbesondere ist Gott vollkommenes Wissen und auch Wille (von dem Aristoteles nichts sagt); seine Persönlichkeit steht außer Zweifel und die ganze Menge der Vollkommenheiten, die unser schwacher Geist in Gott unterscheidet, verschmelzen in der Einheit des Unendlichen.

Zwischen Gott, der reinen Wirklichkeit, und den übrigen, aus Akt und Potenz zusammengesetzten Wesen besteht eine substantielle Verschiedenheit. Einstimmig verwerfen die Scholastiker den Pantheismus in jedweder Gestalt. Alle Lehrer widerlegen nicht bloß die ihnen bekannten pantheistischen Systeme der Griechen, sondern auch den materialistischen Pantheismus Davids von Dinant und seiner Anhänger sowie die Emanationslehre Avicebrons, Avicennas und des Averroës.

Die völlige Unterordnung des Endlichen unter das Unendliche[1] bietet die befriedigende Lösung eines Rätsels, an das sich Aristoteles und ein Teil der antiken Philosophen stoßen: die Koexistenz von Gott und Welt. Diese Unterordnung kommt in den drei Theorien des Exemplarismus, der Schöpfung und der Vorsehung zum Ausdruck.

1. Der Exemplarismus. In dieser Hinsicht ist der hl. Augustinus der unbestrittene Meister der Scholastik. Gott erkennt alle Dinge in der Welt unabhängig von ihrer zeitlichen Existenz. Vor der Verwirklichung der Welt hat er den gewaltigen Weltenplan gedacht (Pythagoras). Die göttlichen Ideen sind der oberste Seinsgrund der kontingenten Wesen: nicht etwa, weil wir (wie der Ontologismus meint) die Dinge in Gott erkennen, sondern weil wir durch eine synthetische Reflexion erkennen, daß die Attribute aller Dinge notwendig ihr angeschaffenes Urbild reproduzieren. Diese synthetischen Betrachtungen bilden, im Einklang mit der Tendenz des Geistes nach dem Wahren als der Endursache seiner Tätigkeiten, die bevorzugte Auffassungsweise der Erkenntnislehre des 13. Jahrhunderts.[2]

2. Die Schöpfung. Nach diesen göttlichen Ideen, den Urbildern der Welt erschafft Gott durch seinen Schöpferakt alle kontingenten Dinge aus dem Nichts. Die Scholastik übertrifft Aristoteles nicht bloß durch ihren Begriff der urbildlichen Wirksamkeit, welche mit der Unbeweglichkeit der peripatetischen Gottheit unvereinbar ist, sondern auch durch ihre Theorie der bewirkenden Ursache („id a quo aliquid fit"). Diese letztere wird bei Aristoteles genauer als bewegende Ursache bezeichnet („motus" bedeutet jede Art von Veränderung an einem Dinge); denn nach ihm bezieht sich die Wirksamkeit nicht auf die Erzeugung der ersten Träger der Bewegung, welche vielmehr wie die Welt, die aus ihrer Verbindung entsteht, als ewig

---

[1] Und darin muß man nach Ritter (Gesch d. Philos VIII, 251) einen bedeutenden Fortschritt erkennen; vgl. Willmann, a. a. O. II, 340.

[2] Die Scholastiker behandeln also das Problem der Gewißheit mehr vom metaphysischen als vom psychologischen Standpunkt.

gelten. Die Bewegung geht notwendig aus ihrer Verwirklichung hervor. Bei den Scholastikern hingegen unterliegt nicht bloß die Bewegung der Dinge dem Einfluß der göttlichen Wirksamkeit, sondern die Substanz der Dinge selbst in ihrem innersten Grunde. Man kann sagen, daß die Scholastik dank dieser Erweiterung des Begriffs des Bewirkens peripatetischer als Aristoteles selbst ist. Die Schöpfung ist die unmittelbare und freie Tat Gottes. Die arabische Lehre von der Erzeugung der Welt durch Mittelwesen findet nur bei einer geringen Zahl von neuplatonisch beeinflußten Philosophen Anklang.[1]) Gott erschafft nicht vermöge einer Naturnotwendigkeit, sondern durch sein Wissen und seinen freien Willen.

3. Die Vorsehung. Gegenüber den durch eine allmächtige Tat ins Dasein gerufenen Geschöpfen bewahrt der Schöpfer seine souveräne Macht. Indem er jedem Wesen seine besondere Natur wahrt, bringt er das „esse" (Dasein) des konkreten Wesens hervor und erhält das geschaffene Wesen; er ist Mitbewirker der Tätigkeiten desselben („concursus congruens naturae creaturae"[2]), und vor allem ist er Vorsehung. Auch ist er, aber in einem tieferen Sinne als bei Aristoteles, die Zweckursache des Alls; alle Wesen streben Gott zu. Die Aristotelische Vermengung der eigentlichen Bewegung (Bewirkung) mit der Bewegung durch Anziehung wird durch die Schöpfungslehre beseitigt.

Die Anwendung der scholastischen Metaphysik auf die Theodizee verleiht dieser eine Größe, die sie weder bei den Kirchenvätern noch bei den ersten Scholastikern besitzt. Diese Theodizee des 13. Jahrhunderts, eine typische Verarbeitung Aristotelischer und Augustinischer Lehren ist eine der kraftvollsten Begründungen des Theismus.

§ 4. Allgemeine Physik.

262. Allgemeine Prinzipien. — Das Studium der Bewegung gestattet dem „Physiker", sich über das Detail der Natur zu erheben und es synthetisch zusammenzufassen. Betreffs der körperlichen Bewegung und ihrer Arten sowie der Theorie der substantiellen Veränderung stützt sich die Scholastik auf Aristoteles. In großartiger Weise stellt sich ihr die rhythmische Entfaltung der Formen und die Zielstrebigkeit des Komos dar.

Die Materie ist ein Schatz an Potentialität, aber die Geschmeidigkeit, vermöge deren sie nach und nach verschiedene Formen annimmt, hat ihre bestimmten Richtungen. Die Natur verwandelt nicht einen Stein in einen Löwen; sie gehorcht in Bezug auf das Werden einem Progressionsgesetz, dessen Besonderungen die Einzelwissenschaften zu erforschen haben, während der Physiker es nur im allgemeinen untersucht. Scholastisch ausgedrückt: die erste Materie entledigt sich nicht einer Form, um eine beliebige andere Form anzunehmen, sondern um jene Form zu empfangen, welche dem unmittelbar

---

1) Es ist mir denn auch wie vielen anderen unbegreiflich, daß Picavet ein Buch schreiben konnte, in dem er Plotin als den Meister der Scholastik hinstellt.

2) Auf den Erkenntnisakt bezogen, heißt die göttliche Beihilfe oft „illuminatio"; in ihrer Anwendung auf die Freiheit zeitigt die Frage der göttlichen Mitwirkung oft die berühmte Kontroverse der physischen Vorherbestimmung und der gleichzeitigen Mitwirkung.

benachbarten Typus in der natürlichen Ordnung entspricht. Infolge einer besonderen Vorausbestimmung durchläuft so die Materie eine Reihe fortschreitender, auf wunderbare Weise fixierter Stadien.[1]) Daher nimmt der menschliche Leib vor seiner Vereinigung mit der immateriellen Seele eine mehr oder weniger große Anzahl von Zwischenformen an, bis die Natur dem Embryo eine Vollendung gibt, welche einer obersten Formung — durch die immaterielle Seele — bedarf. Dies ist der wahre Sinn der Formel: „Corruptio unius est generatio alterius."

Dieser Entwicklungsprozeß der Formen („eductio formarum e potentiis materiae") gilt mit Recht als eine der heikelsten Fragen. Die großen Lehrer nehmen einstimmig die Wirksamkeit dreier Faktoren an, deren besondere Rolle sie verschieden bestimmen: die erste Ursache, welche ihren „concursus generalis" ausübt; die praeexistierende Materie, bereit, sich mit der neuen Form zur Erzeugung des neuens Gebildes zu verbinden; das natürliche Agens als aktives Prinzip der Verwirklichung des empfangenden Substrats.

Die Reihe dieser Umwandlungen ist zielstrebig gerichtet. Niemals betrachten die Lehrer des 13. Jahrhunderts die Natur, wie es die Alten und manche ältere Scholastiker taten, als einen einheitlichen, physischen Organismus. Auf die Frage nach dem Ziele der Weltentwicklung verweist die Scholastik auf das Verhältnis zwischen Welt und Gott. Das Geschöpf kann kein anderes Ziel haben als den Ruhm des Schöpfers. Dieser Ruhm bekundet sich nun zunächst in der Betrachtung des Weltschauspiels durch den unendlichen Geist, ferner in der Erkenntnis desselben durch andere Geister aus der Betrachtung der wunderbaren Weltordnung. Gott ist Geist und seine Erkenntnis erweckt die Vorstellung eines geistigen Besitzes; dies ist die Antwort auf eine von Aristoteles gestellte, aber nicht gelöste Frage: Wie ist Gott Zweckursache der materiellen Welt?

Jeder Körper in der Natur besitzt eine unabänderliche Eigenart; so verlangt es die Theorie der subtantiellen Form. In allen scholastischen Systemen ist die erste Materie quantitativ bestimmt, da die räumliche Ausbreitung die primäre Eigenschaft des Körpers bildet; die Form aber verbindet die quantifizierten Teile zur Einheit. Damit ist der Atomismus im modernen Sinne abgelehnt. Übrigens wird über die Grenzen der Teilbarkeit der quantifizierten Materie gestritten.

263. Himmlische und irdische Substanzen. — Die physikalische und mechanische Astronomie, die Theorie der sublunarischen Körper und der Einwirkung des Himmels auf die irdische Substanz werden von der fehlerhaften, dem Aristoteles entlehnten Annahme der vollkommenen Beschaffenheit der himmlischen Substanz im Verhältnis zur irdischen beherrscht. Daraus ergibt sich ein erkünsteltes System, welches einem Bedürfnis nach Vereinheitlichung und intellektueller Befriedigung entspringt; nirgends kommt das leidenschaftliche Streben nach Ordnung der Welt entschiedener zum Ausdruck.

1. Die Superiorität der Gestirne liegt in ihrer Beschaffenheit und Bewegung.

---

1) Die Scholastiker nennen „privatio" die Abwesenheit des formalen Prinzips, welches die Materie in ihren besonderen Verfassungen erfordert.

Der Himmelskörper besteht aus einem Element, das von den vier irdischen Elementen wesentlich verschieden ist: es ist unwandelbar. Der Himmel ist keine Stätte der Entstehung und des Verfalls. Manche erklären diese kosmologischen Eigentümlichkeiten so, daß zwar die Himmelskörper auch aus Stoff und Form bestehen, aber so, daß die beiden Faktoren hier unlöslich miteinander vereinigt sind. Da nun die Materie eine Form nur einbüßen kann, um eine andere anzunehmen („corruptio unius est generatio alterius"), so folgt daraus, daß der Himmelskörper weder entstehen noch vergehen kann. Andere Scholastiker, die aber in der Minderheit bleiben, greifen zu einer radikaleren Annahme und schreiben den Gestirnen ein einfaches, stoffloses Wesen zu. Die Scholastiker schließen nicht gleich Aristoteles aus der Unwandelbarkeit der Gestirne auf deren Ewigkeit, da dies ihre Schöpfungslehre ausschließt; aber sie lehren die Einzigkeit jedes Gestirntypus, da die Form allein existiert oder die Materie bestimmt, welche sie zu formen vermag.

Da für die Physiker des Mittelalters die Bewegung eine notwendige Äußerung des körperlichen Wesens ist, so muß jede spezifische Substanz eine spezifische Bewegung besitzen. Dies ist die Theorie der natürlichen Bewegung und des natürlichen Raumes, eines der Gegensätze zur modernen Mechanik. Gemeint ist damit, daß der durch eine bewirkende Ursache verrückte Körper seine Bewegung gemäß seiner eigenen Natur bestimmt und lenkt und sich an seinen natürlichen Ort begibt. Der dem irdischen überlegene Himmelskörper bewegt sich in der vornehmsten Weise, d. h. kreisförmig. Die Bewegung der Fixsterne erklärt sich aus der Umdrehung konzentrischer Sphären, die der Planeten durch verschiedene Hypothesen: die homozentrischen Kreise, die exzentrischen Kreise oder die Epizykeln.

2. Der irdische oder sublunarische Körper. Auf Aristoteles beruft man sich betreffs der Theorie der vier Elemente, ihrer Qualitäten und der gradlinigen Bewegung als Zeichen ihrer niederen Natur.

3. Ebenso betreffs der Einwirkung des Himmels auf die Entstehung und Zerstörung der irdischen Körper. Diese Theorie erklärt die übertriebene Bedeutung, welche die Gestirne für das Mittelalter besitzen, sowie die Verbreitung verschiedener Künste, die deren Einfluß erforschen: der Magie, welche die verborgenen Kräfte des Himmels zurate zieht; der Astrologie, welche die leitende Macht der Gestirne erforscht; der Alchimie, welche an die Stelle des gewöhnlichen Verlaufes der irdischen Umwandlungen eine künstliche Welt, die der Mensch beherrscht, zu setzen und die geheimnisvolle Macht des Himmels, die erste Materie alle sublunarischen Formen annehmen zu lassen, zu lenken sucht.

264. Endlichkeit, Einheit, Ewigkeit der Welt. — Die sinnlich wahrnehmbare Welt ist, aus Gründen, die Aristoteles beigebracht hat, begrenzt. Aber die Scholastik ergänzt diese These durch ihre theistische und kreatianistische These: Gott konnte die Welt größer schaffen, als sie in Wirklichkeit ist (gegen Aristoteles). Das Problem der Mehrheit der Welten wird verschieden gelöst. Die Welt ist nicht ewig (gegen Aristoteles). Viele verwerfen sogar die Möglichkeit der „creatio ab aeterno", während andere in diesem Begriff als solchem keinen Widerspruch finden.

§ 5. Psychologie.

Nach scholastischer Einteilung bildet die Psychologie einen Teil der Physik; freilich den wichtigsten, denn der Mensch ist ein Mikrokosmos und der Mittelpunkt der Natur. Der völlige Aufschwung der Psychologie fällt mit der höchsten Blüte des philosophischen Geistes im 13. Jahrhundert zusammen. Auf die fragmentarischen, unzusammenhängenden Erörterungen der früheren Zeit folgen umfassende, einheitliche Untersuchungen, welche die Natur und die Tätigkeiten des Menschen zum Gegenstande haben.

265. Die seelischen Funktionen (51). — Die Kräfte, auf welche nun diese Funktionen sich beziehen, werden durch wiederholte Betätigung leichter ausgelöst; diese bleibende Disposition zur Wirksamkeit in bestimmter Richtung heißt „habitus". Betreffs der Frage, ob die Kräfte eine von der Seele unterschiedene Wirklichkeit besitzen oder ob sie nur verschiedene Arten derselben auf verschiedene Gegenstände gerichteten Energie bedeuten, geben die metaphysischen Erörterungen über die Beziehungen der kontingenten Substanz zu ihrer Wirkungsfähigkeit Auskunft.

Die Scholastiker gliedern die Funktionen des menschlichen Lebens in drei Gruppen: die niederen Funktionen des vegetativen Lebens, wie Ernährung und Zeugung, die Erkenntnis- und die Begehrungsfunktionen. Man befaßt sich namentlich mit den beiden letzten Gruppen, welche das seelische Leben zum Ausdruck bringen. Da alle Lehrer zufolge ihres Spiritualismus die psychischen Phaenomene in die beiden fundamentalen Gruppen des Sinnlichen und des Übersinnlichen einteilen, so wird diese Zweiteilung bei der Untersuchung der Erkenntnis und des Begehrens zu berücksichtigen sein.

266. Die Erkenntnis im allgemeinen. — Ein anerkannter Darsteller der Scholastik, Kleutgen[1]), führt deren Lehren über das Wesen und den Ursprung der sinnlichen wie der intellektuellen Erkenntnis auf drei Grundsätze zurück:

1. Das Erkenntnisobjekt ist im Erkennenden als eine Daseinsweise des erkennenden Subjekts: „Cognitum est in cognoscente, secundum modum cognoscentis". Es ist dies die Anwendung eines allgemeineren Grundsatzes: „receptum est in recipiente secundum modum recipientis."

2. Die Erkenntnis erfolgt im erkennenden Subjekt vermittelst eines Vorstellungsbildes des Erkenntnisobjekts: „Omnis cognitio fit secundum similitudinem cogniti in cognoscente."

3. Diese Vorstellung entsteht durch das Zusammenwirken des Erkannten und des Erkennenden und dieses Zusammenwirken verbürgt die objektive Realität unserer Erkenntnisse.

267. Die sinnliche Erkenntnis. — Die verschiedenen Arten der Empfindung werden nach Aristoteles betrachtet, aber man fügt dem innern Sinn die Urteilskraft des Tieres oder das Kogitationsvermögen des Menschen hinzu, welche — bei dem ersteren instinktiv, beim letzteren unter der Leitung des Intellekts — die konkreten nützlichen oder schädlichen Verhältnisse beurteilt. Diese, von Aristoteles nur vag angedeutete Funktion wird bei den Arabern vielfach erläutert und von ihnen werden dann die Lehrer des 13. Jahrhunderts angeregt.

---

1) Kleutgen, Die Philosophie der Vorzeit, 1878 f., I.

Der Sitz der Empfindung ist der Organismus, d. h. der durch die Seele geformte Leib. Unter dem Einfluß einer Doppelströmung des Arabismus, deren eine von Monte Cassino, deren andere von den arabischen Schulen Spaniens herkam, hatten sich die abendländischen Philosophen gewöhnt, die physiologische Seite der Empfindung zu betrachten, ja mancher hatte sich sogar zu Folgerungen verleiten lassen, die dem Materialismus nahe kamen. Die Scholastiker des 13. Jahrhunderts vermeiden diesen Fehler: neben der physiologischen bringen sie die psychische Seite der Empfindung zur Geltung und betonen die Unzurückführbarkeit der einen Erscheinung auf die andere; zugleich machen sie die Wechselbedingtheit beider zu einem Grundgesetz des Sinnenlebens und damit auch aller Wahrnehmungs- und Willenstätigkeit.

Eine kleine Anzahl von Augustinern betrachtet noch die Empfindung als eine psychische Erscheinung, welche die Seele bei Gelegenheit eines Sinneseindrucks in sich selbst erzeugt. Die Mehrzahl der Scholastiker des 13. Jahrhunderts aber, Albert der Große, Thomas von Aquino, Bonaventura, Heinrich von Gent, Duns Scotus, erklären die Entstehung der Empfindungen nach peripatetischer Weise. Sie stellen folgende Theorie auf: Die sinnlichen Vermögen sind passive Kräfte;[1]) ohne die Erregung durch das Objekt, welches den ersten Anstoß gibt, würden sie unwirksam bleiben. Infolge dieser inneren Bestimmung reagiert das passive Vermögen und diese Reaktion vollendet die Erkenntnis. „Species sensibilis impressa, expressa" oder die von außen erregte und innen vollzogene Wahrnehmung sind die gebräuchlichen Ausdrücke für die beiden Stadien des Wahrnehmungsprozesses, der sich gänzlich in uns vollzieht. Parallel mit dieser psychologischen Lehre adoptiert die Scholastik auch die Aristotelische Theorie des Mediums.

Die Empfindung hinterläßt nach ihrem Verschwinden aus dem Bewußtsein eine Spur, ein Bild (phantasma); dieses lebt in der Einbildungskraft wieder auf und dient hauptsächlich dazu, den Gedanken in Abwesenheit des Gegenstandes erzeugen zu helfen.

268. Die intellektuelle Erkenntnis. — 1. Wesen und Objekt derselben. Die Scholastik denkt in ihren Theorien betreffs der Natur des Geistesaktes und seiner wesentlichen Verschiedenheit von der Empfindung spiritualistisch. Während die Sinne nur das Besondere und Zufällige erkennen, erfaßt der Intellekt die substantiellen oder akzidentellen Wesenheiten, indem er sie von den besondernden Merkmalen befreit, welche den existierenden Dingen eigen sind (Abstraktion). Als Abstraktum ist der Begriffsinhalt generalisierbar oder auf eine unbegrenzte Anzahl von Einzeldingen anwendbar.

---

8) Ein oft verkannter Ausdruck. Infolge eines Mißverständnisses wirft **Frohschammer**, der Verfasser einer polemischen Schrift gegen die Philosophie des hl. Thomas, diesem vor, er habe aus der Erkenntnis einen rein passiven Vorgang gemacht. Der gleiche Irrtum findet sich bei **Erdmann**, Gesch. d. Philos., Berlin, 1892, I, 452, und **Werner**, Joh. Duns Scotus, Wien 1881, S. 76. Eine passive Fähigkeit ist nicht **untätig**, sondern **passiv**, bevor sie **wirksam** wird, die also vorher von irgend etwas anderem angeregt werden muß, im Gegensatz zur **aktiven** Potenz, die eines solchen Einflusses von außen nicht bedarf, sondern tätig wird, sobald die dazu erforderlichen **Bedingungen** beisammen sind.

Vermöge dieses Abstraktionsverfahrens vermag der Intellekt alles zu erkennen. Sein natürliches und eigentliches Objekt aber bilden die Wesenheiten der sinnlich wahrnehmbaren Dinge; das Wesen der Seele und der übersinnlichen Gegenstände erfassen wir nur durch Analogien und auf negative Weise. Die Existenz des Ich ist unmittelbar gegeben und in jeder Bewußtseinstätigkeit enthalten, gemäß der Lehre des hl. Augustinus: „ipsa (anima) est memoria sui".

Wenn nun der menschliche Verstand im Abstrahieren sein Wesen hat, ist ihm dann jede unmittelbare Erkenntnis des Besonderen abzusprechen? Ein schwieriges, verschieden gelöstes Problem! Jedenfalls bleibt aber die Abstraktion der Angelpunkt der scholastischen Ideologie, und sie liefert auch die endgültige Lösung des Universalien- und des Erkenntnisproblems. Die Tätigkeit der Verallgemeinerung ist, als solche, subjektiv und gründet sich auf eine vorangehende abstraktive Absonderung. Die in der Welt der Dinge an sich individuelle „Quiddität" ist nur in der Welt der gedachten Objekte allgemein. Gleichwohl erfaßt die Abstraktion das reale Wesen, denn der Intellekt ist seinem Gegenstande angepaßt und seine Vorstellungen sind zwar unvollkommen, aber treu (Finalismus).

2. Die Entstehung der Begriffe ist im 13. Jahrhundert ein bevorzugtes Problem. Der Ausspruch: „nihil est in intellectu quod prius non fuerit in sensu" deutet auf den sinnlichen Ursprung der Vorstellungen und ihre Abhängigkeit vom Organismus hin.

Die Bestimmung des passiven Vermögens durch das intelligible Objekt sowie die dazu nötige Mitwirkung des Wahrnehmungsbildes (phantasma) und einer besondern Abstraktionskraft (intellectus agens) ist für die Scholastik des 13. Jahrhunderts zur Erzeugung der Gedanken erforderlich. Die Lehre des hl. Augustinus, welche diesen kausalen Einfluß der Empfindung verkennt[1]), wird aufgegeben, man erörtert aber die Funktionen der beiden Intellekte und des Phantasma. Einklang herrscht im Gegensatz zu arabischen Philosophen in dem Punkte, daß die Prinzipien des Denkens der Seele selbst eignen, und die Lehre von der gesonderten Existenz des menschlichen Intellekts wird voll Entrüstung abgelehnt.

269. Sinnliches und vernünftiges Begehren. — Das appetitive Leben wird von einem allgemeinen Gesetz beherrscht: „Nihil volitum nisi cognitum". Jedes Begehren setzt die Erkenntnis des Begehrten voraus.

Das sinnliche Begehren ist das Streben des Organismus nach einem konkreten Gegenstande, den die Sinne als ein konkretes Gut darstellen. Die Stärke der Begierde zeitigt sinnliche Affekte; auf diesem fruchtbaren Felde für Beobachtungen und Klassifikationen hat sich der scholastische Geist rege getummelt.

Das vernünftige Begehren oder der Wille folgt der Vorstellung eines abstrakten Gutes. Auch hier ist die Vervollkommnung des Wesens die Quelle des Strebens: „bonum est, quod omnia appetunt".[2]) Frei sind die

---

[1] Matthias von Aquasparta ist einer der wenigen Scholastiker, welche die Augustinische Ideologie unbedingt adoptieren.

[2] Lust und Unlust treten im Gefolge des Strebens auf; sie wurzeln formal im Begehrungsvermögen, können aber in jedweder Bewußtseinstätigkeit ihre Quelle haben.

Wollungen, welche nicht das Gut im allgemeinen, sondern ein besonderes, unvollständiges Gut zum Objekt haben.

270. Verhältnis zwischen Intellekt und Willen. — Dieses Problem wird im 13. Jahrhundert lebhaft erörtert. In jüngster Zeit hat man den sich hier ergebenden Lösungen zwei der modernen Philosophie entnommene Bezeichnungen gegeben: Voluntarismus und Intellektualismus. Soll die Übertragung dieser Terminologie auf die Geschichte der Scholastik nicht irreführen, so ist zu beachten, daß weder die Voluntaristen, welche den Primat des Willens betonen, noch die Intellektualisten, welche das Erkennen in den Vordergrund stellen, die Hierarchie der psychischen Funktionen umstürzen wollen. Die Formel: „nihil volitum nisi cognitum" gilt für beide Parteien absolut; allen erscheint bloß der Intellekt als fähig, das Sein zu erfassen und der Wille hat keinerlei Erkenntnisfunktion. In diesem Sinne ist die ganze scholastische Psychologie intellektualistisch. Aus dieser ausschließlichen Fähigkeit des Intellekts erklärt es sich, daß kein Wille — selbst nicht der göttliche — die Natur des Wahren zu ändern vermag und daß die Theorie der doppelten Wahrheit absurd ist (gegen die Averroisten).

Die Kontroversen des 13. Jahrhunderts haben also keine erkenntniskritische Bedeutung, sie betreffen nur die Frage des Vorrangs, des Wertes beider Geisteskräfte und entspringen einem Gegensatze zur alten Lehre des hl. Augustinus, der dem Willen eine vorherrschende Stellung im Seelenleben zuweist. Intellektualisten und Voluntaristen begründen die von ihnen verfochtene Überlegenheit durch die Art und Weise, wie die beiden Vermögen ihren Gegenstand erfassen. Beide wenden vermittelst einer Analogie ihre psychologischen Lehren auf das göttliche und das Leben der Engel an.

271. Die menschliche Natur. Die Seele ist die substantielle Form des Leibes. Nicht die Seele allein, sondern der Mensch ist der Gegenstand der scholastischen Psychologie. Der Mensch nun ist ein substantielles Gebilde, dessen Seele die Form und dessen Körper der Stoff ist. So wird die Zusammengehörigkeit der beiden Grundfaktoren unseres Wesens begründet und die Beziehungen zwischen beiden werden durch die Theorie des Hylemorphismus festgelegt (255). Hiernach verleiht die Seele dem Leibe seine substantielle Vollendung, seinen Existenzakt, sein Leben; sie ist in der menschlichen Natur (id quod agit) das Formalprinzip (id quo agit) der Tätigkeiten. Das 13. Jahrhundert hat sich endgültig von den Augustinischen Lehren losgesagt.[1])

Jeder Lehrer bestimmt nach seinem besonderen metaphysischen System, ob die Formung der geistigen Seele das Enthaltensein derselben in der Zusammensetzung anderer substantieller Formen, namentlich in jener des gestaltenden Mediums („forma corporeitatis") ausschließt oder nicht. Auf diesem psychologischen Gebiete finden, wie dies leicht begreiflich ist, die

---

1) Es wird die Theorie des „spiritus physicus" verfochten, welche das Mittelalter vom griechischen Altertum übernommen hat; aber dieser „spiritus" ist nicht mehr, wie z B. bei Alain von Lille, ein dritter Faktor, der die Verbindung von Leib und Seele herstellt, auch wird er nicht wie in der materialistischen Psychologie der Renaissance mit der menschlichen Seele identifiziert, sondern er geht aus dem formenden Prinzip hervor und disponiert die tote Materie zu den Vorgängen des organischen Lebens.

hitzigsten Kämpfe zwischen den Anhängern der Mehrheit und jenen der Einheit der Formen statt.

Die Seele ist geistig und unsterblich. Lehnt die Scholastik Platon und Augustinus für die Theorie der Vereinigung von Leib und Seele ab, so stützt sie sich auf deren Autorität betreffs der Geistigkeit der Seele. Diejenigen und sie bilden die Majorität — welche der menschlichen Vernunft die Fähigkeit zuerkennen, die Geistigkeit der Seele zu beweisen, führen gern die Unabhängigkeit ihrer höchsten Funktionen vom Stoffe an. Im Gegensatze zu Aristoteles schreibt die Scholastik nicht bloß dem aktiven Intellekt oder einem Seelenvermögen die Immaterialität zu, sondern ihrer Substanz selbst; und da die Unsterblichkeit wesentlich die Immaterialität unserer intellektuellen Erkenntnisse und unserer Wollungen einschließt, so ist das, was unseren Leib überlebt, nicht der in seiner Isolierung unfruchtbare aktive Intellekt (Aristoteles), sondern die ihres bewußten Lebens sich erfreuende Seele, welche die Gesamtheit ihrer höheren Funktionen auszuüben vermag.

Das Schwanken des hl. Augustinus zwischen Traduzianismus und Kreatianismus hatte bis zum 12. Jahrhundert seinen Nachhall gefunden. Vom 13. Jahrhundert an aber stimmen die Scholastiker darin überein, daß bloß die unmittelbare und ständige Einwirkung des Schöpfers die zur Belebung der Kindesleiber bestimmten Seelen ins Dasein zu rufen vermöge. Es braucht wohl nicht gesagt zu werden, daß der Kreatianismus weder mit der Platonischen Lehre von der Praeexistenz der Seele, noch mit dem Aristotelischen System etwas gemein hat, welches den menschlichen Leib und den möglichen Intellekt den Gesetzen der natürlichen Entstehung unterordnet, während es dem aktiven Intellekt einen vagen äußeren Ursprung (θύραθεν) zuschreibt.

§ 6. Moralphilosophie.

272. Allgemeine Ethik (53). — Die Scholastik des 13. Jahrhunderts betrachtet die großen ethischen Probleme, die bis dahin nur in der Theologie behandelt worden waren, vom philosophischen Gesichtspunkt, so daß die Ethik einen ihrer neuesten Teile darstellt. Von Aristoteles angeregt, geht doch die Scholastik durch ihre Theorie des natürlichen Zieles und durch ihren Pflicht- und Gewissensbegriff über ihn hinaus.

Gott ist das Gut oder Ziel des Menschen; sein Besitz ist der Gegenstand der natürlichen Tendenzen unserer höchsten Kräfte, der Erkenntnis (visio) und Liebe (delectatio). Jedes Wesen liebt sich selbst und sein Gut; die Liebe zu sich fällt mit der Liebe zu Gott zusammen.

Das Sittengesetz ist nur eine Anwendung des ewigen Gesetzes („lex aeterna") auf den Menschen; unter dem letzteren ist die Anpassung aller Geschöpfe an ihren Zweck zu verstehen, eine Anpassung, welche in dem Verhältnisse ihres Wesens zum göttlichen wurzelt. Die scholastische Ethik nimmt so einen metaphysischen und intellektualistischen Charakter an. Der Mensch ist **verpflichtet**, sein Ziel zu erreichen; unser Gewissen ist von diesem Naturgesetz durchdrungen und jedes positive Gesetz entlehnt ihm seine Geltung. Das Sittengesetz finden wir durch Analyse unserer vernünftigen Natur, aber seine verpflichtende Kraft ist schließlich in der göttlichen Weltordnung zu suchen.

Die menschliche Natur, welche sittlich verpflichtet ist, nach dem Guten zu streben, ist damit auch verpflichtet, die mit diesem Zwecke notwendig zusammenhängenden Mittel anzuwenden. Nicht jede Vollkommenheit ist also Pflicht (gegen die Spiritualen). Zur Erkenntnis der Wege, welche zum Ziele führen, bringt uns jener „habitus principiorum rationis practicae", den die Scholastiker „synderesis" nennen; unter dem Einfluß derselben formuliert der Verstand die allgemeinen Grundsätze, welche die Normen des sittlichen Lebens bilden. Das Gewissen ist nur die Anwendung dieser Grundsätze auf besondere Fälle. Die menschliche Tat $\varkappa \alpha \tau'$ $\dot{\epsilon} \xi o \chi \acute{\eta} \nu$, die einzige, welche die Verantwortlichkeit bedingt, ist die freie Tat. Das Vergnügen ist nicht verboten, aber die Vernunft muß es regeln.

Von Interesse ist die Lehre, daß die Elemente der sittlichen Güte einer Tat (Gegenstand, Umstände, Strebensziel), welche die Konvergenz dieser Tat nach dem Ziele begründen, zugleich die Elemente der ontologischen Vollkommenheit dieser Tat sind. Der Sittlichkeitsgrad einer Handlung bemißt sich nach dem Wirklichkeits- oder Vollendungsgrade derselben. Hier zeigt sich wieder die Übereinstimmung und der Einklang der Grundideen der scholastischen Philosophie.

273. Natürliches und übernatürliches Ziel. — Die philosophische Ethik erhält in der scholastischen Theologie ihre Vollendung. Das natürliche Ziel hatte uns gestattet, Gott in seinen Werken zu erkennen und zu lieben und diese Welterkenntnis hatte auf Abstraktionen beruht. Kaum hat auch noch unsere Vernunft die Möglichkeit einer andersartigen Gotteserkenntnis, die unmittelbare Schauung Gottes, erfaßt. Die Moraltheologie lehrt uns nun, daß die Gnade uns in der Tat zu einem übernatürlichen Ziele berufen hat und daß die „Seligkeit der Abstraktionen" vor der beseligenden Schauung verblassen wird. Die Ethik ist es, wo die scholastische Philosophie und Religion sich am innigsten miteinander verbinden.

274. Soziales Recht (54). — Nach dem Muster des Aristoteles und der Alten und entsprechend den Überlieferungen des früheren Mittelalters widmen sich die Scholastiker gern dem eingehenden Studium der Tugenden oder der verschiedenen Formen, welche unsere sittliche Tätigkeit je nach den mannigfachen Lebensverhältnissen annimmt. Zunächst bestimmen sie die Sittlichkeit ihrem allgemeinen Begriff nach, sodann erörtern sie im Einzelnen die konkreten Verhältnisse, welche unseren Handlungen ihre besondere Richtung geben: die Familien-, religiösen, sozialen und politischen Verhältnisse.

Das Privateigentum und die monogame, unlösbare Ehe gehören dem Naturrecht an. Das soziale Leben wird aus der Natur des Menschen und zuhöchst aus dem göttlichen Willen abgeleitet; Sache des Menschen aber ist es, je nach den Umständen die Art der Übertragung der Autorität und ihrer Funktion zu gestalten. Unter dem Einfluß der Alten, namentlich Plutarchs, vergleicht man die Gesellschaftsklassen mit den verschiedenen Gliedern eines Organismus, aber ohne diesem Bilde die reale Bedeutung beizumessen, die ihm gewisse „Organisisten" der Gegenwart zuschreiben. Im sozialen Recht des Mittelalters finden sich auch manche seltene Reflexe der Organisation des kommunalen und feudalen Lebens. Endlich lehren die Scholastiker des 13. Jahrhunderts die Unterordnung der weltlichen unter die geistliche Macht, wobei sie die Koexistenz von Kirche und Staat rechtfertigen. Sie vermeiden die Extreme gewisser Asketen, welche alle Gewalt in die Hände der Kirche legen wollten, und der Theoretiker des 14. Jahrhunderts, welche in den Konflikten des Papsttums mit den Königen gegen das erstere Stellung nahmen.

§ 7. Aesthetik.

275. Aesthetische Probleme. — Die Scholastiker haben keine eigenen Arbeiten auf dem Gebiete der Aesthetik zu verzeichnen; letztere gehört nach ihrer Klassifikation in die Gruppe der die Hervorbringung äußerer Objekte regelnden Wissenschaften. Ihre aesthetischen Theorien finden sich mitten unter metaphysischen oder psychologischen Themen oder in Kommentaren, besonders in den Erläuterungen zu des Pseudo-Dionys Schrift „Von den göttlichen Namen". Sie gründen sich nicht auf die Betrachtung der Kunstwerke und es ist sonderbar, daß der Aufschwung der Baukunst, der Malerei und der Literatur keinen Theoretiker angeregt hat.

Das Schöne ist eine komplexe Vorstellung, ein Eindruck (subjektive Seite), der seinen Grund in einem zu seiner Erregung geeigneten Gegenstande (objektive Seite) hat.

1. Dieser Eindruck besteht aus einer uninteressierten Anschauung intellektueller Art und einer sich daran schließenden besonderen Lust. In diesem Punkte überragt die scholastische Aesthetik die Aristotelische Lehre.

2. Die Scholastik vervollkommnet auch den Aristotelischen Begriff des objektiven Schönen (55). Die Ordnung, welche den Gegenstand der aesthetischen Anschauung bildet, knüpft sich nämlich an die substantielle Form des Seienden als Einheitsprinzip.

3. Durch ihre Theorie der „claritas pulcri" endlich stellt die Scholastik zwischen den objektiven und den subjektiven Faktoren des Schönen eine kausale und adaptive Beziehung her, die sich bei den Griechen nicht findet; denn der „Glanz des Schönen" ist jene Eigenschaft der Dinge, vermöge deren die objektiven Elemente ihrer Schönheit (Ordnung, Harmonie, Proportion) sich deutlich manifestieren und im Geiste eine leichte und vollkommene Anschauung erwecken.

Diese Gedanken finden sich wesentlich in der fälschlich dem hl. Thomas zugeschriebenen Abhandlung „De pulcro", welche die aesthetische Lehre des 13. Jahrhunderts sehr gut wiedergibt.

§ 8. Schlußergebnis.

276. Doktrinaler Charakter der Scholastik. — Wenn auch die oben in Kürze dargelegten Lehren nur einen abstrakten Kern, ein typisches Gerüst, welches in jedem konkreten System Fleisch und Leben annimmt, repräsentieren, so enthalten sie doch die Grundelemente einer spezifischen, dem Mittelalter angehörenden Weltanschauung.

In betreff der Herkunft der Lehren kann man sagen: die Scholastik des 13. Jahrhunderts ist eine besondere Weiterbildung des Peripatetismus, verbunden besonders mit augustinischen, in geringerem Maße auch mit arabischen und neuplatonischen Gedankenelementen. Am deutlichsten tritt die Verbindung des Aristotelismus und Augustinismus in der Metaphysik zutage, aber sie durchdringt alle Teile des Lehrgebäudes.

Die Metaphysik stellt das Gerüst dieses Lehrgebäudes dar. In der Erörterung aller Probleme dominiert der metaphysische Gesichtspunkt, und dies bildet einen Grundzug der Scholastik. Jede Philosophie befaßt sich mit Gott, der Welt, dem Menschen, aber nicht alle auf dieselbe Weise. Die Zurückführung einer Menge physikalischer, psychologischer und ethischer Probleme auf die Theorie des Aktes und der Potenz, die Beliebtheit rein metaphysischer Fragen wie: die Funktionen der Form, die Unterscheidung von Wesen und Existenz, das Prinzip der Individuation, die Beziehungen zwischen dem Einzelnen und Allgemeinen, erklären sich nur aus dieser Geistesrichtung. Die Theodizee steht völlig im Banne der Metaphysik, ebenso verhält es sich mit der Theorie der Seelenkräfte, dem Studium des Verhältnisses zwischen Wille und Erkenntnis und anderen psychologischen Problemen, sowie mit den weniger spekulativen Partien. So konnte man auch sagen, die ethischen Probleme seien nur im Lichte der Metaphysik verständlich.

Wie läßt sich, wenn wir von der Aufstellung zur Lösung der Probleme übergehen, die scholastische Weltanschauung bestimmen oder schildern? Ihre wahren, inneren Merkmale lassen sich nur so festlegen, daß man sie aus ihren organischen Lehren heraushebt.

Vor allem ist die Scholastik eine pluralistische, nicht eine monistische Philosophie. Die substantielle Unterscheidung zwischen Gott, dem „actus purus", und den aus Wirklichkeit und Potenz zusammengesetzten Geschöpfen macht die Scholastik zu einer unversöhnlichen Feindin des Pantheismus. Man kann nicht genug die Sorgfalt betonen, mit der die Scholastiker die den Arabern entlehnten Elemente ihres emanatistischen oder pantheistischen Sinnes entkleiden. Die Verbindungen des Stoffes mit der Form, des Einzelnen mit dem Allgemeinen, die Unterscheidung zwischen erkennendem Subjekt und Erkenntnisobjekt, zwischen der glücklichen Seele und Gott, der ihr Streben befriedigt, sind ebensoviele mit dem Monismus unvereinbare Lehren und offene Bekenntnisse zum Individualismus. Was den scholastischen Individualismus mit dem averroistischen Monopsychismus in Konflikt bringt, ist der Mensch, dessen Herrscherwürde im Kosmos auf jede Weise begründet werden soll. Jedes Wesen ist es selbst, unterschieden von jedem anderen, und unwesentlich ist es für dasselbe, daß es von uns erkannt wird. Die scholastische Metaphysik ist substantialistisch und vom extremen Relativismus meilenweit entfernt. Die Metaphysik des kontingenten Wesens ist zugleich ein gemäßigter Dynamismus (Akt und Potenz, Stoff und Form, Essenz und Existenz), und dieser Dynamismus beherrscht das Auftreten und Verschwinden der natürlichen Substanzen. In anderer Hinsicht erhält die materielle Welt eine evolutionistische und teleologische Deutung. Der scholastische Evolutionismus ist gemäßigt, denn er betrifft nicht die Bildung der spezifischen Wesen; der scholastische Finalismus vereinbart die immanente Tendenz der Wesen nach ihrem Ziele mit providentieller Leitung. Die scholastische Theodizee ist **kreatianistisch**. Der Gott, den sie dartut, ist unendlich, Prinzip und Ziel, Vorsehung und Richter, Grundursache von allem und insbesondere Mitwirker unserer Handlungen und Gedanken.

In der Psychologie erklärt die teleologische Auffassung den erkenntnistheoretischen Optimismus der Scholastik: der für das Wahre bestimmte Intellekt erfaßt, wenn auch unvollkommen, die Dinge so, wie sie sind. Wie kann dies anders sein, da doch der Intellekt nur ein Funke ist, der an dem untrüglichen göttlichen Lichte teilhat. Ebenso untrüglich sind die Sinneswahrnehmungen, sofern sie uns von ihrem besonderen Objekte Kunde geben. Die ganze scholastische Ideologie ist **objektivistisch** und kann nur vom kritischen zum genetischen Gesichtspunkt übergehen, **empirisch**, nicht aprioristisch oder nativistisch. Vor allem ist sie **spiritualistisch**, denn sie basiert den übersinnlichen Charakter der intellektuellen Vorstellungen auf die Abstraktion. Anderseits vereinbart sie durch ihren **gemäßigten Realismus** die Individualität der Außendinge mit der Allgemeinheit der ihnen entsprechenden Begriffe. Der ideologische Spiritualismus bekundet sich in den Theorien über die Natur, den Ursprung und die Unsterblichkeit der Seele; in dieser Hinsicht ist die Scholastik die geschworene Feindin des Materialismus.

Auf die Ergebnisse der Psychologie und Metaphysik gestützt bringt die Logik die Rechte der **analytisch-synthetischen** Methode zur Geltung.

Die Ethik ist eine **Freiheitsmoral** und ihr Optimismus kommt in der eudaemonistischen Formel zum Ausdruck, das Ziel des Menschen werde durch Betätigung seiner besten Fähigkeiten erreicht.

Wir könnten diese Gesichtspunkte vervielfachen, die Scholastik von anderen Seiten betrachten und würden dann andere Eigentümlichkeiten gewahren, deren jedes ihr ein besonderes Gepräge gibt. Eine vollständige Darstellung ihrer Lehren würde sie insgesamt zur Entfaltung bringen. Zwar können einzelne dieser Eigentümlichkeiten auch anderen historischen Richtungen angehören, aber die Gesamtheit dieser Merkmale ist ihr ausschließliches Eigentum. Sie alle gehören ferner zueinander und ergänzen sich, denn die Gebiete, auf die sie sich beziehen, verhalten sich wie Glieder eines Organismus. Wenig Richtungen der Philosophie verraten ein solches Streben nach Harmonie, ein solches Bedürfnis nach **Einheit**, welche den Geist befriedigt. Wenn die Scholastik in allen ihren Lösungen die rechte Mitte zwischen Extremen sucht, so ist dies wohl durch das Streben nach Befriedigung dieses Bedürfnisses bedingt. Das **Gemäßigte** ihrer Lösungen zeigt sich in ihrem Realismus, Dynamismus, Evolutionismus, in ihrer Ideologie, ihrer Theorie der Vereinigung von Leib und Seele, ihrer Vereinbarung von Pflicht und Glückseligkeit, in ihrem zugleich objektiven und subjektiven Schönheitsbegriff.

Bedenkt man, daß die Scholastik des 13. Jahrhunderts in der Entwicklungsgeschichte der Ideen eine zentrale Stellung einnimmt, daß sie die aus den vorangehenden Jahrhunderten überkommenen Lehren vervollständigt und verknüpft, daß sie selbst die Philosophie der folgenden Jahrhunderte beeinflußt, daß sie den Höhepunkt der mittelalterlichen Scholastik darstellt, dann versteht man, warum sie vorzüglich den Namen „Scholastik" schlechthin verdient.

277. Bibliographie. — Kleutgen, La philosophie scolastique, 4 Bde., Paris 1868—1870, aus dem Deutschen übersetzt. Vortreffliche Untersuchungen von Spezialfragen. Von demselben: Beiträge zu den Werken über die Theologie und Philosophie der Vorzeit, Münster, 1875. Willmann, a. a. O. II, § 67—73; De Wulf, Introduction à la philos. néo-scolastique, § 12 bis 17. — Baur, D. Gundissalinus (vgl. Nr. 281); enthält im 3. Kapitel eine vortreffliche Geschichte der Klassifikation der Wissenschaften im Mittelalter; klar und methodischer als Mariétan. — Philosophie und Theologie: Grabmann, Heitz (s. oben); Scheeben, Handbuch der kathol. Dogmatik. — Schindele, Zur Geschichte der Unterscheidung von Wesenheit und Dasein in der Scholastik (München, 1900); Bemerkungen über wichtige Scholastiker des 13. Jahrhunderts. Mandonnet, Les premières disputes sur la distinction réelle entre l'essence et l'existence (1276—1287), Revue Thom. 1910, S. 741; Henry, Contribut. à l'histoire de la distinction de l'essence et de l'existence dans la scolastique, ibid. 1911, S. 445. — Theodizee: Schriften von Grunwald, Baeumker, Daniels (s. oben). — Physik: Tedeschini, Dissertatio historica de corpore simplici quoad essentiam (in: Institut. philosophicae von Palmieri III, 321 ff.); nicht frei von Irrtümern. — Zur Geschichte der okkulten Qualitäten: Glossner, in: Jahrb. f. Philos. u. spekul. Theol. 1906, S. 307; Duhem, Le mouvement absolu et le mouvement relatif (Rev. de philos. 1909); vortreffliche Untersuchung über die Theorien betreffs der Himmelsbewegung und des Ortsbegriffes bei den wichtigsten Scholastikern. A. Lalande, Histoire des sciences. La Physique du moyen âge (Revue de synth. histor., Oktbr. 1903); mehr eine Übersicht über die experimentellen Wissenschaften als über die Physik im mittelalterlichen Sinne. J. Laminne, Les quatre éléments, le feu, l'air, l'eau, la terre (Bruxelles, 1904); Langlois, La connaissance de la nature au moyen âge (Paris, 1911). — Psychologie: Gutberlet, Der Voluntarismus (Philos. Jahrb. 1908 und 1904); Darstellung der intellektualistischen und voluntaristischen Argumente; Verweyen, s. oben. — Ethik: Stockums, Die Unveränderlichkeit des natürlichen Sittengesetzes in der scholastischen Ethik. Freiburg i. B., 1911; Rousselot, Pour l'histoire du problème de l'amour au moyen âge (Beitr. z. Gesch. d. Philos. d. Mittelalt., Münster, 1908; vgl. Rev. néo-scolast., Februar 1909); Brants, Esquisse des théories économiques professées par les écrivains des XIIIe et XIVe siècles, Louvain, 1895; Leiber, Name und Begriff der Synteresis in der mittelalt. Scholastik. Philos. Jahrb. 1912, S. 372. A. Dyroff, Über Name u. Begriff der Synteresis; ibid. S. 487. Gut. Kantorowicz, Albertus Gandinus und das Strafrecht der Scholastik I. Die Praxis, Berlin, 1908. Amberg (Rud.), Die Steuer in der Rechtsphilosophie der Scholastiker (Beiheft zu Bd. II, Heft 3 des Archiv für Rechts- und Wirtschaftsphilosophie).

Dritter Abschnitt.
Die ältere Scholastik oder die vorthomistischen Systeme.

Innerhalb der älteren Scholastik des 13. Jahrhunderts können wir unterscheiden: 1. die Vorläufer (§ 1); 2. die Franziskanerschulen: Alexander von Hales (§ 2), Bonaventura (§ 3) und seine Schüler (§ 4); 3. die Dominikanerschulen (§ 5). Von den Vertretern der älteren Scholastik — Weltgeistliche, Franziskaner und Dominikaner — sind nicht wenige bisher recht unbekannt, da ihre Schriften noch unveröffentlicht oder vernachlässigt blieben. Textausgaben und Monographien wird es vorbehalten bleiben, die Stellung dieser Männer in der Geschichte des Geisteslebens genauer festzulegen.

§ 1. Die Vorläufer.

278. Ihre Namen. — Als Vorläufer im doktrinalen Sinne erscheinen besonders Gundissalinus, dessen Philosophie die Verbindung zwischen der arabischen Philosophie und den eigentlichen scholastischen Philosophen herstellt, und Wilhelm von Auvergne, der erste Scholastiker, kann man sagen, der einen Teil der neuen Anschauungen vorträgt. Bei beiden finden sich zahlreiche Unstimmigkeiten sowie Versuche zu Kompromissen zwischen unvereinbaren Lehren. Aber noch andere Namen treten uns entgegen, wie Gerhard von Abbeville, Wilhelm von Auxerre, Alfred von Sereshel, und weitere Forschungen werden diese Liste noch verlängern.

279. Dominicus Gundissalinus, Archidiakonus von Segovia, ist nicht bloß einer der hervorragendsten Übersetzer in Toledo, sondern auch ein philosophischer Autor von beträchtlichem historischen Einfluß. Fünf Traktate sind von ihm bekannt: „De divisione philosophiae", „De immortalitate animae", „De processione mundi", „De unitate", „De anima". Die drei letzten, welche manches aus des Avicebrol „fons vitae" entnommen haben, sind späteren Datums als die unter der Beteiligung des Gundissalinus entstandene Übersetzung dieser Schrift. Baur, der Herausgeber des Traktats „De divisione philosophiae", verlegt ihre Abfassung nach 1140.

Gundissalinus ist ein allen Einflüssen zugänglicher eklektischer Kompilator, der geschickt fremde Ideen zu verarbeiten weiß. Aristoteliker in der Metaphysik und Psychologie, schöpft er nicht aus den ersten Quellen, sondern aus den arabischen Kommentaren und Texten. Daher ist sein Aristotelismus ebenso wie seine arabischen Quellen neupythagoreisch und alexandrinisch-neuplatonisch gefärbt. Aber diese Elemente haben hier allen pantheistischen Charakter verloren; Gundissalinus ist vermöge des Einflusses der christlichen Philosophen, besonders des Boëthius und des hl. Augustinus, Individualist.

Die wichtigsten philosophischen Ideen des Gundissalinus beziehen sich auf die Klassifikation der Wissenschaften, die Metaphysik und die Psychologie.

Ein Traktat didaktischer Richtung, „De divisione philosophiae" — eine Kompilation aus der (in Gänze benutzten) Schrift „De scientiis" von A. Farabi sowie aus zahlreichen Schriften des Ammonius, Isaak Israeli, Avicenna, Boëthius, Isidor von Sevilla, Beda — enthält eine Klassifikation der philosophischen Disziplinen. Zunächst wird der Unterschied zwischen der Theologie, der „divina scientia" („Deo auctore, hominibus tradita") und der Philosophie, der „humana scientia" („quae humanis rationibus adinventa esse probatur") betont, sodann formuliert der Verfasser den in der Blütezeit der Scholastik hochgehaltenen Grundsatz: „nulla est scientia quae philosophiae non sit aliqua pars". Er erwähnt sechs Definitionen der Philosophie und akzeptiert sie alle[1]), dann stellt er folgende Fächer auf, in welchen der peripatetische Geist triumphiert:

I. Die eigentlichen **philosophischen Wissenschaften** („scientiae sapientiae") bestehen aus einer theoretischen und praktischen Gruppe. Erstere umfaßt: a) die Physik („scientia naturalis, de his quae non sunt separata a suis materiis") mit ihren Unterabteilungen: medicina, indicia, nigromantia, ymagines, agricultura, navigatio, specula, alquemia; — b) die Mathematik

---

1) „Assimilatio hominis operibus creatoris secundum virtutem humanitatis — tedium et cura et studium et sollicitudo mortis — rerum humanarum divinarumque cognitio cum studio bene vivendi coniuncta — ars artium et disciplina disciplinarum — integra cognitio hominis de se ipso — amor sapientiae" (zitiert nach der Ausgabe von Baur).

(„de his quae sunt separata a materia in intellectu, non in esse") mit ihren Unterabteilungen: arithmetica, geometria (und Optik), musica, astrologia, scientia de aspectibus, de ponderibus, de ingeniis; — c) die Metaphysik („scientia divina, de his quae sunt separata a materia in esse et in intellectu"). — Die praktische Philosophie gliedert sich in Politik, Ökonomik, Ethik[1]). — II. Die Logik ist, gemäß der arabischen Auffassung, ein in die Philosophie einführendes „instrumentum", da jeder Wissenserwerb sie voraussetzt; in anderer Hinsicht aber ist sie „pars philosophiae". Ihr gehen wieder voran III. zwei Gruppen propaedeutischer Disziplinen: die „scientia litteralis" oder Grammatik und die „scientiae civiles", die Poëtik (mit der Geschichte) und Rhetorik.

Nach Aufstellung dieser allgemeinen Fächer erörtert der Toledaner Archidiakon die Einzelheiten aller Wissenschaften. Seine Leistung ist eine entscheidende Etappe in der Geschichte der Klassifikationen der Wissenschaften; man kann sagen, daß mit ihr die tappenden, schwankenden Versuche ein Ende nehmen (vgl. Nr. 190). Unter ihrem Einflusse stehen die zahlreichen ähnlichen Arbeiten, die im 13. Jahrhundert auftreten. Der zeitgenössische Traktat „Divisio philosophiae" des Michael Scotus ist nichts als eine Kompilation aus der Schrift des Gundissalinus[2]); Albert der Große ist von dieser beeinflußt[3]); Robert Kilwardby, der die Einteilung der Wissenschaften weiterbildete, hat Gundissalinus, den er rühmt, vieles entlehnt.

Die Metaphysik des Gundissalinus ist aristotelisch. Die „scientia prima" hat zum Gegenstand das Seiende und die „consequentia entis" (Substanz und Akzidens, Allgemeines und Besonderes, Ursache und Wirkung, Akt und Potenz); beeinflußt ist der Autor besonders von Avicenna und Farabi. Doch finden sich in der Schrift „De unitate" Spuren der Emanationslehre und der metaphysischen Stufenfolge der Wesen. Die Einheit ist das konstituierende Wesen aller Dinge. Gott ist die „creatrix unitas", aus der sich die „creata unitas" herleitet, aber nicht im Sinne einer Emanation aus dem Schoße der Gottheit wie bei Avicebrol, sondern einer allgemeinen schöpferischen Teilnahme, über die sich die Schrift „de unitate" nicht ausspricht. Drei Stufen: Intellekt, Seele und Körperwelt, kennzeichnen das Erscheinen und die hierarchische Entfaltung der Einheit in der Schöpfung; es ist ferner jedes Wesen außer dem Ur-Einen aus Stoff und Form zusammengesetzt, zwei gegensätzlichen Prinzipien, deren Durchdringung die Einheit als Zusammenhangskraft herstellt. Diese Anschauungen sind offenbar der von Gundissalinus studierten und übersetzten „Fons vitae" entlehnt.

Die Schrift „De immortalitate animae" ist ein kleiner Traktat aus dem Gebiete der rationalen Psychologie; der Entwurf derselben gehört Gundissalinus an und die Schrift bietet ein sonderbares Gemenge aristotelischer und neuplatonischer Lehren (in arabischer Färbung). Ein Anhänger der

---

1) A. Levi, La partizione della filosofia pratica in un trattato mediaevale (Atti d. r. instituto Veneto di scienze, 1908, Bd. LXVII, 2. Teil). Betrachtet diese Einteilung der praktischen Philosophie bei Gundissalinus und gibt deren Geschichte.
2) Fragmente daraus enthält des Vincenz von Beauvais „Speculum doctrinale": herausgegeben sind sie bei Baur im Anhang.
3) Baur, Dominicus Gundissalinus, De divis. philos., S. 365, 375.

Abstraktionstheorie, betreffs deren er Avicenna folgt, der Gegenüberstellung von sinnlicher und geistiger Erkenntnis, der Individualität der Dinge, auf welche sich unsere allgemeinen Begriffe beziehen, erneuert Gundissalinus zwecks Beweises der Unsterblichkeit der Seele in streng dialektischer Form das berühmte Aristotelische Argument, das sich auf die Eigenschaften des Denkens stützt. Aber diese Lehren werden mit arabischen und neuplatonischen Theorien verbunden. Zuerst kommt die Lehre von der Verzückung („raptus"): Wenn der Leib erschöpft ist und sein Widerstand gegenüber den Antrieben der Seele abgenommen hat, gelingt es der letzteren, sich in der Ekstase zur intelligiblen Welt aufzuschwingen und auf diese Weise die völligste Loslösung vom Leibe zu erreichen. Hieraus folgert der Philosoph (mit Platon und gegen Aristoteles), daß der Tod, indem er die Körperbande der Seele zerreißt, ihr die Fülle der Vollkommenheit sichert. Dieser Beweis für die Unsterblichkeit der Seele hat im 13. Jahrhundert Erfolg[1]. — Der Mensch ist ein „Mikrokosmos", aber auch diese den Alexandrinern entlehnte Lehre hat keinen emanatistischen Charakter, sondern wird in peripatetischem Sinne interpretiert. Endlich erklärt sich aus der Berührung mit der arabischen Philosophie die Vorliebe des Gundissalinus für die psycho-physiologischen Theorien.

Der Einfluß, den Dominicus in der Psychologie übte, ist bei Helinand von Frémont, Jean de la Rochelle, weniger bei Albert dem Großen und Bonaventura zu erkennen, besonders aber bei Wilhelm von Auvergne, der die Schrift „De immortalitate animae" plagiiert.

280. Wilhelm von Auvergne. — Geboren in Aurillac (Auvergne), wurde Wilhelm einer der ausgezeichnetsten Philosophen und Theologen an der Pariser Universität. Er erhielt im Jahre 1228 den Bischofsstuhl von Paris (er wird auch W. von Paris genannt) und starb 1249. Die Schrift „De trinitate" ist theologischen Inhalts, „De universo" (Hauptwerk, zwischen 1231 und 1236 verfaßt) eine metaphysische Untersuchung, „De immortalitate animae" eine fast wörtliche Wiedergabe der gleichnamigen Schrift des Gundissalinus; „De anima" bekräftigt und vervollständigt die Ergebnisse der vorgenannten Schrift.

Sowohl in seiner Metaphysik als in seiner Psychologie ist der Bischof von Paris so recht ein Vertreter der Vorbereitungs- und Übergangszeit, der er angehört. Wilhelm kennt alle Schriften des Aristoteles, ohne aber viel Gewinn aus ihnen zu ziehen, denn er erfaßt nicht den Geist des Peripatetismus und die peripatetischen Elemente treten bei ihm nur sporadisch auf. Er nimmt auch arabische und jüdische Elemente, namentlich Theorien Avicebrols auf, den er für einen Christen hält und hochschätzt („unicus omnium philosophantium nobilissimus"). Ferner wird dieser unvollkommene, von neuplatonischen Anschauungen durchsetzte Aristotelismus stark mit den Lehren der älteren Scholastik verbunden. Wilhelm sucht die Neuerungen mit dem Vermächtnis der früheren Zeit zu vereinbaren, und wo ihm dies

---

[1] Bülow, S. 115ff. (Nr. 281). Des Dominicus Gundissalinus Schrift von der Unsterblichkeit usw.

als unmöglich erscheint, da obsiegt die Tradition. Das ergibt einen charakteristischen Mangel an innerem Zusammenhange.[1])
Obwohl Wilhelm die Unterscheidung von Akt und Potenz aufstellt, versteht er doch nicht die Grundlagen dieser Gliederung. Als der erste unter den Scholastikern des 13. Jahrhunderts lehrt er, nach Avicenna, den realen Unterschied zwischen Wesenheit und Existenz.[2]) Indem er eine Beziehung zwischen Quantität und erster Materie herstellt, anerkennt er doch nicht die hylemorphische Zusammensetzung der geistigen Wesen, etwa der Engel. Seine Beweise für das Dasein Gottes sind hauptsächlich der älteren Scholastik, insbesondere dem hl. Augustinus, aber auch arabischen Quellen entlehnt. Es fehlt das peripatetische Argument des ersten Bewegers, dafür finden sich apriorische Argumente, die an die Folgerungen Anselms[3]) erinnern und den Verfasser als Realisten kennzeichnen. So schließt er aus dem durch Teilnahme existierenden Wesen („ens per participationem") auf das durch sich selbst bestehende Seiende („ens per essentiam"), nicht in Anwendung des Kausalprinzips, sondern aus dem Parallelismus beider Begriffe. In diesem Sinne lehrt er, Gott sei das wesenhafte Sein, durch das alle Dinge sind („esse formale rerum, quo sunt"), obwohl es nicht ihr Wesen („quod sunt") ist. Dies sind bei ihm Lieblingswendungen, welchen er aufrichtig bemüht ist, einen individualistischen Sinn zu geben, da seiner Philosophie jeder monistische Hintergedanke fremd ist.

Als Schüler des hl. Augustinus lehrt der Pariser Bischof die Identität der Seele und ihrer Vermögen sowie den substantiellen Dualismus im Menschen, was ihn aber nicht hindert, die Aristotelische Definition der Seele anzunehmen. In der Schrift „De anima" dreht sich alles um das Problem des Ursprungs unserer Erkenntnisse, ein Problem, das hier zum ersten Male in der Scholastik entschieden aufgeworfen wird. Wilhelm unterscheidet drei Erkenntnisobjekte: die Außenwelt, die Seele und die Grundprinzipien des Denkens.[4])

a) *Die Außenwelt.* Über diese unterrichten uns zwei prinzipiell verschiedene Erkenntnisquellen: der Sinn und der Verstand. Der Sinn nimmt eine sensible Form an (Aristoteles), die Wilhelm nach dem Beispiel der Araber auf einen physischen Eindruck zurückführt. Die intelligible Form schöpft der Verstand anläßlich der sinnlichen Vorstellungen aus sich selbst (Augustinus). Es ist dies ein entstellter Aristotelismus, denn Wilhelm streicht den aktiven Intellekt aus seiner Psychologie, da dieser, sobald er nicht zur Erzeugung der geistigen Form dient, unnütz wird. Die von ihm vorgebrachten Argumente gründen sich auf die Einfachheit der Seele (Augustinus), die mit der Spaltung des intellektuellen Vermögens unvereinbar ist, und auf das Unzulängliche der von seinen Zeitgenossen aufgestellten Theorien des aktiven Intellekts. Der Pariser Lehrer, der vor dem Mono-

---

[1] Dieses Urteil über Wilhelm bestätigen Baumgartner, Bülow und Schindele in den Nr. 281 angeführten Monographien.
[2] Schindele, Beitr. z. Metaphys. des Wilhelm von Auvergne, S. 23.
[3] Ebd., S. 45—56. Vgl. Baeumker, Witelo, S. 313—315; Grunwald, a. a. O. S. 92.
[4] Die Darstellung lehnt sich an Baumgartner, Die Erkenntnistheorie des Wilhelm von Auvergne, an.

psychismus der Araber zurückschreckt, will die Lehre vom getrennten Intellekt — die er für einen Ausdruck des Aristotelischen Denkens hält — nicht akzeptieren. Ebenso lehnt er die von einigen Zeitgenossen aufgestellte Theorie des „phantasma spirituale" oder der unter dem reinigenden Einflusse des aktiven Intellekts in eine intelligible umgewandelten sinnlichen species ab. Von Interesse wäre es, jene Zeitgenossen zu kennen, welche in den vollständigen Text von „De anima" Einblick gehabt haben müssen und die gleich den griechischen Kommentatoren des Aristoteles von vornherein auf Irrwege gerieten, indem sie sich eine falsche Auffassung der „species intentionales" zu eigen machten. Ein Irrtum, der im 13. Jahrhundert allgemein verbreitet ist. Indem Wilhelm diese Auffassung ablehnt, bekundet er ein tiefes Verständnis für das ideologische Problem. — Vermittelst der intelligiblen Formen erkennt der Verstand zunächst die individuellen Substanzen (im Gegensatz zu Aristoteles), sodann das abstrakte und allgemeine Sein. Auf eine weitere Art und Weise endlich („modus per connexionem sive per colligationem"), betreffs deren Wilhelm entweder einen durch persönliche Übung erworbenen oder einen durch göttlichen Einfluß mitgeteilten Habitus heranzieht (vgl. c), urteilen, schließen wir und rufen wir willkürlich die entschwundenen Erkenntnisse ins Bewußtsein zurück.

b) Die Seele. Wilhelm betont die Bedeutung der unmittelbaren Evidenz der Bewußtseinstatsachen (Augustinus). Denn die Seele erfaßt unmittelbar nicht bloß die Existenz der Seele, sondern auch ihre wesentlichen Eigenschaften, ihre Immaterialität, Einfachheit, Unteilbarkeit. Noch mehr: sie entdeckt eine Art der rationalen Erkenntnis, die Grundprinzipien der Beweisführung.

c) Die Grundprinzipien der Beweisführung, wie das Prinzip des Widerspruches, haben eine von der Existenz der zufälligen Welt unabhängige Geltung. Hieraus folgert Wilhelm gegen den echten Aristoteles mit Unrecht, die Betrachtung der Welt könne sie nicht zeitigen. Woher entstehen sie? Der Verstand erschaut sie unmittelbar in Gott, vermöge einer besondern Erleuchtung. Hier tritt der Einfluß des arabischen Mystizismus zutage; der Pariser Bischof deutet die arabische Theorie der Erleuchtung des Intellekts durch einen gesonderten aktiven Intellekt im christlichen Sinne und glaubt zugleich mit dem „Exemplarismus" des hl. Augustinus in Übereinstimmung zu bleiben. Die göttliche Erleuchtung in der Ekstase, die prophetische Vision, die pathologische Halluzination erinnern direkt an die neuplatonischen Themen der Schrift „De immortalitate animae", so wie die Stellung der Seele an der Grenze der beiden Welten an die alexandrinische Theorie der schwächer werdenden Emanation der Wesen gemahnt.

281. Alfred von Sereshel, Wilhelm von Auxerre, Gerhard von Abbeville. — Alfred Sereshel (Alfredus Anglicus), Zeitgenosse und vielleicht Schüler des Pariser Lehrers Alexander Neckam[1]), verfaßte zwischen 1200 und 1227 mehrere kleine psychologische Schriften, namentlich einen kleinen Traktat „De motu cordis", in welchem sich die Tendenzen der arabischen

---

1) Verfasser eines Traktats „De naturis rerum" (in: Rerum britannicarum medii aevi scriptores). Hauréau (Hist. philos. scol. II, 64) nennt ihn einen Realisten von seltener Offenheit.

Physiologie und Psychologie finden, welche Alfred von Sereshel in Spanien kennen gelernt hatte. Zuweilen erinnern seine Thesen an den Materialismus der griechischen Ärzte des Altertums. Das Leben ist „actus primus formae", setzt aber einen schon organisierten Körper voraus.[1])

Wilhelm von Auxerre, Lehrer in Paris (gest. 1232) ist der Verfasser einer „Summa super IV l. Sententiarum" (Summa aurea), welche in der ersten Hälfte des 13. Jahrhunderts in den Schulen gut angeschrieben war und von welcher verschiedene Übersichten und Kompilationen existieren. Wenn er sich auch dem Lombarden eng anschließt, ist seine Arbeit doch selbständig.

Ein anderer Meister der älteren Scholastik, **Gerhard von Abbeville** (gest. 1271) hatte an der Pariser Universität eine bedeutende Stellung und hinterließ achtzehn Quodlibeta und zweiundzwanzig „Quaestiones de cogitatione", die bisher noch nicht herausgegeben sind.

282. Bibliographie. Correns, Die dem Boëthius fälschlich zugeschriebene Abhandlung des D. Gundisalvi de unitate (Beitr. Gesch. Philos. Mittelalt. 1891, 1, 1); Text und kurze Studie. G. Bülow, Des Dominicus Gundissalinus Schrift von der Unsterblichkeit der Seele (Ebd., 1891, II, 3), enthält „De immortalitate animae" von Wilhelm von Auvergne; Endres, Die Nachwirkung von Gundissalinus de immort. animae (Philos. Jahrb. XII, 4, 1899); Löwenthal, Pseudo-Aristotelisches über die Seele, Berlin, 1891, hat „De anima" herausgegeben; Menendez Pelayo, Historia d. l. heterod. espanoles, I, 691—711, enthält „De processione mundi". Neue Ausgabe im Druck. Baur, Dominicus Gundissalinus, De divisione philosophiae (Beitr. Gesch. Philos. Mitt. 1903, IV, 2 u. 3), Text und ausführliche Untersuchung der Quellen; Baeumker, Les écrits philos. de D. Gundissalinus (Rev. Thomiste, 1898, S. 727): kurze Gesamtskizze; A. Levi, a. a. O. (Nr. 278). — Ausgaben der Werke Wilhelms von Auvergne 1591 (Venetiis) und (besser) 1674 (Aureliae). N. Valois, Guillaume d'Auvergne, évêque de Paris (Paris, 1880). Hauréau, Not. et extr. d. qles ms. lat., Register. Werner, W.s von Auvergne Verhältnis zu den Platonikern des XIII. Jahrhunderts, Wien, 1873; Die Psychologie des W. von Auvergne, 1873; schwer verständlich. Schindele, Beitr. z. Metaphysik des W. von Auvergne, München, 1900; der Verfasser kündigt ein vollständiges Werk über dieses Thema an, hier untersucht er bloß den Seinsbegriff. Guttmann, G. d'A. et la littérature juive (Revue des ét. juives, XVIII, S. 243ff.); M. Baumgartner, Die Erkenntnislehre des Wilhelm von Auvergne (Beitr. Gesch. Philos. d. Mitt. II, 1, Münster, 1893): vortrefflich. Bülow, a. a. O. Ziesché, Die Sakramentenlehre des W. von Auvergne (Weidenauer Studien, Bd. IV, 1911). — Des A. Anglicus „De motu cordis" gab Barach, Bibl. philos. med. aetatis, II. 1878, heraus; diese Schrift ist keine Übersetzung; Hauréau, Not. et extr. qles ms. lat. V, 201; Baeumker bereitet eine neue Ausgabe mit einem Kommentar zu „de vegetabilibus" vor (Beitr.). G. d'Auxerre, Summa super IV sententiarum, Parisiis 1500, 1518. Pelzer bereitet eine Ausgabe der „Quodlibet" und der „quaestiones de cogitatione" des Gerhard von Abbeville vor.

§ 2. Die ersten Franziskanerschulen. Alexander von Hales.

283. Leben und Schriften. — Geburtsdatum und Geburtsort Alexanders von Hales sind unbekannt. Vor seinem Eintritte in den Franziskanerorden studierte er in Paris. R. Bacon teilt mit, daß zu der Zeit, da er magister artium war, die Physik und Metaphysik noch nicht übersetzt waren[2]); es ist also dieser Lebensabschnitt Alexanders vor 1210 anzusetzen. In dem Jahre, in dem er Minorit wurde (1213), wurde die theologische Kanzel des Pariser

---

1) Windelband (Zur Wissenschaftsgeschichte der romanischen Völker, S. 569) nennt Alexander Neckam und Alfred von Sereshel Vorläufer der empirischen Tendenz des Roger Bacon.
2) Opus minus, ed. Brewer, 326.

Klosters der Universität eingegliedert und Alexander ward ihr erster „magister regens".[1]) Einige Jahre vor seinem Tode (1245) verzichtete er auf seine Stelle und bekam Johann von la Rochelle zum Nachfolger. Durch diese beiden Männer wird im Franziskanerorden die Partei der Intellektuellen, der Studienfreunde, deren Einfluß durch die Gegnerschaft der „Spiritualen" niemals vernichtet werden konnte, gestärkt.

Viele Schriften sind ihm fälschlich zugeschrieben worden. Sein Hauptwerk, vielleicht seine einzige Schrift, ist eine „Summa theologica"; sie datiert nicht vor dem Jahre 1231[2]) und der Tod hinderte den Franziskanerlehrer an ihrer Vollendung. Ein Schriftstück Alexanders IV. vom 28. Juli 1256 anerkennt ihn als Verfasser eines solchen Werkes und empfiehlt Wilhelm von Meliton dessen Vollendung.[3]) Dieser macht Zusätze zur Summa und andere fügten später weitere hinzu. So stammt die „Summa de virtutibus", welche eine große Lücke im 3. Teil (q. 28—69) ausfüllt, aus der Zeit nach Bonaventura, von dem sie sichtlich beeinflußt ist.[4]) Eine kritische Ausgabe der Summa Alexanders wird im Franziskanerkollegium zu Quaracchi vorbereitet. Solange diese Arbeit nicht beendet ist, läßt sich das Maß des Anteils, welchen der Verfasser an dem unter seinem Namen herausgegebenen Werke hat, nicht feststellen. Wir stellen daher seine Lehren mit Vorbehalt dar.

284. Seine Stellung in der Scholastik. — Die „Summa" enthält eine theologische und philosophische Synthese zugleich; ebenso verhält es sich mit den im 13. Jahrhundert zutage tretenden analogen Schriften.

Die theologische Synthese erscheint bei Alexander von Hales, der durch die Vervollkommnung der Methoden, die Aufrollung neuer Fragen zu ihrer Entwicklung beiträgt, ohne aber auf diese Fragen endgültige Antworten zu geben, erst noch im Anfangsstadium; sogar in seinem Orden verdrängt die Theologie des hl. Bonaventura und später des Duns Scotus die des Alexander.[5]) Betreffs der Gliederung des Stoffes lehnt sich Alexander an die „Sentenzen" des Lombarden an und der von ihm aufgestellte Studienplan wird, in seinen Grundzügen, von den meisten Summen des 13. Jahrhunderts aufgenommen.[6])

---

1) Von 1225 bis 1231 lebt im Franziskanerkloster zu Paris Bartholomaeus Anglicus, Verfasser eines sehr verbreiteten enzyklopaedischen Werkes „De proprietatibus rerum", dessen erste vier Bücher philosophisch bedeutsame Probleme behandeln. Wie J. von la Rochelle und Albert der Große zählt er die sieben Definitionen der Seele auf. Im weiteren Verlaufe behandelt der Autor hauptsächlich Probleme der Wissenschaft. Vgl. Felder, a. a. O.

2) Die „Summa" zitiert des Thomas Gallus, Abt von Vercelli, Kommentar „super hierarchiam" (des Pseudo-Dionys). Diese Schrift nun datiert nicht vor 1224—1226 (Felder, a. a. O., S. 195). Des Marianus de Florentia „compendium chronicarum fr. minorum" (vgl. Arch. franciae. histor. 1909, S. 307) schreibt Alexander noch andere Werke zu.

3) Chart. I, 328.

4) Bonaventura, Opera Quaracchi, Bd. X. Dissertatio, S. 3. Bekanntlich bestreitet Roger Bacon die Urheberschaft Alexanders an der „Summa": „Fratres adscripserunt ei magnam summam illam, quae est plus quam pondus unius equi, quam ipse non fecit, sed alii. Et tamen propter reverentiam ascripta fuit, et vocatur Summa fratris Alexandri" (Opus minus, S. 326).

5) „Exemplar apud fratres putrescit et iacet intactum" bemerkt Roger Bacon (Opus minus, S. 326).

6) Sie besteht aus vier Teilen. Der erste handelt von Gott, der zweite von den Geschöpfen, der dritte von Christus, der vierte von den Sakramenten und den letzten Dingen.

In diesem theologischen Rahmen ist die Philosophie Alexanders zu finden. Er zuerst verwertet fast die gesamte Arbeit des Aristoteles, dessen Ansehen um 1231 zu steigen beginnt. Er benutzt auch arabische Kommentatoren, besonders Avicenna. Seine Philosophie hat eine peripatetische Grundlage, aber es fehlt ihr die Harmonie und strenge Einheit, welche für die kraftvollen Synthesen charakteristisch sind. Seine Argumente und Lösungen entlehnt er Autoritäten mit entgegengesetzten Tendenzen; namentlich behält er so manche Theorien der älteren Scholastik bei, die sich mit den peripatetischen Elementen seiner Lehre nicht vereinbaren lassen. Oft ist er verworren und weitschweifig, er ermangelt der Bestimmtheit und beschränkt sich auf die Registrierung der verschiedenen Antworten, die auf eine Frage möglich sind.

Bonaventura und Thomas von Aquino schätzen ihn. Selbst Bacon, der ihn hart mitnimmt, bestätigt seinen Ruf, indem er seinen Namen dem Alberts des Großen anreiht und beide „duo moderni gloriosi" nennt.[1] Die Fortschritte, welche ihm die scholastische Theologie und Philosophie verdanken, sind lange Zeit verkannt worden, weil der Glanz seiner Nachfolger seine Verdienste zu sehr verdunkelt hat.[2]

285. Seine Philosophie. — In der Summa Alexanders von Hales erscheint die Darstellungsweise in ihrer definitiven Form. Nachdem der Verfasser, wie Abaelard, das Für und Wider einer Frage dargetan hat, wobei er die Argumente nicht bloß aus den von seinen Vorgängern benutzten Quellen, sondern auch aus den griechischen, arabischen und jüdischen Quellen schöpft, entwickelt er die systematische **Lösung** des betreffenden Problems und erörtert den Wert der vorgebrachten Argumente. Diese trichotomische Gliederung der zu untersuchenden Fragen findet sich in allen Lehrbüchern des 13. Jahrhunderts.[3]

Gott ist „actus purus". Alle übrigen Wesen, geistige wie körperliche, bestehen nicht bloß aus Wesenheit und Existenz[4], sondern auch aus Stoff und Form, d. h. aus Potenz und Akt. Diese Lehre erinnert an die des Avicebrol, obwohl der Name des jüdischen Philosophen nicht erwähnt wird; doch bestehen wesentliche Unterschiede zwischen dem Scholastiker und den jüdischen Philosophen. Zunächst stützt sich Alexander auf die Lehre von Akt und Potenz, sodann ist bei ihm die „materia universalis" frei von allem monistischen Gepräge. Daher lehnt Alexander die Theorie der Araber, wonach die menschliche Seele die Emanation eines Intellekts ist, oder die Lehre Davids von Dinant, daß Gott die Urmaterie aller Dinge und der

---

1) Communia naturalium, lib. I, c. 3, zitiert bei Charles, R. Bacon, S. 375. Vgl. Felder, a. a. O. S. 187.
2) Der Vorwurf des Plagiats an Thomas auf theologischem Gebiete ist unbegründet. Vacant, Dict. théol. cathol., „Alexander".
3) Picavet (Nr. 186) schreibt diese Vervollkommnung Alexander zu; Mandonnet (Siger VI, 54) macht diesbezüglich Vorbehalte.
4) Entgegen der gewöhnlichen Ansicht lehrt Alexander tatsächlich den realen Unterschied zwischen Wesenheit und Existenz. Kommentare, die ihm fälschlich zugeschrieben wurden und die von Alexander von Alexandrien herrühren, bekämpfen diese reale Unterscheidung; daher der Irrtum. Vgl. Schindele, Zur Geschichte d. Unterscheid. von Wesenheit und Dasein in d. Scholastik (München, 1900, S. 26 f.).

menschlichen Seele ist, ab.[1]) Dazu kommt noch, daß die geistige Materie der räumlichen Bewegung nicht unterliegt und nicht die Grundlage substantieller Umformungen bildet („nec est subiecta motui nec contrarietati"), im Gegensatze zur irdischen Körpermaterie, welche diese beiden Eigenschaften hat, und zur himmlischen Körpermaterie, welche nur den Bewegungsgesetzen unterworfen ist.[2]) Die ganze Franziskanerschule mit Ausnahme Johanns von la Rochelle schließt sich der Grundlehre von der hylemorphischen Zusammensetzung der geschaffenen (kontingenten) Substanzen an. Sie bildet das Seitenstück zu einer andern charakteristischen Lehre der vorthomistischen Schulen: zur Lehre von der Mehrheit der substantiellen Form, welche nach Alexander in den zusammengesetzten (mixta), lebenden oder organischen Körpern enthalten sind.

Auf psychologischem Gebiete[3]) ist Alexander energisch, aber erfolglos bemüht, die Lehren des Aristoteles und des Augustinus miteinander zu verschmelzen. Er zählt sieben in der Schrift „De spiritu et anima" verzeichnete Definitionen der Seele auf und sucht sie mit der Aristotelischen zu vereinbaren.[4]) Um das Wesen der Seele zu erkennen, muß man ihre letzten Ursachen suchen: Gott ist ihre bewirkende Ursache, die Glückseligkeit ihr Ziel. Die Seele besteht aus Stoff und Form, so wie der Körper seine „forma corporalis" besitzt. Die Vereinigung beider („unio nativa") vollzieht sich „ad modum formae cum materia". Diese Mannigfaltigkeit realer Elemente ist im Einklang mit der Metaphysik Alexanders, betont die Unabhängigkeit der Seele und des Körpers (Augustinus), gefährdet aber die Einheit der Verbindung.

Was die psychischen Tätigkeiten anbelangt, so bekämpft Alexander etwas zaghaft die Theorie der Identität der Seele mit ihrem Vermögen (Antiaugustinismus); nach dem Beispiel der physiologischen Lehren Alfreds von Sereshel („De motu cordis") macht er die „vis naturalis" zum Lebensprinzip mit dem Herzen als Organ. Bei der Untersuchung der geistigen Erkenntnis wiederum erscheint die Augustinische Unterscheidung von „ratio", „intellectus" und „intelligentia", welche die Körperwelt und die auf sie bezüglichen Urteile, die geschaffenen Geister, die „rationes aeternae" und Grundprinzipien zum Gegenstande haben. Diese Augustinische Lehre nun paßt nicht recht zur peripatetischen Abstraktionstheorie. Nach dieser sind bloß die intelligiblen Formen der „ratio" abstrakt und ihre Entstehung erklärt sich aus dem Zusammenwirken des aktiven und möglichen Intellekts, zweier uns angehörender Geisteskräfte, mit einem dritten Intellekt, dem „intellectus materialis", der materiell und vergänglich ist und sich mit der „Phantasie"

---

1) Die Lehre Alexanders ist völlig unabhängig von der Theorie des Rhabanus Maurus betreffs der Körperlichkeit jedes Geschaffenen, mögen auch beide Theorien gewisse Ähnlichkeiten aufweisen.

2) Guttmann (a. a. O. S. 39) bestreitet den Einfluß Avicebrols auf Alexander, weil jener die von Alexander bestrittene Homogenität der ersten Materie lehrt.

3) Nach Endres (Nr. 288).

4) „Substantia, non tantum ut forma substantialis, sed ut quod ens in se, praeter hoc quod est actus corporis est substantia praeter substantiam corporis" (Sum. theol. q. 59, m. 2, § 1).

oder der Kogitationskraft verbindet.¹) Dies Gebiet der Abstraktion beschränkt sich also auf die Körperwelt; die „rationes aeternae" oder die deduktive Erkenntnis der Geschöpfe im göttlichen Wesen (Exemplarismus) sowie die Grundprinzipien sind, vermöge einer besondern Erleuchtung durch Gott, angeboren.

Den Willen betreffend, hat Alexander als einer der ersten den Unterschied zwischen „synderesis" und „conscientia" in psychologischer Hinsicht erörtert.

286. Schüler Alexanders von Hales. Johann von la Rochelle. — In seiner Erläuterung der „chronica Fabrianensia" stellt H. Felder, der jüngste Historiker der Franziskanerstudien, fest, daß nach Alexander von Hales die Minoriten, welche die Lehrkanzel der Franziskaner innehatten, in folgender Reihenfolge wirkten: J. von la Rochelle, Eudes (Odo) Rigaud, dessen Kommentare zu den Sentenzen wohl die erste derartige Arbeit bei den Franziskanern darstellt, Wilhelm von Meliton, der die Summe Alexanders vervollständigte und „Quaestiones" und „Quodlibet" hinterließ, endlich Bonaventura.

Von den Schülern Alexanders von Hales ist der bisher am besten bekannte Johann von la Rochelle (J. de Rupella). Um 1200 geboren, folgte er ihm um 1238 als magister regens und starb vor dem Jahre 1245.²) J. von la Rochelle, Verfasser einer Schrift „De anima", verfährt didaktischer als sein Lehrer. Mit größerer Bestimmtheit und Klarheit als irgendein anderer Scholastiker dieser Zeit begründet er die reale Verschiedenheit von Existenz („ens, quo est") und Wesenheit („essentia, quod est"). Diese Verbindung realer Faktoren besteht in jedem Geschöpfe; sie ist die Grundlage einer Verschiedenheit von Gott und die einzige Zusammensetzung der geistigen Substanzen, denn J. von la Rochelle verwirft die Theorie seines Lehrers, nach welcher die Geister aus Stoff und Form bestehen. Er entwickelt der Reihe nach die Theorien der Identität und der Nicht-Identität der Seele und deren Vermögen und erklärt ohne entschiedene Stellungnahme, beide Theorien seien miteinander vereinbar, wenn man unter Identität dies versteht, daß die seelische Substanz nicht ohne Vermögen existieren kann. Seine Psychologie ist ein Versuch, Aristotelische Formeln den Augustinischen Lehren anzupassen.

287. Die Oxforder Franziskanerschule. Rob. Grossetête. — Der Organisator der Franziskanerstudien in Oxford ist Robert Grossetête, der durch seine Beziehungen zu A. von Hales und J. von la Rochelle auch mit der wissenschaftlichen Bewegung in Paris zusammenhängt. Bacon lobt ihn überaus („prae aliis hominibus scivit scientias").³) Außer Übersetzungen, Kommentaren zu den „Analytica posteriora", zur Physik, den „Sophistici elenchi", den Schriften des Pseudo-Dionys⁴), verfaßte Robert zahlreiche kleinere

---

1) Vgl. Averroës, bei dem aber der materiale Intellekt einen andern Sinn hat.
2) Felder, a. a. O., S. 297 und sein Artikel in des Études francisc., S. 612.
3) Compendium studii, ed. Brewer, 472.
4) Hauréau, Hist. philos. scolast. II, 182. Baur, Die philos. Werke usw., S. 31 ff. Er rechnet zu den unechten Kommentaren den K. zur „consolatio philosophiae" des Boëthius (ibid. S. 48).

Schriften[1]) meist naturphilosophischen, metaphysischen und psychologischen Inhalts. Mit Vorliebe befaßt sich Robert mit Untersuchungen über die Natur. Die Prinzipien der Welt sind das Licht („prima forma corporeitatis") und der Stoff, durch deren Ausbreitung und Verdichtung die Einzeldinge entstehen. Das Licht — das Prinzip der Bewegung — verbreitet sich in abnehmenden Stärkegraden, die einer gewissen Einheit des Universums zur Grundlage dienen („ab unius lucis perfectione"). Gott kann als „forma omnium" bezeichnet werden, weil er alle Dinge gekannt hat, nicht aber im pantheistischen Sinne, den R. Grossetête verdammt („De unica forma omnium"). Auf psychologischem Gebiete knüpft er die Erkenntnis an eine „illustratio" durch das göttliche Licht und macht das Licht zu einem feinen, vermittelnden Körper als Verbindung zwischen Leib und Seele („De intelligentiis"); in der Weise des hl. Augustinus betrachtet er das Verhältnis von Denken und Empfindung, wobei er zugleich die Aristotelische Abstraktionslehre akzeptiert. Es ist stets die gleiche Aneinanderreihung Augustinischer und Aristotelischer Anschauungen sowie ein Mangel an innerem Zusammenhang, was in allen seinen Schriften auffällt.[2])

Robert unterbrach im Jahre 1235, als er Bischof von Lincoln wurde, seine Vorlesungen, verlor aber nicht das Interesse für die Studien des Ordens. Drei andere Weltgeistliche hatten nacheinander die Kanzel der Minoriten inne (ein gewisser **Magister Petrus**, **Roger Wesham** und **Thomas Wallensis**). Mit **Adam von Marisco** beginnt die lange Reihe der Franziskaner-Lehrer. Sein Briefwechsel mit Robert Grossetête bezeugt, daß Adam schon seit dem Jahre 1248 Magister der Theologie in Oxford war. Seine Nachfolger waren **Ralph von Colebruge** (um 1250), **Eustachius von Normanville** und **Thomas von York**, Verfasser von Kommentaren zur Aristotelischen Metaphysik.[3])

Die unter den Werken des R. Grossetête aufgeführte Schrift „de anima", deren Echtheit zweifelhaft ist[4]), stammt aus dem 13. Jahrhundert und behandelt, stark augustinisch beeinflußt, den Ursprung der Seele, ihre Unsterblichkeit (mit Berufung auch auf den Beweis aus dem abstrakten Charakter des Denkens), ihre Quantität, ihre Verbindung mit dem Leibe.

Die lange Zeit R. Grossetête zugeschriebene „Summa philosophiae", die aber nicht von ihm herrührt[5]), bildet eines der beachtenswertesten Produkte der Oxforder Schule im 13. Jahrhundert. Sie erörtert streng methodisch und außerordentlich gründlich philosophiegeschichtliche Fragen, Erkenntnisprobleme, Theorien über die Wissenschaft und streift die Hauptprobleme der Metaphysik, Kosmologie und Psychologie.

288. **Bibliographie.** — Die beste Ausgabe der Summe Alexanders von Hales ist die Venediger 1576, 4 Bde.; andere Ausgaben: Nürnberg 1442, Köln 1622. In einer Studie, welche die Archiv. francisc. histor. publizieren 1913, S. 13—22 („De relatione inter prooemium Summae Alexandri Halensis et prooemium Summae Guidonis Abbatis") gelangt P. Parthenius

---

1) Cf. Nr. 288.
2) Baur, a. a. O. S. 78—82.
3) Felder, a. a. O. S. 284—301.
4) Baur, a. O. S. 113 ff.
5) Baur, a. a. O. S. 126 ff. Namentlich werden Werke Alberts des Großen, die erst um 1256 vollendet wurden, angeführt.

Minges, der sich auf die angeführten Autoren stützt, zu dem Schlusse, das „prooemium" von Guido Abbas weise auffallende Ähnlichkeiten mit dem „prooemium" Alexanders auf, könne aber nicht aus der Zeit vor dem Tode des letzteren herrühren; er stellt den Namen Guidos von Elemosina voran, um 1254 Magister, der von Alexander beeinflußt sein soll. Die beste Monographie ist die von Endres, Des Alexander von Hales Leben und psychologische Lehre (Philos. Jahrb. 1888). Betreffs des Lehrverfahrens vgl. Picavet (Nr. 187). Verhältnis zu Avicebrol: Guttmann (a. a. O. S. 32—64), vgl. Nr. 228; A. de Hales et le judaïsme (Rev. études juives, 1890). Vacant, Alexander de Halès (Dict. théol. cathol., 1900, I, Sp. 775—785); oberflächlich, viele Irrtümer. Vgl. Ehrle, Felder und de Martigné (Nr. 241). — Des J. von la Rochelle „De anima" hat Domenichelli (Prato, 1882) herausgegeben. Mit dieser Schrift vergleicht Hauréau (Not. et extr. qles ms. lat., V, 45—48) einen anonymen Traktat „De definitione multiplici potentiarum animae". H. Luguet, Essai d'analyse et de critique sur le texte inédit du traité de l'âme de J. de la Rochelle, Paris 1875; G. Manser, Die Realdistinctio von Wesenheit und Existenz bei Joh. von Rupella, Rev. Thom. 1911, S. 89—92. G. Manser, von Rupella (1245), Ein Beitrag zu seiner Charakteristik mit besonderer Berücksichtigung seiner Erkenntnislehre. Jahrb. f. Philos. u. spekul. Theol., 1911. — J. Felten, R. Grosseteste, Bischof von Lincoln, ein Beitrag zur Kirchen- und Kulturgesch. des 13. Jahrhunderts (Freiburg i. B. 1887). — F. S. Stevenson, Robert Grosseteste, Bishof of Lincoln, a contribution to the religious, political and intellect. history of the 13. cent. (London, 1899). L. Baur, a. a. O. S. 212. Derselbe (in: Beitr. z. Gesch. d. Philos. d. Mitt., Bd. IX, 1912): Die philosophischen Werke des R. Grosseteste, Bischofs von Lincoln. Nach einer Einleitung über die Echtheit dieser Übersetzungen, Kommentare und philosophische Schriften, publiziert er: a) die echten Schriften, 1. propaedeutischen Inhalts (De artibus liberalibus, De generatione stellarum), 2. naturphilosophischen, auf die Astronomie bezüglichen Inhalts (De sphaera, De generatione stellarum, De cometis), auf die Meteorologie (De impressionibus aëris seu de prognosticatione), auf die Kosmogonie (De luce seu de inchoatione formarum, Quod homo sit minor mundus), Optik (De lineis, angulis et figuris seu de fractionibus et reflexionibus radiorum, De natura locorum, De iride, De colore), Physik (De calore solis, De differentiis localibus, De impressionibus elementorum, De motu corporali, De motu supercaelestium, De finitate motus et temporis), Metaphysik (De unica forma omnium, De intelligentiis, De statu causarum, De potentia et actu, De veritate, De veritate propositionis, De scientia Dei, De ordine emanandi causatorum a Deo), Psychologie (De libero arbitrio); b) zweifelhaft: De anima; c) unecht: Summa philosophiae. — Eine unvollständige Ausgabe von R. G. erschien in Venedig 1514 und einige Kommentare sind öfter ediert worden.

§ 3. Bonaventura.

289. Leben und Schriften. — Bonaventura (Johannes von Fidenza) ist im Jahre 1221 oder 1222 zu Bagnorea in Toskana geboren. Um das Jahr 1240 trat er in den Franziskanerorden ein; er absolvierte seine theologischen Studien in Paris, wo er Alexander von Hales, den er „pater et magister" nennt[1]), hörte und wo er im Jahre 1248 die „licentia publice legendi" erhielt. In diese Zeit fällt die Entstehung seiner meisten Schriften. Im Jahre 1255 wurde er in die Streitigkeiten zwischen Welt- und Ordensgeistlichen verflochten und verteidigte sich tapfer an der Seite Thomas' von Aquino, mit dem ihn innige Freundschaft verband. Erst am 23. Oktober 1257 erteilte ihm die Universität, den päpstlichen Mahnungen gehorchend, zusammen mit dem hl. Thomas die Magisterwürde. Im selben Jahre wurde Bonaventura zum Ordensgeneral ernannt. Im Jahre 1260 redigierte er im Kapitel von Narbonne die neuen Bestimmungen. 1273 wurde er Kardinal und nahm am Konzil von Lyon teil, starb aber vor Beendigung der Arbeiten im

---

1) In II. 1. Sent., dist. XXIII, q. 3.

Jahre 1274. Die Nachwelt gab ihm den Ehrennamen des „doctor devotus" und, seit Gerson, den des „doctor seraphicus".

Von den für das Verständnis der Philosophie des hl. Bonaventura nötigen theologischen Schriften, deren Echtheit feststeht, erwähnen wir[1]): 1. „Commentarii in IV l. sententiarum P. Lombardi", um 1248 begonnen; Bonaventura, der sich auf A. von Hales beruft, übertrifft ihn an Tiefe und Klarheit. Die Stellen aus der Summe Alexanders, in welchen man ein Plagiat Bonaventuras hat finden wollen, sind im Gegenteil spätere, nach Bonaventura eingefügte Einschübe. 2. „Quaestiones disputatae" (besonders „De paupertate"). 3. „Breviloquium" (vor 1257). 4. Das berühmte „Itinerarium mentis in Deum" (1259). 5. „De reductione artium ad theologiam", eine Klassifikation des menschlichen Wissens. Die wichtigsten mystischen Schriften sind: „De triplici via" und „Soliloquium", Hugo von St. Victor nachgeahmt.

280. Persönlichkeit des Bonaventura. — Als Philosoph wie als Theologe ist Bonaventura der **Fortsetzer der Tradition**. Er selbst erinnert an verschiedenen Stellen daran; so schreibt er besonders in der „praelocutio ad II. 1. Sentent.: „At quemadmodum in primo libro sententiis adhaesi et communibus opinionibus magistrorum, et potissime magistri et patris nostri bonae memoriae fratris Alexandri, sic in consequentibus Non enim intendo novas opiniones adversare, sed communes et approbatas retexere. Nec quisquam aestimet quod novi scripti velim esse fabricator, etc." So atmet denn die philosophische Synthese Bonaventuras völlig den **konservativen Geist** der älteren Scholastik, zu deren letzten großen Vertretern er gehört. Er ist Augustiner ebensosehr aus Neigung wie der Tradition gemäß, aber auch von ihm gilt, daß sein Augustinismus einen Kern peripatetischer Lehren einschließt. Obgleich er bis zum Ende seiner Laufbahn die Grundlehren der älteren Schule verfochten hat, findet sich doch in seinen Schriften keine Spur von einer direkten Gegnerschaft gegenüber den thomistischen Neuerungen. Von konziliantem Naturell und Charakter, nahm der Freund Thomas' von Aquino nicht teil an den Kämpfen, welche andere Augustiner gegen den Dominikanerlehrer führten. Bemerkt sei noch, daß Bonaventuras Konservativismus ihn nicht zum Sklaven der Vergangenheit macht. Er deckt nicht bloß bei Aristoteles und den Arabern Fehler auf, sondern auch bei seinem Lehrer Petrus Lombardus und ist der erste, der ein Verzeichnis von zehn den „Sentenzen" entnommenen falschen Theorien, welche dann alle seine Nachfolger ablehnen, zusammengestellt hat.

Bonaventura ist auch die vollendetste Verkörperung der **theologischen Mystik** des 13. Jahrhunderts. Bei ihm erdrückt das Mystische nicht, wie nur zu oft wiederholt wurde, das Spekulative, sondern beherrscht es nur.[2]) Die Mystik Bonaventuras stützt sich auf die Kirchenväter, Pseudo-Dionys, den hl. Bernhard, ist aber vor allem eine Weiterentwicklung der Lehre der Viktoriner.

Man hat oft zwischen Thomas von Aquino und Bonaventura eine Pa-

---

1) Nach den im X. Bd. der Ausgabe zu Quaracchi enthaltenen Studien.
2) Die Herausgeber von Quaracchi bemerken, daß auf die neun Bände der Gesamtausgabe nur ein einziger Band — und auch nur zum Teil — mystische Betrachtungen enthält.

rallele gezogen. Die bei dem letzteren vorherrschende mystische Orientierung erklärt seine Vorliebe für die synthetische Methode sowie die ständige Bemühung, die psychologischen und metaphysischen Probleme zu Gott, dem Hauptpunkt der philosophischen Untersuchung, in Beziehung zu setzen. Thomas ist mehr Vernunftmensch und kälter, aber dafür ist sein Verfahren organischer. Überdies hatte er die Zeit, sein Werk zu vollenden, während Bonaventura, der mit dreißig Jahren zum schweren Amt des Ordensgenerals berufen ward, am vollen Aufschwung seines Geistes gehindert wurde.

291. Philosophische Lehren. — Bonaventura stimmt betreffs einer ansehnlichen Menge von Grundlehren mit den großen Lehrern des 13. Jahrhunderts überein. Ihre Gegner sind auch die seinen und er versäumt keine Gelegenheit zur Widerlegung des Averroismus und Pantheismus (namentlich gegen David von Dinant); die Scholien der Herausgeber von Quaracchi haben dies klar gezeigt. Wir wollen nun einige charakteristische Anschauungen des Franziskanerlehrers betrachten.

1. Theologie und Philosophie. Bonaventura akzeptiert die gewöhnlichen Theorien betreffs des Verhältnisses beider Wissenschaften, macht aber die Theologie mehr zu einer praktischen als theoretischen Wissenschaft[1]) und betont ihren Gefühlswert. Dies ist ein Nachhall des von den Augustinerlehrern betonten Primats des Willens vor dem Erkennen.

2. Metaphysik. In jedem Geschöpf sind nicht bloß Wesenheit und Existenz, sondern auch Stoff und Form real zu unterscheiden. Akt und Potenz, Form und Materie sind aequivalente Begriffspaare, die Engel sind demnach keine „subsistierenden Formen". Kann auch die Materie nicht ohne die Form existieren, so hat sie doch ihre entsprechende Idee im göttlichen Geist, denn sie begründet eine unbestimmte Realität und man muß sie, wenn man von den sie differenzierenden Formen abstrahiert, als in den materiellen Körpern und in den geistigen Wesen gleichartig ansehen (entgegen A. von Hales). Diese Theorie der hylemorphen Zusammensetzung der immateriellen Substanzen in ihrem bei den älteren Scholastikern üblichen peripatetischen Sinne ist ein Vermächtnis Avicebrols; doch scheint Bonaventura, da er den Namen des jüdischen Philosophen nicht zitiert, den Ursprung der Lehre nicht zu kennen. Ja, er sucht sie auf Augustinus zurückzuführen und die Franziskaner nach ihm berufen sich immer mehr lieber auf die Autorität der Kirchenväter als auf die des jüdischen Philosophen.

Eine zweite, von A. von Hales überkommene Theorie ist die Lehre von der Mehrheit der substantiellen Formen. Bonaventura leugnet nicht den Grundsatz „unius perfectibilis una sola est perfectio", aber er meint, die

---

1) Die Editoren von Quaracchi meinen gleichwohl, daß die Formel Bonaventuras nur wenig von der des Thomas abweicht („parum distat"; Opera I, S. 12). Nach Ziesché (Verstand u. Wille beim Glaubensakt. Eine spekulat. histor. Studie aus d. Scholastik im Anschlusse an Bonaventura, Paderborn, 1909) erblickt Bonaventura wie Thomas im Glaubensakt eine komplexe Tätigkeit, an welcher Intellekt und Wille zugleich teilhaben. Während aber Thomas den „habitus" des Glaubens bloß dem Intellekt zuschreibt — entsprechend seinem Intellektualismus und seiner Lehre von der realen Distinktion der Vermögen — schreibt ihn Bonaventura, als Voluntarist und die Verschiedenheit der Seele von ihren Vermögen weniger präzis bestimmend, ebenfalls beiden Seelenkräften zu.

„forma completiva", welche dem Wesen seine letzte und spezifische Vollendung gibt, sei nicht unverträglich mit anderen untergeordneten Formen als Prinzipien niederer Vollkommenheiten; und zwar nicht bloß in den organischen und anorganischen Gebilden (mixta), sondern auch in den Naturelementen. Die Mehrheit der substantiellen Formen wird in den Franziskanerschulen endgültig akzeptiert.

Zwischen der spezifischen und der individuellen Wesenheit besteht keine reale Verschiedenheit. Das Individuationsprinzip ist weder die Materie noch die Form allein, sondern die Vereinigung beider.

3. Theodizee. Für den Beweis des Daseins Gottes erbringt Bonaventura verschiedene ihm eigene Argumente von augustinischem Charakter.[1]) Die Idee des seienden Gottes ist dem Geiste von Natur eingeprägt; die ganze Natur verkündet ihn. Er ist an sich das Klarste und Lichtvollste; unsere Vorstellungen begrenzter Wesen sind nur vermittelst der Idee des reinen Wesens möglich; das unwandelbare Licht der Urteile und Schlüsse unseres Geistes kann nur Gott sein (Augustinus)[2]). Es ist daher nicht verwunderlich, wenn Bonaventura das ontologische Argument Anselms, das er erläutert, wieder aufnimmt. Betrachtet man das göttliche Wesen an sich selbst oder nimmt man einen Geist an, der sich eine angemessene, nicht bloß negative und analogische Vorstellung von ihm macht, dann darf man mit Recht sagen, daß das Wesen die Existenz einschließt.[3])

Der Schöpfungsakt, der die einzig mögliche Erklärung der Weltentstehung darbietet, erfolgte in der Zeit; eine Schöpfung ab aeterno ist widerspruchsvoll. In dieser das 13. Jahrhundert bewegenden Frage verteidigt Bonaventura die ältere Scholastik nicht bloß gegen Aristoteles und die Averroisten, sondern auch gegen die gemäßigteren Anschauungen des Thomismus.

4. Physik und Psychologie. Die erste Materie ist nicht rein passiv. Sie enthält, im unvollständigen Zustande, die substantiellen Formen, mit welchen sie sich unter der Einwirkung der natürlichen Agenzien verbinden wird. Um die Umwandlung der natürlichen Substanzen von der „creatio" und „annihilatio" abzusondern, greift Bonaventura auf die „rationales seminales" zurück. Er verhilft der Augustinischen Lehre zu erneutem Ansehen[4]) und auf ihn beruft sich eine gegen Ende des Jahrhunderts auftretende Reaktion gegen den Thomismus (V, § 1).

Betreffs der Frage, in welcher Weise zwischen der Seele und ihren Vermögen zu unterscheiden ist, stellt Bonaventura, nicht ohne Bedenken[5]), eine zwischen der älteren augustinischen und der neuen thomistischen Lehre

---

1) De mysterio Trinitatis, Opera V, 45. „Ostenditur triplici via. Prima est ista: omne verum omnibus mentibus impressum est verum indubitabile. Secunda est ista: omne verum, quod omnis creatura proclamat, est verum indubitabile. Tertia est ista: omne verum in se ipso certissimum et evidentissimum est verum indubitabile."

2) Itinerarium mentis ad Deum, c. 3, 3. Vgl. Grunwald, a. a. O.

3) So fassen dies die Editoren von Quaracchi auf (I, 155f.). Domet de Vorges (a. a. O. S. 294) erklärt ebenfalls, daß Bonaventura das Anselmische Argument nur mit charakteristischen Einschränkungen wiederholt.

4) „Hanc positionem credo esse tenendam non solum quia eam suadet ratio, sed etiam quia confirmat auctoritas Augustini" (Bd. II, 198).

5) Vgl. Scholien Bd. II, 78.

vermittelnde Theorie auf. Einerseits nimmt er nicht wie der Thomismus an, daß die drei Grundvermögen der Seele hinzukommende und unterschiedene Wirklichkeiten sind, anderseits anerkennt er auch nicht eine Wesensidentität zwischen der Seele und ihren Tätigkeitsprinzipien, die gleichwohl der Seele konsubstantiell sind.[1])

Bonaventura ist ein Anhänger der peripatetischen Ideologie („omnis cognitio est a sensu"), aber mit der bedeutsamen Einschränkung, daß die Seele sich selbst und Gott ohne Vermittlung einer aus den Sinnesdaten abstrahierten „species" vermöge eines „naturale iudicatorium" erkennt.[2]) Aktiver und möglicher Intellekt sind zwei Tätigkeitsweisen desselben Vermögens. An vielen Stellen der „Kommentare zu den Sentenzen", im „itinerarium mentis in Deum" und „Hexaëmeron" und ex professo in einer „quaestio disputata de cognitionis humanae suprema ratione"[3]) wiederholt und erläutert der hl. Bonaventura die berühmten Augustinischen Stellen, nach welchen alle Erkenntnis „ratione lucis increatae" oder „rationibus aeternis" zustande kommt, daß Gott das Licht ist und daß er durch seine Wahrheit jedem Geiste gegenwärtig ist, usw. Diese Lehre, die ihm, wie wir sahen, einen Beweis für das Dasein Gottes verschafft, spielt in seiner Ideologie eine fundamentale Rolle. Sicherlich hat Bonaventura diese Stellen nicht im ontologischen Sinne aufgefaßt[4]); anderseits beweisen seine Bekämpfung der averroistischen Lehre von der Einheit des menschlichen Intellekts („hic error destruit totum ordinem vivendi et agendi") und seine Ideologie gründlich, daß der Mensch die bewirkende Ursache seiner Geistesakte ist. Bonaventura hebt nur die Augustinische Lehre von den göttlichen Ideen, den objektiven Grundlagen der Wahrheit und Gewißheit, der Erleuchtung des menschlichen Geistes durch das göttliche Licht stärker hervor als andere bedeutende Scholastiker. Diese Erleuchtung hängt zunächst mit der Gottähnlichkeit, die der Schöpfungsakt unserem Geiste verliehen hat, sodann auch mit dem unmittelbaren „concursus" der ersten Ursache bei der Denktätigkeit zusammen. Sie ist „ratio motiva" in Verbindung mit der uns angehörenden „ratio creata". Unseres Erachtens hat Bonaventura nicht die Theorie der speziellen Erleuchtung vertreten, welche nach gewissen Vertretern der älteren Scholastik vor oder neben ihm von jener allgemeinen Mitwirkung Gottes verschieden ist. Betreffs dieser wichtigen Frage Augustinischer Exegese, die zugleich für die Theodizee, die Meta-

---

1) „Istae potentiae [memoria, intelligentia, voluntas] sunt animae consubstantiales et sunt in eodem genere per reductionem, in qua est anima. Attamen, quoniam egrediuntur ab anima — potentia enim se habet per modum egredientis — non sunt omnino idem per essentiam" (In 1. Sent. D. III, P. 2, art. 1, q. 3; Bd. I, 86).

2) „... Utrum omnis cognitio sit a sensu. Dicendum est quod non. Necessario enim oportet ponere quod anima novit Deum et se ipsam et quae sunt in se ipsa sine adminiculo sensuum exteriorum   Quod omnis cognitio habet ortum a sensu, intelligendum est de illis quae quidem habent esse in anima per similitudinem abstractam" (II Sent. d. 39, a. 1, q. 2, S. 904).

3) Zum ersten Male veröffentlicht in „De humanae cognitionis ratione anecdota quaedam S. D. S. Bonaventurae, etc." Quaracchi, 1883. Die unveröffentlichte Untersuchung wird mit geringen Zusätzen erneuert in den „Quaestiones disputatae de scientia Christi", q. IV (Bd. V, 17).

4) Vgl. das „Scholion" in der Ausgabe des „Itinerarium" (Bd. V, S. 313—316).

physik und die Ideologie von Interesse ist, besteht zwischen Bonaventura, Thomas und Duns Scotus nur ein geringfügiger Unterschied; nur ihre Ausdrucksweise ist verschieden[1]). — Bemerkt sei noch, daß der Wille den Primat vor dem Intellekt hat (Augustinus).

Gemäß den Grundprinzipien seiner Metaphysik unterscheidet Bonaventura in der menschlichen Seele eine „forma" und eine „materia spiritualis" und im menschlichen Gebilde eine Mehrheit von Formen. Die Natur des menschlichen Gebildes, die Immaterialität und Unsterblichkeit der Seele bestimmt er nach peripatetischer Weise.

292. Der hl. Bonaventura als Mystiker. — Die mystische Vereinigung mit Gott ist das Endziel alles Wissens („De reductione artium ad theologiam"). Erreicht wird sie in einer Stufenfolge, die Bonaventura in dem einen hohen Flug nehmenden „Itinerarium mentis in Deum" nach dem Vorgang der Viktoriner darstellt. Außer dem Auge des Fleisches („oculum carnis") und dem Auge der Vernunft („oculum rationis") besitzen wir ein Auge der Kontemplation („oculum contemplationis"). Wir können Gott lieben und erkennen:

1. In der Natur, die nach seinem Bilde („vestigium") geschaffen ist, und zwar erkennen wir („cogitatio", „theologia symbolica"): a) durch die äußeren Sinne („per vestigium"), b) durch die Einbildungskraft („in vestigio").

2. Im göttlichen Bilde („imago Dei"), welches unsere Seele ist („meditatio, theologia propria"). In Fortsetzung der Untereinteilung: c) wir schauen Gott vermittelst unserer Seele („per imaginem"), durch Betrachtung ihrer drei Vermögen: Gedächtnis, Vernunft, Wille (Augustinus), die einen Widerschein der Heiligen Dreifaltigkeit in uns darstellen. Das Gedächtnis bewahrt den göttlichen Schatz der Grundprinzipien. Der Wille kann sich nicht ohne die Vorstellung des idealen Gutes, welches die Gottheit ist, regen. Der Intellekt erkennt die oberste, unwandelbare Wahrheit der Dinge nur vermöge einer Erleuchtung von oben, durch die er mit Gott vereinigt wird. Die über-

[1] Die Herausgeber in Quaracchi betonen mit Recht die Wesensgleichheit ihrer Lehren. Vgl. besonders das „Scholion" der d. 24, p. 1, in II l. Sent. (Bd. II, 570); „Manifeste ostenditur S. Doctorem ab aliis principalibus Scholasticis in hac doctrina (nämlich de ratione cognitionis humanae) non discrepare nisi in modo loquendi, vel in re exigui momenti" (vgl. I. 70). Ebenso in der „dissertatio" über diese Lehre im Sinne der unveröffentlichten Untersuchung: ferner vgl. die in Bd. X (Dissertatio de scriptis, S. 31) zitierte Stelle, welche die Ideologie Bonaventuras zusammenfaßt und zeigt, wie nach ihm der hl. Augustinus Aristoteles und Platon vereinigt. „Licet anima secundum Augustinum connexa sit legibus aeternis, quia aliquo modo illud lumen attingit secundum supremam aciem intellectus agentis et superiorem portionem rationis, indubitanter tamen verum est, secundum quod dicit Philosophus, cognitionem generari in nobis via sensuum, memoriae et experientiae, ex quibus colligitur universale in nobis, quod est principium artis et scientiae. Unde quia Plato totam cognitionem certitudinalem convertit ad mundum intelligibilem, ideo merito reprehensus fuit ab Aristotele. Et hoc ponendo, licet (Plato) videretur stabilire viam sapientiae, quae procedit secundum rationes aeternas, destruebat tamen viam scientiae, quae procedit secundum rationes creatas. Et ideo videtur, quod inter philosophos datus sit Platoni sermo sapientiae, Aristoteli vero sermo scientiae. Ille enim principaliter aspiciebat ad superiora, hic vero principaliter ad inferiora. — Uterque autem sermo, scilicet sapientiae et scientiae, per Spiritum sanctum datus est Augustino tanquam praecipuo expositori totius Scripturae satis excellenter, sicut ex eius scriptis apparet" (Sermo, Bd. V, 572). Aristoteles ist ein Gelehrter, Platon ein Weiser. Augustinus vereinigt beide Typen in seiner Person.

natürliche Vermittlung der Gnade ist, obgleich sie dem Fortschritt der Seele in den ersten drei Stadien ihres Aufstieges günstig ist, erst im vierten Stadium, dessen Vorstufen die ersten drei bilden und in welchem wir d) Gott in uns („in imagine") schauen, ausdrücklich gefordert. Dann gewährt uns die Gnade die drei theologischen Tugenden.

3. Nachdem wir Gott in seinen Werken erkannt haben, erheben wir uns zu seiner unmittelbaren Erkenntnis. Seine Gnade zeigt ihn uns der Reihe nach: e) in seinem Sein, f) in seiner Güte und in dem Mysterium seiner Heiligen Dreifaltigkeit. Das siebente und letzte Stadium ist die unbeschreibliche Ruhe, die Ekstase, das Ziel dieses Aufstieges. Auf dem Gipfel des mystischen Erlebens sind wir verzückt und ergötzen uns („apex mentis") am Unendlichen. Dies ist die Kontemplation im engeren Sinne, der Gegenstand der „theologia mystica". Selbstverständlich beeinträchtigt dieser Liebeserguß des Geschöpfes gegenüber dem Schöpfer in keiner Weise die substantielle Verschiedenheit beider.

Die Nachwelt hat diesem großen Repräsentanten der kontemplativen Mystik ihre Achtung bezeugt.

293. Bibliographie. — Die 1882 begonnene, 1902 vollendete kritische Ausgabe von Quaracchi ist ein wissenschaftliches Denkmal ersten Ranges und für die Herausgabe scholastischer Werke durchaus mustergültig. Bd. I—IV enthalten die „Comment. in IV l. Sentent." In jedem Bande finden sich kritische Einleitungen, ein kritischer Apparat zum Text und nach den wichtigeren Untersuchungen „Scholia", wahre Monographien über die Geschichte der in den Untersuchungen behandelten Lehren. Bd. V enthält acht kleine theologisch-philosophische Schriften. Die vier letzten Bände haben für die Philosophie geringe Bedeutung. Mehrere Texte, besonders die „Quaestiones disputatae" (außer „De paupertate") sind hier zum ersten Male herausgegeben (Bd. V). In der Einleitung des III. Bandes findet sich ein Verzeichnis der philosophischen Divergenzen zwischen Bonaventura und Thomas von Aquino in deren Kommentaren zu den Sentenzen. Band X enthält eine Abhandlung über B.s Leben und Schriften, ferner eine Studie über 108 unechte oder zweifelhafte Traktate. Die wissenschaftliche Persönlichkeit B.s wird charakterisiert. — Joannes a Rubino und Antonius Maria a Vicetio, Lexicon Bonaventurianum, Venedig, 1880.

Eine vortreffliche Biographie verfaßte P. L. Lemmens, Der hl. Bonaventura, Kardinal und Kirchenlehrer aus dem Franziskanerorden (1221—1274), Kempten und München, 1909. Die Elemente zu einer Gesamtuntersuchung der philosophischen Lehren des hl. Bonaventura sind in den oben erwähnten „Scholia" vereinigt, aber die Untersuchung selbst erübrigt noch. A. de Margerie, Essai sur la philos. d. S. B., 1855; unzulänglich. De Martigné, a. a. O. (Nr. 240); Krause, Die Lehre des hl. B. über die Natur der körperlichen und geistigen Wesen und ihr Verhältnis zum Thomismus, Paderborn, 1888; gute Einzeldarstellung. Derselbe: Comment. philos. quomodo S. B. mundum non esse aeternum sed tempore ortum demonstraverit, Braunsberg, 1890. Henry, Contribut. à l'histoire de la distinction de l'essence et de l'existence de la scolastique (Rev. Thom. 1911, 4-15). Nichts Neues; Darlegungen betreffend W. von Auvergne, A. von Hales, Bonaventura, Albert den Großen. Theodizee: Grunwald, a. a. O., S. 120—132. Menaisson, La connaissance de Dieu chez S. B. (Rev. d. philos., 1910, Juli—August). — Über den Exemplarismus: De humanae cognitionis ratione anecdota quaedam Seraphici D. S. Bonaventurae et nonnullorum ipsius discipulorum, edita studio et cura P. P. Coll. a S. Bonaventura, Quaracchi, 1883. Vortreffliche Monographie, bringt auch den Text einer Untersuchung und Kanzelrede des hl. B. sowie von Untersuchungen über die Grundlagen der Gewißheit von Matthäus von Aquasparta, J. Peckham, Eustachius, Roger dem Engländer, Richard von Middleton. Ziesché, Die Lehre von Materie und Form bei B. (Philos. Jahrb. 1900, S. 1). Die Naturlehre Bonaventuras (ebd., 1908); betrifft die Theorien der geistigen Materie und der rationes seminales. Lutz, Die Psychologie Bonaventuras nach den Quellen dargestellt (Beitr. Gesch. Philos. Mittelalt., VI, 4—5); sorgfältige Darlegung der Einzelheiten, zeigt, daß B. gemäßigte, die Aristotelischen mit den Augustinischen Lehren vereinbarende Lösungen erstrebt.

18*

§ 4. Die Schüler des hl. Bonaventura.

294. Die ersten Schüler. Matthaeus von Aquasparta und John Peckham. — Der Einfluß des Bonaventura erhielt sich durch seine Schüler. Die hervorragendsten unter seinen unmittelbaren Nachfolgern sind Matthaeus von Aquasparta und John Peckham.

Matthaeus ab Aquasparta (1235/40—1302), Lehrer in Paris und in Bologna, ist das zweite Ordensmitglied, das (1281) nach Rom als Lektor des heiligen Palastes, wo Innozenz IV. ein „studium generale" begründet hatte, berufen wurde. Im Jahre 1287 wurde er Ordensgeneral, 1288 Kardinal, kurz darauf Bischof von Porto. Er schrieb „Kommentare zu den Sentenzen", „Quodlibeta" und „Quaestiones disputatae", eine Frucht seiner Lehrtätigkeit in Rom und Bologna. Von der Lehre seines Meisters, dem er vieles entlehnt (z. B. die Argumente gegen die Ewigkeit der Schöpfung, die Theorie der hylemorphen Zusammensetzung der geistigen Substanzen), durchdrungen, hinterläßt er Duns Scotus so manche Ideen. Die Persönlichkeit des Matthaeus läßt sich aus einer Gruppe von Erörterungen „de fide et de cognitione humana" beurteilen, welche einen Auszug aus den „Quaestiones disputatae" bilden und kürzlich herausgegeben worden sind. Er erscheint hier als sehr talentierter Schriftsteller mit einem einfachen, klaren und präzisen Stil; an Tiefe des Denkens steht er auch den berühmtesten seiner Zeitgenossen nicht nach.

Die Schrift „De fide" entwickelt die Grundlagen des Glaubens und dessen Verhältnis zur Vernunft. Matthaeus reproduziert und widerlegt namentlich die Argumentationen Abaelards, der nach ihm immer noch Anhänger findet („alii dixerunt et multi adhuc dicunt").[1]

„De cognitione" enthält eine ganze Psychologie. Zunächst finden wir eine tiefere Erörterung der Grundlagen der Gewißheit und der Schauung des Wahren in den „rationes aeternae". Auf jeder Seite tritt die Sympathie des Verfassers für Augustinus zutage. Er erneuert die Lehre seines Meisters, die er in klareren und konziseren Ausdrücken darlegt. Die Erkenntnis geht von unten aus, vollendet sich aber in einer von oben kommenden Bewegung. Gott ist nicht bloß der Schöpfer des menschlichen Geistes[2], sondern er **erhält ihn auch und wirkt mit bei jeder seiner Tätigkeiten.**[3] Diese unmittelbare Mitwirkung, die eine Bedingung der Tätigkeit jedes geschaffenen

---

1) Ed. Quaracchi, S. 63: „In istum errorem lapsus fuit Petrus Baalardi". Er erörtert auch die Theorie Friedrichs II., der die Existenz jedes positiven Gesetzes leugnete. „Istius erroris dicitur fuisse Fredericus, qui fuit imperator; qui omnes legislatores reputabat truffatores" (S. 83).

2) Was nach ihm eine unzulängliche Auffassung der Lehre des hl. Augustinus wäre.

3) „Lumen ergo illud, movendo nostrum intellectum, influit quoddam lumen menti nostrae, ita quod per lucem divinam videt obiective et quasi effective, sed per illud et in illo lumine videt formaliter; quod quidem lumen continuatur et conservatur in mentibus nostris ad praesentiam divinam. Nec alicui subtrahitur cognoscenti, immo omnibus bonis et malis indifferenter assistit secundum ordinationem et dispositionem immutabilem suae sapientiae, quae cooperatur in intellectuali operatione" (S. 255). — „Ratio cognoscendi materialis est ab exterioribus, unde ministrantur species rerum cognoscendarum, sed ratio formalis partim est ab intra, scilicet a lumine rationis, partim a superiori, sed completive et consummative a regulis et rationibus aeternis" (S. 261).

Agens ist, ist der Natur dieses Agens selbst angemessen. Matthaeus betont nun mit Bonaventura die spezielle Ähnlichkeit ("imago, similitudo") des denkenden Geschöpfes mit dem Schöpfer; diese Ähnlichkeit ergibt sich aus der Denkfähigkeit selbst und in diesem Sinne heißt speziell die Mitwirkung Gottes beim Erkenntnisakt eine Erleuchtung.[1]) Sie ist "ratio motiva" (Bonaventura); wir erfassen das göttliche Licht und die ewigen Gründe nicht als **Erkenntnisobjekt**, sondern als ein bewegendes Prinzip, welches in uns die Erkenntnis anderer (der geschaffenen) Dinge bestimmt.[2]) Da die als Erkenntnisobjekt betrachteten "rationes aeternae" uns nur durch ihr Verhältnis zu den geschaffenen Wesen, deren oberste reale Grundlage sie uns gewähren[3]), bekannt sind, so können wir in der Lehre des philosophischen Kardinals nur eine fein nuancierte Darlegung der göttlichen Grundlage der Wahrheiten der Dinge erblicken.

Die Ideologie des Matthaeus weist gewisse Besonderheiten auf.

1. Die Erkenntnis ist ein aktiver Vorgang. — Wenn wir auch mit einem "iudicatorium naturale" zur Welt kommen, so ist doch keine Vorstellung äußerer Dinge uns aktuell angeboren (vgl. Bonaventura). Jede Vorstellung kommt, durch den Kanal der Sinne, von außen. Aber das Sinnesobjekt **wirkt nicht** auf die Seele ein, sondern diese bildet sich **bei Gelegenheit** des Sinneseindrucks eine entsprechende Empfindung. Ebenso verhält es sich mit dem Denken. Der tätige Intellekt verwandelt die "species sensibilis" ("et illud vocat philosophus abstrahere") und bestimmt den passiven Intellekt ohne **kausale** Vermittlung des Außendinges. Dies ist reiner Augustinismus, der Aristotelischen Theorie des aktiven Intellekts gewaltsam angepaßt.[4])

2. Wir erkennen die Einzeldinge vermittelst besonderer "species singulares".[5]) Matthaeus hat ausdrücklich die von ihm für unzulänglich gehaltene thomistische Lehre im Auge (Abschn. IV, § 2), nach welcher "intellectus singulare cognoscit per quandam reflexionem".[6])

---

1) "Operatio intellectualis circa naturalia est. Deus autem operatur et cooperatur in operationibus creaturarum secundum modum obiecti moventis, eo quod mens nata est moveri et illuminari illa luce" (ad 1, S. 262). Vgl. ad 5, wo er dieser "influentia" erleuchtender Art die allgemeine "influentia" gegenüberstellt.

2) "Attingit autem mens sive intellectus cognoscens lucem illam et rationes ideales et cernit quodam modo eas non ut **obiectum quietans**, terminans et in se ducens, sed ut **obiectum movens et in aliud ducens**" (S. 254). "Quidditas ipsa concepta ab intellectu nostro, relata tamen ad artem sive exemplar aeternum in **quantum tangens** mentem nostram se habet in ratione moventis" (S. 283). Vgl. die ganze q. 1.

3) Grabmann (Nr. 397) erblickt in diesen Stellen Abweichungen vom Thomismus. Wir können sie kaum finden.

4) "Sic igitur dico sine praeiudicio, quod anima sive intellectus accipit sive capit species a rebus extra, non virtute rerum corporalium agentium in animam vel intellectum, sed intellectus sua virtute facit et format. Huic sententiae Augustinus concordat in auctoritatibus adductis in opponendo; concordat nihilominus Philosophus: et ideo huic positioni ad praesens adhaereo" (S. 291; vgl. die ganze responsio S. 278 ff.).

5) "Dicendum sine praeiudicio quod re vera intellectus cognoscit et intelligit singularia per se et proprie, non per accidens, ita quod singularia cognoscit per species singulares, universalia per species universales" (S. 309).

6) S. 307.

3. Unmittelbare Erkenntnis der Seele durch sich selbst. Obzwar die Seele nicht ihr erstes Erkenntnisobjekt ist („nec primus actus cognitionis potest esse in semetipsam; quantum ad cognitionis initium indiget excitatione a corporis sensibus"), so kann sie doch, sobald sie im Besitze von außen abstrahierter species ist, „sua interiora directo aspectu cernere et intueri, ita quod semetipsam et habitus existentes non cognoscit tantum per arguitionem sed per **intuitionem**"¹). Die These nimmt bei der Widerlegung der Anschauung des Thomas von Aquino, nach welchem die Seele ihre Existenz und ihre „habitus" nur **in der Betätigung dieser Akte selbst** erfaßt („percipit se esse et habitus sibi inesse per actus")²) einen ausgesprochen augustinischen Sinn an.

Die augustinischen Lösungen seiner ideologischen Probleme hindern Matthaeus nicht, die Lehre von der **natürlichen und substantiellen Vereinigung** der Seele mit dem Leibe zu akzeptieren.³) Zur Untersuchung dieser Frage führt ihn die Betrachtung der mystischen Zustände des „raptus", die für ihn wie für Bonaventura übernatürlicher Art sind, den Intellekt erregen, aber im Willen sich vollenden.⁴)

J. **Peckham**, Schüler des hl. Bonaventura in Paris, wo er selbst um 1269 lehrte, wurde Lehrer in Oxford, Lektor der römischen Kurie, endlich — seit 1279 — Erzbischof von Canterbury. „Quaestiones disputatae", „Quodlibeta", ein Kommentar zum 1. Buch der Sentenzen, ein „Tractatus sphaerae", Traktate „de perspectiva", „de numeris", „super ethicam" tragen in verschiedenen Manuskripten seinen Namen. Da diese Schriften unveröffentlicht sind, so sind die Lehren J. Peckhams wenig bekannt. Doch wissen wir aus mehreren seiner Briefe, daß er ein glühender Bewunderer der Tradition⁵) war und daß er sie gegen die Neuerungen des Thomismus heftig verteidigte (Abschn. V, § 1).

Außer M. von Aquasparta und J. Peckham kann man zur ersten Schülergeneration des hl. Bonaventura rechnen: **Wilhelm von la Mare** („Kommentare zu den Sentenzen", „Quaestiones disputatae", unveröffentlicht), **Frater Eustachius**, von dem wir „Quaestiones disputatae" besitzen und den die Herausgeber von Quaracchi mit Eustachius von Arras identifizieren möchten⁶), **Frater Simon** und **Walther von Brügge** (Bischof von Poitiers, 1279—1307), Verfasser von „Quaestiones disputatae" und von Kommentaren zum 1. und 2. Buch der Sentenzen.

295. Johann Peter von Olivi (1247—1298) nimmt in der Geschichte des Franziskanerordens am Ende des 13. Jahrhunderts eine besondere Stellung

---

1) S. 239.
2) S. 326.
3) S. 421.
4) S. 405.
5) In der Schrift „De humanae cognitionis ratione" findet sich eine „quaestio disputata" Peckhams über die „rationes aeternae". Seine Lösung fällt im Sinne Bonaventuras aus: in jedem geistigen Erkenntnisakt wirkt das „lumen increatum superplendens" mit dem „lumen intellectus creatum" und dem „intellectus possibilis" zusammen (S. 181).
6) Sie veröffentlichen eine „quaestio" Eustachs über die Grundlagen der menschlichen Erkenntnis (a. a. O. S. 179 ff.) mit einer Lösung des Problems im Sinne Bonaventuras und Thomas'.

ein. Seine Disziplinarreformen sind nicht minder berühmt als seine philosophischen und theologischen Lehren. Er betonte die Frage „de usu paupere", indem er die evangelische Armut auf den Gebrauch des erhaltungsnotwendigen Minimum beschränken wollte. Um ihn scharte sich die Partei der „Spiritualen", die mit der Gemeinschaft in Streit geriet.[1]) Im Jahre 1282 beschloß eine Versammlung des Ordenskapitels in Straßburg, die Lehren Olivis der Zensur zu unterwerfen. — Im Jahre 1283 verdammte eine Versammlung von Universitätslehrern vierunddreißig, fast alle aus seinen „Quaestiones" geschöpfte Sätze. Der Angeklagte wurde nicht vernommen, übermittelte aber seinen Richtern eine ausführliche Rechtfertigungsschrift.

Gleichzeitig richtete sich die Zensur gegen gewisse philosophische Lehren des Franziskanerlehrers. Die berühmteste derselben bezieht sich auf die Mehrheit der substantiellen Formen. Nach Olivi bilden die Prinzipien des vegetativen, sensiblen und intellektuellen Lebens drei verschiedene substantielle Teile, die in einer geistigen Materie wurzeln und durch ihre Verbindung eine menschliche Seele („anima rationalis") zeitigen. Weder die Mehrheit der Formen noch die Existenz der geistigen Materie waren zur Zeit Olivis etwas Neues; der Dominikaner Kilwardby und, was noch mehr sagen will, Richard von Middleton, einer der Pariser Inquisitoren Olivis, vertraten dieselbe Theorie fast in denselben Ausdrücken. Aber Olivi fügt dieser Lehre eine der kühnsten Behauptungen hinzu: er nimmt an, daß der intellektive Teil („pars intellectiva") den menschlichen Leib nicht direkt, sondern nur vermittelst des sinnlichen Teiles formt; seine Verbindung mit dem Leibe, sagt er, ist zwar „substantiell", aber nicht „formell".[2]) Wäre dem anders, so würde die geistige Seele, wie jede Form, dem Leibe ihr geistiges, unsterbliches Wesen mitteilen.

Bittere Klagen[3]), welche die Franziskanergemeinschaft vorbrachte, bestimmten Papst Clemens V., betreffs des Streites zu entscheiden. Die seit dem Jahre 1309 eingeleiteten Maßnahmen führten 1311 zum Konzil von Vienne in der Dauphiné. Einer der vom Konzil verdammten Sätze betrifft die Vereinigung von Leib und Seele: „Quod si quisquam deinceps asserere, defendere seu tenere pertinaciter praesumpserit, quod anima rationalis seu

---

[1] Diese idealistische Bewegung wiederholte sich im 14. Jahrhundert mit Ubertin von Casale, die Seele derselben. Vgl. Callaey, L'idéalisme franciscain au XIVe s. Étude sur Ubertin de Casale (Louvain, 1911).

[2] „Dico, quod anima rationalis sic est forma corporis quod non est per omnes partes suae essentiae, utpote non per materiam nec per partem materialem, nec per partem intellectivam, sed solum per partem sensitivam" (Zigliara, a. a. O. S. 101). Die „anima rationalis" besteht also aus „partes substantiales", nämlich „pars sensitiva", „p. intellectiva", „p. materialis". Vgl. die Argumente Olivis in dessen Schriften und bei Duns Scotus. Dies ist auch die Lehre des Petrus de Trabibus, des treuesten Schülers Olivis (Archiv. f. Liter. u. Kirchengesch. d. Mitt. III, 459).

[3] In der von der Gemeinschaft gegen die Spiritualen vorgebrachten Klage (1. März 1311) steht: „Item docuit, quod anima rationalis non est forma corporis humani per se ipsam, sed solummodo per partem sensitivam; adjiciens quod si esset forma corporis, sequeretur, quod aut communicaret corpori esse immortale aut ipsa non haberet esse immortale de se; ex quo posset inferri, quod Christus, qui veraciter nostram humanitatem assumpsit, non fuit in quantum homo ex anima rationali et humana carne compositus et subsistens, sicut fides docet catholica" (bei Ehrle, Arch. etc. II, 369).

intellectiva non sit forma corporis humani per se et essentialiter, tamquam haereticus sit consendus". Die Definition des Konzils selbst, welche die Terminologie Olivis akzeptiert, faßt „rationalis" und „intellectiva" als synonym auf; sie läßt die Frage nach der Anzahl der Formen im Menschen unangetastet, involviert aber, daß jede substantielle Form durch sich selbst und wesentlich das Zusammengesetzte formt.

296. Spätere Schüler des hl. Bonaventura. Richard von Middleton. — Der zweiten Generation der Franziskanerlehrer, welche vom hl. Bonaventura beeinflußt sind, gehören an: Wilhelm von Falgar, dritter Lektor des hl. Palastes, 1284 Bischof von Viviers, Verfasser von „Quaestiones disputatae", Nikolaus Ockam, Lektor zu Oxford (Komment. zu den Sentenzen)[1], Johann von Persora, Hugo von Petragoris, Roger Marston (vgl. Kap. V), Alexander von Alexandrien (Ordensgeneral, gest. 1314, verarbeitete in kompendiöser Form die Kommentare des hl. Bonaventura zu den Sentenzen, Verfasser von „Quaestiones disputatae", Kommentaren zur „Metaphysik", 1572 unter dem Namen A.'s von Hales erschienen) und namentlich Richard von Middleton.

Um 1281 ist Richard von Middleton (de Mediavilla) Inhaber der Franziskanerkanzel und kommentiert den magister sententiae. Im Jahre 1283 wird er unter den Richtern Olivis genannt. In der Liste seiner Werke finden sich drei „Quodlibeta", Kommentare zu den Sentenzen und „Quaestiones disputatae" von hohem Werte; letztere sind, mit Ausnahme einer einzigen, unveröffentlicht. Richard ist ein treuer Schüler Bonaventuras, schließt sich aber in einigen Punkten der thomistischen Lehre an. Er vertritt die Theorie der Schöpfung der Welt in der Zeit, der Identität der Seele mit ihren Vermögen, der Mehrheit der Formen[2], verwirft jedoch die Lehre von den rationes seminales, schwankt betreffs der hylemorphen Zusammensetzung der geistigen Substanzen, leugnet auf Grundlage unklarer Argumente die reale Verschiedenheit von Wesenheit und Existenz und faßt die Augustinische Theorie der „rationes aeternae" nicht anders als Bonaventura und Thomas auf.[3] Seine Autorität im Franziskanerorden, dessen hervorragendster Lehrer in der Zeit zwischen Bonaventura und Duns Scotus er war, war groß; seine Schüler gaben ihm die Beinamen „doctor solidus, fundatissimus".

Zu Ende des 13. und im 14. Jahrhundert bildeten die Kommentare Bonaventuras über die Sentenzen den Gegenstand exegetischer Arbeiten in den verschiedenen Zweigen des Franziskanerordens. Die Herausgeber von Quaracchi nennen uns sieben philosophische Theologen, deren Exegese unveröffentlicht blieb, sowie dreiundzwanzig Verfasser gedruckter Exegesen.[4]

---

1) Daniels, a. a. O., gibt daraus kurze Auszüge; Little, The Grey Friars in Oxford, S. 158.

2) Wie die meisten Vertreter der Lehre von der Mehrheit der Formen nimmt er eine „forma completiva" an, die nicht bloß das Prinzip einer besonderen Vollkommenheit ist, sondern überdies die übrigen Formen in deren Sein und Wirken innerlich ergänzt. „De gradu formarum", cod. 15902 lat. Paris, Bibl. Nationale. Vgl. meine Arbeit über „Gilles de Lessines" (K. VI).

3) Nach den Auszügen aus der in „De human. cognit. ration.", S. 220 ff., veröffentlichten „Quaestio".

4) Bd. X, 34.

Der Erfolg des Skotismus aber hemmte im Orden das Studium des Bonaventura und machte ihm ein Ende.

297. Bibliographie. — Ehrle, Das Studium der Handschriften usw. (Nr. 244). Dissertatio de scriptis Bonaventuras im X. Bd. der Ausgabe Quaracchi, und De humanae cognit. ratione, etc. Prolegomena (Nr. 293). Matthaeus ab Aquasparta, Quaestiones disputatae selectae. Bd. 1: Quaestiones de fide et de cognitione (Quaracchi, 1903); kritische Ausgabe. Reiche Auszüge aus dem 1. Buche der Sentenzen des M. ab Aquasparta bei Daniels, a. a. O. S. 51 ff. Grabmann, Die philos. und theolog. Erkenntnislehre des Kard. Matthaeus von Aquasparta, Wien. 1906 (in: Theolog. Studien der Leo-Gesellschaft, hrsg. von Ehrhard u. Schindler). Bei Daniels finden sich große Auszüge aus den Sentenzen des W. von Ware und Auszüge aus dem 1. Buch der Sentenzen Peckhams. — Fr. J. Peckham quondam arch. Cantuariensis tractatus tres de paupertate, cum bibliogr. ediderunt Kingsford, Little, Tocco; Aberdeen, 1910, 8°, VIII u. 198 S. a) Tractatus pauperis contra insipientem novellarum haeresium confictorem etc. (Auszüge). b) Tractatus contra R. Kilwardby. c) Defensio fratrum mendicantium (British Society of Franciscan Studies, Bd. II). Kingsford, ein vortrefflicher Artikel über Peckham, in: Dictionary of national Bibliography, Bd. XLIV, S. 190—197. In Quaracchi wird eine Ausgabe der „Quaestiones disputatae" R.s von Middleton vorbereitet; des letzteren „Quodlibeta" und Kommentar zu den Sentenzen wurden im 16. Jahrhundert wiederholt herausgegeben. A. De Poorter, Un traité de théologie inédit de G. de Bruges, Instructiones circa divinum officium, Bruges 1911. Man hat die „Quaestiones philosophicae" des Olivi gefunden (Bibl. Borghese). Kontroverse über den Sinn der Definition des Vienner Konzils zwischen Palmieri (Anthropologia, 1875) und Zigliara (De mente concilii Viennensis, 1875), Palmieri (Animadversationes in recens opus de mente concilii Viennensis). Die Frage wurde entschieden von Ehrle, Olivis Leben und Schriften (Archiv f. Lit. u. Kirchengesch. d. Mittelalt. III, 1887, S. 409). Zur Vorgeschichte des Konzils von Vienne (ebd., II, 1886, S. 353; III, 1887, S. 1). Ein Bruchstück der Akten des Konzils von Vienne (ebd., 1888, S. 361); B. Jansen, Die Definition des Konzils von Vienne (Zeitschr. f. kathol. Theologie, 1908, S. 288, 471); Übersicht über den Stand der Frage.

§ 5. Die Dominikanerlehrer.

298. Die ersten Dominikaner in Paris. Peter von Tarantaise. — Die ersten „magistri", welche die Dominikanerkanzeln in Paris bestiegen, gehören der älteren Scholastik an, sei es, weil ihre wissenschaftliche Tätigkeit den Neuerungen des Alberto-Thomismus vorangehen, sei es, weil diese nicht ihre festen Überzeugungen zu ändern vermochten. Zu nennen sind hier Roland von Cremona, der erste Lizentiat des Ordens, Johannes von St. Gilles, der erste Inhaber der zweiten Dominikanerkanzel, Hugo von St. Cher, um 1230 zweiter magister actu regens, Jakob von Metz und besonders Peter von Tarantaise.

Im Jahre 1259 actu regens in Paris, 1272 Erzbischof von Lyon, 1273 Bischof von Ostia, dann — als Innozenz V. — Papst (gest. 1276), ist P. von Tarantaise der Verfasser verschiedener exegetischer Werke, von Kommentaren zu den Sentenzen und von vier philosophischen Traktaten („De unitate formae", „de materia coeli", „de aeternitate mundi", „de intellectu et voluntate"). Er betont den praktischen Teil der Theologie, wendet sich gegen die Lehre von der Ewigkeit des Geschaffenen, schwankt zwischen der hylemorphen Zusammensetzung der immateriellen Substanzen und deren Einfachheit — die erste dieser Theorien ist „planior, facilior", die zweite „subtilior"[1]) — neigt zur Annahme der „rationes seminales", vertritt aber die reale Verschiedenheit der Seele von ihren Vermögen. Er bleibt den alten

---

1) Ausgabe der Werke des hl. Bonaventura, Bd. II, S. 94. Scholion.

Traditionen treu, ohne jedoch zur Gegenbewegung gegen den Thomismus Stellung zu nehmen.

299. Die ersten Dominikaner in Oxford. R. Kilwardby. — In Oxford wirkten Richard Fitzacker (gest. 1248), Verfasser von Kommentaren zu den Sentenzen, und besonders der berühmte Dominikanerlehrer Robert Kilwardby. Letzterer verficht die meisten der für die ältere Scholastik charakteristischen Theorien, während er gegenüber dem Thomismus eine feindselige Stellung einnimmt, von der weiter unten (V. Abschnitt, § 1) die Rede sein wird. Nach Erlangung seiner Grade in Paris war R. Kilwardby 1248—1261 Lehrer in Oxford, 1261—1272 Provinzial von England, 1272—1278 Erzbischof von Canterbury, endlich Kardinal (gest. 1278). Er kommentierte die Sentenzen, die „ersten Analytiken", die „sophistischen Argumente"; er ist ferner der Verfasser eines Traktates „De ortu et divisione philosophiae", der gegenüber der ähnlichen Schrift des Gundissalinus einen Fortschritt bedeutet und den Baur für die hervorragendste Einleitung in die Philosophie des Mittelalters hält.[1]) Hier vereinigen sich die Klassifikationen der Schule von St. Victor und der arabischen Schule von Toledo. Dieser Traktat ist weniger durch die Neuheit der Ideen als das Bestreben des Verfassers, das peripatetische Einteilungsverfahren darzulegen, sowie die Sorgfalt, die er beim Einzelstudium der verschiedenen Zweige und ihrer Wechselbeziehungen bekundet, bedeutsam. Die mechanischen Künste erscheinen in der praktischen Philosophie neben der Ethik und die Logik, welche als „scientia rationalis" der „scientia realis" gegenübergestellt wird, ist der eigentlichen Philosophie einverleibt.[2])

300. Bibliographie. Ausgaben der Comm. Sent. des P. von Tarantaise 1649—1652 Toulouse. Baur gibt das Verzeichnis der in „De ortu et divis. philos." von R. Kilwardby behandelten Fragen (a. a. O. Nr. 281). Große Fragmente bei Hauréau, Not. et extr. de quelques ms. lat. V, 116. Über die Schriften und Handschriften R. Kilwardbys vgl. Tocco, a. a. O. British Soc. of Francisc. Studies, S. 94—96. J. Sassen, Hugo von St. Cher. Seine Tätigkeit als Kardinal (1244—1263), Bonn, 1898; Mothon, Vie du bienheureux Innocent V. Rom, 1896.

Vierter Abschnitt.

Der albertinisch-thomistische Peripatetismus.

Die von Albert von Bollstädt inaugurierte und von Thomas von Aquino endgültig begründete dominikanische Scholastik bringt im Orden der Praedikanten und in den Schulen des 13. Jahrhunderts überhaupt Veränderungen hervor. Lehrer und Schüler arbeiten daran in verschiedenem Maße. Sie unterscheidet sich von den bis dahin im Schwange stehenden Systemen durch ihre entschieden peripatetischen Grundlagen und durch ihren strengeren

---

1) A. a. O., S. 368.
2) Baur glaubt bei Kilwardby auch den Einfluß des Thomas von Aquino zu erkennen; Bedenken erregt aber die systematische Bekämpfung der thomistischen Anschauungen durch Kilwardby. — Gliederung der Philosophie nach Kilwardby: I. Philosophia rerum divinarum (naturalis, mathematica, metaphysica). II. Philosophia rerum humanarum: 1. Practica. a) Ethica (solitaria, privata, publica); b) Artes mechanicae. 2. Logica, scentia rationalis. — Nach Thomas von Aquino: Philosophia realis: 1. Theoretica vel speculativa (naturalis, mathematica divina). 2. Practica (ethica vel monastica, oeconomica, politica). II. Philosophia rationalis, logica.

Zusammenhang. Ihr Hauptinspirator ist nicht Augustinus (noch weniger Plotin), sondern Aristoteles. Als Thomas von Aquino sein Werk vollendet hatte, war das 13. Jahrhundert im Besitze eines seiner bedeutendsten Synthesen.

§ 1. Albert der Große.

301. Leben und Schriften. — Albert, ein Sprosse der gräflichen Familie von Bollstädt, ist 1193, nach anderen 1206 07 geboren.[1] Im Jahre 1223 tritt er in den Dominikanerorden ein. Eine lange währende wissenschaftliche, durch zahlreiche Reisen vervollständigte Ausbildung hatte seine Naturanlagen wunderbar entfaltet. Er selbst berichtet, daß er 1240 in Sachsen einen Kometen beobachtete und weit reiste, um die Natur der Metalle zu studieren. 1228—1245 lehrte er der Reihe nach in Köln, Hildesheim, Freiburg, Regensburg, Straßburg, dann wieder in Köln, wo im Jahre 1245 Thomas von Aquino sein Schüler war. In Paris (1245—1246) stieg sein Ansehen als Magister der Theologie aufs höchste. Jetzt begann die Veröffentlichung seiner großen wissenschaftlichen und philosophischen Werke. Im Jahre 1256 sind sie großenteils vollendet, aber Albert ergänzte sie bis nach dem Tode von Thomas von Aquino.[2] Im Jahre 1248 nach Köln zurückgekehrt, um daselbst das „studium generale", dessen Begründung das Generalkapitel im Juni beschlossen hatte, einzurichten, zählt er wieder Thomas unter seinen Schülern; im Jahre 1252 schlug er selbst dem magister regens des Ordens in Paris die Graduierung seines ausgezeichneten Schülers zum Bakkalaureus vor. Von diesem Zeitpunkt an ward er durch seine Vermittlung bei zahlreichen Schiedssprüchen, 1254—1257 durch die Arbeiten des Provinzialats der deutschen Provinz, später durch seine Tätigkeit als Erzbischof von Regensburg (1260—1262) vom Studium abgelenkt. Nachdem er auf seine Ämter verzichtet hatte, zog er sich in das Kloster von Köln zurück, wo er lehrte und ständig wohnte. Im Jahre 1270 korrespondiert er mit Aegidius (Gilles) von Lessines über Thesen, welche einige Monate später von Stephan Tempier verdammt wurden (V. Abschnitt, § 1), und als im Jahre 1277 die Doktrin des Thomas von Aquino durch den Bischof von Paris verdammt wurde, zog er nach Paris, um die Lehren seines Schülers zu verteidigen. Er starb am 15. November 1280 in Köln.

Albert erlangte schon bei Lebzeiten allgemeines Ansehen als wissenschaftlicher Forscher und übte auf den Unterricht einen gewaltigen Einfluß. Roger Bacon, der ihm nicht gewogen ist, bezeugt dies. Zugunsten Alberts macht man von der im 13. Jahrhundert allgemein gültigen Regel, daß ein lebender oder zeitgenössischer Autor in den wissenschaftlichen Schriften nicht mit Namen zitiert wird, eine Ausnahme („allegare, pro auctoritatibus allegari"). Der berühmte Dominikaner wird gleich Aristoteles, Avicenna und Averroës genannt[3]; Thomas von Aquino genießt dasselbe Vorrecht.

---

1) Nach E. Michael vor 1200, höchstwahrscheinlich 1193 (Wann ist A. der Große geboren? Zeitschr. f. kathol. Theol. 1911, S. 561—576). Nach Endres (Das Geburtsjahr u. die Chronologie in der ersten Lebenshälfte A.'s des Großen; Histor. Jahrb. Bd. XXXI, S. 293—304) um 1207.

2) Mandonnet, Siger, Bd. VI, S. 36, Anmerk.

3) „Nam sicut Aristoteles, Avicenna et Averroës allegantur in scholis, sic et ipse"

Die Schriften Alberts bilden eine Bibliothek. Man überzeugt sich davon, wenn man den Katalog der Abtei von Stams — ein kostbares Verzeichnis der Schriften der Dominikaner, bis zum dritten Dezennium des 14. Jahrhunderts fortgeführt, von Laurent Pignon (gest. 1449) fortgesetzt und vervollständigt[1]) — nachschlägt. Wir finden:

1. Philosophische Schriften: a) Paraphrasen: De praedicabilibus, de praedicamentis, de sex principiis, perihermenias, analytica, topica, libri elenchorum, physica, de coelo et mundo, de natura locorum, de proprietatibus elementorum, de generatione et corruptione, de meteoris, de mineralibus, de anima, de sensu et sensato, de memoria et reminiscentia, de intellectu et intelligibili, de somno et vigilia, de spiritu et respiratione, de motibus animalium, de morte et vita, de vegetabilibus, de animalibus, metaphysica, ethica (zwei verschiedene Schriften), politica, de divinis nominibus und verschiedene kleine Traktate.

b) Freier gehaltene Traktate: De unitate intellectus contra Averroïstas, quindecim problemata contra Averroïstas, de causis et processu universitatis, eine Abhandlung über die Stufenfolge der Wesen. Die „Summa philosophiae naturalis" oder „philosophia pauperum", deren Echtheit bestritten wird, faßt die naturwissenschaftlichen Traktate zusammen.

2. Theologische Schriften, welche viele philosophische Lehren enthalten: Kommentare zu den Sentenzen des P. Lombardus, Summa theologiae (Anordnung und mehrere Lehren sind A. von Hales entnommen); Summa de creaturis, wiederholt Gedanken aus dem zweiten Teile der Sum. theol. und aus „De anima".

302. Albert der Große als Philosoph. — Albert inauguriert im Dominikanerorden neue wissenschaftliche Traditionen, er widersetzt sich den Leuten, „die nichts wissen und auf jede Weise die Philosophie bekämpfen wollen[2]); er bringt die Pflege der Wissenschaften zu dem hohen Ansehen, welches sie fortan genießen sollen.

Albert faßte und verwirklichte nämlich den Plan, „Aristoteles zum Gebrauche der Lateiner umzugestalten."[3]) Um ihnen denselben „verständlich zu machen, machte er aus den vollständigen Werken des Stagiriten eine ausgedehnte Paraphrase, wobei er den Titel und die Anordnung seiner zahlreichen Schriften beibehielt. „Er verfaßte keinen Kommentar zum Aristotelischen Text selbst, sondern entwarf einen allgemeinen, dem Aristoteles entnommenen Plan, den er überreichlich ausführte, indem er das Material des Aristoteles ebenso wie seine eigenen Beobachtungen hinein verarbeitete."[4])

(R. Bacon, Opera inedita, ed. Brewer, S. 30). Ebenso schreibt Aegidius von Lessines: „Haec est positio multorum magnorum et praecise domini Alberti quondam Ratisbonensis episcopi" (De unitate formae, ed. De Wulf, S. 36). Dietrich von Freiburg nennt ihn „dominum Albertum illum famosum".

1) Herausgegeben von Denifle, Quellen z. Gelehrtengeschichte des Predigerordens (Nr. 241).

2) Quidam qui nesciunt, omnibus modis, volunt impugnare usum philosophiae, et maxime in Praedicatoribus ubi nullus eis resistit, tamquam bruta animalia blasphemantes in iis quae ignorant. In Epist. B. Dionysii Areopag. Ep. VIII, N. 2.

3) „Nostra intentio est, omnes dictas partes (physicam, metaphysicam et mathematicam) facere Latinis intelligibiles" (Phys. 1, tr. 1, c. 1).

4) Mandonnet, Siger, Bd. VI, 38.

Dieses, der Popularisierung förderliche, Verfahren der Paraphrasierung ermangelt des kritischen Wertes, weil es sich nicht dem Aristotelischen Texte anschließt; es gestaltet überdies die Erklärung der eigenen Anschauungen Alberts schwieriger. Stellenweise sind seine Kommentare augenscheinlich nur eine objektive Darstellung fremder Gedanken und manchmal sind sie mit seiner eigenen Lehre unvereinbar. An anderen Stellen wieder vertritt er selbst die von ihm dargelegte Theorie.[1]) Der Wert der Paraphrasen hinsichtlich der Albertinischen Synthese ist an den verschiedenen Stellen verschieden und wird nur durch die Einzeluntersuchung bestimmt.

Die Gelehrsamkeit Alberts grenzt ans Wunderbare. Nicht bloß Aristoteles beherrscht er, er kennt auch mehr jüdische und arabische Autoren als sonst ein Scholastiker,[2]) selbst nichtphilosophische Autoren.[3]) Doch ist er eben nur ein Gelehrter, kein Historiker; betreffs der Geschichte der antiken Philosophie finden sich bei ihm unverzeihliche Mißverständnisse.

Seine didaktischen Methoden weisen Mängel auf. Seine Erläuterungen leiden an Weitschweifigkeit; aber es muß bemerkt werden, daß sie einerseits mündliche Vorträge wiedergeben und daß anderseits Albert populär wirken will. Ein anderer Fehler seiner Methode liegt in den uferlosen Abschweifungen, die er besonders in „De anima" und in der „Metaphysik" sich zuschulden kommen läßt. Seine Sprache ist hölzern, oft verworren und ungenau.

Den Kern der Philosophie Alberts bildet der Peripatetismus, der aber einer doppelten Reinigung unterzogen wird. Einerseits ist der Dominikanerlehrer bestrebt, die Aristotelischen Gedanken von den jüdischen und arabischen Kommentaren zu befreien; er trägt kein Bedenken, sie einander entgegenzusetzen und richtet gegen Averroës und Avicebrol prinzipielle Widerlegungen[4]) und verschiedene Theorien werden in scholastischem Sinne berichtigt oder ergänzt. So z. B. lehrt Albert die individuelle Unsterblichkeit und ersetzt den Begriff des ersten Bewegers durch den des unendlichen Wesens.

In dieser Hinsicht hat Albert Thomas vorgearbeitet; so manche Lehre, die zu ausschließlich seinem Schüler zugeschrieben wurde, kommt ihm zu. Die Einzeldarstellung wird zeigen, in welchem Maße die Geschichte den Philosophen von Bollstädt ungerecht behandelt hat.

Betrachten wir jedoch nicht einzelne Lehren, sondern die philosophische Synthese Alberts an sich selbst und abgesehen von den schwierigen Verhältnissen, unter welchen sie auftritt, so erweist sich diese Synthese in vieler Hinsicht als unorganisch. Es bedurfte einer energischen Anstrengung,

---

1) Vgl. die Einleitung bei Schneider, Die Psychologie Alberts des Großen. In der „Summa de homine" und „Summa theologica" finden sich die eigenen psychologischen Anschauungen Alberts, während bei „De anima", „libri ethicorum, de intellectu et intelligibili" eine Auswahl erforderlich ist, für die Schneider folgendes Kriterium aufstellt: Albert gehören alle mit dem christlichen Dogma vereinbarten Theorien an.

2) Costa ben Luca heißt bei ihm Constabulus, Constabulinus, Constabenluce; J. Avendeath erscheint bei ihm als Collectanus (statt Toletanus). Schneider, a. a. O. S. 9, 13.

3) Guttmann, a. a. O. (Nr. 227), S. 47—120: Seine Kenntnis der nichtphilosophischen jüdischen Literatur.

4) Vgl. seinen Traktat gegen Averroës; vgl. Guttmann, a. a. O. S. 62, 78.

um die Aristotelische Lehre in gewisse bis dahin von der älteren Scholastik eingenommene Positionen einzuführen. Albert bewegt sich zu sehr in den Bahnen des Überkommenen, er vermag sich nicht hinlänglich von den mit seinem neuen Standpunkt unvereinbaren Augustinischen Einflüssen, oft nicht einmal vom arabischen Neuplatonismus zu emanzipieren. Das ergibt einen Mangel an Systematisation und Einheit. Von seiner philosophischen Synthese läßt sich dasselbe sagen, was Schneider von seiner Psychologie bemerkt: Nichts ist falscher, als in ihr ein geschlossenes, einheitliches System zu erblicken. Wohl herrscht der Einfluß des Aristoteles vor, aber die Verbindung mit traditionellen und arabischen Elementen erlaubt nicht, von einer Albertinischen Psychologie zu sprechen.[1] Albert sammelt Lehren, aber Thomas verbessert die Fehler seiner Arbeit. „Der Ruhm und der Einfluß Alberts beruhen weniger auf der Ausgestaltung eines originellen philosophischen Systems als auf dem Scharfsinn und der Energie, mit der er die Zusammenfassung der vorhandenen menschlichen Erkenntnisse der gebildeten Welt des Mittelalters vermittelt, seinem Jahrhundert einen reinen, kräftigen Anstoß gegeben und die besten Köpfe des Mittelalters endgültig für Aristoteles gewonnen hat."[2]

303. Albert der Große als Wissenschaftler. — Neben Roger Bacon ist Albert einer der hervorragendsten Wissenschaftler seiner Zeit. Er betont entschieden und wiederholt die Rechte der Beobachtung, der Erfahrung und Induktion und lehrt so seine Zeitgenossen, den Blick der Natur zuzuwenden („oportet experimentum non in modo, sed secundum omnes circumstantias probare").[3] Er ist in der Zoologie, Botanik, Geographie, Astronomie, Mineralogie, Alchimie, Medizin bewandert; jede dieser Wissenschaften fördert er durch sorgfältige Beobachtungen und so manche seiner Theorien bedeutet einen Fortschritt.[4] Sie lassen sich hier nicht verzeichnen.

304. Albert der Große als Theologe. — Schon die Titel seiner Schriften bekunden die Unterscheidung, die er zwischen dem rationalen und Offenbarungswissen macht. Das Studium seiner theologischen Persönlichkeit fällt nicht in den Rahmen unserer Darstellung. Wir begnügen uns, den Fortschritt zu verzeichnen, den er durch Inaugurierung einer neuen didaktischen Methode bewirkte: um das katholische Dogma zu rechtfertigen, verwertet er Aristoteles und zeigt die apologetischen Hilfsquellen der peripatetischen Philosophie. Dieses apologetische Werk erhält dann bei Thomas von Aquino

---

[1] A. a. O. S. X n. 1.

[2] Mandonnet, Dict. théol. cathol. I, Sp. 672. In seiner Analyse des Schneiderschen Werkes (Zeitschr. f. Psychol. Bd. 46, 1908, S. 440) urteilt Baeumker folgendermaßen über Albert den Großen: Das von Albert befolgte Arbeitsverfahren ist für den Historiker von großer Bedeutung. Sie läßt das Werden der Scholastik des früheren Mittelalters begreifen, denn sie zeigt Kräfte, welche in einem Ausgleichsprozesse allmählich sich vereinigen sollten, neben und gegeneinander wirken. Der Aristotelismus, Neuplatonismus, Augustinismus, eine selbständig entwickelte Philosophie und die herrschende Theologie lassen sich bei Albert noch in ihrer ursprünglichen Form erkennen, selbst in einem Zeitpunkt, wo ein Ausgleichsprozeß schon eingesetzt hat.

[3] Ethic. VI, tr. 2, c. 25. Vgl. Michael, Geschichte des deutschen Volkes vom XIII. Jahrh. III, 446 ff.

[4] Über die Stellung Alberts in jeder dieser Wissenschaften gibt es viele Spezialuntersuchungen, aufgezählt bei Michael, a. a. O. Vgl. Revue Thomiste, 1893, März u. Mai.

seine völlige Ausführung. Für Albert wie für Bonaventura bleibt die Theologie eine mehr praktische als theoretische Wissenschaft.

Betreffs des Verhältnisses beider Wissenschaften finden sich bei ihm alle Anschauungen, die sein Schüler vorgetragen hat.[1])

305. Philosophische Lehren. — Da Thomas von Aquino mit Albert dem Großen viele Lehren gemein hat, so wird die Synthese des Schülers so manches Licht auf die des Lehrers werfen und zugleich die wichtigsten Divergenzen zwischen beiden erkennen lassen. Übrigens ist die Scholastik Alberts weniger gut bekannt als die des Thomas.[2])

Die Reihenfolge der Werke Alberts zeigt, daß er die Klassifikation der philosophischen Disziplinen nicht anders auffaßt als seine Zeitgenossen. Albert ist ein Anhänger der Lehre vom Stoff und von der Form; er gibt dieser organischen Theorie einen peripatetischen Sinn, ohne aber die letzten Konsequenzen aus ihr zu ziehen. Ohne den Ausdruck „materia" anzuwenden, nimmt Albert an, daß die gesonderten Substanzen (Engel) aus substantiellen Teilen bestehen, daß ihre Form eines „fundamentum" bedarf, wenn auch dieses Fundament keinen Bezug zur Quantität hat.[3]) Die Albertistische Lehre würde so auf die Bonaventuras hinauslaufen und ihn der älteren Scholastik anreihen.[4]) Anderseits vermochte er nicht seine Metaphysik völlig von der Theorie der Mehrheit der Formen zu befreien und so haben seine Darlegungen über die Einheit des Wesens nicht dieselbe Tragweite wie die des Thomas. Treffend ist bemerkt worden,[5]) daß Albert die synthetischen Lösungen des Universalienproblems vor Thomas formuliert hat, und zwar so, daß das Konstituierende oder das Wesen der Dinge unabhängig ist von dessen Verwirklichung und ihr vorangeht.[6])

Der den Aristotelischen Begriff der reinen Wirklichkeit ergänzende Unendlichkeitsbegriff ist die Seele seiner Theodizee. Die Verschiedenheit von Geschöpf und Schöpfer wird entschieden betont, besonders gegen Avicebrol, bei dem Albert zuerst die Emanationslehre kritisiert.[7]) In Übereinstimmung mit seinen Vorgängern bekämpft Albert die Lehre von der Ewigkeit der Materie und zeigt die Unmöglichkeit der ewigen Schöpfung.

Die Untersuchung betreffs der Körperbewegung und der substantiellen Veränderung der Körper in einer von der Finalität beherrschten rhythmischen Entwicklung atmet peripatetischen Geist.[8]) Aber Albert bleibt zwei

---

1) Heitz, La philos. et la foi chez A. le Grand (Rev. scient. philos. théol. 1908, S. 661).
2) Vgl. Schneider, a. a. O., S. VII.
3) „Ergo necesse est ponere substantiam communem quae sit in eis; et haec meo iudicio non dicetur materia, sed fundamentum" (in II Sent., dist. 3, a. IV).
4) Dies ist die Ansicht der Herausgeber Bonaventuras. Bd. II, 93f.
5) Willmann, Gesch. des Idealismus II, 357.
6) „Cum sit de aptitudine essentiae quae est ante materiam et compositum, patet quod nullo existente homine particulari, adhuc est vera, homo est animal" (De intellectu et intelligibili, tr. II, c. III).
7) Guttmann, a. a. O. S. 83.
8) Diese Finalität erscheint, nach Schneider, an verschiedenen Stellen der Ethik und Metaphysik in neuplatonischem Lichte. Alle Dinge streben nach dem Göttlichen, d. h. nach dem höchsten Gute, welches die höchste Seligkeit einschließt. Dieser Gedanke wird von Albert im neuplatonischen Sinne vertieft, wobei man nicht sieht, daß er sich bewußt ist, von Aristoteles abzuweichen (Schneider, a. a. O. S. 281). Wenn aber auch die Theorie als solche

anderen Theorien der älteren Scholastik treu: 1. Er vertritt die Lehre von den „rationes seminales" und entfernt sich dadurch von der peripatetischen Idee der ersten Materie, der bloßen Potentialität; 2. nimmt er die Permanenz der elementaren Formen in der Verbindung und somit eine Mehrheit von Formen an.[1]) Ebenso werden wir sehen, daß im menschlichen Gebilde die Seele nicht „forma corporeitatis" ist. Es gebricht Albert an den genialen Einsichten, die er selbst bei seinen Schülern bewunderte.

Seinem jüngsten Historiker zufolge[2]) nimmt die Verbindung augustinischer und arabischer Elemente, die mit den Grundideen des Peripatetismus schlecht kombiniert sind, der Psychologie Alberts alle organische Einheit; wir sehen nicht selten, wie er in ein und demselben Werke entgegengesetzte Anschauungen verficht.[3]) Die Seele ist die substantielle Form, d. h. die erste Wirklichkeit des menschlichen Leibes (Aristoteles). Es gibt in uns nicht drei Seelen, wie die konsequenten Pluralisten meinten, sondern ein einziges Lebensprinzip. Inkonsequenterweise knüpft aber Albert den Zustand der Körperlichkeit nicht an den bestimmenden Einfluß der Seele, obzwar sich in keiner seiner Schriften die Erwähnung einer „forma corporeitatis" findet. Die Seele ist nach der Totalität ihres Wesens substantielle Form, insbesondere sind ihr alle intellektiven Vermögen immanent (gegen Averroës). Betreffs der Frage, ob die Vereinigung der Seele eine unmittelbare ist, wie der Peripatetismus dies fordert, oder durch Mittelglieder (media) erfolgt, wie manche Augustiner lehren, schließt sich Albert abwechselnd beiden, einander entgegengesetzten Lösungen an.[5]) An sich ist die Seele von ihren Vermögen real unterschieden. Sie ist immateriell und daher unsterblich, hauptsächlich wegen der Unabhängigkeit ihrer höheren Akte von der Materie (Aristotelischer Beweis).

Drei Gruppen von Vermögen liegen den Funktionen des vegetativen, sensitiven (Erkenntnis und Streben), intellektuellen Lebens (Erkenntnis und Wille) zugrunde. Das vegetative Leben umfaßt die „potentia augmentativa, generativa", deren Funktion der gelehrte Dominikaner genau untersuchet. In den Pflanzen und Tieren tritt die vegetative Seele vermöge der Entfaltung der „ratio seminalis" auf; die menschliche Seele hingegen, welche die Prinzipien der niederen Lebensprinzipien einschließt, ist von Gott geschaffen. Die sinnlichen Vermögen sind teils äußere („vires apprehensivae de foris") — zu ihnen rechnet Albert auch den „sensus communis" — teils innere („vires

neuplatonischen Ursprungs ist, so nimmt sie hier unseres Erachtens einen neuen, scholastischen Sinn an, weil sie alle Emanation beiseite läßt.

1) De coelo et mundo III, tr. 2, c. 1. Er sagt hier ausdrücklich: „Elementorum formae dupliciter sunt, scilicet primae et secundae. Primae quidem sunt a quibus est esse elementi substantiale sine contrarietate et secundae sunt a quibus est esse elementi et actio. Et quoad primas formas, salvantur meo iudicio in composito et quoad secundas formas sive quoad secundum esse non remanent in actu sed in potentia." Vgl. De generatione et corrupt. I, tr. 6, c. 8. Das ist die Theorie Avicennas.

2) Schneider, a. a. O. S. 2 ff.

3) A. a. O., S. 8. Quellen zur Psychologie Alberts: Die „Summa de homine", eine systematische Darlegung, sowie Stellen aus der „Summa theologica", wozu noch die Kommentare zu den psychologischen Schriften des Aristoteles kommen.

4) Ebd., S. 27.

5) Ebd., S. 36.

apprehensivae de intus, imaginatio, aestimatio, memoria, reminiscentia"). Ausführliche physiologische Abhandlungen finden sich über den Traum, über Schlaf und Wachen („proprietates animae sensibilis") und die Gehirnfunktionen. Die intellektuellen Vermögen, den tätigen und möglichen Intellekt bestimmt Albert in peripatetischem Sinne; seine Ideologie wird von seinem Schüler wieder aufgenommen.[1]) Der arabische Monopsychismus in seinen verschiedenen Formen ist wiederholt der Gegenstand von Widerlegungen.

Bezüglich der Strebungsvermögen, insbesondere des Willens, schwankt die Auffassung. Die Freiheit erscheint bald als der fundamentale Vorzug des „intellectus adeptus" (d. h. des durch die Erkenntnis gezeitigten Intellekts), teils der „libera voluntas". Hier streiten der intellektualistische (Aristoteles) und der voluntaristische Standpunkt (Augustinus) miteinander.

306. Schüler Alberts. — Johannes von Freiburg, Hugo Ripelin von Straßburg („Compendium theologicae veritatis")[2]), Johannes von Lichtenberg vertreten die Lehren Alberts des Großen. Gilles von Lessines war sein Schüler. Abgesehen von Thomas von Aquino, der eine Sonderstellung einnimmt, ist sein treuester und bedeutendster Schüler Ulrich von Straßburg oder Ulrich Engelberti. Er studierte in Köln, ward Lektor der Theologie in Straßburg (nach 1248) und Provinzial. Im Jahre 1277, in welchem gewisse thomistische Lehren verdammt wurden, ging er nach Paris, um die Magisterwürde zu erlangen, starb hier aber, ohne es über das Bakkalaureat hinaus zu bringen. Ulrich ist der Verfasser eines großen theologisch-philosophischen Traktats „De summo bono" (unvollendet) und einer theologischen Summe. Diese läßt den Schüler Alberts erkennen und weist dieselben Unstimmigkeiten auf. Der Verfasser verbindet die augustinischen Theorien des 12. Jahrhunderts mit jenen neuplatonischen Elementen, die Albert befremdender Weise mit seinem Aristotelismus verknüpft hat.

Die „Summe" Ulrichs leidet an denselben Mängeln wie das Werk seines Lehrers. Die neuplatonische Orientierung Ulrichs setzt sich bei Dietrich von Freiburg und Meister Eckehart fort. Ein anderer Schüler Alberts hingegen, Thomas von Aquino, berichtigt und ergänzt seinen Lehrer, indem er in die scholastische Lehre die größte Einheit hineinbringt. Die Herausgabe jener „Summe" wird ein neues Dokument für das Studium des Überganges zwischen Albert dem Großen und Thomas von Aquino bieten.

307. Bibliographie. — Die Ausgabe der Werke Alberts von dem Dominikaner Jammy hat 21 Folio-Bände (Lyon, 1651). Neudruck, hrsg. von Borgnet, 1890 ff. (36 Bde.). Keine dieser Ausgaben ist kritisch und die Echtheit der verschiedenen Schriften ist noch nicht endgültig bestimmt. Melchior Weiss, Primordia novae bibliographiae B. Alberti Magni, ed. 2a Paris, 1905. Gibt den Beginn der echten Werke oder der Pseudoepigraphen, die Manuskripte und Ausgaben an; W. gab 1904 eine kritische Ausgabe des Kommentars zu Job heraus und bereitet eine Ausgabe des Kommentars zu „De divinis nominibus" vor. Mandonnet verzeichnet, daß die letzten drei Teile der „Summa Theologiae" unveröffentlicht geblieben sind (Siger VI, 37, wo sich die vollständige Bibliographie findet). Jessen gab „De vegetabilibus" heraus (Berlin, 1867). Stadler arbeitet an der Herausgabe von „De animalibus". Eine Ausgabe von „De quindecim problematibus" bei Mandonnet, Siger VII. Biographie: De Loë, De vita et scriptis B. Alberti Magni, in: Anal. Bollandiana, Bd. 19, S. 257 u. Bd. 20, S. 273. Aufzählung der alten Quellen zur Lebensgeschichte A.s (14.—16. Jahrh.): enthält eine unveröffentlichte Lebens-

---

1) A. a. O S. 233.
2) Gedruckt von Borgnet in den Werken Alberts des Großen.

beschreibung vom Jahre 1483. Gedrängte, sehr vollständige Darstellung der „regesta" A.s Diese Dokumente dienen als Einleitung zu der von den Bollandisten geplanten Biographie A.s. Auf Grund dieser Daten gibt Michael, Geschichte des deutschen Volkes während des XIII. Jahrhunderts, III (1903) eine detaillierte Biographie A.s, in der er eine Abhandlung aus der „Zeitschr. f. kathol. Theol." (Bd. 25, 1901, S. 37 u. 181) vervollständigt. Über das Geburtsjahr A.s vgl. die Artikel von Endres (Histor. Jahrb. XXXI, 1910, S. 293—304) und Michael (Zeitschr. f. kathol. Theol. Bd. 351, 1911, S. 551—576). — Sighart, Alb. Magnus, Regensburg, 1857. G. von Hertling, Alb. Magnus, Festschrift, Bonn, 1880; Van Weddingen, A. le Grand, maître de Thomas d'Aquin, Bruxelles, 1881. Artikel von Mandonnet, in: Dict. Théol. cathol. — Lauer, Die Moraltheologie A.s des Großen, Freiburg, 1911; Schneider, Die Psychologie Alberts des Großen nach den Quellen dargestellt, I u. II (Beitr. Gesch. Philos. Mittel. 1903—1906). Vortreffliche Monographie; untersucht die peripatetischen, neuplatonischen und augustinischen Elemente Mansion, L'induction chez Albert le Grand (Rev. néo-scol. 1906); Pouchet, Histoire des sciences naturelles au moyen âge, ou Albert la Grand et son époque considérés comme point de départ de l'école expérimentale, Paris, 1853; Pfeifer, Harmonische Beziehungen zwischen Scholastik und moderner Naturwissenschaft mit spezieller Rücksicht auf Albertus Magnus und Thomas von Aquino, Augsburg, 1881; Fellner, A. Magnus als Botaniker, Wien, 1881. Pangerl, Studien über A. d. Großen (Zeitschr. f. kath. Theol., XXXVI, 2—4, 1912); Alberti magni Liber de principiis motus progressivi ad fidem Coloniensis archetypi edidit H. Stadler Progr. München, 1909; H. Stadler, Vorbemerkungen zur neuen Ausgabe der Tiergeschichte d. A. Magnus (Sitzungsber. der Kgl. bayer. Akad. der Wissensch. Philos. Philol. Kl, 1912, S. 1—58). Derselbe: A. Magnus als selbständiger Naturforscher (Forschungen z. Gesch. Bayerns, c. 14, 1906, S. 95—114). A. Rohner, Das Schöpfungsproblem bei Moses Maimonides, A. Magnus und Thomas von Aquin (Beitr. z. Gesch. Philos. Mittel. XI, 5, 1913). S. 45—84.

Grabmann, Studien über Ulrich von Straßburg. I. Leben und Persönlichkeit (Zeitschr. f. kathol. Theol., 1905). G. teilt mit, daß Müller in Straßburg eine kritische Ausgabe der „Summa" vorbereitet. Baeumker, Der Anteil des Elsaß usw. (Extraits de la somme d'Ulric). L. Pfleger, Hugo von Straßburg und das Compendium theologicae veritatis (Zeitschr. f. kathol. Theol., 1904).

§ 2. Thomas von Aquino.

308. Leben und Werke. — Thomas, aus der großen Familie der Grafen von Aquino, wurde im Jahre 1225 in Rocca Secca geboren und erhielt seine erste Ausbildung in Monte Cassino. Er vervollständigte sie in Neapel, wo er Petrus Martinus und Petrus von Ibernia zu Lehrern hatte. In den Dominikanerorden zu Neapel aufgenommen (1243), begab er sich 1245 in das Kloster zu Köln und von da an war sein Lebenslauf innig mit dem Alberts des Großen, seines Kölner Lehrers, verknüpft. Er folgte ihm nach Paris (Ende 1245 oder Anfang 1246), dann (1248) nach Köln. Im Jahre 1252 beruft der Ordensgeneral Thomas als Lehrer nach Paris. Es ist dies die Periode seiner öffentlichen Vorlesungen, zuerst als Bakkalaureus, dann als Magister, ferner die Zeit seiner Verfechtung des Rechtes der Bettelorden und seiner Polemik gegen W. von St. Amour. Die offizielle Anerkennung seiner Magisterwürde im Jahre 1257 (nebst der Bonaventuras, vgl. Nr. 289) macht den von den weltlichen Theologen gegen die Ordensgeistlichen erhobenen Einsprüchen ein Ende. 1260/61 wurde Thomas nach Italien berufen, entweder als „magister sacri Palatii" oder als Lehrer an dem seit

---

1) Nach anderen 1226 oder 1227; als Geburtsort wird neben Roccasecca auch Belcastro genannt. Zugunsten Roccaseccas: Pellegrini und Scandone, Pro Roccasecca, patria di S. Tommaso d'Aquino, Napoli 1903. Scandone veröffentlicht eine Genealogie der Familie von Aquino. Von demselben: Documente e congetture sulla famiglia e su la patria di S. T., Napoli 1901. Vgl. P. De Groot, a. a. O. (Nr. 326).

1243/44 am päpstlichen Hofe begründeten „studium curiae"; in dieser Eigenschaft lebte er in Rom und vielleicht auch in anderen Städten. In diese Zeit fällt seine Begegnung mit W. von Moerbeke am Hofe Urbans IV. und seit 1261 verband ihn eine Freundschaft mit seinem treuen Reginald. Thomas kam zum zweitenmal nach Paris, wo er an den Schulen lehrte (Ende 1268 oder Anfang 1269 bis 1272). In einem Generalkapitel, bei einer Erörterung literarischen Inhalts (1269), ist er vertreten. Diese außergewöhnliche Rückkehr[1]) eines Dominikanerlehrers in das Pariser Kloster erklärt sich nur aus seinem glänzenden Ansehen und dem Ernst der theoretischen Streitigkeiten. Thomas bekämpfte einerseits den Averroismus Sigers von Brabant, anderseits die neuen Angriffe Gerhards von Abbeville und Nicolaus' von Lisieux auf die Rechte der Bettelorden. Als Thomas auf Geheiß seiner Vorgesetzten zum zweiten Male nach Italien zurückkehrte (1272), hinterließ er in der „artistischen" oder philosophischen Welt lebhaftes Bedauern. Die Lehrer der Fakultät teilen uns mit, daß Thomas bei seinem Abgange versprach, ihnen philosophische Arbeiten, die er plante oder vorbereitete, zu senden. Von diesen Schriften ist bloß „De coelo et mundo" auf uns gekommen.[2]) Vergebens bemühten sich Rektor und Lehrer der Fakultät um die Rückkehr Thomas'; er wurde, wahrscheinlich auf Betreiben des Königs Karl von Anjou, mit der Organisation eines „studium generale" in Neapel beauftragt. Er starb, 48 Jahre alt, im Jahre 1274 in der Abtei zu Fossanova (zwischen Neapel und Rom) auf der Reise nach Lyon, wohin ihn Gregor X. zur Förderung der Arbeiten des Konzils berief.

Die Hauptwerke des Meisters, auf Grundlage des offiziellen Verzeichnisses vom Jahre 1319[3]): 1. Während des Aufenthaltes in Köln und des ersten Aufenthaltes in Paris: De ente et essentia (erste Schrift, um 1252); de principiis naturae, contra impugnantes Dei cultum (1257, als Erwiderung auf des W. von St. Amour „De periculis novissimi temporis"); Kommentar zu den „Vier Büchern Sentenzen"[4]) (erstes größeres Werk, seine Vorlesungen als Bakkalaureus in Paris enthaltend); de veritate und Kommentar zum Matthaeus-Evangelium (um 1258). — 2. Während des ersten Aufenthaltes in Italien: Catena aurea (1264); Summa contra Gentiles (begonnen in Paris, 1264 in Rom beendet); contra Graecos et Saracenos; Quaestiones disputatae (sieben an der Zahl: die schon genannte Abhandlung „de veritate", de malo, de anima, 1261—1264; de virtutibus, de unione verbi incarnati; de spiritualibus creaturis und de potentia Dei sind später entstanden);

---

1) Das einzige uns bekannte Beispiel ist (nach Mandonnet, a. a. O. VI, 88) das Wilhelms von Hotham.
2) Chart. I, 504—505, ergänzt von oder nach Peter von Auvergne, Fakultätslehrer.
3) Mandonnet, Les écrits authentiques de S. Thomas d'Aquin. Die Apokryphen sind in dem Verzeichnis absichtlich weggelassen: „Si autem sibi alia adscribantur, non ipse scripsit et notavit, sed alii recollegerunt post eum legentem vel praedicantem". Übermittelt sind sie besonders von Reginald von Piperno et Peter von Andria.
4) Der Katalog von 1319 enthält einen andern Kommentar zum ersten Buche der Sentenzen. Der Autor dürfte, nachdem er den uns überkommenen Kommentar zu den Sentenzen, welcher Augustinische Einflüsse aufweist, verfaßt hatte, den Stoff selbständig verarbeitet und dann das Werk aus dem Verkehre gezogen haben, weil es durch die „Summa" unnötig wurde (Mandonnet, a. a. O.).

Kommentare zur Physik, Ethik, Metaphysik (mit Ausnahme der beiden letzten Bücher). Summa theologica (der erste Teil stammt aus den Jahren 1265 bis 1268; das Werk wurde bis an sein Lebensende fortgesetzt und ist unvollendet. Der dritte Teil, „tertia pars", endet nach der quaestio 90. Verschiedenen Ausgaben ist eine Ergänzung, bearbeitet durch Reginald von Piperno, beigegeben; kleine Schriften, auf Wunsch verschiedener Korrespondenten verfaßt, wie: de regimine principum (die beiden letzten Bücher sollen nicht von Th. herrühren), de regimine Iudaeorum (in Form eines Schreibens an die Herzogin von Brabant), de iudiciis astrorum, de occultis operationibus naturae. Das Verzeichnis von 1319 erwähnt 25 echte kleine Schriften, die hier nicht alle zitiert werden. — 3. Während des zweiten Pariser Aufenthaltes: de perfectione vitae spiritualis (1269); contra doctrinam retrahentium a religione (1270); de unitate intellectus contra averroistas (1270, gegen des Siger von Brabant „De anima intellectiva"); verschiedene Kommentare zu den hl. Schriften; Quaestiones disputatae de potentia; de spiritualibus creaturis; sechs disputationes de quolibet (die erste aus dem Jahre 1269); aristotelische Kommentare zu „de interpretatione" (unvollendet), den „zweiten Analytiken", „de coelo et mundo" (nach 1270 in Paris begonnen, echt nur bis B. III, 1, 8); Kommentar zu „de causis". — 4. Während des zweiten Aufenthaltes in Italien: Kommentare zur Hl. Schrift, zu des Boëthius „de hebdomadibus" und „de trinitate", die fünf letzten Quodlibets, K. zu des Pseudo-Dionys „de divinis nominibus", zu des Aristoteles „de generatione et corruptione" und „Politik" (die beiden ersten und die letzten acht Kapitel des 3. Buches sind echt, das übrige zweifelhaft). Unbestimmt ist die Entstehungszeit des Kommentars zu „de anima" (nach dem Verzeichnis von 1319 ist das 1. Buch nicht von Thomas), der „parva naturalia", von „de substantiis separatis" (unvollendet, nicht vor 1260), „compendium theologiae" (unvollendet, Reginald gewidmet), „de aeternitate mundi."

Von den Thomas oft zugeschriebenen apokryphen Werken nennen wir: Totius logicae summa, de potentiis animae, de natura syllogismi, de inventione medii, de demonstratione, de natura accidentis, de natura generis, de pluralitate formarum (mehrere Traktate über die Formen sind Thomas fälschlich zugeschrieben worden), de intellectu et intellegibili, de principio individuationis, de universalibus, eruditio principum, de professione monachorum, de usuris. — Später wurde so manches von irgendeinem Schüler nach der echten Lehre des Meisters abgefaßte Kompendium Thomas selbst zugeschrieben. Zu bemerken ist noch, daß Thomas mehrere Schriftchen aus Materialien früherer Arbeiten herstellte (z. B. De mixtione elementorum).

Für die Geschichte der Philosophie kommen besonders die beiden „Summen", „Quaestiones disputatae" und die „Quodlibeta" sowie mehrere Schriftchen und die Kommentare zu Aristoteles in Betracht.

309. Thomas von Aquino als Philosoph. — Mit Recht nennt man Thomas von Aquino den Fürsten der scholastischen Philosophie. Er verdankt Albert dem Großen seinen philosophischen Beruf und die Einführung in den Peripatetismus, aber er überragt seinen Lehrer in jeder Hinsicht. Die ausgedehnte Paraphrasierung des Aristoteles, die ein Werk der Popularisation war, ersetzt er durch ein kritisches Verfahren, die Erläuterung des Wortlautes. Zu diesem Behufe eben war er bemüht, sich treue Übersetzungen des griechischen Textes zu beschaffen und trieb W. von Moerbeke an, eine neue Übersetzung in Angriff zu nehmen, denn er hatte wenig Vertrauen zu den Übersetzungen nach dem Arabischen, die in seinen Augen keine zureichende Gewähr für die Richtigkeit darboten. Wilhelm half ihm bei der Abfassung seiner Kommentare, und dies trägt dazu bei, seine gründliche Kenntnis des Aristoteles, welche jene Alberts des Großen weit übertrifft, zu erklären. Betreffs vieler exegetischer Fragen anerkennt er die echte Lehre des Stagiriten, ohne ihn für die verschiedenen Irrtümer verantwortlich zu machen, die ihm andere Scholastiker des 13. Jahrhunderts vorwerfen. Er besitzt einen für seine Zeit beträchtlichen historischen Sinn. Er beherrscht nicht bloß Aristoteles, sondern benützt auch als der erste Proklus in der Übersetzung des W. von Moerbeke; er erkennt die neuplatonische Provenienz des „Buch von den Ursachen" und gehört zu den treuesten Darstellern der Anschauungen der griechischen Philosophen, der Kirchenväter, der arabischen und jüdischen Philosophen, namentlich Avicebrols und Maimonides', doch läßt ihn das Streben, deren Autorität dem von ihm für wahr Gehaltenen dienstbar zu machen, sowie die mit den Philosophen seiner Zeit geteilte Neigung, die entgegengesetzten Anschauungen zu harmonisieren, auch Irrtümer begehen. Interessant ist seine Stellung zum hl. Augustinus, denn er mußte betreffs vieler Punkte die Augustiner seiner Umgebung bekämpfen. Aber auch da streitet er nicht gegen Augustinus; er ist betreffs dessen Verwandschaft mit dem Neuplatonismus nicht im Zweifel und modifiziert den Sinn der von ihm angeführten Stellen, indem er sie bald nur etwas berichtigt, bald gewaltsam zurechtlegt.[1])

Die paedagogischen Vorzüge des Aquinaten scharten um seine Kanzel Welt- und Ordensgeistliche; sie verschafften ihm das Lob der artistischen Fakultät und verschiedener Zeitgenossen.[2]) Die beiden Summen dienten als Lehrbuch und waren in Laien- und Ordenskreisen verbreitet.[3])

Die Sprache Thomas' ist klar und wissenschaftlich präzis. Seine Disponierung ist systematisch, frei von Glossen und Abschweifungen, seine Erklärungen sind bündig, jeder Gedanke hat seinen bestimmten Platz; sein Denken geht ohne Umschweife aufs Ziel und alles konvergiert dahin. Während Albert der Große Schwierigkeiten umgeht und sich durch sie verwirren läßt, bewältigt sie Thomas. Die Grundzüge seiner Philosophie werden wir unten festlegen.

310. Thomas von Aquino als Theologe. — Thomas von Aquino ist auch der

---

1) Von Hertling, Augustinuszitate bei Thomas von Aquino, S. 558. Er sagt z. B.: „In multis autem quae ad philosophiam pertinent, Augustinus utitur opinionibus Platonis, non asserendo, sed recitando" (Sum. theol. I, q. 77, a. 5).

2) Sein Biograph W. von Tocco schreibt diesbezüglich: „Sub cuius doctoris lucida et aperta doctrina floruerunt quamplures magistri religiosi et saeculares propter modum docendi compendiosum, apertum et facilem" (Bolland. Acta S. S. Martii, Bd. I, vita, cap. 4, n. 18, S. 663).

3) Im Jahre 1319 bemerkt ein Teilnehmer an der Kanonisationsfeier: „Etiam laici et parum intelligentes quaerunt et appetunt ipsa scripta habere" (ebd., S. 713).

Fürst der Theologen des 13. Jahrhunderts. Er erweitert die Lehre, gibt betreffs einer Menge von Fragen neue oder vollständige Lösungen und verknüpft vor allem die Ergebnisse der katholischen Theologie zu einem grandiosen System, welches die Bewunderung aller Zeiten erweckte. Bei Thomas finden wir die beiden Grundmethoden der scholastischen Theologie: die auf die Autorität der Hl. Schrift gestützte Methode liefert der Theologie ihre besonderen zwingenden Argumente; die dialektische Methode[1]) oder die Autorität der philosophischen Vernunft ist subsidiär und akzessorisch.

Auf die zweite von diesen Methoden greift Thomas mit sichtlicher Vorliebe zurück und in der Apologie des Dogmas durch die Philosophie und den Peripatetismus wird er von niemandem übertroffen. Infolge dieser innigen Verbindung von Gründen der Vernunft mit solchen des Glaubens nimmt die Theologie bei ihm einen spekulativen, rationalen Charakter an.

311. Philosophie und Theologie. — Schon lange vor Thomas betonte die Scholastik die Verschiedenheit und Selbständigkeit der Philosophie und der Theologie sowie die Unterordnung der einen unter die andere. Aber er zuerst systematisiert bewußt diese Beziehungen in einem Kapitel wissenschaftlicher Methodologie. Seine Ausdrucksweise weicht von der Zaghaftigkeit der Augustiner ab. Was der Wissenschaft ihre Besonderheit gibt, ist die Art und Weise, wie sie etwas erkennt, nicht der Gegenstand, mit dem sie sich befaßt: „diversa ratio cognoscibilis diversitatem scientiarum inducit".[2]) Der Unterschied zwischen der Philosophie und Theologie beruht auf der Verschiedenheit der Gesichtspunkte („secundum quod; ratio formalis obiecti", formaler Gegenstand), von welchen sie die sie interessierenden Dinge (materialer Gegenstand) betrachten. Die abwehrende Haltung gegenüber der Philosophie, deren Folgerungen einem Dogma zu widersprechen drohen, wird auf ein allgemeines Gesetz logischer Solidarität zurückgeführt.[3])

Die Anwendung dieser Grundsätze weist fundamentale Neuerungen auf. Kein Scholastiker bringt die Gebiete beider Wissenschaften in so enge Berührung miteinander. Zunächst werden mehrere offenbarte, also theologische Wahrheiten zugleich philosophisch demonstriert (z. B. das Dasein und die Attribute Gottes). Sogar vor dem Mysterium darf die Vernunft, wenn sie auch genötigt ist, sich zu beugen, nicht alle Kompetenz ablehnen, denn sie zeigt, daß das Übervernünftige nicht widervernünftig ist. Als Philosoph hielt sich Thomas nicht für verpflichtet, alle Folgerungen der Theologen zu beweisen; seine Anschauungen über die ewige Schöpfung zeigen dies schlagend.

312. Metaphysik. Die Zusammensetzungen der kontingenten Wesen. — Kein Scholastiker hat die Auffassung, wonach die Metaphysik die allgemeinen

---

1) Vgl. Prolog. zum „Kommentar zu den Sentenzen", art. V. P. Gardeil hat das Verhältnis beider Methoden in einer Studie „La Réforme de la théologie catholique — La documentation de Saint Thomas" (Revue thomiste, Mai—Juni, 1903), S. 199 ff. treffend dargetan.

2) Sum theol. Ia, 1, art. 1, und die ganze quaestio 1. Vgl. Prolog. der Summa contra Gentiles.

3) „Aliae scientiae certitudinem habent ex lumine rationis humanae quae potest errare; haec autem (sacra doctrina) certitudinem habet ex lumine divinae scientiae quae decipi non potest" (ebd., art 5).

Bestimmtheiten alles Wirklichen, nicht bloß des sinnlich Gegebenen, untersucht, klarer dargetan. Die Theorie des Aktes und der Potenz rechtfertigt die substantielle Unterscheidung des Endlichen und Unendlichen, des Kontingenten und Notwendigen. Das Wesen, das reine unendliche Aktualität ist, ist Gott. Dasjenige Wesen, welches von der Potenz zum Akt übergeht, bestimmt sich, gewinnt Realität und trägt die Notwendigkeit seiner Beschränkung in sich. Diese Beschränkung des Wesens bekundet sich in dessen inneren Zusammensetzungen, namentlich in seiner Verbindung aus Stoff und Form, individuellem und gemeinsamem Wesen, Existenz und Wesenheit, Substanz und wirkenden Kräften.

313. Stoff und Form. — In wichtigen Fragen bricht Thomas mit den Überlieferungen der älteren Scholastik; er führt die Theorie von Stoff und Form auf ihren wahren peripatetischen Sinn zurück.

1. Die erste Materie ist zwar ein Element von unvollständiger Realität, aber unabhängig von der Realität der Form. Die ältere Scholastik war geneigt, daraus zu folgern, daß die Materie deshalb unabhängig von der Form existieren könne. Dies ist nach Thomas eine metaphysische Widersinnigkeit. Der Begriff einer selbständig existierenden Materie kommt dem widerspruchsvollen Gedanken einer determinierten Indeterminiertheit gleich. Folglich könnte nicht einmal Gott das innerlich Unmögliche verwirklichen.

2. Charakteristischer ist die unvermeidliche Beziehung, die zwischen der ersten Materie und dem quantitativen, daher körperlichen Zustande des aus Stoff und Form zusammengesetzten Wesens hergestellt wird. Es ist dies eine wichtige Neuerung. Die ältere Scholastik legt die hylemorphe Zusammensetzung jedem kontingenten Wesen, nicht bloß der körperlichen Substanz bei. Thomas ist der erste, der sich gegen diese Lehre, von der noch sein Lehrer beeinflußt ward, wendet und das Vorhandensein der Materie bloß auf die körperlichen Wesen beschränkt, wo sie die Grundlage der räumlichen Ausbreitung und der daraus entspringenden Unvollkommenheiten bildet.

Wozu braucht denn der Begriff der Materie in die Metaphysik des Kontingenten eingeführt zu werden, wenn er in jeder Hinsicht mit dem der Potenz vertauschbar ist? Von Interesse ist der Umstand, daß Thomas in der Schrift „de substantiis separatis" die von ihm bekämpfte Lehre auf ihre wahren Quellen zurückführt; während Bonaventura und seine Schüler sich auf Augustinus als Autorität berufen, zeigt Thomas, daß die Theorie von Avicebrol herstammt,[1]) dessen „Fons vitae" nach ihm kein Lebensquell, sondern ein trübes Wasser führt, welches den aristotelischen Strom verunreinigt.[2])

Die thomistische Lehre hat ihr Gegenstück: das überkörperliche Wesen ist einfach, insofern es den Stoff ausschließt. Es ist getrennte Form, wie dies bei den Engeln der Fall ist. Da die Form die Materie verwirklicht und dem Zusammengesetzten seine Vollendung gibt — nicht umgekehrt —, so ist der Begriff der getrennten Form („forma subsistens"), der jede Ver-

---

[1]) Wittmann, Die Stellung des hl. Thomas zu Avencebrol, S. 40.
[2]) De Wulf, Le traité de unitate formae de G. de Lessines, S. 20—21.

bindung mit der Materie ausschließt, nicht widerspruchsvoll. Diese Form vermag in dem ihr zukommenden Vollkommenheitsgrade zu existieren und wir werden später sehen, wie ihre Kontingenz gewahrt bleibt.

3. Ein weiteres Korollar zur neuen Lehre bildet eine Anwendung des Aristotelischen Gedankens. Es handelt sich hier um das Individuationsprinzip, um das, was in einer Art von Wesen die Vielheit der Individuen möglich macht. Thomas findet den Grund davon in der speziellen Unvollkommenheit der Materie und im quantitativen Zustande, den sie dem Zusammengesetzten verleiht. Aristoteles hat gezeigt, warum die unteilbare Form sich nicht von selbst vervielfacht,[1]) aber weniger die Funktion der Materie bei der Individuation untersucht. Nach Thomas von Aquino ist das Individuationsprinzip die Materie nicht in einem Zustande absoluter Unbestimmtheit, sondern mit der inneren Fähigkeit begabt („signata"), sich in bestimmter Ausdehnung zu entfalten.[2]) Da das natürliche Geschehen auf einem angemessenen Verhältnis zwischen der Form und den Dispositionen der Materie beruht, so folgt daraus, daß eine unter dem Einfluß der Umgebung erfolgende Veränderung dieser Dispositionen eine neue Formung erfordert. In diesem Sinne ist die erste Materie eines Naturobjekts, das in den Wirbel der Umwandlungen gerät, das Individuationsprinzip des nächst folgenden Typus. Somit ist nur in der Körperwelt von einer Individuation die Rede. Konsequenter als der Stagirite,[3]) nimmt Thomas an, daß jede getrennte Form ihre ganze Art darstellt. Betreffs der aus Stoff und Form bestehenden, aber doch einzig in ihrer Art vorhandenen Himmelskörper muß man sich die allgemeinen Lehren der scholastischen Physik vergegenwärtigen, wenn man den Gedanken des Aquinaten verstehen will.

4. Endlich stellt Thomas der Lehre von der Mehrheit der Formen die berühmte Theorie der Einheit der substantiellen Form gegenüber. Er selbst scheint anfangs unter dem Einfluß einer völlig in der älteren Scholastik verankerten Tradition gestanden zu sein.[4]) Die Kommentare zu den Sentenzen, welche übrigens so manche in den späteren Werken nicht vorhandene Sonderlichkeiten enthalten, weisen einige schwankende Stellen auf, welche die „corporeitas" als die „prima forma substantialis" der Körper aufzufassen scheinen.[5]) In der Folge aber betont Thomas in seinen zahlreichen Schriften die Einheit der substantiellen Form mit einem Überfluß stichhaltiger Gründe, die keinen Zweifel an seiner Auffassung gestatten und durch die Umstände gerechtfertigt sind. Ein einziges formales Prinzip gibt dem Wesen die Fülle seiner substantiellen Vollkommenheit. Unter anderen

---

1) „Die Substanz an sich ist also weder eins noch vielfach, sie entzieht sich diesen Kategorien. Um sie in Zahl und Ausdehnung zu versetzen, welche ihr Leben bedingen, muß man sie als affiziert ansehen" (Sertillanges, Thomas von Aquino I, 911).

2) Vgl. „De principio individuationis". Dieselbe Theorie findet sich bei Albert dem Großen, aber durch die Lehre von den „rationes seminales" modifiziert.

3) Vgl. Zeller, Die Philosophie der Griechen II, 2, S. 339, A. 3.

4) J. Peckham bemerkt noch: „tenuit hactenus totus mundus" (Ehrle, J. Peckham, S. 178).

5) In l. I Sentent., d. VIII, q. 5, a. 2; In II l., d. III, q. 1, a. 1. De Wulf, Le traité de l'unité des formes de G. de Lessines, c. 3: L'innovation principielle du thomisme. Hier sind die zahlreichen Argumente Thomas' geordnet aufgeführt.

metaphysischen Argumenten wird die Einheit der Form zur transzendentalen Einheit des Wesens („nihil est simpliciter unum, nisi per formam unam per quam habet res esse")[1]) und zum Begriff des substantiellen Wesens selbst gesetzt. In der Physik erklärt die Einheit der Form das Entstehen und Vergehen der Substanzen, in der Psychologie die Einheit des Menschen, die Solidarität der Lebensfunktionen, die Identität des lebenden und auferstandenen Menschen usw.

Die Theorie der Einheit der Formen ist im Thomismus von großem Einfluß und verknüpft eine Menge von Lehren miteinander. Thomas verdankt sie weder seinem Lehrer, der sie anders auffaßte, noch den Averroisten,[2]) sondern seiner persönlichen Erfassung des peripatetischen Geistes der Scholastik. Den Arabern und Avicenna, nicht aber dem hl. Augustinus macht Thomas die Verbreitung der pluralistischen Lehre zum Vorwurf.

314. Gemeinsame und individualisierte Wesenheit. — Wie alle großen Scholastiker des 13. Jahrhunderts vertritt Thomas von Aquino den gemäßigten Realismus. Die Nachwelt nannte diesen „thomistischen Realismus", nicht um ihm die Ehre der Entdeckung desselben zu vindizieren — der gemäßigte Realismus war schon seit einem Jahrhundert in den Schulen herrschend (185) — sondern in Würdigung seiner Bündigkeit und dialektischen Kraft. Wir überzeugen uns davon, wenn wir seine feine Analyse der drei Stadien der Wesenheit betrachten. Die Wesenheit läßt sich nämlich entweder in der Natur betrachten, wo sie einzeln und vielfach vertreten ist, oder im allgemeinen Begriff des Denkens, wo sie als eins, allgemein und im Verhältnis zu unzähligen Wesen gedacht wird, oder endlich in dem, was sie in ihrer abstrakten „Quiddität", unabhängig von der Besonderheit oder Allgemeinheit ist, die sie in der geistigen oder extramentalen Existenz besitzt.[3]). Dieses Wirkliche nun, diese Quiddität wird durch Abstraktion aus dem Einzelwesen geschöpft; die Form der Allgemeinheit rührt ausschließlich von dem begrifflichen Stadium her, denn sie knüpft sich an einen ihr vorangehenden Prozeß abstraktiver Scheidung. Daher die Formel: das Allgemeine als solches (formaliter) ist ein Produkt des Geistes, hat aber sein Fundament (fundamentaliter) im extramental Wirklichen.[4]) Die quidditativen Elemente, welche die Abstraktion dem Geiste darstellt, indem sie deren Verknüpfung mit dem Individuellen löst, werden im realen Wesen durch individualisierende Elemente bestimmt, welche die Vertreter einer Art von einander real unterscheiden. Sie sind nach Thomas voneinander real unterschieden.

315. Wesenheit (Essenz) und Existenz. — Eine reale Verschiedenheit besteht auch zwischen Wesenheit und Existenz und diese Grundthese des

---

1) Sum. theol. q. 76, a. 3, c.
2) Vgl. unten.
3) Quodl., q. 1, a. 1.
4) In Sent. I, d 19, q. 5, a. 1. Er spricht von dem Grundirrtum des extremen Realismus, der in seiner Überspannung endgültig vernichtet ist: „Credidit (Plato) quod forma cogniti ex necessitate sit in cognoscente eo modo quo est in cognito, et ideo existimavit quod oporteret res intellectas hoc modo in se ipsis subsistere, scilicet immaterialiter et immobiliter" (Sum. theol. Ia, q. 84, art. 1).

Thomismus vollendet den definitiven Charakter seiner Metaphysik des Kontingenten. Diese Lehre ist nicht neu, denn sie ist vom Neuplatonismus angeregt und erscheint zu Beginn des 13. Jahrhunderts; aber vor Thomas hatte niemand ihre ganze Tragweite erfaßt. In einem existierenden Wesen ist dessen konstitutive Realität („essentia, quod est") von der Verwirklichung zu unterscheiden, durch die jene Realität existiert („esse, quo est"). So verhält es sich mit jeder konstitutiven Realität; sei sie nun aus Stoff und Form zusammengesetzt (körperliche Substanzen) oder getrennte Form (immaterielle Substanzen); die Vollkommenheit, vermöge deren sie existiert, ist von dieser Wirklichkeit real unterschieden. Man muß, nach Thomas, so weit gehen, um die einzige Grundlage der Begrenzung des Realen zu erfassen.¹) Gott allein, als „actus purus", hat die Existenz zum Wesen, er ist ganz Existenz. In den Geschöpfen, die als solche nicht notwendig existieren, besteht eine Endlichkeit, weil die „Existieren" genannte Vollkommenheit innerhalb der Grenzen des von ihr bestimmten Wesens eingeschlossen ist.²) Die Wesenheit verhält sich zur Existenz wie die Potenz zum Akt;³) da nun der Wirklichkeitsgrad sich nach der entsprechenden Potentialität bemißt, so folgt daraus, daß eine Wesenheit die Daseinsverwirklichung nur innerhalb ihrer eigenen Grenzen erfährt. Um die Grenze aufzuheben, muß die reale Unterscheidung zwischen Essenz und Existenz umgestoßen werden.

Dies ist die feste Überzeugung des Aquinaten. Betrachtet man den Gesamtbau seiner Philosophie, so erstaunt man über die organische und vereinheitlichende Funktion dieser Grundthese. Sie setzt nicht bloß die Kontingenz ins rechte Licht, sondern erklärt auch die Einheit der Existenz der aus mannigfachen Elementen (Stoff und Form) zusammengesetzten Wesen. Endlich ist sie innig mit einer andern Lehre verknüpft, durch die Thomas von Aquino die Scholastik bereichert. Es ist dies die Lehre von der realen Unterschiedenheit der Substanz von ihren wirkenden Kräften.

316. Die Substanz und ihre wirkenden Kräfte. — Das Problem der Verschiedenheit zwischen der Substanz und ihren wirkenden Kräften war hauptsächlich betreffs der Seelenvermögen aufgestellt worden: sind diese Vermögen mit der Substanz identisch (Augustinus) oder nicht? Thomas von Aquino hat dem Schwanken seiner Vorgänger und Zeitgenossen ein Ende gemacht: das Wirken kann bei den kontingenten Wesen nicht substantieller Art sein; nur Gott wirkt durch seine Substanz.

Die Tätigkeit des Geschaffenen ist ihm akzidentell; daher muß auch das nächste Prinzip dieser Tätigkeit akzidenteller Art sein: die Wirkungsfähigkeit ist eine Beschaffenheit der Substanz, von der sie real unterschieden ist. Die Kontroverse nahm sogleich eine metaphysische Wendung. Die wirksamen Kräfte sind für den Thomismus determinierende Elemente (Akt), die von der Substanz real verschieden sind (Potenz) und eine einzige Exi-

---

1) Von den Engeln sagt er: „Quia forma creata sic subsistens habet esse et non est suum esse, necesse est quod ipsum esse sit receptum et contractum ad terminatam naturatam. Unde non potest esse infinitum simpliciter" (Sum. theol. 1, q. 7, a. 2).

2) „Unde esse earum non est absolutum, sed receptum et ideo limitatum et finitum ad capacitatem naturae recipientis" (De ente et essentia, c. 6).

3) Vgl. Cajetans Kommentar zu dieser Stelle.

stenz schließt die zahlreichen Wirklichkeitselemente ein, welche das konkrete Wesen konstituieren.

317. Theodizee. — Berühmt sind die fünf Argumente, deren sich Thomas zur Begründung des „actus purus" bedient. Der erste Beweis, aus der kosmischen Bewegung, ist eine Vervollständigung des Aristotelischen Arguments des ersten Bewegers, welches Albert der Große erneuert, dem aber erst Thomas sein volles Gewicht gibt: alles Bewegte wird durch ein anderes bewegt, und da die Annahme einer unendlichen Reihe von Bewegern und Bewegtem unmöglich ist, wenn nicht die Existenz der Bewegung selbst geleugnet werden soll, so existiert ein unbewegter Beweger. — Der zweite Weg führt zu Gott durch die Verknüpfung der bewirkenden Ursachen, deren höhere in einer Reihe die Ursache der niederen ist; leugnet man eine erste Ursache oder, was dasselbe bedeutet, setzt man die Kette ins Unendliche fort, so hebt man alle Kausalität auf und setzt sich zu den Tatsachen in Widerspruch. — Der dritte Beweis, bei welchem Thomas dem Maimonides folgt, beruht auf der Unterscheidung des Möglichen und Notwendigen: die Existenz des Zufälligen (Kontingenten) zwingt den Geist, auf die Existenz des Notwendigen und Bleibenden zu schließen, und wenn es eine Reihe von Notwendigem gibt, so muß sie bei einem ersten Notwendigen, der Ursache aller Notwendigkeit und Kontingenz stehen bleiben. — Viertens schließt man von der abgestuften Existenz in den Dingen dieser Welt, von den transzendentalen Vollkommenheiten (Sein, Güte, Wahrheit, Einheit) auf die Existenz eines Wesens, welches diese Vollkommenheiten im höchsten Grade besitzt und an dem die übrigen teilnehmen. Der letzte, schon alte Beweis ist der aus der Finalität und der Weltleitung.[1]) In allen diesen Beweisen kommt der aristotelische Geist zum Ausdruck. Sie gehen alle von der sinnlichen Erfahrung, der Analyse der unvollkommenen Welt aus und begründen vermittelst des im Kausalprinzip sich darbietenden Denkmittels die metaphysische Notwendigkeit des vollkommenen Wesens. Thomas verwirft die auf dem Begriff des Unendlichen beruhenden apriorischen Argumente unbarmherzig als wertlos, und wenn der dritte Beweis an das Verfahren Anselms erinnert, so erfordert er vermöge des Kausalprinzips die reale Ordnung.

Ohne Gott ist die Welt unerklärlich. Wir erkennen Gott nur als Welturheber, können ihn aber nicht an sich erfassen; dies entspricht der thomistischen Ideologie. Alle Vollkommenheiten, die wir Gott zuschreiben dürfen, werden durch analogische und negative Begriffe erfaßt. Sie fließen aus seiner essentiellen Existenz („esse per essentiam"), d. h. aus seiner reinen Aktualität oder Vollkommenheit; wir unterscheiden sie vermittelst einer unvollständigen virtuellen Distinktion („distinctio rationis cum fundamento in re") als verschiedene Seiten derselben unendlichen Realität.

Seinem Intellektualismus getreu, erblickt Thomas im Intellekt die vornehmste der göttlichen Vollkommenheiten. In Gott ist die Immanenz des Denkens unendlich, denn seine Akte sind mit ihm konsubstantiell. Gott erkennt sich selbst durch sein eigenes Wesen („obiectum primarium") und

---

1) Die beiden ersten und beiden letzten Beweise stehen in den beiden „Summen"; der dritte findet sich nur in der „Sm. theol.".

erkennt alles, was außer ihm ist oder sein kann („obiectum secundarium"). Diese blassen, entfernten Ähnlichkeiten bilden die Natur der kontingenten Wesen selbst (göttliche Ideen).

Indem Thomas sich entschieden von den Vertretern der ältern Scholastik entfernt und sich Aristoteles nähert, verficht er den berühmten Lehrsatz, daß die Ewigkeit der Welt keinen Widerspruch einschließe. Die Unbestimmtheit jeder Dauer und folglich der Mangel eines Anfangs widersprechen nicht der wesentlichen Abhängigkeit vom Schöpferakt. Eine Schöpfung ab aeterno ist philosophisch nichts Absurdes, wenn auch in der Theologie der Beginn der Dinge in der Zeit von Thomas gelehrt wird. Gegen die neuplatonischen Lehren von der Notwendigkeit des Schöpferaktes und den Mittelwesen wendet sich die Schrift „De potentia" energisch.[1]

318. Prinzipien der Natur. — Ein radikales Werden beherrscht die Sinnendinge in ihrer Substanz (substantielles Werden) und in ihren Modifikationen (akzidentelles Werden). Der Körper wird von dem ständigen Getriebe der Natur ergriffen und seine Elemente streben unaufhörlich nach anderen substantiellen Zuständen („privatio"). Da nichts von selbst aus der Potenz in Aktualität übergeht, so bestimmt sich die Materie nur unter dem Einfluß („virtus activa") eines Agens dazu. Thomas bekämpft energisch die von Albert dem Großen, Bonaventura und allen Vertretern der ältern Scholastik adoptierte Lehre, daß die realen Keime der sukzessiven Verwirklichungen in der Materie enthalten sind („rationes seminales") und daß die bewirkenden Ursachen sie nur zur Entfaltung bringen. Er betont im Gegenteil die Passivität der Materie und betrachtet diese Potenz, eine Reihe sukzessiver Vollkommenheiten zu empfangen, als hinreichende Grundlage der Entwicklung der Substanzen.[2] Mit anderen Worten: das Problem des Werdens wird auf das der Verwirklichung einer Potenz in einem praeexistierenden Substrate zurückgeführt und die thomistische Synthese zeigt sich hier wieder von peripatetischem Geiste erfüllt.

Die eigentliche Bewegung oder das akzidentelle Werden einer Substanz ist eine Orts-, Größen-, Beschaffenheitsveränderung. Thomas erläutert die tiefgehende Definition des Aristoteles: die Bewegung ist der Akt des potentiell Seienden als solchen. Daran schließt sich unmittelbar der Begriff des Ortes, der innern Oberfläche der Körper im Verhältnis zueinander und zum alle befassenden Himmel, sowie der Begriff der Zeit, des Maßes der sukzessiven Bewegungsphasen.

319. Irdische und Himmelskörper. — Das Universum ist ein geschlossenes, endliches System. Die übereinander befindlichen Sphären werden nicht durch Gestirnseelen, geistige und göttliche Formen (Aristoteles), sondern durch Intelligenzen bewegt, die mit ihnen äußerlich sich verbinden.[3] Bei der Erörterung der planetarischen Bewegung macht Thomas folgendes charakteristisches Geständnis: „Licet enim talibus suppositionibus factis apparentia salvarentur, non tamen oportet dicere has suppositiones esse veras,

---

[1] Q. III, Art. 4. Vgl. Rohner, a. a. O. S. 93—133 (Nr. 307).
[2] Contra Gentiles III, 22.
[3] „Ad hoc autem quod moveat, non oportet quod uniatur ei ut forma, sed per contactum virtutis, sicut motor unitur mobili" (Sum. theol. I, q. 70, a. 3).

quia forte secundum aliquem alium modum nondum ab hominibus comprehensum apparentia circa stellas salvantur."[1])

Die Gestirne sind unveränderlich, bestehen aber aus Form und Materie. Der erste Himmel übt auf alles Geschehen auf der Erde einen Einfluß aus und seine allgemeine Wirksamkeit vereinigt sich mit der Kausalität der einzelnen Agentien[2]), denn die Einheit der Weltordnung erfordert, daß die niederen von den höheren Wesen gelenkt werden[3]). Aus Zweckmäßigkeitsgründen spricht sich Thomas gegen die Mehrheit der Welten aus[4]). Er gehorcht wie seine Zeitgenossen zuweilen einem übermäßigen Bedürfnis nach Harmonisierung des Alls und sein philosophisches Denken nimmt eine poetische Färbung an[5]).

Die abstrakte Größe (Mathematik) ist unbegrenzt teilbar, doch gibt es für die natürliche Substanz eine Grenze der Teilbarkeit, ein Größenminimum, ohne das sie ihre Eigenart nicht bewahren kann[6]).

320. Psychologie. Die seelischen Tätigkeiten. — Die Fragen 75—90 (Pars prima) der theologischen Summe ließen sich leicht als psychologisches Lehrbuch von dem Gesamtwerke abtrennen. Die Tätigkeiten und die Natur der Seele werden hier der Reihe nach behandelt. Thomas lehrt die reale Verschiedenheit der Seele von ihren Vermögen und dieser voneinander, wobei er seinen metaphysischen Begründungen noch die Erwägung hinzufügt, daß die adaequate Verschiedenheit der Lebensfunktionen die des unmittelbaren Trägers (Vermögen), von dem sie herrühren, nach sich zieht. Er entfernt sich von Aristoteles, dessen Anschauung nicht klar ist[7]), und auch von den Augustinern, welche die Seele und deren Vermögen in ein und derselben Wirklichkeit zusammenfassen.

321. Empfindung und Denken. — Die thomistische Erkenntnislehre weicht von der augustinischen Tradition der älteren Scholastiker ab.

Als passive Kräfte werden die sinnlichen Vermögen durch die Außendinge bestimmt („species sensibilis"), deren Tätigkeit auf das Organ wahrhaft einwirkt, wodurch die Objektivität der Sinnesempfindungen gewahrt bleibt. Diese Einwirkung, welche das Subjekt erleidet, ist psychischer Art und nicht mit den im Medium erfolgenden physischen Vorgängen zu verwechseln. Viele Zeitgenossen und Vorgänger des Thomas haben sich durch die irrigen Vorstellungen, die sich manche Kommentatoren des Aristoteles von der sinnlichen „species" machten, irreführen lassen. Nach ihnen ist die „species impressa" nicht eine psychische Determinante, eine vom Gegenstand ausgehende, vom Sinnesvermögen empfangene Wirkung, sondern eine Miniatur des Außendings, ein winziges Bildchen, das sich durch das zwischen Gegenstand und Organ befindliche Medium hindurch fortpflanzt, ein Ver-

---

1) In lib. II de coelo et mundo, lect. XVII. Vgl. Sum. theol. Ia P., q. 32, a. 1, ad 2.
2) Sum. theol. Ia, q. 115, a. 3.
3) Quodl. VI, 19.
4) De coelo et mundo I, 19.
5) Vgl. ein schönes Kapitel in „L'intellectualisme de S. Thomas" (S. 156) von Rousselot.
6) „Corpus naturale, quod consideratur sub tota forma, non potest in infinitum dividi quia quando ad minimum deducitur, statim propter debilitatem virtutis convertitur in aliud" (De sensu et sensato I, 15).
7) Piat, Aristote, S. 156—157.

treter der Wirklichkeit, der schließlich mit dem Sinnesorgan in Berührung tritt, aufgenommen wird und die Erkenntnis auslöst.

Der menschliche Intellekt abstrahiert; das ist sein Gesetz, aus dem alle Mängel des menschlichen Wissens entspringen. Die Mannigfaltigkeit der Begriffe von ein und demselben Gegenstande, die Notwendigkeit, zu urteilen und diskursiv zu denken („ratio"), die Schwierigkeit, das Individuelle zu erfassen, hängen mit' unserer Erkenntnisweise selbst zusammen. Betreffs dieses Punktes gibt Thomas eine vollständige, konsequente Theorie: der Intellekt erfaßt das individuelle Wesen nicht unmittelbar, sondern hat davon eine gewisse Erkenntnis vermöge einer „reflexio" auf die Sinnesdaten, deren Natur eine der Schwierigkeiten des Thomismus ausmacht.

Vom historischen Gesichtspunkte finden sich in der thomistischen Ideogenie zwei gegen die älteren Augustiner gerichtete bedeutsame Lehren: die Theorie des kausalen Einflusses der Empfindung bei der Erzeugung des Gedankens und die Lehre von der Nutzlosigkeit der besonderen Erleuchtung.

Thomas kritisiert die Ideogenie Platons und erklärt die Rolle, welche dieser dem Objekt zuerteilt, für unzulänglich („excitant animam intellectivam ad intelligendum").[1]) Seine Kritik trifft zugleich die Darlegungen der Augustiner. Nach ihm wie nach Duns Scotus wirkt die sinnliche Realität vermittelst des Phantasma auf den Intellekt, aber dieser übt nur eine instrumentale Wirksamkeit aus, welche sich mit der Kausalität eines immateriellen Vermögens, des tätigen Intellekts verbindet. Vermöge dieser Mitwirkung einer höheren Kraft zeitigt das Wahrnehmungsbild und schließlich also das Außending selbst die Funktion des passiven Intellekts („species intelligibilis impressa"), eine Funktion, die in der immanenten Tätigkeit sich bekundet, durch welche die eigentliche Vorstellung („species intelligibilis expressa") sich vollendet.[2]) Bemerkt sei, daß seit dem Anfang des 13. Jahrhunderts viele Scholastiker der falschen Theorie des „vergeistigten Phantasma" huldigen; sie involviert eine irrige Auffassung der „species intelligibilis", die im Zusammenhang steht mit der ungenauen Vorstellung von der „species sensibilis" (vgl. oben). Diese Lösung des ideologischen Problems, die zur Vernichtung des scholastischen Spiritualismus führt, hat jahrhundertlange Mißverständnisse gezeitigt.

Trotz seiner Schwäche genügt der menschliche Intellekt zur Erwerbung des Wissens („parvum lumen intelligibile, quod nobis est connaturale, sufficit ad nostrum intelligere").[3]) Zur Erklärung des Ursprungs der höheren Wahrheiten bedarf es nicht der Annahme einer göttlichen Unterstützung. In den Augustinischen Stellen über die göttliche Erleuchtung erblickt Thomas eine Lehre von den letzten Grundlagen der Wissenschaft und von der Ähnlichkeit unseres Geistes mit dem göttlichen.[4]) Nicht bloß erklärt er sich irriger Weise gegen die neuplatonische Theorie aus der Schrift „De intelli-

---

1) Sum. theol. I, 84, 6.
2) Diese Terminologie findet sich bei den Zeitgenossen des hl. Thomas. Dieser versteht meist unter „species" die „species impressa"; die „species expressa" heißt bei ihm meist „verbum".
3) Contra Gentiles II,
4) Vgl. Hertling, Augustinus-Zitate bei Th., S. 563—601.

gentiis" (Kap. V), wonach jede Einwirkung eines Wesens auf ein anderes in der Art einer Lichtstrahlung erfolgt[1]), sondern er verwirft auch die Lehre Augustins, welche das Seiende mit dem Lichte identifiziert, und weicht hierin von Bonaventura und den zeitgenössischen Augustinern ab: das Licht ist keine Substanz, sondern ein Akzidens (eine Qualität) und der Geist wird nur metaphorisch mit einem Lichtstrahl verglichen.[2])

Mehrere Lehrer dieser Periode, welche die Augustinischen Lehren mit der Aristotelischen Ausdrucksweise zu vereinigen strebten, hatten Gott als den **tätigen Intellekt unserer Seele** bezeichnet. An einer vielfach diskutierten Stelle im Kommentar zu l. II Sentent.[3]) berichtet Thomas von einem Versuche, diese Formel einer **theologischen** Materie anzupassen. Er erinnert erst daran, daß die meisten Philosophen nach Aristoteles den tätigen vom möglichen Intellekt substantiell unterscheiden und die höchste Seligkeit in die Vereinigung des Menschen mit dem tätigen Intellekt setzen, und fügt dann hinzu: „Quidam catholici doctores, corrigentes hanc opinionem et partim sequentes, satis probabiliter posuerunt **ipsum Deum esse intellectum agentem; quia per applicationem ad ipsum** anima nostra beata est". Die letzten Worte und der Zusammenhang zeigen, daß es sich um die **übernatürliche** Weltordnung handelt. Jene Theologen bezeichnen Gott als tätigen Intellekt, sofern seine Erfassung durch den Geist die Seligkeit erzeugt. In der **natürlichen Weltordnung** ist Gott nicht der tätige Intellekt unserer Seele. Thomas bemüht sich in demselben Abschnitt, dies zu **beweisen**, um nicht mißverstanden zu werden. Er schließt nämlich: „Et ideo remotis omnibus praedictis erroribus, dico . intellectum possibilem in diversis diversum esse, et multiplicari secundum divisionem materiae in diversis individuis et superaddo etiam intellectum agentem esse in diversis diversum".[4])

Ähnlich äußert sich Thomas noch anderwärts[5]), während er an anderen Stellen die Identifizierung Gottes mit dem tätigen Intellekt billigt.[6]) Die „Summa theologiae" enthält eine weitere Erklärung, durch welche der stets konziliante Aquinate einen der Formel angemessenen Sinn zu finden sucht.[7])

---

1) „Quamvis liber de intelligentiis non sit auctoritatis alicuius, nec etiam verum sit quod omnis influxus sit ratione lucis, nisi lux metaphorice accipiatur pro omni actu" (Quodl. VI, q. 11, a, 19).

2) Und. gemäß seiner Methode Augustinischer Exegese: „Nihilominus Augustinus non intendit hoc afferre (scil. quod lux non sit accidens) quasi fidei conveniens, sed sicut utens his quae philosophiam addiscens audierat" (II Sent. d. 18, q. 1, a. 3). Vgl. Baeumker, Witelo, Erörterung dieser Frage.

3) Dist. 17, q. 2, art. 1, in c.

4) Hat Delorme (Art. „Bacon" in: Dict. théol. cathol. II, 12) diese Stelle nicht gelesen? Wie kann er dann Thomas zugunsten der Ideologie Bacons sprechen lassen?

5) De unitate intellectus. Bonaventura erwähnt auch diese Erklärung und findet sie orthodox.

6) Quaest. disput. de anima, a. V.

7) Ia, q. 79, a. 4. Die Frage wird aufgeworfen „utrum intellectus agens sit aliquid animae" und ebenso entschieden beantwortet: „respondeo dicendum quod intellectus agens de quo Philosophus loquitur, est aliquid animae". Das hindert nicht, bemerkt Thomas gegen den Einwand auf Grund der Aristotelischen Stellen, daß Gott als erste Ursache der tätige Intellekt der Seelen genannt werden kann. Und er beeilt sich, hinzuzufügen, daß wir nichts

Im Grunde weicht aber seine Lehre wesentlich von der Bacons, Marstons und der anderen, die er zu rechtfertigen sucht, ab (Kap. V).

Zur averroistischen Psychologie hingegen stellt er sich nicht nachsichtig, sondern entrüstet. Hier sind keine Rücksichten mehr möglich, es handelt sich da nicht um Freunde, sondern um Gegner: die Theorie des menschlichen Monopsychismus führt in den Abgrund. Seine Polemik mit Siger von Brabant über diesen Punkt werden wir weiter unten darlegen.

322. Wille und Freiheit. — Der Wille, der vom sinnlichen Begehren wesentlich verschieden ist, hat zum Gegenstand das Seiende in der abstrakten Form des Guten. Er empfängt den Antrieb vom Guten im allgemeinen (passives Vermögen) und will notwendig das absolute und vollständige Gute. Die Willensfreiheit besteht nur gegenüber Sondergütern, deren Unvollkommenheit der Intellekt wahrnimmt. Sie vermögen nicht den Willen zu befriedigen und dieser kann sich demnach zum Wollen oder Nichtwollen bestimmen (aktives Vermögen).

Die Freiheit wurzelt also (radicaliter) in dem praktischen Werturteil; sie besteht in der Fähigkeit, sein Urteil zu fällen und sich schließlich einem von zwei entgegengesetzten Urteilen über ein bestimmtes Gut anzuschließen. Diese Theorie ist nur eine Anwendung des thomistischen Intellektualismus.

323. Intellektualismus. — Der Intellektualismus ist diejenige Lehre, welche die ganze Kraft und den Wert des seelischen Lebens in das Denken verlegt.[1]) Kein scholastischer Philosoph ist intellektualistischer, noozentrischer als Thomas von Aquino. Er bricht mit der alten Lehre des hl. Augustinus und stellt neue Theorien auf, welche im letzten Viertel des 13. Jahrhunderts leidenschaftliche Erörterungen zeitigten.

1. Der Intellekt ist dem Willen durch die Art und Weise der Erfassung seines Objekts überlegen; er ist das **besitzende**, der Wille das **erstrebende** Vermögen und Besitzen ist vollkommener als Streben nach Besitz.

2. Der Intellekt hat die notwendige Zustimmung des Willens zur Folge, dem er das vollständige Gut darbietet („voluntas de necessitate movetur"); die Freiheit selbst hat im praktischen Urteil ihre Wurzel. Die Sittlichkeit einer Tat hat also im Urteil ihre Quelle.

3. Die thomistische Ethik ist intellektualistisch: das menschliche Ziel ist vor allem das **Erkennen**, d. h. die Betätigung des edelsten Vermögens. Die Erlangung der Seligkeit („formaliter") ist intellektueller, nicht volitioneller Art.[2])

4. Der Intellektualismus des Thomas von Aquino bekundet sich ferner in der Ausdehnung des normalen Vermögens des Intellekts und in der Kritik der Theorie der besonderen Erleuchtung.

destoweniger im Besitze eines geschaffenen aktiven Intellekts als Produkt jenes ungeschaffenen aktiven Intellekts sind; sonst würde der Mensch allein eine Ausnahme von dem Gesetze bilden, daß die kontingenten Wesen das Prinzip ihrer Tätigkeit in sich tragen. Die Meinung des doctor angelicus ist evident; sie nicht verstehen, würde von bösem Willen zeugen. „Nulla autem actio convenit alicui rei, nisi per aliquod principium et inhaerens.

Ergo oportet virtutem quae est principium huius actionis (scil. facere actu intelligibilia) esse aliquid in anima."

1) Vgl. das Vorwort Rousselots, a. O.
2) Der „habitus" des Glaubens liegt auch im Intellekt.

Per analogiam kommt er auch in der Untersuchung über das Göttliche und das Leben der Engel zum Ausdruck; namentlich erklärt sich aus ihm, warum Thomas die Ordnung der Wesen, das Natur- und Sittengesetz an das göttliche Wissen knüpft. Wie er in der Metaphysik das Seiende als solches, nicht bloß das sinnliche Wesen betrachtet, so untersucht er in der Psychologie die Funktion des Erkennens und der Liebe nicht bloß beim Menschen, sondern bei allen geistigen Wesen.

324. Die menschliche Natur. — Die immaterielle Seele ist die substantielle Form des Leibes. Diese Lehre allein macht die Einheit des Menschen begreiflich, sie erklärt, warum die intensive Ausübung einer Tätigkeit derjenigen anderer Energien schaden kann, sie sichert die Identität der Auferstandenen durch die Identität der Seele. Auf die Argumente seiner Gegner erwidert Thomas mit der Theorie der Hierarchie der Formen und der Lehre von den Übergangsformen. Ein Prinzip höherer Bestimmung — die geistige Seele — kann für die Funktionen eines niederen Prinzips, der körperlichen Form eintreten. Anderseits zerlegt sich die Bildung des Menschen in einen Zyklus von durch Übergangsformen charakterisierten Transformationen, welche durch göttliche Mitwirkung den menschlichen Embryo zu einem Vollkommenheitszustand führen, wie ihn die Formung der geistigen Seele benötigt.[1]

Den Beweis für die Geistigkeit und daher auch Unsterblichkeit der Seele erbringt Thomas hauptsächlich aus der immateriellen Natur ihrer intellektuellen Tätigkeiten.[2]

325. Ethik. — Thomas von Aquino scheint von den Philosophen des großen Jahrhunderts der erste gewesen zu sein, der auf peripatetischen Grundlagen ein vollständiges System scholastischer Ethik aufgestellt hat. Das Endziel des Menschen ist die Glückseligkeit; sein Ideal ist Gott, den er durch die Erkenntnis erreicht. Die auf den Menschen angewandte Wesensordnung diktiert ihm sein Gesetz: „prima regula (commensurans voluntatem) scilicet lex aeterna, quae est quasi ratio Dei" — und die Vernunft offenbart es uns: „regula propinqua et homogenea scilicet ipsa humana ratio".[3] Die „Synderesis", die dessen Inhalt festhält, ist ein „habitus continens praecepta legis naturalis"[4], und, subjektiv betrachtet, eine „virtus" des möglichen Intellekts, ein Licht „per quod cognoscimus quid agendum et quid vitandum". Das Gewissen wendet die Vorschriften des Gesetzes auf Einzelfälle an. Religion und Glauben ergänzen die philosophische Ethik, aber das übernatürliche Leben der Erwählten bleibt vor allem ein intellektuelles und beschauliches; es ist eine vollkommenere Erfassung Gottes im beseligenden Schauen.

---

1) De Wulf, Le traité de unitate de G. de Lessines, S. 53—58.

2) Doch ist folgendes Argument zu vermerken, das zu seiner Lehre von der natürlichen Verbindung des Leibes mit der Seele nicht gut paßt und wohl als Konzession an überkommene Anschauungen erscheint. Er bemerkt nämlich: je mehr die Seele sich vom Leibe befreit, desto fähiger wird sie zu erhabener Spekulation. Daraus folgert er, der Tod oder die gänzliche Ablösung vom Leibe könne für die Seele kein Zeichen der Vernichtung bedeuten (Contra Gentiles II, 79).

3) Sum. theol. I a, 2 ae, q. 71, a. 6.

4) q. 94, a. 1.

Die Sozialethik des Thomas ist eine Verarbeitung der Aristotelischen „Politik", die er in einer Übersetzung des W. von Moerbeke aus dem Griechischen benützt; von den ersten Kommentatoren[1]) der Aristotelischen Soziallehre ist er der bedeutendste. Der Mensch ist von Natur ein „animal sociale, politicum" und die Gesellschaft muß die physische und geistige Unzulänglichkeit des Einzelnen ergänzen. In Übereinstimmung mit seinem gemäßigten Realismus erklärt er, die Gesellschaft sei für das Individuum da, nicht umgekehrt. Das soziale Leben bedarf der Macht und diese hat ihre Autorität von Gott. Thomas untersucht nicht ihren Ursprung in einer sich bildenden Gesellschaft, sondern er befaßt sich mit den verschiedenen Formen der Verfassung und bevorzugt die durch eine ausgedehnte Teilnahme des Volkes an der Regierung gemilderte Monarchie. Seine Anschauungen spiegeln das feudale und genossenschaftliche Leben nur wenig. Thomas lehrt die Superiorität der Kirche, rechtfertigt aber auch den gleichzeitigen Bestand der bürgerlichen Gesellschaft.

326. Zusammenfassung. — Was uns am Thomismus vor allem auffällt, ist die Einheit, innere Festigkeit und strenge Verknüpfung der Grundlehren; alles hängt hier miteinander zusammen. Der scholastische Charakter der Lehren ist ausgesprochener als in jedem anderen System und daher ist der Thomismus eines der bedeutsamsten Gebilde des mittelalterlichen Denkens.

Diesen inneren Zusammenhang begründet ein tiefes Verständnis der allgemeinen, fundamentalen Theorien und die Einführung einer Reihe neuer Theorien, welche das Gefüge des scholastischen Systems zu festigen streben.[2])

---

[1]) Albert der Große, Thomas, Siger von Brabant.

[2]) Man hat oft bemerkt, in welchem Maße Wilhelm von Tocco, ein Schüler des doctor angelicus, diese Neuerungen betont hat: „Erat enim novos in sua lectione movens articulos, novum modum et clarum determinandi inveniens et novas reducens in determinationibus rationes, ut nemo qui ipsum audisset nova docere et novis rationibus dubia definire, dubitaret, quod eum Deus novi luminis radiis illustraret, qui statim tam certi coepisset (esse) iudicii, ut non dubitaret, novas opiniones docere et scribere, quas Deus dignatus esset noviter inspirare" (Acta SS. VII martii, n 15). — Ein Zeitgenosse des hl. Thomas, der Dominikaner Raymund Martin, ist der Verfasser eines apologetischen und polemischen Traktats „Pugio fidei adversus Mauros et Iudaeos" (1687 gedruckt), aus dem sich mehrere Stellen fast wörtlich in der „Summa contra Gentiles" finden. Raymund Martin zeichnete sich durch sein Studium des rabbinischen Hebräisch und des Arabischen in mehreren Schulen Spaniens aus, wo das Provinzialkapitel von Toledo (1250) die Errichtung von Lehrkanzeln für den Unterricht in den orientalischen Sprachen verfügt hatte. Raymund benutzt viel arabische Werke, namentlich Averroës. Nach Miguel Asin y Palacios hat Thomas die Schrift Raymunds gekannt und von dessen arabischen Kenntnissen ebenso Vorteil gezogen wie von den griechischen W.s von Moerbeke (El Averroismo teologico de Sto Tomas de Aquino, Zaragoza, 1904, S. 322—324; La Summa Contra Gentes y el Pugio fidei, Vergara, 1905). Die These Asins y Palacios bestreitet Getino, El averroismo teologico de Santo Tomas de Aquino, Vergara, 1905; Por los mundos del tomismo (Cienza Tomista, 1911, S. 46). Mandonnet bemerkt treffend, daß Martin in einem früheren Werke („Explanatio simboli Apostolorum ad institutionem fidelium edita," um 1256) die Möglichkeit einer Schöpfung ab aeterno verwirft, während er sie in „Pugio fidei" (1278) zugibt, woraus sich ergäbe, daß Martin unter dem Einflusse von Thomas sich einer Lehre genähert hat, die vor ihm sicherlich nicht in dem Orden verfochten wurde (Siger de Brabant, Bd. VII, S. XXVIII); übrigens schrieb Martin seine „Pugio fidei" vor 1276 (a. a. O. Bd. VI, S. 47, A.). Asin behauptet ferner auf Grund des arabischen Textes des „Tehafot" und „Quitab falsafa", Averroës stelle zwischen dem mohammedanischen Dogma und der Philosophie ein System harmonischer Be-

Durch diese neuen Theorien bricht Thomas mit den Überlieferungen der älteren Scholastik. Er stellt innige Beziehungen zwischen der Philosophie und Theologie her; der Mehrheit der Formen stellt er die Einheit des substantiellen Prinzips gegenüber, der hylemorphen Zusammensetzung der geistigen Substanzen die Lehre von den subsistierenden Formen und die peripatetische Auffassung der Materie, der Theorie der „rationes seminales" die passive Entwicklung des Stoffes, der Augustinischen Theorie der Identität der Substanz der Seele mit deren Vermögen die Annahme ihrer realen Verschiedenheit, dem Voluntarismus eine intellektualistische Auffassung des Seelenlebens. Und noch mehr ließe sich hier anführen.

Seine neuen Theorien sind entschieden und zu Ende gedacht, er ist seiner sicher und geht ihren Folgen überall nach. Dadurch überragt er seinen Lehrer Albert und seinen Freund Bonaventura.[1]) Zugleich ist er gemäßigt. In der wissenschaftlichen Kontroverse zwingt Thomas seine Theorien nicht durch Verspottung anderer, sondern durch Überzeugung auf, und Gegner wie Peckham bestätigen seine würdige, friedfertige Haltung mitten in den lärmendsten Streitigkeiten.[2])

Obzwar Thomas von Aquino in seinen Neuerungen selbständig und in den Einzelheiten eklektisch verfährt, ist seine Denkweise am meisten der des Aristoteles verwandt. Weit entfernt, den Averroisten in ihrem blinden Verzicht auf selbständiges Denken zu folgen, betont er, das Argument aus der Autorität sei das letzte der Argumente („locus ab auctoritate est infirmissimus"). Thomas hat den Peripatetismus erweitert, er hat dessen Lehren im Sinne eines ausgesprochenen Individualismus entwickelt. Endlich hat er den Aristotelismus mit einer Gruppe wichtiger Augustinus entlehnter Lehren verschmolzen[3]).

Die „Kommentare zu den Sentenzen" und teilweise die S. contra Gentes verraten Einflüsse der älteren Scholastik, denen Thomas ausgesetzt war, bevor er seine eigenen Wege ging. Daß er in seiner Jugend die Ansichten seiner Lehrer adoptiert hat (als er Albert dem Großen folgte, war er achtzehn Jahre alt), ist natürlich. Für die Begründung der Stadien seiner Entwicklung sind diese Umstände wichtig, aber sie ändern nichts an der endgültigen Synthese, deren Darlegung versucht wurde.

327. **Bibliographie.** — Leben: Wilhelm von Tocco, der viele Lebensverhältnisse des hl. Thomas persönlich kannte, hat eine Biographie hinterlassen, die in der Lebensbeschreibung des hl. Thomas durch die Bollandisten, Acta Sanctorum VII mart. benutzt ist: Quétif et Echard; Prümmer; fontes vitae S. Th. Aquinatis, Heft I: Vita S. Th. Aquinatis auctore Petro

ziehungen her, von dem Thomas beeinflußt worden sei. Dagegen Manser (a. a. O. Nr. 227) und Mandonnet (Siger, Bd. VI, 148).

1) Man vergleiche z. B. die Theorie der Einheit der Formen bei Albert und Thomas, die schwankende Lehre Bonaventuras von dem Unterschiede der Seele und ihrer Vermögen mit der entschiedenen Stellungnahme des hl. Thomas.

2) Vgl. Nr. 327.

3) Von Hertling (a. a. O. S. 549 ff.) bemerkt treffend, daß Thomas beim Zitieren des hl. Augustinus diesem eine Reihe bedeutsamer Lehren entnommen hat, wie: daß in Gott Denken und Sein verbunden sind, daß Gott allein und ohne Mittelwesen erschaffen kann, daß die Erhaltung eine beständige Schöpfung ist. Bei der Theorie des Exemplarismus, der Vorsehung, des Wunders, des Übels, der Immaterialität der Seele, der Untrüglichkeit des Intellekts, des menschlichen Zweckes, der „lex aeterna" beruft er sich auf ihn.

Calo (Toulouse, 1911). Der dritte ältere Biograph ist Bernhard Guidon. De Groot, Het Leven van den hl. Th v. Aquino (Utrecht, 2. Aufl 1907); Biographie, Chronologie, Bestimmung der Echtheit der Schriften. — Vaughan, The Life and Labours of S. Th. of A., London, 1890, 2. ed. Endres, Studien zur Biographie des hl. Th. von A. (Histor. Jahrb., 1908), Thomas von Aquino (Mainz, 1910, in: Weltgeschichte in Charakterbildern); Leben und Lehren, vortrefflich. — Grabmann, Thomas von Aquin. Eine Einführung in seine Persönlichkeit und Gedankenwelt, München, 1912. Baumgartner, Thomas von Aquin; Th. Esser, Die Lehre des hl. Thomas von A. über die Möglichkeit einer anfangslosen Schöpfung, München, 1895. — Wir besitzen fünf Verzeichnisse der Werke des hl. Thomas aus dem 14. und 15. Jahrhundert. In einer bemerkenswerten Studie „Des écrits authentiques de S. Thomas d'Aquin" (Rev. Thomiste, 1909—1910; 2. A. Freiburg, 1910) gliedert sie Mandonnet in drei selbständige Gruppen, für welche typisch sind: 1. Offizielles Verzeichnis aus dem Jahre 1319 anläßlich der ersten Kanonisierung, sehr wertvoll: hrsg. von Balnze, Vitae paparum Avenionensium, Paris, 1693, Bd. II, S. 7. 2. Verzeichnis des Ptolemaeus von Lucca, Hörer und Beichtvater des hl. Thomas, in seiner „Historia ecclesiastica", und Bernhard Guidons 3. „Tabula scriptorum" oder Verzeichnis von Stams, um 1311. Den Text aller Kataloge gibt Mandonnet sorgfältig neu heraus mit interessanten Bemerkungen über die verschiedenen unechten Schriften. — Galea, De fontibus quorundam opuscul. S. Th. (Malta, 1880); J Wild, Über die Echtheit einiger op. des hl. Thomas (Jahrb. f. Philos. u. spekulat. Theologie, 1907).

Die sämtlichen Werke des hl. Thomas wurden sehr oft herausgegeben. Von den älteren Ausgaben nennen wir die von Rom (1570, Ausgabe Pius' V.), Venedig (1592), Antwerpen (1612), Paris (1660), Venedig (1787). Im Jahre 1852 wurden die Werke in Parma neu herausgegeben und im Jahre 1882 unternahmen die Dominikaner in Rom unter den Auspizien Leos XIII eine neue Ausgabe. Bd. I. Komment. z. „Peri hermen." u. „Analyt. poster." (1882); II: z. Physik (1884): III zu De coelo et mundo, de generatione et corruptione, Meteorolog. (1886); IV—XII: Summa theolog. (1888—1906) mit den Kommentaren Cajetans. Die „Summa contra Gentiles" befindet sich im Druck. Es bestehen viele Teilausgaben, besonders von der Sum. theol., die wir hier nicht anführen können. De Maria hat in 3 Bden. die „Opuscula philos. et theolog." herausgegeben (viele unechte; 1886, Citta di Castello); das Institut von Löwen gab die Komment. zu „De anima" heraus (Louvain, 1901). Hedde, Les quaestiones disputatae de anima (Paris, 1912). Die „Quodlibeta" sind mehrfach neu aufgelegt worden (Paris, Turin). Die Schrift „De pulchro et bono", welche Uccelli nach einer von ihm als Autograph des hl. Thomas bezeichneten Handschrift herausgibt (Neapel, 1869), ist nur ein Auszug aus dem Kommentar Alberts des Großen zu des Pseudo-Dionys „De divinis nominibus". Schütz, Thomas-Lexicon (2. Aufl., Paderborn, 1895); sehr nützlich.

P. Rosarius Janssen, O. P., Die Quodlibeta des hl. Th. v. Aquin. Ein Beitrag zu ihrer Würdigung und eine Beurteilung ihrer Ausgaben. Bonn, 1912; Scholastische Texte I. Th v. A. Texte zum Gottesbeweis ausgewählt von E. Krebs. Bonn 1912. Jourdain, La philosophie de S. Thomas, Paris, 1858: Werner, Der hl. Thomas von Aquino, 1858; Plassmann, Die Schule des hl. Thomas von Aquino, Soest, 1858—1861; Frohschammer, Die Philosophie des Th. von Aquino, kritisch gewürdigt. Alles sehr unzulänglich. Willmann, Geschichte des Idealismus II, § 74—79. Ein sehr schönes Buch ist das von Rousselot, L'intellectualisme de S. Thomas, Paris, 1898. Betreffs dieses sehr diskutierten Werkes vgl. meine Studie in der „Revue néo-scolast.", Februar 1909. — Theodor Steinbüchel, Der Zweckgedanke in der Philos. d. Th v. A. nach d. Quellen dargest. (Beitr. Gesch. Phil. Mitt. XI. 1. 1912). Matthias Meier, Die Lehre d. Th v. A. de passionibus animae in quellenanalyt. Darstellung ibid. XI. 2, 192). A. Malagola, Le teorie politiche di San Tomaso d'Aquino 205 p. Bologne, Berli 1912. — Mandonnet, S. Thomas d'Aquin et les sciences sociales (R. thomiste, 1912). — Sertillanges, S. Thomas d'Aquin, 2 Bde., Paris, 1910; glänzende Darstellung der Lehren. Dehove, Essai sur le réalisme thomiste, Lille, 1908. Zahlreiche Untersuchungen über die thomistische Philosophie sind seit der Encyclica „Aeterni Patris" erschienen, namentlich in den Zeitschriften: Philosophisches Jahrbuch, Jahrb. f. Philos. u spekulat. Theol., Zeitschr. f. kathol. Theol., St. Thomas-Blätter, Revue thomiste, Revue Néo-Scolastique, Revue des Sciences philos. et théolog.

Schütz, Der hl. Thomas und sein Verständnis des Griechischen (Philos. Jahrb., 1895). Miguel Asin y Palacios, El Averroismo teologico de St. Tomas de Aquino (Extracto d. homenaje a Fr. Codera), Zaragoza 1904, S. 271—332. — Beziehungen zu anderen Philosophen:

v. Hertling, Augustinuszitate bei Thomas von Aquino (Sitzungsber. d. philos.-philol. u. histor. Klasse. Akad. München. 1905, S. 535—602). Klassifikation von 250 Zitaten und Unterscheidung von a) Zitaten zur Ausschmückung, b) Zitaten, bei denen er die wahre Lehre Augustins adoptiert, c) Zitaten, bei welchen die Stellen aus Augustinus im Sinne seiner eigenen Ideen umformt. Vacant, Études comparées sur la philos. de S. Th. d'Aquin et sur celle de Duns Scot, Paris, 1897; Huit, Les éléments platon de la doctrine de S. Th. (Rev. thom. 1911); Guttmann, Das Verhältnis des Th. von A. zur jüdischen Literatur. Göttingen, 1891; Wittmann, Die Stellung des Th von A. zu Avencebrol; vortrefflich. Über das Verhältnis zu Siger von Brabant vgl. Mandonnet, a. a. O. — Beweise für das Dasein Gottes: Baeumker, Witelo, S. 317 bis 339; Grünwald, a. a. O. S. 133—161; Nys, La notion de temps d'après les principes de S. Th. d'Aq., Louvain, 1898; La notion d'espace, ibid., 1901. — Endres, Die Bedeutung des hl. Thomas für das wissenschaftliche Leben seiner Zeit (Histor. polit. Blätter, 191, S. 801). — Maurenbrecher, Thomas von Aquinos Stellung zum Wirtschaftsleben seiner Zeit (Leipzig, 1898); forscht nach der Spiegelung der genossenschaftlichen Organisation in den thomistischen Lehren. — Anselm Rohner, Das Schöpfungsproblem bei Moses Maimonides, Albertus Magnus und Thomas von Aquino (Beitr. Gesch. Phil. Mitt. XI, 5). E. Crahay, La politique de S. Th., Louvain, 1896. J. Zeiller, L'idée de l'État dans saint Thomas d'Aquin, Paris, F. Alcan, 1910; untersucht: 1. die Theorie der politischen Gewalt bei Th., 2. die historischen Ursprünge der Lehre; 3. die Theorie bei Ptolemaeus von Lucca und Aegidius von Rom. Über das Eigentum vgl. Arbeiten von Walter (Freiburg i. Br., 1895) und Schaub (München, 1898). — Freiheit: Verweyen, a. a. O. S. 127—156. — Ethik: De la Barre, La morale d'après S. Th. et les théologiens scolastiques, Paris, 1911; Wagner, Das natürliche Sittengesetz nach der Lehre des hl. Thomas, Freiburg i. Br.; O. Rens, Die Synteresis nach dem hl. Thomas von Aquin (Beitrag zur Geschichte der Philos des Mittelalt. X, 1, 2, 1911); systematische, vollständige Untersuchung. Kuhlmann, O. P., Der Gesetzesbegriff beim hl. Thomas von Aquin im Lichte des Rechtsstudiums seiner Zeit, Bonn, 1912. Mandonnet, S. Th. et les sciences sociales (R. Thomiste, 1912, S. 654). — De Wulf, Études histor. sur l'esthétique de S. Thomas d'Aquin, Louvain, 1896. G. Paredes, Ideas estheticas de S. Thomas (La Cienza Tomista, 1911, S. 345). — Domet de Vorges, La philos. thomiste pendant les années 1888—1898 (in: Congrès Biograph. internat., Paris, 1899) und Grabmann, Studium der Thomasphilosophie, in: Jahrbuch f Philos. u. spekulat. Theol. 1900, S. 127 ff., mit vielen bibliographischen Angaben bis zum Jahre 1907. Eine vollständige Bibliographie bei U. Chevalier, Répertoire, sources histor. du moyen âge, Biobibliographie, 2. éd., Paris, Th. d'Aquin.

Fünfter Abschnitt.
Der Konflikt zwischen dem Thomismus und der älteren Scholastik.
§ 1. Die Gegner des Thomismus.

328. Die Gegner des Thomismus. Doppelte Form der Gegnerschaft. — Die neuen Lehren Thomas von Aquinos, welche die Tendenz hatten, so manche überlieferte Theorie außer Kurs zu setzen, erregten die Gegnerschaft einer bedeutenden Gruppe von Lehrern, welche in der Schule der älteren Scholastik herangebildet worden waren. Seit dem Jahre 1282 nahm der Franziskanerorden offiziell gegen ihn Stellung und gestattete das Studium seiner theologischen Summe nur mit einer Reihe von Vorbehalten.[1]) Bis dahin hatten sich die beiden Bettelorden friedlich entwickelt, nunmehr sollte sie ein doktrinaler Konflikt voneinander scheiden. Der älteren Partei schlossen sich auch weltliche Lehrer und sogar eine Reihe von Dominikanern an, deren Ausbildung der thomistischen Wirkung voranging. J. Peckham

---

1) Generalkapitel in Straßburg: „quod non permittant multiplicari summam fratris Thomae nisi apud lectores notabiliter intelligentes et hoc nisi cum declarationibus fratris G. de Mara". Zitiert in: Analecta Bollandiana. 1899, S. 292. Vgl. Mandonnet, a. a. O. VI, 102.

berichtet, daß in der besten Zeit des Unterrichts des hl. Thomas (1269—1271) Mönche aus dem Kloster des hl. Jakob in Paris seine Lehre von der Einheit der substantiellen Form lebhaft kritisierten, „etiam a fratribus propriis arguebatur argute".[1]) Ebenso war in Oxford ein Dominikaner mehrere Jahre hindurch die Seele der Opposition gegen den Thomismus. Dieser mißfiel auch den mystisch angelegten Geistern, welche den etwas vagen Idealismus des hl. Augustinus dem strengen Intellektualismus des Aristoteles vorzogen.

Die Feindseligkeiten nahmen eine zweifache Form an: die thomistische Lehre wurde in Schriften angegriffen und von Zensuren betroffen.

1. Bei Matthaeus von Aquasparta finden sich nur gelegentliche Widerlegungen thomistischer Lehren, doch verfaßte in der Zeit zwischen 1277 und 1282 ein späterer Lehrer, Wilhelm von La Mare (Schüler Wilhelm Varos oder von Ware), ein in anständiger Form gehaltenes Pamphlet, „correctorium fratris Thomae". Diese Schrift, deren Verfasser 117 aus den Werken des hl. Thomas geschöpfte Lehren kritisiert, ist ein wahres Manifest der Franziskanerschule[2]) und der Kriegsruf der älteren Scholastik gegen den Thomismus.

Die Kritiken richten sich hauptsächlich gegen die Theorie der Einheit der substantiellen Formen. Richard von Middleton verfaßt einen Traktat „De gradu formarum"[3]), um den Pluralismus zu verteidigen. John Peckham, sein ganzes Leben lang ein leidenschaftlicher Gegner des Thomas, erzählt (1285) in selbstgefälligem Tone, daß er ihn (um 1269—1271) betreffs der Einheit der Form bei einem Wettstreit angriff, dem der Bischof von Paris und die Lehrer der Theologie beiwohnten. Peckham zufolge habe dieser allein Thomas verteidigt, soweit die Wahrheit es zuließ („nos soli ei adstitimus, ipsum, prout salva veritate potuimus, defendendo") und schließlich habe sein in die Enge getriebener Gegner seine Thesen demütig der Zensurfakultät unterworfen, „donec ipse omnes positiones suas, quibus possit imminere correctio, sicut doctor humilis subiecit moderamini Parisiensium magistrorum".[4]) Es gibt dafür noch eine andere Version. Bartholomaeus von Capua, der an der Heiligsprechung des hl. Thomas teilnahm, erzählt den Vorgang anders. Hiernach hätte Peckham seinen Partner erbittert und dieser hätte auf seine heftigen Worte nur sanft und bescheiden entgegnet.[5])

Wir besitzen ferner ein Schreiben des Dominikaners R. Kilwardby an seinen Konfrater Peter von Conflans, Erzbischof von Korinth, in welchem von zahlreichen Unzukömmlichkeiten die Rede ist, welche die neuen Lehren im Gefolge haben.

---

1) Schreiben J. Peckhams vom 1. Juni 1285. Chart. I, 634.

2) Beweis dafür der Titel einer Kompilation, welche einen Teil dieser Kritiken enthält: „Articuli in quibus minores contradicunt Thomae in secunda secundae, und analoge Erklärungen Johanns von Paris. Mandonnet, Premiers travaux de polemique thomiste, S. 58. Ehrle, Der Kampf um die Lehre des hl. Thomas von Aquin (S. 306), verzeichnet Fragmente einer zweiten Redaktion des correptorium. — Außerdem verfaßte Wilhelm „quaestiones disputatae" und einen Kommentar zu den Sentenzen.

3) Ich fand ihn in einer Handschrift zu Paris, unmittelbar vor des G. de Lessines „De unitate formae".

4) Chart I, 634.

5) Ebd. 635.

2. Die Feindseligkeiten gegen den Thomismus führten auch zu offiziellen Ächtungen. Die Geschichte dieser Verdammungen stellt eine der bewegtesten Blätter der Pariser und Oxforder Universitätsannalen dar.

329. Verdammungen des Thomismus. — Seit dem Jahre 1270, seit der Untersuchung, die der averroistischen Verurteilung am 10. Dezember voranging (K. IV), hatte man daran gedacht, zwei thomistische Theorien: die der Einheit der substantiellen Formen in einer ihrer theologischen Anwendungen und die Lehre von der Einfachheit der Engel miteinander zu verquicken.[1]) In demselben Jahre hatte nämlich Thomas in seiner dritten quodlibetischen Erörterung fast alle jene neuen Theorien aufgestellt, in denen er von der älteren Scholastik abweicht.

Die Intrigue versagte, aber sieben Jahre später gelingt ein ähnlicher Plan. Am 18. Januar 1277 beauftragte Johann XXI., dem man über die in Paris gelehrten averroistischen Irrtümer Bericht erstattet hatte, den Bischof von Paris, Stephan Tempier, eine Untersuchung anzustellen. Dieser überschritt sein Mandat. Nachdem er eine Versammlung von Lehrern der Theologie und „klugen Männern" einberufen hatte, entwarf er einen Syllabus von 219 Lehrsätzen, die er am 7. März 1277 als Irrtümer verdammte, unter Exkommunizierung aller Verfechter derselben. Dieser Akt war von großer Tragweite. Vorwiegend gegen den Averroismus gerichtet, wie wir unten sehen werden, trifft er auch die Lehren R. Bacons, Aegidius' von Rom, Thomas von Aquinos und anderer. Insbesondere trifft er, was den Thomismus anbelangt, die Theorie der Einheit der Welt, der Individuation der materiellen und geistigen Substanzen und damit auch die Lokalisation der geistigen Substanzen und deren Verhältnis zur physischen Welt.[2])

Wir sehen, daß die zensurierten thomistischen Lehren sich im averroistischen Peripatetismus wiederfinden und daß man mittelst einer Kriegslist sowohl den Averroismus als auch dessen erklärten Gegner traf. Diese Verurteilung ist vor allem eine Rache der weltlichen Lehrer, der Anhänger der älteren Scholastik, aber es ist wahrscheinlich, daß mehrere von ihnen sich auch von ihrer Animosität gegen die Bettelorden leiten ließen und die günstige Gelegenheit ergriffen, einen der furchtbarsten Verteidiger jener zu treffen. Wie dem auch sein mag, es war ein Mißbrauch, Theorien zu exkommunizieren, die unmöglich als heterodox anzusehen waren.

Die Verdammungen seitens S. Tempiers hatten nur für die Pariser Universität und Diözese verpflichtende Kraft. Aber sie bleiben nicht vereinzelt, sondern bilden den Teil eines ausgedehnten Feldzuges, der sich bis nach Oxford verzweigt.

Oxford unterstand der Jurisdiktion des Erzbistums von Canterbury und bildete das Zentrum ebenso starker Angriffe auf den Thomismus. Da die

---

1) Diese Mitteilung verdanken wir Gilles von Lessines (Nr 329).
2) Propos. 34: „Quod prima causa non potest plures mundos facere". Propos. 96: „Quod Deus non posset multiplicare individua sub una specie sine materia." Vgl. n. 81. — Prop. 77: „Quod si esset aliqua substantia separata, quae non moveret aliquod corpus in hoc mundo sensibili, non clauderetur in universo." Chart. I, 543—560. — Interessant ist der Irrtum Nr. 7, der die Verurteilung der Platonisch-Augustinischen Philosophie bedeutet: „Quod intellectus non est forma corporis, nisi sicut nauta navis, nec est perfectio essentialis hominis." Vgl. Nr. 13, 14.

Anhänger der älteren Scholastik nacheinander zwei Erzbischöfe, den Dominikaner Robert Kilwardby und den Franziskaner John Peckham zum Oberhaupt hatten, konnten ihnen die zeitgenössischen Dokumente den Beinamen „Cantuarienses" geben.[1])

Am 18. März 1277, einige Tage nach dem Dekret Stephan Tempiers, ließ der Erzbischof **Robert Kilwardby**, der bei den englischen Dominikanern gegen die Lehren des hl. Thomas gestritten hatte, durch die Lehrer der Oxforder Universität eine Reihe grammatikalischer, logischer und physikalischer Lehrsätze verbieten. Unter den letzteren („in naturalibus") beziehen sich die wichtigsten auf die thomistischen Theorien der „generatio", der Passivität der Materie, der Einheit der Seele im Menschen und des Eindringens neuer Formen in den menschlichen Körper nach dem Tode.[2]) Um seinem Verbote Beachtung zu sichern, greift Robert nicht zur Exkommunizierung, sondern zu Drohungen und Versprechungen.[3]) „Ich verdamme sie nicht als ketzerisch, sondern ich verbiete sie als gefährlich", schreibt er an **Peter von Conflans** (Petrus de Confleto).[4]) Dieser, der die Verteidigung Thomas' gegenüber Robert übernommen hatte, veranlaßte letzteren zu einem langen Rechtfertigungsschreiben[5]), welches als Kommentar zu den Verboten des Erlasses dient. Dieses Schreiben stellt nebst der Abhandlung „De ortu et divisione philosophiae" alles dar, was bisher von den Schriften Roberts herangezogen worden ist. Es rechtfertigt die Lehren der älteren Scholastik: die „rationes seminales" — „evolutio illarum rationum et explicatio per res actuales fit per saecula, materia naturalis prima est quid dimensiones habens corporeas, impregnatum originalibus rationibus"[6]) — und besonders die Mehrheit der substantiellen Formen. Kilwardby unterscheidet im Menschen drei substantielle Lebensformen, deren Verbindung die eine Seele des Menschen bildet[7]), abgesehen von einer Form, die dem Körper seine materielle Bildsamkeit verleiht.[8]) Zur Rechtfertigung dieser Mannigfaltigkeit von Formen stützt er sich einerseits auf die Überlegenheit der Seele über den Körper (vgl. Alexander von Hales), anderseits auf die Identität Christi während seines Lebens und der drei Tage nach seiner Grablegung.[9])

---

1) De unitate formae von Gilles von Lessines, S. 14: „Sic arguunt cantuarienses."

2) „Item quod forma corrumpitur in pure nihil" (2); „item quod nulla potentia est in materia" (3); „item quod privatio est pure nihil" (4); „item quod intellectiva introducta corrumpitur sensitiva et vegetativa" (7); „item quod vegetativa, sensitiva et intellectiva sint una forma simplex" (12); „item quod corpus vivum et mortuum est aequivoce corpus, et corpus mortuum secundum quod corpus mortuum sit corpus, secundum quid" (13); „item quod intellectiva unitur materiae primae ita quod corrumpitur illud quod praecessit usque ad materiam primam" (16). Chart. I, 558.

3) Eine Burgh Handschrift fügt dem Erlaß Roberts hinzu: „quicumque haec dicta non sustinet nec docet habet a fratre R. archiepiscopo XL dies de indulgentia; qui autem dictas positiones defendit . .." (Chart. I, 560, Nr. 3).

4) Bakkalaureus in Paris, Erzbischof von Korinth (1268), 1278 nach Cosenza versetzt.

5) Hrsg. von Ehrle in: Arch. f. Lit. u. Kirchengesch. d. Mittelalt., 1889, S. 614.

6) Ebd., S. 616; vgl. S. 623, Z. 5—10. Die thomistische Theorie der „privatio" wird von den Sätzen 3 und 4 getroffen.

7) Propos. 12.

8) Ehrle, a. a. O. 635.

9) Der im Dekret vom Jahre 1277 verzeichnete 13. Irrtum: „Item quod corpus vivum et mortuum est aequivoce corpus, et corpus mortuum secundum quod corpus mortuum sit corpus

Wahrscheinlich war durch eine Vereinbarung zwischen R. Kilwardby und S. Tempier der Gegenstand dieser doppelten Verdammung festgesetzt worden, denn es ist bekannt, daß im Laufe desselben Jahres 1277 S. Tempier an das Verbot neuer Sätze, namentlich der Lehre von der Einheit der Form dachte. Inzwischen starb Johann XXI. und als der Pariser Bischof während der Vakanz des päpstlichen Stuhles (20. Mai—24. November) bei der römischen Kurie manövrierte, ward ihm der von mehreren Kardinälen ausgehende Befehl, seine Zensuren auf eine günstigere Zeit zu verschieben. Übrigens erregten die Oxforder Dekrete in Paris die Öffentlichkeit und wurden hier ebenso lebhaft erörtert wie die Verbote Tempiers.

In Oxford setzte die Opposition unter dem Erzbischof J. Peckham, dem Nachfolger Kilwardbys wieder ein, aber die Stellung der Parteien hatte sich geändert. Seit der Entscheidung des Generalkapitels von Mailand (1278) war der Thomismus in Oxford wie anderwärts zur offiziellen Lehre der Dominikaner geworden. Am 29. Oktober 1284 bestätigt zunächst Peckham den Akt seines Vorgängers[1]), sodann, am 30. April 1286, verbietet er infolge einer Herausforderung seitens des Dominikanerpriors (Richard Klapwell oder Clapoel) die strittigen thomistischen Thesen aufs neue.[2]) Die acht verdammten Sätze berühren die thomistische Lehre von der Einheit der Form im Prinzip und in mehreren Folgen derselben („istos igitur articulos haereses esse damnatos in se vel in suis similibus denunciamus").

Peckham wendet sich nicht ohne Leidenschaft gegen die „profanas vocum novitates" von Philosophen, die er „elatiores quam capaciores, audaciores quam potentiores, garruliores quam litteraciores" nennt. Er will „zur soliden und heilsamen Lehre der Söhne des hl. Franziskus, des Alexander von Hales und Bonaventura" zurückkehren.[3]) Auf ein Krebsgeschwür will er den Balsam seines pastoralen Amtes legen.[4]) Er warnt vor der „gefährlichen" Theorie der Einheit der Formen und gibt zu verstehen, diese Theorie könne wohl averroistischen Ursprungs sein.[5]) Er empfiehlt, außer der

secundum quid" steht in direktem Gegensatz zu folgender Lehre des hl. Thomas: „Corpus Christi mortuum et vivum non fuit simpliciter idem numero, quia non fuit totaliter idem . Corpus mortuum cuiuscumque alterius hominis non est idem simpliciter, sed secundum quid" (Sum. theol. 3a, q. 50, a. 5, in c. und ad 1 ᵐ). Dann müßte man aber nach den Gegnern des hl. Thomas sagen, daß die Körper der Heiligen, die von den Gläubigen verehrt werden, nicht dieselben sind, die sie im Leben besaßen. „Nec aliqua sanctorum corporum tota vel secundum partes aliquas in orbe existere vel in Urbe, sed quaedam alia quae non genuerunt matres sanctorum." Schreiben J. Peckhams an den Kanzler von Oxford (10. November 1284). Vgl. Ehrle, Zeitschr. usw., S. 174. — Seit 1271 verzeichnet Nikolaus von Lisieux als ebenfalls „oculum mortuum esse aequivoce oculum" (Quodl. III, a. 4).

1) d'Argentré, Collectio iudiciorum I, 234.
2) Ebd., S. 237—238; vgl. den Text der Artikel und der Verdammung. Propos. 8: „Octavus est quod in homine est tantum una forma, scilicet anima rationalis et nulla alia forma substantialis: ex qua opinione sequi videntur omnes haereses supradictae."
3) Chart. I, 634.
4) „Volentes huic cancerosae prurigini quam poterimus adhibere pastoralis officii medicinam." Ehrle, Zeitschr., 176. Nach Peckham ließen sich sogar einige Franziskaner durch die thomistischen Lehren überzeugen.
5) „Nec eam credimus a religionis personis, sed secularibus quibusdam duxisse originem cuius duo praecipui defensores vel forsitan inventores miserabiliter dicuntur conclusisse dies

Mehrheit der Formen, die „rationes seminales", „rationes aeternae" und die Theorie der Identität der Substanz und Vermögen der Seele. „. Quae quicquid docet Augustinus de regulis aeternis, de luce incommutabili, de potentiis animae, de rationibus seminalibus inditis materiae et consimilibus innumeris".[1]) Er verdammt nicht seine Philosophie, nur deren Irrtümer: „novitates (reprobamus) quae contra philosophicam veritatem sunt in sanctorum iniuriam citra viginti annos in altitudines theologicas introductae." Das Schreiben datiert vom 1. Juni 1285. Die „Neuerungen" wurden also seit 1265 eingeführt, und dies weist auf die zweite Lehrtätigkeit des hl. Thomas in der Universitätsmetropole hin.

§ 2. Die Anhänger des Thomismus.

330. Dominikaner. Aegidius (Gilles) von Lessines. — Der unversöhnlichen Gegnerschaft auf der einen Seite entsprach die unbedingte, unerschütterliche Anhängerschaft auf der andern Seite. Innerhalb des Dominikanerordens waren die Feindseligkeiten nur von kurzer Dauer und wichen bald einer schrankenlosen Bewunderung des hl. Thomas.

1. Zunächst bemerken wir bei einer Gruppe älterer Dominikaner eine Annäherung an den Thomismus. So bei Raymund Martin[2]) und dem unbekannten Verfasser eines „correctorium corruptorii fratris Thomae", mehrfach herausgegeben und fälschlich Aegidius von Rom zugeschrieben; er teilt uns mit, er habe sich, nachdem er die Mehrheit der Formen verfochten, der thomistischen Lehre anschließen müssen. Unter demselben Einflusse steht der anonyme Verfasser von „De erroribus philosophorum", dessen Sympathien für Aristoteles den Dominikaner verraten, der aber in der Frage nach den Formen der älteren Scholastik folgt.[3]). Als der achtzigjährige Albert der Große nach Paris zog, um seinen Schüler zu verteidigen, mußten so manche Feindseligkeiten im Kloster von St. Jakob nachlassen. Stolz auf das von Thomas erworbene gewaltige Ansehen, traf eine allgemeine Versammlung des Kapitels in Mailand (1278) Maßregeln, um der Reaktion, deren Zentrum das Oxforder Kloster bildete, Einhalt zu tun[4]); eine andere, 1279 in Paris abgehaltene Versammlung beauftragte den Orden unter Androhung harter Strafen, sich den Lehren des hl. Thomas anzuschließen.[5])

2. Der Angriff W.'s von la Mare reizte die Dominikaner zu einer Schilderhebung ihres Meisters und man widerlegte nun in derselben Form von „correctoria" das „correctorium" oder, wie man es nannte, das „corrup-

---

suos in partibus transalpinis." Ehrle, a. a. O. S. 175. P. Olivi geht weiter: nach ihm wurde der Averroismus durch die Dominikaner eingeführt. Vgl. Mandonnet, Siger VI, 101, a.

1) Chart. I, 634.
2) Vgl. Nr. 325.
3) Daher verlegt Mandonnet die Abfassung dieser Schrift zwischen 1260 und 1274 (Ebd.. S. XXX).
4) Chart. I, 566.
5) Ehrle, Archiv usw., 605. Diese Aufforderungen wiederholten sich in der Folge. Doch gab es auch später Dominikaner, die in wichtigen Punkten vom Thomismus abwichen und zu älteren Lehren zurückkehrten oder neue Lösungen verfochten. Vgl. unten Dietrich von Freiburg, Durand von St. Pourçain, Meister Eckehart.
6) Mitgeteilt von Denifle, Quellen, S. 226—240.

torium" des Franziskanerlehrers. Eines der ersten Korrektorien, fälschlich dem Aegidius von Rom zugeschrieben[1]), reproduziert den vollständigen Text des correctorium und widerlegt ihn Punkt für Punkt. Ein zweiter Typus von Korrektorien, von Mandonnet dem Hugo von Billom, von Ehrle dem Durand von Aurillac (Durandellus) zugeschrieben, erörtert die verschiedenen Angriffe des Pamphlets in freierer Form und widerlegt sie in einem ruhigeren Tone. Jean Quidort oder Johann von Paris (gest. 1306) verfaßte ein drittes „Correctorium corruptorii"; es blieb unvollendet und ist sehr persönlich gehalten.[2]) Endlich kennt man von Robert von Bologne (gest. 1308) ein „Apologeticum pro S. Thoma", das vollkommenste und ausführlichste von allen Korrektorien.[3])

Die Franziskaner blieben die Antwort nicht schuldig, denn es existiert ein „responsorium ad correctorium" aus dem Anfang des 14. Jahrhunderts, dessen Verfasser den Argumenten der Dominikaner begegnet und die Thesen des Wilhelm von La Mare aufrechterhält. Es besteht, wie man sieht, ein Streit, der Punkt für Punkt zwischen den älteren Lehren und den neuen Anschauungen des Thomismus ausgefochten wird.

3. Gleichzeitig mit dieser Abwehr richteten die Dominikaner Angriffe gegen die eklektischen Lehrer, welche sich in manchen ihrer Lehren direkt oder indirekt von Thomas von Aquino entfernten. Das Verzeichnis von Stams lehrt, daß Bernhard von Auvergne, Bischof von Clermont (Ende des 13. und Anfang des 14. Jahrhunderts) polemische Schriften gegen die „dicta" des Heinrich von Gent, Gottfried von Fontaines, Jakob von Viterbo verfaßte[4]), und eine Handschrift des Vatikan enthält „impugnationes Bernardi" gegen Aegidius von Rom. Von den beiden englischen Lehrern Wilhelm von Mackelsfield und besonders Robert von Erfort, einem beharrlichen Anhänger des hl. Thomas, schreibt der eine „contra Henricum de Gande quibus impugnat Thomam, contra corruptorem Thomae", der zweite „Contra dicta Henrici de Gande" und „Contra primum Egidii".

Es werden noch andere ähnliche Publikationen von Dominikanern zu Beginn des 14. Jahrhunderts verzeichnet.

4. Das Verzeichnis von Stams schreibt Thomas Sutton (Ende des 13. Jahrhunderts) eine Schrift „de concordantia librorum Thomae" zu. Es kann sich da nur um eine Konkordanzarbeit betreffs einiger Punkte, in denen der hl. Thomas geschwankt hat, handeln.[5]) Es ist ja bekannt, daß mehrere in den ersten Schriften des Meisters vorgebrachte Lehren in späteren Arbeiten

---

1) Mandonnet (Premiers travaux de polémique thomistes, Revue d. sciences philos. et théol., 1913, S. 55) nennt als Verfasser Richard Clapell oder Wilhelm von Mackelsfield. Ehrle (Der Kampf um die Lehre des hl. Thomas von Aquin usw., Zeitschr. f. kathol. Theol., 1913, S. 316) nennt in erster Reihe R. Clapwell und Robert von Tortocollo, dann Hugo von Billom und W. von Mackelsfield. Von dieser Schrift gibt es auch einen Auszug (ebd., S. 284).

2) Er verfaßte auch eine Abhandlung „De potestate regia et papali", einen Kommentar zu den Sentenzen, ein Quodlibet, drei „Determinationes".

3) Grabmann, Revue néo-scolast. 1912, S. 417. — Vgl. Ehrle, a. a. O., S. 297, der ein fünftes Korrektorium in Merton college verzeichnet.

4) Denifle (Quellen usw., S. 226—240).

5) Mandonnet, a. a. O. S. 255, meint, es sei dies der in den Werken des hl. Thomas abgedruckte Traktat „de concordantiis".

abweichend dargestellt werden (S. 307). Die Gegner konnten es sich nicht entgehen lassen, Thomas sich selbst entgegenzustellen[1]); um ihn nur zu rechtfertigen, unternahmen die Dominikaner die Abfassung ähnlicher Konkordanzen. Das Beispiel Suttons befolgten mehrere, namentlich der Verfasser einer „concordantia contradictionum fr. Thomae in scripto sentent. cum summa et aliis suis quaestionibus".[2])

5. Von den übrigen Dominikanern, welche Thomas persönlich hörten oder in den letzten Jahren des XIII. Jahrhunderts lebten, nennen wir noch Bernhard von Trilia (um 1240—1292), Ptolemaeus von Lucca (der selbst berichtet, er habe die Vorträge des Thomas 1272 gehört, „ipsius auditor fui"; seine Schrift „De regimine principum" ist die Ergänzung des II. Buches des Thomas, dem er die Bücher III und IV hinzufügt)[3]), Wilhelm von Hotun, gestorben 1298 als Bischof von Dublin, Hugo von Billom, Erzbischof von Ostia, gest. 1297, Verfasser eines correctorium.

Besondere Erwähnung verdient Aegidius (Gilles) von Lessines. Mit Albert dem Großen befreundet, dessen Vorlesungen er wahrscheinlich in Köln hörte, lehrte er als Bakkalaureus im Kloster von St. Jakob. Er war es, der 1270 Albert dem Großen („patri ac domno Alberto, episcopo quondam ratisponensi") schrieb und ihn auf die Verurteilungen, von welchen die thomistische Lehre bedroht war, aufmerksam machte. Er verlangte und erhielt von seinem ehemaligen Lehrer ein Gutachten unter dem Titel „De quindecim problematibus", in welchem Albert übrigens sich über die thomistischen Lehren nicht recht im klaren zeigt. Ein dem hl. Thomas oft zugeschriebener Traktat „De usuris", ein nicht aufgefundener „tractatus de praeceptis", ein anderer „de concordia temporum", eine Chronologie der Vorfälle im Jahre 1304 (Quétif und Echard folgern daraus, daß Aegidius um diese Zeit gestorben ist) und namentlich eine Schrift „De unitate formae" stellen das literarische Vermächtnis des Aegidius dar. Die (vom Juli 1278 datierte) Schrift „De unitate formae" ist eine Polemik gegen Robert Kilwardby („cantuariensis, archiepiscopus").[4]) Die Darstellung der pluralistischen Theorie durch Aegidius, der besondere Sinn, den er ihr gibt (funktionelle Unterordnung der Formen), die von ihm vorgebrachten Argumente und sogar die Eigenheiten der Sprache finden sich in der Tat in dem Rechtfertigungsschreiben R. Kilwardbys an Peter von Conflans. Aegidius muß einen Traktat Roberts, vielleicht über die Formen, besessen haben, dem der englische Praelat in jenem Schreiben manches entlehnt.

Außer der Darstellung der Theorie Roberts enthält die Schrift des

---

1) Eine dieser Schriften zitiert Mandonnet (S. 248).
2) Verzeichnet bei Krebs, Theologie und Wissenschaft usw. (Nr. 342), S. 10. 56. Diese Arbeit fällt in die Zeit vor 1323 und Mandonnel erblickt in ihr das mutmaßliche Werk des Benedikt von Assignano (gest. 1339).
3) Quétif—Echard, Scriptores, I, 541. Denifle, a. a. O. S. 227, 233, 239. Ein Lehrer namens Johannes Teutonicus (so heißen mehrere Dominikaner zu Ende des 13. und Beginn des 14. Jahrh.) bekämpft die reale Verschiedenheit von Wesenheit und Existenz. Den darauf bezüglichen Text, der den Kommentaren zu den Sentenzen entnommen ist, hat Grabmann herausgegeben: Die Lehre des Johannes Teutonicus O. P. über den Unterschied von Wesenheit und Dasein (cod. Vat. lat. 1902) in: Jahrb. f. Philos u. spekul. Theol. 1902, S. 43 ff.
4) S. 13—14 der Ausgabe von De Wulf.

Aegidius zwei Teile: a) allgemeine Gedanken über Form und Materie; b) die Formulierung und der Beweis der Theorie der Einheit nebst einer Widerlegung der entgegengesetzten Lehre. Der konstruktive Teil der Schrift erinnert an die Argumente Thomas von Aquinos, vor allem aber geht der Verfasser polemisch vor und betont die Schwächen des Pluralismus. Der Stil ist konzis, die Argumentation bündig und der Autor bietet, besonders im letzten Teile, das Ergebnis selbständigen Denkens („de quo principaliter describimus secundum intellectum nostrum").

Des Aeg. von Lessines „De unitate formae" nimmt in der reichen Literatur, welche der Streit über die Formen zu Ende des 13. Jahrhunderts zeitigte, eine der ersten Stellen, vielleicht gar die erste, ein.[1])

331. Andere Anhänger des Thomismus. — 1. Die Ordensgeistlichen. Bald gewann der Thomismus auch Anhänger außerhalb des Dominikanerordens. Mit Humbert von Prulli erwarb er das Bürgerrecht bei den Zisterziensern, mit Aegidius von Rom bei den Eremiten des Augustin. Letzterer aber, den eine leicht begreifliche Sympathie für den Kirchenvater, dessen Namen er trägt, zurückgehalten, verzichtete nicht auf gewisse Augustinische Ideen, und so reihen wir ihn den Eklektikern ein (§ 3).

2. Die artistische Fakultät beweinte den Tod des Thomas und reklamierte seine sterbliche Hülle. Viele Wissenschaftler, die sich um seine Kanzel gedrängt hatten, behielten seine neuen Lehren bei und vermehrten die Schar seiner Anhänger.

Anhänger fand er auch bei den Klerikern und weltlichen Lehrern der theologischen Fakultät. Zu ihnen gehört Peter von Auvergne (gest. um 1305). Ein Verfasser von (inedierten) „Quodlibets", hörte er wahrscheinlich die Vorlesungen des hl. Thomas und wurde 1275 Rektor der Universität. Hauréau schreibt ihm im Geiste des hl. Thomas verfaßte Kommentare zur Aristotelischen Physik und Metaphysik zu.[2]) Die Schrift seines Lehrers „De coelo et mundo" vervollständigte er. Zu den treuen Thomisten zählt man auch Petrus Hispanus (1226—1277), wahrscheinlich identisch mit dem Portugiesen Juliani, dem späteren Papst Johann XXI. Er war es besonders, der Stephan Tempier die uns schon bekannte Untersuchung über die in den Pariser Schulen verbreiteten Irrtümer anzustellen befahl. Außer medizinischen Schriften verfaßte er „Summulae logicales", von denen weiter unten die Rede sein wird.

3. Das Ansehen des Thomismus wuchs in den Schulen zu Ende des 13. und während des 14. Jahrhunderts immer mehr. An der Pariser Universität hatten die Oxforder Zensuren nie Gesetzeskraft; selbst die Verbote Tempiers verhinderten nicht die freie Erörterung der thomistischen Lehren und taten ihrem Erfolge in den Schulen keinerlei Abbruch. Zeitgenossen,

---

1) Im Jahre 1277 schrieb auch Aegidius von Rom seinen Traktat über die Einheit der Formen. In der von Denifle (a. a. O. S. 238—240) veröffentlichten Liste der Schriften der Dominikaner finden sich Traktate „de unitate" von Wilhelm von Hotun, Hugo von Ostia, Thomas Sutton. Späteren Datums sind die Schriften von Johannes Faventinus (Zeit unbekannt, 14. oder 15. Jahrh.) und Janinus de Pistorio (Zeit unbekannt).

2) Histoire de la philos. scolastique II², 157.

die verschiedenen Parteien angehören, wie Aegidius von Rom[1]), Gottfried von Fontaines[2]), Johann von Neapel[3]) und später Wilhelm von Occam[4]) verurteilen streng die Zensur des Thomismus. Sie wurden übrigens am 13. Februar 1325, nach der Kanonisation des hl. Thomas, vom Erzbischof Stephan von Borrête zurückgezogen. In Oxford findet sich von etwas Derartigem keine Spur, doch ist zu ersehen, daß seit dem Jahre 1288 der Konflikt zwischen Peckham und den Dominikanern geschlichtet ist.

Der Ehrenname „doctor communis" (der Scholastiker $\varkappa\alpha\tau'$ $\dot{\epsilon}\xi o\chi\dot{\eta}\nu$), der Ende des 13. Jahrhunderts auftritt, ist ein bedeutsames Zeichen für die Schnelligkeit der Verbreitung der Lehren Thomas von Aquinos und für den großen Eindruck, den er in den Schulen hervorrief.[5])

Anderseits dringt der Thomismus langsam in den allgemeinen Ideenkreis ein. Dies beweisen die Popularisierungen des Vinzenz von Beauvais und die Dichtung Dantes. In einer umfassenden Enzyklopaedie, dem „Speculum magnum", auf Wunsch Ludwigs IX. verfaßt, zieht der Dominikaner Vinzenz von Beauvais (gest. um 1268) die Bilanz des menschlichen Wissens seiner Zeit. Er gliedert es in historische, naturwissenschaftliche und doktrinale Disziplinen („speculum historiale, naturale, doctrinale") und nimmt in seinem „speculum naturale" mit Vorliebe auf die albertistisch-thomistischen Lehren Bezug. Was Dante, den Dichterphilosophen betrifft, so haben seine unsterblichen Verse die abstrusesten Spekulationen Alberts des Großen und des hl. Thomas mit einem fesselnden Symbolismus geschmückt.[6]) Von Beatrice, der Verkörperung der höchsten Weisheit oder Theologie geleitet, betritt Dante den Ort der Seligkeit und streift unterwegs die großen Probleme der zeitgenössischen Philosophie. Dante hatte nämlich während seiner langen Wanderschaft nach seiner Verbannung aus Florenz[7]) Gelegenheit, die Vorlesungen der Scholastiker zu hören. Nicht bloß die „Göttliche Komödie", sondern auch namentlich „De Monarchia" ist vom Thomismus durchtränkt. Über die thomistische Politik, der er seine Voraussetzungen entnimmt, hinausgehend, konstruiert Dante ein Staatsideal, die Universalmonarchie.[8])

---

1) „Plures de illis articulis transierunt, non consilio magistrorum, sed capitositate quorundam paucorum." In II. 1. sent., Venetiis, S. 471.

2) Vgl. meine Arbeit über G. von Fontaines, S. 47.

3) Vgl. Echard, Script. I, 476.

4) Dialogus, Lugduni 1495, Pars I, lib. II, c. 22.

5) Mandonnet, Les titres doctoraux de S. Thomas d'Aquin. Rev. Thomiste, 1909, S. 604. Der älteste Beiname ist „doctor eximius" (Dokument 1282). Mandonnet datiert den Beinamen „doctor angelicus" in die 1. Hälfte des 15. Jahrh. zurück (ebd., S. 606).

6) Nardi, Sigeri di Brabante e le fonti della filosofia di Dante (Riv. fil. neo-scolastica, 1912) meint, der treue Thomismus Dantes sei eine Legende, und zeigt bei ihm Spuren von Avicennismus, Augustinismus und Neuplatonismus, die Dante zu einem Eklektiker machen.

7) Geboren 1265 in Florenz. Dante gehörte der Partei der weißen Welfen an und als im Jahre 1301 Karl von Anjou seine Geburtsstadt als Sieger betrat, wurde er wegen seiner politischen Gesinnung verbannt. Von da an zog er in der Welt umher; er starb 1321 in Ravenna. Nach seinem Exil neigte er zur Partei der Ghibellinen, ohne sich aber der kaiserlichen Partei ganz anzuschließen.

8) Hier nennen wir, da er sich keiner Gruppe angliedern läßt, Jakob von Douai, einen wenig bekannten Autor des 13. Jahrhunderts, von dem Hauréau einen Kommentar zu „De anima" verzeichnet. Hist. Littér. France, Bd. XXI, 157. Nach den von Hauréau mitgeteilten

§ 3. Die Eklektiker.

332. Summarische Übersicht. — Neben den unbedingten Gegnern und Anhängern des hl. Thomas gibt es eine vermittelnde Gruppe, welche so ziemlich die Dezennien zwischen Thomas' Tode und den akademischen Anfängen des Duns Scotus ausfüllen. Diese Gruppe umfaßt Eklektiker, welche in manchen Punkten die Vergangenheit fortsetzen, in anderen Thomisten sind und betreffs mancher Lehren neue Lösungen darbieten. Diese Männer — Zeitgenossen oder Fakultätsgenossen — begegnen einander bei denselben Kämpfen und fassen einander bei ihren Kontroversen wechselseitig ins Auge. Die wichtigsten von ihnen sind Gottfried von Fontaines, Aegidius von Rom, Jakob von Viterbo und Heinrich von Gent. Dem Thomismus steht am nächsten Gottfried von Fontaines, während Heinrich von Gent am meisten mit Duns Scotus verwandt ist.

I. Gottfried von Fontaines.

333. Leben und Werke. — **Gottfried von Fontaines**, geboren in der Gegend von Lüttich zu Fontaines-lez-Hozémont, erscheint 1286 als „magister theologiae" in Paris und war 13 Jahre lange „actu regens"; er war dies noch im Jahre 1292. Erst Kanonikus von Lüttich, Paris, Köln, wurde er 1300 zum Bischof von Tournai gewählt, verzichtete aber auf seine Rechte, da die Wahl bestritten worden war. Gottfried war Mitglied der Sorbonne, der er ein kostbares und bedeutendes Handschriftenvermächtnis hinterließ, das noch in der „Bibliothèque nationale" verwahrt wird. Er starb nach 1309.

Die XIV Quodlibets Gottfrieds sind wahrscheinlich seine einzige wissenschaftliche Arbeit; sie existieren in zahlreichen Handschriften und sind in Frankreich, England und Italien wiederholt bearbeitet worden. Henricus Teutonicus von den Eremiten des hl. Augustin verfertigte einen Auszug daraus, Hervaeus von Nedellec kürzte einen Teil ab, der Sorbonnist Regnier von Köln (gest. vor 1338) machte sie zur Grundlage eines theologischen Kompendiums. Bernhard von Auvergne redigierte die „reprobationes" der Quodlibets. Die dritte Quodlibet-Disputation wurde 1286 abgehalten, die zwölfte nach 1290. Auch verschiedene Kanzelreden besitzen wir von dem Lütticher Meister. Ungewiß ist, ob er einen Traktat gegen die Bettelorden und eine Reihe von Erörterungen, die dem von ihm der Sorbonne hinterlassenen Exemplar einer „Summa contra Gentiles" beigefügt sind, schrieb.

334. Philosophische Bedeutung. — Gottfried ist wie alle Theologielehrer seiner Zeit kein bloßer Theologe. Seine Quodlibets bekunden einen umfassenden wissenschaftlichen Geist; den dogmatischen Theologen, Ethiker, Juristen, Kanonisten, Philosophen, Pamphletisten und Publizisten. Mit einer Kühnheit der Sprache, in der ihn niemand übertroffen hat, gibt er seine Meinung über wissenschaftliche Fragen ab, welche damals die Universitätskreise erregten. Er kritisiert offen Stephan Tempier ob dessen unzeitge-

---

Auszügen ist J. von Douai gemäßigter Realist, aber die Analysen Hauréaus sind unzulänglich und beziehen sich bloß auf das Universalienproblem. Vgl. meine „Hist. philos. scolast. des Pays-Bas", S. 281.

gemäßen Verdammungen des Thomismus, noch stärker aber dessen Nachfolger Simon von Bucy, der sie in Kraft ließ. Er kritisiert ferner die Zensuren J. Peckhams und teilt mit, daß man sich in Paris um sie nicht kümmere. Anderseits nimmt er gegen die Privilegien der Bettelorden entschieden Stellung.

Den Kern der Scholastik Gottfrieds bildet der Thomismus. Ein entschiedener Gegner des Thomas auf dem Gebiete der kirchlichen Privilegien, hat er doch dem großen Philosophen ein herrliches Lob gespendet. Aber der Thomismus Gottfrieds ist modifiziert; zunächst in einer Reihe eigener Lösungen von Problemen, die keine grundlegende Bedeutung haben, sodann durch seine Kampfstellung gegen zeitgenössische Lehrer (Aegidius von Rom, Jakob von Viterbo, Thomas Sutton und besonders Heinrich von Gent)[1], endlich durch Vorbehalte und ein Schwanken betreffs Neuerungen, die Thomas in die Scholastik eingeführt hatte. Diese Unentschiedenheiten sind zwar ein Zeichen von Schwäche, beweisen aber auch, daß Gottfried an einem Wendepunkte der Geistesgeschichte des 13. Jahrhunderts auftritt: der Thomismus nimmt seinen Weg, aber zwischen der Zeit seiner Begründung und dem Tage, an dem er als Besieger der Schulen erscheint, liegt eine Übergangszeit, für welche Gottfried charakteristisch ist.

335. Philosophische Lehren. — I. Metaphysik und Theodizee. — Es gibt keinen realen Unterschied zwischen Wesenheit und Existenz — in diesem wichtigen Punkte, in dem er von Thomas abweicht, stimmt Gottfried mit Heinrich von Gent überein. Er scheut vor keiner Konsequenz des Prinzips zurück und vervielfacht die Existenzakte des konkreten Wesens sogar in der Sphäre des Akzidentellen: „tot sunt esse quod essentiae."[2] Dies hindert ihn nicht, die Formulierungen des Genter Theologen zu erörtern und abzulehnen, da nach seiner Ansicht die Unterscheidung von Wesenheit und Existenz rein verbaler Natur ist. Das Individuationsprinzip ist nicht die erste Materie (gegen Thomas), sondern die substantielle Form. Die Stufenfolge der kontingenten Wesen ist begrenzt: ein Fortgang ins Unendliche, wie er nach Aegidius von Rom besteht, schließt einen Widerspruch ein. In derselben Weise wie Heinrich von Gent und aus denselben Gründen nimmt Gottfried nicht an, daß den Individuen in Gott eine von ihrer Gattungsidee unterschiedene eigene Idee entspricht.

II. Physik. — Abgesehen von der Hypothese der Einfachheit der astralen Substanzen stellt Gottfried betreffs des Werdens der körperlichen Wesen eine Transsubstantiationslehre auf, die er der Theorie der „generatio" hinzufügt und ausschließlich verficht: ein existierender Körper kann in einen andern existierenden Körper umgewandelt werden, so daß die Substanz des ersten, umgewandelten Körpers auf gewisse Weise in der zweiten erhalten bleibt, da beide vor dem Prozesse existieren. Die Natur bietet uns kein Schauspiel dieser Art, aber die Allmacht Gottes kann das, was nicht widerspruchs-

---

[1] Eine alte Tabelle, die ich im Anhang zu den Quodlibet des G. von Fontaines bringen werde, verzeichnet die Hauptpunkte, in denen dieser Thomas, Aeg. von Rom, J. von Viterbo, Th. Sutton bekämpft.

[2] Quodl. III, 1, S. 305. Ed. De Wulf und Pelzer. „Praeter hoc esse (substantiale) sunt plura esse secundum quid et tot quot sunt ibi formae accidentales." Quódl. III, 4, S. 311.

voll ist, verwirklichen. Da das umzuwandelnde Ding der Potenz nach das andere sein muß — gemäß einem metaphysischen Prinzip — so müssen beide Dinge in der Materie übereinstimmen.[1]) Daher könnte Gott ein Ei in einen Ochsen, aber nicht einen Körper in einen Engel oder umgekehrt verwandeln. Wir müssen bekennen, daß zur philosophischen Erklärung der natürlichen Entwicklung die scholastische „generatio" genügt, so daß die „transmutatio", welche Gottfried rechtfertigen will, aus der Kosmologie gestrichen werden kann.

III. Psychologie. — Mit Vorliebe wendet sich Gottfried den aktuellen Problemen, welche den Gegensatz der Schulen zum Ausdruck bringen, zu. Gemäß dem Grundsatz „quidquid movetur ab alio movetur" widerlegt er energisch die von Jakob von Viterbo vertretene Augustinische Ideogenie,[2]) Heinrichs von Gent Theorie der besonderen Erleuchtung[3]) sowie die von Heinrich von Gent und vielen anderen adoptierte Interpretation der intentionalen Species.[4]) Seine Ideologie ist von einer Klarheit und Schärfe, wie wir sie bei keinem anderen Scholastiker angetroffen haben.[5]) Um die Aristotelische Klassifikation der Seelenvermögen mit der Dreigliederung des hl. Augustinus zu verbinden, identifiziert er die „memoria" des letzteren mit den beiden Intellekten des ersteren.[6])

Mehr noch bei der Untersuchung des Willens als bei der des Intellekts wendet sich Gottfried unmittelbar gegen Heinrich von Gent. Fast das ganze sechste Quodlibet ist der Darlegung und Kritik seines Voluntarismus gewidmet, dem er den radikalsten Intellektualismus — noch radikaler als bei Thomas — entgegenstellt. Denn nicht bloß ist der Wille nicht „simpliciter activa" (Heinrich von Gent), sondern Gottfried nimmt nicht einmal in dem freien Wollen der Mittel zu einem Zwecke eine Selbstbewegung an und beurteilt die thomistische Lösung streng.[7]) Der Wille ist „simpliciter passiva", er wird stets durch den Intellekt determiniert, auch wenn er dieser Determination frei folgt. Es bedarf hiernach nicht der Bemerkung, daß Gottfried die übrigen Formen des Intellektualismus betont.

Bei aller Vorliebe für die thomistische Theorie der Einheit der Form im Menschen erklärt sich Gottfried für außerstande, die pluralistischen Argumente zu widerlegen. Hierin hat er niemals seine schwankende, zuwartende Haltung aufgegeben.

II. Aegidius von Rom.

336. Leben und Werke. — Aegidius von Rom (Aegidius Romanus, von einem Augustiner des 14. Jahrhunderts Colonna genannt), geboren 1247,

---

1) Quodl. V, 1; X, 1.
2) Quodl. IX, 19.
3) Quodl. VI, 15.
4) Quodl. IX, 19.
5) Quodl. V, 10.
6) Quodl. V, 8.
7) „Qui vero ponunt quod movetur (voluntas) ab uno quasi a fine et non ab aliis videntur ponere irrationabilia et contradictoria: ubi invenitur eadem ratio movendi ponendum est quod si unum movet quod et aliud; et manifestum est autem quod voluntas deliberativa numquam vult aliquid nisi secundum modum et formam apprehensionis." Quodl. X, 14 (nach der Handschrift der Pariser Bibl. nation., Nr. 15842).

gestorben 1316 („doctor fundatissimus"), ist die erste philosophische Persönlichkeit eines neu (1260) begründeten Ordens, der Eremiten des hl. Augustinus. Er hörte fleißig die Vorlesungen des hl. Thomas und übte nach dem Weggange desselben (1272), zweifellos unter einem weltlichen Lehrer, die Bakkalaureatsfunktionen aus. Diese Würde bekleidete er 1276—1277 zu einer Zeit, da sein Lehramt bedeutsame Ereignisse gefährdeten. Damals plante nämlich St. Tempier, der mehrere thomistische Lehrsätze verboten hatte, den Oxforder Zensuren in seiner Diözese Gesetzeskraft zu verleihen. Entrüstet ergriff Aegidius Partei für seinen Lehrer Thomas von Aquino und schrieb, mit einer strengen Verurteilung der Ratgeber des Bischofs (capitosi) sich nicht begnügend, einen Traktat „contra gradus et pluralitates formarum", in dem er so weit geht, die pluralistische Lehre, welche Tempier in den Schulen akkreditieren wollte, als glaubensfeindlich zu bezeichnen.[1]) Aegidius vindiziert die Denkfreiheit in Fragen, die das Dogma nicht berühren.[2]) Der Bischof scheint von dem hitzigen Bakkalaureus einen Widerruf verlangt zu haben, und da dieser dies ablehnte, ging Tempier mit aller Strenge vor und belegte ihn mit der Strafe, welche Kilwardby den widerspenstigen Lehrern androhte: der Vorenthaltung der Magisterwürde an die Bakkalauren und deren Ausschluß aus der Universität.[3]) Tatsächlich war Aegidius 1281—1285 von Paris abwesend. Unter mißlichen Umständen kehrte er dahin zurück. Ein Schreiben des Papstes Honorius IV. trug den Pariser Autoritäten auf, Aegidius die Lizenz um den Preis eines öffentlichen Widerrufs zu gewähren, dem sich dieser unterziehen sollte und dessen Wortlaut der Bischof, der Kanzler und die Lehrer der Theologie festsetzen sollten.[4]) Dieser Widerruf, der sich zweifellos auf das Formproblem bezog, erfolgte wahrscheinlich im Jahre 1285 und Aegidius erhielt die licentia docendi.[5]) Noch bei Lebzeiten anerkennt ein Generalkapitel in Florenz (1287) seinen Weltruf („doctrina mundum universum illustrat") und schärft allen Mitgliedern des Ordens ein, nicht bloß die von Aegidius schon niedergeschriebenen, sondern auch dessen zukünftige Lehren („sententias scriptas et scribendas")[6]) zu akzeptieren! Im Jahre 1291 wirkt Aegidius noch als Magister. Dann wurde er der Reihe nach Ordensgeneral (im nächsten Jahre) und Erzbischof von Bourges.[7]) Als oberster Leiter der Studien in Paris genießt er bei der Auswahl der künftigen Bakkalauren und Magister des Ordens unbegrenztes Vertrauen,[8]) auch steht er in Verbindung mit Simon von Bucy und Philipp IV.[9])

Die sechs Quodlibets des Aegidius von Rom, eine Frucht seiner Vorträge, sind sehr bekannt und oft herausgegeben worden. Der Bericht

---

1) „Ponere plures formas contradicit fidei catholicae," ed. Venedig, 1502, fol. 211.
2) „Taceant ergo sic loquentes, suam imbecillitatem ostendunt," fol. 206.
3) Mandonnet, La carrière scolaire de Gilles de Rome. Mandonnet hat zuerst den Abgang des Aegidius und dessen Widerruf hinlänglich begründet.
4) Chart. I, 626, 633—634. Vgl. d'Argentré, Coll. iudic. I, 235.
5) Chart. I, 406; II, 12.
6) II, 12. Ähnliche Verordnungen im Kapitel von Regensburg, 1290. II, 40.
7) Ebd., A.
8) II, 39.
9) II, 61—62.

(relatio) über das Pariser Konzil des Jahres 1286 — mutmaßlich eine Schrift Gottfrieds von Fontaines — teilt mit, daß nach diesem Datum (postea) eine quodlibetische Disputation des Aegidius über die Privilegienfrage zu hören war, der das etwas banale Lob „qui modo melior de tota villa in omnibus reputatur" zuteil ward[1]) und in welcher seltsamerweise Aegidius sich gegen die These der Bettelorden ausspricht.

Von den übrigen Schriften des Aegidius nennen wir die Kommentare zu den logischen Schriften des Aristoteles, zu dessen Physik, Rhetorik, „de anima" „de generatione". Ferner: „Quaestiones de materia coeli" „de intell. possibilis pluralitate" (gegen Averroës), „q. metaphysicalis de regimine principum", Kommentare zu den drei ersten Büchern der Sentenzen, „q. de esse et essentia", „de cognitione angelorum", „de partibus philosophiae essentialibus". Die Schrift „De gradibus formarum" wurde manchmal fälschlich dem hl. Thomas zugeschrieben.

337. Philosophische Lehren. — Aegidius vertritt einen eklektischen Thomismus, der noch nicht hinreichend bekannt ist. Aber sein Eklektizismus wurzelt in der Schwäche seines Denkens und zeigt nichts von der persönlichen Wucht eines Heinrich von Gent oder Gottfried von Fontaines. Er adoptiert Grundlehren des Thomismus (reale Unterscheidung zwischen Wesenheit und Existenz, zwischen der Substanz und ihren Kräften, substantielle Einfachheit der immateriellen Wesen, Rolle der „materia signata" bei der Individuation, Möglichkeit einer ewigen Schöpfung), aber unentschieden und unzusammenhängend. Der ihm abgenötigte Widerruf stört ihn sichtlich. Betreffs des Formenproblems und verschiedener von der Pariser Verurteilung getroffener Lehren hat er seine Ansicht gewechselt.[2]) Anderseits kehrt er zur Theorie der „rationes seminales" zurück und bringt in die ideologische Theorie der zwei Intellekte Widersprüche hinein.[3])

Die Schrift „De partibus philosophiae essentialibus" enthält die im 13. Jahrhundert verbreitete Klassifikation der philosophischen Disziplinen (Nr. 246), wobei aber Aegidius die psychologischen Grundlagen dieser Klassifikation beleuchtet; in dieser Hinsicht enthält das Schriftchen originelle Anschauungen. Nach Baur ist dies die letzte Schrift dieser Art, welcher dieses Verdienst gebührt.[4])

---

1) II, 10.
2) Der Aegidius fälschlich zugeschriebene Traktat „De erroribus philosophorum" bekämpft die Lehre von der Einheit der Formen, während sie in „De gradibus formarum" verteidigt wird (De Wulf, Le traité de unitate de G. de Lessines, S. 170).
3) Um die Aristotelische Ideologie mit der Augustinischen Trilogie der Seelenvermögen (memoria, intellectus, voluntas) zu vereinbaren, soll Aegidius den tätigen mit dem möglichen Intellekt identifiziert haben. Nach Werner, der ihm diese Theorie zuschreibt (der Augustinismus des späteren Mittelalters, S. 23, 130), hätte Aegidius an anderen Stellen die Realdistinktion der beiden Intellekte aufrechterhalten. Nach ihm soll auch das Bild der Hl. Dreifaltigkeit in uns nicht das Wesen der Seele, sondern nur deren Kräfte betreffen und dies würde seine Lehre von der des Thomas unterscheiden (S. 20). Ferner ist bei aller Anerkennung, daß die Existenz Gottes a posteriori bewiesen wird, der Satz „Gott existiert" per se nota, wenigstens für die Einsichtigen. Die Darlegung Werners ist schwierig. Als Theologe betont Aegidius zuerst das werktätige, praktische, später das theoretische Moment; auch hier also eine Sinnesänderung.
4) Baur, a. a. O. S. 380—384. Aegidius gibt folgende Klassifikation: Philosophia: I.

338. Jakob von Viterbo. — Zum offiziellen Lehrer der augustinischen Eremiten proklamiert, wurde Aegidius das Haupt einer „schola", die im nächsten Jahrhundert bedeutend anwuchs. Einer seiner ersten Schüler war Jakob Capocci von Viterbo (Jacobus de Viterbo, „doctor speculativus"), der ebenfalls als einer der glänzendsten Mitglieder des Ordens hat gelten müssen, da er im Jahre 1293 eine Lehrkanzel in Paris erhielt. Er lehrte neben seinem Meister, vertauschte wie dieser den Doktorhut mit der Bischofsmütze[1]) und verfaßte ebenfalls quodlibetische Disputationen. In der offiziellen Preisbestimmung der akademischen Buchhandlung, welche die Universität am 25. Februar 1304 herausgab, erscheinen die Quodlibets Jakobs gleich denen des Aegidius von Rom und des Gottfried von Fontaines unter den klassischen Werken aufgeführt. Er verfaßte außerdem ein „compendium" der Sentenzen des Aegidius. Im Jahre 1295 beauftragte ihn der Orden mit der Veröffentlichung seiner Schriften „in sacra pagina".[2]) Jakob scheint sich meist den Lehren des Aegidius anzuschließen; seine Schriften sind noch nicht herausgegeben und vernachlässigt.

III. Heinrich von Gent.

339. Leben und Werke. — Die Kritik hat die Biographie des Heinrich von Gent, des „doctor solemnis"[3]), erschüttert und die alte Legende zerstört, die ihn zu einem Mitgliede der Genter Familie von Goethals machte, das dem Servitenorden angehörte und Mitglied der Sorbonne war. Sein Geburtsjahr ist unbekannt. 1267 wurde er Kanonikus von Tournai, 1276 Archidiakonus von Brügge und von da an spielt er eine hervorragende Rolle an der Pariser Universität. Er vermittelt bei mehreren wichtigen Entscheidungen, namentlich erklärt er sich im Jahre 1282 offen gegen die kirchlichen Privilegien der Bettelorden. 1277 wurde er Doktor der Theologie; 1293 starb er. Seine Hauptwerke sind die „Summa theologica" und besonders die „XV Quodlibeta", welche ein interessantes Bild von den zu Ende des 13. Jahrhunderts in Paris erörterten Fragen geben.[4]) Mehrere seiner quodlibetischen Disputationen koinzidierten mit jenen seines Landsmannes G. von Fontaines und die Übereinstimmung der Thesen, welche der eine verteidigte und der andere kritisierte, ist unzweifelhaft.

340. Philosophische Bedeutung. — Gleich G. von Fontaines ist Heinrich von Gent ein umfassender Geist. Als Philosoph ist er origineller als jener und

---

Scientia de entibus causantibus nostram scientiam (speculativa): Physica — Mathematica — Theologia. II. Scientia de entibus causatis a nobis (practica): de intentionalibus (logica) — de realibus (moralibus). Baur erwähnt, ohne ihnen irgendwelche Selbständigkeit zuzuerkennen, einen Traktat des Arnulfus Provincialis und einige anonyme Schriftchen über denselben Gegenstand.

1) 1302 ist er Erzbischof von Benevent, dann (1302—1308) in Neapel. Chart. II, 62.
2) Ebd.
3) „Magister solemnis, qui tunc actu disputabat et habuit totum studium" sagt von ihm Dietrich von Freiburg (K. IV, 2. Abschn.). Krebs, Meister Dietrich, S. 10.
4) Es existiert von ihm handschriftlich ein „Kommentar zur Aristotelischen Physik" und ein „logischer Traktat". Die Bibliothek des Eskurial besitzt „Quaestiones super metaphysicam Aristotelis". Die Schrift „liber de scriptoribus", die ihm lange Zeit zugeschrieben wurde, ist wahrscheinlich nicht von ihm.

in jeder Hinsicht bedeutender. Seine Wichtigkeit für die Geschichte der Scholastik beruht auf eigenen Thesen, die er glänzend verfocht, ohne daß es ihm aber gelang, sie zur Geltung zu bringen. Doch ist er in so manchen Punkten der Vorläufer des Duns Scotus. Aus dem scholastischen Repertorium greift er besonders einige Fragen heraus, die immer wiederkehren und die er am liebsten der Metaphysik und Psychologie entnimmt. Sein Ruf als Platoniker ist durch nichts gerechtfertigt. Er greift einen festen Komplex von Augustinischen Theorien, die in der älteren Scholastik im Schwange waren, heraus, weiß ihnen aber einen persönlichen Anstrich zu geben und sie dem übrigen Teile seiner vor allem peripatetisch verbleibenden Scholastik anzupassen. Manche thomistische Lehren haben ihn lebhaft beeinflußt (z. B. die Einheit der Formen) und wenn er auch nicht in allen Stücken die Anschauungen des Dominikanerlehrers teilt, so hat er sich doch von den gegen diesen gerichteten Intriguen ferngehalten.

341. Philosophische Lehren. — I. Theodizee und Metaphysik. Die Frage nach dem Verhältnis zwischen Philosophie und Theologie beantwortet Heinrich von Gent in voller Übereinstimmung mit den Anschauungen des hl. Thomas und wir verzeichnen den Beginn der „Summa", wo er dieses Verhältnis darlegt, als mustergültig (Nr. 247). In der Theodizee wendet er sich gegen die thomistische Lehre von der Möglichkeit einer ewigen Schöpfung; er meint, Gott könne die Wirkungen der sekundären Ursachen unmittelbar hervorbringen und (im Gegensatz zu Duns Scotus) der menschliche Geist könne sich diese Möglichkeit selbst demonstrieren. Eigenartig ist seine Auffassung des göttlichen Wissens. So wie Gott, meint er, keine Idee der Zahl, sondern von dem Inbegriff als solchen hat, so erkennt er auch die Individuen nicht durch eine besondere Idee, sondern durch die gemeinsame Idee der Art („species specialissima"). Erklärt dies die Individualität der Naturobjekte, die der Genter Lehrer nach den allgemeinen Theorien des thomistischen Realismus prinzipiell vertritt? Das ist schwer anzunehmen.[1]) Hingegen stimmt diese Auffassung mit seiner Theorie des Individuationsprinzips ohne weiteres überein. Ein Gegner der thomistischen Lehre, die übrigens eben verdammt worden war, nimmt er an, daß die Individuen keine anderen positiven Wesensbestimmtheiten haben als die der Art.[2]) Das Individuationsprinzip ist nicht die Materie; es liegt in einer Eigenschaft des „suppositum" als solchen, die diesem seinen Unterschied von allem anderen verleiht.

Form und Materie, Akt und Potenz sind Korrelate, aber nicht durchaus aequivalent. Denn die Engel sind subsistierende Formen und anderseits könnte die Materie ohne substantielle Form existieren, wenn es dem Schöpfer gefiele, die Naturgesetze umzustoßen (gegen Thomas). Und da die Quantität ein Attribut des „compositum", nicht der Materie ist, so folgt daraus, daß die bloße Möglichkeit der getrennten Existenz der Materie die Möglichkeit der Existenz des Leeren nach sich zieht.

---

1) Duns Scotus, der H. von Gent gern kritisiert, tadelt ihn deshalb heftig (In 1. 1. Sent. dist. 36, q. 4, S. 102; Venedig. 1598).

2) „Nihil rei addunt individua super essentiam speciei ad id quod est reale in ipsa" (Quodl. VII, 1—2).

Auch in der substantiellen Verbindung hat die Materie ihre besondere Existenz, nach dem von Heinrich wiederholt formulierten Prinzip: „Esse sunt diversa quorumcunque essentiae sunt diversae." Jedem realen Element kommt eine gesonderte Existenz zu. Das bedeutet eine Leugnung des realen Unterschiedes von Wesenheit und Existenz. Diese sind nur begrifflich unterschieden („sunt diversa intentione"). Im Menschen, bei dem eine erste Materie, eine Form der Körperlichkeit und eine geistige Seele zu unterscheiden sind, ist die Existenz eine Verbindung dreier Partialexistenzen.

II. Psychologie. Seine originellste Lehre betreffs der menschlichen Natur ist die Theorie der „forma corporeitatis", die neben der Seele besteht und nach ihm dazu dient, einerseits den Erzeugern, anderseits Gott eine wirksame Vermittlung bei der Erzeugung des menschlichen Wesens zu sichern.[1]) Dies ist die einzige Ausnahme, die der doctor solemnis von dem thomistischen Prinzip der Einheit der Form zuläßt, aber sie genügt, um die Metaphysik des einen Denkers von der des andern zu unterscheiden.

In der Erkenntnislehre sehen wir wieder einmal die irrige Auffassung der „species impressae" auftauchen. Heinrich schiebt beim Empfindungsvorgang einen Vertreter des Gegenstandes ein, bei der Entstehung der intellektuellen Erkenntnis aber verwirft er die „species" als unnützen Faktor, und zwar deshalb, weil die durch den aktiven Intellekt umgewandelte sinnliche species zur Determinierung des Geistes genügt.

Andere psychologische Lehren sind von Augustinismus erfüllt. So z. B. erhält das intellektuelle Gedächtnis eine hervorragende Stelle neben Intellekt und Willen. Mit dem Bischof von Hippo lehrt der doctor solemnis, daß die Seelenvermögen nicht real unterschieden sind. Endlich und vor allem enthält die „Summa theologica" eine glänzende und originelle Paraphrase der Theorie des Exemplarismus. Heinrich ergänzt nämlich die traditionelle Augustinische Lehre durch eine Theorie der speziellen Erleuchtung, die uns zu Domin. Gundissalinus und Wilh. von Auvergne zurückführt. Wir erkennen die Dinge vermittelst der spontanen Geistestätigkeit und können folglich die Wahrheit erreichen. Die Natur genügt für diese Grunderwerbungen des menschlichen Wissens und Gott tritt nur durch seinen „concursus generalis" vermittelnd auf.[2]) Aber „aliud tamen est scire de creatura id quod verum est in ea, et aliud est scire eius veritatem".[3]) Um nun die Wahrheit der Dinge in ihren tiefsten Gründen, d. h. die transzendentale Beziehung zwischen den intelligiblen Wesen und den göttlichen Ideen zu erfassen, muß Gott unserem Geiste einen Überschuß an Erleuchtung gewähren. Der Geist wäre zu diesem „synthetischen Rückgang"

---

1) Heinrich bedient sich auch anderer Argumente, namentlich der Notwendigkeit, die Unzerstörbarkeit des Leibes Christi in der Zwischenzeit von seinem Tode bis zu seiner Auferstehung und seine Identität während des Lebens und nach der Grablegung zu erklären. Vgl. meine Hist. de la phil. scol. S. 111 ff.

2) Absolute ergo concedere oportet quod homo per suam animam absque omni speciali divina illustratione potest aliquae cognoscere et hoc ex puris naturalibus Dico autem ex puris naturalibus, non excludendo generalem influentiam primi intelligentis" (Summa theol. I, 2, n. 11).

3) Ebd, n. 13.

unfähig, wenn nicht außer der allgemeinen Fähigkeit, die ihm die göttliche Mitwirkung verleiht, eine besondere Erleuchtung, die Gott Auserwählten schenkt, seine angeborene Schärfe steigerte, indem sie ihn mit heller Klarheit umgibt.[1])

Heinrich von Gent ist Voluntarist. Das Verhältnis zwischen Willen und Vernunft, sagt er, ist das zwischen Herrn und Diener, aber ebenso wichtig ist es, daß der Diener dem Herrn vorangeht und die Fackel trägt, die seinen Weg beleuchten soll.[2]) Nach dieser Abgrenzung der Gebiete der beiden seelischen Grundvermögen verficht der Genter Philosoph den Voluntarismus in allen dessen Anwendungen. Eines seiner Argumente zur Begründung der Überlegenheit des Willens bildet die Art und Weise der Willensbetätigung selbst: während der Intellekt passiv ist, bevor er aktiv ist, ist der Wille „simpliciter activa" und die Ausübung seiner Tätigkeit ist keiner Determination von außen nach innen unterworfen. Beim freien Willen — den Heinrich scharf analysiert — ist, ganz wie beim notwendigen Wollen, die Vorstellung des partiellen oder vollständigen Gutes nur die conditio sine qua non, nicht die auch nur partielle Ursache der Willensbetätigung.

342. Bibliographie. — Untersuchungen von Ehrle (vgl. Nr. 245). Die Briefe Peckhams sind auch bei Wilkins, Concilia magnae Britanniae et Hiberniae II, 107, abgedruckt; Registrum epistolarum J. Peckham, ed. Martin, III, 840; einige in Chart. I. Vgl. A. Little, The Grey Friars in Oxford (Oxford, 1892). Auszüge aus den „Quaest. super l. IV. sentent." des G. Varo bei Daniels, a. a. O. S. 89—104. — Denifle, Quellen zur Gelehrtengeschichte des Predigerordens (vgl. Nr. 240). Ich selbst gab heraus „De unitate formae" von Gilles de Lessines nach zwei Handschriften in Paris und Brüssel mit einer Studie (Vgl. Nr. 244). Grabmann, Le Correctorium corruptorii du dominicain Johannes Quidort de Paris, Rev. Neo-scol. de Philos. 1912, S. 404; F. Ehrle, Der Kampf um die Lehre des hl. Thomas von A. in den ersten fünfzig Jahren nach seinem Tod (Zeitschr. f. Kath. Theol. 1913, S. 266); Mandonnet Premiers travaux de polemique thomiste, R. sc. phil. et théolog. 1913, S. 46). Drei vortreffl. Arbeiten. — Krebs, Theologie u. Wissenschaft nach d. Lehren d. Hochscholastik. An der Hand d. Defensa Doctrinae D. Thomae d. Hervaeus Natalis (Beitr. z. Gesch. d. Phil. d. Mitt. XI, 3—4, 1912). — Scartazzini, Enciclop. Dantesca, Milano 1899. A. Leclère, Le mysticisme catholique et l'âme de Dante (Paris, 1906); Carboni, La sintesi filosofica del pensiero dantesco (Pitigliano, 1899); Berthier, La divina comedia con commenti secondo la Scolastica, Turin, 1893. A. von Kostanecki, Dantes Philosophie des Eigentums (Archiv f. Rechts- und Wirtschaftsphilos. 1912), S. 293. — Vincent de Beauvais, speculum quadruplex, ed. Venedig, 1484, 1494, 1591, Douai 1624. Über Vinzenz von Beauvais vgl. die Studie in Revue des sciences historiques, Bd. 17. — De Wulf u. Pelzer, Les quatre premiers quodlibets de G. de Fontaines (Bd. II der „Philosophes Belges", Louvain, 1904; De Wulf u. Hoffmans, Les Quodl. V—VII (Bd. III, Louvain 1913); De Wulf, Etudes sur la vie, les oeuvres et l'influence de G. de F.; mém. cour. par l'Academ. de Belg.). — Die Hauptschriften des Aegid. von Rom liegen in zahlreichen italienischen Handschriften des 15. und besonders des 16. Jahrhunderts vor, aufgezählt bei Werner (s. unten), S. 16—17, Anm. Die Philosophie des Aegidius von Rom ist nicht genügend bekannt. Lajard, Gilles de Rome (Hist. Littér. France, Bd. 30, S. 421—566) behandelt nur Leben und Werke desselben; Werner, Der Augustinismus des späteren Mittelalters (Wien, 1883, Bd. III der Sammlung: Die Scholastik des späteren Mittelalters) untersucht namentlich die Lehren des Aeg. von Rom und des Gregor von Rimini. Mattioli, Studio s. Egidio Romano, Roma, 1896; A. Scholz, Aegidius von Rom (Stuttgart,

---

1) „Nunc autem ita est quod homo ex puris naturalibus attingere non potest ad regulas lucis aeternae ... non tamen ipsa naturalia ex se agere possunt ut attingant illas, sed illas Deus offert quibus vult et quibus vult substrahit". Ebd., n. 26. Vgl. die genaue Darstellung dieser Theorien in meinen „Études sur Henri de Gand", K. IV.

2) Quodl. 1, 14, gegen Ende.

1902). Auszug aus: Die Publizistik zur Zeit Philipps des Schönen und Bonifaz' VIII (Stuttgart, 1903); Oxilia — Boffito, Un trattato inedito di Egidio Colonna (de ecclesiatica potestate), Firenze, 1908; Mandonnet, La carrière scolaire de G. de Rome (Rev. sc. théol. et philos. 1910, S. 480). Eine Reihe von Autoren geben seit 1904 (bei Herder) heraus: Aegidius Romanus de Colonna, Joh. Gersons, Dionys des Karthäusers und J. Sadolets pädagogische Schriften, ins Deutsche übersetzt. Verzeichnis der Werke des Aeg. von Rom von Johann von Paris (Quétif-Echard, Scriptores I, 503). — Die „Quodlibeta" des Heinrich von Gent wurden 1518 in Paris und 1608, 1613 in Venedig herausgegeben, die „theologische Summe" 1520 in Paris und 1646 in Ferrara; alle diese Ausgaben sind sehr selten geworden. De Wulf, Études sur Henri le Gand (1895). Biographische Untersuchungen und kritische Darstellung seiner Lehren. Diese Schrift ist ein Auszug aus einer umfassenderen Arbeit: Histoire de la philos. scolast. dans les Pays-Bas et la Principauté de Liège jusqu'à la Révolution française (Louvain, 1895, mém. cour. par l'Academ. de Belg.); C. Hagemann, De Henrici Gandavensis quem vocant ontologismo, Münster, 1898.

Sechster Abschnitt.
Johannes Duns Scotus.

343. Leben und Werke. — Johannes Duns Scotus wurde nach den einen im Jahre 1274, nach anderen 1266 geboren. Es wird darüber gestritten, ob er in Irland, Schottland oder England das Licht der Welt erblickt hat. Er war noch sehr jung, als er in den Franziskanerorden eintrat (um 1290) und hörte dann in Oxford die Vorlesungen des Wilhelm Ware (Varo), der nebst P. de Trabibus die neue Richtung der franziskanischen Studien ankündigt; auch unterstand er dem Einfluß Roger Bacons und jedenfalls hat der antithomistische Geist in Oxford ihn zu so mancher seiner Kritiken angeregt. Er selbst lehrte 1294 oder auch schon vorher in Oxford, von wo er im Jahre 1304 nach Paris ging. Bereits in Oxford verfocht er die unbefleckte Empfängnis der hl. Jungfrau, aber nach Paris ging er nicht, wie die Legende berichtet, um eine ihm werte Sache durchzuführen. Im Jahre 1308 zog er im Auftrage seiner Vorgesetzten nach Köln und starb hier noch in demselben Jahre.

Scotus verfaßte in Oxford seine Kommentare zu Aristoteles (zur Logik, Psychologie und Metaphysik, wobei letztere zwei Kommentare erhielt; die Echtheit der Kommentare zur Physik wird bestritten), seinen großen Kommentar zu dem Buche der Sentenzen („opus oxoniense"), „de rerum principio", die „theoremata". Die in Paris vollendeten Arbeiten wurden von Schülern unter dem Titel „Reportata Parisiensia" oder „Opus Parisiense" gesammelt. Seine „Quodlibeta" sind auch in Paris geschrieben.

344. Allgemeiner Charakter seiner Philosophie. — Man kann sagen, daß Richard von Middleton, der fast zur selben Zeit wie Scotus gestorben ist, ohne aber von ihm beeinflußt worden zu sein, der letzte Vertreter der älteren Franziskanerschule ist. Denn aus den Briefen Peckams geht hervor, daß schon um das Jahr 1284 bei den Franziskanern von Oxford die Neigung bestand, dem Aristotelismus mehr Raum zu gewähren.[1] Aber erst Scotus gab den Studien des Ordens eine neue Richtung. Er brachte einen Peripatetismus sui generis auf, den er selbst in den Theorien der älteren Scholastik, welche in seiner Philosophie erhalten bleiben, originell zu ge-

---

[1] Ehrle, Zeitschr. S. 191; Archiv etc. V, 605.

stalten weiß. So sind in der Geschichte der Franziskanerschule die philosophischen Parteiungen schärfer ausgeprägt als in der Dominikanerschule.

Scotus ist ein kritischer Kopf von ungewöhnlicher Stärke. Er polemisiert gegen die meisten seiner Zeitgenossen, gegen Th. von Aquino, Bonaventura, Aegidius von Rom, Roger Bacon, R. von Middleton, G. von Fontaines und namentlich gegen Heinrich von Gent. Selten nennt er seine Gegner, aber die mit seinen Kontroversen Vertrauten konnten betreffs der gemeinten Persönlichkeit nicht im Zweifel sein.[1]) Diese stets höfliche, kritische Prüfung müßte die Lehre des Scotus lebendig und gemeinverständlich machen, aber die Aufstapelung fremder Anschauungen und das Übermaß an Argumenten und Widerlegungen gestalten das eigene Denken des Philosophen oft verwickelt. Der positiv-konstruktive Teil des Systems ist weniger ausgebildet als der negativ-kritische Teil, woraus eine den Wert des Ganzen mindernde Ungleichmäßigkeit entspringt.

Die breite und wenig klare Sprache, sowie Mängel der Darstellungsmethode machen das Studium der Werke des Scotus aus seiner ersten Periode schwierig. In dieser Hinsicht bedeuten die „Reportata" einen Fortschritt, aber in allen Schriften des Scotus bezeichnet das Übermaß an Distinktionen eine Rückkehr zu den dialektischen Kontroversen. Des Scotus Bewunderer nannten ihn den „doctor subtilis", aber die Nachwelt hat diesen Beinamen, dessen Ursprung doch ein schmeichelhafter ist, oft im schlechten Sinne ausgelegt.

In seinen Kommentaren zu Aristoteles stimmt Scotus nicht immer mit dem hl. Thomas überein. Doch folgt er dem Stagiriten ebensowenig wie dieser blindlings, wie man sich schon aus einer kurzen Darlegung der Skotistischen Synthese überzeugen kann.

Übrigens ist diese Synthese nur eine „Nuancierung" der großen scholastischen Synthese und wenn man auf ihre Prinzipien zurückgeht, so findet man leicht den Kern, den sie mit dem Thomismus gemein hat. „Die Divergenz beginnt da, wo von dieser gemeinsamen Basis aus beide Lehrer das Gebiet des Wissens und der Wahrheit zu erweitern suchen."[2])

Welches sind nun diese Hauptunterschiede?

345. Das Verhältnis zwischen der Theologie und der Philosophie. — Scotus bleibt zwar den Grundanschauungen über dieses Verhältnis (Nr. 247) treu, erweitert sie aber in einem von Thomas abweichenden Sinne. Er betont aufs schärfste den Unterschied zwischen Theologie und Philosophie. Nicht bloß ihr formaler, auch ihr materialer Gegenstand ist ein anderer. Während die Theologie ausschließlich auf das Übernatürliche geht, hat die Philosophie jede Wahrheit zum Gegenstande, den die menschliche Vernunft durch ihre natürlichen Kräfte zu entdecken vermag. Ferner ist die

---

[1] Wie so mancher andere kritische Geist widmete sich, hauptsächlich unter dem Einfluß R. Bacons, Duns Scotus mit Leidenschaft dem Studium der Mathematik.
[2] De Martigné, a. a. O., S. 332 u. 359. Vgl. Pluzanski, a. a. O. S. 6ff., Vacant, a. a. O. (Ann. 1888—89, S. 465). Die hervorragenden Arbeiten des P. Minges führen ebenfalls zu einer Annäherung des Skotismus an den Thomismus, die über die bisher statuierte weit hinausgeht.

Theologie weder affektiv (Bonaventura) noch spekulativ (Thomas), sondern praktisch und ethisierend.[1] Diese neue Theorie betreffs des Verhältnisses beider Wissenschaften hat mit der averroistischen Lehre von den beiden Wahrheiten nichts gemein; sie hebt zwar die Harmonie zwischen der Philosophie und der Theologie auf, lehrt aber die Unterordnung der ersteren unter die letztere. In der Tat ist es das tiefe Gefühl der Inferiorität der Philosophie, das ihn antreibt, auch nur die Möglichkeit eines Konflikts zwischen beiden Wissenschaften zu vermeiden. Ja, er verdächtigt in hohem Maße die Kräfte des Intellekts, indem er das Gebiet seines Forschens einschränkt. Die Vernunft verhüllt willig und ehrfurchtsvoll ihr Antlitz vor dem Mysterium. Jeder Gedanke an Auflehnung ist dieser Haltung fremd, denn die Vernunft selbst erkennt, daß nichts vernunftgemäßer (rationabilius) ist als der Glaube an das Wort Gottes.

346. Form und Materie. — Scotus stützt sich unmittelbar auf Avicebrol (Nr. 226), den er für einen christlichen Philosophen hält.[2] Jedes geschaffene Wesen besteht aus Materie und Form. Scotus führt so eine Theorie, die seine Vorgänger Augustinus zuschrieben, auf ihren wahren Ursprung zurück und stimmt hierin mit Thomas überein. Es gibt drei Arten der ersten Materie, die „materia primo prima, secundo prima, tertio prima". Die „materia primo prima" ist in jeder kontingenten Substanz der Grund ihrer Unbestimmtheit und ihrer Fähigkeit, Seinsweisen anzunehmen; obwohl frei von aller Bestimmtheit, besitzt sie doch eine Realität („realitas") in dem Maße, als sie der Zielpunkt der Schöpfertätigkeit ist, ein Wink des Allmächtigen könnte ihr die Existenz getrennt von aller Form geben. In allen kontingenten Wesen gleichartig,[3] hat sie reale, aber nicht numerische Einheit,[4] denn jedes Wesen hat seine eigene Materie und ist einmalig. Wenn Duns Scotus die Welt mit einem Riesenbaum vergleicht, dessen Wurzel die „materia primo prima" bildet,[5] und der sich in körperliche und übersinnliche Substanzen verzweigt, so bekennt er sich nicht zum extremen Realismus, sondern greift zu einem Bilde, um einerseits Gott dem Endlichen gegenüberzustellen und anderseits das Homogene im Geschaffenen darzutun.

---

1) In 1. sentent. Prol. p. 4, n. 42.

2) Er kennt keine anderen jüdischen Philosophen als Avicebrol und Maimonides. Der Einfluß Avicebrols bekundet sich besonders in der Schrift „De rerum principio" (Guttmann, a. a. O., Nr. 233, S. 159 ff).

3) De rer. princ., q. 8, Art. 4. „Ego autem ad positionem Avicembronis redeo, et primam partem, scilicet quod in omnibus creatis per se subsistentibus tam corporalibus quam spiritualibus sit materia teneo". Ferner: „Si ergo quaestio quaerat an omnia habentia materiam habeant unigeneam, vel univoce participent materiam, loquendo de materia $1^0 1^a$ quae est in omnibus, dico quod sic".

4) „Non oportet dicere quod omnia sint idem numero sicut membra unius corporis, quia illa materia non habet unitatem numeralem saltem actu signato, sicut semen est unum numero" (Ebd.).

5) Ebd.: „Ex his apparet, quod mundus est arbor quaedam pulcherrima, cuius radix et seminarium est materia prima, folia fluentia sunt accidentia; frondes et rami sunt creata, corruptibilia, flos anima rationalis; fructus naturae consimilis et perfectionis natura angelica. Unicus autem hoc seminarium dirigens et formans a principio est manus Dei, aut immediate... aut mediantibus agentibus creatis".

— Die „materia secundo prima", welche die Eigenschaften der Quantität besitzt („contracta"), setzt die Einwirkung einer körperlichen Form voraus und existiert folglich nur in den Körpern; sie entspricht der ersten Materie des hl. Thomas.[1]) Die „materia tertio prima" endlich dient als Substrat der akzidentellen Modifikationen schon bestehender Körper.

Ebenso erweitert Scotus den Formbegriff. Jede substantielle Form ist das Prinzip einer inneren Bestimmtheit der Materie, aber nicht ihrer ganzen Bestimmtheit. Es besteht eine Mehrheit, eine Hierarchie determinierender Prinzipien, deren höheres das niedere einschließt, von den generischen und spezifischen Formen angefangen bis zur individuellen Form, der letzten und höchsten, dem Prinzip der letzten Vollendung. Diese Prinzipien sind ein und dasselbe Ding, aber mit verschiedenen Formelementen.

347. Gemeinsames und Sonder-Wesen. — Jedes existierende Wesen ist ein Einzelding. Eine körperliche Substanz hat ihre eigene Materie, ihre eigenen Formen; der Begriff der allgemeinen Materie oder Form ist ein Denkgebilde.[2]) Duns Scotus ist nicht in anderer Weise Realist als Thomas von Aquino und die übrigen Scholastiker des 13. Jahrhunderts.[3]) Aber seine Metaphysik bietet neue Seiten dar, wenn man die essentielle Quiddität der Dinge mit deren Einheit und Individuationsprinzip vergleicht.

Zunächst mit deren Einheit. Die Wesenheit (z. B. die „humanitas"), welche notwendig entweder die Besonderheit in der Welt des Seienden oder die Allgemeinheit in der Welt der Begriffe annimmt, ist etwas an sich („secundum se"), unabhängig von der Doppelbestimmtheit, die sie empfängt, Bestehendes; als solches besitzt sie nicht bloß eine begriffliche Einheit („unitas rationis tantum"), wie dies Thomas von Aquino lehrt, sondern eine ontologische Einheit, die aber geringer ist als die individuelle und numerische Einheit des Wesens, da sie die Unmöglichkeit einschließt, die das Individuelle konstituierende Wirklichkeitsvervollständigung zu geben.[4]) Auf diese Weise unterscheidet Scotus zwischen der „res", dem individuellen Realen und den „realitates" oder „formalitates", die ihren Seinswert in diesem Individuellen haben. In jedem Einzelwesen, z. B. im Menschen, gibt es eine generische und spezifische, gemeinsame „realitas" und eine individuelle „realitas",

---

1) „Voco materiam primo primam subiectam quamdam partem compositi habentem actum de se omnino indeterminatum sed illum actum habet a Deo efficiente; actum vero talem vel talem habet a forma per quam et cum qua subsistit in composito   Dicitur autem materia secundo prima, quae est subiectum generationis et corruptionis quam mutant et transmutant agentia creata" (ebd., q. 8, art. 3).

2) „Haec est natura universalis, cuius realitas est in re sed ratio formalis ab intellectu abstrahente" (q. 18, art. 2).

3) Diese Begriffe sind klar dargelegt bei Minges, Der angebliche exzessive Realismus des Duns Scotus (Beitr. Gesch. Philos. Mitt. VII, 1, 1908).

4) „Aliqua est unitas in re realis absque omni operatione intellectus, minor unitate numerali sive unitate propria singularis" (Rep. 1. 7, q. 18, n. 7). „Licet enim (natura) nunquam sit realiter sine aliquo istorum, non tamen est de se aliquod istorum, ita etiam in rerum natura secundum illam entitatem habet verum ‚esse' extra animam reate: et secundum illam entitatem habet unitatem sibi proportionabilem, quae est indifferens ad singularitatem, ita quod non repugnat illi unitati de se, quod cum quacumque unitate singularitatis ponatur" (In l. sent. 2, dist. 3, q. 1, 7).

„quarum haec formaliter non est illa".[1]) Duns Scotus macht davon eine typische Anwendung: wenn Gott eine isolierte Materie (1° 1ª) ins Dasein riefe, so gäbe es auch in ihr eine allgemeine Materie und ein Individualitätselement und zwei „formalitates" ein und desselben Wesens. Dies ist die berühmte „distinctio formalis a parte rei". Im Unterschiede von der „distinctio realis", die zwischen zwei real verschiedenen Wesen besteht, und von der „distinctio rationis", welche nur die Begriffe von ein und demselben Gegenstande vermehrt, um ihn von verschiedenen („d. rationis cum fundamento in re") oder gleichen Gesichtspunkten („d. rationis sine fundamento in re") zu betrachten, bezieht sich die „distinctio formalis a parte rei" auf ein und dieselbe Einzelsubstanz und zwar auf objektive Formalitäten, die in ihr unabhängig von allem Denken realisiert sind.

Die „distinctio formalis a parte rei" beherrscht die inneren Verbindungen des Wesens. Zwar besteht zwischen Materie und Form eine reale Distinktion, nicht aber zwischen den verschiedenen generischen, spezifischen, individuellen Formen ein und derselben Substanz, mögen sie auch anders aufzufassen sein denn als bloße Begriffe ein und desselben Gegenstandes. Es sind ebensoviele „realitates" in ein und demselben Dinge, deren eine nicht die andere a parte rei ist, da das körperliche Wesen nicht mit dem vegetativen, das sensitive nicht mit dem körperlichen, das rationale nicht mit dem sensitiven Wesen identisch ist. Diese „realitates", wie die Tierheit, die Körperlichkeit bestehen weder getrennt noch sind sie — selbst von Gott — trennbar. In der Natur erscheint und verschwindet bloß das Individuum und die „formalitates" sind in ihm so verbunden, daß die eine mit allen übrigen eine **Einheit des Einzelwesens** bildet, „ebenso wie die spezifische Form des Weißen mit der Natur der Farbe nur eines bildet".[2])

Das Individuationsprinzip ist die Wirkung der „ultima realitas entis", der vollständigen und vollkommenen, mit der Materie sich verbindenden Form. Diese Form verleiht der spezifischen Wesenheit ihr definitives Gepräge („contrahere speciem") und determiniert sie zu einem **bestimmten Individuum** („ad esse hanc rem"): die „haecceitas"[3]) ist das Individuationsprinzip. Hiernach sind die immateriellen Wesen und die getrennten menschlichen Seelen in den Arten individualisiert.

Scotus verwirft die Realdistinktion zwischen Wesenheit und Existenz: „Simpliciter falsum est quod esse sit aliud ab essentia".[4]) Hieraus folgt, daß jedes Wirklichkeitselement seine besondere Existenz hat: „Omne ens habet aliquod esse proprium".[5])

348. Theodizee. — Scotus stellt keine neuen Beweise für das Dasein Gottes auf. Er stützt sich auf die Kausalität und Finalität des Kosmos und auf die Stufenfolge der Vollkommenheiten. Bekanntlich suchte er das Ar-

---

1) „Quodlibet commune et tamen determinabile adhuc potest distingui, quantumcumque sit una res, in plures realitates, formaliter distinctas, quarum haec formaliter non est illa" (Ox. l. 2, dist. 3, q. 6, n. 15).
2) Rep. l. 2, dist. 12, q. 8, n. 8.
3) Der Ausdruck rührt von Scotus her.
4) Ox. l. 4, d. 13, q. 1.
5) Ebd., d. 43, q. 1.

gument Anselms zu „färben", um ihm einen angemessenen Sinn zu geben.¹)

Die mannigfaltigen göttlichen Vollkommenheiten durchdringen sich in der Einheit des unendlichen Wesens. Auf diese allgemeine Lehre pfropft Duns Scotus einige neue Thesen. Zunächst führt er die Formaldistinktion a parte rei in die göttlichen Attribute ein. Ferner stellt er den Satz von der Univokation des Seinsbegriffes auf. In der realen Sphäre kommt Gott das Sein primär („per se") zu, dem Geschöpflichen sekundär. Das Sein Gottes ist das Maß, das Sein des Geschöpflichen das Gemessene und letzterem kommt das Sein nur durch analogische Teilnahme zu. Aber von diesen beiden so verschiedenen Seinsweisen besitzt das Denken einen abstrakten Allgemeinbegriff, der sich beiden univok anpaßt, denn sonst wäre die Erkenntnis Gottes unmöglich. Das Sein ist univok auf logischem, analogisch auf realem Gebiete.²)

Kühner als Thomas von Aquino verfährt Scotus, indem er dem Menschen innerhalb gewisser Grenzen eine Erkenntnis des göttlichen Wesens zugesteht; anderseits schmälert er den Wert unserer Geisteskräfte, indem er ihnen die Fähigkeit, das **Leben** Gottes und seine **Allmacht** zur unmittelbaren Ausübung der Wirkungen der sekundären Ursachen zu beweisen, abspricht. Entsprechend seiner allgemeinen Theorie der Tätigkeiten der geistigen Substanzen stellt er den göttlichen Willen über den Intellekt und macht die Freiheit zu einem wesentlichen Attribut alles göttlichen Wollens. Dieselbe Anschauung hegt er betreffs des Verhältnisses Gottes zur Welt.

Die göttlichen Ideen sind nicht das göttliche Wesen selbst — dies würde nach Scotus eine objektive Abhängigkeit dieses Wesens vom Geschaffenen vor allem Denken involvieren — sondern objektive Praesentationen des Geschaffenen im göttlichen Geiste.³) Es ist dies eine Abart des Exemplarismus.

Die Existenz der Geschöpfe beruht auf einem freien Entschlusse Gottes. Nun hat das Existierende allein eine eigene reale Güte. In diesem Sinne hängen die Güte der Dinge, ihre Natur und namentlich die Grenzen des natürlichen und übernatürlichen Lebens, das Sittengesetz, der Bestand der bürgerlichen Gesellschaft vom Willen, nicht vom Intellekt Gottes ab. Wäre dem anders, so würde die **ideale** Natur und Güte der Dinge Gott zu deren Verwirklichung zwingen, was unannehmbar ist. Mit anderen Worten: die Existenz der kontingenten Wesen ist vom göttlichen Willen abhängig, aber dieser Wille entscheidet sich nicht grundlos. Dies ist ganz die Grundauffassung des Thomismus.⁴)

---

1) „Per illud potest colorari illa ratio Anselmi de summo cogitabili, Prosl. 2, et intelligenda est eius descriptio sic: Deus est, quo cogitato sine contradictione maius cogitari non potest sine contradictione" (In Sent. I, d. 2, q. 2).

2) Vgl. Minges, Beitrag zur Lehre des D. Scotus über die Univokation des Seinsbegriffes (Philos. Jahrb. 1907, S. 306—323).

3) Report. 1, dist. 36, q. 2.

4) Es besteht eine sachliche Übereinstimmung: Minges, Der Gottesbegriff des D. Scotus auf seinen angeblich exzessiven Indeterminismus geprüft (Wien, 1906), K. V.; vgl. Bedeutung von Objekt, Umständen und Zweck für die Sittlichkeit eines Aktes nach D. Scotus (Philos. Jahrb. 1906, S. 338—347); M. zeigt hier, daß die Sittlichkeit in erster Linie vom Objekt und

Bemerkt sei noch, daß Scotus die Argumente, welche Heinrich von Gent zum Erweise der zeitlichen Schöpfung anführt, bekämpft und der thomistischen Lösung zuneigt. Das Bestreben, die allem Willen wesentliche Freiheit für den Menschen zu wahren, macht ihn zu einem Gegner der physischen Vorherbestimmung.

349. Grundzüge der Physik. — Duns Scotus verwirft entschieden die bei der älteren Franziskanerschule beliebte Theorie der „rationes seminales", er durchbricht das Hauptargument, auf das sich Bonaventura stützte, um dafür eine „inductio formarum" in der Materie anzunehmen. Bei dem Zusammenwirken der drei Faktoren der Erzeugung ist Duns Scotus persönlich geneigt, die göttliche Vermittlung zu betonen.

Die Lebenstätigkeit läßt sich nicht auf die Bildsamkeit der Körper, in welchen sie zur Entfaltung gelangt, zurückführen, sie weist auf eine höhere Vollkommenheit hin. Daher besitzt jeder Organismus außer der Form der Materialität eine vitale Form. Duns Scotus ist kühner als H. von Gent, aber er anerkennt nicht die Notwendigkeit, die substantiellen Prinzipien in den zusammengesetzten (A. von Hales, Albert der Große) und a fortiori in den einfachen Körpern (Bonaventura) zu vervielfachen.

350. Psychologie. — Wenn man D. Scotus dem hl. Thomas gegenüberstellt, so betont man gern ihre Divergenz auf psychologischem Gebiete. Wir dürfen aber nicht vergessen, daß auch hier die beiden Schulhäupter gemeinsamen Prinzipien huldigen. Mit dieser Einschränkung sind nun die charakteristischen Theorien der skotistischen Psychologie darzustellen. Sie beziehen sich auf die Natur des Verstandes und des Willens, auf die innere Struktur des menschlichen Wesens und auf die Unsterblichkeit der Seele.

1. Der Intellekt. — In dem Bestreben, dem Verstande die unmittelbare Erfassung der individuellen Realität zu sichern, lehrt Scotus außer der abstrakten, allgemeinen Erkenntnis der Dinge, die einem **deutlichen** Wissen entspringt, eine ihr vorangehende unmittelbare Erkenntnis, welche das konkrete Einzelwesen („species specialissima") **verworren** erfaßt. Diese Erfassung des Einzelnen erfolgt bei der ersten Berührung des Intellekts mit dem Äußeren und kommt parallel mit der sinnlichen Erkenntnis eines Objekts zustande.

Wenn auch im **gegenwärtigen Zustande** unseres **irdischen Lebens** die Wesenheiten der Sinndinge das einzige Objekt unseres Verstandes bilden, so ist doch mit deren Erfaßbarkeit nicht das Vorstellungsvermögen desselben erschöpft, sofern er in absoluter Weise, als Erkenntnisvermögen betrachtet wird. Denn alles, was am Sein partizipiert, kann in den Bereich des menschlichen Intellekts fallen, das Übersinnliche ebenso gut wie das Sinnliche.[2] Besser als jeder andere Scholastiker beschreibt

---

Ziel, entsprechend dem Ausspruch der Vernunft abhängt. Nach Minges hat Vacant die göttliche Indeterminiertheit mißverstanden.

[1] „Neque est necessaria haec ratio seminalis ad vitandam creationem aut annihilationem" (Report. Paris. l. II, dist. 18). Scotus faßt die „ratio seminalis" im engeren, besondern Sinn auf.

[2] „Obiectum primarium potentiae assignatur illud quod adaequatur potentiae in ratione potentiae, non autem quod adaequatur potentiae ut in aliquod statu" (In I. Sent., d. III, q. 3, n. 24 u. 25). — Vgl. Vacant, a. a. O. (Ann. philos. chrét. 1888, S. 450 ff.).

Scotus die Induktion, die den Nerv der experimentalen Wissenschaften bildet.

Die höchsten wie die niedersten Erkenntnisse haben denselben Ursprung und Skotus tadelt die von Heinrich von Gent und anderen Augustinern gelehrte Spezialerleuchtung streng, aber gerecht.[1]

2. Der Wille. Scotus unterscheidet im Willen die instinktive Tendenz nach dem Guten im allgemeinen und zu Gott (dem konkreten Gesamtgut) von dem Akt des Wollens selbst. Die Tendenz ist notwendig, habituell, ununterbrochen, der Akt hingegen ist frei und intermittierend. Jeder Willensakt (elicitus) ist „per essentiam" frei; der Wille ist „simpliciter activa". Kein Gut übt auf den Willen einen nezessitierenden Einfluß aus, er bewahrt stets seine absolute Selbstbestimmung. Das bedeutet: selbst dem vollständigen Gut gegenüber kann der Wille seinen Akt suspendieren, indem er die Aufmerksamkeit des Intellekts ablenkt[2]; er kann handeln oder nicht handeln („libertas contradictionis") und er ist, wo er handelt, allein die bewirkende Ursache seiner Tätigkeit. Dies wiederum bedeutet, daß er allein zwischen Gutem und Bösem („libertas contrarietatis") und zwischen zwei Gütern („libertas specificationis") wählt. Aber der freie Wille ist doch nicht unmotiviert; in diesem Sinne übt die Vorstellung des Guten eine finale, anziehende Wirkung aus.

3. Das Verhältnis zwischen Intellekt und Willen. Voluntarismus und Indeterminismus. — Der Voluntarismus des Duns Scotus, seine Lehre von der Überlegenheit des Wollens gegenüber dem Erkennen bekundet sich vor allem in der Freiheit oder wesentlichen Selbstbestimmung des Willens; darin unterscheidet sich der Wille vom Intellekt, der naturnotwendig tätig ist. Der Wille befiehlt dem Verstande, nicht dieser jenem. Seine sittliche Bedeutung ist der des Intellektes überlegen (gegen Thomas), weil der habitus der Liebe edler ist als der des Glaubens, die sittlichen Tugenden („habitus electivi") wie alle „electio" dem Willen entspringen, die Korruption des Wollens ärger ist als die des Verstandes, die Gottesliebe vollkommener ist als die Gotteserkenntnis, die formale Erlangung der Seligkeit in einem Willensakt wurzelt.

Der Indeterminismus des Duns Scotus ist von jenen, die aus der Willensentscheidung einen launenhaften, irrationalen Akt machen, mißverstanden worden. In Wahrheit ist das Wollen zwar frei, aber nicht grundlos. Durch seine Angriffe auf Thomas von Aquino hat Scotus zu der Meinung beigetragen, als ob er in der Psychologie des Willens eine Auffassung hege, die mit der seines illustren Nebenbuhlers absolut unvereinbar ist. Nach Thomas „voluntas ab aliquo obiecto ex necessitate movetur, ab aliquo autem non".[3] Darauf erwidert Scotus: „Voluntas nihil de necessitate vult". Thomas unterstreicht die Passivität des Wollens gegenüber dem vollständigen Guten, Scotus aber die Aktivität alles Wollens. Es ist treffend bemerkt worden,

---

[1] In I Sent., d. III, q. 4.

[2] „In potestate voluntatis est avertere intellectum a consideratione finis (ultimi), quo facto voluntas non volet finem, quia non potest habere actum circa ignotum" (a. a. O., d. I, q. 4).

[3] Sum. theol. 1ᵃ, 2ᵃᶜ, q. 10, a. 2.

daß beide zu dem gleichen Ergebnis gelangen[1]) und daß Scotus Formeln angreift, deren Tragweite er überschätzt.[2])

4. **Leib und Seele.**[3]) — Der Mensch ist eine substantielle Verbindung, in der die Seele die Form des Körpers ist. Außer der intellektiven Seele gibt es aber in uns noch eine „forma corporeitatis", welche unvollständig ist und den Leib zur Aufnahme der Formung durch die von ihr real unterschiedene intellektive Seele vorbereitet. Die letztere bildet mit der sensiblen und vegetativen Seele drei „formalitates" ein und derselben Realität, nur **eine** Seele. Durch diese Vervielfachung formaler Prinzipien, deren Beziehungen die Metaphysik festlegt, wollte Duns Scotus keineswegs die **Einheit** des menschlichen Wesens oder die innere, unmittelbare Durchdringung aller Grundelemente desselben in Frage stellen. Man braucht, um dies einzusehen, nur daran zu denken, daß er die Lehren seines Konfraters Peter Olivi lebhaft bekämpft hat.

Seltsamer ist die Auffassung des Duns Scotus betreffs des künftigen Lebens. Denn er meint, die menschliche Vernunft könne die Unsterblichkeit der Seele nicht unumstößlich beweisen, nur der Glaube lehre uns diese mit Sicherheit. Scotus geht mit den Beweisen, die der Peripatetismus vorbringt, ins Gericht und bestreitet deren Beweiskraft. Seine Bedenken nahm W. von Occam auf und später wurden sie seitens des Averroismus und der Renaissancephilosophie gegen die Scholastik ausgespielt. Doch muß bemerkt werden, daß die skotistische Auffassung nur negative Bedeutung hat. Sie hat nichts Antischolastisches und unterscheidet sich durchaus vom Materialismus, der die Unsterblichkeit der Seele negiert, oder vom Averroismus, der ihr eine unpersönliche Form gibt.

350. Zusammenfassung. — Der Sondercharakter, die Originalität und der Kernpunkt der Philosophie des Duns Scotus liegt im „Formalismus." Dieser gibt den peripatetischen Lehren eine besondere Färbung und durchdringt das ganze System. Er führt auch zur Stellungnahme nicht bloß gegen Thomas von Aquino, sondern auch gegen die Vertreter der älteren Franziskanerschule.[4]) Durch ihre feinen Analysen bleibt die Skotistische Philosophie eine Philosophie des Individuellen und das Problem der Mannigfaltigkeit der objektiven Elemente oder „realitates" ist eine besondere Art und Weise, das Reale in ein und demselben Einzelwesen aufzufassen. Die Distanz zwischen

---

1) Minges, Ist D. Scotus Indeterminist? (Beitr. Gesch. Philos. Mitt. V, 4, 1905), S. 112.
2) Minges (a. a. O.) z. B. kritisiert den Ausdruck „movere", der ein bewirkendes Tun bedeutet und den Thomas „quasi metaphysice" im Sinne finaler Anziehung gebraucht. Vgl. Sum. theol. 1ª, q. 82, n. 4; „movere per modum finis". Verweyen (a. a. O. S. 190) geht weiter und meint, übertreibend, Scotus habe nur gegen Windmühlen gekämpft.
3) Vgl. Stöckl, a. a. O. II². 840 ff.
4) Wir schließen uns vollständig dem Urteil Portaliés über das Verhältnis zwischen Skotismus und Augustinismus an: „Es ist oft gesagt worden, Duns Scotus wandle bei seiner Gegnerschaft gegen den Thomismus in den Spuren des Augustinismus. Das ist nur in sehr weiten Grenzen richtig. Auch Scotus ist Peripatetiker. Wohl scheint er noch von einigen Theorien Augustins beeinflußt zu sein; so vertritt er den Vorrang des Willens vor dem Intellekte und die Mehrheit der Formen in den Wesen. Sind dies aber Grundprinzipien des Augustinismus? Ist dies überhaupt Augustinismus, wenigstens sofern man beachtet, wie der doctor subtilis diese Ideen auffaßt?" (Dict. théol. cath.: Historische Entwicklung des Augustinismus; Bd. I, Sp. 2512).

Duns Scotus und Thomas von Aquino hat sich mit einem Male stark vermindert und das gilt auch für so manches andere Gebiet, betreffs dessen man bisher die doktrinalen Verschiedenheiten zwischen den beiden Fürsten der mittelalterlichen Scholastik übertrieben hatte.

352. Bibliographie. — Das „opus oxoniense" wurde 1481 gedruckt, die „Reportata" 1518, die erste Gesamtausgabe aber ist die von Lyon (1639), besorgt von Lukas Wadding, dem großen Annalisten des Ordens. Wiederabdruck 1891, bei Vivès, Paris. Eine (nicht kritische) Ausgabe eines kleinen Traktates „Grammatica speculativa" erschien 1902 in Quaracchi, hrsg. von P. F. Garcia. Dieser ist auch Herausgeber (1910) der „Quaestiones disputatae de rerum principio" und des „tractatus de primo rerum omnium principio" (Quaracchi), die in philosophischer Hinsicht besonders interessant sind. Mit einer wenig kritischen Vorrede betreffend Leben und Schriften; empfehlenswert. Derselbe: „Lexicon Scholasticum philos. theologicum in quo termini, distinctiones et effata seu axiomaticae propositiones philosophiam ac theologiam spectantes a B. J. Duns Scot exponuntur", 6 Hefte, Quaracchi, 1906—1910. Enthält: 1. Leben, Schriften, Lehren. 2. Ausgabe der Grammatica speculativa 3. Distinctiones et effata; dient zur Ergänzung der Ausgabe Vivès. — Der Index von F. von Varesio (Venedig, 1690) ist bloß nach den I. Sentent. et Quodlibeta verfaßt; sehr selten. — P. Deodat Marie gab heraus „Capitalia opera B. J. Duns Scoti. 1. Praeparatio philosophica. 2. Synthesis theologica, Le Havre, 1908—1911, bisher 2 Bde. Zusammenstellung von Texten. — Duhem, Sur les meteorologic. I. IV, fälschlich J. D. Scotus zugeschrieben (Archiv. francisc. Oktober. 1910). Werner, Duns Scotus, Wien, 1881; De Martigné, a. a. O.; Pluzanski, Essai sur la philos. de Duns Scot, Paris, 1887; Siebeck, Die Willenslehre bei Duns Scot und seinen Nachfolgern (Zeitschr. f. Philos. u. philos. Kritik, 1898, S. 182 ff.); Vacant, D'où vient que Duns Scot ne conçoit point la volonté comme S. Thomas d'Aquin (compte rendu du IVe Congrès scientif. intern. cathol. Fribourg, 1898, S. 631—645); Vacant, La philosophie de Duns Scot comparée à celle de S. Thomas (Ann. philos. chrét. 1887—1889); Seeberg, Die Theologie des D. Scotus, Leipzig, 1900. P. Parthenius Minges hat in einer Reihe höchst wertvoller Spezialarbeiten eine Menge von irrigen Urteilen über Scotus berichtigt. Vgl. die in d. Anmerk. zitierten Schriften, namentlich die beiden Untersuchungen der Beitr. Gesch. Philos. Mitt., ferner: Das Verhältnis zwischen Glauben und Wissen, Theol. u. Philos. nach D. S., Paderborn, 1908. Eine Gesamtuntersuchung ist von ihm zu erwarten: D. Scoti doctrina philos. et theol. quoad res praecipuas proposita, exposita et considerata. Von demselben: D. Scotus, in: Catholic Encyclopedia, Washington. Artikel des P. Raymond in „Dict. de théol. cathol." — Zahlreiche Untersuchungen Belmonts über Gott nach D. Scotus, in: Rev. de philos. 1908—1912 und: Études francisc. 1910. — Claverie, L'existence de Dieu d'après D. Scot (Rev. Thomiste, 1909); P. Symphorien, La distinction formelle de Scot et les Universaux (Étud. francisc., 1909); Desbuts, De S. Bonaventure à D. Scot (Ann. philos. chrét., Nov. 1910). Vgl. auch „L'Ecole franciscaine", Revue Scotiste, seit 1903 in Havre erscheinend.

Siebenter Abschnitt.
Logiker und Grammatiker.

353. Logiker. Petrus Hispanus. — Das Studium der Logik, das ganz als Vorbereitung diente, lag außerhalb der großen Kontroversen. Mehrere befaßten sich speziell mit ihr. Der den logischen Traktaten durch die „lectiones" eingeräumte große Platz und die Ausdehnung der „sophismata" und anderen dialektischen Übungen machen, es begreiflich, daß ein Universitätsdokument vom Jahre 1272 die „magistri naturalis scientiae" von den „magistri logicalis scientiae unterscheiden konnte.[1]

Der berühmteste Logiker des 13. Jahrhunderts ist Petrus Hispanus. Außer medizinischen Schriften verfaßte er die „Summulae Logicales", ein

---
1) Chart. I, 499.

M. de Wulf, Geschichte der mittelalterlichen Philosophie.

Kompendium der Logik, welches genugsam erkennen läßt, wie sehr man nach Übungen in reiner Dialektik begierig war. Nach einer Darlegung des in der „logica vetus" und „logica nova" behandelten Stoffes, der die ersten sechs Abhandlungen ausfüllt, befassen sich die folgenden, die „parva logicalia" mit neuen Erörterungen, welche von da an als „logica modernorum" bezeichnet werden. Es sind dies Untersuchungen über die Eigenschaften der logischen Termini und ihrer Beziehungen zu den grammatikalischen Ausdrücken: de suppositionibus,[1]) de relativis, de ampliatione, de appellatione de restrictione, de distributione. Die „Summulae" des P. Hispanus hatten einen riesigen Erfolg und die Zahl ihrer Kommentatoren ist Legion. Georgios Scholarios (Gennadius) — im 15. Jahrhundert — reproduzierte sie fast wörtlich in seiner Σύνοψις εἰς τὴν Ἀριστοτέλους λογικὴν ἐπιστήμην. Die „parva logicalia" trugen in hohem Maße dazu bei, der Logik ihren Charakter als wissenschaftliche Methodologie zu rauben und aus ihr eine „sermocinalis scientia" zu machen; unter ihrem Einfluß kam um die Mitte des 14. Jahrhunderts das Wohlgefallen an Subtilitäten wieder auf.

354. **Grammatiker. Siger von Courtrai. Duns Scotus.** — Mit dem Grammatiker Johann von Garlande (gest. um 1252) starb in Paris die altmodische Unterweisung in der Grammatik des Donat und Priscian aus. Dieses Studium erstarkte dann durch die Berührung mit der Logik, die ihren Rahmen ausfüllte und in der Begründung ihrer Regeln neue Nahrung suchte. Die spekulative Grammatik, die zu Ende des 13. und im Beginn des 14. Jahrhunderts obsiegt, ist eine wahre Sprachphilosophie, die nur einen Fehler hat: sie will nämlich um jeden Preis den ganzen Komplex scholastischer Begriffe in die Grammatik einführen. Man stellt ihr die Aufgabe, die Verbindung zwischen Wort und Gedanken, die „significatio", zu begründen; daher der Titel vieler Schriften: „De modis significandi". Das Haupt- und Fürwort hat die Funktion, das Beständige zu bezeichnen, das Verb und das Partizip drückt das Geschehen aus; die Partikeln („syncategoremata") gehören nicht zum Wesen der Sprache. In der Einzeluntersuchung jedes Redeteiles wendet man Theorien von Stoff und Form, von der Bewegung, den Gattungen und den Akzidenzien an.[2]) Von den spekulativen Grammatikern, die zugleich alle Logiker waren, seien erwähnt: R. Kilwardby, Siger von Courtrai, Michael von Marbaix, Johann von Dacien und besonders Duns Scotus.

Siger von Courtrai,[3]) Dechant des Kapitels von Courtrai (um 1308 bis 1330), 1309 magister artium, 1315 Prokurator der Sorbonne, gest. 1341, verfaßte mehrere logische Traktate („Ars Priorum", „Fallaciae"), eine spekulative Grammatik („Summa modorum significandi") und eine Reihe

---

1) „Suppositio est acceptio termini substantivi pro aliquo. Differunt autem suppositio et significatio. Significatio autem fit per impositionem vocis ad significandum rem. Suppositio est acceptio termini iam significantis rem pro aliquo. Ut cum dicitur homo currit, ille terminus homo tenetur stare pro Socrate vel Platone et sic de aliis. Unde significatio prior est suppositione" (Tract septimus, ohne Paginier., Antwerpen, 1505).

2) Ein interessantes Kapitel über diese logisch-grammatischen Fragen findet sich bei Wallerand, Les oeuvres de Siger de Courtrai, Étude, K. V.

3) Die Verwechslung Sigers von Courtrai mit Siger von Brabant hat endgiltig aufgehört. Nach Vercruysse (Nr. 355) hieß Siger von Courtrai auch Siger von Gulleghem.

von „sophismata" grammatikalisch-logischen Inhalts[1]) — alle durch ihre Bestimmtheit und Klarheit hervorragend. Sigers logische Untersuchungen atmen den Geist der hohen Scholastik des 13. Jahrhunderts und verraten noch keine Spuren von den Neuerungen, die das Kompendium des P. Hispanus später zur Geltung brachte. Seine grammatikalische Spekulation ist eine philosophische Begründung der grammatikalischen Regeln des Donat und Priscian.

Michael von Marbaix ist weitschweifiger und deduktiver als sein belgischer Landsmann und seine philosophischen Interpretationen der älteren Grammatiker sind oft gezwungen und künstlicher.[2])

Die vollendetste Leistung auf dem Gebiete der spekulativen Grammatik ist der kleine Traktat des Duns Scotus „de modis significandi sive grammatica speculativa".[3]) Diese präzise und nüchterne Arbeit rechtfertigt Donat bei aller selbständigen Behandlung der grammatikalischen Probleme; sie stellt eine hervorragende Philosophie der Grammatik dar.

Durch die Erstarkung der Spekulation wurde die Diskreditierung der klassischen Grammatiker zwar aufgehalten, aber nicht verhindert. Donat und Priscian, die 1328 von der Toulouser Universität verbannt worden waren, wurden es, 1366, auch in Paris.

355. Bibliographie.. — Thurot Not. et extr. de divers ms. latins pour servir à l'hist. des doctrines grammaticales du m. âge, Paris, 1868; Paetow, a. a. O. Nr. 236. — Viele Ausgaben der „Summulae" des P. Hispanus im 15. und 16. Jahrhundert; Stapper, Die Summulae logicales des P. Hispanus, Freiburg, 1897; Papst Johann XXI. (Kirchengesch. Abhandl. von Sdralek, 1898); Walsh, John XXI, philosopher, physician, pope (Amer. eccles. Review, 1908; A. Niglis, Siger von Courtrai, Freiburg i. Br., 1903; H. Vercruysse, Étude critique des sources relat. à la personnalité du Sorboniste S. d. Courtrai, etc. (Mém. du cercle hist. et archéol. de Courtrai IV, 1910, S. 37—85). Biographische Notizen. Wallerand, Les oeuvres de S. de Courtrai, Text und Untersuchung (Bd. VIII der „Philos. Belges", 1913); wichtige Untersuchung der Lehren.

Viertes Kapitel.
Die nicht-scholastische Philosophie.

Im 13. Jahrhundert ist der lateinische Averroismus das vollständigste und bedeutendste antischolastische System (§ 1); daneben gab es auch noch einige sekundäre Formen antischolastischer Philosophie (§ 2).

§ 1. Der lateinische Averroismus.

356. Aufkommen des antischolastischen Averroismus. — Averroës, der bis zum Ende des Mittelalters der „Kommentator" schlechtweg genannt wird, dringt zur selben Zeit wie Aristoteles in die lateinische Welt ein; überall gilt er als unzertrennlicher Diener des Herrn, dessen Kleid er trägt. Die „Kommentare" des Averroës werden gleichzeitig mit den Schriften des Stagiriten

---
1) „Amo est verbum. — 2. Magistro legente pueri proficiunt. — O Magister. — 4. Album potest esse nigrum."

2) Diese Urteile entlehne ich der Arbeit meines vortrefflichen Schülers Wallerand.

3) Er definiert den „modus significandi activus": „modus, sive proprietas vocis ab intellectu sibi concessa, mediante qua vox proprietatem rei significat (C 1).

in Paris verboten und die Autorität vereinigt sie in demselben Verbot mit den Schriften Davids von Dinant und Amalrichs von Bènes.

Die vorbeugenden Interdikte vom Jahre 1210 und 1215 verschließen Averroës ebensowenig wie Aristoteles die Tore der Schulen. Seit den ersten Jahrzehnten des 13. Jahrhunderts ist sein Name in aller Munde; doch ist vor dem Jahre 1256 von einer averroistischen Strömung in Paris nichts zu bemerken. In diesem Jahre beauftragt Papst Alexander IV. Albert den Großen mit der Abfassung eines Traktates „de unitate intellectus contra Averroem" — ein Beweis, daß der Averroismus in den Pariser Kreisen völlig eingenistet ist. Später kämpft der Averroismus offen gegen die Scholastik, hat aber keine solche Ausdehnung und Dauer wie die Scholastik. Die kirchlichen Verdammungen hemmen zeitweilig seinen Aufschwung, ohne ihn zu vernichten und er tritt in den folgenden Jahrhunderten wieder auf.

357. Das Wesen des antischolastischen Averroismus. — Während die Scholastiker die Vernunft zum Maßstab ihres Eklektizismus machen und ihrer Kontrolle die Lehren des Aristoteles ebenso wie die aller anderen Philosophen unterwerfen („locus ab auctoritate est infirmissimus"), schließen sich die abendländischen Averroisten systematisch dem Stagiriten an. Dieser gilt ihnen als Orakel der philosophischen Wahrheit und der heilige Schatz seiner Ideen muß nach ihnen intakt bleiben. Da aber Averroës allein diese Ideen erfaßt hat, so müssen Aristoteles und sein arabischer Kommentar als identisch betrachtet werden und daher sind die unfehlbaren Schriften des Averroës buchstäblich aufzunehmen. Die philosophische Unfehlbarkeit des Aristoteles und Averroës ist ein Postulat, das die Averroisten im 13. und auch im 14. und 15. Jahrhundert immer wieder aufstellen; diese Männer haben nun einmal Partei ergriffen und verzichten auf jede Selbständigkeit.

Der lateinische Averroismus umfaßt den Inbegriff der Theorien des Averroës und stellt demnach eine der dem Peripatetismus am nächsten kommenden Philosophien des 13. Jahrhunderts dar.[1]) Seine historische Bedeutung aber liegt vor allem in seinem **antischolastischen** Charakter. Dieser Gegensatz beeinflußt, wie wir sehen werden, die Lösung jener Probleme, die in jedem philosophische System organisch und grundlegend sind. Indem Averroës (und die Averroisten) auf der einen Seite, die Scholastiker auf der andern peripatetische Lehrsätze aufnahmen, haben sie dieselben so angewendet und so erheblich modifiziert, daß sie zu entgegengesetzten Polen der Philosophie gelangten. **Die Lösung gewisser philosophischer Hauptprobleme wurde zum Stein des Anstoßes zwischen dem lateinischen Averroismus und der Scholastik.**

Es ist hiernach begreiflich, daß außer diesen Grundverschiedenheiten noch eine Reihe von einzelnen Divergenzen zwischen den Averroisten und Scholastikern bestehen, während sie betreffs anderer Fragen einer Meinung sind. Insbesondere gilt dies für jene Scholastiker, die entschiedener peri-

---

1) Die Behauptung Mandonnets, daß „die Lehren des Averroës ihren Grundzügen nach bei Aristoteles explicite oder implicite vorkommen" (Siger de Brabant. Bd. VI der „Philosophes Belges", S. 155) halten wir nicht für uneingeschränkt richtig. In so manchen Punkten hat Averroës der echten Lehre des Aristoteles Gewalt angetan, wie dies Th. von Aquin gegenüber S. von Brabant bemerkt.

patetisch denken; warum, liegt auf der Hand. So hat z. B. der hl. Thomas seine Theorie der Universalien, der Einheit der Formen (woraus sich die Verdächtigungen J. Peckhams erklären), des Individuationsprinzips der körperlichen Substanzen mit Siger von Brabant gemein.

Folgen wir den Verdammungen des abendländischen Averroismus und der veröffentlichten averroistischen Schriften, so finden sich folgende antischolastische Grundlehren:

1. Die Einheit des menschlichen Intellekts und der Monopsychismus.[1]) Dieser Lehrsatz ist den Scholastikern am meisten zuwider; Beweis dafür die seiner Widerlegung dienenden Traktate. Er ist in der Tat unvereinbar mit den Grundprinzipien der Scholastik betreffs des Ursprungs der Begriffe, er schließt die rein zufällige Verbindung der rationalen Seele mit dem Leibe ein und gefährdet die Persönlichkeit (Nr. 268, 271).

2. Die Leugnung der persönlichen Unsterblichkeit ist eine unvermeidliche Konsequenz der ersten These.[2]) Sie widerspricht direkt der scholastischen Theorie des künftigen Lebens, dessen Belohnungen und Strafen (Nr. 271).

3. Entstehung der Welt durch eine Reihe von Vermittlungen und folglich *Leugnung der Vorsehung* betreffs der Leitung der Menschen und der irdischen Dinge.[3]) Die immaterielle und einfache, erste Ursache kann unmittelbar nur ein Wesen, einen Intellekt erzeugen. Dieser erzeugt ein anderes, usf. Die Sinneswelt ist ein Erzeugnis des letzten himmlischen Intellekts; daher wird sie von der ersten Ursache nicht gekannt und diese kümmert sich nicht um sie.

Diese Theorien widersprechen der scholastischen Lehre von der Schöpfung, der Vorsehung, der Erhaltung der Wesen, der Mitwirkung der ersten Ursache mit den zweiten Ursachen (Nr. 261).

4. Alle diese Erzeugnisse sind notwendig und gleich ewig wie Gott.[4]) Es ist dies die Leugnung des kontingenten Charakters der Welt und der Freiheit des Schöpferaktes (Nr. 261).

5. Kosmischer und psychologischer Determinismus.[5]) Die Himmelserscheinungen und die Konjunkturen der Planeten beeinflussen die Abfolge der Ereignisse auf unserer Erde sowie die Geschicke der menschlichen Art. Es besteht eine ewige Wiederkunft der Kulturen und Religionen (auch der

---

1) Einige Formeln des Dekrets vom Jahre 1277. — Prop 123: „Quod intellectus agens est quaedam substantia separata superior ad intellectum possibilem; et quod secundum substantiam, potentiam et operationem est separatus a corpore, nec est forma corporis". Prop. 118: „Quod intellectus agens non copulatur nostro possibili; et quod intellectus possibilis non unitur nobiscum secundum substantiam. Et si uniretur nobis ut forma, esset inseparabilis" (Chart. I, 550).

2) Prop. 116: „Quod anima est inseparabilis a corpore, et quod ad corruptionem harmoniae corporalis. corrumpitur anima".

3) Prop. 42—44, 55, 61, 63, 70—73, 198, 199 etc.

4) Die Averroisten machen viel Wesens aus der Ewigkeit der sinnlichen und übersinnlichen Welt „a parte ante" und „a parte post". Vgl. z. B. prop. 94. Wir sahen, daß nach Thomas die Vernunft die Unmöglichkeit einer „creatio ab aeterno" nicht zu beweisen vermag. Die averroistische These ist antischolastisch, weil sie behauptet, daß die Natur der Welt selbst deren Ewigkeit bedinge.

5) Prop. 168—172.

christlichen), bedingt durch die Wiederkehr der Gestirnzyklen. „Das Christentum ist schon unzähligemal erschienen und verschwunden und dem wird weiter so sein, entsprechend der Stellung und Dauer, die es in der Reihe der den religiösen Gesamtzyklus bildenden Transformationen einnimmt."[1])

Der psychologische Determinismus stößt die scholastische Ethik um (Nr. 272).

6. Die Theorie der doppelten Wahrheit. Die soeben verzeichneten Lehren stehen zum katholischen Dogma im Gegensatz und doch beteuern die Averroisten ihre Achtung vor Glauben und Kirche. Um ihre Orthodoxie zu versichern, berufen sie sich auf den Grundsatz: **Was in der Philosophie wahr ist, kann in der Theologie falsch sein und umgekehrt.**[2])

Eine solche Auffassung schließt die Leugnung des Satzes vom Widerspruch ein, da die Averroisten die Wahrhaftigkeit der christlichen Offenbarung anerkennen. Diese Stellungnahme richtet sich direkt gegen die scholastische Lehre von dem Verhältnis zwischen Vernunft und Glauben (Nr. 247), was nicht hinderte, daß die Averroisten die Autorität der Kirchenväter für sich in Anspruch nahmen.[3]) Die Theorie der doppelten Wahrheit verhehlt nur schlecht ein Nachlassen des religiösen Glaubens. Diese Abschwächung bekundet sich teils in den theologischen Anwendungen, zu welchen die Logik die Averroisten führte, teils in der moralischen Freiheit, auf welche die Universitätsdekrete dieser Zeit anspielen. Es unterliegt keinem Zweifel, daß die Theorie der doppelten Wahrheit nur eine Ausflucht ist, welche die Averroisten pro forma ergriffen und daß sie, zwischen Vernunft und Glauben gestellt, den Glauben opferten. Daraus erklären sich die kirchlichen Zensuren vom Jahre 1270 und 1277.[4])

---

1) Mandonnet, a. a. O. S. 172.

2) Die Formel wird ausdrücklich im Motivenbericht des Dekrets vom Jahre 1277 angeführt: „Dicunt enim ea esse vera secundum philosophiam, sed non secundum fidem catholicam, quasi sint duae contrariae veritates" (Chart. I, 543). Miguel Asin ,(s. oben) bestreitet den averroistischen Ursprung der Theorie der doppelten Wahrheit und behauptet, die Averroisten hätten mit dieser die Ansicht des Averroës verfälscht. Aber, wie es sich auch mit der von Averroës in seinen beiden Traktaten vertretenen Lehre verhält: In den Kommentaren zu Aristoteles legt er die Theorie der doppelten Wahrheit dar, und da die Lateiner Averroës aus diesen Kommentaren kennen gelernt haben, so steht es fest, daß sie die Averroistische Auffassung in diesem Punkte nicht verfälscht haben.

3) Vgl. z. B. die nicht edierte „quaestio" Alexanders von Alexandria (s. unten), der ihr Argument so wiedergibt: „Numerata substantia, numeratur illud per quod intelligimus, quia se ipsa virtus intellectiva intelligit. Si autem numeratur illud per quod intelligimus, impossibile est quod diversi unum et idem et eodem modo intelligant; quod est falsum et contra Augustinum". Vgl. De humana cognit. rat. anecdota S. Bonaventurae, S. 220.

4) Gab es einen populären Averroismus? Das heißt; hat man in einer besonderen Haeresie die averroistischen Prinzipien angewendet und aus ihnen, namentlich in der Moral, praktische Konsequenzen gezogen? Wilhelm von Tocco spricht von der „Ketzerei des Averroës", nach welcher alle Menschen nur einen einzigen Intellekt besitzen, und dieser Irrtum rechtfertige die Laster der Bösen und schmälere die Tugenden der Heiligen. Er erzählt die Geschichte von einem Pariser Ritter, den man fragte, ob er beichten wolle, worauf er die Antwort gab: ist die Seele des hl. Petrus gerettet, so wird es meine auch werden, denn, wenn wir denselben Intellekt besitzen, so werden wir dasselbe Ende haben (Acta SS. I, 666). Das „Directorium inquisit." des Nikolaus Eymerici sagt von derselben Lehre: „daraus läßt sich folgern, daß die

358. Anhänger des Averroismus. — Die Averroisten des 13. Jahrhunderts, deren Namen die Geschichte aufbewahrt hat, nehmen eine feindliche Stellung zur Scholastik ein. Es sind dies Siger von Brabant und, in zweiter Linie, Boëthius von Dacien und Bernier von Nivelles. Außerdem ist bekannt, daß in der artistischen Fakultät eine ansehnliche Gruppe hinter Siger stand,[1]) und die bewegten Episoden, welche die Geschichte des Averroismus erfüllen, bezeugen die Lebenskraft der antischolastischen Partei.[2]) Bemerkt sei noch, daß außerhalb der Universitäten der Averroismus sich am Hofe Friedrichs II. von Sizilien und seines Sohnes Manfred verbreitete. Friedrich II. ist es, dem man den Ausspruch zuschreibt, daß Moses, Jesus und Mohammed drei Betrüger waren.[3]) Falsch ist die Annahme Renans,[4]) Franziskanerschulen seien ein Herd des Averroismus gewesen. Renan hat nicht begriffen, daß die Spaltung zwischen Dominikanern und Franziskanern, den Zeitgenossen der Zensuren vom Jahre 1277, mit dem Gegensatz zwischen älterer Scholastik und Thomismus zusammenhängt und daß beide große Orden ihre Kräfte vereinigten, den Averroës zu bekämpfen.

359. Siger von Brabant. Leben und Werke. — Der Lehrer aus der rue de Fouarre muß großes Ansehen genossen haben, um die lobesreiche Erwähnung des Publizisten Pierre du Bois[5]) und die schmeichelhaften Verse, die ihm Dante in seiner „Göttlichen Komödie"[6]) widmet, verdient zu haben, aber auch gefährlich war er, denn seine berühmtesten Zeitgenossen glauben seine Lehren widerlegen zu müssen und die Autorität verdammt sie feierlich. Von seinem Leben ist uns nur weniges sicher bekannt. Er ist magister artium in Paris als Mitglied der Nation der Pikarden und zehn Jahre lang die Seele der Unruhen, die nacheinander an der Universität stattfinden. Seit dem Jahre 1266 gibt er dem Legaten Simon de Brie in den disziplinaren Angelegenheiten zu tun, und bei der Spaltung der Nationen wegen der Ernennung des Rektors spielt er eine leitende Rolle. Im Jahre 1270 zum erstenmal bestraft, fährt er doch fort, zu lehren und betont seinen antischolastischen Standpunkt. 1272—1275 kommt es zu einer neuen Spaltung zwischen zwei

verfluchte Seele des Judas dieselbe ist wie die heilige Seele des hl. Petrus, und dies ist ketzerisch" Aber der Bestand einer besondern Haeresie, unabhängig besonders von Katharischen Elementen, ist bisher noch nicht hinlänglich nachgewiesen und der Averroismus scheint die Kreise der wissenschaftlich Gebildeten nicht überschritten zu haben. Alphandéry, Y a-t-il eu un averroisme populaire aux XIIIe et XIVe siècles? (Revue de l'histoire des religions, 1901, S. 395 ff)

1) Chart. I, 1556.
2) Wahrscheinlich werden spätere Forschungen neue averroistische Autoren zutage fördern. Mandonnet führt mehrere anonyme averroistische Schriften an (a. a. O. S. 222).
3) Eine Anspielung auf diesen Ausspruch findet sich in der Kompilation „De erroribus philos.", wobei dem Averroës folgender Irrtum zugeschrieben wird: „Quod nulla lex est vera, licet possit esse utilis" (Mandonnet, Bd. VII, S. 10), Vgl. das Dekret vom Jahre 1277, propos. 174 bis 175. Ferner: Ketzerphilosophie des Mittelalters. Das Buch genannt: de tribus impostoribus, übersetzt mit Anmerk. von G. V. Glasenapp, Riga
4) Averroès et l'Averroïsme, S 259 ff.
5) Einer der merkwürdigsten Köpfe des 14. Jahrhunderts, Verfasser eines Traktats „de recuperatione terrae sanctae" (ed. Langlois), in dem er zur Wiedererlangung des heiligen Landes eine Reihe paedagogischer und sozialer Reformen vorschlägt, die ihrer Zeit um Jahrhunderte voraus scheinen.
6) Paradiso X, v. 136.

den verschiedenen Nationen angehörenden Parteien und wieder ist Siger der Inspirator; er hält den Rektor Alberich von Rheims in Schach und stellt sich an die Spitze der Opponenten. Es ist dies die Periode, in der seine Lehren das höchste Ansehen genießen, er ist das Haupt des Averroismus und hat ein bedeutendes Gefolge von Studierenden und Magistern (Scholares Golardiae).[1]) Die zwischen 1270 und 1277 (s. unten) getroffenen Maßnahmen und Entscheidungen beziehen sich direkt auf die Umtriebe des Brabanter Lehrers. Eine zweite Verurteilung im Jahre 1277 macht seinen Vorträgen ein Ende. Gab diese Verurteilung den Anlaß dazu, daß am 23. Oktober 1277 Simon Duval, der Großinquisitor Frankreichs, Siger vor sein Gericht lud? Die Verbindung zwischen beiden Ereignissen steht außer Zweifel. Jedenfalls verließ damals Siger Paris und appellierte an den römischen Hof. Er starb zwischen 1281 und 1284 in Orvieto, ermordet von seinem wahnsinnig gewordenen „clericus". Der Brabanter Fortsetzer der Chronik des Martin von Troppau schreibt: „Qui Sygerus, natione Brabantinus, eo quod opiniones contra fidem tenuerat Parisius subsistere non valens, Romanam curiam adiit; ibique post parvum tempus a clerico suo quasi dementi perfossus periit."[2])

Das Hauptwerk Sigers, „De anima intellectiva", ist nicht ein Kommentar zur Schrift des Aristoteles, sondern eine Arbeit, welche Grundfragen gewidmet ist, die Aristoteles dunkel geblieben sind. Das Werk hat des Thomas von Aquino „De unitate intellectus contra averroistes" unmittelbar angeregt.[3]) Die beiden Schriften erschienen im Jahre 1270, in welchem zwischen den Averroisten und Scholastikern erregte Diskussionen stattfanden. Von Siger kennt man ferner (aus der Zeit zwischen 1266 und 1276) eine quaestio „de aeternitate mundi", zwei quaestiones naturales", drei logische Traktate (die „quaestiones logicales", eine quaestio „utrum haec sit vera: Homo est animal, nullo homine existente, eine Sammlung von sechs „Impossibilia"), eine logische Untersuchung „Omnis homo de necessitate est animal" und eine Schrift über das dritte Buch „de anima". Noch andere Schriften, auf die Siger verweist, entstammen seiner Feder. Nach Mandonnet könnte er der Verfasser eines Traktats „de necessitate et contingentia causarum"[4]) sein, dessen averroistische Provenienz zweifellos ist und der zur Zeit der Unruhen vor der Verurteilung im Jahre 1277 geschrieben sein muß.

Die Schriften Sigers zeichnen sich durch ihre Klarheit, Bestimmtheit und Feinheit aus.

360. Die Lehren Sigers. — Siger von Brabant geriert sich als Schuloberhaupt, er wendet sich offen „contra praecipuos viros in philosophia Albertum et Thomam"[5]) und bezichtigt sie der Entstellung des Aristoteles. Er selbst verficht das ganze averroistische Credo.[6])

---

1) Garlande war das Quartier der Schulen.
2) Monum. German. histor. script. Bd. XXIV, 236. Vgl. Mandonnet, VI, 277 ff; Baeumker, Arch. Gesch. Philos. 1899, S. 74.
3) Chart. I, 487.
4) Hersg. von Mandonnet nach einer averroistische Traktate enthaltenden Handschrift aus dem Vermächtnis G.'s von Fontaines an die Sorbonne.
5) Chart. I, 487.
6) Mandonnet, a. a. O. K. VI ff.

Mandonnet schildert das Gefecht zwischen Siger und dem hl. Thomas anläßlich der Hauptfrage der numerischen Einheit des Intellekts in der menschlichen Gattung; er stellt Angriff und Verteidigung einander gegenüber. In „De anima intellectiva" argumentiert Siger wie folgt: Außer der vegetativ-sensiblen Seele, welche jeden menschlichen Organismus formt, gibt es eine intellektive Seele, welche durch ihre Natur vom Leibe getrennt ist und eine Zeitlang sich mit ihm vereinigt, um in ihm den Denkakt zu vollziehen. Diese Vereinigung reicht hin, um dem menschlichen Individuum das Denken zuzuschreiben. Die intellektuelle Seele kann nicht die Form des Leibes sein, denn dann würde sie ein Organ informieren und wäre somit materiell. Diese immaterielle Seele ist einzig, weil sie das Individuationsprinzip, d. h. die Materie ausschließt. Doch ist sie niemals völlig von den menschlichen Körpern getrennt, denn in ihr lebt das ganze Wesen der Gattung: Der Mensch stirbt, die Menschheit aber ist unsterblich.[1]

In zwei Kapiteln von „De anima" und in „De aeternitate mundi" beweist Siger auf Grund dieses Systems, daß in den irdischen Arten, in welchen die Individuen durch „Erzeugung" entstehen, ein erster Erzeuger sich unmöglich dartun läßt, ebensowenig ein Anfang oder Ende im Leben der immateriellen Wesen. Die Welt trägt in allen Stadien ihrer Vollendung das Siegel der Ewigkeit.[2] Jedes Wesen ist stets in irgendeiner Existenz verwirklicht, denn es besteht zwischen Essenz und Existenz kein Unterschied. Demnach hat die Frage nach dem künftigen Leben keinen Sinn mehr. Die Theorie der doppelten Wahrheit wird von Siger bei jeder Gelegenheit herangezogen, insbesondere betreffs der Einheit der Seele und der ewigen Wiederkunft der historischen Zyklen. Er stellt Aristoteles und die „von der Vernunft diktierte Lösung" der des Dogmas entgegen; mag dies nun eine Komoedie oder Zynismus sein, dieses Vorgehen wurde vom hl. Thomas streng, aber gerecht beurteilt.[3] Der Ton seiner Widerlegungen in der Schrift „De unitate intellectus" ist von einer Heftigkeit, wie sie sonst in seinen Schriften nicht anzutreffen ist.

361. Boëthius von Dacien und Bernier von Nivelles. — Boëthius von Dacien (Boëtius de Dacia), ein weltlicher Lehrer an der Artistenfakultät,[4]

---

[1] Mandonnet, a. a. O. S. 112ff.
[2] Ebd., S. 118ff.
[3] De unitate intellectus, c. VII, und in einer Kanzelrede, die Mandonnet (S. 109) nach 1270 ansetzt. Über den Beweggrund, der Dante dazu bestimmte, Siger durch Thomas loben zu lassen, hat man viele Vermutungen aufgestellt. Baeumker (a. a. O. S. 97ff.) gibt dafür folgende Erklärung: Der Dichter der „Göttlichen Komödie" gab sich seinen persönlichen Neigungen für die Männer seiner Zeit hin und war nie so weit in die Kontroversen der Gelehrten verstrickt, als daß er auf philosophischem Gebiete eine entschiedene, überlegte Stellung nehmen konnte. Wie er Bonaventura Joachim von Floris loben läßt, so läßt er Thomas die Verdienste Sigers preisen. Nach Mandonnet war Dante von dem Streben besect, in diese Stätte des Paradieses einen peripatetischen Philosophen zu versetzen. Siger und Boëthius von Dacien sind aber die einzigen berühmten Lehrer, die ausschließlich Philosophen waren (a. a. O. S. 305).
[4] Die „tabula" der Dominikanerschriften aus dem 14. Jahrhundert nennt einen Boëthius von Dacien, den Mandonnet mit dem Averroisten identifiziert. Er schreibt diese Erwähnung sei es einem Irrtum des Bibliographen, sei es dem Umstande zu, daß Boëthius, um den Härten der Verurteilung zu entgehen, Dominikaner geworden sei (a. a. O. S. 225—231).

war ein notorischer Averroist. Eine Handschrift der Sorbonne berichtet, daß Boëthius durch das Dekret vom Jahre 1277 betroffen wurde und R. Lullus reiht seinen Namen dem des Siger an. Nach Peckhams Mitteilung starb Boëthius auf elende Weise in Italien. Seine Schriften sind hauptsächlich logischen Inhalts[1]) und in einer von ihnen verzeichnet Hauréau einige, allerdings sekundäre, Lehrsätze, welche Propositionen, die im Jahre 1277 zensuriert wurden, entsprachen.[2])

Was Bernier von Nivelles, wie Siger Kanonikus von St. Martin von Lüttich[3]), betrifft, so wurde er gleich jenem im Jahre 1277 der Ketzerei verdächtigt und gleichzeitig vor das Tribunal Simon Duvals geladen, schließlich aber freigesprochen.[4])

362. **Bekämpfung des Averroismus. — 1. *Die Verurteilungen.*** Die akademische und religiöse Autorität erschreckten die Fortschritte des antischolastischen Averroismus und die Gefahren, welche dessen Grundlehren für die katholische Theologie darboten.

Die erste Repressivmaßregel[5]) ist das Dekret vom Jahre 1270, in dem der Pariser Bischof Stephan Tempier den Averroismus und dessen Vertreter öffentlich verdammt. Folgende Thesen werden betroffen: „Quod intellectus omnium hominum est unus et idem numero. Quod ista est falsa vel impropria: Homo intelligit. Quod voluntas hominis ex necessitate vult vel eligit. Quod omnia, quae hic in inferioribus aguntur, subsunt necessitati corporum coelestium. Quod mundus est aeternus. Quod nunquam fuit primus homo. Quod anima, quae est forma hominis secundum quod homo, corrumpitur corrupto corpore. Quod anima post mortem separata non patitur ab igne corporeo. Quod liberum arbitrium est potentia passiva, non activa et quod necessitate movetur ab appetibili. Quod Deus non cognoscit singularia. Quod Deus non cognoscit alia a se. Quod humani actus non reguntur providentia Dei. Quod Deus non potest dare immortalitatem vel incorruptionem rei corruptibili vel mortali."[6]) Die Autorität legte sich nur ins Mittel, um eine Bewegung zu sistieren, deren besonders das Schreiben des Aegidius von Lessines an Albert den Großen Erwähnung tut.[7]) Die Averroisten lehrten gleichwohl in geheimen Konventikeln weiter, wie aus verschiedenen Dekreten und aus der Apostrophierung des hl. Thomas in „De unitate intellectus": „non loquatur in angulis nec coram pueris", erhellt. Die Jahre 1272–1275, in welche der Kampf Sigers gegen die Partei Alberichs fällt, sind durch mehrere gegen den Averroismus gerichtete Dekrete gekennzeichnet. Auf die

---

1) De modis significandi, Untersuchungen über die beiden Analytiken, Topiken, Sophismen: Sophismata; Unters. über das 4. Buch der Meteor.
2) Hauréau, Journal des savants, 1886. S. 176. In octo l. topic. (ebd.).
3) „Lüttich scheint ein besonderes Kontingent zu den averroistischen Lehrern in Paris geliefert zu haben" (Mandonnet, ebd., S. 137, A.).
4) Baeumker, a. a. O. S. 65; Mandonnet, a. a. O. S. 257.
5) Der Akt des Pariser Konzils vom Jahre 1210 war nur eine Präventivmaßnahme (Nr. 233).
6) Chart. I, 485.
7) Vgl. Mandonnet, a. a. O. S. 105. Die ersten 13 Thesen, von welchen in dem Schreiben des Aegidius von Lessines die Rede ist, fallen mit den Thesen des Dekrets vom Jahre 1270 zusammen.

Theorie der doppelten Wahrheit scheint sich das Statut der Artistenfakultät (1272) zu beziehen, welches den Lehrern verbietet, rein theologische Gegenstände, „die sie nichts angehen", zu behandeln oder Sätze, welche gegen die Theologie sind, zu formulieren.[1]) Kaum war die Spaltung in der Artistenfakultät durch eine Intervention des Legaten aufgehoben worden (1273), da mußte die Gesamtuniversität die Geheimlehren verbieten (2. September 1276) und der Legat sah sich genötigt, verschiedene Delikte, welche zeigen, wie verhängnisvoll der averroistische Standpunkt für Glauben und Religion war, mit der Exkommunikation zu bestrafen.[2])

Am Schlusse von „De unitate intellectus contra averroistas" bezeugt Thomas ebenfalls, daß die Averroisten rein theologische Fragen behandelten. „Non caret (es handelt sich um Siger von Brabant) etiam magna temeritate quod de his quae ad philosophiam non pertinent, sed sunt purae fidei, disputare praesumit, sicut quod anima patiatur ab igne inferni." Dies alles macht es begreiflich, daß die Lehre von der doppelten Wahrheit zu einer Ausflucht geworden war, um haeretische Lehren zu verschleiern, und daß die kirchliche Gewalt sich genötigt sah, fest zuzustoßen.

Die von der Zensur des 7. März 1277 getroffenen 219 Lehrsätze bilden kein homogenes Ganzes. Vor allem gehören sie zum Averroismus Sigers von Brabant und Boëthius' von Dacien, ihren Prinzipien wie vielen Anwendungen nach. Mit Ausnahme der auf ethische und theologische Lehren, die man nicht offen zu lehren wagte und die demnach aus dem mündlichen Verhöre bekannt geworden zu sein scheinen, bezüglichen Lehrsätze, sind die zensurierten Thesen Auszüge aus den averroistischen Schriften.[3]) Aber auch andere Lehren werden mit verboten, namentlich solche von Thomas von Aquino, Aegidius von Rom, R. Bacon (S. 312, 322, Nr. 371), ferner mehrere neuplatonische Theorien.[4]) Der Bischof von Paris und sein Anhang wollten die Schulen von allem, was ihnen mißfiel, säubern.

Diese wiederholt erlassenen Dekrete veranlaßten manchen, die in den Schulen verbreiteten Irrtümer zusammenzustellen. In diesen Zusammenstellungen finden sich nicht nur die von Stephan Tempier zensurierten Thesen, sondern auch die Oxforder Verurteilungen. Diese „Compilationes

---

1) Chart. I, 499. Schon im Jahre 1247 hatte der Legat Odo, Bischof von Tusculum in seiner Verurteilung der Irrtümer des Johannes von Brescia an die Lehrer der Logik ein ähnliches Verbot gerichtet. „... ne puritas studii quae hactenus Parisiis viget ex praesumtione quorundam qui theologica logicis inserentes non intelligunt neque quae loquuntur, neque de quibus affirmant" (I, 207). Vgl. den Eid der „incipientes in artibus" (1280; ebd., S. 586). Andere, oft auch dieselben Akte zielen darauf ab, den Eifer der Theologen bei ihrer Anwendung der dialektischen Methoden zu mäßigen. Vgl. z. B. Briefe Gregors IX. an die Pariser Lehrer und Schüler (ebd., 138). Der Legat Odo spricht von den „logici theologice et theologi philosophice procedentes" (ebd., 207).
2) Mandonnet, a. a. O. S. 195—212. Kleriker vergaßen sich so weit, auf den Altären der Kirche zu würfeln.
3) A. a. O. S. 219. Mandonnet schließt: „die Verurteilung vom Jahre 1277 zielt also auf den Peripatetismus im allgemeinen ab". Dies erscheint übertrieben. Die Grundsätze des Peripatetismus, z. B. die Theorien von Akt und Potenz, Stoff und Form werden nicht betroffen. Zensuriert wird nur der antischolastische Teil des Averroismus.
4) Propos. 30: die Schöpfung durch Vermittlung; prop. 92, 102: die innere Verbindung der Himmelskörper mit Gestirngeistern.

errorum omnium in Anglia et Parisiis condemnatorum" erscheinen am Ende des 13. und zu Beginn des 14. Jahrhunderts.[1]) Andere Kompilationen sind umfassender. Der dem Aegidius von Rom fälschlich zugeschriebene Traktat „de erroribus philosophorum", in dem Mandonnet das Werke eines spanischen Dominikaners aus der Zeit der Entstehung der thomistischen Schule erblickt,[2]) enthält eine Gruppe von Irrtümern, die von Aristoteles und dessen großen Anhängern: Averroës, Avicenna, Algazel, Alkindi und Maimonides herrühren. Diese durch die Fülle der Angaben und das Verständnis für die Lehren ausgezeichnete Schrift hat die Tendenz, die Verantwortung von Aristoteles abzuwälzen.

2. *Die Polemiken.* Schon des W. von Auvergne Schrift „De universo" enthält einen Abschnitt: „Destructio erroris Aristotelis, Afarabii et aliorum qui posuerunt omnes animas separatas unam esse, ipsaque separatione a corporibus unam fieri atque illas uniri."[3]) Man kann sagen, daß kein Scholastiker aus der zweiten Hälfte des 13. Jahrhunderts die Lehre von der Einheit des menschlichen Intellektes stillschweigend übergangen, sondern daß sie jeder bekämpft hat. Albert der Große, Thomas von Aquino, Aegidius von Rom, R. Lullus widmen ihr eigene Arbeiten. Duns Scotus schreibt anläßlich der philosophischen Irrtümer des Averroës: „talis errans esset a communitate hominum et naturali ratione utentium exterminandus."[4]) Sie alle schließen gegen Averroës einen Offensiv- und Defensivbund — trotz der sie sonst trennenden Divergenzen. So zeigt sich ihre scholastische Verwandtschaft.

363. Bibliographie. — Das Hauptwerk ist die Nr. 230 zitierte Schrift Mandonnets. Erster Teil: kritische Untersuchung (Louvain, 1910). Zweiter Teil: Texte (Louvain, 1909), mit fast sämtlichen Schriften Sigers (Quaestiones logicales; Quaestio utrum haec sit vera: homo est animal nullo homine existente; Impossibilia; Quaestiones naturales; de aeternitate mundi; de anima intellectiva). Enthält auch einen averroistischen Traktat unsicherer Provenienz: „de necessitate et contingentia causarum"; Alberts des Großen „de quindecim problematibus"; eine Liste von 219 im Jahre 1277 verworfenen Sätzen in logischer Anordnung; „de erroribus philosophorum". Diese beiden höchst wertvollen Bände stellen Bd. VI u. VII der „Philosophes Belges" dar. In derselben Sammlung wird Pelzer zwei inedierte Schriften Sigers herausgeben. Baeumker, Die Impossibilia des Siger von Brabant. Eine philos. Streitschrift aus dem XIII. Jahrhundert (Beitr. Gesch. Philos. Mittelalt. II, 6, 1898), der in den „Solutiones" das Werk eines Gegners erblickt hatte, hat sich jetzt Mandonnet angeschlossen, der die Schrift Siger zuerkennt und sie zu den von den Lehrern geleiteten sophistischen Übungen rechnet. Baeumker, Zur Beurteilung S.s von B. (Philos. Jahrb. 1910, S. 177—202; 352—366); Um S. v. B. (ebd., 1911): Mandonnet, Autour de S. de B. (Revue Thomiste, 1911), Doncoeur, Notes sur les Averroïstes latins. Boëce de Dace (Rev. sciences philos. et théol., 1910, S. 500), Mandonnet hat gezeigt, daß diese Bemerkungen bedeutungslos sind (a. a. O. S. 313—314). Renan, a. a. O. (Nr. 227), 2. Teil, K. II: „L'averroïsme dans la philos. scolast.", viele Irrtümer. Picavet, L'averroïsme et les averroïstes du XIII s., nach dem hl. Thomas „de unitate intell contra averr." (Rev. hist. relig. 1902, 14 S.), nichts Neues. Grabmann fand in der Ambrosiana eine zweite Handschrift der „Impossibilia" (Theol. Quartalsschr. 1911). Über die Todesart Sigers bestehen zahlreiche Kontroversen zwischen Historikern der Philosophie und Romanisten; vgl.

---

1) Chart. I, 556. Eine dieser Sammlungen gab d'Argentré heraus: Collectio Iudiciorum I, 184.
2) A. a. O. VII, S. XXVII ff.
3) Pars I, 771, ed. 1591.
4) In IV. I. Sent., dist. 43, q. 2.

Baeumker, a. a. O. S. 114; Archiv f. Gesch. d. Philos. 1899; Mandonnet, O. K. XI; Gaston Paris, in: Romania, 1900; Ch. Langlois, in: Revue de Paris, 1901, und „Grande Encyclopédie".

§ 2. Andere Formen der antischolastischen Philosophie.

364. Philosophische Sekten. — Verschiedene populäre Sekten, deren Entstehung ins 13. Jahrhundert zurückdatiert, stützen sich auf philosophische Lehren, wie z. B. die amalrikanischen zu Beginn des 13. Jahrhunderts (Nr. 197). Von diesen Sekten hatte die Haeresie der Katharer die längste Dauer. Um die Gelehrten des Dominikanerordens bekämpfen zu können, besuchen in den letzten Jahren der Albigenserzeit junge „Vollkommene" der Sekte die Schulen von Paris oder Italiens.[1] In Italien vertritt die Schule von Alba, welche bis zum Beginn des 14. Jahrhunderts besteht, mit zwei Parteien, der des Bischofs von Verona, Balasinansa, und der des Johann von Lugio, einen absoluten metaphysischen Dualismus, der zum gemäßigten Dualismus der Sekte von Bagnolo in Gegensatz tritt.[2] Die Philosophie des Katharismus ist noch nicht hinreichend bekannt.[3]

365. Bibliographie. — Menendez y Pelayo, Historia de los heterodoxos espanoles, Madrid, 1880; 2. Auflage im Druck; P. Alphandéry, a. a. O. Nr. 197; Moneta von Cremona, Adversus Catharos et Valdenses libri quinque (um 1244), Rom 1743.

Fünftes Kapitel.
Sekundäre philosophische Richtungen.
§ 1. Die neuplatonische Richtung.

366. Charakter derselben. — Unter dem Einfluß der arabischen Schriften und, noch unmittelbarer, des „Liber de causis" und der von Wilhelm von Moerbeke verfaßten Übersetzung der „Elementa theolog." des Proklus drangen zahlreiche Ideen neuplatonischen Ursprungs in die Philosophie des 13. Jahrhunderts ein (S. 213). Diese, bei einem Albert dem Großen, Ulrich von Straßburg oder Thomas von Aquino sporadisch auftretenden Ideen sind bei anderen so zahlreich zu finden, daß man von einer — streng philosophischen — neuplatonischen Richtung sprechen kann. Die Philosophen, die sie vertreten, nehmen in ihre Weltanschauung Lehren der älteren Scholastik ebenso wie thomistische und aristotelische Elemente hinein, alles aber innerhalb eines neuplatonischen Rahmens und mit alexandrinischen Theorien mehr oder weniger innig verknüpft.

Doch besteht zwischen dem antiken und dem mittelalterlichen Neuplatonismus der schon verzeichnete große Unterschied: die monistische Theorie, welche die Seele der Schriften des Proklus bildet, fehlt nicht bloß in den Werken Witelos und Dietrichs von Freiburg — der zwei bisher bekannten Neuplatoniker des 13. Jahrhunderts —, sondern wird von beiden ausdrücklich bekämpft. Ihre Philosophie läßt sich also nicht als eine Opposition gegen den Individualismus betrachten.

[1] Alphandéry, Les idées morales chez les hétérodoxes latins du début du XIII. S. 92.
[2] Ebd., S. 92—98, Anm.
[3] Ebd., S. 141.

Anderseits übt die neuplatonische Richtung im Vergleich mit den scholastischen Richtungen und mit dem Averroismus nur einen sekundären Einfluß aus.[1])

Bemerkenswert ist der Umstand, daß die Neuplatoniker, die hier in Frage kommen, zugleich hervorragende Forscher sind, welche das Studium der Naturwissenschaft und der Mathematik betreiben.

367. Witelo und der Verfasser der Schrift „de intelligentiis". — Geboren um 1230 in Schlesien, in einer Gegend, die erst spät zu geistigem Leben erwachte, erhielt Witelo in Padua seine philosophische und wissenschaftliche Ausbildung. Vielleicht war er Mönch in Vitow (Polen).[2]) Später, in Viterbo, traf er mit Wilhelm von Moerbeke zusammen, der auf ihn einen großen Einfluß ausübte und die Verbreitung der neuplatonischen Anschauungen angeregt zu haben scheint. Auf seine Aufforderung schrieb er (um 1270) seine ihm gewidmete „Perspectiva". In diesem Traktat erörtert Witelo nach Alhacen die Gesetze der Ausbreitung des Lichtes[3]); es finden sich darin beachtenswerte, selbständige Beobachtungen über die Rolle der Assoziation bei der Sinneswahrnehmung, namentlich der Gesichtswahrnehmung der Tiefendimension.

Baeumker betrachtet Witelo als mutmaßlichen Verfasser einer Schrift „De intelligentiis", die er behufs Abfassung der „Perspectiva" unterbrach und die nichts anderes sei als ein Traktat „de ordine entium", auf den er anspielt. Die ihm zugeschriebene Übersetzung der „Optik" Alhacens scheint nicht von ihm herzurühren. Seine übrigen Schriften sind verloren gegangen. Witelo scheint in Viterbo Beziehungen zur römischen Kurie gehabt zu haben. Er starb kurz nach 1270.

Die erwähnenswertesten philosophischen Lehren der Schrift „De intelligentiis" sind metaphysischen und psychologischen Inhalts und durch eine Verbindung des neuplatonischen Hauptbestandteils mit Lehren des Aristotelismus und der älteren Scholastik charakterisiert.

Diese Schrift, in der alle Lehrsätze nach einer streng deduktiven Methode in Zusammenhang gebracht sind, erörtert in zwei Teilen Gott als die erste Ursache, sein Wesen und seine Erkenntnis, ferner die ersten Intelligenzen, ihr Erkenntnis- und Willensvermögen. Der Ausgangspunkt dieser Metaphysik ist nicht das Sein im allgemeinen (Aristoteles), sondern das unendliche Wesen, Gott. Alle anderen Dinge sind Partizipationen am göttlichen Sein in absteigender Stufenfolge (Neuplatonismus), denn die Vielheit kann nur aus der Einheit hervorgehen und das Einfache schließt alle Vollkommenheiten des Zusammengesetzten ein. **Die Identität von Sein und Licht** bildet eine der bedeutsamen Lehren der Schrift (vgl. Plotin). Gott ist Licht, sowie er auch Akt und Substanz ist (Aristoteles). Die übrigen Wesen sind partizipiertes Licht (Augustinus). Obwohl diese Idee der Licht-

---

[1]) „Unsere Schrift (de intelligentiis) zeigt, wie auch die neuplatonische Strömung einen wenn auch kleinen Kreis ergriffen hat" (Baeumker, Witelo, S. 188).

[2]) Rubczynski, Kwartalnik historyczny XXIII, p. 574—587.

[3]) Die Daten zu diesem Abschnitt sind Baeumkers Schrift über Witelo entnommen. R. Bacon und J. Peckham verfaßten zur gleichen Zeit Arbeiten über die Perspektive.

ausbreitung dazu dient, die Verhältnisse aller Wesen,[1]) namentlich das Verhältnis zwischen Gott und Welt, festzulegen, ist doch von einer Emanation nicht die Rede und die monistische Auffassung fehlt ganz.

Die Psychologie Witelos ist platonisch und neuplatonisch, gewährt aber zugleich den Aristotelischen Theorien betreffs der Entstehung der Vorstellungen Raum. Die Seele ist eine einfache, selbständige Substanz. Aus der Tätigkeit des Lichtes wird nicht bloß die räumliche Anordnung der Körper und die Lebenskraft der Organismen, sondern auch die Erkenntnis erklärt. Die Sinneswahrnehmung ist wie die Vorstellung ein wesentlich aktiver Bewußtseinsvorgang („virtus activa", Platon), obzwar sie das Reale darstellt („virtus exemplaris"). Eine solche Aktivität und Reproduktion kann nur einer immateriellen Substanz zukommen und da sie Licht ist, so ist der aktive und reproduktive Erkenntnisprozeß nicht die Aufnahme einer äußeren Einwirkung, sondern eine Selbstentfaltung („sui multiplicatio"). Die Rolle des passiven und aktiven Intellekts (Aristoteles) wird dadurch modifiziert und der aktive Intellekt hat nicht mehr die bloße Funktion, einen Einfluß auf die Sinnesbilder auszuüben, sondern auch die Wirklichkeit selbst zu erkennen.[2])

368. Dietrich von Freiburg (Freiberg). — Der Dominikaner Dietrich von Freiburg oder Freiberg (Theodoricus Teutonicus de Vriberg), wahrscheinlich aus Freiberg in Sachsen, lebte zuerst (vor 1285) als Student, dann (um 1297) als Lehrer der Theologie in Paris. Er selbst berichtet bei Erörterung der Frage nach der Ewigkeit der Welt, daß er den Disputationen eines „solemnis magister" — wohl Heinrichs von Gent — beiwohnte, dessen Ansichten er später kritisierte. In seinem Orden übte er verschiedene hohe Verwaltungsfunktionen aus. Die letzten sicheren Nachrichten über ihn rühren aus dem Jahre 1310 her und seine Hauptwerke dürfte er in den ersten Jahren des 14. Jahrhunderts verfaßt haben.

Diese Werke zeugen von einer erstaunlichen Fruchtbarkeit und einem ausgedehnten Wissen. Die wichtigsten derselben sind: „De luce et eius origine, de coloribus, de iride et radialibus impressionibus, de miscibilibus in mixto, de intelligentiis et motoribus coelorum, de tribus difficilibus articulis, de cognitione entium separatorum, de esse et essentia, de habitibus" und namentlich „de intellectu et intelligibili", eine Schrift, die seine originellsten systematischen Anschauungen enthält.

Dietrich von Freiburg ist für die Geistesgeschichte des 13. Jahrhunderts in dreifacher Hinsicht von Bedeutung. Als wissenschaftlicher Forscher stellte er eine neue, bemerkenswerte Theorie des Regenbogens auf, die später Descartes wieder aufnahm. Als er sie seinem Ordensprovinzial darlegte, forderte ihn dieser, wie er berichtet, auf, sie niederzuschreiben. Als

---

[1]) Wie schon bemerkt wurde, bekämpft Thomas von Aquino den neuplatonischen Grundsatz: „omne quod influit in alia est lux vel naturam lucis habens", indem er sich ausdrücklich auf die Stellen in „De intelligentiis" beruft.

[2]) In der „Perspektive" löst Witelo das Universalienproblem in der Weise R. Bacons. In allen Dingen gibt es individuelle („intentiones individuales") und spezifische Merkmale („intentiones speciales"), denen einerseits die sinnliche, anderseits die allgemeine Erkenntnis entspricht (Ebd. S. 626).

Mystiker nähert er sich in so manchem Meister Eckehart. Als **Philosoph** ist Dietrich ein kühner und origineller Denker. Gern trennt er sich von den „communiter loquentes" oder den Lehrern aus seinem Orden und rühmt sich dessen. Hingegen verteidigt er energisch die neuen Lehren des Thomismus betreffs fundamentaler und leidenschaftlich erörterter Probleme: die Einheit der substantiellen Form, die Passivität der ersten Materie und die innere Unmöglichkeit einer ohne Form existierenden Materie, die Widerspruchslosigkeit einer „creatio ab aeterno". Anderseits vertritt er manche Lehren der älteren Scholastik und neigt besonders jenen zu, welche Augustinischer Provenienz sind. Endlich huldigt er Theorien wie die Unterscheidung der beiden Intellekte, die Ursprünglichkeit von Sinnesempfindung und Denken, die Zusammensetzung aus Form und Stoff — Theorien, welche ihn der Gruppe der Scholastiker annähern.

Aber diese Verbindung thomistischer und augustinischer Elemente ist einem System eingegliedert, dessen neuplatonischer Charakter schärfer als bei Witelo ausgeprägt ist. Die „Elementa theologiae" werden auf jeder Seite zitiert und Proklus wird dem hl. Augustinus und Aristoteles gleichgestellt. Dem philosophischen Dominikaner zufolge sind diese drei Denker in der von ihm dargelegten Lehre einer Meinung.

369. Philosophische Lehren. — 1. Metaphysik und Kosmologie. Die Grundlage der Metaphysik Dietrichs bildet die Theorie der Erzeugung der Wesen durch Mittelglieder in absteigender kausaler Reihenfolge, „secundum modum emanationis". Die bei Witelo fehlende Emanationsidee herrscht bei Dietrich vor und nähert ihn um einen weiteren Schritt der alexandrinischen Lehre. Die Erzeugung der Wesen ist nicht das **unmittelbare** Werk Gottes (gegen die allgemeine Ansicht), sondern Gott erzeugt durch eine „ebullitio" die reinen Intelligenzen (die nicht mit den Engeln zu verwechseln sind), aus diesen emanieren die Geister, welche die Himmelskörper beseelen und diese Geister wiederum erzeugen die sinnlich wahrnehmbaren, irdischen Substanzen.[1] Der ursprüngliche Akt, der λόγος Gottes, vermöge dessen die reinen Intelligenzen ihr Sein empfangen, verdient nach Dietrich allein den Namen des Schöpfungsaktes im scholastischen Sinne.[2] Da jedes Glied der Wirkensreihe in letzter Linie sein Sein und Wirken von Gott hat, so bleibt die Erzeugung der himmlischen Intelligenzen und der Sinnenwelt sein mittelbares Werk. Da überdies die endlichen Wesen nicht bloße Fortsetzungen oder Formen der göttlichen Energie (wie im Neuplatonismus), sondern von Gott und voneinander unterschiedene Substanzen sind, so verwirft Dietrich entschieden jede pantheistische Anschauung und das neuplatonische Thema wird in die scholastische Tonart übertragen.

Unvernünftig wäre die Leugnung der Möglichkeit einer ewigen Welt

---

[1] Diese Erzeugung heißt „interior transfusio, quo aliquid fluat in aliud" (S. 129), „ebullitio", „ordo emanationis ut scilicet unus ab alio et ab isto alius et sic deinceps fluat in esse" (S. 133).

[2] Hoc tamen in omnibus salvo quod solus Deus creat ... quia quicquid agit causa secunda in essentialiter ordinatis agitur a causa superiori" (S. 132). Vermittelst dieser Nuance vermeidet er es, nach Krebs (S. 68), den von St. Templer verurteilten Lehrsatz 30, welcher andere Emanationslehren betrifft, zu akzeptieren.

(gegen Heinrich von Gent, vgl. Thomas von Aquino). Auch wenn die Welt keinen Anfang gehabt hätte, würde sie nicht gleich ewig wie Gott sein. Gott ist überewig („superaeternitas"), die reinen Intelligenzen samt dem tätigen Intellekt sind ewig.[1]) Die Himmelskörper haben einen Anfang gehabt, werden aber kein Ende haben; die irdischen Substanzen allein sind in der Zeit.

Die intellektuelle Erzeugung wird von gemeinsamen Prinzipien beherrscht: jede Intelligenz, die aus einer vorhergehenden Intelligenz hervorgeht, empfängt und bewahrt ihr Sein vom Anschauungsakt, vermöge dessen der Erzeuger die erzeugte Intelligenz erkennt; diese letztere erkennt das Prinzip, von dem sie herstammt (Proklus). In jeder reinen Intelligenz ist das Denken ihr Wesen selbst (gegen Thomas von Aquino), sie ist „intellectus in actu per essentiam".

Betreffs des Grundes (ratio) der Individuation gibt Dietrich eine eigene Lösung: der Grund, warum in einer Art eine Mannigfaltigkeit vieler Individuen vertreten ist, ist das Vorhandensein von Elementen in jedem dieser Individuen, die der spezifischen Wesenheit fremd sind. Was die Wesen individualisiert, das ist der Besitz von „partes post totum quae non ingrediuntur definitionem". Diese „partes post totum" sind nicht bloß quantitative Elemente — was die Lehre Dietrichs derjenigen des hl. Thomas nähern würde —, sondern qualitative Elemente wie eine natürliche Tendenz des Wesens, sich in bestimmter Richtung zu betätigen (respectus, habitus).

Dietrich, der in so vielen Punkten von Thomas von Aquino abweicht, bekämpft ihn auch hinsichtlich der Realdistinktion von Wesenheit und Existenz, wobei er sogar seine Formulierungen anführt. Seine Problemlösung nähert sich der Heinrichs von Gent und Gottfrieds von Fontaines: zwischen „entitas" und „essentia" besteht nur eine gedankliche Unterschiedenheit, die zu zwei verschiedenen Ausdrucksweisen führt: „totam enim essentiam rei, quam importat in sua significatione ens in concreto, sicut dictum est, eandem importat in sua significatione entitas in abstracto."[2])

Die körperlichen Substanzen bestehen aus Form und Materie. Die Materie ist unbestimmt und als solche unfähig, die essentielle Wirklichkeit anzunehmen (Thomas von Aquino gegen Heinrich von Gent); die Form ist, als determinierendes Prinzip, einheitlich (Thomas von Aquino), die geistigen Substanzen bestehen nicht aus Materie und Form (Thomas).

2. Psychologie. Die Seele, die substantielle Form des Leibes (Aristoteles), ist mit ihren Vermögen identisch (Augustinus), denn das geheimnisvolle Prinzip ihres Wesens ist der aktive Intellekt („abditum mentis"; „principium causale essentiae animae"). Der tätige Intellekt nun ist eine aus dem göttlichen $λόγος$ entsprungene reine Intelligenz. Daraus folgt, daß in der Seele Sein und Wirken identisch sind. Die Tätigkeit der Seele differenziert sich nur durch die Richtung, nach welcher sie sich gemäß ihren natürlichen Neigungen („habitus, respectus") betätigt. In der Seele ist lauter Aktivität;

---

[1]) Gott schreibt er die „superaeternitas", den reinen Intelligenzen die „aeternitas" zu und vermeidet so propos. V der Zensuren vom Jahre 1277: „Quod omnia coaeterna sunt primo principio".

[2]) De ente et essentia, ed. Krebs. S. 522.

sie ist tätig, wie der Stein fällt, sowie die Bedingungen des Funktionierens gegeben sind. Jede Erkenntnis ist ein aktiver Prozeß. Die Empfindung erfolgt nicht unter dem kausalen Einfluß des Außendinges, sondern bei Gelegenheit seines Auftretens. Was die Ideologie Dietrichs betrifft, so gibt die Anwendung der oben dargelegten Prinzipien auf den tätigen Intellekt der Theorie vom Ursprung und der Entwicklung der Begriffe ihr besonderes Gepräge. Der — in den Menschen vervielfachte (gegen den Panpsychismus des Averroës) — tätige Intellekt erkennt Gott, seinen Erzeuger und schaut in Gott die Urformen aller Dinge, so daß wir alle Wahrheit in den „rationes aeternae" erfassen. Hier haben wir eine neue, eigenartige Paraphrase der Augustinischen Lehre von der göttlichen Erleuchtung. Der mit den „species intelligibiles" aller Dinge erfüllte aktive Intellekt[1]) erzeugt oder projiziert sie im möglichen Intellekt bei Gelegenheit der Sinneswahrnehmungen, indem er so die aktuelle Erkenntnis der abstrakten Quiddität der Dinge determiniert. Der passive Intellekt gehört jedem Menschen besonders an (gegen Averroës) und ist ein Erzeugnis des aktiven Intellekts; wenn dieser seinen Wissensschatz nicht immer verwertet, so rührt dies daher, daß der Leib ein Hindernis für den klaren Blick des Geistes ist. Eine weitere Konsequenz ist die, daß der passive Intellekt nicht bloß die „species intelligibiles" und vermittelst dieser die „res extra", sondern auch den aktiven Intellekt erkennt, der ihm sein Sein verleiht, dadurch, daß er ihn erkennt.[2])

Der Wille ist eine natürliche Tendenz der Seele, die sich an die Vorstellung eines besonderen Gutes durch die „vis aestimativa" knüpft. Er richtet sich notwendig auf den Gegenstand einer solchen Vorstellung (er ist „principium non effectivum, sed tantum inclinativum").[3]) Die allgemeine Vorstellung, das Erzeugnis des Verstandes, spielt in unserem Geistesleben keinerlei Rolle und dies bedeutet eine Verminderung der Freiheit.

370. Bibliographie. — Baeumker, Witelo, ein Philosoph und Naturforscher des XIII. Jahrhunderts (Beitr. Gesch. Philos. Mittelalt., Münster, 1908). Erste Ausgabe von „De intelligentiis". Sehr gründliche Untersuchung über Leben und Schriften, enthält auch wichtige Monographien über die Geschichte der Gottesbeweise im Mittelalter, über die Philosophie des Lichts, über die Platonische Ideologie im Mittelalter, über die Lehre von den Intelligenzen. Ders., Zur Biographie d. Philosophen u. Naturforschers W. (Histor. Jahrb., 1912, S. 359—361); Jungnitz, Zur Biographie W.s (Zeitschr. f. Gesch. Schlesiens, 1912, S. 241). — Engelbert Krebs, Meister Dietrich (Theodoricus Teutonicus de Vriberg). Sein Leben, seine Werke, seine Wissenschaft (Beitr. Gesch. Philos. Mittelalt., Münster, 1906). Vortreffliche Untersuchung. Krebs bringt in extenso die Schriften „De intellectu" und „De habitibus". Vgl. meinen Artikel über Dietrich von Freiburg in: Revue Néo-scolast., 1906, S. 434—441. Ausgabe von „De ente

---

[1]) „Intellectus agens, sicut se ipsum, sic omnia alia intelligit per suam essentiam eodem modo quo se intelligit et eadem simplici intentione" (De tribus difficilibus articulis, Krebs, a. a. O. S. 74).

[2]) „Intellectus possibilis non solum se habet ad intellectum agentem tanquam ad obiectum quantum ad rationem in qua ex ipso aliquam rem intelligit, sed cum hoc modo se habet ad ipsum tanquam ad principium activum et profluxivum sui . Fulget igitur secundum praehabita intellectus agens in intellectum possibilem sub ratione cuiuscumque intelligibilis, quod apprehenditur per intellectum possibilem, sub ratione inquam determinata et propria uniuscuiusque intelligibilis, et hoc est proprium intellectus possibilis, sic apprehendere suum principium, a quo procedit scilicet sub ratione tali secundum proprietatem essentiae ipsius principii, quae omnia in se continet suo modo."

[3]) De cognitione entium separatorum, ebd., S. 96.

et essentia" von Krebs, nach einer Vatikan-Handschrift, in: Rev. Néo-scolast. 1911, S. 519 bis 536. — Grabmann, Der Neuplatonismus in der deutschen Hochscholastik, Philos. Jahrb., 1910.

§ 2. Empiristische Richtung. Roger Bacon.

371. Leben und Werke. — Roger Bacon ist um 1210/15 in England geboren, studierte frühzeitig in Oxford, dann in Paris, wo er (um 1245) lehrte. Von Jugend an widmete er sich dem Studium der Sprachen und Wissenschaften. In der Zeit zwischen 1251 und 1257 trat Bacon in den Franziskanerorden ein, wahrscheinlich in das Oxforder Kloster. Auch noch nach Aufgabe seines Lehramtes (1257) forschte und arbeitete er unermüdlich weiter, obzwar die Strenge und Feindseligkeit seiner Oberen ihm eine Veröffentlichung seiner Schriften nicht gestattete. Von einschneidender Bedeutung für seinen Lebensgang war die Erhebung eines mächtigen Freundes auf den päpstlichen Stuhl: Clemens IV. beauftragte ihn in einem Schreiben vom 22. Juni 1266, ihm das von ihm geplante Werk zu senden — trotz des Verbotes seiner Oberen. Mandonnet hat dargetan, daß „das ‚opus maius‘ nicht, wie man geglaubt hat, vor, sondern nach dem ‚opus minus‘ und ‚opus tertium‘ verfaßt oder richtiger vollendet wurde. Es wurde erst anfangs des Jahres 1268 abgeschlossen und dann allein nebst dem Einleitungsschreiben an Papst Clemens IV. gesandt. Opus minus und tertium, welche Bacon zu dem Zwecke ausarbeitete, um dem Papste Zusammenfassungen und Ergänzungen zum opus maius zu liefern, wurden nicht mitgesandt, ja sie sind niemals vollendet worden. Sie dienten zu Materialien, welchen Bacon wörtlich oder in anderer Form einen Teil seines Einleitungsschreibens zum opus maius sowie einige andere, dem opus maius selbst einverleibte Daten entnommen hat. Die Abfassung des opus minus und opus tertium ist nicht vor dem Jahre 1267 anzusetzen."[1] Rasch folgten noch andere Schriften. Prahlerisch und voll Selbsteinschätzung sieht Bacon auf die Menschen und Einrichtungen seiner Zeit von oben herab. Als im Jahre 1277 Tempier die Astrologie verurteilte[2], fühlte sich Bacon getroffen und verfaßte, um seine astrologischen Anschauungen zu verteidigen und das Urteil Tempiers zu kritisieren, sein „Speculum astronomiae". Dieses Verhalten, in Verbindung mit den Herabsetzungen der höchst stehenden Persönlichkeiten, den Papst inbegriffen, hatte ernste Folgen: der Franziskanergeneral Hieronymus von Ascoli verurteilte die Lehre Bacons und legte ihm die schwerste Strafe, die Einkerkerung, auf.[3] Daß diese vierzehn Jahre dauerte, ist nicht erwiesen. Bacon starb um 1292/94.

Das Clemens IV. gewidmete „opus maius" ist Bacons Hauptwerk und hat sieben Teile: die Ursache unserer Irrtümer; das Verhältnis der Philosophie und der Wissenschaften zur Theologie; Linguistik; Mathematik; Perspektive; experimentelle Wissenschaft; Moralphilosophie. Das „opus minus" ist eine Vorbereitungsschrift und enthält außer mehreren in das „opus maius" einverleibten Themen die Darstellung der spekulativen Alchimie und eine Untersuchung über den Verfall der theologischen Wissenschaft und

---
1) Roger, Bacon et la composition des trois opus. Rev. néo-scolast., 1913, S. 60.
2) Vgl. S. 347.
3) Vgl. den unten zitierten Artikel Mandonnets.

dessen Ursachen („septem peccata studii principalis quod est theologiae").[1] Das „opus tertium" hat den gleichen Charakter und wiederholt manches aus den beiden ersten Schriften; es vertieft neue wissenschaftliche Probleme und enthält zahlreiche Mitteilungen über die Laufbahn Bacons.[2] Bacon hinterließ den Plan zu einem „scriptum principale", das aber von dem opus maius nicht unterschieden zu sein scheint. Es sollte behandeln: 1. Grammatik und Sprache; 2. Mathematik; 3. Naturwissenschaften; Metaphysik und Ethik. Außer Kommentaren zu verschiedenen Schriften des Aristoteles (Jugendarbeiten) verfaßte Bacon noch: ein „compendium studii philosophiae" (um 1271—76), in dem er wiederum die Mängel der Studien erörtert; einen Traktat „De multiplicatione specierum" (über die Wirksamkeit der Körper); die „communia naturalia"; das „speculum astronomiae"; ein „compendium studii theologiae", sein letztes Werk; auch schreibt man ihm eine Menge kleiner Schriften zu. Die chronologische Reihenfolge seiner Schriften ist nicht hinlänglich bestimmt. Bacon ist kein didaktischer oder systematischer Geist, er arbeitete ohne Ordnung und machte immer wieder neue Ansätze. Duhem zeigt, daß die „communia naturalium" eine Art Auszug aus den vorangehenden Schriften sind. Ein Traktat „De probatione fidei", fälschlich Nikolaus von Straßburg[3] zugeschrieben, von Delorme Bacon wieder zuerkannt, ist nur ein Entwurf zur „Metaphysica" und diese wiederum wird im „opus maius" umgearbeitet.[4]

372. **Persönlichkeit R. Bacons.** — Bacon legt höchstes Gewicht auf die Naturwissenschaften, die Mathematik, die Perspektive und Optik, die Geographie, Astronomie, Alchimie, Sprachwissenschaft. Er beherrscht die Wissenschaften in hervorragendem Maße und besser als irgendeiner seiner Zeitgenossen. Er plaidiert nicht bloß energisch zugunsten der experimentellen Methode, sondern ist selbst ein Beobachter und Forscher. Seine Anwendungen der Geometrie auf die Physik sind denen der Araber überlegen, er verfertigt und verbessert optische Instrumente. Den Scholastikern, seinen Zeitgenossen, macht er immer wieder den bittern Vorwurf, daß sie die Beobachtung und überhaupt die wissenschaftliche Forschung vernachlässigen. Bacon ist ein hervorragender Vertreter der Wissenschaft und dies bildet seinen schönsten Ruhmestitel.

Er verfolgt die geistige Bewegung seiner Zeit und in dieser Hinsicht sind seine Werke eine Quelle ersten Ranges für die Geistesgeschichte des 13. Jahrhunderts. Doch muß man die Urteile, die er fällt und die oft bis zur Ungerechtigkeit streng sind, mit ausdrücklichem Vorbehalt aufnehmen. Besonders griff er Albert den Großen an, so daß dieser ihm streng entgegnen zu müssen glaubte.[5] Voll Bewunderung für Aristoteles, beschuldigt er seine Zeitgenossen, ihn in den von ihnen gebrauchten mangelhaften lateinischen Übersetzungen nicht verstanden zu haben. Besser wäre es, die Lateiner

---

1) Brewer, S. XXXIV, 322.
2) „Opus maius" zitieren wir nach der Ausgabe von Bridges, „opus minus" und „opus tertium" nach der Ausgabe von Brewer.
3) Der nur plagiierte; cf. Baeumker, Der Anteil d. Elsaß usw., S. 22 u. 40.
4) Delorme, a. a. O. S. 212.
5) Schluß seines Kommentars zur Aristotelischen „Politik".

wüßten nichts von Aristoteles, als ihn in so abscheulichen Übersetzungen zu besitzen. „Si enim haberem potestatem super libros Aristotelis, ego facerem omnes cremari".[1]) Übrigens versteht er ihn selbst nicht immer.[2]) Über die ersten lateinischen Übersetzungen des Aristoteles[3]), über die Studien bei den Franziskanern, über den theologischen Unterricht[4]), über verschiedene Scholastiker wie W. von Auvergne[5]), R. Grossetête — auf den er immer wieder zu sprechen kommt —, Adam von Marisco, A. von Hales[6]), Albert den Großen[7]) finden sich wertvolle Angaben. Einen großen Platz nimmt die Geschichte der griechischen, patristischen, arabischen Philosophie ein[8]), und dies hängt mit einer besonderen Ansicht Bacons, von der weiter unten die Rede sein wird, zusammen.

Lebendig und kraftvoll geschrieben, sind die Werke Bacons nicht nach den herkömmlichen didaktischen Grundsätzen seiner Zeit abgefaßt, sondern behandeln den Stoff fortlaufend.

373. **Philosophische Lehren.** — Im ganzen genommen, steht die Philosophie Bacons am meisten mit der älteren Scholastik in Berührung; so betreffs der Vielheit der Formen[9]), der Existenz einer „materia spiritualis"[10]), der „rationes seminales"[11]), der Notwendigkeit einer zeitlichen Schöpfung, des Pluralismus der Formen. Die Selbständigkeit Bacons bekundet sich namentlich in einer Reihe von Lehren, deren wichtigste wir folgen lassen.

1. Die Rangordnung zwischen Theologie, Philosophie und Einzelwissenschaften. Diese Frage, die in der Philosophie Bacons eine Hauptrolle spielt, nimmt den zweiten Teil des „opus maius" ein. Infolge der Einheit des Wissens und der Vorherrschaft der Theologie haben die Philosophie und die Einzelwissenschaften nur die Aufgabe, den Inhalt der Hl. Schrift zu erklären: „Una est tantum sapientia perfecta quae in sacra scriptura totaliter continetur."[12]) An sich hat die Philosophie keinen Wert: „philosophia secundum se considerata nullius utilitatis est"[13]); sie ist nur das Werkzeug des Dogmas: „philosophia non est nisi sapientiae divina explicatio per doctrinam et opus."[14]) Sonderbare Worte im Munde eines Mannes, welcher sich der Wissenschaft widmet.

---

1) Compendium philosophiae, ed. Brewer, S. 469.
2) So stellt er die ungeheuerliche Behauptung auf, Aristoteles habe die Dreieinigkeit, die Schöpfung und Nicht-Ewigkeit der Welt gelehrt (Mandonnet, Siger, Bd. VII, S. XXI). Nach Mandonnet ist R. Grosselête für Bacon eine große Autorität.
3) Z. B. Opus maius, III, 66.
4) Die sieben Todsünden der Theologie sind (nach „Opus maius", S. 322ff.): die Übergriffe der Theologen auf das rein philosophische Gebiet; die Unkenntnis der Wissenschaften; der unverdiente Einfluß der beiden Haupttheologen A. von Hales und A. der Große („de aliis nulla vis est"); die Bevorzugung des „liber sententiarum" vor der Bibel; die Ignoranz der Prediger.
5) Opus maius III, 47.
6) Opus minus, S. 325—327.
7) Opus tertium, S. 30.
8) Opus maius I, S. 45—54, enthält die Skizze zu einer Geschichte der Philosophie.
9) Opus tertium, S. 123.
10) Ebd., S. 121.
11) Gasquet, Schreiben Bacons an Clemens IV. (Engl. histor. Rev.), S. 513.
12) Opus maius III, S. 36.
13) Opus maius, S. 69.
14) S. 68. Diesem Gedanken begegnen wir immer wieder (S. 52, 53, 76 usf.).

Bacon inauguriert sogar einen wahren **Traditionalismus**. Gott allein konnte die Menschen philosophieren lehren, indem er ihnen die wahren Lehren offenbarte. Ohne Bücher und Lehrer hätte man nicht die Lösung des Universalienproblems gefunden, und so verhält es sich mit der ganzen Philosophie: „revelatio necessaria est in hac parte (veritate universalium); et cum haec sint puerilia et minima, multo fortius erit hoc in tota sapientia philosophiae."[1]) „Impossibile fuit homini ad magnalia scientiarum et artium devenire per se, sed oportet quod habuerit revelationem."[2])

Daraus folgt: die Fülle des philosophischen Wissens liegt an der Wiege der Menschheit: „Eisdem personis data est philosophiae plenitudo quibus est lex Dei, scilicet sanctis patriarchis et prophetis a mundi principio."[3]) Aber die Bosheit der Menschen erregte den Zorn Gottes[4]); er enthüllte die philosophischen Wahrheiten nur sparsam und duldete, daß sie sich mit Irrtümern vermengen. Wir müssen in den Schriften der alten Philosophen jenen Wahrheitskern, den die göttliche Offenbarung hineingelegt hat, suchen, müssen die Spuren des christlichen Dogmas im Heidentum verfolgen und unsererseits den ererbten Schatz vermehren, „usque ad finem mundi, quia nihil est perfectum in humanis adinventionibus."[5])

Um nun diesen Schatz, den die Philosophie der Alten birgt, zu finden, muß man die Geschichte befragen. So wird die Kenntnis der Sprachen zur Urbedingung des Wissens.[6]) Den Sprachen muß das Studium der Mathematik folgen, welche für die verschiedenen die Natur interpretierenden Wissenschaften[7]) sowie für die Philosophie („tota philosophiae intentio non est nisi rerum naturas et proprietates evolvere")[8]) ebenso notwendig ist wie für das Verständnis der Hl. Schrift. Die Krönung der Philosophie bildet die Ethik, weil diese unmittelbarer zu der Theologie in Beziehung steht.

2. **Die Theorie des aktiven Intellekts.** Der aktive Intellekt, der den passiven Verstand zum „Intelligieren" bestimmt, ist kein Teil unserer Seele, sondern Gott. Er ist das Licht unseres Geistes und erleuchtet ihn mit seiner Wahrheit.[9]) Der Zusammenhang der Ideologie Bacons mit seinem Traditionalismus steht außer Zweifel: „quia istud est necessarium ad propositi persuasionem, ut ostendatur quod philosophia sit per influentiam divinae illuminationis, volo istud efficaciter probare, praecipue cum magnus error invaserit vulgus philosophantium in hac parte."[10]) Aristoteles, Augustinus, alle „sapientes antiqui experti", fügt er hinzu, stimmen betreffs der Trennung beider Intellekte überein, ebenso Robert von Lincoln, Adam

---

1) Opus maius, S. 50.
2) S. 53.
3) S 53.
4) S. 67.
5) S. 66.
6) S. 97, 98.
7) S. IV.
8) Bd. III, S.
9) „Intellectus agens, secundum maiores philosophos, non est pars animae, sed est substantia alia et separata per non essentiam ab intellectu possibili" (Bd. III, 47).
10) Opus maius, S. 45.

von Marisco, und auch Wilhelm von Auvergne hörte ich zweimal diese Lehre verfechten.¹)

Von allen Deutungen der Augustinischen Theorie der göttlichen Erleuchtung ist die Bacons, die er für eine bloße Paraphrase jener hält, eine der kühnsten. Sie entnimmt ihre Terminologie dem Averroismus, verwirft aber dessen Lehre.

Jedes Individuum hat seinen Verstand und die Lehre von dem einzigen Intellekt aller Menschen wird als „error peior et haeresis nequior, immo nequissima" verurteilt.²) Da anderseits alle Erkenntnis als intuitiv gilt, wird der aktive Intellekt im gewöhnlichen scholastischen Sinn für die Ideologie unnötig und Bacon identifiziert ihn mit Gott.

3. Form und Materie. Jedes endliche Wesen besteht aus Form und Materie. Die „materia prima universalis" ist homogen, aber nicht numerisch einheitlich. Bacon widerlegt öfter den Irrtum („pessimus error") jener, welche der Materie numerische Einheit zuschreiben. Dies heißt, sagt er, ihr die Unendlichkeit zuerkennen und in den Pantheismus abirren. Er betont vielmehr den Individualismus der Wesen, denn er nimmt eine „spezifische" Verschiedenheit der ersten Materien an, entsprechend der Verschiedenheit der Formen: „forma differt a forma secundum se, et materia a materia per suas naturas proprias, ita quod diversitas materiae non est a forma sicut nec e converso."³)

In den Naturkörpern ist die erste Materie aktiv⁴); sie selbst besteht übrigens aus Form und Stoff und ebenso verhält es sich mit der Form.⁵) Bei Bacon herrscht die Tendenz, die Wirklichkeitsfaktoren zu vervielfachen

---

1) „Nam universitate convocata bis vidi et audivi venerabilem antistitem dominum Gulielmum Parisiensem Episcopum felicis memoriae coram omnibus sententiare quod intellectus agens non potest esse pars animae; et dominus Robertus Episcopus Lincolniensis et frater Adam de Marisco et huiusmodi maiores hoc idem firmaverunt" (S. 47). Mit einer gewissen Einschränkung stimmt die Darlegung Bacons mit der Theorie Wilhelms von Auvergne überein (s. oben). Der Zwischensatz, von dem Bacon spricht, kehrt „opus tertium", S. 74—75, wieder. Er stellt seine Theorie der der „moderni" gegenüber, nach welchen der aktive Intellekt „pars animae" ist. Betreffs Adams von Marisco fügt er hinzu: „unde quando per tentationem et derisionem aliqui Minores praesumptuosi quaesiverunt a fratre Adam, ‚Quid est intellectus agens' respondit: ‚Corvus Eliae', volens per hoc dicere quod fuit Deus vel angelus".

2) Communia naturalium, ed. Hover, S. 302. Betreffs der Theorie der zweifachen Wahrheit: „Palliant ergo errorem suum, quando artantur, dicentes quod per philosophiam non potest aliter dici, nec per rationem potest haberi aliud, sed per solam fidem. Sed mentiuntur tanquam vilissimi haeretici". Vgl. Renan, a. a. O. S. 262. Renan stützt sich auf die in vorstehender Anmerkung zitierte Stelle, um Bacon und die älteren Franziskaner den Averroisten anzugliedern. Nun ist aber Bacon kein Averroist und überdies ist er eine Ausnahme unter den Franziskanern, da diese in Übereinstimmung mit den Dominikanern den aktiven Intellekt zu einer „pars animae" machen.

3) Opus tertium, S. 126. „Et ideo asinus non differt ab equo per solam formam, sed per materiam aliquam specificam".

4) Nach Hover (a. a. O. XXVI. S. 17) besitzt sie einen „actus essendi", aber keinen „actus agendi". Wie ist dies aber mit den anderen Lehren Bacons zu vereinbaren, daß jede Substanz aktiv ist und daß zwischen Sein und Wesenheit kein Unterschied besteht?

5) „Sicut hoc materiale principium non est pura materia, sed unum compositum, sic formale non est pura forma sed compositum" (Handschrift, zitiert bei Hover, a. a. O. XXV. S. 371).

und eine Vermengung der logischen mit der ontologischen Ordnung, die sich in seiner Lösung des Universalienproblems bekundet.

4. Alle Erkenntnis ist intuitiv, die intellektuelle ebenso wie die sinnliche; denn alle Erkenntnis ist eine unmittelbare Vereinigung des Erkennenden mit dem Erkannten. Die allgemeinen Merkmale, die im naturhaft Seienden existieren, nicht begriffliche Gebilde sind, determinieren in uns Erkenntnisse (species) des Allgemeinen, ebenso wie die individuellen Merkmale, die das Allgemeine einschließen, die Erkenntnis des Einzelnen bestimmen: „sicut rerum quaedam sunt universales, quaedam singulares, sic species fiunt ab his et aliis." Bacon nennt „species" jede Wirkung eines Wesens auf ein anderes, „primus effectus agentis"[1]), und die Erkenntnis ist nur ein Sonderfall der Wechselwirkung zwischen den kosmischen Substanzen.[2]) „Quarta (positio) est, quod universale sit solum in singularibus et non dependeat ab anima aliquo modo."[3]) Es ist dies eine sehr selbständige, aber bizarre Lösungsweise des Universalienproblems.

5. Die Erfahrung und die Erkenntnisarten. Es gibt drei Erkenntnisarten: „per auctoritatem et rationem et experientiam."[4]) Die Autorität nun ist ohne Beweis unzureichend und das Schließen selbst zeitigt nicht den ruhigen Besitz der Wahrheit, wenn nicht die Erfahrung die Voraussetzungen des Beweises bestätigt.[5]) Demnach ist die Erfahrung die einzige Quelle der Gewißheit. Das „argumentum", das Bacon der „experientia" entgegenstellt, ist zweifellos das leere Argumentieren, für das die „sophismata" der Schulen Beispiele liefern, oder auch jenes, das von nicht kontrollierten Tatsachen ausgeht, oder endlich jenes, das bei der Erforschung der Naturgesetze die Anmaßung hätte, die Erfahrung zu umgehen.[6]) Doch gibt Bacon zu, daß die auf Erfahrungstatsachen basierende Demonstration zum Wissen führt.[7]) Wie dem auch sei, das ausschließliche Vorrecht, welches bei Bacon die experimentale Methode genießt, darf nicht im absoluten Sinne noch im Sinne des modernen Positivismus verstanden werden.

Denn nachdem er gefolgert hat: „oportet ergo omnia certificari per viam experientiae", fügt er hinzu: „duplex est experientia". Die eine ist die äußere („per sensus exteriores")[8]), die andere die innere Erfahrung („scientia

---

1) Bridges, II, 149.

2) Hadelin Hoffmans, Une théorie intuitioniste au XIIIᵉ s., Rev. néo-scolast., 1906, S. 382 ff. Der ganze Traktat „De multiplicatione specierum" (P. I, c. 2) ist eine interessante Untersuchung über die Wirksamkeit der Wesen und die Übertragung der Kräfte.

3) Zitiert bei Hover, a. a. O., S 49.

4) Brewer, S. 397.

5) Opus maius II, 177. „Duo enim sunt modi cognoscendi, scilicet per argumentum et experimentum. Argumentum concludit et facit nos concedere conclusionem, sed non certificat neque removet dubitationem ut quiescat animus in intuitu veritatis, nisi eam inveniat via experientiae; quia multi habent argumenta ad scibilia, sed quia non habent experientiam, negligunt ea, nec vitant nociva nec persequuntur bona."

6) Ebd., S. 201.

7) „Quod ergo dicit Aristoteles quod demonstratio syllogismus est faciens scire, intelligendum est si experientia comitetur, et non de nuda demonstratione" (Ebd., S. 168).

8) Er unterscheidet in der Sinneswahrnehmung die Empfindung, die Erinnerung und das Kogitative; dieses ist „domina virtutum sensitivarum, logistica" und kommt den Tieren wie den Menschen zu. Es ist das aestimative Vermögen der Scholastiker (Opus maius II, 79 u. 127).

interior") und die Frucht göttlicher Inspirationen („divinae inspirationes"). Von den sieben Stufen dieser „scientia interior" besteht die erste in „illuminationes pure scientiales". Dies führt uns zu jener Gesamtgruppe wissenschaftlicher und philosophischer Erkenntnisse, die in uns durch die Erleuchtung seitens Gottes, des aktiven Intellekts unserer Seelen zustande kommen — wodurch der Sinn, den wir der „nuda demonstratio" geben, bestätigt zu werden scheint. Die Gegenstände der höchsten Erleuchtungen sind die Tugend, die Gaben des Hl. Geistes, die evangelischen Seligkeiten, die „sensus spirituales", die „fructus de quibus est pax Domini", endlich die höchsten Schauungen des „raptus". Mehrere dieser Stufen beziehen sich, wie man sieht, auf die übernatürlichen Zustände der katholischen Mystik.

374. Ergebnis. — Bacon strebt nach Originalität und seine Geistesart weicht von der der anderen Scholastiker vollkommen ab. Sein Intuitionismus, seine Lösung des Universalienproblems, seine Theorie des aktiven Intellekts, sein Traditionalismus verleihen seiner Scholastik eine sehr persönliche Färbung.[1] Die Philosophie wird zu einer Apologetik und trotz seiner Achtung vor Aristoteles „blieb Roger stets dem echten Geist des Aristotelismus fremd und war nicht imstande, auch nur eine der Grundideen des Systems sich anzueignen."[2] Entgegen dem, was betreffs dieses Punktes geschrieben wird, stehen die Philosophie und die Theologie Bacons hinter der geistigen Bewegung seiner Zeit zurück.[3]

375. Pierre von Maricourt. Henri Bate. — Den wissenschaftlichen Arbeiten R. Bacons sind anzugliedern die Arbeiten P.'s von Maricourt (Petrus Peregrinus von Maharicuria), der sein Lehrer war, wenn man ihn mit dem magister Petrus, von dem Bacon spricht, identifizieren darf. Von seinem Leben ist wenig bekannt. Er selbst berichtet, daß er die Belagerung von Luceria (1269) mitmachte und sein Beiname Peregrinus ist eine Anspielung auf seine Eigenschaft als Kreuzfahrer. Seine beiden Schriftchen: „Epistola de magnete" und „Nova compositio Astrolabii particularis" bekunden die Verbindung ihres Verfassers mit der scholastischen Philosophie, sind aber vor allem das sehr beachtenswerte Werk eines Naturforschers.[4]

Henri Bate von Malines, geboren 1244, gestorben zu Beginn des

---

[1] Die völlige Unmöglichkeit, die Wahrheit zu erreichen und die Notwendigkeit einer göttlichen Offenbarung erinnern an den Bonaldismus und dessen Irrtümer. Doch besteht zwischen de Bonald und Bacon ein wichtiger Unterschied: für den ersteren ist die Offenbarung ursprünglich und die Sprache übermittelt ihren Inhalt; für den zweiten ist die Offenbarung oder göttliche Erleuchtung von besonderer, bei den einzelnen Menschen verschiedener Art. — P. Delorme von den Minoriten in Bordeaux (Nr. 378) will um jeden Preis Bacons Philosophie mit der der übrigen Franziskaner des 13. Jahrhunderts in Einklang bringen und wirft mir etwas ironisch vor, ich hätte in der 1. Auflage dieses Werkes ungenau von Bacon gehandelt. Eine neue Textuntersuchung hat aber meine erste Auffassung bestätigt. Bei P. Delorme finden sich Irrtümer. Es ist falsch, daß Peckham, Scotus und Thomas die ideologischen Ergebnisse Bacons vertreten haben (S. 14): für sie alle ist der Intellekt „pars animae" (s. oben); falsch ist auch, daß kein Scholastiker mehr als Bacon den Einfluß der Vernunft erweitert habe (S. 22), vielmehr ist das Gegenteil richtig.

[2] Hadelin Hoffmans, La synthèse doctrinale de R. Bacon, S. 221.

[3] Mandonnet, a. a. O. 244.

[4] „De magnete" ist nach Schlund (u. a. O. S. 437) die erste nach der induktiven Methode der Naturwissenschaften verfaßte Arbeit.

14. Jahrhunderts, Philologe, Lehrer der Theologie zu Paris, Kanonikus von St. Lambert in Lüttich, Gelehrter und Philosoph, ist für die wissenschaftliche Bewegung des 13. Jahrhunderts von Interesse und wird von uns daher hier aufgeführt. Er ist mit Wilhelm von Moerbeke, den er 1274 auf dem Konzile zu Lyon antraf, befreundet und verfaßte auf dessen Anraten im selben Jahre zu Malines eine astronomische Schrift, die er ihm widmete, betitelt „Magistralis compositio Astrolabii."[1]) Sein Hauptwerk „Speculum divinorum et quorumdam naturalium", nur handschriftlich vorhanden, ist ein Kompendium, das für den Privatunterricht eines Prinzen Gui de Hainaut bestimmt war und zwischen 1301 und 1304 entstanden ist. Es besteht aus 23 Teilen und stellt einen vollständigen philosophischen Traktat dar, dessen Inhaltsverzeichnis einen beachtenswerten Parallelismus zum Universitätsstatut des Jahres 1255 bildet.

Der Verfasser beschäftigt sich namentlich mit psychologischen Fragen: mit der Funktion unserer Organe, der Rolle des Gehirns und des Herzens, der Entstehung der Empfindungen, der Farben- und Formenwahrnehmung, dem Schlafe und dem Wachen, der Phantasie, dem Gemeinsinn u. a. Die höheren Funktionen wie Erkenntnis, Wille, die geistige Natur der Seele, ihre Verbindung mit dem Leibe werden ausführlich behandelt. Die Logik kommt in Erörterungen über die dialektische Entfaltung des Denkens zur Geltung, die Physik (im älteren Sinne des Wortes) in Untersuchungen über die Zeit, die Bewegung und die Teilbarkeit des Stoffes, die Metaphysik in einer Theorie der transzendentalen Begriffe. Einige Kapitel beziehen sich auf die Naturwissenschaft, andere, zahlreichere auf meteorologische und astronomische Phaenomene und bringen den Verfasser auf seine ersten Arbeiten zurück. Betreffs so mancher Fragen zitiert Henri Bate Albert den Großen, auch erörtert er die Textauslegungen des hl. Thomas („expositor Thomas"). Den Rang, den H. Bate in den Schulen des 13. Jahrhunderts einnimmt, wird erst eine wissenschaftliche Untersuchung über diesen wichtigen Traktat ergeben.

376. Roger Marston. — Roger Marston gehört zu den markanten Persönlichkeiten in der Gruppe der englischen Franziskaner. Um 1270 studierte er zu Paris Theologie, später lehrte er in Oxford und in Cambridge. Nach 1298 gestorben, hinterließ er zwei „Quodlibeta" und zwei Sammlungen „Quaestiones", deren eine besonders die Philosophie angeht. Seine Ideologie nähert sich sehr der Roger Bacons und einige seiner Erklärungen sind typisch.[2]) Ich weiß wohl, sagt er, daß meine vom philosophischen Nektar trunkenen Gegner („philosophico nectare inebriati") in der göttlichen Erleuchtung nur eine Ähnlichkeit unsres geschaffenen Geistes mit dem unerschaffenen Lichte, so wie die Kopie ihr Vorbild nachahmt, erblicken. Aber das ist eine Verfälschung des Gedankens des hl. Augustinus („pervertunt"); hätte dieser nicht mehr sagen wollen, so würden seine Argumente

---

1) Inkunabel von Ratdolt, 1485. Er übersetzte auch den „Liber de mundo vel seculo" des Iben Ezra und verfaßte noch zwei andere astronomische Schriftchen.
2) Nach einer „Quaestio disputata Fr. Rogeri Anglici" in „De humanae cognit. rat.", Gruppe der philos. „Quaestiones" gehörend.

versagen.¹) Der tätige Intellekt ist nicht ein von der „lux increata" zwar entspringendes, aber geschiedenes „lumen creatum" (Thomas u. a.), sondern die „lux increata" selbst. „Anima actum intelligendi non elicit formaliter mediante aliqua luce creata in mentem nostram derivata, sed lux divina menti nostrae active imprimens derelinquit in ea passivam impressionem qua elicitur actus intelligendi."²) R. Bacon spricht nicht anders. Marston beruft sich zur Stütze seiner These auf den Augustinischen Gedanken, aus dem auch die Averroisten viel Wesens machten: die Identität des höchsten Lichtes allein, welches alle Intelligenz in der Welt erleuchtet, vermag die Übereinstimmung des Menschengeschlechts betreffs der Grundwahrheiten zu erklären.³) Dieses uns von Gott gespendete Licht ist also nicht ein Gnadengeschenk, ein übernatürliches Wachstum unserer angeborenen Verstandeskräfte, sondern die Betätigung dieser Kräfte selbst und ein Teil unserer Natur.⁴)

Doch macht der englische Philosoph Vorbehalte, um dem Intellekt eine gewisse Mitwirkung bei der Erkenntnis der ewigen Wahrheiten zu sichern. Der Intellekt liefert namentlich die Begriffe, welche die „Extreme" gewisser Urteile werden („apprehensio extremorum"). Wenn auch „formaliter" die Urteilsgewißheit auf der Existenz beruht, welche das göttliche Licht den Extremen (Schlußbestandteilen) verleiht, so ist doch die Seele ein „inchoatives" Prinzip dieser Gewißheit („inchoatio").⁵) Insofern spricht Marston sogar von einem doppelten aktiven Intellekt; der eine Teil unserer Seele („pars animae"), entspricht einer bloßen natürlichen Praedisposition der Seele zur Erkenntnis des Wahren, der andere, von uns getrennt, vollendet die „inchoatio" der Natur.⁶)

Eine sonderbare Terminologie! Obwohl Marston nur deshalb sich auf die Identität Gottes mit dem aktiven Intellekt beruft, um die Erkenntnis des Wahren in den „rationes aeternae" zu erklären,⁷) so weicht doch sein Illuminismus um nichts weniger von der allgemeinen Lehre der Scholastiker ab.⁸)

---

1) „Adversarius dicit hanc conclusionem sic intelligendam [quod omnia videmus in lumine quod est supra mentem], quia videlicet in lumine derivata a lumine quod est supra mentem ... Si non intenderet Augustinus plus quam isti dicunt, falleret et deficeret eius argumentum" (ebd., S. 203 ff.).

2) Ebd., S. 216, A. 1. „Firmiter teneo unam esse lucem increatam, in qua omnia vera certitudinaliter visa conspicimus. Et hanc lucem credo quod Philosophus vocavit intellectum agentem ... Necesse est dicere, quod sit substantia separata per essentiam ab intellectu possibili, prout hoc sentiunt Alfarabius in libro de Intellectu et Intellecto, et Avicenna in multis locis, et alii expositores philosophi quam plurimi" (S. 207).

3) Ebd., S. 203.

4) Ad 14, S. 216.

5) S. 211 u. 215, ad 12 et 13.

6) „Intellectus enim agens, secundum quod dicitur ab actu illuminandi ipsum intellectum possibilem aliquo modo incomplete, dicitur esse pars animae, sicut perspicuitas naturalis in oculo Sed secundum quod intellectus agens dicitur ab actu illuminandi complete et principaliter, est substantia separata, Deus ipse" (Ebd., S. 208; vgl. S. 216, ad 15).

7) Für die Erkenntnisse, „quae per tempora variantur", gibt es ein „lumen naturale", das von der „lux aeterna" abstammt (S 206).

8) Die Herausgeber von Quaracchi wissen und bemerken, daß betreffs der „rationes aeternae" Matthaeus von Aquasparta und Fr. Eustachius anderer Meinung sind. Ebenso meint

Durch seine zahlreichen Anführungen des hl. Anselm bekundet R. Marston seine Abhängigkeit vom Philosophen von Bec und bestätigt die Autorität, die dieser in den englischen Franziskanerschulen genoß.[1])

377. Der Ontologismus. — Die Theologie R. Bacons und R. Marstons ist mit dem Ontologismus verwandt. Diese irrige Lehre, nach welcher der menschliche Geist die Gegenstände seiner Vorstellungen unmittelbar in Gott schaut, fand in der Tat Anhänger in den Schulen. Dies erhellt aus den wiederholten Widerlegungen des Ontologismus seitens der Scholastiker[2]) und aus der Erwähnung ontologistischer Lehren in der Liste der 1277 verurteilten 219 Lehrsätze. Die Namen dieser Ontologisten sind nicht bekannt.

378. Bibliographie. — Ausgaben des „Opus maius" 1773 (Jebb), 1750; neue Ausgabe von **Bridges**, 3 Bde., Oxford, 1897—1900, mit vielen Fehlern. Bd. III ist die Neuausgabe nach einer neuen Handschrift eines Teiles des 1. Bds. Am Schlusse des 2. Bds.: „De multiplicatione specierum". Unter dem Titel „An unpublished fragment of a work bei R. Bacon" veröffentlicht der Rever. F. A. **Gasquet** in: The English historical Review (1897) ein ausführliches Schreiben Bacons an Clemens IV., die Einleitung zum Werke. Dieses Schreiben bezieht sich direkt darauf. — **Brewer**, Fr. R. Bacon. opera hactenus inedita (in: Rerum britannicarum medii aevi scriptores), 1859. Enthält „opus tertium", „opus minus" (beide unvollständig) und „Compendium philosophiae". **Duhem**, Un fragment inédit l'opus tertium de R. Bacon, mit einer Studie (Quaracchi, 1909), fand einen Teil des „opus tertium" unter dem Namen Al Bitrogi's in einer Handschrift der Bibl. nationale. Duhem zeigt, daß dieses Fragment, wenn auch nicht unmittelbar, sich an das Brewers anschließt. Angaben über andere Schriften Bacons. **Little**, The missing part of R. Bacon's opus tertium (The Engl. historical Review, 1912). Abdruck einer neuen Handschrift des opus tertium mit einem Zusatz. — **Mandonnet**, R. Bacon et la composition des trois opus (R. néo-scol. 1913), mit wichtigen Folgerungen betreffs der Chronologie. — Mandonnet hat gezeigt (Revue néo-scolastique, 1910), daß das in den Werken Alberts des Großen abgedruckte „Speculum astronomiae" von Bacon herrührt. — **Steele**, R., Opera hactenus inedita Rogeri Baconi, Fasc. I. Metaphysica fr. Rogeri de viciis contractis in studio theologiae, London, o. J. Der Titel erscheint wenig genau. Nach Duhem wäre dies ein Teil des opus tertium. Fasc. II und III, Liber primus communium naturalium fr. Rogeri, Oxford, o. J., und 1911. Enthalten Teil 1—2 und 3—4 des 1. Buches. — Ein anderer (vierter) Teil der „Communia naturalium" (De productione rerum in generali) wurde nach der Handschrift der Bibl. Mazarine in Paris (Nr. 3576) von **Höver** herausgegeben: Roger Bacons Hylemorphismus als Grundlage seiner philos. Anschauungen (Jahrb. f. Philos. u. spekulat. Theol. XXV und XXVI, 1911) mit einer Studie über den Begriff der Materie. — Steele berücksichtigt diese Handschrift nicht. — Fr. Rogeri Bacon Compendium studii theologiae, ed. Rashdall una cum appendice de operibus Rogeri Bacon, edita per A. Little (Aberdoniae, 1911, S. VI, 118). Delorme kündigt die Herausgabe von „De probatione fidei" an: Un opuscule inéd. de R. Bacon, in: Archiv. francisc. histor., 1911, S. 209—212. E. **Nolan** and S. A. **Hirsch**, The greek grammar of R. B. and a fragment of his hebrew grammar, Ausgabe mit Einleit. und Anmerk., Cambridge, 1902.

Die Ausgaben von Bridges und Brewer enthalten Biographien Bacons und Studien über seine Werke. **Charles**, R. Bacon, sa vie, ses ouvrages, ses doctrines, Paris, 1861. **Delorme**,

Ehrle, die Theorien Marstons seien mit Vorsicht aufzunehmen (Das Studium der Handschriften S. 48). Daniels wirft mir vor, die Lehre Marstons Mißverständnissen auszusetzen. Ich kann dies nicht ersehen. Zweifellos weichen die Theorien Marstons und Bacons über den aktiven Intellekt von der herrschenden Lehre ab. Wohl machen Bonaventura und Thomas gelegentliche Anspielungen auf jene, aber wenn sie sie auch für orthodox erklären, so billigen sie sie doch nicht und daraus allein läßt sich nicht auf ihre große Verbreitung schließen.

1) **Daniels** (a. a. O.) weist auf verschiedene metaphysische und psychologische Fragen hin, die die Abhängigkeit Marstons vom hl. Anselm dartun.

2) Vgl. die Widerlegung des Ontologismus beim hl. Bonaventura in „De humanae cognit. ratione" S. 22 ff., und P. Olivi, ebd., 245—247. Vgl. Dissertatio, c. 1, S. 7; bei Thomas, In 1. 1. Sentent., d. 17, q. 1, a 4.

Bacon, in: Dictionn. théol. cathol. Bd. II, 1903. Narbey, Roger Bacon et le mouvement scientif. du XIII. s. (Rev. quest. histor., Jänner 1894); Felder, a. a. O. (Nr. 240), Das Schulprogramm, S. 380 ff. S. Vogl, Die Physik R. Bacons. J.-D., Erlangen, 1906; Flügel, Roger Bacons Stellung in der Gesch. d. Philologie (Philos. Studien hrsg. von Wundt, XIX, 1902, S. 164 ff.). Ansehnliche Teile einer Gesamtuntersuchung über Bacon von Hadelin Hoffmanns erschienen in der Revue Néo-scolast. 1906—1909. Von demselben: La synthèse doctrinale de R. Bacon (Arch. f. Gesch. d. Philos. 1907). L. Marchal, Roger Bacon, Sa méthode et ses principes. Rapports sur les travaux du séminaire histor. de Louvain S. 412, Louvain, 1911. Manser, R. Bacon und seine Gewährsmänner, speziell Aristoteles (Jahrb. f. Philos. u. spekul. Theologie, 1912, Bd. XXVII, 1); dieselben Ergebnisse wie bei Hoffmans. Matrod, Fr. Roger Bacon et fr. Barthélemy d'Angleterre, Étud. francisc. Nov. 1912. — Witzel, De fr. R. Bacon eiusque sententia de rebus biblicis (Archiv. francisc. 1910). Vgl. die ganze Bibliographie eingangs der Studie von Hüver. Erhard Schlund, Petrus Peregrinus von Maricourt. Sein Leben und seine Schriften (Ein Beitrag zur R. Bacon-Forschung), Arch. franc. histor. 1911 u. 1912; führt die ganze Bibliographie an. — M. de Wulf, Henri Bate de Malines (Bull. acad. royale Belg. 1909, November). Bringt die Widmung des „speculum" nebst Studie. — Daniels, Anselm-Zitate bei dem Oxforder Franziskaner R. von Marston (Theolog. Quartalsschrift, 1911, S. 35). F. Picavet, Pierre de Maricourt le Picard et son influence sur R. Bacon (Revue intern. de l'enseign., Oktober 1907).

§ 3. Raymundus Lullus.

379. Leben und Werke. — Die Jugendzeit des Raymundus Lullus (1235—1315) ist wenig bekannt. Er wurde auf der Insel Majorka geboren, widmete sich nach einigen am königlichen Hofe verbrachten Jahren leidenschaftlich dem Studium des Arabischen und der Logik, entsagte der Welt und trat in den Franziskanerorden ein. Von da an verfolgte er mit erstaunlicher Energie ein Ziel: die Ausrottung des Averroismus und die Sicherung des Triumphes der katholischen Lehre gegen die Ungläubigen. Er beschränkte sich nicht auf die Abfassung einer großen Reihe von Schriften, sondern machte sich auch zum Apostel seiner Ideen und zog dreimal in die Sarazenenlande, um die averroistische Philosophie zu bekämpfen. Betreffs mancher Punkte in der Laufbahn von Lullus hat die Legende Falsches berichtet. Bemerkt sei, daß er wie R. Bacon um die Einführung des Sprachunterrichts an den Universitäten sich bemühte.[1]

Lullus ist zugleich Philosoph, Mystiker, Künstler, Polygraph und der glänzendste katalanische Autor des Mittelalters.[2] Von seinen philosophischen Schriften erwähnen wir: Declaratio Raymundi per modum dialogi edita contra aliquorum philosophorum et eorum sequacium opiniones erroneas, damnatas a venerabili patre episcopo parisiensi — auch „Liber contra errores Boëthii et Sigerii" betitelt (1298 beendigt); Sermones contra errores Averrois; liber de quaest. valde alta et profunda; liber de ente; de divina existentia et agentia; de deo ignoto et de mundo ignoto (sämtlich 1311 verfaßt); liber

---

[1] 1298—1299 schrieb er in diesem Sinne an die Pariser Universität und an den König von Frankreich (Chart. II, 83 u. 84). Im Jahre 1311 geht er nach Vienne, um durch das Konzil den obligatorischen Unterricht in den Sprachen beschließen zu lassen (ebd., S. 165).

[2] Nach Gröber (Grundr. d. Romanischen Philologie II, 2, 1893, S. 105) hat er mehrere Werke in katalanischer Sprache geschrieben, die seine Schüler übersetzt haben. Die katalanischen Texte des R. Lullus hat Geronimo Rossello herausgegeben. Aus dem 14. Jahrhundert stammen viele Übersetzungen philosophischer Schriften ins Katalanische, so des „Secretum secretorum", Schriften von Cicero, Seneca, Augustinus, Boëthius, des „Dragmaticon" Wilhelms von Conches, Schriften Hugos von St. Victor usw. (ebd., S. 92—101, 102—110).

de possibili et impossibili (1310); de divina unitate et pluralitate (1311); de modo naturali intelligendi (1310); duodecim principia philosophiae" (1311).

380. **Philosophische Lehren.** — Um einige Jahre älter als Duns Scotus, stand R. Lullus nicht unter dessen Einfluß, sondern ging seinen eigenen Weg. Der selbständige Teil seiner philosophischen Arbeit besteht in der Aufstellung eines theosophischen Systems und in der Anordnung der „großen Kunst".

Lullus tritt als unversöhnlicher Gegner des Averroismus auf. „Declaratio per modum dialogi" greift, in anderer Reihenfolge, die vom Dekret des Jahres 1277 verdammten 219 Lehrsätze an. Der averroistischen Theorie der doppelten Wahrheiten stellt Lullus eine theosophische Weise, die Philosophie zur Theologie in Beziehung zu setzen, entgegen. Es gibt keine Grenzen zwischen dem Rationalen und Superrationalen, zwischen der natürlichen und Offenbarungsweisheit. Zur Bekehrung der Mohammedaner darf man nicht die Falschheit ihrer Glaubenslehren dartun, sondern man muß zeigen, daß der Katholizismus wahr ist. Darin besteht die ganze Rolle der Philosophie. Lullus entstellt das scholastische Beziehungssystem zwischen Theologie und Philosophie, ja er verwechselt die letztere mit der Apologetik. Dem averroistischen Irrtum stellt er ein anderes Extrem gegenüber. — Allerdings wird das Grundprinzip des Lullismus durch den Grundsatz ergänzt: der Glaube ist die Vorbedingung jedweder intellektuellen Erkenntnis. Der Glaube ist nicht mehr Selbstzweck, sondern eine bloße Vorbedingung, vermöge deren die Vernunft imstande ist, alle natürlichen oder übernatürlichen Wahrheiten a priori abzuleiten. Der Glaube nimmt mit der Erkenntnis an Stärke zu; er gleicht, einem Lieblingsvergleich des Philosophen zufolge, dem Öl, das stets mit dem Wasser emporsteigt, ohne sich je mit demselben zu vermischen. In mehreren Schriften wird die Anwendung dieser Prinzipien verfolgt und die eingehende Begründung des Dogmas unternommen.

R. Lullus glaubte, eine logische Methode entdeckt zu haben, die er „ars magna, scientia generalis" nennt und die seiner Meinung nach die allgemeine Ideologie der Scholastiker ergänzen sollte. Letztere geht von der sinnlichen Wahrnehmung aus („ascensus, scientia cum sensu et imaginatione") und bleibt bei den körperlichen Wirklichkeiten stehen. Nun gibt es noch eine andere Erkenntnisart, die von der ersten unabhängig ist und sich auf die übersinnlichen Objekte bezieht („descensus, supra sensum et imaginationem"); es ist dies die göttliche Erkenntnis der allgemeinen Prinzipien („principia alta et profunda"), die Lullus mit den Attributen des göttlichen Wesens identifiziert. Alle Irrtümer des Averroismus beruhen nach ihm auf der Vermengung beider Erkenntnisarten und auf der fehlerhaften Anwendung der aus der Körperwelt stammenden Begriffe auf die übersinnlichen Dinge. Die „ars magna" ist eine Kombination dieser Grundprinzipien; sie stellt allgemeine Reihen von Begriffen (termini) auf, die nur nach einem besonderen Verfahren miteinander zu kombinieren sind, um Theorien herzustellen. Ursprünglich bezogen sich diese Begriffe auf Gott (figura A) und die Seele (fig. S) und jede Figur gliederte sich in eine gewisse Anzahl von Begriffstiteln (die Attribute Gottes, die Seelenvermögen), die nach den „topischen" Elementen einer „tabula instrumentalis" (Fig. T) sich kombinieren ließen. Buchstabenkombinationen symbolisierten die Begriffskombinationen und Lullus stellte sie in Form synoptischer und geometrischer Tabellen zusammen. Später wurde die „große Kunst" komplizierter; sie enthielt Schemata für die Theologie, Philosophie, Jurisprudenz, Medizin.

381. Ergebnis. Der Lullismus. — Die beiden charakteristischen Lehren des Lullus: seine Auffassung der Beziehungen zwischen Philosophie und Theologie und seine Lehre von den absoluten Prinzipien, sind im Zusammenhange mit seiner agressiven Stellung gegenüber dem Averroismus zu untersuchen und zu beurteilen; sie sollten der Theorie der doppelten Wahrheit begegnen und den Tendenzen des arabischen Naturalismus entgegenarbeiten. Der Rest seiner Philosophie erneuert die traditionellen Lehren der Scholastik, aber in künstliche, der Phantasie des fruchtbaren Autors entsprungene Fächer durcheinander verteilt. Ein Beispiel dafür gewähren die „duodecim principia philosophiae", wo Frau Philosophie sich bei R. Lullus über die Unbilden beklagt, die ihr der Averroismus zufügte, und wo sie ihm ihre zwölf konstituierenden Prinzipien darbietet: „forma, materia, generatio, corruptio, elementativa, vegetativa, sensitiva, imaginativa, motus, intellectus, voluntas, memoria."

Lullus hatte viele Bewunderer und Schüler. Man nannte ihn „doctor illuminatus", „tuba spiritus sancti". Aber bloß seine „ars magna" überlebte ihn: die automatischen Prozeduren derselben erregten die Aufmerksamkeit aller jener, welche die Philosophie in deduktiver und mathematischer Weise zu begründen suchten. G. Bruno, Agrippa, Lavinheta und Leibniz sprechen mit Begeisterung von ihr.

Um 1372 beklagte sich der Dominikaner Nikolaus Eymerici über die Lehre des R. Lullus.[1]) Papst Gregor XI. erließ eine Verhaltungsmaßregel, doch weiß man nicht, ob sie zu einer Verurteilung führte. Eymerici veröffentlichte in seinem „Dialogus contra Lullistas" und seinem „Directorium inquisitionum" eine päpstliche Bulle vom Jahre 1376, welche die Zurückziehung der Schriften des R. Lullus befiehlt und dessen Lehren verbietet. Aber die Lullisten ziehen Eymerici der Fälschung und der Streit über die Echtheit dieser Bulle ist noch nicht erledigt.

382. Bibliographie. — Bihl, Le bienheureux R. Lulle (Études francisc., Bd. XV, 1906). Vollständige Ausgabe der Werke des R. Lullus, 1721—42 (Salzinger). Die auf die „Ars magna" sich beziehenden Schriften (Ars brevis, de audito kabbalistico, duodecim principia philosophiae Lullianae, Dialectica seu logica, rhetorica, ars magna) wurden schon vorher oft herausgegeben. Obrador y Bennasar hat eine kritische Neuausgabe begonnen (Bd. I, 1906: obres doctrinales. Palma de Mallorca). Bové, El systema cientifico Lulliano. Ars magna. Expocicion y critica (Barcelona, 1908). — Menendez y Pelayo, Historia de los Herodox. espan. I. 1901 wurde in Barcelona eine „Revista Lulliana" begründet. — Julian Ribeira, Origenes de la filosofia de R. Lullo, Madrid, 1899. — Denifle, Zur Verdammung der Schriften des R. Lullus (Arch. f. Liter. u. Kirchengesch. d. Mittelalt., 1888, S. 352). — Jourdain, Un collège orientaliste au XIII. s. (in: Excurs. histor., S. 219). — Otto Keicher, R. Lullus u. seine Stellung zur arabischen Philos. mit einem Anhang, enthaltend die zum ersten Male veröffentlichte Declaratio Raymundi per modum edita (Beitr. Gesch. Philos. Mittelalt. 1909, VII, 4—5). Text nach 5 Handschriften, vortreffliche Studien über Lehren, Werke, Philosophie: Mossen Joan Avinyó, Beat Ramon Lull. Sa vida y la historia contemporanea, Ignalada, 1912. J. Probst, Caractère et origine des idées de R. Lulle, Toulouse, 1912.

---

1) Die magistri der Pariser Universität (1310), König Philipp von Frankreich (1310) und der Kanzler von Paris (1311) bezeugen öffentlich, daß die Werke des R. Lullus nichts dem Glauben und den Sitten Feindliches enthalten. Sind aber diese Proteste echt? fragt Denifle (Chart. II, 142, 144, 149). Kaum, wenn wir bedenken, daß damals niemand die Orthodoxie jener Werke bestritt.

Dritte Periode.

Die mittelalterliche Philosophie im 14. und in der ersten Hälfte des 15. Jahrhunderts.

Erstes Kapitel.
Allgemeines.

383. Die byzantinische Philosophie. — Die byzantinische Philosophie im 14. Jahrhundert und bis zum Fall des griechischen Reiches im Jahre 1453 erwacht nicht aus ihrer jahrhundertlangen Lethargie. Sie kommentiert nach wie vor die beiden großen Denker, aus denen sie Material zu ihren Kontroversen schöpft. Gregorios Palamas[1]), Erzbischof von Thessalonichi (um 1347) vertritt in seiner προσωποιΐα, die man als Anklagerede der Seele gegen den Leib nebst einer Verteidigung des letzteren bezeichnen kann, platonische Anschauungen. Ebenso erklärt sich Nikephoros Gregoras ausdrücklich für Platon. Hingegen rühmt Kaiser Johannes VI. Kantakuzenos lebhaft Aristoteles und paraphrasiert die ersten Bücher der Nikomachischen Ethik. Theodoros Metochita und Sophonias kommentieren andere Aristotelische Schriften. Eine ebenso hervorragende Persönlichkeit, Nikolaus Cabasilas, verfaßt eine Widerlegung der „Hypotypos. Pyrrhonion." des Sextus Empiricus, die seit dem 5. Jahrhundert unter dem Einfluß der christlichen Anschauungen aus dem literarischen Verkehr verschwunden waren. Alle diese Theologen und Philosophen haben gleichzeitig zur byzantinischen Renaissance der antiken Literatur beigetragen.

Trotz der immer zahlreicher werdenden Beziehungen zwischen Byzanz und dem Abendlande hat doch die byzantinische Philosophie niemals seitens der abendländischen so viele Dienste empfangen, als sie ihr geleistet hat. Doch sind einige Übertragungen aus dem Lateinischen ins Griechische zu verzeichnen, welche die von Maximos Planudes eingeleitete Bewegung fortsetzen. Um 1350 reproduziert der Mönch Gregorios Akindynos fast wörtlich die „Summa contra gentiles" in seiner Schrift περὶ οὐσίας καὶ ἐνεργείας. Gregorius Scholarius (Gennadius, gest. um 1464) übersetzt die „Summulae" des P. Hispanus, „de sex principiis" des G. de la Porrée und Schriften des hl. Thomas; Demetrius Kydones übersetzt die „Summa

---

1) d'Argentré, a. a. O. I, 322, berichtet für das Jahr 1330 von ihm: „lumen quoddam increatum et coaeternum Deo commentus est, quod quidem nostris oculis aspectabile esset. Praeterea ipsas virtutes Dei ab essentia revera distinctas esse dicebat". d'Argentré stellt den zweiten Irrtum jenen Gilberts de la Porrée und Johanns von Briscain nahe.

contra Gentiles" (1335), die „Summa theol." und mehrere kleine Schriften; Prochoros übersetzt „de mundi aeternitate".

384. Jüdische Philosophie. — Während der ersten Hälfte des 14. Jahrhunderts fuhren die in Südfrankreich lebenden Juden fort, Averroës aus dem Arabischen ins Hebräische zu übersetzen. Calonyme von Arles, Samuel ben Juda ben Meschullam von Marseille, Todros Todrosi von Arles sind die wichtigsten Übersetzer dieser Zeit. Es gab auch Übersetzungen aus dem Lateinischen ins Hebräische, so von scholastischen Traktaten Alberts des Großen, Thomas von Aquinos, Aegidius' von Rom.[1] Levi ben Gerson (geb. um 1288) und Moses von Narbonne sind die bedeutendsten Philosophen der provenzalischen Schule. Verfasser von Kommentaren zu Averroës und eigenen Arbeiten, betonen sie die rationalistische Tendenz, welche Maimonides inauguriert hatte. So nimmt Levi ben Gerson ohne weiteres die Ewigkeit der Welt an.[2]

385. Abendländische Philosophie. — Die abendländische Philosophie bleibt die bedeutendste Geistesbewegung. Wie in der vorangehenden Periode betrachten wir der Reihe nach:

I. Die scholastischen Philosophien (II. Kapitel).
II. Die nicht-scholastischen Philosophien (III. Kapitel).
III. Mehrere Nebenrichtungen (IV. Kapitel).

386. Bibliographie. — Vgl. die Nr. 218 zitierten Schriften. Das Werk des G. Palamas hat (1885) Halix herausgegeben. — Die Kommentare des Sophonias sind in den „Commentaria in Aristotelem Graeca", Bd. XXIII, Berlin, 1883—84, enthalten. — Vgl. Elter und Rademacher, welche des N. Cabasilas Schrift κατὰ τῶν λεγομένων περὶ τοῦ κριτηρίον τῆς ἀληθείας τί ἐστι παρὰ Πύρρωνος τοῦ καταρἀτου (Progr. Bonn, 1899). — Renan, u. a. O., II. Teil. K. 1. — E. Bouvy, S. Thomas, ses traducteurs Byzantins (Rev. Augustinienne, 1910, S. 401—408).

Zweites Kapitel.
Die scholastischen Philosophen.

Erster Abschnitt.
Allgemeines.

387. Niedergang der scholastischen Philosophie. Der Niedergang der Scholastik folgt bald auf ihre Blüte. Die Ursachen, welche ihren historischen Einfluß untergraben müssen, bewirken dies langsam, aber stetig; sie wurzeln in den neuen Generationen, welche die Arbeit der großen Denker des 13. Jahrhunderts nicht fortzuführen vermochten.

Diese Ursachen sind allgemeiner Art: die Unzulänglichkeit der Philosophen, das Nachlassen der Studien, die fortschreitende Verbreitung der antischolastischen Philosophien.

I. Die Unzulänglichkeit der Scholastiker. 1. Der Mangel an Originalität ist das erste Symptom der Erschöpfung. Seit dem 14. Jahrhundert

---

1) Renan, a. O. S. 190 ff.
2) Über Levi ben Gerson schreibt Renan: „Für manche Teile wurde seine Glossierung untrennbar vom Texte des Averroës, wie des Averroës Kommentar es betreffs des Aristotelischen Textes geworden war" (a. a. O. S. 193).

nimmt die Anzahl derjenigen, die sich mit Philosophie befassen, ganz außerordentlich zu.[1]) Die Universitäten vermehren sich und erleichtern den Zugang zu den philosophischen Studien (II); ganze Orden beteiligen sich an den Kontroversen. Aber diese Legion von Philosophen tritt irgendeiner großen Schule bei[2]); anstatt selbständig zu denken, schränken sie ihre Arbeit auf ein Kommentieren fremder Gedanken ein. Es ist dies die Periode des „compendium" und auch der apokryphen Werke, da viele dieser Kompendien dem kompilierten Autor zugeschrieben werden.

Je mehr die Schulen an Zahl anwachsen, desto seltener werden die Individualitäten. Das 13. Jahrhundert ist eine Zeit der Persönlichkeiten, das 14. und 15. Jahrhundert sind Perioden des unpersönlichen Denkens. Außer dem „Terminismus" hat die spätere Scholastik keine neuen Spekulationsformen gefunden. Etwas Ähnliches weist die Entwicklung der gotischen Architektur auf: nach dem 14. Jahrhundert empfängt sie keine neuen Anregungen. Es herrschen die „Formulierungen" und Erwiderungen.

Es muß jedoch bemerkt werden, daß die scholastische Lehre nach einer Richtung, in welcher das 13. Jahrhundert nur zaghafte Schritte begonnen hatte, fortschreitet: in dem Maße, als der Handel zunimmt, befaßt man sich mehr mit Fragen, welche das wirtschaftliche Leben betreffen. Das 14. Jahrhundert zeitigte Schriften über den Wucher, die Renten, das Geld, und zwar stehen besonders die Terministen an der Spitze dieser Bewegung.[3])

2. **Die nachteilige Veränderung in der doktrinalen Synthese.** Die von W. von Occam dargebotene neue Systematisation geht in so manchen Punkten schlecht mit der scholastischen Synthese zusammen, ohne aber mit deren organischen Prinzipien in Widerspruch zu geraten. Auch die leidenschaftlichen Kämpfe des Terminismus, Skotismus und Thomismus haben zur Störung des Gleichgewichts der Scholastik beigetragen. Das gleiche gilt von den törichten dialektischen Erörterungen, die an gewissen Stätten Mode waren (5). Je weiter die Zeit vorrückt, desto mehr ändert sich die Lehre, welche die Stärke der Philosophie des 13. Jahrhunderts bildete.

3. Vielleicht noch unheilvoller als die ungeschickten Neuerungen war die sträfliche Ignoranz. W. von Occam, seine ersten Anhänger und Gegner kennen noch die philosophischen Systeme des 13. Jahrhunderts. Die folgenden Generationen aber wissen immer weniger von der Scholastik, die sie bekämpfen oder deren sie sich rühmen. Unter den zahlreichen Verfechtern gefährlicher Neuerungen im 14. und 15. Jahrhundert befinden sich viele junge Leute, die sich nicht die Mühe genommen haben, mittelst der an den Universitäten eingerichteten gründlichen Studien in die Philosophie einzudringen. Die Autoritäten selbst taten nichts gegen diesen Verfall (II) und die folgende Periode zeigt den Fall der Scholastik durch Unkenntnis ihrer selbst.

---

1) Im Jahre 1406 zählt die artistische Fakultät in Paris allein schon mehr als tausend magistri und zehntausend Mitglieder (supposita). Chart. III, 604.

2) Der Brauch, den philosophischen Theologen Ehrennamen zu erteilen, wird im 15. Jahrhundert allgemein.

3) Brants, O S. 14 ff.

4. Verfall der Sprache und Änderung der Methode. Immer mehr ging man von der nüchternen und praezisen Sprache des 13. Jahrhunderts ab. Die Barbarismen, die bis dahin nur sporadisch aufgetreten waren, namentlich in den arabisch-lateinischen Übersetzungen, nehmen seit dem 14. Jahrhundert rapid zu; schon die Orthographie mancher Gelehrter verrät die unverzeihliche Ignoranz im Lateinischen.[1])

Der Terminismus und Skotismus tragen die Hauptschuld an diesem Verfall. Und da Formfehler zu Begriffsverwirrungen führen, so kommt es alsbald zu einer Entartung der **didaktischen Methode**. Unter dem Vorwand der Klarheit vermannigfaltigt man die Distinktionen, Subdistinktionen, Stufen und Gegenstufen. Es ist dies eine wahre Parodie des Verfahrens der großen Scholastiker, und dies veranlaßt Stöckl zu der etwas derben Bemerkung: die Scholastik erstickte schließlich an ihrem eigenen Fett. — Diese Verfehlungen werden begünstigt durch

5. Das allmähliche Aufkommen einer übertriebenen Dialektik. In der Scholastik des 13. Jahrhunderts nahm die Logik die ihr gebührende Stellung ein. In Theorie und Praxis ist sie die Disziplin des Denkens, die Vorbereitung zum Studium der Physik, Metaphysik und Ethik (249). Nach dem 13. Jahrhundert lockerte sich dieses Band; diese Abhängigkeit der formalen Logik von den übrigen Zweigen der Philosophie fiel weg und bald nahm die neu emanzipierte Wissenschaft Despotenallüren an. Im Beginn des 14. Jahrhunderts treten die Vorzeichen dieser intellektuellen Krankheit auf, die sich in den Schriften der folgenden Periode allmählich entwickelt.

Weiter unten werden wir sehen, in welcher Weise der skotistische Formalismus und der okkamistische Terminismus daran schuld waren. Die „Summulae" des P. Hispanus verbreiteten das Übel; sie zeitigten eine Unzahl von Kommentaren und brachten eine oberflächliche und weitschweifige Glossierung in Schwang, würdig der Sophisten, nicht aber der Philosophen.

II. Das Nachlassen der Studien bekundet sich in den verschiedenen geistigen Zentren der Zeit: in den religiösen Orden und an den Universitäten.

1. **Die religiösen Orden** stellen nach wie vor die Hauptstätten der Wissenschaft dar, aber der wissenschaftliche Eifer läßt gleichzeitig mit der Disziplin nach.[2]) In der Legion dieser mönchischen Gelehrten, die nach leichter Arbeit und unmittelbaren Resultaten streben, sind jene an den Fingern zu zählen, welche sich durch eigene andauernde Bemühungen über die herrschende Mittelmäßigkeit erheben.

2. **Die Pariser Universität** büßt rasch ihre Bedeutung ein. Die Scholastik, die mit ihr groß geworden war, ist in ihren Fall verstrickt.

Die Intriguen gehorchende theologische Fakultät läßt von der Strenge ihrer Statuten nach; vermöge Empfehlungen oder selbst gegen Zahlung er-

---

1) Chart. III, Einleit., S. XI. Im letzten Viertel des 14. Jahrhunderts trat an der Pariser Universität ein Umschwung ein. Einige hervorragende Männer, namentlich Nicolas Poillevillain (de Clamengis), Jean de Montreuil (de Monsterolio), auch Pierre d'Ailly, Johannes Gerson und Jean Courtecuisse (Breviscoxae) versuchten energisch, das wissenschaftliche Latein zu reinigen, leider ohne nachhaltigen Erfolg (ebd., S. XII).
2) Chart. II, S. XI.

leichtert man die „actus scolastici", man kürzt die Studienzeit ab, gestaltet die Prüfungen rein formell. Was die meisten theologischen Lehrer anzieht, ist nicht mehr die Wissenschaft, sondern der Genuß der kirchlichen Benefizien. Die artistische Fakultät erweist sich ebenso willfährig. Da das artistische Studium die obligatorische Probezeit zur Theologie bildete, hatten vermögende und ehrgeizige Männer ein offenbares Interesse an ihrer möglichsten Abkürzung. So sah man „unbärtige" Ignoranten die Lehrkanzel besteigen. „Categorias, perihermeneias, in cuius scriptura summus Aristoteles calamum in corde tinxisse confingitur, infantili balbutie resonant impuberes et imberbes".[1]

Noch andere Ursachen trugen zum Verfall der Pariser Universität bei. Abgesehen von den Kriegen mit den Vlämen und Engländern und der schrecklichen Pest, welche um die Mitte des 14. Jahrhunderts wütete,[2] ist hier der Wettstreit der Universitäten in Betracht zu ziehen. Während im 13. Jahrhundert bloß die Universitäten von Paris, Oxford und Cambridge die theologische Magisterwürde zu erteilen vermögen, lassen sich im 14. Jahrhundert andere „studia generalia" die Erlaubnis zur Erteilung theologischer Würden gewähren oder usurpieren sie geradezu[3] und sind um so eher zur Erleichterung der Promotionen geneigt, als die Anzahl ihrer Hörer anfangs eine geringere war. Die Zunahme dieser autochtonen Universitäten lenkte den Strom, der Paris ein lange währendes Monopol verschaffte, immer mehr ab.[4]

Alle diese Umstände trugen dazu bei, im Abendlande das Niveau der theologischen und demzufolge auch der philosophischen Studien herabzusetzen.

III. *Die Angriffe der antischolastischen Systeme.* Die Kämpfe des 13. Jahrhunderts hatten die Scholastik gestählt, aus allen Gefechten war sie siegreich hervorgegangen. Die Kämpfe des 14. und 15. Jahrhunderts hingegen schwächen sie, geben ihren Gegnern Zuversicht und erleichtern den Zusammenschluß gegen die traditionelle Philosophie in der nächsten Periode.

---

1) Ricardus de Bury, Philobiblon, anno 1344, c. 9, S. 87 (Ed. 1888), zitiert Chart. II, S. VIII.

2) Chart. II, S. XII.

3) So Toulouse, Pisa, Prag, Florenz. Vgl. das Verzeichnis der Universitäten vor dem 15. Jahrhundert bei Denifle, Die Universitäten des Mittelalters bis 1400. Im 15. Jahrhundert entstanden auch in Frankreich konkurrierende Universitäten, so in Dol (1421/22), Poitiers (1431/32), Caen (1432), Bordeaux (1439-41); Chart. IV, S. VIII. Löwen erhielt 1425 seine Universität.

4) Der Niedergang der Pariser Universität ist am ärgsten in der Zeit des Schisma, obwohl die Universität niemals ein größeres äußeres Prestige besaß und niemals mehr sich so prahlerisch in Geltung zu setzen suchte. Nur die geistige Hegemonie der Kollegien der Sorbonne und von Navarra erinnert an die ruhmvolle Vergangenheit. Diese trüben Verhältnisse führten zum Weggang mehrerer berühmter Lehrer, welche die fremden Universitäten, an die sie zogen, durch ihren Ruhm schmückten; so ging Heinrich von Hessen nach Wien, Marsilius von Inghen nach Heidelberg (Chart. III, S. XIV—XV). In der ersten Hälfte des 15. Jahrhunderts spielte in Frankreich die Universität noch eine politische Rolle. Karl VI. nahm ihr schließlich ihre Unabhängigkeit und unterstellte sie 1446 dem Parlament. Die Statuten der Fakultäten wurden 1452 durch den Kardinal d'Estouteville geändert.

388. Einteilung. — Im Beginn des 14. Jahrhunderts stehen die thomistische (IV. Abschn.) und skotistische Schule (III. Abschn.) einander gegenüber, aber bald stellt sich ihnen eine dritte Schule zur Seite, die terministische, welche einige Jahre nach dem Tode von Duns Scotus auftritt (II. Abschn.). Die Aegidische Schule ist weniger bedeutsam (V. Abschn.). Neben den spekulativen erscheinen, mehr als je, mystische Systeme (VI. Abschn.).

389. Bibliographie. — Wittmann, Geschichte des Idealismus II, § 80 85; Werner, Die Scholastik des späteren Mittelalters, 4 Bde.: 1. J. D. Scotus; 2. Die nachskotistische Scholastik; 3. Der Augustinismus des späteren Mittelalters; 4. Der Endausgang der mittelalterlichen Scholastik.

Zweiter Abschnitt.

Die terministische Schule.

§ 1. Allgemeines.

390. Charakter der Schule. — *1. Der extreme Simplismus.* Der Terminismus des 14. Jahrhunderts entsteht aus einer Reaktion gegen den skotistischen Formalismus. Die nächsten Schüler des Duns Scotus übertreiben die Tendenz des Meisters und führen chimärische Entitäten in ihre Philosophie ein. Diese Tendenz, Abstraktionen zu hypostasieren, erregte die Gegnerschaft der Thomisten. Neben ihnen aber schreitet eine Gruppe von Scholastikern nach einer extremen Richtung fort; es sind dies die Terministen. Unter der Parole „pluralitas non est ponenda sine necessitate" opfert der Terminismus eine Hekatombe metaphysischer Begriffe und entstellt so die Dinge oft, statt sie bloß zu vereinfachen. Doch hinderte dies die Terministen nicht, von den Nachfolgern des Scotus so manche Einzellehren zu übernehmen, namentlich eine charakteristische Geisteshaltung, den Zweifel an der Vernunft.

2. Der Zweifel an der Vernunft. Es handelt sich hier nicht um den Skeptizismus, der alle Gewißheit für illusorisch erklärt — der Dogmatismus bleibt ein Grundmerkmal des Terminismus wie der anderen scholastischen Systeme (268) — sondern um das wachsende Bedürfnis, die Sphäre der in das Gebiet rationaler Beweisführung fallenden Wahrheiten einzuschränken, um die Tendenz, die irrtumsfähige Vernunft gegenüber dem unfehlbaren Glauben zu erniedrigen. Der Kreis der unbeweisbaren Wahrheiten wird immer größer. Diese Zweifel haben an sich keine antischolastische Bedeutung, aber sie zeitigen eine intellektuelle Krankheit, ein grundloses und gefährliches Mißtrauen. Sie flößen in der Tat der nächstfolgenden Periode die Vorstellung ein, daß in der Scholastik alles schlecht und daß mit deren Lehren Tabula rasa zu machen sei.

3. Die Ausbreitung der Dialektik. Die Betrachtung des Systems W.'s von Occam wird uns dartun, in welchem Maße die Terministen die Metaphysik verstümmeln. Nachdem sie die Metaphysik entthront haben, schmücken sie nun die Logik mit deren Hüllen. Was ihnen in der realen Welt als Illusion gilt, wird jetzt zum Gegenstande subjektiver Kombinationen in der Welt unserer Vorstellungen. Auf solche Weise führt der Terminismus allmählich zur Übertreibung der Rolle der Dialektik. Schon W. von Occam bringt die logisch-grammatischen Begriffe der „suppositio", „significatio" usw.

zur Geltung, aber noch mit Maß. Seine Schüler beuten die neuen Begriffsschemen der „Summulae" des P. Hispanus aus und treiben eine Sophistik, die von der Pariser Artistenfakultät vergeblich untersagt wird.[1]) Und da alle Logiker die Terminologie schätzen, vervielfachen die Okkamisten die neuen Wörter, die Barbarismen und Klassifikationen.

391. Gliederung. — W. von Occam ist der eigentliche Begründer des Terminismus, wenn es auch vor ihm schon Vorläufer der neuen Theorie gibt (§ 2). Nach ihm ward dem Terminismus großer Erfolg bestimmt, doch übertrieben viele Schüler die Lehren des Meisters (§ 3).

§ 2. Wilhelm von Occam und die Vorläufer des Terminismus.

392. Durand von St. Pourçain und P. Aureoli. — Der Terminismus hatte Vorläufer in Durand von St. Pourçain und P. Aureoli, die vom Thomismus, bzw. vom Skotismus sich trennten.

Durand von St. Pourçain, aus dem Kloster der Praedikanten-Brüder zu Paris (gestorben 1332), 1312 Lizentiat der Theologie, dann Bischof von Limoges (1317), Puy (1318), Meaux (1326), verdiente den Ehrennamen des „doctor resolutissimus". Er kommentierte die „Sentenzen" des Lombarden; mit dem Dominikaner Arnand von Beauvoir (de Bellovisu)[2]) und den Lehrern der theologischen Fakultät bekämpfte er die von Johann XXII. vertretene Ansicht betreffs der beseligenden Anschauung.[3])

Petrus Aureoli, der „doctor facundus", ist aus einer französischen Familie geboren und verfaßte zwei Kommentare zu den „Sentenzen" des P. Lombardus, „Quodlibeta", Traktate „de paupertate et usu paupere", „de principiis". Um 1304 hörte er D. Scotus in Paris, dann wurde er der Reihe nach Lektor in Bologna (1312) und Toulouse (1314), Bakkalaureus (1316) und magister theologiae (1318) in Paris, Ende 1320 Provinzial der Franziskaner von Aquitanien, 1321 Bischof von Aix und starb vor dem 23. Januar des Jahres 1322.[4])

Diese beiden Männer, unabhängige Geister, deren Bedeutung noch nicht genug erhellt, gelangen zu fast identischen Ergebnissen betreffs einer Menge philosophischer Probleme. Sie leugnen die Realität der Universalien, die Existenz der intelligiblen Species, die klassische Rolle des tätigen Intellekts, die Realdistinktion zwischen Wesenheit und Existenz, Seele und Seelenvermögen. Aureoli will eine selbständige Philosophie begründen, die sich unmittelbar an Augustinus, Averroës, Aristoteles anschließt, und äußert sich abfällig über die Ansicht der „doctores moderni" oder zeitgenössischen Scholastiker. Nach ihm sind die Begriffe der spezifischen Differenz und der Gattung voneinander nur durch die Klarheit oder Bestimmtheit unterschieden; sie betreffen nicht unableitbare Bestimmtheiten an ein und demselben Wesen, sondern dieselbe individuelle Realität. Der Artbegriff hat keinen andern Inhalt als die qualitativen Ähnlichkeiten verschiedener Wesen („conceptus

---

1) Vgl. § 3 des 3. Kap., Prantl, a. a. O. IV. S. 1 ff.
2) Verfasser eines Kommentars zu des Thomas Schrift „De ente et essentia" und eines Lexikons („Declaratio difficilium terminorum tam theologiae quam philosophiae"), die beide gedruckt wurden.
3) Die darauf bezüglichen Dokumente finden sich Chart. II.
4) Ebd., S. 225 und 718.

qualitativi et similitudinarii"). Jedes Wesen ist individuell, aber das Problem der Vielheit mannigfaltiger Individuen (coindividua) derselben Art hat keine metaphysische Bedeutung.[1]) Diese Theorien bringen einen entschiedenen Konzeptualismus zum Ausdruck (133) und sind insgesamt gegen den gemäßigten Realismus der Thomisten und gegen die „formalitates" des Duns Scotus gerichtet, den Aureoli nicht zu verspotten ermangelt („illud refugium"). Die Universalienlehre des Aureoli läßt ihn der Erfahrung, welche das Individuelle erfaßt, einen großen Platz einräumen; er bemüht sich sehr um Vereinfachungen[2]) und neigt zum Zweifel an der Vernunft (Nr. 390). Doch mangelt dem Konzeptualismus des Aureoli wie dem Durands die Fähigkeit der Vereinheitlichung und Systematisation. Der eigentliche Kodifikator des Terminismus oder, wie seine Schüler sagen, der ehrwürdige Begründer der neuen Lehre („venerabilis inceptor") ist Wilhelm von Occam.

393. Wilhelm von Occam. Leben und Werke. — Wilhelm, geboren zu Occam in der Grafschaft Surrey in England, studierte kurz vor 1300 in Oxford, wo er um 1320 Baccalaureus formatus wurde, als welcher er im Jahre 1324 genannt wird. Er studierte nicht in Paris und hörte also nicht Duns Scotus.[3]) Aus der ersten Periode seiner Laufbahn stammen die großen Werke, in welchen er seine neuen Lehren darstellt, „Super IV l. Sentent.", „Quodlibeta", die Kommentare zu Aristoteles („Expositio aurea super totam artem veterem"), „Tractatus logices". Im Jahre 1323 gibt er seine Lehrtätigkeit auf. Später widmet er sich der Politik und befaßt sich mit religiösen Streitigkeiten. Er verteidigt die disziplinarischen Reformen der Spiritualen; anderseits bekämpft er Johann XXII. und weigert sich, die weltlichen Rechte des Papstes anzuerkennen.

Das 14. Jahrhundert ist voll von ernsten Begebenheiten für die Christenheit: Im Schoße der Kirche selbst die Unruhen des Schisma, außen die Erhebung des Staates gegen das Papsttum. Allmählich empfindet man, wie die große geistig-soziale Organisation des Abendlandes auseinanderfällt. Wie auf wissenschaftlichem Gebiete die Philosophie sich von der Vormundschaft der Theologie zu befreien sucht, so erwachen auf dem politischen Gebiete die modernen Nationalitäten und erheben sich gegen die Suprematie der Päpste. Die Einzelheiten dieser Feindseligkeiten kümmern uns hier nicht.

W. von Occam führte den geistigen Kampf und sandte ein Manifest nach dem andern hinaus: „Dialogus", „Opus nonaginta dierum", „Compendium errorum Joannis papae XXII", „Quaestiones octo de auctoritate summi pontificis". Vor das Kirchengericht geladen, gelang es ihm, aus Avignon, wo er (1328) gefangen saß, zu fliehen. In Begleitung seiner Freunde Michael von Césène und Bonagratia von Bergamo ging er an den Hof Ludwigs von Bayern, wo zwei Jahre früher (um 1326) Johann von Jandun und Marsilius von Padua Gastfreundschaft erhalten hatten. Alle Historiker

---

1) Dreiling, Der Konzeptualismus in der Universalienlehre des Franziskanerbischofs P. Aureoli (Nr. 401).

2) „Multitudo ponenda non est nisi ratio evidens necessaria illud probet aliter per pauciora salvari non posse" (II Sent., 189 a. C.). Dreiling, a. a. O. S. 205.

3) Hofer, Biographische Studien über W. von Ockham (Archiv. francisc. histor. 1913, S. 209—233.

schreiben W. von Occam jene bekannte Apostrophierung des stolzen Herrschers zu: „Tu me defendas gladio, ego te defendam calamo." Als Ludwig von Bayern die ehebrecherische Heirat seines Sohnes gegen die Kirchengesetze legitimieren wollte, verteidigte W. von Occam die absolute Gewalt des Staates in politischen Dingen. Er starb wahrscheinlich im Jahre 1347.

394. Philosophie und Theologie. — Wie D. Scotus trennt W. von Occam den materialen Gegenstand der Philosophie von dem der Theologie. Er verbietet ebenfalls der Vernunft, ihr Forschen auf die Glaubenswahrheiten zu richten, aber er vergrößert noch, zum Schaden der Philosophie, das verschlossene Gebiet, in welchem der Intellekt keine Gewißheit erlangen kann. Insofern verschärft der Schüler den Skeptizismus des Lehrers. Zwischen dem System des D. Scotus und dem W.'s von Occam besteht nur ein gradueller, kein wesentlicher Unterschied.[1])

395. Die Zusammensetzung der kontingenten Wesen. — W. von Occam nimmt die Zusammensetzung aus Form und Stoff an, bestreitet aber die Unterscheidung von Allgemeinem und Einzelnem. Nicht bloß ist das „Individuelle die wahre Substanz und das Allgemeine empfängt seine selbständige Form von der Denkbarkeit", sondern es hat überdies das Allgemeine außer uns keine Realität, denn es existiert in keiner Weise in der Natur. Diese extreme Behauptung wendet sich nicht bloß gegen die „formalitates" des Duns Scotus („nullo modo est extra animam quodcumque universale"),[2]) sondern trifft auch die Theorie des hl. Thomas von den ähnlichen Wesen (nullum universale est extra animam existens realiter in substantiis individuis, nec est de substantia vel esse earum").[3]) Das Allgemeine wird aus der Metaphysik verbannt und in die Psychologie und Logik verpflanzt.[4]) Wir werden das Gesamtsystem W.'s von Occam besser verstehen, wenn wir weiter unten die psychologische Seite des Universalienproblems betrachtet haben werden. — Das Individuationsproblem wird sinnlos und jede Realdistinktion zwischen Wesenheit und Existenz verschwindet („existentia et essentia idem omnino significant").[5])

396. Theodizee. — Gleich am Anfang der Theodizee W.'s von Occam finden wir eine kühne Anwendung seines Mißtrauens gegenüber der Vernunft: das Dasein Gottes, dessen Einheit und Unendlichkeit sind unbeweisbar und verdanken ihre ganze Gewißheit der Offenbarung.

Die Attribute Gottes unterscheiden sich in nichts von dessen Wesen, es sind nur verschiedene Namen, die wir willkürlich einem Identischen geben. Die virtuelle Distinktion der Thomisten hat ebensowenig eine reale Grund-

---

[1]) Stöckl, Gesch. d. Philos. d. Mittelalters II², 986 ff. Nach Stöckl führt W. von Occam in speziell theologischen Fragen antirationale Theorien ein, z. B. daß Gott sich in einem Ochsen oder in einem Stein hätte inkarnieren können. So geben W. von Occam und seine Nachfolger den Gegnern der Theologie Anlaß zur Behauptung, es seien nicht bloß die theologischen Wahrheiten nicht durch die Vernunft zu beweisen, sondern diese seien widervernünftig.

[2]) Quodl. V, q. 12.

[3]) Expos. aurea praedicab. Prooem.

[4]) „Et ideo non est universale nisi per significationem, quia est signum plurium" (Log. l. 1, c. 14.

[5]) Quodl. II, q.

lage wie die Formaldistinktion der Skotisten. Dieselben Einflüsse des Terminismus Occams finden wir in seiner Theorie der göttlichen Ideen.

397. Psychologie. — Das Originelle des Okkamismus kommt besonders in der Psychologie zur Geltung. In der von Occam eingeführten extremen Vereinfachung unterscheiden sich die psychischen Kräfte nicht real voneinander, ebensowenig wie von der Substanz der Seele selbst.

Drei neue Theorien sind für seine Psychologie charakteristisch: die Zeichentheorie, der Terminismus und die Kritik der „species intentionales".

1. Jede Vorstellung ist ein Zeichen (signum), welches als solches das Bezeichnete vertritt („supponere"). Dieses Zeichen, auch Ausdruck („terminus") genannt, ist natürlich,[1]) im Gegensatz zu den künstlichen Zeichen („secundum institutionem voluntariam") der Sprache und Schrift. Drei Arten der Erkenntnis gibt es, deren jede ein natürliches Zeichen der Dinge darstellt: die intuitiv sinnliche, die intuitiv intellektuelle und die abstraktive Erkenntnis.

Wir begegnen hier dem Dualismus der Sinnlichkeit und des Intellekts, der für die scholastische Ideologie grundlegend ist. Doch schiebt W. von Occam zwischen der Sinnesempfindung, deren Gegenstand die Sinnesqualitäten bilden, und dem abstrakten Begriff, der ein einer großen Menge von Wesen zukommendes Merkmal erfaßt oder aber eine Bestimmtheit fixiert, ohne sich um deren Existenz oder Nichtexistenz zu kümmern,[2]) eine Zwischenstufe der Erkenntnis ein, den intuitiven Begriff, der die konkrete Existenz oder die Nichtexistenz der Einzelwesen erfaßt und zur Grundlage der kontingenten Wahrheiten dient.[3]) Und er fügt hinzu: „Notitia abstractiva praesupponit intuitivam".[4])

2. Der Terminismus ist eine Lösung des Problems, welches Verhältnis zwischen den Zeichen und dem Bezeichneten, d. h. zwischen unseren verschiedenen Erkenntnissen und der objektiven Wirklichkeit besteht. Zu bemerken ist: alle intuitive Erkenntnis, sinnlicher oder intellektueller Art, erfaßt das Reale, wie es außer uns existiert.[5]) Halten wir dies fest, denn es dient uns zur Verteidigung W.'s von Occam gegen den übertriebenen Verdacht des Subjektivismus.

---

1) „Signum accipitur pro illo quod aliquid facit in cognitionem venire et natum est pro ipso supponere" (Log. I, c. 1). „Intentio est quoddam in anima quod est signum naturaliter significans aliquid, pro quo potest supponere" (c. 12).

2) „Notitia abstractiva potest accipi dupliciter: uno modo quod sit respectu alicuius abstracti a multis singularibus .. aliter secundum quod abstrahit ab existentia et non — existentia" (Sent. Prol. q. 1).

3) „Notitia intuitiva est talis notitia virtute cuius potest sciri utrum res sit vel non sit Similiter notitia intuitiva est talis qua, quum aliqua cognoscuntur quorum unum inhaeret alteri, vel unum distat ab altero loco ... statim virtute illius notitiae incomplexae illarum rerum sciret, si res inhaereat vel non inhaereat, distet vel non distet, et sic de aliis veritatibus contingentibus" (Quodl. VI, q. 6). — Propositio contingens potest cognosci evidenter ab intellectu, puta haec albedo est, et non per cognitionem abstractivam, quia illa abstrahit ab existentia per intuitivam. Ergo realiter different" (Quodl. V, q. 5).

4) Quodl. I, q. 14.

5) „Singulare ... est primo cognitum . quia res extra animam quae non est signum tali cognitione primo intelligitur" (Quodl. I, q. 3). „Notitia intuitiva est talis, quod .. si Socrates in rei veritate sit albus .. potest evidenter cognosci quod Socrates est albus" (Sent. Prol. q. 1).

Besitzen die abstrakten Begriffe dieselbe reale Objektivität? Nein. Sie haben außer uns keine Bedeutung, denn das Abstrakte und Allgemeine, das ihren Gegenstand bildet, existiert nicht in der Wirklichkeit. Der allgemeine Begriff („intentio secunda") hat zum unmittelbaren Inhalt durchaus nur vom Verstande erzeugte Vorstellungen, und man ist nicht berechtigt, die Gesetze, welche die Erscheinungen der ideellen Welt beherrschen, auf die reale Natur zu übertragen.

Welches ist dann aber die Funktion der Universalien und warum greift man zu jenen künstlichen Gebilden? Die Antwort lautet: das Allgemeine vertritt („supponere") im Bewußtsein die Vielheit der Dinge, denen es zugeschrieben werden kann.[1]) Vermittelst des Allgemeinen betrachten wir Wirklichkeiten, als ob sie mehreren gemein wären, und das Produkt dieser Auffassungsweisen dient als Praedikat in unseren Urteilen. Der Inbegriff dieser Thesen bildet das, was wir oben (133) als Konzeptualismus bezeichnet haben, und es heißt, die Lehre Occams verfälschen, wenn man ihn zu den „Nominalisten" rechnet. Er selbst wendet sich im vorhinein gegen die absurde Theorie, die dem Verstande das Vermögen der Abstraktion abspricht oder die Wahrnehmung und Denken identifiziert. Der abstrakte Begriff hat zwar keine reale, aber doch eine ideale Bedeutung[2]): in unserem Denken gibt es gemeinsame und allgemeine Objekte. Das Allgemeine ist nicht ein Wort („vox", „nomen") ohne begrifflichen Inhalt, ein leerer Hauch („flatus vocis")[3]), eine Wortmarke, sondern ein Denkinhalt („intentio", „terminus"), Vertreter („suppositio")[4]) einer größeren oder kleineren Anzahl von Einzeldingen je nach dem Grade seiner Allgemeinheit. Daher lehnen wir die übliche Klassifikation W.'s von Occam unter die Nominalisten ab und bezeichnen den von ihm inaugurierten Konzeptualismus seiner eigenen Ausdrucksweise entsprechend als Intentionalismus oder Terminismus.

W. von Occam wurde vorgeworfen: die Wissenschaft ist also illusorisch, denn sie beschäftigt sich mit dem Allgemeinen, d. h. mit dem Nichts! — Ja, erwidert er, in dem Sinne, daß der Gegenstand der Wissenschaft nicht jene Chimäre ist, die man allgemeine Realität nennt, sondern der allgemeine Begriff (terminus). Aber dieser Begriff bezieht sich auf eine

---

1) „Et ideo genus non est commune pluribus per identitatem in eis, sed per quandam communitatem signi, quomodo idem signum est commune ad plura signata" (Expos. aurea. Praedic. de genere).

2) Über diese Unterscheidung vgl. weiter oben (S. 124).

3) „Quarta posset esse opinio, quod nihil est universale ex natura sua, sed tantum ex institutione, illo modo quo vox est universalis sed haec opinio non videtur vera" (In I. Sent. 1, dist. 2, qu. 8). Dieselbe Bemerkung bei Aureoli; Dreiling, a. a. O.

4) „Quodlibet universale est intentio animae, quae secundum unam probabilem opinionem ab actu intelligendi non distinguitur; unde dicunt, quod intentio qua intelligo homines est signum naturale significans hominem, ita naturale, sicut gemitus est signum infirmitatis vel doloris; et est tale signum quod potest stare pro hominibus in propositionibus mentalibus" (Summa tot. log. I, c. 15). Ebenso: „intentio animae dicitur universalis quia est signum praedicabile de multis" (ebd., I, c. 14). — Anderwärts: „Illud quod praedicatur de pluribus differentibus specie, non est aliqua res quae sit de esse illorum de quibus praedicatur, sed est una intentio in anima naturaliter significans omnes illas res de quibus praedicatur" (Expos. aur. Praedicab. de genere, zitiert bei Prantl, III, n. 789).

mehr oder minder große Anzahl von Einzeldingen, die voneinander unabhängig sind; er steht zu dem Äußeren in Beziehung und so bleibt die Wissenschaft mit der Wirklichkeit in Berührung.[1])

3. Occam unterzieht endlich die Theorie der species einer scharfen Kritik. Die Erkenntnis ist nicht die Aufnahme eines ähnlichen Bildes („species") des Gegenstandes, sondern ein immanenter Akt („actus intelligendi"), der zum Zeichen des Gegenstandes wird. Somit ist die (sinnliche oder geistige) „species intentionalis" ein unnützes Element, das aus der Psychologie zu verbannen ist: „frustra fit per plura, quod potest fieri per pauciora." Und da die Funktion illusorisch ist, so ist es auch der aktive Intellekt, oder das Vermögen, dem sie zugeschrieben wird.

W. von Occam faßt die „species" in einem, oben verzeichneten, besondern Sinne auf; er kämpft erfolgreich gegen die irrigen Auffassungen des Erkenntnisprozesses. Aber seine Kritik trifft nicht den wahren Begriff der intentionalen Species, und er selbst faßt die Entstehung unserer Vorstellungen nicht anders auf als der hl. Thomas, da er eine äußere Einwirkung auf den Geist annimmt. Das geht so weit, daß nach ihm die Ausdrücke passiver und aktiver Intellekt den Zustand der Passivität und Aktivität der Seele gegenüber dem Erkenntnisobjekt bezeichnen.[2])

Wie Duns Scotus vertritt Occam den konsequentesten Voluntarismus. Der Wille wirkt sogar bei den diskursiven Prozessen des Verstandes mit, mit dem er übrigens nach der allgemeinen Theorie der Seelenvermögen eins ist. W. von Occam lehrt die absolute Selbstbestimmung des Willens und vermengt den spontanen mit dem freien Akt. Da der Wille das Wesen der Seele selbst bildet und das Wesen eines Dinges weder zu- noch abnehmen kann, wird jeder Wechsel des Freiheitsgrades unmöglich. Das bedeutet: die Frage nach dem Primat des Wollens vor dem Erkennen wird müßig und sinnlos. Auf das göttliche Leben übertragen, macht die absolute Autonomie die Freiheit Gottes zum souveränen Richter über Gut und Böse. Gibt es ferner an sich weder Gutes noch Böses, so kann die Natur uns nichts über die Sittlichkeit lehren und der Intellekt vermag nichts mehr über die Vorschriften des göttlichen Gebotes zu lehren.

Betreffs der Grundfragen, die sich auf die Natur der Seele beziehen, äußert sich Occam als rechter Schüler des Scotus. Der Mensch besitzt außer dem intellektiven Prinzip eine Form der Leiblichkeit und eine sinnliche Seele. Die Immaterialität und Geistigkeit der intellektuellen Seele kann die Vernunft nicht aus eigener Kraft erweisen.

398. Logik. — W. von Occam bringt die Logik zu neuem Aufschwung; er übernimmt die weitschweifigen Einteilungen der „Summulae" des P. Hispanus. Er beraubt die Metaphysik aller auf das Allgemeine sich beziehenden Fragen und teilt sie der formalen Logik zu, die er „omnium artium aptissi-

---

1) Stöckl, a. a. O. S. 964.
2) „Intellectus agens et possibilis sunt omnino idem re ac ratione. Tamen ista nomina vel conceptus connotant diversa: quia intellectus agens significat animam, connotando intellectionem procedentem ab anima active; possibilis autem significat eamdem animam, connotando intellectionem receptam in anima; sed idem omnino est efficiens et recipiens" (In 1. Sent. II, q. 25).

mum instrumentum" nennt.¹) Die Logik befaßt sich mit den wissenschaftlichen Lehrsätzen, sie regelt die Kombinationen in den Urteilen und abstrakten Begriffen, denen keine Wirklichkeit entspricht.

399. W. von Occam, Roscelin und Abaelard. — Sehr häufig stellen die Historiker der mittelalterlichen Philosophie diese drei Philosophen zusammen, um Analogien zwischen ihnen herzustellen oder sogar um die Identität ihrer Lösungen der Universalienfrage zu folgern.

Man braucht aber nur die Lehren W.'s von Occam mit jenen Roscelins zu vergleichen, um einzusehen, daß es ein Fehler ist, sie unter der gemeinsamen Etikette des „Nominalismus" zu vereinigen.²) Außer der Ablehnung des extremen Realismus haben die beiden Systeme nichts Verwandtes. Der Pseudonominalismus Roscelins leidet am Mangel an Ideen, wenn man ihn aber historisch einordnet, so kann man ihn als eine Etappe zum gemäßigten Realismus ansehen. Der Pseudonominalismus Occams hingegen, die Frucht einer gründlichen Kritik, ist ein unzweideutiger Konzeptualismus. Daraus ergibt sich für uns der Schluß: **in der Scholastik hat der extreme Nominalismus keine Vertreter gehabt.** Wir begegnen ihm erst, wenn wir das Mittelalter überschreiten, und zwar in den nichtspiritualistischen Systemen, welche alle Verschiedenheit zwischen Sinneswahrnehmung und Denken aufheben.

Die gleichen Bedenken erheben sich bei der Vergleichung der Lösungen Abaelards mit dem Terminismus W.'s von Occam. Abaelard bahnt die thomistische Wendung an, Occam bekämpft sie; der erstere behauptet nicht die **reale** Bedeutung der Universalien, weil er auf diese Streitfrage nicht ausdrücklich eingeht, der letztere leugnet diese reale Bedeutung entschieden, um besser die rein **ideale** Objektivität des Allgemeinen zu verfechten.

400. Ergebnis. — Die spezifischen Elemente der Philosophie W.'s von Occam bestehen im konzeptualistischen Terminismus und in der Zeichentheorie ebenso wie in der Vorherrschaft der Logik, der „scientia rationalis".

Haben diese Elemente die Synthese Occams in dem Maße modifiziert, daß man sie, als Subjektivismus, zu den antischolastischen Lehren rechnen müßte? Nein. W. von Occam wollte nicht die Grundlagen des mittelalterlichen Dogmatismus umstoßen. In seinen Augen hat die intuitive Erkenntnis volle Objektivität. Und wenn man sagen kann, die okkamistische Wissenschaftsauffassung sei ein drohender Idealismus, so muß doch hinzugefügt werden, daß W. von Occam nicht jene gefährlichen Konsequenzen gezogen hat, die mehrere seiner Schüler zum Credo einer neuen Philosophie machen (3. Kap., § 3). Seine übrigen Theorien gehen von allgemeinen Voraussetzungen aus, wenn auch die Reinheit der Lehren immer mehr getrübt wird. W. von Occam bleibt Scholastiker, aber seine Neuerungen sind unglücklich und die allgemeinen Tendenzen seines Systems bekunden das allmähliche Hinschwinden der Kräfte der Scholastik.

401. Bibliographie. — Die Kommentare zu den Sentenzen und die Quodlibeta des Aureolus sind herausgegeben 1596 und 1605 (Rom); die Kommentare des Durandus wurden im 16. Jahrhundert häufig ediert. Über Durand, Aureolus, Occam vgl. Werner, Die nachsko-

---

1) Vgl. die genauere Darstellung der Logik W.s von Occam bei Prantl.
2) Ueberweg (a. a. O. S. 305) nennt W. von Occam den „Erneuerer des Nominalismus".

listische Scholastik; in jedem Kapitel wird eine Gruppe von Lehren betrachtet. N. Valois, P. Auriol, frère mineur (Hist. Litt. France, Bd. 33, 1901); Biographie und Werke, oberflächliche Beurteilung der Lehre. Vortreffliche biographische, bibliographische und doktrinale Studie von Raymundus Dreiling, Der Konceptualismus in der Universalienlehre des Franziskanerbischofs Petrus Aureoli (Beitr. Gesch. Phil. Mitt. XI, h. 6).

Die Kommentare Occams zu den Sentenzen erschienen 1483 und 1495 (Lyon); die „Quodlibeta" 1487 (Paris), 1491 (Straßburg); die logischen Schriften häufig: Paris, Bologna, Venedig (15. u. 16. Jahrh.) Über die physikalischen Schriften, welche W. von Occam zugeschrieben werden, s. Baur, Robert Grossetête. Über Occam vgl. die allgemeinen Werke Stöckls (II², 976 ff.) und Prantls (III, 331 ff.). Siebeck, Occams Erkenntnislehre in ihrer histor. Stellung (Archiv f. Gesch. d. Philos. 1897, S. 317 ff.); gut. Muschiotti, Breve saggio sulla filos. di G. d'Occam (1905, Fribourg, Schweiz). Diss. A. Kühtmann, Zur Geschichte des Terminismus (Leipzig, 1911); vergleicht W. von Occam, Condillac, Helmholtz, Mauthner. Bruckmüller, Die Gotteslehre Wilhelms von Occam. Dissertat. München, 1911.

§ 3. Die Partei der Okkamisten oder Terministen.

402. Die Macht der terministischen Schule. Prohibitivmaßnahmen. — Die Lehren W.'s von Occam finden im 14. und 15. Jahrhundert ein kräftiges Echo in den philosophischen Schulen der Pariser Universität. Schon bei Lebzeiten Occams stellt der Okkamismus[1]) eine zahlreiche und mächtige Partei dar. Beweis dafür die große Reihe der Vertreter der Philosophie des „venerabilis inceptor" und die zahlreichen Versuche der Autoritäten, die vorrückende Flut aufzuhalten.

Der Okkamismus hat seinen Erfolg als Neuerung und Reaktion und alle offiziellen Verfolgungen vermögen ihm nichts anzuhaben. Die Geschichte dieser Verbote wirft auf die Lehren des Okkamismus nach W. von Occam neues Licht. Wir betrachten sie in Kürze, um den Geist, der sie beseelt, kennen zu lernen.

Im Jahre 1339 untersagt die Artistenfakultät für ihre Kanzeln die okkamistische Lehre, welche gewisse Lehrer nicht bloß in ihren öffentlichen Vorlesungen, sondern auch in privaten Versammlungen und in den „conventicula" lehren.[2]) Die Fakultät will zu den Traditionen des 13. Jahrhunderts zurückkehren und beruft sich auf Gründe der Disziplin: die akademischen Vorschriften, denen man Treue geschworen hat, sind zu beachten und niemand hat das Recht, andere Bücher zu erklären („legere") als die von unseren Vorgängern bestimmten.

Dieser Verweis auf die Ordnung bleibt wirkungslos, denn vierzehn Monate später erneuert die Fakultät ihre Verbote. Diesmal aber schlägt sie einen andern Ton an und erhebt den Warnungsruf: die neuen Lehren sind voller Gefahren, sie bilden ein Gewebe unerträglicher Irrtümer, die geeignet sind, Philosophie und Theologie zu kompromittieren. Das Statut vom Jahre 1340 verzeichnet die Hauptlehren, die man aus den Schulen verbannen will und ist insofern von großem Interesse. Hiernach haben die Okkamisten vor allem den dialektischen Geist des Meisters ererbt und sie

---

[1]) Reg. procur. nat. Angl. für 1341 gebrauchen den Ausdruck „Occhanistae": statutum facultatis contra novas opiniones quorundam, qui vocantur Occhanistae" (Chart. II, 507). Gerson spricht von den Kontroversen zwischen „formalistae" und „terministae", P. Nigri sogar von „conceptistae".

[2]) Chart. II, 485.

wenden sich mit Vorliebe den von P. Hispanus behandelten logisch-grammatischen Fragen zu. Isoliert man diese formale Logik von dem Sachgehalt der terministischen Philosophie, so führt sie zu sprachlichen Erörterungen, zu Wortspielen, würdig der Sophisten, nicht der Philosophen. Man urteile selbst darüber: Die im Statut gemeinten Lehrer nehmen nur die „suppositio personalis" („Quod nullus dicat simpliciter vel de virtute sermonis omnem propositionem esse falsam, quae esset falsa secundum suppositionem personalem terminorum ⎯ actores enim saepe utuntur aliis suppositionibus") und die buchstäbliche Auslegung an („Quod nullus dicat quod nulla propositio sit distinguenda. Quod nullus dicat propositionem nullam esse concedendam, si non sit vera in eius sensu proprio ⎯ quia Biblia et actores non semper sermonibus utuntur secundum proprios sensus eorum"). Sie reduzieren die Wissenschaft auf eine Untersuchung von Begriffen und Wörtern, nicht von Dingen („Quod nullus dicat scientiam nullam esse de rebus quae non sunt signa, id est, quae non sunt termini vel orationes").[1]

Aber es gibt noch eine zweite Kategorie von Sätzen, die von der Artistenfakultät getroffen wird, und hier ist es, wo die eigentliche Ursache der Kriegserklärung gegen den Okkamismus zu suchen ist. Manche Vertreter der neuen Lehren waren nämlich, indem sie die Theorien Occams entstellten und fremde Elemente hineinbrachten, zu offenkundig antischolastischen Systemen vorgeschritten (Nr. 424). Und so ist es die Sorge, die philosophische Synthese und die orthodoxe Theologie zugleich zu erhalten, was Papst Clemens VI. leitete, als er im Mai des Jahres 1346 den Pariser Lehrern und Studierenden schrieb, um sie vor jenen „variae et extraneae[2] doctrinae sophisticae" zu warnen. Der Irrtum, erklärt er, steckt keimhaft in diesen gefährlichen Lehren, durch welche jene, welche die gute Sache vertreten sollten, zu Proselyten des Schlechten werden.[3]

Bedeutsam ist dabei folgendes: Während innerhalb eines Zeitraums von sieben Jahren drei Verbote des Okkamismus erfolgen, prosperiert dieser in Paris, die Mehrzahl der magistri artium vertreten ihn öffentlich oder geheim und, was noch mehr sagen will, selbst zur Zeit Clemens IV. verficht einer der bekanntesten und einflußreichsten Lehrer, ein Rektor der Pariser Universität, Johann Buridan, offen den Okkamismus. Es besteht hier ein Konflikt zwischen der Sach- und Rechtslage, der sich vielleicht aus den Motiven der Verbote erklärt. Was die Autoritäten erschreckt, ist der Mißbrauch des Okkamismus seitens mancher Lehrer zugunsten antischolastischer Theorien, und dies ist das Übel, das vor allem zu vermeiden ist. Aber viele Okkamisten wollen Scholastiker bleiben und bleiben es auch. Ihre Lehren brauchten keine Befürchtungen zu erwecken, und wenn sie von dem Buchstaben der Verbote getroffen wurden, so waren sie es doch nicht dem Geiste

---

[1] Chart. II, 506.

[2] Ricardus de Bury (a. a. O., für das Jahr 1344) sagt von den Pariser Lehrern: „Anglicanas subtilitates, quibus palam detrahunt, vigiliis addiscunt" (Ebd., S. 590, A.).

[3] „Plerique quoque theologi ... philosophicis quaestionibus et aliis curiosis disputationibus et suspectis opinionibus .. se involvunt ⎯ sic quod, unde deberent prodire fructus uberes sicut antiquitus reficientes fideles .. pestifera pullulant quandoque semina".

nach. Und in dieser Gruppe von Okkamisten finden sich die berühmtesten Vertreter der Partei.[1]

An anderen Universitäten siegte der Okkamismus mühelos oder übte er eine offizielle Diktatur aus. So an den Universitäten von Wien und Köln, wo die Lehren Buridans in Geltung standen, sowie an der Heidelberger Universität, welche die Lehren ihres ersten Rektors, Marsilius von Inghen, adoptierte.[2] Im Jahre 1425 hatten sich die Kölner Lehrer vor dem Kurfürsten zu verantworten, weil sie die „antiqui alti sermoni doctores" (Albert der Große und Thomas von Aquino), nicht die „magistri moderniores" zu Führern wählten.[3]

403. Die ersten Okkamisten. J. Buridan. — Der Minorit Adam Goddam oder Voddam, die Dominikaner Armand von Beauvoir, Lehrer des heiligen Palastes (1328, gest. 1334/40), Robert Holcot (gest. 1349) gehören zu den ersten Verfechtern des Okkamismus. Die neuen Anschauungen beeinflussen auch eine Gruppe augustinischer Eremiten (Nr. 414). Der Hauptvertreter des Okkamismus in der ersten Hälfte des 14. Jahrhunderts ist aber zweifellos Johann Buridan.

Johann Buridan, geboren Ende des 13. Jahrhunderts in Béthune, hörte die Vorlesungen W.'s von Occam in Paris. Im Jahre 1328 wurde er Rektor und ein Vierteljahrhundert hindurch nahm er eine hervorragende Stellung an der Artistenfakultät und Universität ein. Nicht bloß ward er durch die offiziellen Verbote nicht verhindert, den Okkamismus zu propagieren, sondern wir sehen, daß zwei Jahre nach dem Schreiben Clemens' VI., am 5. August 1348, der Rektor und die Prokuratoren ihm eine unverkennbare Vertrauens- und Sympathiekundgebung veranstalten — wohl ein neuer Beweis, daß die Artistenfakultät weniger auf die Ächtung des Okkamismus bedacht war als auf die Unterdrückung gewisser Mißbräuche, deren sich eine Gruppe abirrender Schüler schuldig machte. Unrichtig ist, daß Buridan an der 1365 begründeten Wiener Universität gelehrt habe und daß er mit Marsilius von Inghen aus Paris vertrieben worden sei. Ebenso legendär sind seine Beziehungen zu Johanna von Navarra.[4] Er starb nach 1350 und hinterließ eine „Summa de dialectica", ein „Compendium logicae" und Kommentare zur Physik, Metaphysik, Ethik des Aristoteles, zu „De anima" und den „parva naturalia".[5]

Buridan beschäftigt sich am meisten mit dem Freiheitsproblem und vertritt den psychologischen Determinismus. Jedes Gut, das der Intellekt uns vorhält, übt auf den von Natur aus indeterminierten Willen einen natürlichen Reiz aus, und wenn wir uns dieser „complacentia" hingäben, so würden wir

---
1) Noch im 15. Jahrhundert werden die Verbote erneuert. 1473/4 sucht Ludwig XI. den Okkamismus aus Paris und Frankreich zu verbannen und ihn durch den Realismus des 13. Jahrhunderts zu ersetzen. Acht Jahre später (1481) wird das Verbot aufgehoben (Chart. III, S. X).

2) So hat 1406 Hieronymus von Prag Schwierigkeiten in Heidelberg, weil er in einem „actus scolasticus" Marsilius von Inghen, Buridan und andere Nominalisten angriff (Prantl, a. a. O. IV, 39).

3) Ehrle, Die päpstl. Enzykl., S. 316. Zu Oxford tritt im Minoritenkloster der skotistischen eine okkamistische Partei entgegen (D'Argentré, a. a. O. I, 342).

4) Chart. II, 646, a.

5) Jodocus Badius von Assche gab 1518 die Metaphysik heraus.

notwendig das uns größer scheinende von zwei Gütern wählen. Aber die Freiheit, die der Wille besitzt, ermöglicht es ihm, seine Wahl aufzuschieben und die Vernunft vor eine neue Prüfung der sich darbietenden Alternativen zu stellen. Unsere Entscheidung ist sittlich, wenn wir das Ziel unserer Natur („ordinatio finalis") zur Norm des Vergleiches nehmen. Es steht dem Willen frei, die Wahl wiederholt aufzuschieben; hat er aber endlich das Urteil der Vernunft berufungslos akzeptiert, dann wählt er notwendig das ihm besser scheinende Gut und darin eben besteht das Wesen der sittlichen Freiheit.[1]) Dies erinnert an Leibniz' „Gleichgewicht" des Willens und dessen Unerregbarkeit, wenn zwei Gewichte ihn auf beiden Seiten drücken. Bekannt ist die Geschichte von dem Esel, der zwischen zwei gleichgroßen und gleichbeschaffenen Heubündeln stirbt. Sie findet sich nicht in Buridans Schriften; zweifellos haben sie Zeitgenossen erdacht, um seine Theorie ins Lächerliche zu ziehen. Vielleicht auch hat sich Buridan ihrer in seinen Vorlesungen bedient, um den Unterschied zwischen dem freien Willensakt des Menschen und dem notwendigen Tun des Tieres zu zeigen.[2]) Während das Tier notwendig dem stärkeren Antrieb gehorcht und aus der Unentschiedenheit nicht herauskann, wenn man sich sein Streben durch zwei gleiche Güter fixiert denkt, findet der Mensch in der Reflexion ein Mittel, um schließlich das beste Gut zu entdecken und ihm nachzugehen.

Als entschiedener Okkamist bestreitet Buridan jede Verschiedenheit zwischen den Seelenvermögen. „Voluntas est intellectus et intellectus est voluntas."[3]) Doch geht die intellektuelle Tätigkeit dem Wollen voraus und spielt im sittlichen Leben die Hauptrolle.

404. **Marsilius von Inghen** und **Pierre d'Ailly** sind die Häupter des Okkamismus in der zweiten Hälfte des 14. Jahrhunderts.

Marsilius von Inghen (gest. 1396) erwarb sich an der Pariser Universität hohes Ansehen.[4]) So zahlreich waren seine Hörer, als er „magister regens" an der Artistenfakultät war, daß man den Zeitpunkt voraussehen konnte, wo der Raum für jene nicht zureichen würde.[5]) In den Jahren 1367 und 1371 war er Rektor und vermittelte bei allen wichtigen Angelegenheiten der Universität, namentlich jenen des Schisma. Die wirre Lage der Universität veranlaßte ihn vielleicht (um 1379) zum Weggange von Paris. Er ging nach Heidelberg, wo er die Seele der jungen Universität wurde. Er war deren erster Rektor (1386) und führte hier den Okkamismus ein. Sein Hauptwerk sind die „Quaestiones supra IV lib. Sentent."

Pierre d'Ailly, mit dem Beinamen „Aquila Franciae", wurde 1350 in Compiègne geboren, studierte am Navarrakollegium in Paris Theologie (1372), wurde 1380 zum Doktor promoviert, wurde der Reihe nach Kanzler der Universität (1389), Bischof von Pui und Cambrai, endlich Kardinal

---

1) Wir sprechen nicht von dem notwendigen Wollen des Guten überhaupt, das Buridan wie die Thomisten erklärt.
2) Nach Siebeck, a. O., S. 204.
3) In Eth. Aristot. l. 10, q. 1, fol. 204 (Ed. Paris, 1513).
4) Chart. III, 93, 555.
5) Auctarium chart. I, S. XXXIII.

(1411). Er starb im Jahre 1420. Seine zahlreichen Werke, zu welchem die Kommentare zu den Sentenzen und ein Traktat „De anima" gehören, zeigen ihn uns als treuen Schüler Occams. Auch der Mystik neigt er zu (Nr. 416).

405. Albert von Sachsen. — Philosoph und Gelehrter, wird Albert von Helmstaedt oder von Sachsen (de Saxonia) als einer der hervorragendsten Lehrer in Paris (in der zweiten Hälfte des 14. Jahrh.) genannt. Im Jahre 1351 trat er zuerst als magister artium auf. Er war 1351 Prokurator der englischen Nation, 1353 Rektor und hinterließ in den Universitätsdokumenten[1]) viele Spuren seiner Tätigkeit. In der Folge nannte man ihn zuweilen Albertutius oder Albertus parvus, um ihn von Albert dem Großen zu unterscheiden. Nichts bezeugt, daß er einem religiösen Orden angehört oder daß er in Wien gelehrt habe oder daß er mit Albert von Halberstadt zu identifizieren sei. Wir kennen von ihm einen „tractatus proportionum", Erörterungen über „De coelo et mundo" (eine Abschrift ist aus dem Jahre 1378 datiert), über die „Physik", über „De generatione et corruptione",[2]) eine logische Schrift, „Sophismata", Kommentare zu den zweiten Analytiken und zur Logik Occams. Seine zahlreichen wissenschaftlichen Schriften zeichnen sich durch Klarheit und Bestimmtheit aus und manche von seinen physikalischen und mechanischen Theorien haben Spuren in den Theorien von Leonardo da Vinci, Kopernikus und Galilei hinterlassen. Albert von Sachsen hat originelle Anschauungen betreffs des Weltzentrums und des natürlichen Ortes der Erde,[3]) über das Minimum der für die Existenz eines homogenen Stoffes nötigen Größe[4]), über das Unendlichkleine und das Unendlichgroße[5]), über die Unmöglichkeit der Mehrheit der Welten. Er trug in hohem Maße dazu bei, ausführliche Erörterungen über den Ort (ubi), den Raum, die Zeit und andere Grenzfragen der Wissenschaft und Philosophie in Schwang zu bringen.

406. Andere Vertreter des Okkamismus. — Von den übrigen Okkamisten nennen wir Heinrich von Hessen (Henricus Heynbuch de Hessia, 1325—1397), der um 1385 an der Wiener Universität eine große Rolle spielte; Themon, Sohn des Juden, Zeitgenosse Alberts von Sachsen, Verfasser von Quaestiones über die 4 Bücher „Meteora"; Johannes Dorp von Leyden, lehrte erst in Paris (Ende des 14. und Anfang des 15. Jahrhunderts), ging dann nach Köln, wo er den Okkamismus verbreitete und Kommentare

---

1) Auctarium, passim.
2) Duhem, a. a. O. I, 3—7.
3) Die Erde befindet sich im Weltmittelpunkt, aber nicht in absolut unbeweglicher Weise. Aus dem Grundsatz, daß der Schwerpunkt aller schweren Körper stets die Tendenz hat, in den Weltmittelpunkt zu rücken, folgt, daß die Erde die ihr von manchen zugeschriebene absolute Unbeweglichkeit nicht besitzt. Eine Menge von Faktoren, wie die Sonnenwärme, die Erosion verändern die Verteilung der Schwere in der irdischen Masse und verrücken deren Schwerpunkt. Duhem, a. a. O. I, 13 ff.
4) Da diese von den Umständen abhängt, so gibt es nach ihm kein absolutes Minimum einer bestimmten Größe der homogenen Substanz (II, 15).
5) Ist eine aktive Kraft gegeben, so besteht ein Maximalwiderstand unter den Widerständen, die sie zu überwinden vermag („maximum in quod sic") und ein Minimalwiderstand unter den Widerständen, die sie nicht überwinden kann (II, 26). Das aktuell Unendlichgroße ist unmöglich (II, 43—45).

zu den Schriften Buridans verfaßte. Nicolaus von Oresme, 1362 Theologielehrer, 1377 Bischof von Lisieux, übersetzte den Aristoteles ins Französische, gestorben 1382. Ein Vorläufer des Kopernikus, erklärte Nicolaus von Oresme, daß die Hypothese der Erdumdrehung die Phaenomene des Himmels ebensogut erkläre wie die der Unbeweglichkeit der Erde. Schon vor ihm, zur Zeit, da Fr. von Mayronis über die Sentenzen las, lehrte jemand „quod si terra moderetur et coelum quiesceret, esset in mundo melior dispositio".[1] [Heinrich von Hessen und Nicolaus von Oresme sind auch für die Geschichte der nationalökonomischen Theorien des 14. Jahrhunderts von Bedeutung, der eine durch seinen „Tractatus de contractibus et origine censuum", der andere durch eine wichtige Schrift über die Münzen.[2])

407. Bibliographie. — Ausgaben der logischen Schriften Buridans 1487 (Paris) und 1489 (Venedig), seiner Kommentare: 1489, 1500, 1516, 1518 (Paris) und Oxford (1637, 1640). — Siebeck, a. a. O., S. 199ff. (Nr. 351); Beiträge zur Entstehungsgeschichte der neueren Psychologie (Progr. Gießen), 1891. De Wulf, Hist. philos. scol. Pays-Bas, S. 293. — Ausgabe der Kommentare P. d'Ailly's zu den Sent.: Straßburg, 1490. Tschackert, Peter von Ailly, Gotha, 1877. Salembier, Petrus de Alliaco, Diss. Lille, 1886. A propos de P. d'Ailly. Biographie et Bibliographie (Auszug aus Bd. 64 der Société d'émulation), Cambrai, 1909. E. Hartmann, Die sinnliche Wahrnehmung nach P. d'Ailly (Philos. Jahrb. 1903, S. 36 u. 139). Gut; zeigt, daß d'Ailly nur die falsche Theorie der species ablehnt. Über die theologische Bedeutung d'Aillys und dessen Mitwirkung am Konzil von Konstanz vgl. Salembier, in: Dict. théol. cathol. I, 1900, 642 und: Revue de Lille, Oktober 1907. Meunier, Essai sur la vie et les ouvrages de N. d'Oresme (Paris, 1857); Jourdain, N. d'Oresme et les astrologues de la cour de Charles V. (Exkurs usw.). Bridrey, Nicole d'Oresme. La théorie de la monnaie au XIVe s., Paris, 1906. Werke Alberts von Sachsen, Ausg. der „Quaestiones", 1516 u. 1518 (Badius Ascensius) von G. Lockert (unvollständig); von „De coelo" 1481 (Pavia, 1492, Venedig 1497, Paris 1516, Venedig 1520); zehn Ausgaben des „Tractatus". — G. Lockert, Leiter des Kollegiums Montaigu (16. Jahrh.) edierte zweimal (1516, 1518) bei J. Badius Ascensius alle „Quaestiones" nebst den Untersuchungen über die „Meteora" von Thémon dem Juden und des Buridans Untersuchungen über die „parva naturalia". — Ausgabe der Logik, 1522; De coelo, von 1481—1520 fünf Editionen. Über A. von Sachsen: Prantl, a. a. O. IV. Duhem, Études sur Léonard de Vinci. Ceux qu'il a lu et ceux qui l'ont lu (Paris, 1906 u. 1909) I, K. 1, 8, u. II. Neue Quellen; für die Geschichte der Wissenschaften wichtig. Duhem, Le mouvement absolu et le mouvement relatif (s. oben). Duhem, La dialectique d'Oxford et la scol. ital. (XIV. s.) B. ital. 1912, t. XII.

Dritter Abschnitt.

Die skotistische Schule.

408. Charakter derselben. — Duns Scotus hat die Qualitäten eines Schulhauptes: seine Philosophie ist organisch, seine Neuerungen sind haltbar und zusammenhängend. Um seine Lehre schart sich die bedeutendste Gruppe des Franziskanerordens. Stolz nennt man ihn den „doctor ordinis", doch wissen wir nicht, wann dies offiziell geschah.[3] Bis zur Mitte des 14. Jahrhunderts beachtet man die großen Lehrer, welche die ersten Traditionen der Franziskaner fixiert haben, nur wenig.

Die Schüler gingen ferner über den Lehrer hinaus; sie steigerten seinen

---

1) Duhem, François de Mayronnes et la rotation de la terre, Archiv. francisc. 1913, S. 23—29.
2) Brants. a. a. O. S. 20.
3) Ehrle, Die päpstl. Enzykl., S. 292, A. 1.

Formalismus ins Extreme und vervielfachten seine Abstraktionen. Ihre Sprache verwirrte sich dafür wie ihre Methode und sie trugen ebensosehr wie die Terministen zum Verfall der scholastischen Denkweise bei. Aus diesem Grunde muß man zwischen der Philosophie des Scotus und dem Skotismus unterscheiden.

409. Die wichtigsten Skotisten. — Franz von Mayronis (gest. 1325) ist der erste und vielleicht der schuldigste von diesen ungeschickten Schülern, welche die Metaphysik des Scotus mit chimärischen und subtilen Realitäten überfüllen und die Angriffe der Thomisten und Okkamisten auf sich ziehen; er war der bedeutendste unter den unmittelbaren Nachfolgern des Scotus und verdiente infolge der Übertreibung der Prinzipien seines Lehrers den Beinamen des „magister acutus abstractionum".[1]) Nach ihm sind von den Skotisten des 14. Jahrhunderts zu erwähnen: die Franziskaner Antonio Andreae, der „doctor dulcifluus" (gest. um 1320), Johann Canonicus (um 1320), Jean de la Rive, Gerhard Odo, Johann von Bassoles, einer der Lieblingsschüler des Scotus, John Dumbleton, Nikolaus von Lire (gest. um 1349).[2]) Der Weltgeistliche Galterus Burlaeus (Walter Burleigh, 1275 bis nach 1342, „doctor planus et perspicuus") vertrat in seinen Kommentaren zu Aristoteles einen Realismus, der sich mit der Lehre des hl. Thomas berührte. Er soll der Verfasser einer Reihe von „Tractatus philosophici" sein, die oft dem hl. Bonaventura zugeschrieben wurden.[3]) Alexander von Alexandria (gest. 1314), Verfasser von Kommentaren zur „Metaphysik" verficht den reinen Skotismus, ebenso Lychetus von Brescia, Kommentator des „opus oxoniense" (gestorben 1520) und Nikolaus von Ortellis (gest. 1455), dessen Kommentar zu den Sentenzen als klassisches Handbuch in den Franziskanerschulen des 15. Jahrhunderts galt.

Die thomistische Schule hatte niemals die gleiche Ausdehnung wie ihre mächtigen Rivalinnen.[4])

Vierter Abschnitt.
Die thomistische Schule.

410. Der Thomismus im 14. Jahrhundert. — Im 14. und 15. Jahrhundert bewahrte der Thomismus sein Ansehen. Der hl. Thomas war aufs höchste erhoben, die gegen manche Punkte seiner Lehre gerichteten Verbote waren zurückgezogen worden und selbst W. von Occam hatte sie für Willkürakte gehalten.

Die Zisterzienser und Karmeliter liefern dem Thomismus zahlreiche Proselyten. Unter diesen ist der Priorgeneral Gerhard von Bologna (gest. 1317) der erklärte Gegner der skotistischen Formalitäten. Raoul

---

[1]) Der „Actus Sorbonicus", dessen Urheber er gewesen sein soll, ist legendär (Chart. II, 273).

[2]) Labrosse, Recherches sur la vie et l'oeuvre de Nicolas de Lyre, Toulouse 1906. Oeuvres de N. de Lyre (Étud. francisc. 1908); Biographie de N. de L. (ebd., 1907).

[3]) Dissert. de scriptis seraph. doctoris, im X. Bde. der Edit. Quaracchi, S. 26.

[4]) Zu denjenigen, welche das Studium des hl. Bonaventura fortsetzen, gehören im 15. Jahrhundert der Franziskaner Bertramus von Alen, der eine „explanatio" des „Itinerarium mentis in Deum" unter dem Titel „Liber de investigatione creatoris per creaturam" schrieb (ebd., S. 11; V, S. XXVI).

der Bretone (1. Hälfte des 14. Jahrhunderts) und der Sorbonnist Johann von Pouilli (1. Hälfte des 14. Jahrhunderts) sind freie Aristoteliker, welche Anhänger des gemäßigten Realismus sind.

Die große Masse der Thomisten aber sowie die der Polemiker findet sich im Praedikanten-Orden. Die Dominikaner im Beginn des 14. Jahrhunderts sind hervorragender als ihre unmittelbaren Vorgänger, die doch an den Vorlesungen des Meisters selbst herangebildet waren. Zu den heftigsten Gegnern des Duns Scotus sind zu zählen Thomas von Jorz (gest. 1310), der in einem Kommentar zum 1. Buch der Sentenzen den Skotismus bekämpft, Hervé von Nedellec, Johann von Neapel (gest. 1330), der seinen Lehrer verteidigt und die von der Pariser Verurteilung betroffenen Thesen rechtfertigt,[1]) Peter von Palude (gest. 1344). Hervaeus von Nedellec, 1318 Ordensgeneral, gest. 1323, der es verdient, besser bekannt zu sein, ist der Verfasser von Kommentaren zu den Sentenzen, von „Quodlibeta" (zwei Redaktionen) und von verschiedenen Schriften gegen Heinrich von Gent.[2]) Er verfaßte eine „Defensio doctrinae D. Thomae" mit beachtenswerten Erörterungen über die wissenschaftliche Bedeutung der Theologie und stellt den ersten Versuch einer Apologie der theologischen Summe des Thomas von Aquino dar, wie Cajetan und Capreolus sie später unternahmen. Durand von Aurillac (gest. 1380), auch Durandellus genannt, verfaßte eine Schrift zur Widerlegung der Lehren, durch die sein Namensvetter Durand von St. Pourçain von Thomas abweicht.[3])

Schlag auf Schlag erneuern die Generalkapitel die feierlichen Verpflichtungen der Jahre 1278 und 1279. Mit berechtigtem Stolze werden die Lehren des großen Denkers, den ein bischöfliches Dekret vom Jahre 1323 als „ecclesiae lumen praefulgidum, gemma radians clericorum, flos doctorum, Universitatis Parisiensis speculum clarissimum et insigne, claritate vitae, famae et doctrinae velut stella splendida et matutina refulgens" zu bezeichnen keinen Anstand nahm, auferlegt.[4]) Meistens werden diese Statuten, welche dem gesamten Orden den Anschluß an die Lehren des hl. Thomas geboten, zu dem Zwecke erlassen, um Predigerbrüder, deren Abfall Anstoß erregte, zum Thomismus zurückzuführen. So z. B. fällt das Statut des Generalkapitels von Bologna (1315) mit einer Rüge zusammen, welche im selben Jahre das Provinzialkapitel von Aretium dem Bruder Ubertus Guidi erteilte.[5]) Ein anderes Generalkapitel (1346) erneuert die Verpflichtung zu

---

1) Die auf diese Thesen sich beziehende Erörterung aus seinem zweiten Quodlibet hat Echard veröffentlicht (a. a. O. I, 476).

2) Nach dem von Denifle (Quellen..., S. 228) veröffentlichten Verzeichnis. Zu den Quodlibeta gehört ein Traktat „De formis". Außerdem verzeichnet Ehrle von Hervaeus noch zwei andere Traktate „De formis" (Alemannus etc., III, 2, S. IX; s. unten). Handschriften mit der „reportatio" verschiedener Quodlib. des G. von Fontaines schreiben sie teils H. von Nédellec, teils Heinrich Teutonicus von den Eremiten des hl. Augustinus zu. De Wulf, Étude sur la vie, les oeuvres et l'influence de G. de Fontaines, S. 65—66. Hervé ist wohl nicht der Verfasser der dem hl. Thomas fälschlich zugeschriebenen „Summa totius logicae".

3) In dem von Denifle publizierten Verzeichnis der Dominikanerschriften finden sich auch logische Schriften von Albert von Erfurt (vor 1350) und von Gratianus Esculanus (um 1341).

4) Chart. I, 280—281.

5) Chart. II, 173—174.

Thomas nur deshalb, weil mehrere Dominikaner in Paris und anderwärts sich in die antischolastische Bewegung hatten hineinziehen lassen (3. Kap., § 3).[1])

411. Der Thomismus im 15. Jahrhundert. Antonin von Florenz. — Der bekannteste unter den Dominikanern des 15. Jahrhunderts ist Capreolus. Johannes Capreolus, geb. um 1380 in Rodez, wo er seinen ersten Unterricht erhielt und den hl. Thomas lieben lernte, vollendete seine Studien in Paris (um 1409), ging dann nach Toulouse und zuletzt nach Rodez, wo er bis zu seinem Tode (1444) blieb. Im Kloster zu Rodez vollendete er (um 1432) das monumentale Werk „Libri defensionum", das ihm den Beinamen „princeps thomistarum" verschaffte. Das einzige Ziel, daß er anstrebt, ist — nach seinen eigenen Worten — die Erneuerung und Verbreitung der Anschauungen des hl. Thomas sowie deren Verteidigung gegen die Einwände „des Aureolus, Scotus, Durand, Jean de la Rive, Heinrich von Gent, Warron, Adam und andererer Gegner des hl. Thomas."[2]) Die Schrift des Capreolus ist denn auch ein Quellenwerk für die thomistische Lehre in Beziehung zum Skotismus und Okkamismus und sozusagen eine Enzyklopaedie der scholastischen Kontroversen der beiden letzten Jahrhunderte. Leider ist das Werk des Capreolus schon mit gewissen methodischen Fehlern der verfallenden Scholastik behaftet.

Antonin von Florenz (1389—1459) wurde 1406 Dominikaner, 1446 Bischof von Florenz. Sein Hauptwerk, eine „Summa theologica", streift wichtige Probleme des sozialen (z. B. den Reichtum, die Produktionsfaktoren, den Wert, den Preis, das Geld, das Eigentum, den Arbeitsvertrag), politischen (z. B. die „prudentia regnativa, de dominis temporalibus", das Kriegsrecht) und Familienrechts (z. B. die Erziehung). Der Verfasser behandelt dies alles vornehmlich vom allgemein ethischen Standpunkte, doch bietet er wertvolle Daten zur Geschichte der ökonomischen und sozialen Theorien des 14. und 15. Jahrhunderts. Überzeugter Thomist (— er sagt in seinem Vorwort von Thomas: „quem omnibus propono"), hat Antonin es verstanden, die Grundsätze seines Meisters auf neue Gebiete anzuwenden. Zu nennen ist auch Philipp von Bergame (gest. 1432), Verfasser der wohl bekannten Tabellen zu den Schriften des hl. Thomas (seit 1475 gedruckt).

412. Dionysius der Karthäuser. Gerson. — D., ein mystischer Schriftsteller von hohem Ansehen, läßt sich den Thomisten eingliedern; er ist der hervorragendste niederländische Scholastiker des 15. Jahrhunderts. Geboren 1402 in Ryckel (Limburg), wurde er in St. Trond erzogen; er wurde magister artium an der Kölner Universität, trat 1483 in den Karthäuserorden von Ruremonde ein und starb 1471.

Seine Hauptwerke auf philosophisch-theologischem Gebiete sind die Kommentare zu den Sentenzen und zu des Boëthius „De consolatione", die „Summa theologiae", das „Compendium philosophicum et theologicum", das „Dialogion de fide catholica". Es sind wahre scholastische Handbücher von großer Klarheit und Bestimmtheit, in denen der Verfasser die subtilen Kontroversen vermeidet, welche die Scholastik seiner Zeit erfüllten.[3]) Dionysius

---

1) Chart. II, 591—592.
2) Prooemium.
3) „Impertinentes subtilitates vitare propono" (In psalmos, prooem.).

ist eifriger Thomist; man bemerkt dies, wenn man die „Summa fidei orthodoxae" (I. III) betrachtet, die er selbst als „medulla operum St. Thomae" bezeichnet und in welcher er die in der „Summa" behandelten Probleme der Reihe nach erörtert. Doch weicht er in einigen Sonderpunkten vom Thomismus ab; so bemerkt er in seinem Kommentar zu den „Sentenzen", er habe seine Anschauung betreffs des Verhältnisses zwischen Wesenheit und Existenz geändert und habe, nachdem er erst die Realdistinktion verfochten (Magisterthese in Köln), sich in der Folge gegen diese Meinung gewendet.

Dem Thomismus des 15. Jahrhunderts dürfte auch ein anderer Mystiker anzugliedern sein, dessen philosophische Leistung wenig bekannt ist und der zuweilen zu den Terministen gerechnet wird: Johannes Gerson (Nr. 416), Kanzler von Paris. Mitten im philosophischen Streit stehend, konnte Gerson nicht umhin, sich um die Kämpfe zwischen den Scholastikern zu kümmern. In zwei Schriften, „Centilogium de conceptibus, de modis significandi" und „De concordantia metaphysicae cum logica" bekämpft er den skotistischen Formalismus, den er des Pantheismus verdächtigt.

413. Bibliographie. — F. Thomae Anglici (Thomas de Jorz) liber propugnatoris super I. 1 Sent. contra J. Scotum, Venet. 1521. Quodlibeta undecim etc. von Hervé de Nédellec, Venedig, 1513; enthält noch andere Schriften des Hervaeus: De beatitudine; de verbo; de aeternilate mundi; de materia coeli; de relationibus; de unitate formarum, de virtutibus, de motu angeli. Ein Teil von „De unitate formarum", welche Schrift die älteren Herausgeber des Alemannus (s. unten) dem hl. Thomas zuschrieben und die vollständig in der Ausgabe von 1513 enthalten ist, hat Ehrle als Anhang zu den Werken des Alemannus (III, 523—582) herausgegeben (Paris, 1894); vgl. die Einleit. zum II. Teil. — E. Krebs, Theologie und Wissenschaft nach d. Lehre d. Hochscholastik, an der Hand der Defensa doctrina D. Thomae des Hervaeus Natalis (Beitr. Gesch. Phil. Mitt. XI, 3—4, 1912). Bringt Auszüge aus der Schrift nach cod. 817 Vatic. mit einer vergleichenden Untersuchung der einschlägigen Lehren von Wilhelm von Auvergne bis auf Baconthorp. — J. Jellouschek, Verteidigung der Möglichkeit einer anfanglosen Weltschöpfung durch Hervaeus Natalis, Joannes a Neapoli, Gregor. Ariminensis und Joannes Capreolus (Jahrb. f. Philos. u. spekulat. Theol. 1911). — Die Schriften des Capreolus erschienen 1483, 1514, 1519. Neue Ausgabe der „Defensiones theologicae" von Paban und Pègues, sieben Bände, Tours, 1900—1908. La biographie de J. Capreolus (Rev. Thomiste, Juli 1899). Matracy, Le constitutif de la personne d'après Capréolus (Rev. Augustin., Juni 1908). — Ausgaben der „Summa theologica" des Antonin von Florenz, 1480, 1741, u. ö. Ilgner, Die volkswirtschaftlichen Anschauungen Antonins von Florenz (Paderborn, 1904): gut. — Neue Ausgabe der sämtlichen Werke Dionysius des Karthäusers von Dom Baret, begonnen 1896 in der Karthause N.-D. Près à Montreuil, beendigt in Tournai. Bd. 15 und 16: Kommentar zu Pseudo-Dionysius. Bd. 17 und 18: Summa fidei orthodoxae et dialogion de fide. Bd. 19—24: Kommentar zu den Sentenzen. Bd. 37 erschien 1909 bei Herder (Opera minora, Bd. V). A. Mouget, Dionysius der Karthäuser (1402—1471), sein Leben, sein Wirken, eine Neuausgabe seiner Werke, Mülheim a. Rh., 1898. In Montreuil erschienen 1887—1901: Annales ordinis Cartusiensis ab anno 1084 ad annum 1429 de Le Couteulx. — Ausgaben der Werke Gersons 1483 (Köln), 1488—1502 (Straßburg), 1521 u. 1606 (Paris), 1706 (Antwerpen). Über Gerson vgl. Nr. 417.

Fünfter Abschnitt.

Die Aegidische Schule.

414. Die Aegidische Schule. — Im 14. Jahrhundert gab es eine — mit dem Thomismus verwandte, aber doch selbständige — Aegidische Schule Nr. 335). Ihre Mitglieder gehörten dem Augustinerorden an; sie vertrat getreu die eklektischen Lehren des Aegidius von Rom. Ihre Hauptvertreter sind

Jakob von Viterbo, Gerhard von Sienna, Augustinus Triumphus von Ancona (gest. 1328) und besonders Thomas von Straßburg (1345 Generalprior, 1357 gest.), Verfasser von Kommentaren zu den Sentenzen.

Gregor von Rimini (gest. 1358), Nachfolger des Thomas von Straßburg, von dem wir Kommentare zu den Sentenzen besitzen, veranlaßte im Orden eine Spaltung. Seine Philosophie nähert sich besonders der Occams (intuitive, unmittelbare Erkenntnis des Einzelnen, Konzeptualismus, keine Unterscheidung zwischen der Seele und ihren Vermögen, hylemorphe Zusammensetzung aller Geschöpfe, Zweifel betreffs der Beweiskraft der Argumente für die Schöpfertätigkeit Gottes, u. a.).

Gregor von Rimini hatte Anhänger, aber seit der Mitte des 15. Jahrhunderts herrscht im Orden wieder Übereinstimmung in den Lehren. Die Aegidische Schule hatte ihre philosophischen und theologischen Anhänger hauptsächlich in Italien[1]).

Sechster Abschnitt.
Die orthodoxe Mystik.

415. Charakter der Mystik im 14. und 15. Jahrhundert. — Das 14. und 15. Jahrhundert erlebt eine lebhafte Erneuerung der mystischen Bewegung. Die Unfruchtbarkeit der Schulkontroversen und die Irrtümer, zu welchen sie so manchen Theologen verführt hatten (3. Kap., § 3), brachten einige Geister von der Spekulation ab und wandten ihre Neigungen dem beschaulichen Leben zu. Diesen seelischen Zustand schildert der Verfasser der „Nachahmung Christi", wenn er zu Beginn seines Werkes schreibt: „Was sollen wir mit diesen Streitigkeiten der Schule über Gattung und Art anfangen?" (I, 3.)

Gleichzeitig wurden die breiteren Schichten des Volkes von machtvollen Vereinigungen bearbeitet, welche die Mystik in die Massen trugen; der populäre Charakter der Mystik dieser Zeit bekundet sich darin, daß die Mystiker die meisten ihrer Schriften in der Umgangssprache verfassen.

Je nachdem sie die Wesensverschiedenheit von Gott und Geschöpf festhalten oder nicht, bewegen sie sich in einem Gedankenkreis, welcher der scholastischen Philosophie angemessen ist oder nicht. Die orthodoxen Mystiker überwiegen an Zahl und Bedeutung. Die bekanntesten unter ihnen sind Ruysbroeck, Gerson, Pierre d'Ailly und Dionysius der Karthäuser. Ihre Namen gehören eigentlich der Geschichte der mystischen Theologie und nur in zweiter Linie der Philosophiegeschichte an (Nr. 210). Daher wird ihnen trotz des Interesses, das sie darbieten, nicht mehr Raum gewährt.

416. Die wichtigsten Mystiker. — **Johannes Ruysbroeck** (1293—1381) der Bewunderungswürdige, Kapellan von St. Gudula in Brüssel, ging ins Augustinerkloster von Groenendael, wo er sich bis zu seinem Tode der Kontemplation widmete. Ruysbroeck bekämpfte den falschen Mystizismus, den im Hennegau die Porretisten und die Anhänger Blommardines (Nr. 423) vertraten. Trotz der Beschuldigungen Gersons hält das von Ruysbroeck geschilderte und geliebte mystische Leben — jene fruchtbare Einigung der

---

[1] Ossinger, Bibliotheca augustiana. Ingolstadt, 1768. Über Gregor von Rimini vgl. Werner, a. a. O. (Nr. 342).

Seele mit Gott, die sich unaufhörlich durch die Liebe erneuert und in einer „überwesentlichen Betrachtung der Dreieinigkeit, einem unnennbaren Gefühl, einem sublimen Nichtwissen" wurzelt — die Wesensverschiedenheit von Schöpfer und Geschöpf aufrecht[1]). Ruysbroeck übte einen entscheidenden Einfluß auf Gerhart Groot (1340—1384), das Haupt der „Brüder des gemeinsamen Lebens" aus. In einer jener Gemeinschaften, zu Deventer, finden wir Thomas a Kempis (1380—1471).

Zwanzig Jahre später bedeutete Johannes Gerson (Johannes Arnaudi de Gersonio, 1364—1429) für Frankreich dasselbe, was Ruysbroeck für die Niederlande war, gesteigert durch die Berühmtheit und das Ansehen, welche dem französischen Mystiker seine hohe soziale Stellung verschaffte. Gerson hörte die Vorlesungen Pierre d'Aillys in der Artistenfakultät, studierte seit 1381 Theologie und wurde 1395 Kanzler der Universität. Zwei Jahre nachher, zu einer Zeit, da er den hl. Bonaventura zu seinem Lieblingsautor erwählte, lebte er in Brügge, der Heimat Ruysbroecks, der Begharden und der Brüder des gemeinsamen Lebens. Diese Verhältnisse gewannen ihn vollends für die Mystik, die er gänzlich in den Dienst der Kirche stellte („doctor christianissimus"). Von 1401 bis 1407 lehrt er wieder in Paris, seit dem Jahre 1419 aber zwangen ihn politische Streitigkeiten zur Entfernung von Paris. In Lyon, wo er starb, verfaßte er eine große Menge mystischer Werke, vor allem: „Considerationes de theologia mystica speculativa", „De theologia mystica practica", „Tractatus de elucidatione scholastica mysticae theologiae". Gerson schildert hier die übernatürliche Verzückung der Seele durch die göttliche Liebe. In dieser ekstatischen Freude sind die niederen Wesensfunktionen gehemmt; doch ist Gerson emsig bemüht, diese Ergießung des Geschöpfes in den Schöpfer von der pantheistischen Verbindung zu unterscheiden, die er in allen ihren Formen verwirft.

Die Mystik Gersons ist von Bonaventura beeinflußt. Hingegen schildert der Okkamist Pierre d'Ailly in seinem „Speculum considerationis" und „Compendium contemplationis" die Stadien der mystischen Kontemplation nach Richard von St. Victor (Nr. 213).

Dionysius der Karthäuser behandelt in seinen zahlreichen Schriften alle Gebiete der Exegese, der Philosophie (Nr. 412), der Theologie und der Mystik („doctor exstaticus"). Diese Wissenschaften bilden nach ihm einen Stufenbau und konvergieren insgesamt nach den Erleuchtungen des kontemplativen Lebens. Als Mystiker beruft sich Dionysius auf Pseudo-Dionys und Ruysbroeck. Alle spekulative Erkenntnis dient als Einleitung zu den Akten des inneren Lebens. Der Karthäuser schildert die Süßigkeit der Ekstase und den Weg, der zu ihr führt, teils in seinen Kommentaren zu Pseudo-Dionys, teils in seinen Schriften „De oratione", „De meditatione", „De contemplatione", „De donis Spiritus sancti" u. a.

417. Bibliographie. — Die, vlämisch geschriebenen, Werke Ruysbroecks haben bekanntlich sein Schüler Gerhart Groot und Surius übersetzt. Die Hauptschriften sind: „Der Schmuck der geistigen Hochzeiten" (gilt als sein Hauptwerk), „Vom christlichen Glauben", „Das Seelen-

---

1) In herrlichen Worten schildert er die der Philosophie unbekannten Entzückungen der Seele: „Sieh, da erscheint ein geistiges Licht, das weder die Sinne, noch die Vernunft, noch die Natur, noch die schärfste Analyse begreifen können" (Geist. Hochzeiten II, K. 19).

tabernakel", „Die sieben Einfriedigungen", „Von den sieben Graden der Liebe". Vgl. die Ausgabe der Werke Ruysbroecks bei Auger, Étude sur les mystiques des Pays-Bas au moyen âge, Brüssel, 1892; gute Studie über seine Mystik. — Opera Gersonii, ed. 1483, 1488 u. ö., 1706 (Antwerpen). Über Dionys den Karthäuser vgl. Nr. 412. Übersicht über die neuen Arbeiten über die deutschen und niederländischen Mystiker von Martin, Chronique de mystique (Rev. Thomiste, 1911).

Drittes Kapitel.
Die nicht-scholastischen Philosophen.

418. Formen der Antischolastik. — Nach wie vor bleibt auch im 14. und 15. Jahrhundert (§ 1) der Averroismus der furchtbarste Gegner der Scholastik. Daneben entwickeln sich einige Formen heterodoxer Mystik ohne große wissenschaftliche Bedeutung (§ 2). Außerdem treten einige parasitäre Systeme auf, die zwar keinen dauernden Einfluß ausüben, aber doch symptomatisch sind (§ 3); in manchen Punkten sind sie mit dem Averroismus verwandt.

§ 1. Der lateinische Averroismus.

419. Der Averroismus in Paris. — Trotz der Verordnungen der Autoritäten und der Kämpfe, die jede Generation von neuem gegen ihn führt, kommt der Averroismus unter der Herrschaft Philipps des Schönen wieder auf. Johann von Jandun und Marsilius von Padua sind notorische Averroisten[1]). Einige Schüler Wilhelms von Occam schließen sich ihm an. Um die Theorie der doppelten Wahrheit anzunehmen, brauchten sie ja nur einen Schritt zu machen, und so ist es begreiflich, daß sie nicht immer sich betreffs eines Irrtums, den das okkamistische System so nahe legt, zu rechtfertigen wußten.

420. Johann von Jandun oder Johann von Gent. — Das unbestrittene Haupt des Pariser Averroismus im 14. Jahrhundert ist Johann von Jandun oder Johann von Gent (de Genduno, de Ganduno)[2]), denn betreffs der Identität des Philosophen, der die Johann von Gent zugeschriebenen einflußreichen Werke verfaßt hat, schwebt ein Zweifel. Denn man hat sehr lange Johann von Jandun, magister artium am Kolleg von Navarra, dann Lehrer der Theologie, Verfasser von „De laudibus Parisius" (1323) und „Defensor pacis", den seine politischen Lehren nötigten, sich mit Marsilius von Padua an den Hof Ludwigs von Bayern zu flüchten[3]), mit Johann von Gent (de Gandavo), einem friedlichen Pariser Theologen, Pfarrer von Kieldrecht und

---

1) Karl Wenck, War Bonifaz VIII. ein Ketzer? (Histor. Zeitschr., Bd. 94, 1), zeigt, daß die Anklagen gegen Bonifaz VIII. im Prozeß von Avignon sich auf den Averroismus beziehen. „Ich denke," schreibt Mandonnet, „sehr skeptisch über den Averroismus Bonifaz' VIII., weniger aber über jenen in der Umgebung des französischen Königs. Ich glaube, es waren die Agenten Philipps des Schönen, die ihren eigenen Averroismus dem verhaßten und verschwundenen Papste in die Schuhe geschoben haben" (Siger VI, 188, A.).

2) In den Handschriften finden sich beide Formen.

3) Am Hofe Ludwigs von Bayern verfaßten sie gegen Papst Johann XXII. die Schrift „Defensor pacis" (1327), die im selben Jahre verdammt wurde. d'Argentré (a. a. O. I, 397) verzeichnet für das Jahr 1376 „adversus errores Marsilii de Padua et J. de Janduno in Gallicum sermonem translatos".

dann Kanonikus in Paris, verwechselt. Im Jahre 1303 lehrt Johann von Gent in Paris Theologie, während Johann von Jandun im Jahre 1316 noch nicht magister artium geworden ist.

Wer von diesen beiden Männern ist das Averroistenhaupt? Es ist zweifelhaft. Zugunsten Johanns von Jandun spricht der Umstand, daß er in Paris durch Vermittlung des Marsilius von Padua eine Schrift des italienischen Averroisten Petri von Abano („Expositio problematum Aristot.") erhielt und in seinen Vorlesungen erklärte. Wie dem auch sei, die Kommentare zu des Aristoteles „De anima", die „Parva Naturalia", „De coelo et mundo", „Metaphysik" und „Physik", die „Expositio" und der Kommentar zu des Averroës „Sermo de substantia orbis"[1]) bilden Bestandteile eines einzigen von ein und demselben Arbeiter errichteten Gebäudes, in welchem der Averroismus deutlich zutage tritt. Auf jeder Seite begegnen wir jenem blinden Autoritarismus, der den averroistischen Schriften alle Originalität nimmt. Joh. von Jandun sagt von sich selbst, er sei der Affe des Aristoteles und Averroës[2]) und er ahme nur unvollkommen das vollkommene Werk beider Denker nach; er tadelt jeden, der wagen wollte, bei dem Kommentator Widersprüche zu finden. Joh. von Jandun kommentiert ausführlich die Hauptlehren des lateinischen Averroismus (Nr. 357): die Ewigkeit der Welt und der Bewegung[3]), die notwendige Verwirklichung des Möglichen[4]), den Mangel alles Bösen in den ewigen Wesen[5]), die Unmöglichkeit, daß Gott die Wesen erschaffen und etwas außer sich erkennen könne[6]). Als Psychologe lehrt er die Isolierung, Einheit und Ewigkeit des menschlichen Intellekts: „Unus substantialiter est omnium intellectus, non plurificabilis seu multiplicabilis ad corporum multiplicationem"[7]). Die intellektive Seele kann daher nicht die einzige Form des menschlichen Gebildes sein; sie ist von der sinnlichen Seele real unterschieden[8]). Obzwar diese Erklärung der Zusammensetzung unseres Wesens dem Philosophen viele Schwierigkeiten bereitet, hält er doch seine Lehre für befriedigender als die scholastische Theorie[9]). In der Ethik vermengt Joh. von Jandun das Freie mit dem Willkürlichen, um besser den psychologischen Determinismus zu verteidigen: „Liberum arbitrium est quod est gratia sui ergo liberum habet illud quod est gratia sui, licet ex ne-

---

1) Der Verfasser des Kommentars zu „De anima" verweist gelegentlich auf andere seiner Schriften: „Quaestiones de formatione foedus", „Quaestiones de gradibus et pluralitate formarum", „Tractatus de specie intelligibili", „Duo tractatus de sensu agente". Er teilt auch mit, eine dieser Schriften, „De sensu agente", sei seine Erstlingsschrift gewesen.

2) Kommentar zur Metaphys. (Venedig, 1525), f. 84.

3) „Totum mundum ingenitum secundum totum necesse est esse" (De coelo et mundo I, q. 29; Phys. 8, q, 3).

4) Metaphys. IX, q. 5: „Utrum aliquid sit possibile in rerum natura quod numquam erit." Der Philosoph antwortet verneinend.

5) Ebd., IX, q. 12.

6) Ebd., f. 142, c. 3.

7) De anima III, q. 7.

8) „Anima sensitiva et intellectiva sunt diversae substantiae et formae" (Ebd., III, q. 12).

9) „Quamvis igitur difficile sit intelligere quomodo ex materia et forma subsistente, non inhaerente, fiat unum, tamen multo difficilius est hoc intelligere de anima intellectiva et humano corpore secundum positionem catholicam quam secundum positionem commentatoris" (ebd., f. 65).

cessitate agat"[1]). Dies ist gewiß entschiedene Antischolastik. Nicht minder bedeutsam ist die Haltung des Christen, der seinen bloßgestellten Glauben schützen will. „Obzwar ich", bemerkt er, „vor meiner Vernunft alle Lehren des Averroismus für wahr halte, so gelten sie mir doch vor meiner Religion als falsch". Hierin liegt, nach dem hl. Augustinus, das Verdienst des Glaubens. „Ibi cessat meritum, ubi ratio praebet experimentum." Und ferner: Die wunderbare Allmacht Gottes kennt keine Grenzen, auch nicht solche des Unmöglichen: „Responderem breviter concedendo tamquam possibilia apud Deum omnia ad quae illae rationes deducunt tamquam impossibilia[2])". Dieser Ausweg befriedigt ihn sehr und gewährt ihm die Illusion, zwei unvereinbare Dinge miteinander zu vereinbaren[3]).

Es darf uns hiernach nicht wunder nehmen, daß Johann von Jandun oder Joh. von Gent darauf sinnt, das Ansehen des hl. Thomas, den die Pariser Universität hoch schätzte, herabzusetzen. Nicht ohne Geringschätzung schwärzt der Averroist die Kommentare dieses Exegeten an, „qui putatur fuisse melior inter latinos", und er schließt: „Sed re vera salva reverentia huius hominis, ipse inaniter laborat contra commentatorem sicut et in aliis philosophicis in quibus ei obiicit .. Dico quod ego non credo ei in hoc, sicut nec in aliis conclusionibus philosophicis in quibus contradicit commentatori."[4])

Johann von Jandun ist übrigens eines der Häupter der Schule und er selbst zitiert an verschiedenen Stellen seiner Schriften solche Monographien seiner „socii" über besondere Probleme der averroistischen Lehre.[5])

421. Der Averroismus in Italien. — Von der Mitte des 14. Jahrhunderts bis zum 17. Jahrhundert war der Norden Italiens, besonders die Universität von Padua, ein Herd des Averroismus. Man kann sagen, die Universität von Padua ist von den Lehren Johanns von Jandun, dem sie sich übrigens zu Dank verpflichtet fühlte, abhängig. Die hier begründete averroistische Schule[6]) wurde zur Geltung gebracht durch den Servitenmönch U r b a n

---

1) De coelo et mundo, f. 22.
2) De anima, f. 66, c. 1.
3) „Quod si alicui primo adspectu non videretur sufficere ad solutiones rationum, non tamen propter hoc debet conturbari, quia certum est quod auctoritas divina maiorem fidem debet facere quam quaecumque ratio humanitus inventa" (De anima, f. 60, c. 1). Und Metaphys., f. 13, c. 1: „Credo melius esse quoad salutem animarum nostrarum assentire et simpliciter credere, quam rationibus sophisticis ea probare et rationes ex sensibus electas debiliter et minus evidenter annotare."
4) Physik, f. 96, c. 4; 97, c. 2.
5) Einer der bei den Karmelitern geschätztesten Lehrer, Johann Baconthorp (Johannes Baco, gest. 1346), Verfasser von Kommentaren zu den Sentenzen (Venedig, 1527) und ein guter Freund des Thomas Bradwardine, gilt als des Averroismus verdächtig. Er nimmt die Mehrheit der Formen im Menschen, die Formung des Leibes durch die ganze intellektive Seele an, glaubt aber, Thomas habe die averroistische These der Einheit des tätigen Intellektes nicht entschieden abgelehnt (Werner, Der Averr. in der christlichen peripatet. Psychol., S. 231) und scheint geneigt, sie zu verfechten. Seine Lehren sind nicht genug bekannt. Wir vermuten, sein Averroismus ist übertrieben worden, besonders von Renan, der den Namen Averroismus der „erschöpften Scholastik" gibt und Baconthorp und G. Biel in einen Topf wirft (a. a. O. S. 320).
6) Der Arzt Pietro d'Abano († 1316) wird oft als Begründer dieser Schule genannt, aber sein Traktat „Conciliator differentiarum philosophorum et praecipue medicorum" (Venetiis, 1483) schreibt dem tätigen Intellekt keinen gesonderten Zustand zu, sondern eignet ihn jedem Menschen besonders zu. Vgl. Nardi Nr. 422.

von Bologna (gest. 1405), **Nicoletto Vernias** (um 1500), den Eremiten **Paul von Venedig** (gest. 1429) und **Cajetan von Thiena** (Cajetanus Thienaeus). Des Paul von Venedig „Summulae logicales" wurden als klassisches Lehrbuch in Padua benutzt (Dekret vom Jahre 1496).

Immer weniger aber bemüht man sich, diesen scheinbaren Einklang zwischen Philosophie und Theologie zu bewahren. Die Renaissance gibt dem Averroismus eine selbständige Bedeutung und befreit ihn von allem Zusammenhang mit dem christlichen Dogma.

422. **Bibliographie.** — Ausgabe der Kommentare Johanns von Jandun Venedig, 1552. Vgl. über ihn: K. Werner, Der Averroismus in der christlichen peripatet. Psychologie des späteren Mittelalters (Wien, 1881). Die Einzelheiten des Averroismus Joh.'s von Jandun hat uns Pelzer mitgeteilt. — Über den italienischen Averroismus: Werner, Der Endausgang der mittelalterl. Scholastik, I. Abschn. 3; Sante Ferrari, I. tempi, la vita, le dottrine di Pietro d'Abano (Atti della R. Università di Genova, Bd. 14), Genua, 1900. B. Nardi, La teoria dell' anima e la generazione delle forme secondo Pietro d'Abano. Riv. de filos. neo scolastica 1912 zeigt gegen Ferrari, daß P. d'Abano als Psychologe nicht Averroist ist.

§ 2. Die heterodoxe Mystik.

423. **Charakter derselben.** — Eine nicht geringe Anzahl der großen mystischen Gemeinschaften, die im 14. und 15. Jahrhundert sich vermehrt hatten, nahmen bald eine feindliche Stellung gegen den Katholizismus an; sie legten Nachdruck auf heterodoxe Lehren und bahnten so den Weg zur Reformation. Ihr Lieblingsthema bildete die pantheistische Vereinigung von Gott und Seele. So gab **Marguerite Porrette** ein von den Pariser Theologen verurteiltes Buch heraus, in welchem sie lehrte, „quod anima annihilata in amore conditoris sine reprehensione conscientiae vel remorsu potest et debet dare naturae quidquid appetit vel desiderat".[1]) Dieselben Anschauungen finden sich bei **Blommardine**.

Die heterodoxe Mystik wandte sich mehr an das praktische Leben als an Gelehrte. Für uns genügte es, die Tendenzen derselben zu verzeichnen.[2])

§ 3. Andere Formen der antischolastischen Philosophie.

424. **Ursprung.** — Das System Wilhelms von Occam bleibt noch scholastisch. Kaum aber verschwindet er vom Universitätsschauplatz, so übertreiben die neu geschulten „Artisten" und Theologen die Lehren so, daß die Folgerungen entstellt werden. So dient die Zeichentheorie und der Terminismus einigen extremen Geistern zum Vorwand für den radikalsten Subjektivismus: Wir erkennen unmittelbar nur das geistige Zeichen, aber nicht das bezeichnete Ding. Noch mehr mißbraucht man das logisch-grammatische Verfahren Occams; indem man auf philosophische und theologische Materien die auf die „proprietates terminorum", „consequentiae", „obligatoria", „insolubilia" bezüglichen subtilen Regeln anwendet[3]), gelangt man zu paradoxen oder falschen Ergebnissen, von denen wir unten einige Proben bringen.

---

1) Chart. II. 143.
2) Vgl. Delacroix, Essai le mysticisme spéculatif Allemagne XIVe s., K. III—IV.
3) Vgl. Prantl. O. IV, 1 ff.

Diese kühnen Lehren einiger Okkamisten sind es, die unseres Erachtens die Verbote von 1339 und 1346 veranlaßt haben; in dieses Jahrzehnt gerade fallen die verwegensten Neuerer an der Pariser Universität. Aber ihre Lehren weisen nicht bloß okkamistische Einflüsse auf, es finden sich in ihnen zahlreiche heterogene Elemente, namentlich der theistische, theologische Determinismus. Andere Theorien, deren Ursprung schwer zu bestimmen ist, scheinen nur des Skandals wegen oder auch gerade wegen ihrer Zusammenhanglosigkeit aufgestellt worden zu sein und die Vertreter dieser gefährlichen Neuerungen ermangelten sicherlich tieferer philosophischer Bildung.

Das bedeutendste dieser Systeme ist der Determinismus des Thomas Bradwardine. Zu erwähnen sind auch die Lehren des Nikolaus von Autrecourt, Johann von Mirecourt, Aegidius de Medonta[1])

425. Thomas Bradwardine, geboren um 1290, ist eine der berühmtesten Persönlichkeiten am Merton College[2]) und an der Universität Oxford, wo er Lehrer und Prokurator war (1325). Später wurde er Kapellan Eduards III.; 1346 begleitete er den König auf dessen Siegeszuge nach Frankreich. Im Jahre 1349 wurde er Erzbischof von Canterbury, starb aber noch im selben Jahre. Außer seinem berühmten Hauptwerke „De causa Dei contra Pelagium et de virtute causarum ad suos Mertonenses" (zwischen 1338 und 1346) verfaßte Bradwardine mathematische Abhandlungen, Kommentare zu den Sentenzen, eine „Summa theologica" oder „scientiarum" u. a.

Der englische Erzbischof ist Theologe und Philosoph. Obwohl sich bei ihm Einflüsse von Duns Scotus und W. von Occam finden, so hat er doch in bezug auf die Theodizee und Ethik ein selbständiges System aufgestellt, welches auf seine Zeit einen starken Eindruck machte. Der Pelagianismus, den Bradwardine in allen seinen zeitgenössischen Formen bekämpfen will, stellt das wichtige Problem der menschlichen Freiheit und ihrer Beziehungen zu Gott auf. Die Frage ist eine brennende („sciens in flammam terribilem manum mitto").[3]) Zu ihrer Beantwortung begründet nun Bradwardine einen theistischen Determinismus folgender Art:

Gott, dessen Existenz aus dem Begriffe des vollkommenen Wesens sich beweisen läßt (Anselm), ist unendliches Wissen und Wollen. Der freie Wille Gottes ist der souveräne Herr der Wesenheiten und Existenzen in der kontingenten Welt, er entscheidet über die menschliche Natur und die Sittlichkeit ihrer Akte. „Non est ratio nec ulla lex necessaria in Deo prior eius voluntate".[4]) Daraus folgt nach dem englischen Philosophen, daß der göttliche Wille die nötigende Ursache („necessitas antecedens") aller kontingenten Tätigkeit, also auch unserer Wollungen ist. Der Mensch ist

---
1) Rein theologisch sind die „Opiniones phantasticae" des Richard von Lincoln, dem Benedikt XIII. den Unterricht verbot und der 1343 von Papst Clemens XI. nur die Erlaubnis erhielt, in Paris über die Sentenzen zu lesen; ferner die Theorien Jean Guyons, 1348 verurteilt (Chart. II, 541 u. 622), des Minoriten Dionysius Foullechat (1364 u. 1369), eines gewissen Simon von Brossa? (um 1351), Jean de la Chaleur, Nikolaus von Espernaco, Johann von Montesono (Chart. III, 488).
2) Begründet 1264 in Maldon, 1274 nach Oxford verpflanzt.
3) Praefatio.
4) Causa Dei I. 21, S. 233 A.

nur in dem Maße frei, als sein Tun von allem außer Gott unabhängig ist, namentlich vom Verstande und den Bedingungen der Sinnlichkeit („libertas a necessitate naturali". B. lehnt den psychologischen Determinismus der Averroisten ab), den äußeren Faktoren und den Himmelskörpern („libertas a necessitate fatali"), von aller äußeren Gewalt („libertas a necessitate violenta"). Die Freiheit besteht im spontanen Wollen.[1])

In Wahrheit stoßen die Einschränkungen Bradwardines die menschliche Freiheit und mit ihr die ganze scholastische Ethik um. Sie führen auf einem andern Wege zu den averroistischen Lehren, die der Erzbischof vermeiden wollte. Vergeblich bemüht er sich, die Verantwortlichkeit und das sittliche Verdienst zu retten. Seine Prinzipien würden ihn zur Erklärung zwingen, daß Gott die Totalursache des kosmischen Übels und der Sünde ist, aber er fürchtet sich vor den Konsequenzen und greift zu Ausflüchten.

Die Anhänger Bradwardines, deren es viele gab, besonders in Paris, wo die „Causa Dei" großen Widerhall fand, ziehen die logischen Konsequenzen aus den Lehren des „doctor profundus". So besonders Nikolaus von Autrecourt, Johann von Mirecourt und Johann Wiclef. Unter den entschiedensten Gegnern Bradwardines befinden sich Pierre Plaoul und Johann von la Rive.[2])

426. Nikolaus von Autrecourt. — Nikolaus von Autrecourt (geb. in Autrecourt sur Meuse) war die Seele einer antischolastischen Bewegung, die um die Mitte des 14. Jahrhunderts in Paris bestand. Im Jahre 1340, als er magister artium war und kaum das theologische Bakkalaureat hinter sich hatte, wurde er nebst sechs anderen Theologiestudenten[3]) von Benedikt XII. vor die römische Kurie geladen, um sich betreffs verschiedener fundamentaler Irrlehren zu verantworten. Er allein wurde streng bestraft, was die hervorragende Rolle bezeugt, die er in dieser Bewegung spielte. Sechs Jahre später zensurierte die Kurie eine Reihe von 65 den Schriften des Nikolaus von Autrecourt entnommenen Sätzen, verurteilte dessen Werke zur Einäscherung, nahm ihm die Magisterwürde und verbot ihm, Theologielehrer zu werden. Die Verurteilung erfolgte vor dem Mai des Jahres 1346 und am 20. Mai verfaßte Clemens VI. das weiter oben erwähnte Schreiben (Nr. 401). Nikolaus war vor der Verurteilung an den Hof Ludwigs des Bayern geflohen und widerrief im Jahre 1347.[4])

Aus den Verurteilungen des Nikolaus von Autrecourt ersehen wir, daß er neun gegen einen seiner Gegner, den Franziskaner Bernhard von Arezzo gerichtete Briefe und ein Büchlein, von dem nur die Eingangsworte („Exigit ordo executionis") bekannt sind, geschrieben hat. Von den

---

[1]) „Sufficiat homini ut sit liber respectu omnium citra Deum et tantummodo servus Dei, servus inquam spontaneus, non coactus" (ebd. III, 9, S. 667 E). „Nihil ergo est in potestate nostra, nisi secundum quid tantummodo, scilicet subactiva, subexecutiva et subserviente necessario, necessitate scilicet naturaliter praecedente respectu voluntatis divinae; quod ideo dicitur in nostra potestate, quia cum volumus, illud facimus voluntarii, non inviti" (S. 675 C). Die Darstellung folgt Hahn (s. unten).

[2]) d'Argentré, a. a. O. I, 328.

[3]) Johann der Servite, Elias von Courson, Guido von Veeli, Peter von Monteregali, Heinrich der Engländer.

[4]) Chart. II, 505.

Lehrsätzen, welche die römische Kurie beanstandete, bezeugen einige die Anmaßung ihres Urhebers. Er gab zu verstehen, er sei von Gott inspiriert und habe den Auftrag, die Wissenschaft zu regenerieren.[1]) Die sophistischen Allüren des okkamistischen Logikers treten in der Diskussionsweise zutage, die er gegenüber seinem Gegner befolgt. Er selbst weist darauf in einem auf seinen Prozeß sich beziehenden Dokument hin. Wenn Meister Bernhard und ich, sagt er, eine Diskussion begannen, so setzten wir zuerst einen allgemein anerkannten Grundsatz fest, der als Leitfaden im Austausch unserer Argumente dienen sollte, nämlich das von Aristoteles im 4. Buch der Metaphysik aufgestellte Prinzip des Widerspruchs.[2]) Hierauf brachte Nikolaus mittelst dialektischer Subtilitäten eine Menge antischolastischer Theorien vor. In den auf seinen Prozeß sich beziehenden Dokumenten werden sie durcheinander angeführt, doch läßt sich die logische Verbindung, in welcher einige von ihnen stehen, vermöge einer Antwort herstellen, die auf die beiden ersten Briefe des Nikolaus gegeben wurde.[3]) Verfasser derselben ist nicht Bernhard, der als Philosoph nicht sehr stark gewesen sein dürfte, sondern ein gewisser Meister Gilles. Da nach Nikolaus das Prinzip des Widerspruchs das einzige an sich gewisse und evidente Prinzip ist, so ist eine Wahrheit nur dann gewiß, wenn sie auf diesen Grundsatz des Denkens zurückgeführt ist. Die Gewißheit hat keine Grade, sie besteht oder besteht nicht.[4]) Soll nun eine Wahrheit auf den Satz des Widerspruches zurückgeführt werden können, so müssen Antecedens und Consequens und schließlich auch Praedikat und Subjekt des Satzes identisch sein. Nikolaus mißbraucht dies dahin, daß er den Intellekt dem Subjektivismus ausliefert; denn er verbietet es ihm, von der Erkenntnis einer Sache zur Erkenntnis einer andern fortzuschreiten, unter dem Vorwand, eine ex hypothesi andere Sache könne nicht mit der ersten identifiziert werden und daher sei das Urteil, das ein Praedikat einem von ihm verschiedenen Subjekt zuschreibt, nicht auf das Widerspruchsprinzip zurückführbar.[5]) Daraus folgt, daß das Prinzip der Kausalität wertlos ist[6]) und daß die Beobachtung unserer psychischen Akte nicht die Annahme der Existenz von Seelenvermögen ge-

---

1) Ebd., S. 580—581. Nach Pierre d'Ailly „multa fuerunt condemnata contra eum causae invidiae (Prantl, a. a. O. IV, 112).

2) „Quando magister Bernardus praedictus et ego debuissemus disputare, concordavimus ad invicem disputando conferre de primo consensu omnium principio, posito a philosopho IIII° Metaphysicae, quod est: ,Impossibile est aliquid eidem rei inesse et non inesse', loquendo de gradu evidentiae qui est in lumine naturali strictissimus. Istis suppositis dixi in praedictis epistolis, eo (sic) quod tales conclusiones nec explicite continebant contradictionem nec explicite." Weiter unten führt er dieses Princip auf das der Identität zurück: „Item, quod hoc est primum principium et non aliud: si aliquid est, aliquid est" (S. 583, 53).

3) Veröffentlicht von Hauréau (a. a. O., Nr. 428, S. 332).

4) Chart. II, 576 (9).

5) „Ex his infertis talem conclusionem: quod ex eo quod una res est cognita non potest evidenter, evidentia reductibili in certitudinem primi principii, inferri quod alia res sit" (Hauréau, a. a. O. 333). Vgl. Chart. II, 576 (5, 6, 7).

6) Chart., S. 576 (5): 577. „Haec consequentia: a est et prius non fuit, igitur alia res ab a est, non est evidens evidentia deducta ex primo principio." Vgl. S. 578 (29) und 580 (2). Das Argument ist gut ausgeführt bei Meister Gilles (S. 334).

stattet.¹) Die Existenz einer Außenwelt ist unbeweisbar²); der Schluß von der Gegenwart der Erscheinungen auf die einer Substanz oder einer permanenten Grundlage, die jene trägt, wäre eine Folgerung von einer Sache auf eine andere, also ein von der Logik verurteiltes Verfahren.³) Nikolaus verspottet dann Aristoteles, indem er sagt, in dessen Philosophie gäbe es kaum eine oder zwei Gewißheiten.⁴) Nach ihm besteht das menschliche Wissen nur in einem Bündel anschaulicher, sinnlicher und intellektueller Kenntnisse ohne Ordnung und Zusammenhang. Mit den Abstraktionen des Aristoteles und Averroës ist aufzuräumen und man muß sich in unmittelbarer Berührung mit den einzelnen Phaenomenen halten.⁵)

Dieser Phaenomenalismus gehört zum Klarsten, was die Sophistik des N. von Autrecourt enthält und macht ihn zu einem Vorläufer des neueren Subjektivismus. Anderwärts zeigt er, es sei fast gleichbedeutend zu sagen: Gott ist, oder: Gott ist nicht⁶), daß Gott und die Geschöpfe „non sunt aliquid"⁷), daß die Akte der Seele ewig sind⁸) und daß man schließlich alles erreicht, was man wünscht.⁹) Aber das sind vielleicht nur Einfälle oder Spielereien. Von größerem Interesse ist es, daß Nikolaus die substantiellen Umwandlungen bestreitet und daß er, entsprechend der atomistischen Theorie, das Entstehen und Vergehen der Naturdinge aus der Verbindung und Trennung unteilbarer Partikelchen erklärt.¹⁰) Antischolastiker ist er endlich auch

1) „Istae consequentiae non sunt evidentes: actus intelligendi est; ergo intellectus est. Actus volendi est; igitur voluntas est." S. 578 (30).

2) „Quod in lumine naturali intellectus viatoris non potest habere notitiam evidentiae de existentia rerum evidentia reducta seu reducibili ad evidentiam seu certitudinem primi principii" (S. 583).

3) „Ex his conamini probare quod Aristoteles non habuit evidentem notitiam de aliqua substantia, et caet., quia de tali vel habuisset notitiam ante omnem discursum, quod non potest esse, quia non apparent intuitive et etiam rustici scirent tales substantias esse, nec per discursum, inferendo ex perceptis esse ante omnem discursum, nam probatum est quod ex una re non potest evidenter inferri alia. Item, demonstrato ligne vel lapide, arguitur sic: cum omnibus apparentibus ante omnem discursum, potest esse per aliquam potentiam, puta divinam, quod substantia non sit sibi, igitur in lumine naturali non infertur evidenter quod substantia sit sibi" (S. 333). Doch nimmt N. die Existenz der Seele an: „Item dixi epistola secunda ad Bernardum quod de substantia materiali alia ab anima nostra non habemus certitudinem evidentiae." Chart., S. 577 (10). Dieser etwas unklare Satz wird von Meister Gilles erläutert, der jenen zweiten Brief vor dessen Widerlegung resümiert: „Aristoteles nunquam habuit notitiam evidentiae de aliqua substantia alia ab anima sua, intelligendo per substantiam quamdam rem aliam ab obiectis quinque sensuum exteriorum, et a formalibus experientiis nostris" (S. 333).

4) Ebd., S. 334.

5) „Quod de rebus per apparentia naturalia nulla certitudo potest haberi; illa tamen modica potest in brevi haberi tempore, si homines convertant intellectum suum ad res et non ad intellectum Aristotelis et commentatoris." S. 580 (1).

6) „Item, quod propositiones: Deus est, Deus non est, penitus idem significant, licet alio modo." S. 580 (3); vgl. S. 578 (33): „Item dixi in quadam disputatione quod contradictoria ad invicem idem significant."

7) S. 578 (32). Diese These wird in dem Verbote der Artistenfakultät (1340) ausdrücklich erwähnt: „Item quod nullus asseret sine distinctione vel expositione quod Socrates et Plato, vel Deus et creatura nihil sunt." (Chart. II, 506).

8) S. 582 (45 und 47).

9) S. 583.

10) S. 581 (37). „In rebus naturalibus non est nisi motus localis, scilicet congregationis et disgregationis, ita quod quando ad talem motum sequitur congregatio corporum atomalium

in seiner Gotteslehre. Die traditionellen Beweise für das Dasein Gottes, die auf dem Prinzip der Kausalität beruhen, sind wertlos. Eine heilige und unüberwindbare Notwendigkeit zwingt Gott von Ewigkeit zur Verwirklichung der Weltordnung (Averroismus)[1]; alles Geschehen ist von der unmittelbaren Tätigkeit der ersten Ursache abhängig (Bradwardine).[2] Die Anwendungen dieser Prinzipien auf das menschliche Handeln und auf die Sünde gehen mehr die Theologie an.[3]

427. Johann von Mirecourt. — Einen stärkeren Einfluß übte Thomas Bradwardine auf einen anderen Bakkalauren der Theologie, den Zisterzienser Johann von Mirecourt (1347 verurteilt) aus. Seine Schrift über die Sentenzen führt den theologischen Determinismus im sittlichen Leben durch und gelangt zum extremsten Fatalismus. Es gibt keine freie Wahl, denn nicht wir wollen, sondern Gott will in uns[4]. Auch die Sünde ist sein Werk und man kann, wenn man sie begeht, nicht schlecht handeln. „Quod Deus est causa peccati ut peccatum est[5]". Johann von Mirecourt zieht die logischen Konsequenzen aus dem System Bradwardines.

428. Der Pantheismus Guidos. — Die Beseitigung der Wirksamkeit der sekundären Ursachen führt zum Pantheismus und so nimmt es nicht wunder, daß einige von den Anhängern Bradwardines diese Konsequenz zogen. So ein gewisser Guido, den die Verfasser des „Chartularium" mit Aegidius von Medonta identifizieren. Aus seinem Widerrufungsakte (1354) ist zu ersehen, daß er, nachdem er die sittliche Freiheit geleugnet[6], das pantheistische Prinzip rückhaltlos vertritt[7].

429. Bibliographie. — Des Bradwardine Schrift „Causa Dei" wurde 1618 von Savile (Merton College) mit einer Biographie in London herausgegeben. Die mathematischen Schriften („De proportionibus velocitatum", „De arithmetica speculativa", „De geometria speculativa") erschienen zu Venedig 1502(?) und 1505. — Dr. S. Hahn, Thomas Bradwardinus und seine Lehre von der menschlichen Willensfreiheit (Beitr. Gesch. Philos. Mittelalt. V, 2, 1905); gut. K. Werner handelt über Bradwardine in „Der Augustinismus des späteren Mittelalters". S. 234 ff., aber Hahn bemerkt treffend (S. 12), daß Werner nicht leicht zu verstehen ist. — Die Erwiderung Gilles gegen N. von Autrecourt hat Hauréau publiziert in: Notices et extr. de ms. lat. de la Bibl. nationale, Bd. XXXIV, 2. Teil, S. 332 (1895). Hastings Rashdall, Nicolas de Ultricuria. A medieval Hume (Proceedings of Aristot. Society, 1907). J. Lappe, N. von

---

naturalium, colliguntur ad invicem et sortiuntur naturam unius supposili. dicitur generatio: quando segregantur, dicitur corruptio; et quando per motum localem atomalia sunt cum aliquo supposito, quae fiunt talia, quod nec adventus illorum facere videtur ad motum suppositi vel ad id quod dicitur operatio naturalis eins, tunc dicetur alteratio."
 1) Chart. II, 581 (39).
 2) Chart., S. 577 (14).
 3) Chart., S. 584 (58 und 59).
 4) Chart. II, 612, Nr. 35: „Quod voluntas creata qualitercunque causat aliquid seu aliqualiter agit, illud agit seu taliter agit virtute primae causae moventis et sic causantis." Nr. 9: „Quod qualitercunque sit, Deus vult efficaciter sic esse, et quod voluntas divina cuiuslibet rei ad extra, qualitercunque ipsa sit vel fiat ab aliquo, est efficiens prima causa."
 5) Vgl. Nr. 9—18, 27—34 u. a. Wir besitzen eine Notiz J.s von Mirecourt über die Kausalitätstheorie des N. von Autrecourt (Lappe a. a. O., S. 4).
 6) „Dixi quod bonum meritum est a Deo, ita quod nihil est a voluntate." Chart. III, S. 22, Nr. 5; vgl. Nr. 6.
 7) „Dixi et scripsi quod nulla creatura rationalis specialiter est in se, nisi quia Deus est sibi inesse. Ex hoc intuli in eodem scripto, quod in omni eo quod non est Deus, essentialius est non-esse, quam ipsum esse." Ebd., Nr. 8.

Autrecourt. Sein Leben, seine Philosophie, seine Schriften (Beitr. Gesch. Philos. Mitt., Münster, 1908). Bringt die Briefe des N. an Bernhard, des Gilles an Nikolaus, Auszüge aus dem Schreiben des letzteren an Gilles, das Prozeßdokument und den Verurteilungstext. Lappe hätte, bevor er schrieb: „Zu einer systematischen Darstellung ist dieses Material bisher noch nicht verwendet worden" (S. 7), meine Untersuchung über N. von A. erwähnen sollen. Manser, Drei Zweifler am Kausalprinzip im XIV. Jahrh. (Jahrb. f. Phil. u. spekul. Theol. 1913, S. 405). Über Ockam, N. von Autrecourt u. P. d'Ailly.

Viertes Kapitel.
Sekundäre philosophische Richtungen.

Die sekundären philosophischen Systeme, die bei aller Rezeption vieler scholastischer Lehren neuen Prinzipien zugänglich sind, lassen sich in drei Gruppen gliedern: die deutsche Mystik Meister Eckeharts und seiner Schule, die Theosophie Raymunds von Sabunde, die theosophische Mystik des Nikolaus von Cusa.

§ 1. Meister Eckehart und die deutsche Mystik.

430. Leben und Schriften. — Der Dominikaner **Meister Eckehart von Hochheim** (bei Gotha), geboren um 1260, studierte in Köln und in Paris, wo er zwischen 1302 und 1311 verweilte. Sein Leben widmete er der Predigt und der Mystik; in seinem Kloster zu Köln verstand er es, eine große Zahl von Schülern um sich zu scharen, als 1326 der Kölner Erzbischof gegen seine Lehren einschritt. Im nächsten Jahre, seinem Todesjahre, appellierte Eckehart an den heiligen Stuhl. Aber im Jahre 1329 verurteilte Johann XXII. 28 seinen lateinischen Schriften entnommene Artikel.

Eckehart hinterließ viele Kanzelreden in deutscher Sprache und ein bedeutendes lateinisches Werk, „Opus tripartitum" („liber propositionum", „liber quaestionum", „opus expositionum").

431. Philosophische Lehren. — Eckehart vertritt eine zweideutige Mystik, die sich schwer vor dem Vorwurf des Pantheismus bewahren kann. Bevor wir diese Mystik charakterisieren, wollen wir die Metaphysik, die ihr zur Grundlage dient und sie einschließt, darlegen.

1. Metaphysik. Eckehart ist von den scholastischen Lehren durchdrungen, mit Ausnahme der Theorie der Wesenheit und Existenz, die für seine Philosophie charakteristisch und grundlegend ist. Gott allein, der „actus purus" ist, ist sein Wesen. In den Geschöpfen hingegen ist die „Essenz" oder Quiddität von der „Existenz" unterschieden. Doch ist das Geschöpf mit Gott eng verbunden, denn **Gott ist die Existenz des Geschöpfes selbst; dieses hat kein andres Sein (Existenz) als Gott, in dem es subsistiert** („Esse est Deus"). Gott konstituiert also die Wirklichkeit der Welt („Deus est primus actus formalis in omni opere artis et naturae"), er verhält sich zur kontingenten Quiddität wie der Akt zur Potenz, die Form zur Materie, die Einheit zur Anzahl. Da das geschaffene Wesen von Gott unterschieden ist („esse rerum extra in rerum natura") und ihm als solchem eine eigene Idee im göttlichen Intellekt entspricht („omnis creatura habet esse unum in causis suis originalibus, scilicet in verbo Dei"), so ist die Metaphysik Eckeharts kein Emanationspantheismus, in dem alles auf

Phaenomene des göttlichen Lebens zurückgeführt wird. Doch scheint die Identität der Existenz, welche Gott und das Geschaffene einschließt und in der Eckehart einen Beweis für die göttliche Ubiquität und die Ewigkeit der Schöpfung erblickt („quod enim est inquantum huiusmodi, non fit, nec fieri potest"), die Unterscheidung zwischen dem Endlichen und Unendlichen zu gefährden und so streift Eckehart an den Pantheismus.

Er selbst glaubte jedoch nicht, daß seine Theorie so bedenkliche Konsequenzen nach sich zieht. „Cum dicitur Deum in omnibus nosse et amare solum esse et seipsum, quod est esse, hoc inquam dicentes non destruimus esse rerum, sed constituimus[1]". Er baut auf einem traditionellen Grunde und entnimmt der Scholastik seine Angriffe, seine Terminologie und sogar die Mängel ihrer Methode. Eckehart ist kein Renegat, sondern seinen Tendenzen und seiner Bildung nach ein Scholastiker, der sich nicht vor fatalen Begriffsverwirrungen zu bewahren wußte.

2. Dies zeigt sich in seiner mystischen Psychologie. Die menschliche Seele ist das Wesen Gottes selbst. Indem Gott den Menschen liebt, liebt er sich selbst; er könnte den Menschen ebensowenig entbehren, wie dieser Gott. Wir müssen uns unseres Selbst entäußern, uns in Gott versenken; in dieser „Vergottung" besteht das höchste Glück. Die Metaphysik und Psychologie Eckeharts sind von den, von einer Gruppe von Scholastikern akzeptierten, neuplatonischen Lehren beeinflußt, aber das religiöse Element seiner Mystik atmet durchaus christlichen Geist.

432. Die deutsche Mystik. — Eckehart ist nicht der starke und geniale Denker, als den man ihn hat ausgeben wollen. Wenn die Geschichte seinen Namen so hoch stellt, so hat dies seinen Grund in dem Umstande, daß sie in ihm den Förderer einer Nationalliteratur und einer neuen mystischen Bewegung, der „deutschen Mystik" erblickt. Diese Mystik hat einen volkstümlichen Habitus, sie ist in Kanzelreden enthalten und unterscheidet sich auch durch die Sprache, deren sie sich bedient, sowie durch den Ideenkomplex, den sie vorbringt. Ihr großes Verdienst ist es, eine deutsche Terminologie geschaffen und den scholastischen Wortschatz in die Volkssprache übertragen zu haben. Die Betrachtung des göttlichen Wesens in seiner majestätischen Ruhe und seinem undurchdringlichen Geheimnis, der kontemplative Erguß der Seele in Gott, die göttlichen Ideen und die Heilige Dreieinigkeit — das sind die Lieblingsthemen, die dem scholastischen Repertorium entnommen sind und immer wieder von den deutschen Mystikern erörtert werden.

Eckehart ist nicht der Begründer dieser mystischen Richtung, aber deren erster bedeutender Vertreter[2]. Zwar sind seine lateinischen Schriften, schon bei seinen Zeitgenossen, in Vergessenheit geraten, aber seine deutschen Kanzelreden sind über die Mauern der Klöster, in welchen sie abgefaßt wurden, hinausgedrungen und sehr einflußreich geworden.

---

1) Denifle, a. a. O. (Nr. 439), S. 494 ff. Um seine „Scholastizität" zu begründen, unterzieht Eckehart das Wort „esse" einer Menge von Distinktionen, die zuweilen wie Wortspiele aussehen.

2) Vorgänger waren Mathilde von Magdeburg (gest. 1277) und namentlich Dietrich von Freiburg, der erste Scholastiker, der deutsch predigte, in der Weise, die man deutsche Mystik nennt (Denifle, a. a. O. S. 528; vgl. Nr. 368).

Dieser Einfluß tritt besonders bei Heinrich Seuse oder Suso (um 1300—1366) zutage, ferner bei Tauler (1290—1361) und dem Verfasser der „Deutschen Theologie". Eckehart ist ein glänzenderer Geist als die meisten seiner Nachfolger, aber so mancher von ihnen hat das Verhältnis Gottes zu den Geschöpfen besser dargetan.[1]

§ 2. Raymund von Sabunde und die Theosophie.

433. Leben und Schriften. — Die Theosophie, jener dem Mittelalter eigene Rationalismus, der aus einer Überspannung des christlichen Glaubens hervorgegangen ist, hatte im Beginn des 15. Jahrhunderts einen hervorragenden Vertreter in Raymund von Sabunde (gest. 1432), einem spanischen Arzt, der zugleich Theologe und Philosoph war. Raymund ist Verfasser einer „Theologia naturalis s. liber creaturarum", die ganz im Geiste der „ars magna" des Lullus konzipiert ist.[2]

434. Philosophische Lehren. — Nach Raymund liest der Mensch die Wahrheit in zwei Büchern: im Buche der Natur und im Buch der Heiligen Schrift. Beider Inhalt ist identisch, aber zur Entzifferung des ersten bedarf es der Vernunftschlüsse, während es bei dem zweiten genügt, an dessen Aussagen und Vorschriften zu glauben. „Quamvis autem omnia quae probantur per librum creaturarum sint scripta in libro sacrae scripturae et ibi contineantur et etiam illa quae ibi contineantur in libro Bibliae, sint in libro creaturarum, tamen aliter et aliter[3]". Wohl geht das Lesen des Buches der Natur dem des inspirierten voraus, denn um an das göttliche Wort zu glauben, muß man wissen, daß Gott existiert; doch gibt es Wahrheiten, wie das Mysterium der Heiligen Dreifaltigkeit, welche die menschliche Vernunft bei der Betrachtung der Welt nicht entdecken könnte, wenn nicht vorher die Offenbarung das Ergebnis ihrer Schlüsse festgelegt hätte. Dies zeigt, daß der Mensch sein Wissen durch zwei nebeneinander laufende Kanäle empfängt. Der Mensch stellt die Verbindung der sinnlichen Natur mit der Gottheit her. Die „Theologia naturalis" erblickt in dieser natürlichen und geistigen Beschaffenheit der Menschheit die Erklärung der providentiellen Mysterien des Christentums. Die Einzelheiten der Lehre des R. von Sabunde brauchen wir nicht zu betrachten, das Prinzip derselben allein ist wichtig. Die Philosophie R.s von Sabunde ist eine Entartungsform der Scholastik. Auf Grund einer Anschauung des 13. Jahrhunderts (Nr. 380) erneuert, tritt sie in der kritischen Periode, in der sie ersteht, als eine letzte, aber fruchtlose Anstrengung des katholischen Geistes gegenüber den Invasionen neuer Ideen auf.

§ 3. Nikolaus von Cusa (Cusanus).

435. Philosophische Bedeutung. — Zu welcher Gruppe soll man Nikolaus von Cusa zählen, dessen bizarre Philosophie die verschiedensten Richtungen aufweist? Man betont seine Vorliebe für die heidnischen

---

[1] Denifle, a. a. O. S. 531.
[2] Vgl. Stöckl, a. a. O. II 2, 1055 ff.
[3] Theol. natur. (1852), Tit. 212, S. 314.

Klassiker und man vernimmt hier den ersten Widerhall des Kriegsrufes der Renaissance: „Nieder mit der aristotelischen Sekte!" Der Zorn des N. von Cusa richtet sich aber vor allem gegen die Dialektiker, welche ihm seine mystische Theorie der „coincidentia oppositorum" verargt.[1]) Obzwar die Anschauungen des Cusaners für die sich vorbereitenden Umwälzungen symptomatisch sind, so stellen sie doch vor allem einen Synkretismus der Vergangenheit dar und bilden eine Vereinigung von Mystik, Theosophie und Quasi-Pantheismus. N. von Cusa ist ein dissidenter Scholastiker, aber erfüllt von dem Geiste der Schule. Wir ordnen ihn der dritten Periode der mittelalterlichen Philosophie ein; er steht an der Schwelle der Renaissance.

436. **Leben und Schriften.** — Nikolaus Chrypffs, geboren 1401 in Cusa (daher „Cusanus"), wurde in die Mystik von Gerhart Groot in Deventer eingeführt, studierte (1424) in Padua die Rechte und beschäftigte sich gern mit Mathematik. Nachdem er die Priesterweihe empfangen, nahm er Stellung in der Kontroverse über die Rechte des Papstes gegenüber dem Konzil. Später gab ihm Papst Eugen IV. wichtige Aufträge und Nikolaus V. ernannte ihn zum Kardinal (1448). Nachdem er im Jahre 1450 Bischof von Brixen geworden, geriet er mit dem Erzherzog Sigismund von Oesterreich in Streit und starb 1464 in Todi.

Die zeitraubenden Ämter, welche N. von Cusa bekleidete, hinderten ihn nicht, sich den Wissenschaften und der Philosophie zu widmen. Er hinterließ hervorragende Arbeiten mathematischen und astronomischen Inhalts. Seine philosophischen Hauptwerke sind: „De docta ignorantia", „Apologia doctae ignorantiae", „De coniecturis".

437. **Philosophische Lehren.** — Die drei Bücher des Grundwerkes „De docta ignorantia" beschäftigen sich der Reihe nach mit Gott oder dem Unendlichen, dem Universum und dem Menschen oder dem Endlichen, dem Erlöser oder der Vereinigung des Endlichen mit dem Unendlichen.

1. Theosophie. Einen großen Einfluß übt auf N. von Cusa der Neuplatonismus aus und er steht Plotin und Proklus weit näher als im 13. Jahrhundert Witelo und Dietrich von Freiburg.

Die theosophische Weise, in der der philosophische Kardinal die Beziehungen zwischen Philosophie und Theologie herstellt, steht mit seinen neuplatonischen Neigungen ebenfalls im Einklang und ist durch die Theosophie des R. Lullus beeinflußt (Nr. 380). Einerseits ist das Licht des Glaubens unentbehrlich für die Erkenntnis der Wahrheit („spiritus veritatis et virtus illuminativa caeci nati qui per fidem visum acquirit"), es wird zu einem „naturae debitum", ohne welches der menschliche Geist einem Blindgeborenen gleicht, andererseits ist der Intellekt nur die Entfaltung des Glaubens und vermag zur demonstrativen Erkenntnis der Mysterien zu gelangen.

Um die wahre Anschauung des N. von Cusa zu erkennen, muß man diese theosophische Lehre mit der mystischen Theorie der „docta ignorantia" zusammenhalten.

---

1) „Unde, cum nunc Aristotelica secta praevaleat putat esse oppositorum coincidentiam, in cuius admissione est initium ascensus in mysticam Theologiam" (Apologia doctae ignorantiae; opera omnia, Basel, 1565, S. 64).

2. Gott. Als Wahrheit sind weder die sinnliche (sensus) noch die rationale (ratio) und abstrakte Erkenntnis, die auf jener beruht, zu bezeichnen, denn beide sind veränderlich und fragmentarisch. Bloß der „intellectus", gestützt auf die übernatürliche Hilfe der Gnade, kann uns zur einen, unwandelbaren Wahrheit, die eins ist mit Gott, erheben. Wir begreifen dann, daß das Unendliche für uns unergründlich und unerkennbar ist. Dieses Bewußtsein unserer Unwissenheit ist die rechte Weisheit, die „docta ignorantia"; sie dient einer neuen Theologie, der negativen, zur Grundlage, die dazu bestimmt ist, die falschen Spekulationen der positiven Theologie zu ersetzen (vgl. Pseudo-Dionys).

Während die „ratio" zu divergierenden oder entgegengesetzten Ergebnissen gelangt, erhebt sich der „intellectus" zur Anschauung der göttlichen Einheit. Die Gewahrwerdung unserer unheilbaren Unwissenheit und der Grenzen der Vernunft ist das Mittel zur Erhebung zur absoluten Wahrheit, in der alle Gegensätze schwinden („coincidentia oppositorum") und alles eine Einheit bildet. Nikolaus, der gern mathematische Bilder gebraucht, vergleicht diese Koinzidenz mit einer Kurve, die bei unendlicher Verkürzung zu einer Geraden wird, mit der Hypotenuse, die bei unendlicher Vergrößerung des Winkels mit den beiden Katheten zusammenfällt. Gott ist nach dem Cusaner das Unendlichgroße und daher (!) zugleich das Unendlichkleine, da er nicht weniger sein kann als er ist. Da ihm aller Gegensatz fremd ist, so ist er das einzige Sein, die „complicatio unium", in welcher die Vielheit der Wesen zur Einheit zusammengeht.[1]) Der Mensch vermag keine Wesenheit positiv zu erkennen, weil er von Gott, dem alles in sich Befassenden, keine positive Erkenntnis hat. „Consequens est omnem humanam veri positionem esse coniecturam".

Hier stoßen wir auf die Grundlehre und den Grundirrtum des Cusaners. Nach Art der deutschen Mystiker, die auf ihn einen unbestreitbaren Einfluß ausüben, scheint er Gott zum konsubstantialen Grund zu machen, in dem das Universum wurzelt. Das Universum enthält „explicite", was Gott „implicite" einschließt, oder die Dinge sind, um einen treffenden alten Ausdruck zu gebrauchen, göttliche Theophanien. Ist also der katholische Kardinal Pantheist wie Joh. Scotus Eriugena, von dem er seine Terminologie hat und dessen Werke er mit denen Davids von Dinant empfiehlt? Er verwahrt sich dagegen energisch in seiner „Apologia doctae ignorantiae" wider Johann Wenck von Herrenberg, Theologieprofessor in Heidelberg, der ihm in seiner Schrift „De ignota litteratura" vorwirft, er vernichte durch die Ablehnung des Widerspruchsprinzips alle Wissenschaft, und ihn auch des Pantheismus und der Haeresie bezichtigt. Die Anklage Wencks ist heftig, faßt aber die Theorie des Gegners schlecht auf.[2]) Doch scheint es uns, als

---

[1]) Duhem zeigt mittels einer Textvergleichung, daß die unitarische Lehre des Cusaners, die auf der Betrachtung der Einheit, der Gleichheit und der Verbindung beider beruht, des Thierry von Chartres Schrift „De opere sex dierum" entlehnt ist (vgl. Nr. 170).

[2]) „Der Geist, dies ist Wencks etwas unklare Meinung, geht vom Bekannten zum Unbekannten; Cusa geht von dem ihm Bekannten aus, um sein Nichtwissen zu beleuchten, ich gehe von der Literatur, insbesondere von der seinen aus, um zu ihrer Ignorierung zu gelangen" (Vansteenberghe, a. a. O., S. 8).

ob die Logik den Cusaner zum Pantheismus führen müßte. Man kann von ihm wie von Eckehart sagen: er biegt die Logik zugunsten seiner Orthodoxie um und hält die Konsequenzen seiner Voraussetzungen gewaltsam zurück.

3. Das Universum. Gott erschafft die Materie oder das potentielle Sein, aber dieses kann als solches nicht existieren, sondern bedarf einer substantialen Formung. Und da N. von Cusa Gott die Form von allem, „actus omnium" genannt hat, so betont er, um dem Pantheismus zu entgehen, Gott sei im Geschaffenen nur das Prototyp seiner Wirklichkeit, ohne mit ihm zu verschmelzen.

Der Mensch ist der Mittelpunkt der Schöpfung und das vollkommenste Bild Gottes, denn er faßt in sich das Universum durch seine Vorstellung von demselben so zusammen, wie Gott in sich die Wirklichkeit der übrigen Wesen. Die Grundlehren der Psychologie erörtert N. Cusanus in scholastischer Weise. Die Seele, die substantiale Form des Leibes, ist geistig und unsterblich. Unsere abstrakten Ideen sind sinnlichen Ursprungs, aber der über die ratio hinausgehende Intellekt bringt uns mit der höchsten Wahrheit in Berührung. In dieser überragenden Schauung, in der alle Gegensätze menschlichen Wissens aufgehoben sind, ist die Seele Gott so nahe gerückt, daß diese Vereinigung einer Vergottung gleicht.

438. Einfluß des Cusaners. — Die Anschauungen des Nikolaus von Cusa gehören ihrem Ursprung nach der Vergangenheit, nach ihrem Einfluß aber der Zukunft an. In der Zeit, da der deutsche Kardinal seine Werke schrieb, steht die Philosophie vor einem Wendepunkt und die Ideen gären zu heftig in den Geistern, so daß eine eigentliche Cusanische Schule, wie einst eine thomistische und skotistische, nicht entstehen kann.[1]) Hingegen gibt es zahlreiche Autoren der Renaissance, die bei allem Streben nach selbständiger Orientierung vom Cusaner beeinflußt sind.

439. Bibliographie zum 4. Kap. — Pfeiffer, Deutsche Mystiker des 14. Jahrhunderts, 2 Bde., Leipzig, 1845—1857, enthält 110 Kanzelreden, 18 Abhandlungen, 68 Verse Eckeharts (deutsch). Sievers fand noch 26 Kanzelreden (Zeitschr. f. deutsches Altertum, 1872). Im Jahre 1880 fand und veröffentlichte Denifle (mit einer Studie) Fragmente des „Opus tripartitum": Meister Eckeharts lateinische Schriften (Arch. f. Litt. u. Kirchengesch. d. Mittelalt., 1886). Denifle will dartun, Eckehart sei nicht bis zum Pantheismus fortgeschritten. Das Gegenteil behauptet Delacroix (a. a. O., S. 135—262), besonders auf die deutschen Kanzelreden gestützt: Eckehart ist Pantheist und „gibt vor, alles Sein durch das Sein allein zu erklären, seiner Entfaltung beizuwohnen, die Bewegung zu verfolgen, durch welche die Gottheit aus sich heraus geht; Gott wird aus sich im Universum vollenden" (S. 286). Denifle, Die Heimat Meister Eckeharts (ebd., 1889). Über Eckehart und die populäre Mystik des 14. Jahrhunderts vgl. Delacroix und eine kritische Bemerkung über die Bibliographie bei Bäumker, Der Anteil des Elsaß usw. Ann. 69. — M. Windstoßer, Etude sur la théologie Germanique

---

1) Jacques le Fèvre d'Étaples (Jacobus Faber Stapulensis, 1456—1537) machte die Franzosen mit den Lehren des Cusaners bekannt und gab dessen Schriften gleichzeitig mit jenen des Pseudo-Dionys heraus; es gab eine Partei der „Fabristen". Einer seiner Schüler, Charles Bouillée (Carolus Bovillus, um 1470—1553) verfaßte eine Reihe von Schriften, welche neben selbständigen Gedanken den Einfluß des Cusaners zeigen. Er vertritt eine reine Theosophie („Est enim intelligentia fidei consummatio, fides vero intelligentiae dispositio sacrumque initium"). Obzwar Bouillée die Natur der intentionalen Spezies, des tätigen Intellekts verkennt und mehrere peripatetische Theorien willkürlich auffaßt, gehört er doch mehr als N. von Cusa der Scholastik an und weiß jede Spur von Pantheismus zu vermeiden.

suivie d'une trad. frçse. faite sur les édit. origin. de 1516 et 1518 (Paris, Alcan). — Deutsche Mystiker des 14. Jahrhunderts I. Hermann von Fritzlar, Nikolaus von Straßburg, David von Augsburg, zum erstenmal hrsg. Neudruck der 1845. Ausgabe von Pfeiffer, Göttingen, 1907. — Denifle, Die Schriften des seligen Heinrich Suse, München, 1876. Definitive Ausgabe von K. Bihlmeyer, Deutsche Schriften von H. Seuse, Stuttgart, 1907. — F. Vetter, Die Predigten Taulers (Deutsche Texte des Mittelalters, Bd. XI), Berlin, 1910. — Chronik der Mystik von Martin in: Revue Thomiste, 1911, S. 229 (Neue Werke). — Ausg. der „Theologia naturalis" des R. von Sabunde 1448, 1496, 1507, 1509, 1852. — Ausg. der Werke des N. Cusanus 1484 (Straßburg), 1514 (Paris, vollständiger, 3 Bde.). Uebinger, Die Philos. des N. C., Würzburg, 1881. Die Gotteslehre des N. C., Münster, 1888; Die philos. Schriften des N. C. (Zeitschr. f. Philos., Bd. 103, 105, 1893—94); Die mathemat. Schriften des N. C. (Philos. Jahrb., 1895—1897); Der Begriff docta ignorantia in seiner geschichtlichen Entwicklung (Arch. f. Gesch. d. Philos. VIII, 10). Duhem, Nicolas de Cuse et Léonard de Vinci (Etudes sur Léonard de Vinci, 2me série, Paris, 1909, S. 97—279); De quelques sources auxquelles N. de Cuse a pu puiser (ebd., S. 424—441); Thiery de Chartres et Nicolas de Cuse (Revue sciences philos. et théol., Juli 1909). Vansteenberghe, Le de ignota Litteratura de Jean Wenck de Herrenberg contre N. de Cuse (Beitr. Gesch. Philos. Mittelalt. 1910); Text und Untersuchung. Betreffs der Bibliographie vgl. Martin (Nr. 417).

Vierte Periode.
Die mittelalterliche Philosophie von der Mitte des 15. bis zum 17. Jahrhundert.

Erstes Kapitel.
Allgemeines.

440. Renaissance und Reformation. — Als das Ende des Mittelalters im eigentlichen Sinne des Wortes betrachtet man gemeiniglich die Einnahme von Konstantinopel durch die Türken im Jahre 1453. In Wahrheit ist der Zusammensturz des Byzantinischen Reiches nur eine Episode in der Aera der tiefen Umwälzungen, welche den Ruin der mittelalterlichen Kultur bewirken und die neuen Gesellschaftsordnungen heraufbringen. Die zweite Hälfte des 15. und das 16. Jahrhundert erleben eine allgemeine Revolution nicht bloß in der Philosophie, sondern auch in den Künsten und Wissenschaften, nicht allein in der intellektuellen Kultur, sondern auch in der Politik, Religion und in den Bedingungen des wirtschaftlichen und sozialen Lebens selbst.

I. Das politische Hauptereignis ist die Entstehung der Nationalitäten. An die Stelle der Einheit des christlichen Reiches tritt eine Vielheit von Staaten, jeder mit besonderer Politik. Das nationale Interesse schürt den Kampf der Fürsten gegen die Päpste und verhindert eine europäische Koalition wider das Eindringen der Türken.

Zugleich mit dem Aufkommen der politischen und der individuellen Freiheit zerbröckelt und schwindet der Feudalismus und die großen maritimen Entdeckungen verrücken den Angelpunkt der Weltwirtschaft.

II. In der intellektuellen Welt durchweht ein Lenzhauch ganz Europa: es ist die Renaissance, die Rückkehr zum Altertum. Päpste und Fürsten fördern sie, Italien ist ihre Wiege. In eine Menge kleiner Staaten zersplittert, schien Italien eigens dazu vorbereitet, die rapide Ausbreitung der neuen Ideen und deren erstaunliche Mannigfaltigkeit zu begünstigen. Von Italien aber verbreitet sich die neue Bewegung wie ein Lauffeuer nach Frankreich, England, Deutschland, den Niederlanden.

Zu den Ursachen der Renaissance gehören ganz besonders die Erfindung der Buchdruckerkunst, welche mit den neuen Werken Europa überschwemmte, sowie der Auszug griechischer Gelehrter nach Italien, wo sie fürstliche Gastfreundschaft anzog.[1]) Als diese Emigranten der Wissenschaft in den italienischen Städten die Größe der antiken Kultur zu preisen begannen, fanden sie ein günstiges Milieu vor. Denn die wissenschaftlichen Beziehungen zwischen Byzanz und Italien, welche im 13. Jahrhundert einsetzen, hatten im 14. Jahrhundert zugenommen — dank einem intensiver gewordenen Verkehre und Annäherungsversuchen zwischen der lateinischen und griechischen Kirche. (Konzil von Florenz, 1438—1445). Ein lateinischer Mönch aus Kalabrien, Barlaam, lehrte Petrarca (1304—1374) das Griechische und teilte ihm seine Begeisterung für das klassische Altertum mit. Leontius Pilatus, ein Schüler Barlaams (gest. 1348), wurde Lehrer Boccacios (um 1360), übersetzte Homer und besaß in Florenz die erste Lehrkanzel für griechische Literatur. Ein Schüler Petrarcas, Johann Malpighi, lehrte in Padua und Florenz Latein. Der Byzantiner Manuel Chrysoloras (gest. 1415) eröffnete Kurse über griechische Sprache und Literatur und war der Lehrer des berühmten Humanisten Leonardus Aretinus (L. Bruni, gest. 1444), usw. Im 15. Jahrhundert ist die Vorliebe für die klassische Literatur allgemein.

Die Renaissance nimmt verschiedene Formen an. Zunächst bekundet sie sich in einer Rückkehr zur Kunst und Literatur des lateinischen und griechischen Altertums, dann erfüllt man sich, indem man den Stil der Alten nachahmt, mit deren Anschauungen. Das Heidentum dringt in die Erziehung und in die Sitten ein und die Philosophie bringt die alten Systeme in deren archaischen Reinheit zur Geltung. Neben der künstlerischen gibt es eine philosophische Renaissance, auch läßt sich von einer wissenschaftlichen Renaissance sprechen. Die Entdeckung Amerikas erweitert den Horizont der geographischen Welt, wie später die Erfindung des Teleskops die Grenzen der geschaffenen Welt ins Unendliche rückt. Man gewöhnt sich an einen weiten und umfassenden Blick und schöpft aus der Liebe zur Natur eine fruchtbare Leidenschaft für die empirischen Disziplinen.

III. Fast gleichzeitig mit der großen intellektuellen Revolution der Renaissance ist die große religiöse Revolution, welche man Reformation genannt hat. Der Protestantismus stellt nicht nur der kirchlichen Organisation der Universalkirche eine jeder Nationalkirche eigene neue Hierarchie entgegen, sondern modifiziert auch das katholische Dogma in mehreren wesentlichen Punkten. So findet die protestantische Dogmatik ihren Widerhall auf philosophischem Gebiete.

441. Gliederung. — Diese neuen Zustände sind zukunftsschwanger, in anderer Hinsicht aber die Fortsetzung der Vergangenheit, wie dies besonders die Philosophie erkennen läßt. Die Ideen treten nicht jäh auf, wenn neue Systembildungen erscheinen, sondern die zu Ende gehende Periode durchdringt zuweilen für lange Zeit die beginnende. So verhält es sich mit den Übergangssystemen in der zweiten Hälfte des 15. und im 16. Jahrhundert: mit dem Folgenden verglichen, bereiten sie die neuere Philosophie vor; im

---

1) Die meisten byzantinischen Humanisten finden sich vor 1453, also vor der Eroberung von Konstantinopel, in Italien. Es war also nicht der Fall ihres Reiches, was die erste Auswanderung der griechischen Gelehrten veranlaßt hat.

Hinblick auf das Vorangehende sind sie eine Fortsetzung der mittelalterlichen Philosophie.

Von diesem zweiten Gesichtspunkt aus ist die folgende Darstellung der Renaissance-Philosophie orientiert. Wir werden sehen, daß einerseits alle neuen Richtungen unerbittlich der Scholastik den Krieg erklären, während sie andererseits ihr so manche Lehre entnehmen.[1])

Die Vereinigung der antischolastischen Kräfte bringt ihnen schließlich den Sieg. Im Hinblick auf dieses Endergebnis betrachten wir die antischolastischen Systeme (2. Kap.), bevor wir die scholastischen darlegen (3. Kap.).

Zweites Kapitel.

Die nicht-scholastische Philosophie.[2])

§ 1. Allgemeines.

442. Charakter derselben. — 1. Die aus der Renaissance hervorgegangenen Systeme sind fast alle durch ihre Unabhängigkeit vom katholischen Dogma charakterisiert. Um die Philosophie auf einem neuen Boden zu pflegen, verzichten die einen auf jede religiöse Lehre, indem sie aus den Bedenken der Skotisten und Okkamisten betreffs des Beweises gewisser Dogmen viel Wesens machen und sich auf sie stützen, um die Widervernünftigkeit aller Dogmen zu lehren. Andere führen neue Glaubenssätze ein, aber mit dem Rechte, sie auszuwählen. Nur ausnahmsweise und vereinzelt behaupten einige Neuerer, die katholischen Dogmen zu bewahren.

2. Der Kampf gegen die scholastische Philosophie ist die Parole der Renaissance-Philosophie, auch jener, welche ihre Unterwerfung unter das katholische Dogma behaupten (vgl. Nr. 111, 5). Aber außer dieser negativen Berührung verbindet sie nichts; sie entwickeln sich nach disparaten, oft entgegengesetzten Richtungen. Die Verschiedenheit der Sprache, die akademische Dezentralisation infolge der wiederholten Gründung neuer Universitäten, eine Mosaik oft unvereinbarer Theorien: das alles verleiht der Renaissance-Philosophie eine bunte Physiognomie. Ihre Lehren ermangeln der organischen Einheit. Die Philosophie jener Zeit gleicht einer entsprungenen Irrsinnigen, die der Reihe nach fruchtlose Dinge unternimmt.

443. Gliederung. — In der ersten Zeit blinder Bewunderung der Vergangenheit will man die philosophischen Systeme Griechenlands in ihren archaischen Formen erneuern. Die Dialektik der Rhetoren (§ 2), der Platonismus (§ 3), der Aristotelismus (§ 4), der Stoizismus und einige sekundäre Systeme (§ 5) sind die charakteristischen Formen dieser reinen, einfachen Restauration.

Der Rückkehr zur Vergangenheit fügt aber die Renaissance fast sogleich neue Untersuchungen hinzu, welche zwei Hauptobjekte haben: die Natur

---

1) Auch in der neueren Philosophie finden sich scholastische Einflüsse; vgl. die Liste von Spezialarbeiten in meiner „Introduction à la philos. néo-scolastique", S. 212, A.
2) Über die Renaissance-Philosophie vgl. Höffding, Histoire de la philos. moderne I, Paris, 1906, aus dem Dänischen (deutsch 1895—96), und die Sammlung „Renaissance und Philosophie", hrsg. von Dyroff (1908ff.).

(§ 6) und das soziale Recht (§ 7). Man kann im allgemeinen sagen, daß diese ersten philosophischen Systeme der Renaissance von aller Dogmatik unabhängig sind. Wenn manche von ihren Vertretern ihre Spekulationen mit der katholischen Religion zu vereinbaren streben, so geschieht dies nur nebenbei und sie huldigen religiösen Lehren, welche meist mit ihrer übrigen Philosophie in keinem Zusammenhang stehen.

Für andere wieder ist die Religion mit der Philosophie eng verbunden, aber die Vernunft entscheidet über die Glaubenssätze und diese sind besonders verschiedenen Formen des Protestantismus entlehnt (§ 8). Reuchlin entnimmt sie der Kabbala, während eine ansehnliche Gruppe sich an den Theismus hält (§ 9).

Diese Mannigfaltigkeit von Systemen zeitigt endlich bei manchen Müdigkeit und Mißtrauen und so bildet der Skeptizismus das Nachspiel zur mühsamen Gedankengeburt der Renaissance (§ 10).

§ 2. Die humanistischen Philologen.

444. Einfluß derselben. — Die Renaissance widmet sich zuerst der Pflege der reinen Formen des klassischen Latein und Griechisch. Man glaubt, nur das Studium der Alten könne Menschen heranbilden (Humanismus, Humaniora); unter dem unwiderstehlichen Einflusse dieser Anschauungen führen die meisten europäischen Universitäten in weitem Ausmaße das Studium der antiken Grammatik und Sprachen ein.[1]) Die Bewunderer der Ciceronischen Sprache nun bekamen Abscheu vor den veralteten Formen der verfallenden Scholastik und machten sich deren Schwäche zunutze. Ihre philosophische Terminologie, ihre schwerfällige und verworrene Ausdrucksweise, alles an ihr galt nur als „Barbarismus". Inhalt und Form wurden nun zugleich getadelt und man schloß, daß Männer, die nicht gut schreiben konnten, auch keine Denker waren. Der Humanismus machte so den ersten und furchtbarsten Angriff auf die Scholastik und brachte die „Peripatetiker" in Verruf.[2]) Dies war seine negative Leistung.

Die philosophischen Versuche der humanistischen Philologen wiederum erregen ein Lächeln. Ihr Grundzug ist die Zurückführung der Philosophie auf die Dialektik, der Dialektik auf die Rhetorik. Sie verwechseln die Wissenschaft der Dinge mit der Räsonnierkunst, diese mit der Disputierkunst. Als die größten Philosophen gelten Quintilian und Cicero, weil sie die größten Rhetoren waren.

445. Die wichtigsten antischolastischen Humanisten. — Vor allem ist hier der Italiener Laurentius Valla (1407—1457) zu erwähnen, dessen „Dialecticae disputationes contra Aristotelicos" nur eine Persiflierung der Aristotelischen Dialektik sind. Sein Nachahmer war Rudolf Agricola (1442—1485), dessen Schrift „De inventione dialectica" gleichen Geist atmet. Nicht weniger scharf geht der Spanier L. Vives (1492—1540) vor („De causis corruptarum artium", „In Pseudodialecticos", „De initiis, sectis et laudibus philosophiae"). Die Vorlesungen Joh. Dullaerts in Paris verekelten

---

1) Chart. III, S. X—XI.
2) So bezeichnen viele Autoren der Renaissance die Scholastiker.

ihm die Scholastik; er verbreitete seine humanistischen und antischolastischen Anschauungen in den Niederlanden, namentlich in Löwen, wo er mit Erasmus verkehrte, ging dann nach England, kehrte aber zurück und starb 1540 in Brügge.

Bedeutender, aber ebenso kraftlos sind die Versuche des Marius Nizolius von Modena (1498—1576), der sein Leben mit der Verarbeitung der Werke Ciceros verbrachte („Thesaurus Ciceronianus") und die Scholastik in einem Traktat „Contra Pseudophilosophos" angriff, den (1670) Leibniz herausgab. Er streicht aus der Liste der philosophischen Disziplinen die Dialektik und die Metaphysik und ersetzt sie durch die Rhetorik. Der Seinswissenschaft substituiert er die Wortwissenschaft und er leugnet die reale Bedeutung des Allgemeinen.

In demselben Geiste schafft der einflußreichste aller dieser philosophischen Humanisten, Pierre de la Ramée (Petrus Ramus, 1515—1572). Im Alter von kaum 21 Jahren erklärt er in einer öffentlichen These alles von Aristoteles Gelehrte für Lüge; dies war sein lebenslängliches Glaubensbekenntnis. Von nun an war es sein Streben, die Dialektik zu regenerieren, und im Jahre 1543 legte er seine Ideen in den Schriften „Dialecticae institutiones" und „Animadversiones in dialecticam Aristotelis" dar, welche auf heftige Opposition stießen. Ramus wurde im Auftrage Franz' I. mit dem Interdikt belegt. Nach dem Tode des letzteren (1544) aber nahm er seine philosophische Lehrtätigkeit am Kollegium von Presle wieder auf und gab seine Werke neu heraus. Im Jahre 1562 trat er zum Kalvinismus über: dieser Übertritt brachte ihm in Deutschland viel Sympathien ein, vermehrte aber in Paris die Zahl seiner Gegner und nötigte ihn, Frankreich zu verlassen. Als er 1571 zurückkehrte, kam er im Gemetzel der St. Bartholomäus-Nacht um. In seinen „Dialecticae Institutiones" unterscheidet Ramus die natürliche und die künstliche Dialektik, welch letztere ihre Regeln nach den spontanen Operationen jener aufstellt. Die Dialektik, die „virtus disserendi", umfaßt einerseits die Aufsuchung der „loci communes", aus welchen das Schlußverfahren hervorgeht („inventio"), anderseits die Anwendung dieser Prinzipien auf jede besondere Begründung („iudicium"). Das „iudicium" lehrt uns der Reihe nach, einzelne Sätze aufzustellen, sie zu einem wissenschaftlichen Ganzen zu verbinden und alle Einzelwissenschaften auf Gott zurückzuführen. Die dialektischen Operationen („interpretatio", „scriptio", „dictio") vollenden die künstliche Dialektik, deren höchstes Ziel die Kunst, gut zu disputieren, ist. Denn das Denken ist mit der Rede so verbunden, wie das Herz mit der Zunge.

Das Ganze dieser simplen Vorschriften, welche die Dialektik des Ramus bilden, fand bei den vom Humanismus praeparierten Geistern vielen Beifall. Man stellte die Ramistische Dialektik der Aristotelischen Philosophie entgegen und es bildeten sich zwei Parteien, die der Ramisten und der Aristoteliker. Die bekanntesten Anhänger des Ramus sind Johannes Sturm in Deutschland, Arminius in Holland, Nikolaus von Nancel in Douai und in den Niederlanden, William Temple (1553—1626) in Cambridge. Ihre heftigen Gegner waren Cornelius Martini (1568—1621) in Helmstädt[1]) und

---

1) Vgl. meine „Hist. de la philos. scolast. etc.", S. 341.

Everard Digby in Cambridge; letzterer verfaßte gegen Ramus seinen Traktat „De duplici methodo".[1]

Der Humanismus wendet sich vor allem gegen die Sprache und Methode der Scholastik; ebenso feindliche Parteien greifen mehr deren Anschauungen an.

§ 3. Der Platonismus.

446. Die platonische Renaissance in Italien.[2] — In den Jahren 1450 bis 1550 begeistert sich Italien für Platon. Eingeführt wurde es in dessen Werke durch Gelehrte aus Byzanz, wo man seit Michael Psellus nicht aufgehört hatte, Platon dem Aristoteles gleichzustellen. In den mit Poesie durchwebten Platonischen Dialogen fand die Renaissance Nahrung für ihr Studium der antiken Schönheit. Es ist leicht begreiflich, daß Geister, die mehr nach Schönheit als nach Wahrheit trachteten, sich von den abstrakten Erörterungen der Scholastik und des Aristotelismus abgestoßen fühlten. Dazu kommt noch, daß neben dem Aristoteles der Scholastiker ein antischolastischer Aristoteles erstand, der Vorkämpfer eines ausgeprägten Materialismus. Man schloß, die Wahrheit liege nicht in den Schriften des Aristoteles, sondern in jenen Platons.

447. Die Hauptvertreter des Platonismus. — Barlaam machte Petrarca mit einigen Platonischen Dialogen bekannt.[3] Aurispa und Traversari brachten 1438 die erste vollständige Handschrift Platonischer Werke aus Byzanz mit. Leonardi Bruni übersetzte die schönsten Dialoge des Philosophen ins Lateinische.

Aber der eigentliche Urheber der platonischen Bewegung war **Georgios Gemistos**, später **Plethon** genannt (1355—1450). Es war dies ein byzantinischer Gelehrter, Delegierter Kaiser Johannes' VIII. Palaeologus bei den Konzilien von Ferrara und Florenz, wohin das Papsttum die griechischen Schismatiker eingeladen hatte, um einen letzten Vereinigungsversuch zu machen. Gemistos Plethon stellte den geblendeten Florentinern den großen Rivalen des Aristoteles dar und wußte den Mediceer-Hof zur Gründung einer platonischen Akademie zu bestimmen. Seine scharfe Diatribe gegen Aristoteles, „De platonicae atque aristotelicae philosophiae differentia", 1440 in Florenz verfaßt, ist voller Übertreibungen. Seine Philosophie aber steht der Plotins näher als der Platons und man sah diesen kaiserlichen Gesandten, der an der Vereinigung der christlichen Kirchen mitwirken sollte, in seinen „Νόμοι" die Apologie eines universellen Theismus mit dem Platonismus als Evangelium begründen. Plethon fand Anhänger in **Argyropulos** und **Michael Apostolius**, wurde aber von dem Patriarchen Gennadius in Konstantinopel (Nr. 382) und den Aristotelikern **Theodoros Gaza** und **Georg von Trapezunt** heftig bekämpft.

Mitten in diesen Kontroversen zwischen Aristotelikern und Platonikern ließ sich die vermittelnde Stimme eines Schülers Plethons, des Kardinals

---

[1] Über E. Digby und W. Temple vgl. die Abhandlungen **Freudenthals** im Archiv f. Gesch. d. Philos. IV, 3—4.

[2] Vgl. **Huit**, Le Platonisme pendant la Renaissance (Ann. philos. chrétienne, 1895 u. 1898).

[3] F. Lo Parco, Petrarca e Barlaam, Reggio-Calabria, 1905. — H. Schmeltzer, Petrarcas Verhältnis zur vorausgeh. christl. Philos. d. Abendlandes (Sammlung Dyroff, Bonn, 1911).

Bessarion (1403—1472) vernehmen. Von diesem zum Italiener gewordenen Griechen konnte gesagt werden, er sei „der griechischste von den Lateinern und der lateinischste von den Griechen" gewesen. Als Erwiderung auf die Schmähschriften Georgs von Trapezunt („Comparatio Platonis et Aristotelis") und des Theodoros Gaza (*Ἀντιρρητικόν*) verfaßte er einen Traktat „In calumniatorem Platonis", in der sich eine unverhohlene Sympathie für Platon mit einer entgegenkommenden Haltung gegenüber Aristoteles verbindet.[1]) Anstatt sie als unversöhnliche Gegner einander entgegenzusetzen, sucht er vielmehr ein beide Lehren verbindendes Gebiet und stellt mit Erfolg die Behauptung auf: beide großen Philosophen unterscheiden sich mehr der Form als der Sache nach.

In der reichen Stadt Florenz, unter der Herrschaft von Cosmo und Lorenz von Medici, als Haupt der prächtigen Florentiner Akademie glänzte der berühmteste Vertreter des italienischen Platonismus, Marsilius Ficinus (1433—1499). Gemäß den Wünschen seines Protektors Cosmo von Medici übertrug er alle Werke Platons aus dem Griechischen ins Lateinische (um 1453) — ein entscheidendes Ereignis für die Verbreitung des Platonismus. Außer Übersetzungen Plotins, Jamblichs und des Proklus hinterließ Ficinus auch eigene Arbeiten, wie die „Theologia platonica de animorum immortalitate" und „De christiana religione". Er nimmt angeborene Ideen und eine Weltseele an und stellt sich in der „Theol. platon." besonders die Aufgabe, die Averroisten und Alexandristen (§ 4) zu bekämpfen, die er der Haeresie beschuldigt und gegen die er die Unsterblichkeit der Seele mit allen im „Phaedon" enthaltenen Argumenten verficht. Mit Vorliebe erörtert er die Liebe und das höchste Gut.

Obzwar Ficinus von Platonismus durchdrungen ist und er nirgends die platonische Philosophie verleugnen will („nolim Marsilianam doctrinam opponere Platonicae"), verkennt er doch den wahren Charakter seiner Philosophie. Er erfaßt weder die Rolle der Ideen im platonischen, noch die des Emanationspantheismus im neuplatonischen System. Plotin, dem er seine poetische Mystik und seine Schilderung der Stufenleiter des Seienden entnimmt, ist für ihn nur der treue Interpret Platons. Dazu kommt noch, daß Ficinus, unter dem Vorwande, die goldene Kette wieder herzustellen, welche die großen Denker mit dem göttlichen Platon verbindet, in seinen Gedankenbau Anschauungen des Hermes Trismegistos, Pythagoras, Zoroaster, Pseudo-Dionys — die Magie und Kabbala nicht zu vergessen, die jetzt immer mehr Mode werden — einbezieht.

Die Schicksale der Florentinischen Akademie waren ebenso ephemer wie glänzend. Der Tod Lorenz' von Medici (1492), die politischen Unruhen, deren Seele der berühmte Mönch Savonarola war und namentlich der Mangel an ernsten Forschern führten den Verfall des zum Ruhme Platons errichteten Baues. Von den zahlreichen Hörern, denen Ficinus den pomp-

---

[1]) In Paris tritt Ferdinand von Cordova, der in Italien mit Valla und anderen Humanisten in Verbindung gestanden war, für Platon gegen G. von Trapezunt auf, in einem Traktat „De laudibus Platonis", auf den R. de Poupardin hingewiesen hat (Deux ouvrages inconnus de F. de Cordoue, Bibl. Éc. Chartes, Bd. 62, 1901, S. 532). Die Schriften F.'s von Cordova hat Havet (1885) publiziert.

haften Titel „complatonici mei" geben konnte, verdienen nur wenige Namen der Vergessenheit entrissen zu werden. Der bekannteste von ihnen ist **Giovanni Pico**, Graf von Mirandola (1463—1494), bei dem sich eine unpassende Verbindung griechischer Philosophie mit magischen und kabbalistischen Lehren findet.[1]

448. Ergebnis. — In der platonischen Restauration des 15. und 16. Jahrhunderts gleicht nichts der im 13. und 14. Jahrhundert von der Scholastik unternommenen Erneuerung. Die Platoniker der Renaissance wollen von Platon mehr bezaubert als belehrt werden. Ihr Platonismus ist oft Neuplatonismus und ihre Neigung, Platon auf Plotin zurückzuführen, beweist, daß sie beider Lehren mißverstehen. Das gleiche gilt von der durch Bessarion verbreiteten Behauptung, daß Platon und Aristoteles miteinander übereinstimmen. Einfälle dieser Art waren von einigen Alexandrinern aus der griechischen Verfallsperiode vorgebracht worden, bei denen die gleiche Sterilität und Unkenntnis der Geschichte zutage tritt (Nr. 81).

Nicht weniger bedeutende Mängel weist der dem Platonismus entgegengesetzte Aristotelismus der Renaissance auf.

§ 4. Der Aristotelismus.

449. Formen des neuen Aristotelismus. — Brauchte der Aristotelismus erst erneuert zu werden, beherrschte er nicht seit Jahrhunderten das mittelalterliche Denken? Nun, für die Renaissance-Philosophen war der scholastische Aristoteles nur ein verstümmelter Aristoteles und sie wollten zum echten Aristoteles zurückkehren; sie erhoben den Vorwurf des Verrates, den schon die Averroisten des 13. Jahrhunderts gegen den hl. Thomas und dessen Zeitgenossen erhoben hatten. Dieser Vorwurf war insofern begründet, als die Scholastiker selbst sich des strengen Servilismus ihrer Gegner verwahren.

Ein zweiter Grund zur Vergoldung des Wappenschildes bestand noch: die Erhebung der Lehren Platons. Nun hielten es viele für nötig, die jahrhundertlange Herrschaft des Fürsten des Lyzeums gegen diesen neuen Einbruch zu verteidigen. Dies ist die Bedeutung der leidenschaftlichen Kämpfe zwischen den Platonikern und Aristotelikern des 15. Jahrhunderts.[2]

---

1) In keinem andern Staate Europas gab es einen so großen Begeisterungsrausch, wie ihn Platon in Italien erregte. Das katholische Spanien, stets dem Aristotelismus treu, räumt Platon in seinen mystischen Werken des 16. Jahrhunderts einen Platz ein. Erwähnung verdient **Leo Hebraeus** (Leo der Hebräer, geb. um 1460—1463), ein Jude aus Lissabon, Verfasser von „Dialogi di amore". Weder Deutschland noch England zeigten sich dem Idealismus günstig; nur vereinzelt und nebenbei äußert sich dessen Einfluß auf Männer wie **Reuchlin** oder **Thomas Morus**. Was Frankreich anbelangt, zeigte sich eine platonische Strömung zu Beginn des 16. Jahrhunderts in Lyon. **Le Roy** (Regius, 1510—1577) übersetzte mehrere Dialoge Platons ins Französische, **De Serres** (1540—1597) die sämtlichen Schriften ins Lateinische.

2) Diese Streitigkeiten um die Vorherrschaft Platons gegenüber Aristoteles oder des Aristoteles gegenüber Platon fanden zuerst in Byzanz statt, wo **Gennadius** sich für Aristoteles einsetzte, dann in Italien und Rom, wo **Michael Apostolius**, **Andreas Contrarius** und **Bessarion** für Platon Partei ergriffen, während **Theod. Gaza**, **G. von Trapezunt** (1396—1484), **Andronicus Callistus** für Aristoteles waren. Um 1463—64 erfolgte ein Kreuzfeuer von Pamphleten, in denen oft persönliche Schmähungen an die Stelle von Begründungen traten. Von den Aristotelikern ist **Theod. Gaza** (gest. 1478) eine Persönlichkeit, die sich mit dem

Übrigens stimmen die Anhänger des Aristoteles betreffs seiner Lehre nicht überein. Die einen, welche die antischolastischen Traditionen des 14. Jahrhunderts fortsetzen, kennen ihn bloß durch die Brille der Kommentare des Averroës; andere bezweifeln die exegetische Bedeutung des arabischen Interpreten und suchen den neuen Geist bei den griechischen Kommentatoren, namentlich bei Alexander von Aphrodisias. Dies ergibt die beiden Parteien der „Averroisten" und „Alexandristen" [1]), deren Kontroversen im 15. und 16. Jahrhundert die philosophische Bewegung zweier aristotelischer Zentren Italiens, Padua und Bologna, darstellen.

Das Hauptthema ihrer Diskussionen bildet die Unsterblichkeit der Seele. Nach den Averroisten ist die Unsterblichkeit eine unpersönliche (Nr. 224), nach den Alexandrinern (Nr. 71) geht die ganze menschliche Seele mit dem Leibe zugrunde, wie die Form bei der Auflösung des Zusammengesetzten verschwindet. Nach beiden Parteien gibt es weder eine Vorsehung noch eine Freiheit. Jene, welche das Dogma bewahren wollten, griffen zur Theorie der zweifachen Wahrheit, aber die Mehrzahl kümmerte sich nicht um das Verhältnis ihrer Philosophie zum Katholizismus.

Das fünfte Lateranische Konzil verurteilte im Jahre 1513 die Lehre von der zweifachen Wahrheit als haeretisch, ebenso die Theorie von der Einheit des menschlichen Intellekts und der Sterblichkeit der menschlichen Seele.[2])

504. Die Averroisten. — Alexander Achillinus (1463—1518; „De intelligentiis", „de orbibus", „de universalibus"), Augustinus Niphus (1473—1546) und Zimara (gest. 1532) sind im Beginne des 16. Jahrhunderts die bekanntesten Vertreter des Averroismus in Padua[3]), ungerechnet die Menge der Literaten, von denen schon Petrarca spricht und die es für geschmackvoll hielten, sich Averroisten zu nennen. Achillinus hieß der „zweite Aristoteles" wegen seiner Kommentare zum Stagiriten. Niphus ist kein so

ihm befreundeten Bessarion vergleichen läßt. Geboren in Salonichi (Anfang des 14. Jahrh.), glänzte er eine Zeitlang in Konstantinopel und zog dann nach dem Beispiele so vieler seiner Landsleute nach Italien, und zwar vor der Einnahme Konstantinopels. Am päpstlichen Hofe, der unter Nikolaus V. mit dem Mediceer-Hofe rivalisierte, übersetzte er alle Schriften des Aristoteles: diese seine Hauptleistung wurde höher geschätzt als das gleiche Unternehmen Georgs von Trapezunt, der ihm die Gunst des Papstes streitig machte. Es gab übrigens noch andere Übersetzer des Aristotelismus. Zu ihnen gehören der Byzantiner Joh. Argyropulos, gest. 1486 in Rom, der am Mediceer-Hofe das „Organon", die „Auscult. phys.", „de caelo", „de anima", „Eth. Nicom." übertrug. Nach L. Stein war Gaza zugleich ein gewissenhafter Interpret des Aristoteles, den er im Original studierte, ohne apologetische Tendenzen (L. Stein, Der Humanist Th. Gaza als Philosoph, Arch. f. Gesch. d. Philos. 1889, S. 426). — A. Caspari, Zur Chronologie des Streites der Griechen über Plato und Aristoteles im 15. Jahrh. (Ebd.). — „In diesem berühmten Streit zwischen den Bewunderern Platons und des Aristoteles ... wurden die philosophischen Werke des hl. Thomas von den byzantinischen Aristotelikern in die Wagschale gelegt" (Bouvy, a. a. O., S. 406, Rev. Augustin., 1910). Georgios Scholarios übersetzte seine Kommentare zu „De anima" und zum Teil die Kommentare zur Aristot. Metaphysik; J. Argyropulos übersetzte „De ente et essentia". Es gibt auch anonyme Übersetzungen der Kommentare zur „Physik" und zu „De fallaciis" (Ebd.).

1) Hier und da werden andere griechische Kommentatoren geschätzt: so studiert Hermolaus Barbarus, der die Aristotelischen Schriften übersetzt, diese nach Themistius (Ueberweg, a. a. O. III, 1888, S. 14).

2) Werner, Sitzungsberichte, 1881, S. 209.

3) Die erste Ausgabe des Averroës erschien in Padua (1472).

konsequenter Denker. Nachdem er, wie sein Lehrer Nicoletto Vernias, den reinen Monopsychismus gelehrt („De intellectu et daemonibus") und die Werke des Averroës herausgegeben (1495—1497), milderte er seine Anschauung, um sie mit dem Katholizismus zu vereinbaren. Als sein Rivale Pomponatius neben ihm die Lehrkanzel bestieg, vermochte er die Autorität des Averroës nicht gegen dessen Angriffe zu verteidigen. Die Schrift „De immortalitate animae" (1518), in welcher Niphus auf das gleichartige Werk des Pomponatius (1516) erwiderte, atmet den Geist des Lateraner Konzils und entnimmt ihre besten Argumente für die Unsterblichkeit der Seele dem Thomismus.

Zimara vertritt einen entschiedeneren Averroismus als sein Zeitgenosse Niphus; er verfaßte Kommentare zu Averroës und gab die Werke des Joh. von Jandun heraus.[1])

451. Die Alexandristen. — Der Averroismus trat in eine neue, durch eine heftige Polemik charakterisierte Phase, als Petrus Pomponatius (Pomponazzi, 1462—1525) den Aristotelismus Alexanders von Aphrodisias dem des Averroës entgegenstellte. Nachdem er in Padua studiert hatte, lehrte Pomponatius in Ferrara und Bologna. In seinem „Tractatus de immortalitate animae" (1516) und „Defensorium" (mit der Replik gegen Niphus) lehrt er, die substantiale Formung des Körpers durch die Seele, die Stofflichkeit und Sterblichkeit der Seele, das Schwinden der Persönlichkeit nach dem Tode seien die wahren Anschauungen des Aristoteles. Nach der Weise der Stoiker stellt er die Beziehungen zwischen der Vorsehung und der menschlichen Willensfreiheit her und stellt fest, daß die Vernunft die Offenbarung nur ersinnt („De fato, libero arbitrio et praedestinatione"). In einer dritten Schrift („De incantationibus") endlich leugnet er die Wunder, die Engel und Daemonen und sucht alle außerordentlichen Phaenomene, welche den Aberglauben erwecken, aus dem natürlichen Einfluß der Gestirne zu erklären.[2])

Die energische Stellungnahme des Pomponatius machte ihn zum Haupt einer Schule. Simon Porta von Neapel (gest. 1555) und der Spanier Sepulveda (gest. 1572) gehören zu den vornehmsten Alexandristen.[3])

---

1) Über den Averroismus der Schule von Padua vgl. Renan, a. a. O., 2. Teil, K. 3.

2) A. Douglas, The philos. and psychol. of P. Pomponazzi, Cambridge, 1910. Nach D. hat P. das Besondere an sich, daß er in keiner Weise von den parallelen Bewegungen der Renaissance beeinflußt ist und daß er bloß eine authentische Interpretation des Aristoteles vorbringt (S. 1).

3) Jakob Zabarella (1532—1589), Francesco Piccolomini (1520—1604) und Caesar Cremonini (1552—1631), drei andere Bewunderer des Aristoteles, werden bald zu den Alexandristen, bald zu den Averroisten gerechnet und entnehmen beiden ihre Lehren. Cremonini, dem seine Verehrung des Aristotelismus den Beinamen des „Aristoteles redivivus" eintrug, war der Freund Galileis, und es wird berichtet, er habe sich nicht des Fernrohres zu bedienen gewagt, aus Furcht, die Aristotelische Physik als falsch zu befinden (K. III, § 7). Zwischen den Alexandrinern und Averroisten steht der Naturalist Andreas Caesalpinus (1519—1603), der Aristoteles nicht aus Kommentaren, sondern im Original zu studieren trachtete. Bedenkt man aber, daß seine „Quaestiones Aristotelicae" und seine „Daemonum investigatio" eine dem Pantheismus nahe kommende Kosmologie enthalten, so sieht man, daß auch dieser vorgebliche Purist den echten Aristoteles nicht erfaßt hat. Breit, Die Engel- u. Dämonenlehre des A. Caesalpinus (Philos. Jahrb. 1912, p. 337).

452. Ergebnis. — Den Aristotelikern der Renaissance, welche den Aristotelismus nach Aristoteles selbst wiederherstellen wollten, ist ihr Unternehmen mißlungen. Anderseits modifizieren Alexandriner und Averroisten nach Bedarf die Gedanken Alexanders von Aphrodisias und des Averroës, die selbst ungenaue Interpreten des Stagiriten waren. So kann man sagen, der ganze antischolastische Aristotelismus der Renaissance hat, soweit er den wahren Peripatetismus erneuern wollte, sein Ziel verfehlt.

§ 5. Stoizismus und Atomismus.

453. Der Stoizismus. — Da die Zeit der Erneuerung der antiken Philosophie günstig war, so ist es nicht zu verwundern, daß manche Humanisten Gestirne zweiten Ranges aus dem Himmel der griechischen Philosophie zum Leitstern erwählten.

So Justus Lipsius (1547—1606), mehr Gelehrter als Philosoph, Professor an der Universität zu Löwen, wo er den antiken Stoizismus verfocht („Manuductio ad stoicam philosophiam"). Trotz seines universalen Ansehens vermochte er nicht Schule zu machen.[1]) Aber die Lehren der Stoa dringen in eine Menge von Systemen der Renaissance ein; sie finden sich bei Erasmus, Zwingli, Leonardo Bruni, Melanchthon und anderen Vertretern des Theismus.

454. Der Atomismus. — Einen nicht minder bedeutenden Platz nimmt der Atomismus ein, der in der Form, wie ihn Demokrit und Epikur gelehrt hatten, auftrat. So bei Daniel Sennert (1572—1637), Erycius Putcanus (1574—1646), dem Nachfolger des Justus Lipsius in Löwen, u. a. Der berühmteste Atomist dieser Zeit ist Pierre Gassend oder Gassendi (1592 bis 1655; „Exercitationes paradoxicae adversus Aristotelicos"; „De vita, moribus et doctrina Epicuri").[2])

Alle diese Philosophen, namentlich der letztgenannte, erklären dem Aristotelismus unerbittlich den Krieg; sie verbinden sich mit den Männern der Wissenschaft, um die veraltete Physik des Stagiriten und das Ganze seiner Philosophie in Mißkredit zu bringen (3 K., § 7).

§ 6. Der Naturalismus.

455. Verschiedene Formen des Naturalismus. — Gleichzeitig mit dem Wiederaufleben der Hauptlehren der griechischen Philosophie zeitigte das intensive Studium der Natur selbständigere Systeme.

Sie lassen sich unter der Bezeichnung des Naturalismus vereinigen. Die Renaissance begeistert sich für die Schönheiten der geschaffenen Welt, unterliegt dem Reize ihrer Geheimnisse und treibt mit der Natur einen Kultus, der an den Enthusiasmus der Alexandriner erinnert. Hier ist der Ausgangspunkt der Beobachtungen und Forschungen zu suchen, die das 17. Jahrhundert zu den schönsten Entdeckungen der Physik und Astronomie führen.

---

1) Vgl. meine „Histoire de la philos. en Belgique", S. 159 ff.
2) Pendzig, Pierre Gassendis Metaphysik und ihr Verhältnis zur scholastischen Philosophie. Bonn 1908 (Sammlung Dyroff).

Da elementare, unzureichende Erfahrungen nicht das gewaltige Bedürfnis nach Durchdringung der Natur zu stillen vermochten, so beruft man sich auf **verborgene Kräfte**, befragt die Kabbala, die Magie, die Astrologie. Namentlich die Ärzte hatten Gefallen an den Geheimkünsten und führten ihre Untersuchungen über den Stein der Weisen in die Philosophie ein.

Dazu kommt noch, daß die meisten Systeme dieser Zeit einen **pantheistischen** Charakter haben. Um die Natur zu erhöhen, vergöttert man sie; ist die Welt eine lebendige Offenbarung Gottes, braucht man über ihre wunderbare Schönheit erstaunt zu sein?

Die **Beobachtung**, die Pflege der **okkulten Disziplinen**, die Tendenz zum **Pantheismus**: das sind die drei Grundzüge, die sich in verschiedenem Maße bei den Naturalisten der Renaissance finden. — Wir gliedern sie in drei Gruppen, je nach dem Vorherrschen eines dieser Merkmale: 1. Der empirische Naturalismus; 2. der auf den Geheimwissenschaften aufgebaute Naturalismus; 3. der pantheistische Naturalismus.

456. Leonardo da Vinci. — Ein künstlerisches und wissenschaftliches Genie, ist L. da Vinci (1452—1519) einer der Begründer der neuern Mechanik und Physik. Manche seiner wissenschaftlichen Lehren sind von Albert von Sachsen beeinflußt, seine Gedanken über das Unendlichgroße und Unendlichkleine, über die Mehrheit der Welten wurzeln in der Scholastik, seine metaphysischen Lehren rühren von Nikolaus von Cusa her, so daß die „Wissenschaft Leonardos sich von den Säften der Scholastik nährt."[1]) L. da Vinci ist überdies noch Philosoph, hat aber seine Ideen auf diesem nur gelegentlich gestreiften Gebiete nicht in ein System gebracht. Einer neuen Darlegung des empirischen Naturalismus begegnen wir in den Schriften zweier anderer Italiener: Telesius und Campanella.

457. Der empirische Naturalismus. Telesius. — **Bernardinus Telesius** (1508—1588), der Begründer des Naturalismus der Renaissance, widmete sich gänzlich dem Studium der Naturwissenschaften und gehört zu den schärfsten Gegnern der Physik der Aristoteliker. Er gründete in Neapel eine „Academia Telesiana" für die Weiterentwicklung der Naturwissenschaften. Sein Hauptwerk, „De natura rerum iuxta propria principia"[2]) ist das Werk eines naiven, aber logisch denkenden Physikers, der die Natur mittelst einer geringen Zahl physischer Kräfte erklärt.

In der trägen, passiven Masse der Materie hat Gott zwei aktive Prinzipien geschaffen, Wärme und Kälte, die eine das Prinzip der Bewegung,

---

[1]) Duhem, Léonard de Vinci, 1e série, S. 3. Über die Anfänge der Dynamik vgl. Duhem, J. Buridan et Léonard de Vinci (Bulletin italien X, 1909); La tradition de J. Buridan et la science italienne au XVIe s. (X, 1910). Nach Duhem sind die Fortschritte der Dynamik vor dem 14. Jahrhundert in Paris „aus dem Gedanken erwachsen, daß die Bewegung des Geschosses nicht, wie Aristoteles meinte, durch die Bewegung der umgebenden Luft bewahrt werden kann, sondern daß sie sich durch einen dem Bewegten verliehenen ‚impetus' erhält". Die Widerlegung der Aristotelischen Theorie ging von W. von Occam aus; die Lehre vom „impetus" brachten Buridan und Albert von Sachsen vor. L. da Vinci nahm diese Lehre, aber nicht uneingeschränkt, auf, während die italienischen Lehrer sie lange bekämpften. — Duhem, Dominique Soto et la Scolast. Parisienne (Bulletin Hispan. 1910, S. 275, 276).

[2]) Erschien 1911 als erster Band der „Classici della filosofia italiana" (begonnen unter der Leitung G. Toccos). Auf Telesius dürften 5 Bände fallen. — G. Gentile, Bernardino Telesio (Bari, 1911). — Troilo, B. Telesio, Modena 1911.

die andere absolut unbeweglich. Diese beiden unkörperlichen, einander ausschließenden Kräfte teilen sich in die Menge der Materie. Dies ergibt eine Grundspaltung der Welt in ein Wärmezentrum (Himmel) und Kältezentrum (Erde). Da jedes Prinzip das Streben nach Selbsterhaltung hat, so besitzt es eben dadurch die Fähigkeit, die zerstörende Wirkung seines Gegensatzes zu empfinden. Dies bedeutet die Umstoßung der Aristotelischen Theorie der vier Elemente (Nr. 263), ebenso die Erhebung des Empfindungsphaenomens zu einem kosmischen Geschehen. Die Einzeldinge gehen aus dem Kontakt der Himmelswärme hervor, welche auf die erstarrte Erdoberfläche herniederstrahlt. Ein gleiches Gesetz beherrscht die Entstehung der Mineralien und die Bildung der Lebewesen.

Auf dieser physischen Basis begründet Telesius einen neuen Vitalismus, dessen Grundzüge von Interesse sind. Das Prinzip des tierischen Lebens ist ein „spiritus", eine kleine Menge Wärme, welche im Körper verbreitet ist und alle organischen Funktionen regelt. Diese Theorie der Lebensgeister, eine Neuauflage der alten Pneuma-Lehre, wird später zum Ausgangspunkt der Physiologie Bacons und Descartes'. Der „spiritus" ist nicht wie bei den Scholastikern eine Emanation des formenden Prinzips, sondern ersetzt die substantiale Form und Telesius kritisiert scharf den Aristotelischen Hylemorphismus. Empfindung und Streben sind Tätigkeitsweisen des „spiritus". Die Erkenntnisprozesse sind Umwandlungen der Empfindung, die sittlichen Phaenomene beruhen auf dem Selbsterhaltungstrieb. Der menschliche „spiritus" ist feiner, subtiler als der tierische, aber gleicher Art.

Allerdings korrigiert Telesius diesen extremen Naturalismus wie Cardanus und Paracelsus, indem er im Menschen noch eine „forma supperaddita" annimmt, welche immateriell, unsterblich ist und uns zur Gotteserkenntnis verhilft. Aber er befaßt sich mit ihr nur nebenbei; diese zur Wahrung des Scheins bestimmte Theorie bringt in die Psychologie des Telesius einen Dualismus gleich demjenigen, welchen Thomas den Vertretern der Lehre von der Mehrheit der Formen zum Vorwurf machte.

458. Campanella. — Die Physik des Telesius ist eine der originellsten und einflußreichsten Schöpfungen der Renaissance. Sie wird von Campanella (1568—1639) erneuert, der sie durch eine Metaphysik und Politik ergänzt.[1]) Das Sein als solches hat drei „primalitates", die sein Wesen bilden („essentiatur"): die Macht, vermöge deren es sein und wirken kann (potentia), das Wissen, durch das es sich selbst erscheint (sapientia), die Liebe, die es zum Wollen eines Gutes bestimmt (amor). Ebenso hat das Nichtsein drei Primalitäten: „impotentia, insipientia, odium". Gott allein ist reines Sein und besitzt die realen Primalitäten in unendlichem Grade. Jedes von ihm unterschiedene Geschöpf ist eine Mischung aus Sein und Nichtsein (Spuren

---

1) Von seinen zahlreichen, 1854 (durch A. d'Ancona) neu aufgelegten Schriften erwähnen wir: Prodromus philosophiae instaurandae; Realis philos. partes quatuor; Philos. rationalis partes quinque; Universalis philos. seu metaphysicarum rerum iuxta propria principia partes tres. — J. Kvacala, Th. Campanella. Ein Reformer der ausgehenden Renaissance (Stud. z. Gesch. d. Theol. u. Kirche, ed. Bonwetsch u. Seeberg, fasc. 6); A. Gozdek, Campanellas Metaphysik (Diss.), Posen, 1909. Dejob, Est-il vrai que Campanella fut simplement déiste? Annales faculté lettres Bordeaux. — Bull. italien, XI. 1911.

der Scholastik); es besitzt die Primalitäten in eben dem Maße, als es an der Realität Anteil hat. Bereits Telesius schrieb den physischen Kräften die Empfindungsfähigkeit zu; Campanella gibt diesem kosmischen Panpsychismus eine metaphysische Tragweite.

Campanellas Politik basiert auf der Liebe des Menschen zu sich selbst und zur Gesellschaft, die nur die Erweiterung seines Selbst ist. Seine Schrift „Civitas solis" ist, wie des Th. Morus „Utopia", von der er beeinflußt ist, die phantastische Schilderung eines Idealzustandes, in welchem die individuelle Freiheit zum Wohle der Gesamtheit bis ins kleinste Detail geregelt ist.

Zur Charakteristik Campanellas gehört endlich der Hinweis auf seine Vorliebe für die Chimären der Astrologie und Magie. Vermittelst ihrer sucht er die inneren Antipathien und Sympathien der Dinge und die kosmische Funktion der Weltseele, der von Gott bestellten großen Lenkerin der Weltordnung zu begründen. — Zur Vorherrschaft gelangen die Geheimwissenschaften im Naturalismus des Paracelsus und Cardanus.

459. Der Naturalismus und die Geheimwissenschaften. — Aus dem Stande der Ärzte rekrutieren sich fast alle Naturalisten, welche die alte durch eine neue Physik ersetzen wollen, die zugleich auf der Beobachtung und auf den Ergebnissen der Kabbala, Astrologie, Magie und Alchimie fußt.

Paracelsus von Hohenheim (1493–1541) eröffnet die Reihe dieser Neuerer mit einer Gruppe von deutsch geschriebenen, von seinen Schülern ins Lateinische übertragenen Schriften, wie „Opus paramirum", „Die große Wundarznei", „De natura rerum". Er will die Medizin auf vier Säulen stützen: die Theologie, Philosophie, Astrologie und Alchimie.

Die gleiche Vermengung kabbalistischer, alchimistischer, magischer und astrologischer Lehren findet sich bei einem andern berühmten Arzt, der zu analogen Ergebnissen wie Paracelsus gelangt, ohne wohl dessen Arbeiten gekannt zu haben, dem Italiener Hieronymus Cardanus (1501—1576), Verfasser der Schriften „De varietate rerum" und „De subtilitate".

460. Der pantheistische Naturalismus. — Unter allen Anschauungen, welche den „aesthetischen Optimismus" der Natur zur Geltung bringen, ist der verführerischste der Pantheismus. Der vergötterte Kosmos hat ein einheitliches Leben und zur Erklärung dieses Riesenorganismus greift man zur antiken Hypothese der Weltseele.

Patritius (Patrizzi, 1529—1597) reiht sich den Platonikern der Renaissance an und erscheint als einer der erbittertsten Schmäher des Aristoteles. Aber der Platonismus oder vielmehr der Neoplatonismus ist wesentlich eine Theorie der Natur. Indem er die Scholastik beschuldigte, dem Katholizismus Abbruch zu tun, ging er so weit, Gregor XIV. zu bitten, er möge der Christenheit die neue Synthese, deren Urheber er war, zur Richtschnur machen. Das Hauptwerk des Patritius („Nova de universis philosophia") besteht aus vier Teilen: „Panaugia", „Panarchia", „Panpsychia", „Pancosmia", welche sich der Reihe nach mit dem Lichte, den Urprinzipien, dem Leben und der Weltordnung befassen. Das absolute Eine („unomnia"), die einzige Wirklichkeit und das höchste Gut, erzeugt in sich die Dreifaltigkeit, außer sich die unsichtbare und sichtbare Welt. Die „anima mundi" ist eine der Etappen in diesem Emanations- und Deszendenzprozeß (Plotin). Die Schöpfung hat keinen Sinn mehr, denn das Geschöpf ist eine Fortsetzung des schöpferischen Seins. Die Weltseele vermittelt den Naturwesen, den Menschen inbegriffen, das Leben. Patritius erklärt alle physischen Phaenomene durch eine an Telesius erinnernde Lichttheorie (Panaugia).

Giordano Bruno (1548—1600) ist ebenfalls ein glühender Bekenner des Pantheismus. Er ist Verfasser zahlreicher lateinischer und italienischer Schriften (namentlich: „Dialoghi della causa, principio ed uno"; „Degli eroici furori"; „Dell' infinito, universo e dei mondi") und beruft sich auf Raymundus Lullus und besonders auf Nicolaus von Cusa.

Die Grundlehre Brunos ist die adaequate Immanenz Gottes in der Welt. Gott ist die „complicatio omnium", die „coincidentia oppositorum" (Nr. 437) und der stetige Strom der Phaenomene ist nur die „explicatio" einer ewigen einheitlichen Kraft, die substantiell umwandelbar ist, „omnibus praesentissimus". Die „Akzidentien" dieser Substanz gehen aus einer einheitlichen Urmaterie, der passiven Grundlage aller Möglichkeit, hervor. Eine einzige Form — die Weltseele — als universaler Geist und aktives Prinzip aller Möglichkeit, belebt diese Materie und erzeugt durch die Besonderung ihrer inneren Bildungskraft (bewirkende Ursache) die Einzeldinge. Im Grunde durchdringen sich die Urmaterie und die Urform, denn sie sind nur zwei Seiten der Wirklichkeit. Ebenso wie die Form ist die Materie Gott, so wie dies David von Dinant lehrte, den Bruno anführt. Die Weltseele ist nicht nur formale und bewirkende, sondern auch Zweckursache; das Ziel ihrer bewußt sich vollziehenden Entwicklung ist die Verwirklichung der bestmöglichen Welt. Alles in der Natur ist schön, denn alles lebt ein göttliches Leben.

Bis in die Einzelheiten erklärt Bruno, wie die mit Gott identische Weltseele sich in der Natur verbreitet. Seine Physik ist von Telesius beeinflußt, seine Kosmographie verwertet die Kopernikanischen Entdeckungen. Die Psychologie nimmt in seinem System nur geringen Raum ein. Der Mensch ist nicht mehr der Konvergenzpunkt der Welt, so wie die Erde nicht der Mittelpunkt eines unendlich erweiterten Universums ist. Seine Seele ist wie sein Leib ein Ausfluß des Göttlichen; ihre Unsterblichkeit besteht darin, daß sie sich nach jeder Auflösung mit neuen materiellen Gebilden verbindet. Natürlich gibt es in diesem Dynamismus des göttlichen Werdens keine Freiheit. Die menschliche Erkenntnis wird der allgemeinen Theorie der Welt eingeordnet. Der Geist erfaßt im vollendetsten Zustande den eben dargestellten Monismus.

In seinen lateinischen Schriften soll Bruno diesen Pantheismus gemildert haben, ohne jedoch auf seine Grundprinzipien zu verzichten.

§ 7. Die Rechts- und Sozialphilosophie.

461. Thomas Morus. — Das Erwachen der Nationalitäten, das Studium der Staatsformen Roms und Griechenlands, der Geist der Selbständigkeit, der die großen und kleinen Staaten beseelt, zeitigt eine auf dem Studium des Menschen basierende Staatsphilosophie. Der Begründer dieser neuen Theorie ist der Engländer Thomas Moore (Morus 1480—1535). Sein sensationelles Werk „De optimo rei publicae statu sive de nova insula Utopia", verfaßt vor der Einführung der Reformation in England, reiht ihn dem italienischen Platonismus an und besteht in Wirklichkeit aus zwei Teilen. Der erste Teil enthält den Plan zu einem Idealstaat, der nach der Platonischen Republik konzipiert ist. Aber die Tendenzen seines Jahrhunderts treten in einer zweiten, praktischen Untersuchung zutage, wo er die Unabhängigkeit von Kirche und Staat und die Indifferenz des Staates gegenüber den Kirchen rechtfertigt.

Diese Grundsätze werden vorzüglich von Hugo Grotius dargelegt und systematisiert.

462. Hugo Grotius. — Geboren in Holland, in einem Lande, wo die Religionskriege zur religiösen Indifferenz geführt hatten, ist **Hugo de Groot** (Grotius, 1583—1645, „De iure belli et pacis") als der Legislator des natürlichen und sozialen Rechts der Renaissance zu betrachten.

Das **Naturrecht** („ius naturale"), das dem Einzelnen zukommt, ist der Inbegriff der unverjährbaren Rechte, welche die rationale Untersuchung der menschlichen Natur entdeckt. Der Grundcharakter dieser Natur ist die angeborene und triebhafte **Soziabilität**.

Der Ursprung der Gesellschaft ist der **Gesellschaftsvertrag** oder der freie Wille der Individuen, die zu dem einzigen Zwecke, ihr Recht besser zu wahren, in Gemeinschaft leben. Dies bedeutet die Verkündigung des **menschlichen** Ursprungs von Gesellschaft und Staat, im Gegensatz zur scholastischen Theorie ihres **göttlichen** Ursprungs (Nr. 274).

Das Volk überträgt seine Souveränität und diese Übertragung, die für die einen unwiderrufbar ist, ist für die anderen widerrufbar (Keim zur Revolutionstheorie).

Zwischen dem menschlichen, rationalen Recht und dem göttlichen, offenbarten besteht eine Scheidewand. Der religiöse Indifferentismus des Staates und die Toleranz sind Korrelate zur Trennung von Staat und Kirche, ohne daß Grotius dadurch gehindert wird, persönlich an die christliche Offenbarung zu glauben.

Die auf das Natur- und soziale Recht sich beziehenden Fragen wurden mit immer wachsendem Interesse behandelt. Wir werden später sehen, wie die Scholastiker (Nr. 477) und die Protestanten (Nr. 465) diese Fragen mit ihren theologisch-philosophischen Anschauungen verknüpfen.

§ 8. Die protestantische Philosophie und Mystik.

463. Allgemeines. — Die von der Reformation gezeitigten theologischen Erörterungen fanden ihren Widerhall in der Philosophie. Der Leitgedanke der protestantischen Theologie ist die individuelle Auslegung der Hl. Schrift und der Dogmen. Macht sich nun jeder seine **eigene** Dogmatik, so wird es ihm nicht schwer fallen, sie mit einer ebenso frei gewählten Philosophie in Einklang zu bringen. Daher die verschiedenen, oft einander widersprechenden Formen der philosophischen Systeme des jungen Protestantismus (Neuplatonismus, Stoizismus, Aristotelismus, pantheistischer Mystizismus). Nebst den Humanisten waren die Reformatoren die großen Widersacher der Scholastik.

Luther (1483—1546) ist kein Philosoph. Er lehrt den unausrottbaren Antagonismus zwischen Vernunft und Glauben, da die erstere aus dem Fleisch („caro"), der andere aus dem Geiste („spiritus") stammt. Er verbietet der Philosophie das Betreten theologischen Gebietes und verargt es der Scholastik[1]) sehr, daß sie dieses mit ihren „Sophismen" entweiht hat.

Sein Werk ist vor allem die Begründung einer neuen Dogmatik, deren Kern die Rechtfertigungslehre ist. Die Erbsünde hat den Menschen von Grund aus verderbt, bloß der Glaube ans Evangelium kann ihn wieder in den Stand der Gerechtigkeit und Heiligkeit einsetzen. Dieser erlösende Glaube, der individuellen Eingebungen unterliegt, verbindet den Menschen mit Gott und bringt ihm passiv, mühelos, sogar ohne die Hilfe seiner Werke, die Seligkeit.

Doch schließt die von Luther reformierte Dogmatik eine Philosophie ein. Die Unterscheidung zwischen dem Fleisch oder den natürlichen Fähigkeiten und dem Geist oder dem göttlichen Bestandteil unseres Wesens führt zu einem psychologischen Dualismus, der an die Lehren der Kabbala erinnert. Die Passivität des Menschen gegenüber der Gnade und die absolute Praedestination haben den Determinismus zur Folge. Einige Schüler Luthers, mehr als ihr Lehrer darauf bedacht, ihren Glauben vor der Vernunft zu legitimieren, haben die Philosophie mit dem reformierten Dogma in Einklang zu bringen gesucht. Die bedeutendsten Philosophen der neuen Religion sind Zwingli, Melanchthon und J. Böhme.

464. Zwingli. — Der große schweizerische Reformator (1484—1531) stimmt mit Luther darin überein, daß auch er die auf dem bloßen subjektiven Glauben beruhende Rechtfertigung und Heiligung zur Grundlage des neuen Christentums macht. Zwingli war ein leidenschaftlicher Humanist; er ging nach Italien und machte sich mit den Arbeiten der Akademie von Florenz vertraut. Pico von Mirandola war sein Lieblingsautor. Zwingli verwertet nun den Neuplatonismus und Stoizismus für seine Dogmatik. Beide Richtungen lehrten ihm die pantheistische Immanenz und die Vergottung des durch das höchste Gut wiedergeborenen Menschen. Seneca liefert ihm Argumente für die Autonomie des Willens, die absolute Praedestination der Guten und Bösen und den ethischen Determinismus (Nr. 69). Die Einheit der göttlichen Offenbarung in den verschiedenen Religionen oder der universale Theismus galt Zwingli als natürliche Vereinbarung von Humanismus und Protestantismus.

465. Melanchthon (1497—1560) ist kein schöpferischer Geist, sondern ein Kompilator des Aristoteles im Dienste der protestantischen Theologie. Er pflegte den Humanismus nur, um die antike Philosophie zu verstehen und auf dieser Basis eine Apologie des Christentums zu begründen. Seine Handbücher über die Dialektik, die Physik und Ethik des Aristoteles sind durch ihre Anordnung und Klarheit hervorragend und haben ihrem Verfasser den Ehrennamen „praeceptor Germaniae" eingebracht.

Melanchthon ist mehr Eklektiker als Aristoteliker. Sein Peripatetismus, der in der „Dialektik" eine gewisse Reinheit aufweist, ist mit platonischen

---
[1] Über das Verhältnis Luthers zur Scholastik vgl. H. Denifle, Luther und Luthertum in der ersten Entwicklung I, 2 (Mainz, 1904—1906).

und stoischen Elementen vermengt.¹) So in der Theorie des Erkennens. Der Mensch besitzt ein „lumen naturale" (gegen Luther), angeborene Grundsätze lehren ihm die großen Wahrheiten theoretischer und ethischer Art (Stoizismus, Cicero). Zwar sind die Empfindungen die notwendigen Quellen sicherer Erkenntnisse („nihil est in intellectu quod prius non fuerit in sensu"), aber sie erregen nur die Tätigkeit des „lumen naturale" (gegen Aristoteles) und erwecken versunkene Vorstellungen. Die Gewißheit dieser ursprünglichen Wahrheiten ist eine unmittelbare; sie wurzeln im subjektiven Bewußtsein. Nicht bloß die Grundsätze der Mathematik und Physik, auch die Existenz Gottes, die Unsterblichkeit der Seele, die Sittlichkeit, die soziale Ordnung, die menschliche Freiheit (gegen Luther und den Stoizismus) sind angeborene Prinzipien. Die griechisch-römische Philosophie, insbesondere der Peripatetismus, hat die Unterweisungen des „lumen naturale" am besten entziffert, aber auch diese Philosophie ist notwendig unvollständig, da die Erbsünde den Geist des Menschen verschleiert hat. Dem Glauben, dem Evangelium kommt es zu, die Quelle des Wissens zu läutern und ihr ihre ursprüngliche Klarheit zu geben. So ergänzt der Glaube die Vernunft (gegen Luther). Die griechische Philosophie und das Christentum lehren dieselben Wahrheiten mit verschiedenem Klarheitsgrade.

Die „Ethicae doctrinae elementa" Melanchthons bilden den Ausgangspunkt der protestantischen Theorien des natürlichen und sozialen Rechts. Der Dekalog ist der Inhalt des „ius naturale" und der Staat, der unmittelbar göttlichen Ursprungs ist, ist unabhängig von der Kirche, eine These, welche von den katholischen Publizisten Spaniens heftig bestritten wurde.²)

466. Die protestantische Mystik. J. Böhme. — Der Protestantismus enthält im Keime eine Mystik. Die direkte und persönliche Auslegung der Schrift, die Ablehnung der kirchlichen und himmlischen Hierarchie schalten die Vermittelungen zwischen Seele und Gott aus, wie sie der Katholizismus herstellt. Die protestantische Mystik hat bei ihren Hauptvertretern eine pantheistische Grundlage.

Die schon von Zwingli bekundete pantheistische Auffassung beherrscht die mystische Anthropologie Sebastian Francks (1499—1542, „Paradoxa", „De arbore scientiae boni et mali") und besonders die Philosophie Jakob Böhmes. Außerhalb der Literatur und des Humanismus herangebildet,

---

1) Dilthey, Melanchthon und die erste Ausbildung des natürlichen Systems in Deutschland, Arch. f. Gesch. d. Philos. VI, 225. M., der als Physiker Aristoteliker ist, verspottet die neuen Entdeckungen des Kopernikus.

2) Wie Melanchthon will Nikolaus Taurellus (1547—1606) die protestantische Dogmatik auf philosophischer Basis konstruieren. Der Aristotelischen will er eine dem Evangelium entsprechende Philosophie der Vernunft, dem Lutheranismus und Kalvinismus ein „konsequentes Christentum" substituieren, welches die Natur und die Folgen des Sündenfalles mildert und dem Menschen ein natürliches Erkenntnisvermögen läßt. Dieses Vermögen ist keine tabula rasa (Aristoteles), sondern ein Schatz von fundamentalen Erkenntnissen; es ist bei allen identisch und weder zu steigern noch zu vermindern. Alle Verschiedenheiten und Modifikationen unserer Erkenntnis rühren von den mehr oder minder zahlreichen Hindernissen her, welche der Leib der Erkenntnistätigkeit bereitet. Der Gegenstand dieses Vermögens und der durch sie vermittelten Philosophie liegt zuhöchst in der Erkenntnis Gottes, seiner Eigenschaften und Werke, während sich die Theologie mit dem verborgenen Willen Gottes, wie ihn Christus uns offenbart hat, befaßt.

führte Jakob Böhme (1575—1624) ein schlichtes, beschauliches Leben und schöpfte sein System, unabhängig von den Schriften des Paracelsus und dessen Schule, nur aus seinen einsamen Reflexionen. Außer seinem Hauptwerk „Aurora" (1610) erwähnen wir: „Vierzig Fragen von der Seele", „Mysterium magnum", „Von der Gnadenwahl".

Das Originelle im Denken Böhmes liegt in seiner metaphysischen Erklärung des Nebeneinanderbestehens von Gut und Böse.[1]) Der Gegensatz beider ist in Gott eine ursprüngliche, natürliche und daher notwendige Tatsache. Eines Tages betrachtete Böhme ein Zinngefäß, welches die Sonnenstrahlen reflektierte und sagte sich, daß man ohne das an sich dunkle Zinn das Sonnenlicht nicht erblicken würde. Das Positive wäre ohne das Negative, das Licht ohne die Finsternis, das Gute ohne das Böse unerkennbar. Aber das Enthaltensein des Guten und Bösen im Unendlichen bringt eine Spannung entgegengesetzter Kräfte in dasselbe hinein, obwohl sie hier nur potentiell existieren. Was verwirklicht sie nun, oder um das Böhmesche Bild des Feuers als Lebenssymbols heranzuziehen, was „entflammt" das Gute und Böse? **Die menschliche Seele durch einen freien Willensakt.** Um dies zu verstehen, müssen wir beachten, daß die menschliche Seele keine göttliche Schöpfung (Theismus), sondern Gott selbst ist: die menschliche Seele, einheitlich in allen menschlichen Individuen, ist der göttliche Urzustand, der „Ungrund", welcher in seiner Unermeßlichkeit Himmel und Erde enthält.

In poetischer Ausschmückung seiner Metaphysik schildert Böhme die „ewige Natur in Gott" in der Form von sieben Urqualitäten, deren drei erste das Böse, den göttlichen Zorn, die drei letzteren das Gute, die göttliche Liebe darstellen. An der Schwelle zwischen dem Guten und Bösen, beiden angehörend, befindet sich das „Feuer", das Prinzip des Lebens und alles dessen, was sich lebend verzehrt. Hier tritt die **Freiheit der menschlichen Seele** (oder Gottes) zutage. Durch einen Freiheitsakt kann sich die Seele dem Guten oder Bösen zuwenden. Der Wille der Seele ist frei, entweder sich in sich zurückzuziehen, sich für nichts zu achten, nur ein Zweig vom göttlichen Baum zu sein, sich von der göttlichen Liebe (dem Guten) zu nähren, oder aber im Feuer aufzusteigen, um ein eigener, selbständiger Baum zu werden.[2]) Dieser Mystik ist eine ganze Dogmatik angepaßt. Die Erbsünde ist die das Böse wählende, die Erlösung die zum Guten zurückkehrende Seele. Christus ist nicht ein menschgewordener persönlicher Gott, sondern nur ein Bestandteil der vergotteten Menschheit.[3])

---

[1] Deussen, J. Böhme, über sein Leben und seine Philosophie, Kiel, 1897; Boutroux, Études d'histoire de philosophie.
[2] Vierzig Fragen, II².
[3] Die Renaissance förderte auch eine andere, auf der Kabbala basierende Mystik. Obwohl die Kabbala vor allem ein religiöses Buch ist, welches an den Zyklus jüdischer Schriften über den Messias anknüpft, so enthält sie doch auch eine philosophische Welterklärung mit der Emanation als Grundthese. Die Mystik der Kabbala herrscht vor bei J. Reuchlin (1455—1522), dem berühmtesten unter den Hebraisierenden der Renaissance („De arte cabalistica", „De verbo mirifico"). Er erstrebt die Vereinigung Gottes mit dem Seelenorgan (mens) mittelst einer unmittelbaren Erleuchtung durch das göttliche Licht. Ist die Seele geläutert, dann überschreitet sie die erste und zweite oder sinnliche und intelligible Welt und erhebt sich

§ 9. Der Theismus oder die Religionsphilosophie.

467. Ursache des Erfolges des Theismus. — Die religiösen Streitigkeiten der Reformation regten eine Gruppe von Publizisten zu Versuchen an, die zahlreichen Kirchen miteinander zu versöhnen. Man hegte die Überzeugung, daß alle Religionen einen gemeinsamen Kern von Grundwahrheiten betreffs Gottes enthalten und daß ihr Inhalt trotz der Divergenz ihrer Dogmen identisch sei.[1])

Luther bekämpfte diesen Theismus, als eine Art Restbestand der verschiedenen christlichen Religionen, aber Zwingli und die verschiedenen Sekten der reformierten Kirche näherten sich demselben.

Übrigens ist der Theismus den selbständigen Standpunkten der Renaissance konform, denn er ist nur eine Form des auf die Religion angewandten Naturalismus. Wie man das Naturrecht durch Betrachtung der menschlichen Natur begründet hatte, so befragte man die Vernunft, um die religiösen Ideen zu entdecken.

Daher die große Zahl der Anhänger, welche der Theismus nicht bloß bei den Protestanten, sondern überhaupt bei allen in die Bewegung der Renaissance verstrickten Geistern erwarb. Der Einfluß des Theismus zeigt sich im sittlichen und sozialen und sogar im künstlerischen Leben des 16. Jahrhunderts. Dieser Theismus besonders wird bestimmend für die Theorien der Trennung von Kirche und Staat, der Indifferenz und Toleranz des Staates in religiösen Dingen.

468. Hauptvertreter. — Schon am Hofe Friedrichs II. wurde die Identität der Hauptreligionen behauptet. Erasmus propagierte die These, die geläuterte Lehre Christi sei identisch mit der Religion Platons, Ciceros, Senecas. Namens des Platonismus machte sich G. Plethon (447), namens des Hebraismus Reuchlin, namens der Philologie Konrad Mudt (Mutianus Rufus) und die Erfurter Humanisten zu Proselyten eines ursprünglichen, reinen Christentums, das mit dem Theismus eins ist. In Holland, das durch die Religionskriege ganz besonders geprüft war, sprach Coornhert (geboren 1522) als einer der ersten vom religiösen Frieden und von der Zurückführung der verschiedenen Dogmensysteme auf gemeinsame Elemente. Dieser Gedanke fand vielen Anhang. Thomas Morus schließt sich demselben an, Hugo Grotius betont ihn, später entwickelt ihn Herbert von Cherbury und die neuere Philosophie stellt ihn in den Vordergrund.

§ 10. Der Skeptizismus.

469. Charakter desselben. — Die zahlreichen Widersprüche auf religiösem, philosophischem und wissenschaftlichem Gebiete zeitigten bei manchen ein Mißtrauen gegen die Vernunft. Der Skeptizismus der Renaissance ist

---

bis zur dritten, göttlichen Welt. Gott ist der Abgrund ohne Boden („Ainsoph"), der sich in zehn Attributen („Sephiroth") entfaltet. Die unmittelbare Schauung der Gottheit ist das höchste Ziel des Menschen.

1) Dilthey, Auffassung und Analyse des Menschen im 15. und 16. Jahrh. (Arch. f. Gesch. d. Philos. 1894—95); Das natürliche System der Geisteswissenschaften im 17. Jahrh. (ebd., 1895—96).

keine absolute Kritik der Gewißheit, sondern eine Darlegung der Unzulänglichkeit der bestehenden Systeme; er ist ein Übergang zwischen dem Mittelalter und der neueren Philosophie. Dieser Charakter macht ihn in vieler Hinsicht der griechischen Sophistik ähnlich: beide sind ein Fortgang zu neuen Spekulationen.

Der bekannteste unter den Skeptikern der Renaissance ist **Michel de Montaigne** (1533—1592), dessen „Essais" vom philosophischen Gesichtspunkte nur als Abklatsch des antiken Pyrrhonismus erscheinen. Der Autor verschanzt sich hinter dem Zweifel und beschränkt den Gegenstand seiner Untersuchungen auf das Studium des eigenen Ich. Das „mich schildere ich" ist der Ausdruck der neuen Erkenntnis, die er der zeitgenössischen Philosophie entgegensetzen will. — **Charron** (1541—1603) wandelt („De la Sagesse") in den Spuren Montaignes, zugleich von Seneca beeinflußt; er nimmt eine praktische Gewißheit als Grundlage des sittlichen Lebens an und fällt so in den Dogmatismus zurück. — Ebenso steht es mit dem portugiesischen Arzte **Sanchez** (1562—1632). Er zeigt die Ohnmacht der aufgestellten Lehren nur, um die Notwendigkeit eines neuen Empirismus zu folgern, den er übrigens nicht durchzuführen vermag.

Der Bankerott der Systeme der Renaissance erklärt das rasche Aufkommen der Anschauungen Descartes' und F. Bacons.

Drittes Kapitel.
Die scholastische Philosophie.
§ 1. Allgemeines.

470. Charakter derselben. — I. Die Unzulänglichkeit der Scholastiker wird immer größer und bekundet sich in den schon früher dargelegten Erscheinungen. Die philosophischen Parteien bestehen weiter, büßen aber ihre ursprüngliche Bedeutung ein. In den religiösen Körperschaften, an den Universitäten, selbst in den aus diesen hervorgegangenen Kollegien stellt man nach wie vor die offizielle Hegemonie eines der großen Schulhäupter auf und die Wahl dieses Meisters wird nicht immer durch wissenschaftliche Rücksichten bestimmt.[1]) Man wird dieses Cliquenwesen verstehen, wenn man bedenkt, daß an verschiedenen Orten eine Partei der Thomisten und eine Partei der Albertisten als Fraktionen einander entgegentreten.[2])

Dieser Vorwurf der Unzulänglichkeit darf aber nicht verallgemeinert werden. Es gab im 16. und 17. Jahrhundert immerhin selbständige Interpreten des Thomismus, Skotismus und Okkamismus und andrerseits sah das 16. Jahrhundert eine neue Scholastik aufkommen, welche einen originellen Charakter besitzt.

---

1) In Basel gibt es 1464 vier terministische („via modernorum") und drei antiterministische oder realistische („via antiqua") Lehrer. In Freiburg i. Br. ist die Lehre 1456—1484 terministisch, dann werden auf Geheiß des Erzherzogs Sigismund Realisten zugelassen. Ebenso herrscht der Terminismus an den neuen Universitäten Tübingen (1477), Ingolstadt (1472) u. a. (Prantl, a. a. O. IV, 190).

2) Z. B. in Köln, wo die St. Lorenz-Schule die Anschauungen Alberts des Großen gegen die thomistisch denkende Berg-Schule verficht.

Die Unkenntnis der scholastischen Lehre und die Unzukömmlichkeiten in ihrem Gefolge wachsen immer mehr an und erreichen zu Ende des 17. und im 18. Jahrhundert bei den Universitätsprofessoren, den offiziellen Vertretern des Aristotelismus ihren Höhepunkt. Wohl sprechen noch manche Lehrbücher dieser Zeit von Stoff und Form, aber so mancher stellt deren Vereinigung nach Art der zwischen Mann und Frau bestehenden dar, die einander umwerben, heiraten und sich scheiden, um neue Verbindungen einzugehen. Die rein verbale Bedeutung, welche die Vermögentheorie annimmt, rechtfertigt den Spott Molières und sein Spaßen über die einschläfernde Kraft des Opiums. Ebenso werden die Entstellungen der „species intentionales" von Malebranche und Arnauld mit Recht kritisiert.

II. In der Haltung gegenüber ihren Gegnern lassen es die Scholastiker an Energie fehlen. Von den vereinigten Systemen der Renaissance in ihren Stellungen angegriffen, verteidigen sie sich schlecht und begehen den zweifachen Fehler, sich um die zeitgenössische Philosophie sowie um die Fortschritte der Wissenschaften nicht zu kümmern. Dies wirft ihnen F. Bacon, freilich übertreibend, vor: „Historiam vero et naturae et temporis maxima ex parte ignorantes".[1]) Wer sich nicht verteidigt, erklärt sich für besiegt.

1. Die Scholastiker kümmern sich nicht um die zeitgenössische Philosophie oder aber sie bringen nicht die vitalen Elemente ihrer eigenen Lehre gegen sie zur Geltung. Manche werden den Klagen der Humanisten gerecht, besonders die Vertreter der spanischen Scholastik, aber die Masse reagiert nicht. Weit entfernt, die Systeme der Renaissance zu bekämpfen, kennen die Scholastiker dieser Periode — mit wenigen Ausnahmen — sie nicht einmal; sie kümmern sich nicht um die Kritiken, von denen sie betroffen werden und schließen sich hermetisch ab. Und doch wäre es leicht gewesen, gegen die lahmen Philosophien des 15. und 16. Jahrhunderts, die unendlich schwächer waren als der Averroismus des 13. Jahrhunderts, anzukämpfen. Als der Kartesianismus auftrat, nahmen die Scholastiker den Kampf auf, verstanden es aber nicht, ihre Philosophie richtig zu verwerten.

2. Die Scholastiker stehen den Fortschritten der Wissenschaften fern. Hier kommt es zu tiefgehenden Umwälzungen, neue Systeme erstehen, welche die mittelalterliche Wissenschaft zerstören. Diese außerhalb der Scholastik ausgearbeiteten Systeme wandten sich nun gegen sie (§ 7).

471. Gliederung. — Nach wie vor zählen die thomistische (§ 2), terministische (§ 4), skotistische (§ 5) Richtung die meisten Anhänger. Seit der Mitte des 16. Jahrhunderts treten noch einige sekundäre Schulen auf (§ 6). Das Hauptereignis in den Annalen der Scholastik aber ist die glänzende Entwicklung der spanischen Erneuerung (§ 3). Ein letzter Paragraph beschäftigt sich mit der Stellung der Scholastiker des 17. Jahrhunderts gegenüber dem Kartesianismus und den wissenschaftlichen Entdeckungen (§ 7).

§ 2. Die thomistische Schule.

472. Die Reihe der als treue Interpreten der Lehren des Meisters wirkenden Thomisten ist am Ende des 15. und im 16. Jahrhundert bedeutend. **Johannes Versor** (gest. 1480) kommentiert im Geiste des Thomismus die Hauptwerke

---

1) Zitiert nach Brucker, Historia critica philos. III, 877f.

des Aristoteles („Quaestiones super veterem artem"; „Super omnes libros novae logicae"; Komment. zu „de ente et essentia" und zu P. Hispanus). Petrus Nigri verfaßt eine Schrift „Clipeus Thomistarum". Eine Gruppe von Kölner Professoren, die in Nüancen voneinander abweichen, verteidigt Thomas gegen Albert den Großen oder diesen gegen den hl. Thomas. Die einflußreichsten Thomisten sind Heimeric de Campo (gest. 1460), Heinrich von Gorkum (gest. 1460), Gerhardus de Monte (gest. 1480; Komment. zu „de ente et essentia"; „Apologetica qua ostensorem concordiae inter S. Thomam et venerabilem Albertum magnum impugnat opprobriis auctoritatibus et rationibus omissis") und namentlich Lambertus de Monte (gest. 1499, kommentiert Aristoteles nach dem hl. Thomas). Die Vorkämpfer des Albertismus sind Gerhard Hardewyk (gest. 1503, Komment. zur „nova logica" und P. Hispanus) und Arnold von Luyde oder von Tongres (gest. 1540, Komment. zum „Organon" und zu P. Hispanus). Übrigens finden sich auch anderwärts Nachklänge zu diesen Kontroversen.

Barbus Paulus Soncinas (gest. 1494) stellt Capreolus dar, kommentiert die „Isagoge" und die „Kategorien" und verfaßt „Quaestiones metaphysicales"; Johannes a Lapide (gest. 1494), der Reihe nach in Paris, Basel und Tübingen, verfaßt Kommentare zum „Organon", eine Schrift „De exponibilibus" und „Sophist. argumentationes"; Franciscus Taegius schreibt einen Kommentar zu des Thomas Schrift „de fallaciis"; Michel Saravetius übernimmt die Verteidigung des Thomismus gegen den Skotismus („Quaestiones de analogia contra scotistas"; „Q. de universalibus"; „De primis et secundis intentionibus"); Dominik von Flandern (gest. 1500), der um 1470 in Bologna lehrt, schreibt über Metaphysik, die zweiten Analytiken und über „De anima" und verfaßt eine „Summa divinae philosophiae", für die Thomas von Aquino richtunggebend ist; Konrad Köllin, der als einer der besten Thomisten der Zeit gilt, kommentiert (1507) in Heidelberg und Köln den hl. Thomas und veröffentlicht „Quodlibeta"; Martin Pollich in Wittenberg (gest. 1513), Erasmus Wonsidel in Leipzig kommentieren die thomistische Logik; der Dominikaner Bartholomaeus Marzolus greift die Logik des Paulus Venetus mit den Argumenten des Thomismus an („Dubia super logicam P. Veneti"); Diego von Deza (gest. 1523) verteidigt den Thomismus gegen die Angriffe anderer Scholastiker. Javellus (erstes Jahrzehnt des 16. Jahrhunderts) läßt sich in eine lange Kontroverse mit dem Skotisten Antonius Trombeta ein. In Paris wird durch die Reorganisation der Statuten durch den Kardinal d'Estouteville („reformatio Tutevillana", 1452, s. oben) und das Verbot des Okkamismus (1473, vgl. § 4) die Stellung des Thomismus gestärkt. Der hervorragendste Vertreter desselben ist Peter von Brüssel oder Peter Crockaert, der, nachdem er in der Schule des Joh. Maior (482) eifrig den Okkamismus verfochten hatte, Dominikaner wurde und dem Thomismus beitrat. Er verbindet ernstes Denken mit elegantem Stile und verstand es, seinem Schüler Vittoria die Pflege der Form mitzuteilen. Außer Kommentaren zu verschiedenen Schriften des Aristoteles und einem Traktat des hl. Thomas („de ente et essentia") verfaßte er „Quodlibeta".

Bedeutender sind zwei berühmte Kommentatoren des hl. Thomas, S. von Ferrara und Cajetan.

473. Silvester von Ferrara und Cajetan. — Franciscus Silvester, geboren um 1474 in Ferrara, wurde „regens" des Dominikanerstudium in Bologna, dann Ordensgeneral und starb im Jahre 1528. Seine Hauptwerke sind: „In 1. S. Thomae de Aquino contra gentes comment." (um 1516), Kommentare „in 1. posteriorum Aristot. et S. Thomae", „in octo 1. physic. Aristot.", „in 3 l. de anima", ungerechnet einen Taktat gegen Luther, der sich durch Reinheit der Sprache' und Kraft der Darstellung auszeichnet.

Thomas de Vio, genannt Cajetan, (nicht zu verwechseln mit Cajetan von Tienis oder Tiene † 1462) wurde 1469 in Gaëta geboren, trat in den Dominikanerorden ein und studierte an der Universität zu Padua, wo er die humanistische und averroistische Bewegung kennen lernte. Von Padua ging er an die Universität von Pavia, dann an die von Rom. Vom Jahre 1507 angefangen ward er zu hohen Ordensstellen berufen; 1517 wurde er Kardinal, 1519 Bischof von Gaëta, dann Legat in Ungarn. Seine letzten Lebensjahre widmete er, bis zu seinem 1534 erfolgten Tode, dem Studium. Außer zahlreichen theologischen und exegetischen Werken hinterließ er wichtige philosophische Schriften: Kommentare zu des Thomas Schrift „de ente et essentia", zu den Kategorien, den letzten Analytiken, „de anima", Traktate „de analogia nominum", „de sensu agente et sensibilibus" und einige minder bedeutende Schriftchen. Sein Hauptwerk sind die „Commentarii" zur theologischen Summe des hl. Thomas (1507—1522).

Die von S. von Ferrara und Cajetan abgefaßten Kommentare zu den beiden Summen lassen sich mit dem exegetischen Werke des Capreolus vergleichen. Während aber dieser die Werke des hl. Thomas durchgeht und dessen Lehre dem Rahmen der „Sentenzen" des P. Lombardus einordnet, erläutern jene genau nach dem Texte des Meisters die „summa theologica", bzw. die „s. contra gentiles". Diese Kommentare sind von hervorragender Klarheit und Gründlichkeit. Noch heute benutzen sie die Exegeten des Thomismus mit Nutzen und sie werden der Neuauflegung für wert gehalten.

Der vollendetste dieser Kommentare ist der Cajetans. Außer einer Darlegung der thomistischen Lehren enthält er verschiedene Polemiken gegen die Skotisten und Averroisten, die Cajetan in Padua angetroffen hatte. Betreffs des Unsterblichkeitsproblems, welches Pomponatius geräuschvoll behandelt hatte, trennt sich Cajetan von Thomas. Er meint, daß Aristoteles die ihm von Averroës zugeschriebene Lehre aufgestellt hat und hegt selbst Zweifel betreffs der Fähigkeit der Vernunft, die Unsterblichkeit der Seele zu beweisen. Dies macht es erklärlich, daß einer seiner Ordensbrüder, ein heftiger Gegner von ihm, Bartholomaeus Spina von Pisa, in einer gemeinsamen Widerlegung Pomponatius und Cajetan vermengt („Propugnaculum Aristotelis de immortal. animae contra Thomam Cajetanum"; „Tutela veritatis de immortal. animae contra P. Pomponatium". „Flagellum in tres libros apologiae eiusdem"). Cajetan übte großen Einfluß auf Vittoria, den Gründer der Schule von Salamanca, aus und so besteht eine Verbindung zwischen der thomistischen Schule und der spanischen Scholastik des 16. und 17. Jahrhunderts.

Anton Cloche (1628—1720) erneuerte den Thomismus im Dominikanerorden. Er gab die unvollendeten Kommentare des Didaco Nuno

Cabezudo (gest. 1614) zum dritten Teil der „Summa theol." heraus, erinnerte an die Verpflichtung, sich Thomas anzuschließen und organisierte in den ersten Jahren des 18. Jahrhunderts in Rom mehrere, durch die Gunst des Kardinals Casanate (1620—1700) begründete Institutionen, namentlich eine doppelte Kanzel für Exegese des hl. Thomas. Xantes Mariales, Dominikaner aus Venedig, kommentiert de potentia.

474. Bibliographie. — Von J. Versor existieren die „Quaest. s. veterem artem" in Inkunabeln zu Venedig (1497) und Köln (1486, 1497, 1503); die drei letzten Ausgaben enthalten die Kommentare „sup. omnes libros novae logicae" und „de ente et essentia". Die Kommentare zu P. Hispanus sind oft erschienen; desgleichen des Nigri „Clipeus thomist." (besonders Venedig 1504). — G. de Monte, Komment. zu „de ente et essentia" und „Apologetica", Köln um 1492; Kommentar allein 1489. — Komment. von L. de Monte, Köln 1493, 1488, 1505, 1511; von G. Harderwigk, Köln 1494; von A. von Luyde, Köln 1507, 1496, 1500; von P. Soncinas, „sup. artem veterem", Venedig 1499, 1587. Schriften des J. a Lapide in Basel: „de fallaciis" von Taegius, Pavia, 1511; Schriften des M. Saravetius, Rom 1516, des D. von Flandern, Venedig 1514, 1587, Köln 1621, des Manzolus, Venedig, 1523. P. von Brüssel, „Summularum artis dialecticae interpretatio", Paris 1508; C. Köllin, Quodlibet, München 1523. — Xantes Mariales, De potentia, Bologna, 1658, 2 Vol.

Über alle diese Persönlichkeiten vgl. Prantl a. O. IV, 220 ff., 273 ff., dem wir viele bibliographische Daten entnehmen. Über H. von Campo, Dominik von Flandern und P. von Brüssel vgl. meine „Hist philos. en Belgique", S. 175 ff Diego de Deza, Novarum defensionum doctrinae angelici doctoris beati Thomae de Aquino super IV l. Sentent. quaestiones profund. et util. Hispali, 1517.

Die Kommentare des S. von Ferrara zur „S. contra gentes" erschienen öfter, zuerst in Venedig (1524, zu Lebzeiten des Verfassers), letzte und beste Ausgabe, Paris, 1660. Neue Ausgabe von Sestili, Rom 1898—1902, 4 Bde. Die übrigen Kommentare des S. von Ferrara erschienen in Venedig (1517, 1577, 1619) und Rom. — Von den kleinen Schriften Cajetans gibt es zahlreiche Einzelausgaben. Venedig (1506, 1587, 1599 u. ö.), Rom, Paris, Bologna. Noch zahlreicher sind die Ausgaben der Kommentare zur Summe, selbständig und mit der Summe verbunden, so mit der neuen römischen Ausgabe (Nr. 326). Vollständige Ausgaben der Schriften Cajetans bestehen nicht. Zwei Partialeditionen, die einander ergänzen, Antwerpen, 1612 und Lyon, 1541; vgl. Näheres in „Dict. de théol. cathol." (1904, unter „Cajetan", von Mandonnet). — Die drei Traktate B.'s von Spina erschienen 1518. — Coulon, Le mouvement thomiste au XVIIIe s. (Rev. Thomiste, 1911 u. 1912).

§ 3. Die spanische Scholastik.

475. Allgemeines. — Das 16. Jahrhundert erlebt eine glanzvolle Erneuerung der scholastischen Theologie und Philosophie. Die an der Spitze stehende theologische Bewegung entsteht aus einer Reaktion gegen die Reformation, sie geht aus den Beschlüssen des Konzils von Trient (1563) hervor und steht unter dem Einfluß des theologischen Werkes des hl. Thomas, der 1567 durch Papst Pius V. zum Kirchenlehrer proklamiert wird. Die Auswahl der Fragen, mit denen sich die Theologie vorzugsweise befaßt, ist durch die Haeresien geleitet.

Die philosophische Restauration, die der theologischen parallel läuft, ist zunächst durch eine Rückkehr zu den großen Systembildungen des 13. Jahrhunderts, hauptsächlich zum Thomismus, charakterisiert. Man nimmt das Inventarium des großen scholastischen Erbgutes auf, sammelt und klassifiziert die Theorien und Argumente, um sie strenger Kritik zu unterwerfen. Anderseits erhalten die Grundlehren (Nr. 250—275) eine selbständige Auslegung und es kommen neue Theorien auf. Aus diesen mannigfachen Gründen ist die spanische Scholastik eine eigene geistige Bewegung und ihre Vertreter sind, auch wenn sie sich als solche geben, nicht als bloße Kommentatoren anzusehen. — Bei manchen von ihnen zeigt sich auch der Einfluß der neuen Ansichten der Renaissance, aber auf die politischen und sozialen Fragen beschränkt. — Endlich bringen die spanischen Scholastiker die reine, klare Sprache, die scharfe, praezise Dialektik des Thomismus wieder zur Geltung und verwerten die Kritiken der Humanisten gegen deren Zeitgenossen und Vorgänger.

Die philosophische Restauration des 16. Jahrhunderts hat ihr Zentrum in Spanien und Portugal, hat aber ihre Zweige in Italien. Ihr Ausgangspunkt ist Salamanca und noch mehr Alcala, wo der Kardinal Ximenes 1499 eine Universität begründete und den philosophischen Studien einen kräftigen Aufschwung gab. Es folgte die (1508 begründete) Universität von Coimbra. Daher der Name „spanische Scholastik", der im 16. Jahrhundert die ganze Bewegung bezeichnet. An allen diesen Universitäten bestanden thomistische, skotistische, okkamistische Lehrkanzeln. Viele dieser Lehrer hatten sich, bevor sie in ihrer Heimat lehrten, in Paris, wohin sich eine Plejade von Spaniern und Portugiesen zog, mit der Scholastik vertraut gemacht. Die Theologen von Salamanca ersetzen das Buch der Sentenzen durch die „Summa theolog." des hl. Thomas, wie dies bereits in Leipzig und Rostock geschehen war, und diese Neuerung wurde nach und nach auch von den übrigen Universitäten befolgt. Die ersten Arbeiten sind Textglossierungen nach dem Beispiel Cajetans und Silvesters von Ferrara; bald aber erweitert sich der Horizont, der Kommentar macht selbständigen Darlegungen und systematischen Schriften Platz, welche der persönlichen Bearbeitung der Materien Raum gewährt.

Die spanische Restauration erfolgt im Schoße des Dominikanerordens und noch mehr im Jesuitenorden.

476. Dominikaner. — Franz von Vittoria (1480—1546) gebührt das Verdienst, an der Universität von Salamanca, wo er 1526—1544 lehrte, der Scholastik eine neue Richtung gegeben zu haben. Er hatte sie in Paris, in der Schule eines talentvollen Mannes, des Brüsselers Peter Crockaert (s. oben) studiert. F. von Vittoria will nicht bloß zu den reinsten Lehren des Thomismus zurückkehren, sondern auch die Scholastik von ihren unvollkommenen Formen befreien und ihr einen Schimmer von Humanismus verleihen[1]). Er gab die Kommentare P. Crockaerts zu $2^a\ 2^{ae}$ des hl. Thomas heraus und verfaßte selbst mehrere theologische Schriften, Kommentare zur „S. theol." und den Sentenzen.

Vittoria machte Schule. Von 1527 bis 1530 gehören Melchior Canus, Martin von Ledesma, Andreas von Tudela zu seinen unmittelbaren Schülern. Dominicus von Soto (1494—1560), der neben ihm (seit 1532) in Salamanca lehrte, lernte ihn vielleicht in Paris kennen, wo er um 1512 die Vorlesungen des Nominalisten Coronel (s. unten) hörte. Er liefert wertvolle Angaben über die damaligen scholastischen Philosophen, die „Nominales" und die „Reales" (Thomisten und Skotisten)[2]). Er klagt über die „barbaries

---

1) Er hegte für Erasmus, den er bekämpfte, Sympathien. Vgl. Getino, Ciencia Tomista, Nov. 1910, S. 179.

2) Er hält es für unnütz, drei Schulen zu unterscheiden, da der Thomismus vom Skotis-

sophismatum", die der „philosophia scolastica" so schadet[1]); statt sich aber gegen sie zu wenden, wie dies sein Landsmann Vives tat, kehrt er energisch zu den großen Lehren des 13. Jahrhunderts zurück. Die Grundlage seiner Philosophie bildet der Thomismus, doch weist sie terministische Einflüsse auf, namentlich betreffs der Probleme der Dynamik, wie sie seit Buridan und Albert von Sachsen dargelegt worden waren[2]). Außer zahlreichen theologischen Werken verfaßte D. von Soto Kommentare zur Isagoge des Porphyr, zur Physik und Dialektik des Aristoteles, zu „de anima", zu Teilen der „S. theol." des hl. Thomas.

Melchior Canus (1509—1560), in der Schule Vittorias herangebildet und — nachdem er zuerst in Alcala gelehrt — sein Nachfolger in Salamanca (1546), hat von allen den ausgefeiltesten Stil; sein berühmtes Werk „De locis theologicis" enthält einen vollständigen Entwurf zu einer theologisch-philosophischen Reform. Bannez, der ihm die Eleganz seiner Darstellung vorwarf, erwiderte er, sein Buch richte sich gegen die in den nördlichen Ländern verbreiteten Ketzereien, und sein humanistisches Gewand solle ihm zum Zutritt dahin verhelfen[3]). Ehrle verzeichnet auch unveröffentlichte Kommentare zur „Sum. theol." des hl. Thomas. Bartholomaeus Carranza, Kollege und Rivale von Canus in Alcala, ist namentlich durch seine theologischen Arbeiten von Interesse[4]). Schüler von Canus sind Bartholomaeus Bannez und der Augustiner Ludwig von Leon (Ludovicus Legionensis)[5]).

Bartholomaeus von Medina (1527—1581) schrieb einen Kommentar zur „S. theol.", der die Arbeiten seiner Vorgänger zusammenfaßt und klassisch wurde. Sein Werk, das nur $1^a\ 2^{ae}$ und den 3. Teil umfaßt, setzte sein Nachfolger Dominicus Bannez (1528—1604) fort, der die Kommentare zu 1^a und $2^a\ 2^{ae}$ herausgab, so daß ein vollständiger Kommentar zur Summe vorliegt[6]). Später begegnen wir den Italienern Zanardi (gest. 1642), Hieronymus Medices (gest. 1622, „Formalis explicatio S. Theol. S. Thomae"), den Portugiesen Antonio von Sena (gest. 1584, „In quaest. D. Thomae disputatas" und Arbeiten über die Summe) und Johann von S. Thomas (1589—1644). Letzterer, Professor in Alcala und Salamanca, ist bekannt durch seinen vortrefflichen „Cursus philosophicus ad exactam, veram et

---

mus nur wenig abweiche: „Neque adeo existimo tres vias hic distinguere ... cum inter S. Thomam et Scotum . parum admodum differat" (Komment. zur Physik, Venetiis, 1582, Bd. II, praef.).

1) Vgl. die Stellen bei Ehrle, a. a. O., S. 636.
2) Duhem, Dom. de Soto, 1910, S. 284.
3) Ehrle, a. a. O. 1885, S. 99.
4) Zu erwähnen sind auch Vincenz Varron (1550—1552), Verfasser von Kommentaren zu $1^a\ 2^{ae}$ der „S. Theol.", Diego von Chaves (de Clavibus), der $2^a\ 2^{ae}$ der „S. Theol." kommentierte. Dominicus von Cuevas, Stellvertreter von Canus (1550—1552), sowie Ambrosius von Salazar und Juan de la Pena Stellvertreter B. Carranzas (1556—1560) waren. Ihre Schriften sind bei Ehrle (a. a. O. S. 105f.) verzeichnet. Die Rivalität beider Professoren zeitigte eine Canisten- und Carranzisten-Partei.
5) Ebd., 92.
6) Ehrle verzeichnet noch Pedro von Sotomayor, Mantius de Corpore Christi, Petrus Ferdanez, Juan Gallo, Juan Vincente, Dominicus de Guzman, Alfonso de Luna, Juan von Guevara, Pedro von Uzeda Guerrero, Juan von Medina. Er bemerkt, das Studium der Arbeiten der Schüler beleuchte die der Lehrer.

genuinam Aristotelis et doctoris angelici mentem", umfassend die Logik, die allgemeine und spezielle Physik, besonders die Psychologie.

477. Die Jesuiten in Spanien. Suarez. — Die Jesuiten ließen sich 1548, wenige Jahre nach der Gründung des Ordens, nieder. Der hl. Ignatius, der die Lehre des hl. Thomas in Paris kennen gelernt hatte (1533), erwählte ihn zum Ordenslehrer. Der Vorschrift ihres Stifters getreu, beauftragte die allgemeine Kongregation vom Jahre 1593 ihre Mitglieder, in theologischen Dingen sich um den Thomismus zu scharen. Betreffs der rein philosophischen Fragen war man frei, doch bestanden auch hier Vorkehrungen, damit man sich nicht leichthin vom Thomismus entferne.

Es gelang den Jesuiten nicht, an der Universität Salamanca Wurzel zu fassen, aber sie begründeten neue Studienzentren. So das Kolleg von Coimbra, wo Petrus Fonseca (1548—1597), genannt der Aristoteles von Coimbra, die erste Lehrkanzel innehatte. Von ihm angeregt, vollendeten die Jesuiten einen riesigen Kommentar zur Aristotelischen Philosophie, bekannt unter dem Namen „Collegium Conimbricense", „Cursus Conimbricensium". Es ist dies eine Exegese mehr dem Geiste als dem Buchstaben nach, gegliedert in „quaestiones", welche klar dargelegt und geordnet sind; zugleich ist dies eine gelungene Bilanz aus den überkommenen Kommentaren. Sebastiano do Couto (gest. 1639) bearbeitete die Dialektik, Manuel de Goes (1560—1593) die Schrift über die Seele, die Ethik und Physik, Magalliano „de anima", Fonseca (gest. 1797) die Metaphysik und Dialektik. Des Balthazar Alvarès „Tractatus de anima separata" ist der letzte Kommentar von Coimbra.

Der berühmteste unter den Jesuiten-Philosophen ist F. Suarez („doctor eximius"), geboren 1548 in Grenada, gestorben 1617 in Lissabon, nachdem er sich durch seine Lehrtätigkeit an den Hauptuniversitäten der iberischen Halbinsel ausgezeichnet hatte. Sein philosophisches Hauptwerk, „Disputationes metaphysicae", ist in der Tat eines der am besten angeordneten, der vollständigsten und klarsten Repertorien der scholastischen Metaphysik. Es ist kein bloßer Kommentar mehr, sondern ein selbständiges Werk über das Seiende, dessen Kategorien und Ursachen, wo noch heute alle jene, welche die scholastische Metaphysik vertiefen wollen, eine synoptische Zusammenfassung der zu lösenden Probleme und der vorgebrachten Lösungen finden.

Suarez ist auch der eklektischste der spanischen Scholastiker. Seine Philosophie ist eine hervorragende Auslegung der scholastischen Synthese. Er entlehnt hierbei dem Thomismus vieles Material, weicht aber in wichtigen Punkten von demselben ab und vertritt dann eigene Lehren. Bei aller Anerkennung seines Verdienstes muß man ihm doch den angemaßten Titel eines „treuen Kommentators des doctor angelicus", den ihm die Nachwelt gab, abstreiten. Dies erhellt schon aus der Betrachtung einiger Grundlehren seiner Metaphysik und Psychologie. Im Gegensatz zum hl. Thomas verwirft Suarez die Realdistinktion zwischen Wesenheit und Existenz[1]); er nimmt

---

[1]) „Existentia enim substantiae ita composita est, sicut essentia substantiae et ideo sine ulla implicatione vel repugnantia, ita et materiam sine forma conservare" (Disp. met. 15 sect. 9, n. 5). G. Saitta, La scolastica del secolo XVI e la politica dei Gesuiti (Torino, 1911) meint, diese Theorie des Suarez hebe den Schöpfungsbegriff auf und führe ihren Urheber zum

dann an, daß die Existenz ebenso wie die Wesenheit aus Elementen sich zusammensetzen kann, und namentlich, daß die erste Materie in den natürlichen Substanzen an sich selbst und ohne den bestimmenden Akt der Form eine eigene Existenz besitzt, die Gott als solche gesondert erhalten könnte. Diese mit der thomistischen Lehre unvereinbaren Thesen führen eher zu den Lehren der praethomistischen Scholastik zurück. Ferner erklärt Suarez, die konstituierenden Elemente jeder Substanz, nicht die erste Materie, seien Individuationsprinzipien, und er lehrt mit Duns Scotus, daß die metaphysischen Argumente nur beim Beweis des Daseins Gottes eine apodiktische Gültigkeit haben. In der Psychologie schreibt Suarez, wiederum in Annäherung an den Skotismus, dem Intellekt die Fähigkeit zu, vom Individuellen eine unmittelbare Erkenntnis zu gewinnen.

Suarez nimmt endlich in der Reihe der Jesuiten, welche die protestantischen Lehren auf sozialem Gebiet bekämpften, als Publizist eine hervorragende Stellung ein. Er verfaßte einen Traktat „De Legibus"[1]) und befaßte sich namentlich mit der berühmten Frage der unmittelbaren Quelle der Gewalt, welche die Protestanten zu einer aktuellen gemacht hatten. Mit Bellarmin wendet er sich gegen die Theorie des „göttlichen Rechtes" der Könige, auf die Jakob I. von England es nicht verschmäht hatte, seine theologische Argumentation zu stützen. Der protestantischen Auffassung, nach welcher die Könige ihre Gewalt von Gott haben sollen, stellt Suarez nicht ohne Kühnheit die These der ursprünglichen Volkssouveränität entgegen; die Anerkennung des Volkes bildet hiernach den ursprünglichen Rechtstitel aller fürstlichen Autorität. Im Gegensatz zur Omnipotenz des Herrschers, wie sie Melanchthon versteht, erkennt er dem Volke das Recht zu, Herrscher, welche des ihnen erteilten Mandats unwürdig sind, abzusetzen.

Autoren zweiten Ranges sind Vallius (gest. 1622), A. Rubius (gest. 1615), Fr. Alphonsus (1649), P. de Mendoza (gest. 1651), Fr. Gonzalez (gest. 1661).

478. Jesuiten in Italien. — Die theologische und philosophische Bewegung, welche die Jesuiten zeitigten, verbreitete sich an den verschiedenen Universitäten außerhalb Spaniens und Portugals (z. B. in Ingolstadt). In Deutschland wurden die neuen Tendenzen durch Gregor von Valencia, Verfasser eines Kommentars zur Summe (1591), bekannt, in Belgien durch Bellarmin und Lessius.

In Italien besonders entstanden bedeutende Studienzentren, deren wichtigstes das vom hl. Ignatius begründete „collegium romanum" ist. Hier lehrten Jakob Ledesma (gest. 1575) und F. Toletus (1559—1569), ein Schüler D. Sotos in Salamanca, Verfasser vortrefflicher Kommentare zu Aristoteles und einer „Enarratio in Summam theolog. S. Thomae". Hier lehrte ferner Gabriel Vasquez (gest. 1604), der große Rivale des Suarez,

---

Pantheismus (S. 135—136). Dies erhelle „evidentest" auch aus seiner Theorie der „passiones entis". Welches Mißverständnis! Suarez ist vom Pantheismus himmelweit entfernt. Die Theorie der bloß rationalen Distinktion zwischen Essenz und Existenz nötigt Suarez, mehrere theologische Lehren anders als Thomas zu erklären, was uns hier nicht kümmert.

1) D. von Soto, Molina, Lessius, Johann von Lugo (gest. 1660) verfaßten ebenso Traktate „de iure et iustitia".

Verfasser von sehr geschätzten „Disputationes metaphysicae" und eines guten Kommentars zur „S. theol." des hl. Thomas.

Unter Vasquez und Suarez studierte 1584—1588 **Cosmus Alamannus**, geboren 1559 in Mailand, wo er in der Folge lehrte. Er veröffentlichte 1618—1623 eine „Summa philosophiae", eine didaktische Übersicht über die Philosophie des hl. Thomas (Logik, Physik, Ethik, Metaphysik) und vereinigte sorgfältig die auf je ein bestimmtes Problem sich beziehenden Stellen des Meisters.

Peter Arrubal, Johann von Lugo, Anton Perez, Nikolaus Martinez, Silvester Maurus verdienen aus der Reihe der Lehrer am Collegium romanum im 17. Jahrhundert besonders hervorgehoben zu werden. **Maurus**, geboren 1619 in Spoleta, begann 1653 seine Lehrtätigkeit, der er sich bis zu seinem Tode (1687) fast ausschließlich widmete. Außer mehreren theologischen Werken verfaßte er „Quaestionum philosophicarum l. V" und eine Paraphrase der gesamten Werke des Aristoteles. Diese Kommentare fassen die Exegese, welcher die großen Scholastiker des 13. Jahrhunderts die Aristotelischen Texte unterworfen haben, zusammen; die Schärfe und Klarheit seiner Kommentare machen diese mustergültig.[1]) Maurus stützt sich auf den griechischen Text und die besten, damals gebräuchlichen lateinischen Übersetzungen.

479. Andere religiöse Kongregationen. — Der Orden des hl. Franciscus nahm an der Restauration tätigen Anteil (Nr. 485). Die Karmeliter publizierten die „Disputationes collegii Complutensis", einen enzyklopaedischen Kommentar des Thomismus.[2]) Die Zisterzienser, unter denen **Angelus Manriquez, B. Gomez, P. von Oviedo** genannt werden, die Benediktiner, Trinitarier und andere[3]) folgten denselben philosophischen Traditionen.

480. Ergebnis. — Die spanische Restauration kontrastiert mit der allgemeinen Verarmung der Scholastik in den Ländern, in denen sie sich nicht verbreitete. Sie bewirkte einen tiefgreifenden Umschwung, der genugsam beweist, daß die fundamentalen Lehren ihre Lebenskraft nicht eingebüßt hatten. In der allgemeinen Sterilität treibt ein Zweig Knospen und bedeckt sich mit reichen Früchten.

Leider blieb diese Restauration **örtlich beschränkt und ephemer;** sie vermochte nicht außerhalb der iberischen Staaten und Italiens Wurzel zu fassen. Die Spaltungen der Reformation, die sich im Zentrum und im Norden Europas fühlbar machen, sind eine Ursache dieses Mißerfolges. Auch wurde man zu sehr zwischen den mannigfachen Tendenzen der Zeit hin und her gezerrt, als daß die Scholastik die Oberhand hätte gewinnen können. Dazu hätte es einer andern Fühlungnahme mit dem Zeitgeist bedurft, als dies seitens der neuen spanischen Scholastiker geschah. Schade, daß sie die neuen Forschungen, zu welchen die Renaissance sie einlud, auf das Naturrecht beschränkten; sie hätten das Zeug dazu gehabt, sich mit den

---

1) Vorwort des 1. Bandes der Ausgabe von Ehrle.
2) Der Karmeliter Philippus in S. Trinitate (gest. 1671) gilt als vortrefflicher Interpret des hl. Thomas.
3) Manuel da Natividade, vom Orden N. D. de la Merci schrieb eine (unveröffentlichte) „Philosophia secundum mentem angelici praeceptoris" (Ferreira, a. a. O. S. 313).

Antischolastikern ihrer Zeit zu messen. Der Mangel an Anpassung an die neue Geisteshaltung hemmte den Einfluß der spanischen Bewegung, und obgleich sie im 16. Jahrhundert zur Herrschaft gelangt und im 17. Jahrhundert vorrückt, hatte sie nicht die Dauer, auf die sie hätte Anspruch erheben können.

481. Bibliographie. — Betreffs der Schriften der Jesuiten vgl. Sommervogel, Biblioth. de la Compagnie de Jésus, Bd. I—IX, Brüssel, 1898—1900. Ausg. der Arbeiten Vittorias, Pinclae 1561, Lyon 1557, 1586, Salamanca 1565; von Ledesma: Coimbra, 1555; von D. Soto, Venedig 1572, 1582; von Canus: Salamanca 1550—1558; zahlreiche Ausgaben von „De locis theologicis", namentlich die von Serry, 1714. — Duhem, Dominique Soto et la scolastique parisienne (Bulletin Hispanique, 1910—1912); Untersuchung über die dynamischen und mechanischen Theorien. — Artikel von Mandonnet über Canus im „Dict. théol. cathol.", 1904. — Ausg. d. Komment. Medinas: Salamanca 1577, 1582, Venedig 1586, Köln 1619, u. ö.; des Banez: Salamanca 1584, 1588, 1594, 1611, 1612. — Der „Cursus" des J. von St. Thomas erschien 1633 in Lyon; vorher zahlreiche Teilausgaben; Neue Ausgabe 1883 (Vives, 3 Bde.). — Die Werke des A. von Sena erschienen öfter bei Plantin (1569—1575). — Der „Cursus conimbric." erschien nach Maßgabe Ende des 16. und Anfang des 17. Jahrhunderts in zahlreichen Ausgaben. — Des Suarez „Disput. metaphys.", zuerst 1597 in Salamanca erschienen, erlebten zahlreiche Editionen; „De legibus" erschien 1612 in Coimbra. Sämtliche Werke, 23 Folio-Bde., Venedig 1740, Vives 1856. — Des Toletus „Enarratio" erschien 1869—1870 in Rom. Des Vasquez Kommentare wurden wiederholt im 17. Jahrhundert herausgegeben. Des C. Alamannus „Summa philosophiae" gaben 1638—39 (Paris) die Domherren von St. Augustin heraus, namentlich Jean Fronteau, Kanzler von St. Geneviève und der Universität. Da Alamannus die Metaphysik unvollendet hinterlassen und die Ethik nicht behandelt hatte, so vervollständigte Fronteau die eine und bearbeitete die andere nach dem Plane des Alamannus. Neuausgabe der Werke des Alamannus in 3 Bänden (mit den Zusätzen Fronteaus) von P. Ehrle, Paris (vgl. Nr. 413). Des S. Maurus „Quaestion. philos. l. V" erschienen 1568, 1670 (Rom) und 1875; die Kommentare zu Aristoteles 1668 (Rom), der die Ethik behandelnde Teil 1696—1698. Die Kommentare gab Ehrle teils neu heraus (Paris, 1884): „Aristotelis opera omnia quae exstant brevi paraphrasi et litterae perpetuo inhaerente expositione illustrata a S. Mauro" (4 Bde.).

Betreffs der Editionen und der Handschriften vgl. die wichtigen Artikel von Ehrle: Die vatikanischen Handschriften der Salmantizenser Theologen des 16. Jahrhunderts von Victoria bis Bannez, nebst Bemerkungen über deren Lehren. Verzeichnet viele inedierte Schriften (Der Katholik, 1884—1885). — Getino, El maestro Fr. Francisco de Vittoria. La Ciencia Tomista, 1910—1912; vollständige Studie über Leben und Einfluß. Vanderpol (A.), La guerre devant le christianisme (Paris 1911). Enthält die Übersetzung von de iure belli des F. de Vittoria. Viele bibliographische Angaben bei Werner, Die Scholastik des spät. Mittelalters, IV². Der Übergang der Scholastik in ihr. nachtridentin. Entwicklungsstadium. Ehrle, Die päpstl. Encyclica, 3. Artikel, S. 388ff.; Ferreira-Deusdado, La philos. thomiste en Portugal (Rev. Néo-scolast. 1898, S. 305ff.); Bemerkungen und Quellen. — Über Suarez: Werner, Fr. Suarez u. die Scholastik der letzten Jahrhunderte, Regensburg, 1861. A. Martin, Suarez métaphysicien commentateur de S. Thomas (Science cathol. 1898, S. 686 und 819). Scoraille, Les écrits inédits de Suarez (Él. relig., Januar 1895). G. Saitta, La Scolastica del secolo XVI e la politica dei Gesuiti (Turin, 1911). Erster Teil: allgemeine Studie über die Philosophie seit dem 14. Jahrhundert. Zweiter Teil: Studie über Suarez, Bellarmin, Mariana. Erörtert besonders die sozialen Kontroversen. Einseitige, zuweilen irrige Urteile. — Teixidor, De universalibus iuxta Suarez (Philos. Jahrb. 1912, p. 449—461). — M. Lechner, Die Erkenntnislehre des Suarez (ibid. 1912, p. 129—190).

§ 4. Die okkamistische Schule.

482. Hauptvertreter des Okkamismus. — Im 15. Jahrhundert stehen an den meisten Universitäten die Okkamisten den anderen Scholastikern gegenüber. Man nennt sie „moderni", „nominales", ihre Lehre wird als „via modernorum" bezeichnet, im Gegensatz zu den Thomisten und Skotisten, „reales", welche die „via antiqua" vertreten.

Petrus Mantuanus (lehrte 1393—1400), Paulus Pergulensis (gest. 1451), beide Verfasser logischer Handbücher, J. Wessel (gest. 1489), Gabriel Biel (um 1425—1495) sind streitbare Okkamisten. Des G. Biel „Collectorium", wohlbekannt und oft neu aufgelegt, enthält nichts Originelles, gilt aber mit Recht als eine der methodischsten und treuesten Darstellungen des Terminismus Wilhelms von Occam. Man hat G. Biel den letzten Scholastiker genannt, aber dies ist nur berechtigt, wenn man damit auf den rapiden Verfall der Philosophie anspielt. Denn nach Biel treten noch zahlreiche „Scholastiker" auf, nur sind sie sehr wenig bedeutend. Einige von ihnen seien erwähnt: Olivier von Siena (doctor artium et medicinae; „Tractatus rationalis scientiae", um 1491) und seine Schüler Alexander Sermoneta, Benedictus Victorius Faventinus u. a.; Antonius Silvester (gest. 1515), Stephanus de Monte, Professor in Padua (1490), Jodocus Isenacensis (gest. 1519), Bartholomaeus Arnoldi (1532) u. a.

Die Universität Paris bleibt eine der stärksten Stätten des Terminismus, bis ein Dekret Ludwigs XI. (1. März 1473) die Lehren Occams ächtet, die Werke seiner Anhänger aus den Schulen verbannt und die „realistische" Philosophie des hl. Thomas oder des Duns Scotus anbefiehlt. Die letzte einflußreiche Persönlichkeit, welche Schule machte, ist der schottische Lehrer Johannes Maioris (1478—1540), Regens des Kollegiums Montaigu, Verfasser eines „Propositum de infinito"[1]), mehrerer logischer Traktate, von Kommentaren zur Aristotelischen Physik und Ethik und zu den Sentenzen des Lombarden, Herausgeber der Kommentare J. Dorps zu Buridan. Von den zahlreichen Schülern, denen er den Eifer für die okkamistischen Ideen einflößte, sind zu nennen David Cranston von Glasgow, die Spanier Antonius Coronel und Kaspar Lax, der Genter Jan Dullaert (geb. um 1471, gest. 1513), Kommentator des Aristoteles, der bei seinem Schüler Vives in so schlechtem Angedenken verblieb.

Heinrich Greve in Leipzig, Michael von Breslau in Krakau, Joh. Altenstaig von Mindelheim, Konrad von Buchen (gest. 1531) gehören zu jener großen Liste entarteter Terministen, welche eine sorgfältige Durchstöberung der Universitätsdokumente noch außerordentlich vermehren würde.

483. Humanistische Versuche. — Zu Ende des 15. Jahrhunderts zeitigten die Subtilitäten der Pariser Scholastiker eine Reaktion seitens Jacques Le Fèvre d'Étaples und besonders seines Schülers Joss Clichthove von Nieuport (1472—1543). Ein Mitarbeiter an der literarischen Renaissance, zugleich ein eifriger Anhänger des Aristoteles, will er das feinere Latein der Humanisten in die Philosophie einführen, die im Gebrauche stehenden Texte durch elegantere Übertragungen ersetzen, den Aristotelismus der Scholastik durch platonische Elemente mildern. Clichthove gab die Schriften Fabers heraus[2]) und trennte sich erst im Jahre 1520 von ihm, als sein durch das Luthertum kompromittierter Lehrer genötigt war, Paris zu ver-

---

1) Duhem, Léonard de Vinci, II, 484.
2) Genau verzeichnet in der Monographie Clervals, De Judoci Clichthovei neoportuensis doctoris theologi parisiensis et carnotencis canonici vita et operibus, Paris 1894. Er selbst schrieb: „Totius philosophiae paraphrases", „In terminorum cognitionem introductio" und zahlreiche Kommentare zu den Werken Fabers.

lassen. Er selbst zog sich, 1526, nach Chartres zurück. Die „introductiones" und „scholia" Fabers und Clichthoves dienten an vielen Universitäten Frankreichs, Deutschlands und der nördlichen Niederlande als Handbücher. In Paris veranlaßten sie einen neuen Aufschwung, aber nach der Verbannung Fabers und dem Abgang Clichthoves fiel die Pariser Scholastik in ihre Mißbräuche zurück.

484. Bibliographie. — Logica mag. P. Mantuani, Venedig 1492. Compendium des P. Pergulensis, Venedig 1498. Die letzte Ausgabe des „Collectorium circa quatuor sent. libros" von G. Biel erschien 1519 (Lyon). Die Schrift des O. von Siena erschien 1491. Des J. Maioris „Quaestiones in veterem artem", Paris 1528; „Indroductorium in Aristotelicam dialecticam", ebd., 1527; „In P. Hispani summulas commentaria", Lyon 1505, enthält viele logische Erörterungen; Komment. zu den Sentenzen, 1519 u. 1530. — Vgl. Prantl, a. a. O. IV, 194, 230 ff. Über Biel: Artikel von C. Ruch im „Dict. théol. cathol.", 1904. — Clerval, a. a. O.; vortrefflich. De Wulf, Hist. de la philos. en Belgique, 1910, S. 178 ff.

§ 5. Die skotistische Schule.

485. Hauptvertreter des Skotismus. — Der Skotismus bleibt die Lieblingslehre des Franziskanerordens. Markante Persönlichkeiten finden sich unter den ersten Skotisten dieser Zeit nicht. Wir nennen nur die Franziskaner Petrus de Aquila (gest. 1370, doctor sufficiens oder Scotellus), Nikolaus Bonetus (gest. 1360), Peter Thomas („Formalitates"), Johannes Anglicus (1483; kommentiert die „Quaest. de universalibus" des Duns Scotus), sodann Antonius Sirectus (1484) und Nikolaus Tinctor, insgesamt extreme Formalisten. Der Herausgeber der Kommentare des letzteren nennt ihn „Scotisans subtilis plurimum". Stephanus Brulifer ist reservierter, während Thomas Bricot und Georg von Brüssel — zwei Männer, deren Arbeiten eng miteinander verknüpft sind — sich der terministischen Schule nähern. Das gleiche gilt von Johannes Faber de Werdea (1500) und Petrus Tartaretus (1494); letzterer ist der hervorragendste Skotist dieser Zeit, Verfasser von Kommentaren zu Aristoteles, zu den Sentenzen und zu den Quodlibeta des Duns Scotus. Die Kommentare des Tartaretus zu Aristoteles standen in hohem Ansehen. Der Verfasser, der als Metaphysiker Skotist ist, entlehnt seine Theorien der Mechanik der nominalistischen Schule und folgt insbesondere Albert von Sachsen betreffs des Gesetzes der Beschleunigung beim Fall eines schweren Körpers.[1] Johannes Magistri (1432—1482), der „Dicta introductoria in doctrinam doctoris subtilis" verfaßte, Antonius Trombeta (gest. 1518), der eine Schrift „in Scoti formalitates" hinterließ, Johannes de Colonia und eine Menge anderer Autoren geringeren Ranges wollen zu den Prinzipien des reinsten Skotismus zurückkehren.

Das 17. Jahrhundert erlebte ein neues Aufblühen der skotistischen Schule, so daß Caramuel y Lobkowitz schreiben konnte: „Scoti schola numerosior est aliis simul sumptis."[2] Die Seele der Bewegung war Wadding (geb. 1588), der im Jahre 1625 ein berühmtes skotistisches Kollegium gründete. Die ersten Kanzelinhaber waren Flemeng und J. Pontius.

---

1) Duhem, D. de Soto et la scolast. parisienne (B. hispan. 1911, S. 160).
2) Theol fundam. II, disp. 10.

Wadding gab 1639 eine vollständige Edition der Werke des Duns Scotus[1]) heraus, in welcher er die Arbeiten des Moriz du Port, Lychetus, Cavellus benützt; ein Generalkapitel zu Toledo (1633) machte dem Franziskanerorden die Lehren des Duns Scotus zum Gebot.

Die namhaftesten unter den Zeitgenossen und Nachfolgern Waddings sind: in Spanien Merinero (gest. 1663), Philosophieprofessor in Alcala, Verfasser eines vollständigen, praezisen Kursus der skotistischen Philosophie; in Italien Brancatus von Lauria (1612—1693), Verfasser eines achtbändigen Kommentars zu den letzten zwei Büchern Sentenzen des Duns Scotus; der Portugiese Macedo (1594—1681), der in Rom und Padua lehrte und „Collationes doctrinae S. Thomae et Scoti cum differentiis inter utrumque" u. a. hinterließ; J. Poncius, Mitarbeiter Waddings, eine der Leuchten der Schule, Verfasser eines vollständigen Kursus der Philosophie nach D. Scotus. In Frankreich ist der Hauptvertreter des Skotismus Claude Frassen (1620—1711), Doktor der Sorbonne, Verfasser eines „Scotus Academicus", der zahlreiche Auflagen erlebte. Wir nennen ferner Mastrius, Faber (gest. 1630) und den Schlesier Sannig, der in Prag eine „Schola philosophica scotistarum" (1684 und 1685) herausgab.[2]) Hieronymus de Montefortino verfaßte 1720 eine „Summa theologica" auf Grund aller Schriften des D. Scotus und nach der Ordnung der „S. theol." des hl. Thomas.

486 Bibliographie. — Petri de Aquila, O. F. M. cognomento Scotelli, B. J. Duns Scoti discipuli, commentaria in IV l. Sentent. mag. P. Lombardi, ed. C. Paolini, 1907—1909, 4 Bde. (Levanti, conv. SS^{mae} Annunliat.); Die „Formalitates" des P. Thomas, Venedig 1515. Dicta Tinctoris s. Summulas P. Hispani, 1486. Bricot verfaßte einen „textus abbreviatus logices" (Basel 1492), kommentiert durch G. von Brüssel (Lyon, 1504); diese Kommentare selbst wurden von Bricot ergänzt. Des Tartaretus „Clarissima singularisque lotius philos. necnon metaphys. Aristotelis expositio" oder „Commentationes in Arist. secundum subtilissimi doct. Scoti sententiam" erlebte zwischen 1494 und 1621 viele Auflagen. J. Magistri, Dicta, 1490. Trombeta, „Quaest. quodlibetales" oder „In Scoti formalitates", Venedig 1493. Ausgabe von Merinero, Madrid 1663; Brancatus, Rom 1653—1662; Macedo, 1671—1680. Mastrius, Disputationes ad mentem Scoti in XII Aristot. l. metaphys. (Venet. 1708). Die Werke Frassens und H. a Montefortino wurden neu aufgelegt. Claudius Frassen, Scotus Academicus seu universa doctoris subtilis theolog. dogmata, 12 Bde., Rom 1903. Hieronymus de Montefortino, J. D. Scoti etc. Summa theologica ex univers. operibus eius concinnata, iuxta ordinem et disposit. Summae Angelici Doctoris S. Thomae A., 6 Bde., Rom 1900—1903. Prantl, a. a. O. IV, 268ff. — P. Dominique, Merveilleux épanouissement de l'école scotiste au XVIIe s. (Étud. francisc. 1910—1911); vortreffliche Darlegungen. Hume Brown, A forgotten scottish scholar of the XVIth century (Volusenus oder Wilson). S. histor. Review, 1913, S. 122—137.

§ 6. Andere scholastische Schulen.

486. Andere scholastische Schulen. — Um die Mitte des 16. Jahrhunderts erfolgte bei den Kapuzinern und Konventalen eine Rückkehr zu den Lehren des hl. Bonaventura, zur „alten" scholastischen Schule, welche der

---

1) 12 Bde., Lyon. Die Kommentare zum Op. Oxon., vor 1474 gedruckt, waren von Hugo Cavello sorgsam ediert worden (Antwerpen, 1620). Moriz du Port hatte 1504 die logischen Schriften gedruckt und andere Schriften waren einzeln vorhanden.

2) „Von 1640 bis 1700 wurden über 120 Foliobände und noch mehr Quartbände streng skotistischen Inhalts gedruckt, in welchen die Lehre des doctor subtilis sehr klar, gründlich und genau dargestellt ist" (P. Dominique, a. a. O. 1911, S. 308).

Erfolg des Thomismus und Skotismus sogar im Franziskanerorden seit langem verdunkelt hatte. Longus von Corioles verfaßte im Jahre 1622 eine Arbeit über des Bonaventura „Summe", die eine große Reihe von Kommentaren zeitigte.

Das 16. und 17. Jahrhundert sahen auch wieder eine „Schola Aegidiana" aufkommen, welcher Aegidius von Viterbo (gest. 1532), Raphael Bonherba, Gavardi angehören. Einige augustinische Eremiten, wie Estacio di Trinidade (geb. 1676 in Lissabon), schließen sich der spanischen Restauration an. Übrigens anerkannte die Konstitution vom Jahre 1560 den hl. Thomas als zweiten Lehrer des Ordens.

Der schon lange vergessene Heinrich von Gent wurde im 17. Jahrhundert wieder populär, als die Serviten auf Grund einer Legende, welche den doctor solemnis mit ihrem Orden in Verbindung bringt, dessen Philosophie zu ihrer offiziellen Lehre machten. Burgus, Lodigerius, Maria Canali, Gosius, Sogia und Ventura verfaßten zu seinem Werke Kommentare, die alle veröffentlicht wurden.

Einige Karmeliter griffen auf J. von Baconthorp zurück. So verfaßte Hieronymus Aymus eine „Philosophia" auf Grund von Auszügen aus dessen Kommentaren zu den Sentenzen, Elisaeus Garcia einen „Cursus philosophicus iuxta mentem Joh. Baconi Angli carmelitae". Endlich beriefen sich mehrere Benediktinerkongregationen auf den hl. Anselm, unter ihnen der Kardinal d'Aguirre.

488. Bibliographie. — De Martigné, a. a. O. (Nr. 241), S. 429; Dissertatio de scriptis seraphici doctoris (Nr. 257), S. 37. Werner, Der Augustin. (Nr. 326), S. 16f. Burgus, Henrici Gandav. doct. solemnis ord. Serv. Paradoxa theol. et philos., Bologna 1627. Gosius, Summae philos. ad mentem Henrici Gandav., Rom 1641. Sogia, In 1^m et 2^m l. Sent. mag. Fr. Henrici Gandav. quaest. disput., Saceri 1689—1697, und Opuscula theolog. etc. Ventura, Mag. Fr. Henrici de Gand. etc. philos. tripartita, Bologna 1701; Hieronymus Aymus, Philosophia, Turin 1667; E. Garcia, Cursus, Rom 1700; Jos. S. de Aguirre, Anselmi Cantuar. theologia illustrata, Rom 1679; De virtutibus et vitiis in quibus accurate disputatur quicquid spectat ad philos. moralem ab Arist. traditam X l. Ethic. ad Nicom., Rom 1717. — J. B. Bernardi, Seminarium totius philosophiae. Venetiis 1582. Alphabetisches Repertorium der von Aristoteles, dessen Kommentatoren und den Scholastikern über jeden Gegenstand geäußerten Ansichten.

§ 7. Aristoteliker, Kartesianer und Wissenschaftler im 17. Jahrhundert.

489. Scholastiker und Kartesianer. — Der Kartesianismus stellte der Scholastik ein zusammenhängendes, vollständiges System entgegen. Er schloß mit dem Jansenismus eine offensive Allianz auf theologischem, mit den Kopernikanischen Theorien auf wissenschaftlichem Gebiete. Der doktrinale Zusammenstoß währte zwei Jahrhunderte und die Scholastik ging gebrochen daraus hervor.

Nach Descartes beruht das menschliche Wissen nicht auf einer Abstraktionstätigkeit, welche aus den Daten der äußeren und inneren Wahrnehmung die „Wesenheit" (Quiddität) der Dinge gewinnt (Scholastik), sondern auf dem klaren Geistesblick. Wir müssen nur den Inhalt des Bewußtseins entwirren, die klaren und deutlichen Anschauungen, die sich auf das Ich, die Welt, Gott beziehen, fixieren, dann können wir sie koordinieren, um die Philosophie zu konstruieren. Als Descartes, nachdem er an allem gezweifelt hatte, die Tatsache der eigenen Existenz dem Zweifel entrückte, weil „eben daraus, daß ich an der Wahrheit der übrigen Dinge zu zweifeln dachte, mit großer Evidenz und Gewißheit meine Existenz folgte"[1]), machte er nur seine erste Anwendung jenes allgemeinen Kriteriums des Bewußtseins. Die berühmte Formel „ich denke, also bin ich" ist durch eine zweite zu ergänzen: jeder Bewußtseinsakt, der mir ebenso klar und deutlich wie die Tatsache meiner Existenz erscheint, bietet mir Gewißheit.

Dies ergibt eine neue Psychologie. Das „Ich" ist ein denkendes Wesen („res cogitans"), d. h. ein bewußtes Wesen. Die Bewußtseinstätigkeit ist nicht die Leistung eines zur Seele hinzukommenden Vermögens nach Art der Bestimmtheit der Substanz durch ein qualitatives Akzidens (Scholastik), sondern das Wesen des Ich selbst, das Innerste unseres Seins.

Wie das bewußte Denken das Wesen des Ich darstellt, so ist die Ausdehnung das Wesen der Körper. Kälte, Wärme, Farbe und alle jene Qualitäten, aus welchen die Scholastik reale, inhaerierende Akzidenzien macht, sind keine Eigenschaften der Körper, sondern subjektive Vorgänge, welche je nach den Dispositionen des empfindenden Subjekts wechseln. Um die Natur der Körper zu erfassen, muß man wie betreffs des Ich die Empfindung verwerfen und sich nur auf die Analyse des Bewußtseins stützen. Für diese nun ist der Körper eine ins Unendliche teilbare, stetige, durch sich selbst nicht bewegliche Ausdehnung, die durch einen äußeren Anstoß bewegt wird. Akt und Potenz, erste Materie und substantielle Form sind Chimären, denn alle materiellen Veränderungen erklären sich aus verschiedenen Konfigurationen einer aus homogenen Elementen bestehenden Masse, die eine äußere Kraft trifft, stößt, verbindet und trennt (Wirbeltheorie). Die Ausdehnung wird zum Konstituens des Körpers; abstrahiert man gedanklich von ihr, so bleibt nicht ein substantielles Residuum zurück, welches aus Stoff und Form besteht, sondern das Nichts.

Alles Sciende ist bewußt oder ausgedehnt. Zwischen Körper und Geist, der Ausdehnung und dem Bewußtsein besteht absolute Diskrepanz. Diese These hat wichtige Folgen. Da das bewußte Ich oder die Seele mit dem ausgedehnten Leibe nichts gemeinsam hat, so ist ihre Verbindung im Menschen nicht natürlich, sondern gewaltsam (gegen die Scholastik).

Die Diskrepanz zwischen Bewußtsein und Ausdehnung bedingt anderseits die Einordnung jedes menschlichen Geschehens in eine dieser geschlossenen Klassen von Phaenomenen. Und die Empfindung? Sie ist ein Bewußtseinvorgang, daher ohne alle Ausdehnung (gegen die Scholastik). Und die Tiere? Haben sie ein Bewußtsein gleich dem Menschen? Der extreme Spiritualismus Descartes' scheut vor einer solchen Annahme zurück und der französische Philosoph sieht sich genötigt, die tierischen Vorgänge auf mechanische Prozesse zurückzuführen.

Ebenso wie die übrigen Teile seiner Philosophie weicht die Theodizee Descartes' von jener der Scholastiker ab. Ihre Grundidee ist: die Idee Gottes, wie unser Bewußtsein sie klar und deutlich erfaßt, ist eine Gewähr

---

1) Discours de la méthode, 4. Teil. Ed. Adam et Tannery, Bd. VI (1902), S. 32.

für die Existenz und das Wesen Gottes. Die Ethik endlich zeigt die Folgen der Herrschaft der „klaren und deutlichen" Ideen im Geistesleben; sie inauguriert einen intellektuellen Determinismus im Gegensatz zur scholastischen Freiheitslehre.

Man kann sagen, daß die Niederlande die zweite Heimat des Kartesianismus wurde; an den Universitäten entbrennen die heftigsten Kämpfe zwischen Kartesianern und „Aristotelikern", wie die Scholastiker hießen. An der Löwener Universität verfechten van Gutschoven (1615—1688), Philippi (um 1600—1665) und besonders Arnold Geulincx (1624—1669) die neuen Lehren gegen Froidmont und Plempius (gest. 1671). A. Geulincx von Antwerpen ist ein selbständiger Denker, der den psychologischen Okkasionalismus (vor Malebranche) und eine ethische Resignationstheorie begründet.[1]) Er richtet gegen die Aristoteliker scharfe Sarkasmen. Seine Eröffnungsrede bei den Saturnalien im Jahre 1652 und seine Leydener Rede vom Jahre 1662 sind eine in angemessener Form gehaltene Persiflierung der Physik und Metaphysik der Aristoteliker, ihrer Wendungen und Grundsätze, ihrer Formen und didaktischen Methoden.

Die offizielle Zensur des Kartesianismus in den südlichen Provinzen (1662) hemmte dessen Lauf nicht. Ebenso war es an den beiden Universitäten der nördlichen Provinzen, Leyden und Utrecht, wo er noch raschere Fortschritte machte. In Utrecht treten die Kartesianer Renerius, Anton Aemilius den Aristotelikern de Maets, Voétius und Senguerdius entgegen. In Leyden, wo Geulincx nach seiner Entfernung aus Löwen Fuß faßte, war der Sieg ebenso leicht.

Aus dem Vorgehen von Geulincx und anderen gegen die Scholastik und den Akten, welche in den Aristotelischen Lehrbüchern des 17. und 18. Jahrhunderts vorliegen, ergibt sich folgendes. Die Parodie des Geulincx ist wie jede Karikatur einseitig, trifft aber das Richtige. Verschiedene scholastische Theorien sind durch die Aristoteliker der Verfallszeit entstellt worden, namentlich die Theorie der Materie und Form und die Lehre von den Vermögen. Die Dialektik nimmt im Unterricht viel zu viel Raum ein und um das Ende des 17. Jahrhunderts füllen sich die Hefte der Studierenden — mit Wissen der Lehrer — mit Bildern an, welche „den Text erläutern" sollen.[2]) Dies sind Fehler, aber sie sind den Aristotelikern, nicht dem Aristotelismus aufs Konto zu schreiben. Die Kritiken Geulincx' treffen die Menschen, nicht die großen Lehren der mittelalterlichen Scholastik. Die „parerga" oder „unnützen Verzierungen", über die sich Geulincx beklagt, sind parasitäre Entartungsprodukte. So z. B. ist es überflüssig, daß man zur Erklärung der Lehre vom Beweis oder vom Besonderen die Ereignisse aus dem Leben des Heilandes erzählt oder vom Pferde Alexanders spricht.

---

1) Vgl. meine „Histoire de la philos. en Belgique", S. 221 ff.
2) Die Dialektik wird als korpulente Matrone dargestellt; die Gattungen und Arten, Substanz und Akzidens, die Schlußfiguren und Schlußmodi usw. haben ihre Symbole. So wird die Lehre entstellt, statt durch diese Schemata und Skizzen erklärt zu werden. Ich habe die ganze Serie dieser Bilder, welche die Buchhändler nach Art der Ansichtskarten gruppenweise verkauften und die Studierenden an entsprechender Stelle einfügten, zusammengestellt. Vgl. meine „Histoire de la philos. en Belgique", S. 207 ff.

Die Anwendung von Ausdrücken, deren Sinn nicht erfaßt wird, das Zitieren von Textfragmenten, deren Inhalt oder Provenienz unbekannt ist, das Verweilen bei müßigen Weitschweifigkeiten sind didaktische Prozeduren, die mit den Methoden des Aristoteles und der wahren Scholastiker nichts gemein haben.

Die philosophischen Lehren, wie sie von Geulincx verspottet werden, entsprechen ebensowenig den Ergebnissen der Psychologie und Metaphysik des 13. Jahrhunderts. Stoff und Form gleichen keineswegs Ehegatten, ihre Vereinigung nicht einer Vermählung und die Vermögen sind keine Nichtigkeiten. Ebenso lassen sich die Gattungen und Arten nicht durch Sinnbilder darstellen und die „Eselsbrücke" oder Theorie der Schlußfiguren hat nicht die übertriebene Bedeutung, die man ihr im 18. Jahrhundert beimißt. Die Diskussion zwischen den Kartesianern und den Aristotelikern des 17. Jahrhunderts hat die Grundlehren der mittelalterlichen Scholastik unberührt gelassen.

Das gleiche gilt für die Kontroversen zwischen den wissenschaftlichen Forschern und den Aristotelikern. Diese Kontroversen bilden das Nachspiel zum Verfalle der Scholastik und die hieran sich knüpfenden Episoden sind zwar an sich von sehr geringer Bedeutung, haben aber durch die Umstände eine gewisse Tragweite erhalten.

490. Die wissenschaftlichen Entdeckungen und ihre Beziehungen zur scholastischen Philosophie. — Die großen Entdeckungen von Kopernikus, Galilei, Kepler, Newton, Torricelli, Lavoisier bewirken eine Umwälzung in der physikalischen und mechanischen Astronomie, Physik, Chemie, Biologie, während Descartes, Newton, Leibniz die Mathematik auf einer neuen Basis begründen. Dies bedeutete die Verwerfung der meisten auf die kosmische und terrestrische Physik sich beziehenden Theorien, wie das Mittelalter sie in seine Weltanschauung eingegliedert hatte. Das geozentrische System ersetzt Kopernikus durch das heliozentrische. Das Fernrohr entdeckt Gestirne, welche frei durch den Raum wandern und vernichtet die Theorie des festen Firmaments. Die elliptischen Bewegungen der Planeten zeigen die Nichtigkeit der Theorie von der Vollkommenheit des Kreises. Eine Anzahl von Beobachtungen stürzt besonders die überkommenen Anschauungen betreffs der Himmelskörper. Galilei beobachtet neue Sterne in verschiedenen Konstellationen. Im Jahre 1611 entdeckt er mittels des Fernrohres die Sonnenflecken und schließt aus deren Wandern über die Sonnenscheibe auf die Umdrehung der Sonne selbst; dann unterscheidet er die Venusphasen und bestätigt so die Voraussage des Kopernikus durch die Erfahrung. Im Jahre 1618 erscheint ein prächtiger Komet und man beweist zur Evidenz, daß er kein atmosphärisches Irrlicht, sondern ein Himmelskörper ist, der seine freie Bahn in den interplanetarischen Regionen verfolgt. Besitzt die Sonne Flecken, dann ist es um die Unwandelbarkeit und Vollkommenheit der Himmelskörper geschehen; erscheinen neue Gestirne, dann ist es vorbei mit ihrer „unentstandenen und unzerstörbaren" Natur und demnach auch mit ihrer Einzigkeit. Und da alle Praerogativen der Himmelskörper gegenüber den irdischen Substanzen sich als chimärisch erweisen, so ist es vorbei mit dem Einfluß der Gestirne auf das sublunare Entstehen und Vergehen. — Anderseits zeigt das Thermometer, daß Wärme und Kälte nur graduell verschiedene Besonderungen desselben materiellen Zustandes, nicht entgegengesetzte Eigenschaften sind; das Barometer beweist die Schwere der Luft und sogleich stürzen die Theorien des natürlichen Ortes der Elemente, ihrer selbständigen Bewegung und des unableitbaren Gegensatzes ihrer Qualitäten zusammen (Nr. 263).

491. Das Verhalten der Aristoteliker. — Diese astronomischen, chemischen und physikalischen Lehren waren seit Jahrhunderten mit Prinzipien der allgemeinen Metaphysik und der Kosmologie verknüpft worden. Mußten da diese Prinzipien nicht das Los jener teilen und die Umwälzung in der Wissenschaft die der Philosophie mit sich führen?

Nein! Denn mitten unter den Ruinen der mittelalterlichen Wissenschaft blieben noch genug Beobachtungen aufrecht, die den Grundlehren der Philosophie zur Stütze dienen konnten. Der Wert der Grundprinzipien hängt weder von der Annahme der Vollkommenheit des Himmels noch von den Theorien des natürlichen Ortes und der Verbindung der konträren Qualitäten ab.

Die Scholastiker hatten die Pflicht, ihre veraltete Wissenschaft aufzugeben und ihre Psychologie und Metaphysik zu verteidigen. So hätten es die Fürsten der Scholastik des 13. Jahrhunderts gemacht, wenn sie um diese Wendezeit der Wissenschaftsgeschichte gelebt hätten. Wohlbekannte Stellen des hl. Thomas bezeugen, daß er nicht allen wissenschaftlichen Behauptungen die Bedeutung von festen Lehrsätzen, sondern mehr die einer Hypothese beimißt[1]), und verurteilen so im vorhinein die Fehler seiner Nachfolger.

Statt dessen verteidigen die Peripatetiker des 17. Jahrhunderts die Wissenschaft und Philosophie des 13. Jahrhunderts in Bausch und Bogen, wie ein Denkmal, von dem sich nicht ein einziger Stein wegnehmen läßt, ohne daß der ganze Bau zusammenstürzt. Manche wenden sich entsetzt ab, um nicht die Niederlage ihrer veralteten Astronomie zu sehen, und es wird von Melanchthon und Cremonini berichtet, sie hätten sich geweigert, den Himmel durch das Fernrohr zu betrachten. Galilei spricht von den Aristotelikern, „welche, anstatt den Aristotelischen Himmel etwas zu verändern, lieber die Veränderungen, die sie in der Natur erblicken, unverschämt leugnen wollen".

An der Pariser Universität, wo seit den Statuten des Jahres 1600 der Aristotelismus offiziell in Geltung stand, beruft man sich auf die Autorität, um den neuen Anschauungen zu begegnen. Im Jahre 1624 wendet sich die theologische Fakultät an das Parlament, um wissenschaftlich-philosophische Thesen, mit denen ein Artist namens Jean Bitaud Aristoteles angriff, verbieten zu lassen. Im Jahre 1671 interveniert der König selbst und man wendet sich wiederum ans Parlament, um die Aristotelischen Lehren durchzusetzen. Es nimmt da nicht wunder, daß diese Maßnahmen zur Satire reizten und daß Boileau eine „Requeste en faveur d'Aristote à Nosseigneurs du Mont-Parnasse" sowie ein burleskes Edikt der letzteren ausarbeitete.[2]) —

---

1) S. oben. Ähnlich äußert sich Aegidius von Lessines (De unitate formae, S. 93).
2) Das Edikt befiehlt, „daß besagter Aristoteles stets von besagten Professoren und Rektoren besagter Universitäten befolgt und gelehrt werde, ohne daß sie darum genötigt wären,

In Löwen ist das Verhalten der Peripatetiker ebenso starr. Der Prozeß gegen Martin von Velden, der deshalb verfolgt wurde, weil er das Kopernikanische System zur Diskussion gestellt hatte, bietet dafür ein Beispiel. — Noch ein Fall: Anton Goudin von Limoges, O. P. (1639—1695), dessen „Philosophia iuxta D. Thomae dogmata"[1]) noch heute benutzt wird, schreibt noch: „Das System des Kopernikus ist nicht akzeptierbar; mit Recht wurde es als verwegen abgelehnt, denn es macht die Erde beweglich und rückt sie aus dem Mittelpunkt der Welt".[2])

492. Das Verhalten der Forscher. Schluß. — Gegenüber so sonderbaren Fehlern, die da begangen wurden, hatten die Männer der Wissenschaft leicht spotten. Sie machten die scholastische Philosophie für die Verirrungen der Wissenschaft verantwortlich und brachten beide in Mißkredit.

Das Mißverständnis war unvermeidlich und besteht noch jetzt. Die wissenschaftlichen Forscher wollten eine noch kräftige Eiche fällen, weil sie in ihrem Wipfel dürres Holz trug. Die Aristoteliker glaubten, man dürfe an den alten Baum nicht Hand anlegen und beraube ihn des Lebens, wenn man ihm vertrocknete Zweige abnähme.

Die Scholastik verfiel aus Mangel an Menschen, nicht an Ideen.

493. Bibliographie. — Monchamp, Histoire du cartésianisme en Belgique, Brüssel, 1886; Galilée et la Belgique. Essai historique sur les vicissitudes du système de Copernic en Belgique, Brüssel 1892. Féret, L'aristotélisme et le cartésianisme dans l'université de Paris au XVIIe s. (Annales de philos. chrét., April 1903). Picavet, Galilée, destructeur de la scolastique et fondateur de la philos. scientifique (Conférences de société d'études ital. de G. Gnenard, 1895, S. 116—130); irreführender Titel. De Wulf, Histoire de la philos. en Belgique, S. 235ff.; Introduct. à la philos. néo-scolast. § 19. Proost, L'enseignement philosophique des bénédictins de Saint-Vaast à Douai à la fin du XVIIIe s. (Revue bénédict., Januar 1900).

---

ihn zu lesen, noch seine Meinung zu verstehen". Dann geht es zu Einzelheiten über und spricht vom Herzen, von den Nerven, vom Chylus, von der Leber, vom Blut, setzt die „Entitäten, Identitäten, Petreitäten, Polykarpitäten und andere skotistische Wendungen in ihren guten Geruch und ihr Ansehen" wieder ein, versetzt wieder „das Feuer in die obersten Luftschichten", verbannt „die Kometen in die Höhlung des Mondes bei Verbot, jemals herauszukommen, um das, was im Himmel vor sich geht, auszuspionieren" (zitiert bei Féret, L'aristotélisme et le cartésianisme, Ann. de philos. chrét., 1903, S. 16—17).

1) Paris, 1861; vollständige Ausgabe Orvieto, 1859—60. — A. Bellanger, De A. Goudin philosophia, Diss. Poitiers 1905.

2) Französische Übersetzung von Th. Bourard, Paris 1865.

Namenregister.

A.

Abaelard 77, 105, 111, 112, 113, 116, 126, 131, 132, 134, 144, 148, 150, 151, 152, 153, 159, 161, 162, 163, 164ff., 168, 169, 172, 183, 184, 185, 186, 187, 188, 189, 190, 265, 276, 380.
Abbas, Guido VII, 269.
Abbon 110.
Abert, J. 98.
Abraham bar Chija 206.
Absalon v. St. Victor 186.
Abubacer 203.
Abusahal 206.
Achard v. St. Victor 194.
d'Achéry 161.
Adalbod 109.
Adam 444.
Adam de la Bassée 175.
Adam der Praemonstratenser 194.
Adam Goddam (Voddam) 383, 389.
Adam v. Marisco 225, 268, 357, 358, 359.
Adam v. Perseigne 194.
Adam von Petit-Pont 167, 172.
Adelard von Bath 107, 111, 157, 158, 159, 161, 179, 215.
Adelman v. Lüttich 109, 110, 148.
Adlhoch 97, 132, 134, 137, 139, 157.
Adrastus 48, 116.
Aegidius (Gilles) von Lessines 233, 283, 284, 289, 295, 310, 311, 312, 314, 316, 317, 327, 346, 447.
Aegidius von Medonta 397, 401.
Aegidius von Rom 225, 228, 243, 309, 311, 315, 318, 319, 320, 321, 322ff., 327, 328, 329, 347, 348, 369, 390.
Aegidius von Viterbo 443.

Aenesidemus 48, 49.
Agobard von Lille 109, 133.
Agricola, Rudolf 412.
Agrippa 367.
d'Aguirre 443.
Alain von Lille 107, 116, 121, 144, 151, 169, 173, 175, 176, 177, 178, 179, 182, 188, 215, 251.
Alamannus, C. 98, 439.
Alberich 172.
Alberich v. Rheims 184, 344, 346.
Alberich v. Trois Fontaines 180.
Albert d. Große 77, 80, 82, 89, 94, 137, 165, 178, 181, 213, 214, 215, 227, 228, 233, 237, 239, 243, 249, 259, 260, 264, 265, 268, 275, 283, 284, 285, 286ff., 289, 290, 292, 293, 296, 298, 300, 306, 307, 308, 309, 314, 316, 318, 339, 346, 348, 349, 356, 357, 362, 369, 383, 429, 431.
Albert v. Sachsen 385, 386, 420, 435, 441.
Albertus Gandinus 257.
Albert von Erfurt 388.
Albinus 51, 116.
Alcher v. Clairvaux 175, 178.
Alcuin 102, 104, 108, 109, 110, 117, 127, 140, 175.
Alemannus 388, 390.
Alemannus s. Hermannus.
Alexander Achillinus 417.
Alexander Neckam 167, 262, 263.
Alexander v. Alexandrien 280, 342, 387.
Alexander v. Hales VII, 59, 81, 82, 83, 137, 169, 178, 226, 229, 233, 243, 257, 263, 269, 265, 266, 267, 268, 269, 270, 271, 275, 284, 312, 313, 339, 357.
Alexander v. Villedieu 110.
Al-Farabi 200, 202, 208, 216, 258, 259, 363.

Alfanus 107, 109, 118.
Alfonso de Luna 435.
Alfred v. Morlay 215.
Alfred s. Sereshel.
Algazel 208.
Alger v. Lüttich 184, 187.
Alhazen 202, 348, 350.
Al-Kindi 199, 200, 209, 216, 348.
Almoquammes 206.
Alphandéry, P. 182, 343, 349.
Alphonsus, Fr. 437.
Altenstaig, Joh. 440.
Alvarès, Balthasar 436.
Amalrich v. Bènes 145, 180, 181, 182, 219, 340.
Amalrich von Chartres 182.
Amberg 257.
Amboise 168.
Ambrosius von Salazar 65, 104, 117, 435.
Ammonius Saccas 53, 60, 110, 198, 258.
Saint Amour, G. von 230.
St. Amour, Wilhelm v. 226, 227, 233, 296.
Amstad, H. 122.
Anaxagoras 7.
Anaximander 3.
Anaximenes 3.
d'Ancona, A. 421.
d'Andely, Henry 111.
André, Michel 76.
Andreas Caesalpinus 418.
Andreas Contrarius 416.
Andreas von Tudela 434.
Andronicus Callistus 416.
Andronicus von Rhodus 20, 47, 59.
Angelus Manriquez 438.
An-Nazzam 200.
Anna Comnena 196.
Anselm v. Besate 133.
Anselm von Canterbury 81, 82, 83, 84, 85, 104, 106, 110, 118, 121, 128, 131, 132, 133, 134, 135, 136, 137, 138, 139, 140, 144, 148, 150, 171, 183, 184,

M. de Wulf, Geschichte der mittelalterlichen Philosophie. 29

186, 193, 243, 261, 272, 299, 333, 364, 365, 397.
Anselm v. Laon 151, 164.
Anselmus Peripateticus 134.
Antiochus 46.
Anton Aemilius 445.
Anton Goudin von Limoges 448.
Antonin von Florenz 389, 390.
Antonius Silvester 440.
Antonio Andreae 387.
Antonio von Sena 435.
Antonius Coronel 440.
Antonius Maria a Vicetio 275.
Antonius Sirectus 441.
Antonius Trombeta 431.
Apuleius 51, 116, 122, 130.
Aquasparta s. Matthaeus.
Ardens, Radulfus 185.
Areopagita s. Dionysius.
Arethas 195.
d'Argentré 313, 322, 348, 368, 383, 393, 398.
Argyropulos, Joh. 167, 411, 417.
Aristipp, Heinrich 115, 119.
Ariston 47.
Aristoteles 2, 3, 8, 9, 10, 12, 19, 20, 21, 22, 23, 24, 25, 26, 27, 28, 29, 30, 31, 32, 33, 34, 35, 36, 37, 38, 40, 41, 42, 46, 47, 48, 53, 54, 55, 58, 59, 60, 61, 63, 64, 65, 67, 73, 77, 88, 90, 98, 104, 105, 107, 113, 114, 115, 117, 119, 122, 124, 125, 128, 129, 151, 156, 162, 165, 167, 173, 174, 176, 183, 187, 195, 196, 197, 198, 199, 200, 201, 203, 205, 206, 207, 208, 209ff., 213, 214, 215, 216, 217, 218, 219, 220, 224, 228, 231, 232, 233, 236, 238, 239, 240, 242, 243, 244, 245, 246ff., 252, 253, 254, 258, 260, 261, 262, 265, 266, 270, 272, 274, 283, 284, 285, 286, 287, 288, 289, 292, 293, 295, 296, 299, 300, 301, 303, 306, 307, 310, 314, 323, 328, 329, 339, 340, 342, 344, 345, 350, 352, 356, 357, 358, 360, 361, 368, 369, 372, 374, 375, 383, 386, 387, 394, 399, 400, 413, 414, 415, 416, 417, 418, 419, 420, 422, 425, 426, 431, 432, 435, 437, 439, 440, 441, 442, 447.
Arkesilaus 44, 48.
Armand v. Beauvoir 374, 383.

Arminius 413.
Arnauld 430.
Arnobius 65.
Arnold von Luyde 431, 433.
Arnulfus Provincialis 324.
Arnulph v. Laon 133.
Arnulph v. Salzburg 109.
Arrubal, Peter 438.
Asin, Miguel 208, 342.
Asklepios 61.
Astier 146.
Athanasius 65, 168.
Auger 393.
Augustinus 66, 67, 68, 69, 70, 71, 72, 90, 104, 105, 106, 107, 110, 115, 117, 118, 120, 135, 137, 138, 139, 140, 141, 147, 158, 163, 171, 175, 177, 192, 244, 250, 252, 258, 261, 262, 266, 268, 271, 272, 273, 274, 276, 283, 289, 293, 295, 297, 298, 303, 307, 309, 310, 314, 317, 319, 321, 322, 330, 332, 336, 342, 350, 352, 353, 358, 363, 365, 374, 388, 395, 443.
Augustinus Niphus 417.
Augustinus Triumphus 391.
Aureolus VI, 374, 375, 378, 381, 389.
Aurispa 414.
Antrecourt s. Nicolaus.
Autun s. Honorius.
Auxerre s. Wilhelm v. A.
Avempace 203.
Avendeath s. Johannes David
Aventinus 77, 213.
Averroës (Ibn Roschd) 203, 204, 205, 206, 207, 208, 210, 213, 215, 216, 218, 219, 244, 267, 283, 285, 288, 306, 327, 339, 340, 342, 343, 348, 350, 369, 374, 394, 400, 417, 418, 419, 432.
Avicebrol (Ibn Gebirol) 181, 206, 207, 208, 216, 218, 220, 221, 244, 259, 260, 265, 266, 269, 271, 285, 293, 295, 309, 330.
Avicenna (Ibn Sina) 199, 200, 201, 202, 203, 205, 208, 209, 215, 216, 218, 219, 244, 247, 258, 259, 260, 261, 265, 283, 348, 363.

B.

Baco, Johannes (Johann Baconthorp) 390, 395, 443.
Bacon, Francis 421, 429, 430.
Bacon, Roger 213, 216, 228, 229, 237, 263, 264, 265,

267, 283, 284, 286, 303, 304, 311, 328, 329, 347, 350, 351, 355ff., 363, 364, 365.
Bachja 206.
Badius Ascensius 386.
Baeumker, Cl. III, 25, 82, 84, 97, 98, 107, 117, 122, 130, 136, 137, 139, 140, 150, 153, 157, 163, 171, 180, 182, 213, 220, 257, 261, 263, 286, 290, 303, 309, 344, 345, 346, 348, 349, 350, 354, 356, 407.
Bainvel 139.
Balasinansa 349.
Baldwin 99.
Baltzer, O. 190.
Baluze 308.
Bandinelli, Roland 185.
Bandinus 188.
Banez 439.
Barach, S. 98, 134, 182, 224, 263.
Barbus Paulus Soncinas 431.
Bardenhewer 63, 217, 220.
Baret 390.
Barlaam 410, 414.
Bartholomaeus Anglicus 237, 264.
Bartholomaeus Arnoldi 440.
Bartholomaeus Bannez 435.
Bartholomaeus von Capua 310.
Batholomaeus Carranza 435.
Bartholomaeus Marzolus 431.
Bartholomaeus von Medina 435.
Bartholomaeus von Messina 214, 216.
Bartholomaeus Spina von Pisa 432.
Basilius der Große 65.
Basinstock, Johannes 212.
Barre, De la 309.
Bauer, H. 208.
Baumgartner 105, 115, 176, 177, 178, 231, 261, 263, 308.
Baur 212, 213, 214, 220, 236, 257, 258, 259, 263, 267, 268, 269, 282, 322, 324, 381.
Bath s. Adelard.
Bate, Henri 361, 362.
Beauvais s. Vinzenz.
Beda Venerabilis 101, 108, 118, 122, 156, 258.
Beleth, Jean 180, 185.
Bellanges, H. 448.
Bellarmin 437, 439.
Belmont 337.
Benedictus Victorius Faventinus 440.
Benedikt v. Assignano 316.

Namenregister.

Berengar v. Santiago 177.
Berengar von Tours 110, 122. 144, 147, 149, 150, 153, 179.
Berlière 122.
Bernardi, J. B. 443.
Bernays, J. 122.
Bernhard v. Arezzo 397, 398.
Bernhard v. Angers 131.
Bernhard v. Auvergne 315, 319.
Bernhard v. Chartres 110, 153, 154, 156, 164, 165.
Bernhard von Clairveaux 186, 193.
Bernhard Guidon 213, 308.
Bernhard v. Moëlan 153.
Bernhard Silvestris 182.
Bernhard v. Trilia 316.
Beruheim, E. 96.
Bernier v. Nivelles 343, 345, 346.
Bernold v. Konstanz 162.
Bertazzi, G. 178.
Berthaud, A. 165, 169.
Berthelot 97.
Berthier 327.
Bertin 139.
Bertramus von Alen 387.
Bessarion 415, 416.
Beurlier 139.
Biel, G. 395, 440, 441.
Bihl 367.
Bihlmeyer, K. 407.
Binder, C. 78.
Bitaud, Jean 447.
Blanc, E. 86.
Blanco 177.
Blemmides s. Nicephorus.
Bliemetzrieder 178.
Block 209.
Blommardine 391, 396.
Boccacio 410.
Böhme, J. 425, 426, 427.
Boëthius 47, 61, 93, 104, 106, 107, 109, 110, 111, 113, 114, 115, 118, 119, 120, 121, 123, 125, 126, 128, 129, 130, 141, 150, 159, 163, 165, 167, 168, 170, 175, 176, 177, 208, 213, 219, 224, 225, 236, 242, 258, 263, 267, 345, 346, 347, 348, 365, 389.
Boëthius v. Dacien 343.
Boffito 328.
Boghaert-Vaché, A. 181.
Boileau 447.
Bonagratia v. Bergamo 375.
Bonald, de 361.
Bonaventura 80, 81, 82, 83, 98, 99, 137, 190, 192, 194, 211, 214, 227, 229, 232, 233, 234, 238, 243, 249, 257, 260, 264, 265, 269,

270, 271, 272, 273, 274, 275, 276, 277, 278, 280, 281, 287, 300, 303, 307, 313, 329, 330, 337, 339, 345, 364, 387, 392, 442, 443.
Bonherba, Raphael 443.
Bonifaz 393.
Bonwetsch 90, 421.
Boquinquam 77.
Borgnet 289.
Borrête, Stephan von 318.
Bouillée, Charles 407.
Bourard 448.
Boutroux 20, 23, 28, 29, 427.
Bouvarol 448.
Bouvy, E. 369, 417.
Bové 367.
Bradwardine, Th. 395, 397, 398, 401.
Brancatus de Lauria 442.
Brandt 119, 123.
Brants 257, 370, 386.
Braun 178.
Breit 418.
Brentano, F. 20.
Brewer 228, 263, 267, 284, 356, 357, 360, 364.
Bricot, Thomas 77, 441, 442.
Bridges 360, 364.
Bridrey 306.
Brilliantoff 146.
Brockelmann 208.
Brommer 188.
Brown, Hume 442.
Brown, J. W. 220.
Browne, G. 122.
Brucker 93, 430.
Bruckmüller 381.
Brunetto Latini 213, 237.
Brunhes, G. 107, 122, 150.
Bruni, L. 419.
Brunn 134.
Bruno, Giordano 367, 423.
Bruno v. Segni 184, 816.
Bubnow, N. 134.
Buchwald 146.
Bülow 260, 261, 263.
Bullinger 77.
Buonaiuti 134, 178.
Buonamici 194.
Burger, W. 150, 183.
Burgondio von Pisa 118, 187.
Burgus 443.
Buridan s. Johann.
Burkhard 117.
Busse 78, 115.

C.

Cabasilas, Nikolaus 369.
Cabezudo 433.
Caesar Cremonini 418.
Caesar v. Heisterbach 182.
Cajetan (Thomas de Vio) 431, 432, 433, 434.

Cajetan von Tienis 298, 306, 432.
Callaey 279.
Calonyme von Arles 369.
Campanella 420, 422.
Candidus von Fulda 109, 133.
Canella, G. 134.
Cantimpré s. Thomas.
Cantor 97.
Capreolus 328, 431, 432.
Caramuel y Lobkowitz 441.
Carboni 327.
Cardanus, H. 421, 422.
Carlyle 98.
Carra de Vaux 86, 197, 198, 199, 200, 201, 203, 208.
Cartellieri, A. 181.
Carus 97.
Casale s. Ubertin.
Casanate 433.
Caspari 417.
Cassianus 117, 193.
Cassiodorus 93, 109, 110, 118, 119, 120, 122, 175.
Cavelle, Hugo 442.
Celsus 51.
Chalcidius 61, 106, 114, 115, 116, 122, 123, 158.
Chambon 230.
Champeaux s. Wilhelm 163.
Charles 265, 364.
Charron 429.
Chateauroux, Odo v. 233.
Chatelain 182, 211.
Chevalier 96, 309.
Chollet 93, 220.
Christian 162.
Chrodegang von Metz 108.
Chrypffs s. Nikolaus.
Chrysippos 39, 116.
Cicero 46, 47, 63, 67, 106, 107, 111, 115, 116, 119, 157, 172, 174, 214, 365, 412, 426, 428.
Claeys-Bouüaert 190.
Clapell, Richard 315.
Claudius Mamertus 116.
Claverie 337.
Clemens Alexandrinus 63, 64, 117, 193.
Clerval 111, 114, 122, 130, 131, 145, 148, 153, 155, 156, 157, 166, 173, 189, 440, 441.
Clichthove, Joss 440, 441.
Cloche, Anton 432.
Cohen, H. 208.
Colebruge s. Ralph.
Commodian 65.
Compostellanus s. Petrus 177.
Conches s. Wilhelm.
Condillac 381.
Constantinus Africanus 105, 118, 156, 157, 159, 174, 215.

29*

452

Namenregister.

Coornhert 428.
Coppi 226.
Cornelius Agrippa 76.
Cornelius Martini 413.
Cornoldi 99.
Coronel 434.
Correns 263.
Cosmo von Medici 415.
Cosmus Alamannus 438.
Costa ben Luca 198, 224, 285.
Coulon. R. 96, 433.
Courçon s. Robert.
Courtecuisse, Jean 371.
Cousin, V. 78, 79, 86, 130, 131, 132, 139, 152, 153, 157, 160, 161, 168.
Couteulx, le 390.
Crahay, E. 309.
Cremonini 447.
Cranston, David 440.
Cumas 197.
Cyprian von Karthago 65.
Cyrillus 66.

D.

Damascenus s. Johannes.
Damascius 60, 61, 197.
Damiani, Petrus 133.
Daniels, A. 139, 243, 257, 289, 281, 327, 364, 365.
Daniel v. Morlay 218.
Dante 235, 236, 238, 318, 327, 343, 345.
Daux 194.
David ben Merwan 206.
David der Armenier 196.
David von Augsburg 407.
David v. Dinant 181, 182, 219, 244, 265, 271, 340, 406, 423.
Dehove, H. 153, 157, 161, 169, 187, 308.
Delacroix 92, 140, 182, 192, 396, 407.
Delatour 190.
Delorme 303, 356, 361, 364.
Demetrius Kydones 368.
Demokrit 30, 32, 34, 42, 67, 419.
Denifle 100, 182, 183, 185, 190, 194, 211, 214, 224, 225, 226, 230, 284, 314, 315, 316, 317, 327, 367, 380, 388, 403, 404, 407, 425.
Desbuts 337.
Descartes 89, 351, 421, 429, 443, 444, 446.
Desiderius 109.
Dessoir, M. 97.
Deussen 427.
Deutsch 169.
Dewey 92.
Didaco Nuno 432.

Diderot 79.
Diego von Deza 92, 431, 433, 435.
Dieterici 200, 209.
Dietrich von Freiburg (Freiberg) 284, 314, 324, 349, 351, 352, 353, 354, 403, 405.
Dieusdedit 162.
Dilthey, W. 86, 98, 426, 428.
Diogenes Laërtius 3, 220.
Dionys der Karthäuser 328, 389, 390, 391, 392, 393.
Dionysius Areopagita (Pseudo-Dionys) 73, 74, 90, 106, 115, 118, 122, 135, 141, 144, 170, 193ff., 197, 210, 212, 254, 264, 267, 270, 292, 308, 390, 392.
Dionysius Foullechat 397.
Doctor, Max 208.
Döllinger 230.
Domanski 73, 117.
Domenichelli 269.
Domet de Vorges 104, 121, 130, 135, 136, 137, 138, 139, 243, 272, 309.
Dominicus, L. 228.
Dominicus Bannez 435.
Dominicus von Cuevas 435.
Dominicus von Flandern 431, 433, 442.
Dominicus Gundissalinus 177, 215, 216, 217, 218, 220, 236, 257, 258ff., 259, 263, 266, 282, 326.
Dominicus von Guzman 435.
Dominicus von Soto 434.
Donatus 110, 116, 338, 339.
Doncoeur 208, 348.
Douais, J. v. 226, 228, 230, 310.
Douglas, A. 418.
Dräseke 79, 135, 139, 140, 146.
Dreiling, R. VI, 375, 378, 380.
Ducange 99.
Dufourcq 139.
Duhem, P. 32, 102, 114, 123, 145, 146, 156, 157, 257, 337, 364, 385, 386, 406, 408, 420, 435, 439, 440, 441.
Dumbleton, Joh. 387.
Dümmler 150.
Dunchad 130.
Duns Scotus 366.
Durand v. Aurillac 315, 388.
Durand v. Auvergne 214.
Durand von St. Pourçin 94, 168, 182, 314, 374, 375, 380, 388, 389.
Durand v. Throarn 148.
Duval, Simon 344, 346.
Dyroff 257, 411, 419.

E.

Eadmer 139.
Eberhard v. Béthune 110.
Ebert, A. 96, 122.
Echard 213, 307, 316, 318, 388.
Eckehart 155, 238, 314, 352, 402, 403, 404, 406, 407.
Ehrhard 66, 181.
Ehrle III, VI. 98, 99, 100, 230, 231, 234, 264, 279, 281, 296, 310, 312, 313, 314, 315, 327, 328, 364, 383, 386, 390, 435, 438, 439.
Eicken, von 98.
Eisler, R. VI, 99, 137.
Elemosina s. Guido.
Elias von Courson 398.
Elser 28.
Elter 369.
Empedokles 6, 218.
Endres VII, 82, 97, 128, 133, 134, 144, 150, 183, 194, 263, 266, 269, 283, 308, 309.
Engelkemper 208.
Epiktet 46.
Epikur 41, 42, 43, 44, 65, 102, 174, 179, 419.
Eracle 109.
Erasmus von Rotterdam 76, 77, 413, 419, 428, 434.
Erasmus Wonsidel 431.
Erdmann 79, 89, 97, 249.
Erhard 99.
Eric (Heiric) von Auxerre 110, 121, 127, 130, 132, 134.
Eriugena s. Johannes.
Ernaud v. Bonneval 186.
Erycius Puteanus 419.
Espenberger 104, 187, 190.
Esposito, M. 122.
Esser, M. 139.
Esser, Th. 308.
Estacio di Trinidade 443.
d'Estouteville 431.
Etienne (Stephan) v. Tournai 186.
Eudoxos 31.
Euklid 111, 158.
Eustachius 53, 275, 278, 363.
Eustachius v. Arras 278.
Eustachius von Normanville 268.
Eustratius 212, 214.
Eustratius v. Nicaea 196.
Eusebius 73, 111, 230.
Everard Digby 414.

F.

Faber 440, 441, 442.
Falaquera 210.
Faustus 116.
Faventinus s. Benedictus.

Namenregister. 453

Felder, H. 226, 230, 264, 265. 267, 268, 269, 365.
Fellner 290.
Felten, J. 269.
Ferdinand von Cordova 415.
Féret 98, 230, 448.
Ferreira Deusdado 439.
Ferrère 112, 122.
Fèvre, G. le 187.
Fichte 83. 84.
Fischer, J. 136, 138, 139, 140.
Fitsacre, R. 243, 282.
Flemeng 441.
Florus v. Lyon 147.
Flügel 365.
Fontaines s. Gottfried.
Forget 208.
Forster 220.
Fortunat 77.
Fouillée, A. 79.
Fournier 182, 185.
Francesco Piccolomini 418.
Franciscus Taegius 431.
Franck, Ad. 78, 99, 420.
Franklin 230.
Franz von Mayronis 386, 387.
Franz von Vittoria 435, 439.
Frassen 442.
Fredegisus 104, 127. 133, 134.
Frémont s. Helinand.
Freudenthal, J. 86, 92, 414.
Friedrich 105.
Fridugis 109.
Frohschammer 249, 308.
Froidmont 445.
Fronteau, Jean 439.
Fulbert v. Chartres 110, 128, 131, 153.
Fuzier 139.

G.
Gabriel Biel s. Biel.
Gabriel Vasquez s. Vasquez.
Galea 308.
Galenus 48, 51, 118, 156, 159, 197, 199, 215.
Galilei 385, 418, 446, 447.
Galterus Burlaeus (Walther Burley) 387.
Gandulph v. Bologna 188, 190.
Garcia, E. 443.
Garcia, P. E. 337.
Gardeil 294.
Garinus 181.
Garlande, Johann von 338.
Garnerius von Rochefort 144, 180.
Gasquet, F. A. 357. 364.
Gassendi 419.
Gaunilo 135, 137.
Gauthier 208.
Gavardi 443.
Gazali 202, 203, 205, 208, 216.

Gennadius 414, 416.
Gentile 85, 92, 420.
Geoffroi v. Auxerre 186.
Georg von Brüssel 441, 442.
Georgios Gemistos (Plethon) 414, 428.
Georgios Pachymeres 211.
Georgios Scholarios 338, 417.
Georg von Trapezunt 414, 415, 416.
Gerbert 110, 111, 127, 128, 134, 144.
Gerberon 139.
Gerhard Groot s. Groot.
Gerhard von Abbeville 226, 227, 258, 262, 263, 291.
Gerhard v. Acmona 200.
Gerhard von Bologna 387.
Gerhard v. Cremona 114, 215, 216, 217, 218.
Gerhard Hardewyk 431.
Gerhard v. Sienna 391.
Gerhardus de Monte 431.
Gerland, E. 97.
Gerson ben Salomon 210, 270.
Gerson, Johannes 389, 390, 391, 392.
Getino 306, 439.
Geulincx, A. 96, 445, 446.
Geyer 163, 185, 187, 190.
Geyser 139.
Ghellinck, de 178, 184, 187, 188, 190.
Gietl 185, 190.
Gilbert de la Porrée 104, 110, 118, 139, 150, 151, 153, 154, 156, 161, 164, 165, 166, 167, 168, 169, 170, 172, 185, 186, 188, 189, 224, 368.
Gilbert Mauguin 150.
Gilles 401, 402.
Gilles von Lessines s. Aegidius.
Giordano Bruno s. Bruno.
Girard 128.
Glasenapp, G. v. 343.
Glossner 140, 257.
Godet 122.
Godinus 180.
Goetz 98.
Gomez 438.
Gomperz, Th. 20.
Gonzalez 86, 97, 437.
Gorgias 7.
Gosius 443.
Gottfried v. Fontaines 222, 315, 318, 319, 320, 321, 323, 324, 327, 329, 344, 353, 388, 399, 400.
Gottfried v. Poitiers 188.
Gottfried v. S. Victor 125, 186, 194.
Gottlieb 122.

Gottschalk 147.
Goudin 448.
Gozdek, A. 421.
Grabmann 92, 97, 112, 117, 118, 119, 122, 135, 140, 150, 151, 162, 167, 171, 175, 182, 183, 184, 185, 186, 188, 190, 232, 257, 277, 281, 290, 308, 309, 315, 316, 327, 348, 353.
Graf 211.
Grandgeorge 66, 67.
Gratianus Esculanus 388.
Gratien 230.
Gregor d. Große 93, 101, 118.
Gregor v. Nazianz 65, 140.
Gregor von Nyssa 65, 73, 117, 140.
Gregor v. Rimini 327, 390, 391.
Gregor der Thaumaturge 73.
Gregor v. Tours 62, 110.
Gregor von Valencia 437.
Gregorios Akindynos 368.
Gregorios Palamas 368.
Gregorius Scholarius 368.
Greve, Heinrich 440.
Gröber 96, 365.
Groot, Gerhart 405.
Groot, P. de 232, 308, 392.
Grotius, Hugo 424, 428.
Grossetête s. Robert.
Grünfeld 208.
Grunwald 122, 136, 137, 139, 170, 171, 188, 257, 261, 272, 275, 309.
Gualton 173.
Guido 401.
Guido v. Elemosina 269.
Guido v. Orchelles 187.
Guido von Veeli 398.
Gundissalinus s. Dominicus.
Gunzo 127.
Gutberlet 257.
Gutjahr 100.
Gutschoven, van 445.
Guttmann 208, 217, 220, 263, 266, 269, 285, 287, 309, 330.
Guyon, Jean 397.

H.
Hablitzel 122.
Hagemann 328.
Hahn 398, 401.
Hales s. Alexander.
Halix 369.
Hannes, L. 204.
Harderwigk, G. 433.
Harnack 91, 99.
Hartmann, E. 386.
Hartwig 122.
Haser 97.
Hashagen 169.
Haskins 122, 161.

Hastings Rashdall 226, 401.
Hauck 99.
Hauréau, B. 78, 79, 91, 96, 98, 99, 117, 126, 128, 130, 131, 132, 139, 146, 152, 155, 157, 159, 100, 163, 178, 188, 189, 216, 262, 263, 267, 269, 282, 317, 318, 319, 346, 399, 415.
Havet 139, 415.
Haymon 134.
Heraklit 3, 6, 7, 12, 15, 23, 24, 26, 30, 39.
Hedde 308.
Hefelé 99.
Hegel 78, 83, 87.
Heimeric de Campo 431, 433.
Heinrich Aristipp 118.
Heinrich v. Brabant 213.
Heinrich der Engländer 398.
Heinrich v. Gent (Gandavensis) 222, 243, 249, 315, 319, 320, 321, 323, 324, 325, 326, 327, 328, 329, 334, 335, 351, 353, 388, 389, 433.
Heinrich von Gorkum 431.
Heinrich v. Hessen 372, 385, 386.
Heinrich v. Hervordia 214.
Heinrich Kosbien 213.
Heinrich v. Ostia 180.
Heinrich Teutonicus 388.
Heiric s. Eric.
Heitz 122, 135, 162, 169, 171, 186, 257, 287.
Hélic, Pierre 111.
Helinand v. Fremont 179, 260.
Heller, A. 97.
Helmholtz 381.
Héméré, Claude 230.
Henke 168.
Henri Bate von Malines 213, 365.
Henricus Teutonicus 319.
Henry 257, 275.
Herbert von Cherbury 428.
Herder 390.
Heriger v. Lobes 147, 150.
Heriman 126, 128, 129, 132.
Hermann 13.
Hermann der Dalmate 155, 215.
Hermann von Fritzlar 407.
Hermannus Alemannus 212, 213, 215, 216.
Hermes Trismegistos 116, 415.
Hermolaus Barbarus 407.
Herrad v. Landsberg 102.
Hertling 98, 175, 290, 293, 302, 307, 309.
Hervaeus Natalis 390.
Hervaeus von Nedellec 319, 388, 390.

Herzog 99.
Heymannus 77.
Hieronymus 73, 95, 111, 117, 383.
Hieronymus Aymus 443.
Hieronymus Medices 435.
Hieronymus von Montefortino 442.
Hilarius v. Poitiers 65, 164.
Hildebert v. Lavardin 65, 156, 188, 193.
Hilduin 77.
Hincmar von Rheims 120, 147, 150.
Hippokrates 118, 156, 159.
Hirsch 364.
Hirzel 150.
Höfer 97.
Höffding 411.
Hoffmann, Hadelin 92, 327, 360, 367.
Hoffmeister 169.
Hogan 79.
Holcot, Robert 77, 383.
Holtum, P. v. 92.
Holzinger 117.
Homer 410.
Honain ben Isaak 198.
Honorius Augustodunensis 144, 194.
Honorius v. Autun 95, 144, 156, 184, 193.
Horaz 110.
Horten 208, 209.
Höver 359, 360, 364, 365.
Hrabanus Maurus 130.
Huber 146, 180.
Huet 79, 92, 196, 309.
Hugo s. Grotius.
Hugo v. Amiens 186.
Hugo v. Billom 315, 316.
Hugo v. Breteuil 148.
Hugo v. Ostia. 317.
Hugo v. Petragoris 280.
Hugo Ripelin v. Straßburg 289, 290.
Hugo v. St. Cher 281.
Hugo v. St. Victor 107, 112, 144, 169, 179, 171, 175, 178, 185, 186, 187, 188, 190, 192, 193, 194, 236, 365.
Huit 93, 414.
Humbert v. Prulli 317.
Husik 221.
Hurtaud 139.
Hurtault 157.
Hurter 99, 102, 211.
Hypatus 73.

I, J.

Jacques le Fèvre d'Etaples 407, 440.
Jacques von Vitry 233.

Jacquin 85, 92, 141, 144, 145, 146.
Jahja ibn Adi 210.
Jakob von Douai 318.
Jakob v. Edessa 197.
Jakob v. Metz 281.
Jakob v. Venedig 114, 118, 167.
Jakob von Viterbo 315, 319, 320, 321, 324, 391.
Jamblichos 58, 60, 197, 415.
Jammy 289.
Jan Dullaert 412, 440.
Janinus de Pistorio 317.
Jansen 281.
Jansenius 147.
Janssen, Rosarius 308.
Javellus 431.
Ibas 197.
Ibn Gebirol s. Avicebrol.
Ibn Roschd s. Averroës.
Ibn Sina s. Avicenna.
Jean de la Chaleur 397.
Jean de Cornouailles 186.
Jean de Montreuil 371.
Jean de la Rive 387, 389, 398.
Jean-le-Sourd 131.
Jehuda ben Saul ibn Tibbon 206, 215.
Jellouschek, J. 390.
Jepa 130.
Jessen 97, 289.
Ignatius 436.
Ilgner 390.
Joachim von Floris 180, 345.
Jodocus Badius von Assche 383.
Jodocus Isenacensis 440.
Johannes von St. Aegidius 233.
Johannes Anglicus 441.
Johannes der Arzt 131.
Johann von Bassoles 387.
Johannes v. Brescia 347.
Johann v. Briscain 368.
Johann Buridan 382, 384, 386, 420, 435, 440.
Johannes Campanus 213.
Johannes de Colonia 441.
Johann Canonicus 387.
Johannes Capreolus 389, 390.
Johann v. Dacien 338.
Johannes Damascenus 117, 185, 187, 195.
Johannes David 200, 215, 288.
Johannes Dorp von Leyden 385, 440.
Johannes Dullaert 412, 440.
Johannes Duns Scotus 77, 80, 81, 82, 83, 84, 85, 99, 137, 218, 229, 232, 234, 243, 240, 264, 274, 276, 279, 280, 302, 319, 325,

Namenregister.

328, 329, 330, 331, 332, 333, 334, 335, 336, 337, 338, 339, 348, 361, 373, 374, 375, 376, 379, 386, 387, 388, 389, 397, 400, 437, 440, 441, 442.
Johannes Faber de Werdea 441.
Johannes Faventinus 317.
Johannes v. Freiburg 289.
Johann von Gent 393, 394, 395.
Johannes Gerson 328, 371, 381.
Johannes Hispanus 216, 217, 220.
Johann v. Jandun 375, 393, 394, 395, 396, 418.
Johannes Italus 196.
Johannes a Lapide 431, 433.
Johannes von Lichtenberg 289.
Johannes v. Lugo 349, 437, 438.
Johann von Luna 215.
Johann Malpighi 410.
Johannes Magistri 441.
Johannes Mioris 440.
Johann von Mirecourt 397, 398, 401.
Johannes v. Montesono 227, 397.
Johann von Neapel 318, 388, 390.
Johann v. Paris 315, 328.
Johann v. Persora 280.
Johannes Philoponus 61.
Johann von Pouilli 388.
Johann v. la Rochelle 226, 244, 260, 266, 267, 269.
Joh. v. Rupella 269.
Johannes a Rubino 275.
Johannes v. Poitiers 178.
Johannes v. Salisbury 89, 105, 107, 116, 118, 121, 130, 131, 133, 151, 153, 154, 155, 157, 159, 161, 163, 164, 165, 166, 167, 168, 169, 172, 173, 174, 176, 178, 186.
Johannes Sarazenus 118.
Johannes v. St. Gilles 281.
Johann von S. Thomas 435.
Johann der Servite 398.
Johannes Scotus Eriugena 104, 108, 109, 115, 118, 120, 123, 127, 130, 131, 135, 140, 141, 142, 143, 144, 145, 146, 147, 151, 168, 169, 179, 180, 181, 191, 192, 198, 200, 218, 406.
Johannes Teutonicus 316.
Johannes Versor 431.
Johann Wenck von Herrenberg 408.

Johanna v. Navarra 383.
Joscelinus v. Soissons 161.
Josef Ibn Zaddik 207.
Jourdain, Ch. 98, 122, 156, 157, 182, 185, 213, 215, 220, 308, 367, 386.
Isaak Israeli 118, 206, 218, 258.
Isaak v. Stella 144, 175, 178.
Isidorus 175.
Isidor von Sevilla 95, 101, 104, 110, 117, 118, 119, 121, 177, 209, 258.
Juan Gallo 435.
Juan von Guevara 435.
Juan von Medina 435.
Juan de la Pena 435.
Juan Vincente 435.
Jnda ben Salomo Cohen 210.
Juliani 317.
Jungnitz 354.
Justus Lipsius 419.
Juvenal 110.
Ives v. Chartres 110, 131, 162, 185.

K.

Kaiser 162, 169.
Kallipos 31.
Kant 78, 137.
Kantorowicz 257.
Karneades 44, 46, 47, 48.
Keicher, Otto 367.
Kelle, J. 194.
Kepler 446.
Kilgenstein, J. 178.
Kilwardby, Robert 165, 234, 236, 259, 279, 281, 282, 310, 312, 313, 316, 322, 338.
Kingsford 281.
Kirsch 66, 99.
Klapwell, R. 313.
Kleanthes 39, 116.
Klemm, O. 97.
Kleutgen 71, 248, 257.
Klimke 56.
Knöpfler 99.
Koch, H. 74.
Köllin, Konrad 431, 433.
Konrad von Buchen 440.
Kopernikus 385, 446, 448.
Kostanecki, A. v. 327.
Krause 275.
Krebs, E. 308, 316, 324, 327, 352, 353, 354, 355, 390.
Krumbacher 196.
Kuhlmann 309.
Kühtmann, A. 381.
Kunstmann, Fr. 122.
Kurth 76, 122.
Kvacala, J. 421.

L.

Labrosse 387.
Lactantius 65, 117.
La Forêt 122.
Lajard 327.
Lalande 257.
Lambertus de Monte 431.
Laminne 257.
Landauer 209.
Lanfranc 110, 131, 134, 148, 150, 183.
Langen, J. 122.
Langlois 257, 349, 393.
Lappe 84, 401.
Lasswitz 97.
Lauer 290.
Laurentius Valla 412.
Lavardin s. Hildebert.
Lavinheta 367.
Lavoisier 446.
Laz, Kaspar 440.
Lebreton 73.
Leclère 327.
Lechner, M. 439.
Ledesma, Jakob 437.
Lefèvre 152, 157, 190.
Leiber 257.
Leibniz 137, 367, 383, 413, 446.
Lemmens 275.
Lentherie 128.
Leo Hebraeus 416.
Leo Magentinos 211.
Leonardus Aretinus 410.
Leonardus Aretinus s. Bruni.
Leonardo Bruni 414.
Leonardo da Vinci 385, 386, 408, 419, 420, 440.
Leontius Pilatus 410.
Leontius v. Byzanz 195.
Lepidi 139.
Le Roy 416.
Lessius 437.
Levi ben Gerson 369.
Levi, A. 259, 263.
Lévy 208.
Leukippos 6.
Liebhard v. Prüfening 187.
Liessen 226.
Ligeard, H. 169.
Lindsay 92.
Little 99, 228, 230, 280, 281, 327, 364.
Lockert, G. 386.
Lockwood 122.
Lodigerius 443.
Loë, de 289.
Loewe 125, 134.
Löwenthal 220, 263.
Lombardus s. Petrus.
Longo Campo s. Raoul.
Longus von Corioles 443.
Lorenz, O. 96.
Loup de Ferrières 110, 122.

Louvain 18.
Luchaire 226.
Lucchini 230.
Lucquet 214, 216, 220, 269.
Ludger 109.
Lukrez 92, 102, 116, 117, 179.
Ludwig von Leon 435.
Lullus 404.
Luther 94, 425, 426, 432.
Lychetus von Brescia 387, 442.

M.

Mabilleau 97.
Macarius Scottus 146.
Macedo 442.
Macrobius 61, 116, 123, 141, 145, 214.
Maets 445.
Magalliano 436.
Magistri, T. 442.
Maimonides 207, 208, 216, 218, 221, 230, 290, 293, 309, 330, 348, 369.
Maior, Joh. 431, 441.
Maitre, L. 122.
Malagola, A. 308.
Malebranche 89, 430, 445.
Mandonnet VI, 84, 113, 114, 119, 122, 131, 173, 180, 211, 215, 216, 217, 219, 220, 224, 225, 226, 228, 230, 233, 234, 257, 265, 283, 284, 286, 289, 290, 291, 306, 307, 308, 309, 310, 314, 315, 316, 318, 322, 327, 328, 340, 342, 343, 344, 345, 346, 347, 348, 349, 355, 357, 361, 364, 393, 433, 439.
Manegold v. Lautenbach 148, 149, 150, 151.
Mangenot 99.
Manitius 96, 101, 102, 109, 119, 120, 121, 130, 134, 141, 145, 146, 150, 257, 435.
Manser 77, 85, 86, 92, 208, 269, 307, 365, 402.
Mansion 290.
Manuel Chrysoloras 410.
Manuel de Goes 436.
Manuel da Natividade 438.
Mantuani, P. 441.
Manzolus 433.
Marbod 179.
Marchal 365.
Marchesi 212, 213, 220.
Maréchaux 139, 140.
Margerie, A. de 275.
Maria, de 308.
Maria Canali 443.
Marie, D. 337.

Mariana 439.
Marisco s. Adam.
Maricourt s. Pierre.
Marietan 110, 112, 122, 257.
Marius Nizolius 413.
Marius Victorinus 61, 67, 111, 113, 115, 116.
Marsilius Ficinus 415.
Marsilius von Inghen 372, 383, 384.
Marsilius v. Padua 375, 393, 394.
Marston, R. 275, 280, 304, 362, 363, 364, 365.
Martène 168, 182.
Martianus Capella 61, 109, 110, 118, 119, 120, 123, 127, 130, 141, 146.
Martigne, de 230, 234, 269, 275, 329, 337, 443.
Martin 327, 393, 408, 439.
Martin, J. 66, 72.
Martin, P. 185, 306, 314.
Martin de Fugeriis 188.
Martin v. Bracara 120.
Martin von Ledesma 434.
Martin von Felden 448.
Martin v. Troppau 344.
Mastrius 442.
Mathilde von Magdeburg 403.
Matracy 390.
Matrod 365.
Matthaeus von Aquasparta 232, 243, 250, 275, 276, 277, 278, 281, 310, 363.
Mattioli 327.
Maurenbrecher 309.
Mauri Fattorini 226.
Maurice d'Espagne 182.
Mauritius 219.
Maurus 98, 439.
Mausbach 66, 72.
Mauthner 381.
Maximus der Bekenner 51, 74, 118, 140, 141.
Maximus Planudes 214, 368.
Maxwell 226.
Meier, Matthias 308.
Melanchthon, 419, 425, 426.
Melchior Canus 434, 435, 439, 447.
Meliton s. Wilhelm v. M.
Menaisson 275.
Menendez y Pelayo 263, 340, 367.
Mendoza, P. de 437.
Méric, E. 230.
Merinero 442.
Mercier 124, 125.
Meunier 386.
Michael Apostolius 414, 416.
Michael, E. 283, 286, 290.
Michael von Breslau 440.
Michael v. Césène 375.
Michael v. Corbeil 186.

Michael von Ephesus 196, 212.
Michael v. Marbaix 338, 339.
Michael von Montaigne 420.
Michael Psellus 195, 196, 414.
Michael Saravetius 431.
Michael Scotus 215, 216, 217, 259.
Michaud 157.
Michel, M. 121.
Middleton, R. von 329.
Migne 98, 114, 133, 134, 139, 167, 168, 169, 175, 190, 269, 329, 331, 333, 334, 336.
Mignon, A. 178.
Miguel Asin y Palacios 306, 308.
Minges, Parthenius VII, 337.
Moerbeke s. Wilhelm.
Mohler 98.
Molière 430.
Molina 437.
Monchamp 448.
Moneta v. Cremona 349.
Monte, G. de 433.
Montligeon 32.
Moriz du Port 442.
Morlay s. Daniel.
Morin 91.
Mortier 230.
Morus, Thomas 416, 422, 423, 428.
Moses ben Maimon s. Maimonides.
Moses Ibn Esra 206.
Moses v. Narbonne 369.
Mossen Joan Avinyó 367.
Mothon 282.
Mougel, A. 390.
Müller, J. 122.
Muissi s. Walter v. M.
Munck 208.
Mudt, Konrad (Mutianus Rufus) 428.
Münster 25.
Muschiotti 380.

N.

Nagy 209.
Narbey 365.
Nardi, P. 318, 395, 396.
Nardecchia 230.
Neckam s. Alexander.
Nemesius 73, 117.
Nestorius 66.
Neumarck, D. 206, 208.
Newton 446.
Nicephorus Blemmides 210.
Nicetas 195.
Nicoletto Vernias 396, 418.
Niemeier 78.
Niglis, A. 339.
Notger 109.

Nikolaus v. Amiens 168, 175.
Nikolaus von Autrecourt 84, 397, 398, 399, 400, 401, 402.
Nikolaus Bonetus 441.
Nikolaus Cabasilas 368.
Nicolaus Chrypffs s. Nikolaus von Cusa.
Nikolaus v. Cusa 89, 155, 402, 404, 405, 406, 407, 408, 420.
Nikolaus von Damascus 217.
Nikolaus von Espernaco 397.
Nikolaus Eymerici 367, 392.
Nikolaus v. Lisieux 226, 227, 291, 313.
Nikolaus v. Lire 387.
Nikolaus Martinez 438.
Nikolaus v. Methone 196.
Nikolaus von Nancel 413.
Nikolaus von der Normandie 225.
Nikolaus Ockam 280.
Nikolaus von Oresme 386.
Nikolaus von Ortellis 387.
Nikolaus Poillevillain 371.
Nikolaus v. Sicilien 214.
Nikolaus von Straßburg 356, 407.
Nikolaus Taurellus 426.
Nikolaus Tinctor 441.
Nikolaus Triveth 156.
Nikolaus von Ultricuria 401.
Nikephoros Gregoras 368.
Nitzsch, Fr. 99.
Nivelles s. Bernier.
Noël Valois 178.
Notker Labeo 109, 122, 127.
Nolan, E. 364.
Numenius 51, 116.
Nys 309.

O.

Obrador y Bennasar 367.
Occam (Ockham) s. Wilhelm von Occam.
Odo 347, 387.
Odon 110.
Oesterley, H. 96.
Ognibene 185.
Olivi, Peter Johann von 278, 279, 280, 281, 336.
Olivier von Siena 440.
Olympiodorus 61, 196.
Omont 139, 141.
Origenes 64, 73, 117.
Orosius 110.
Osinger 96, 391.
Osstler 107, 171, 178, 194.
Otloh von St. Emmeram 150.
Otric 128.
Ott 71.
Otto v. Beauvais 146.
Otto v. Cambrai 184.
Otto v. Cluny 127, 193.

Otto v. Freisingen 114, 130, 167, 169.
Otto v. Ourscamps 183.
Otto von Tournai 109, 128, 129, 134, 139, 143, 193.
Oxilia 328.

P.

Paban 390.
Pacheu 194.
Paetow 226, 339.
Palamas, G. 369.
Pangerl 290.
Panaetius 46.
Pantenius 64.
Paolini, C. 442.
Paracelsus von Hohenheim 421, 422, 427.
Paris, Gaston 349.
Parco, Lo 414.
Paredes 309.
Parmenides 4, 6, 7, 12, 23, 24, 26.
Paschasius Radbertus (Ratramnus) 110, 147.
Patritius 422, 423.
Paul von Venedig 396.
Paulin v. Aquitanien 193.
Paulsen 86.
Paulus 73.
Paulus Pergulensis 440.
Paulus Venetus 431.
Peckham, J. 227, 234, 243, 275, 276, 278, 281, 296, 307, 309, 310, 312, 313, 318, 320, 327, 328, 341, 346, 350, 361.
Pedro von Sotomayor 435.
Pedro von Uzeda Guerrero 435.
Pègues 390.
Pellegrini 290.
Pelayo s. Menendez.
Pelzer V, VII, 225, 263, 327. 396.
Pendzig 419.
Peregrinus s. Petrus.
Perez, Anton 438.
Perrier 92.
Perrod 230.
Perseigne s. Adam.
Peter v. Auvergne 225, 291, 317.
Peter v. Blois 111, 186, 343.
Peter von Brüssel 431, 433.
Peter v. Capua 188.
Peter v. Conflans 310, 312, 316.
Peter Crockaert 434.
Peter v. London 187.
Peter von Monteregali 398.
Peter von Oviedo 438.
Peter v. Poitiers 180, 183, 186, 188, 190.

Peter von Palude 388.
Peter Thomas 441.
Peter v. Tarantaise 281.
Petit-Pont s. Adam.
Petrarca 410, 414, 417.
Pietro von Abano 394, 395 f.
Petrus Aureolus s. Aureolus.
Petrus von Aquila 441, 442.
Petrus Compostellanus 177.
Petrus Damiani 148, 149, 150.
Petrus Fernandez 435.
Petrus Fonseca 436.
Petrus Hispanus 317, 337, 338, 368, 371, 374, 379, 382, 399, 431, 433, 441, 442.
Petrus von Ibernia 290.
Petrus Lombardus 93, 94, 104, 107, 183, 185, 186, 187, 188, 190, 270, 284, 374, 432, 442.
Petrus, Magister 268.
Petrus Mantuanus 440.
Petrus Martinus 290.
Petrus Micha 177.
Petrus Nigri 381, 431, 433.
Petrus Pergulensis 441.
Petrus Peregrinus v. Maricourt 365.
Petrus Tartaretus 441.
Petrus Pomponatius 418.
Petrus de Trabibus 279, 328.
Pez 161, 108.
Pfleger, L. 290.
Pfeiffer, F. 290, 407.
Pfister 122.
Philippe 102, 179.
Philipp von Bergamo 389.
Philipp v. Grève 188.
Philipp v. Harvengt 186.
Philippi 445.
Philippus 438.
Philo Judaeus 46, 52, 53, 64, 116, 141.
Photius 195, 198.
Piat, F. 9, 10, 20, 24, 25, 30, 32, 301.
Picavet 78, 79, 86, 90, 92, 94, 95, 97, 122, 134, 148, 150, 157, 169, 245, 265, 269, 348, 365, 448.
Pico von Mirandola 425.
Pierre d'Ailly (Petrus Aliacus) 371, 384, 386, 391, 392, 394, 402.
Pierre le Chantre 187.
Pierre le Mangeur 187.
Pierre v. Maricourt 361.
Pierre Plaoul 398.
Pierre de la Ramée s. Ramus.
Plantin 439.
Planudes s. Maximos.
Plassmann 308.
Platon 2, 8, 9, 10, 11, 12, 13, 14, 15, 16, 17, 18, 19, 20,

21, 22, 23, 24, 26, 30, 33, 35, 36, 17, 42, 46, 51, 52, 53, 54, 55, 59, 60, 64, 67, 69, 70, 72, 74, 90, 106, 107, 115, 116, 124, 127, 152, 150, 163, 195, 196, 197, 198, 252, 260, 274, 297, 302, 351, 368, 400, 414, 415, 416, 417, 428.
Plempius 445.
Plotinos 53, 54, 55, 56, 57, 58, 60, 64, 65, 67, 74, 83, 90, 97, 141, 191, 206, 208, 245, 283, 350, 405, 414, 415, 416, 423.
Plutarch 51, 253.
Pluzanski 327, 337.
Pollak 197, 199, 207, 208.
Pollich, Martin 431.
Polycratius 131.
Porphyr 53, 58, 59, 60, 67, 119, 125, 126, 129, 130, 131, 132, 168, 173, 195, 197, 198, 224, 435.
Pouchet 290.
Poncius 441, 442.
Pontius 441.
Poole, R. L. 78, 98.
Poorter, A. de 281.
Poppo v. Fulda 127.
Porrée s. Gilbert de la P.
Porrette, M. 396.
Portalié 66, 67, 71, 122, 169, 185, 186, 189, 190, 234, 336.
Posidonius 96, 116.
Potthast. A. 96.
Pouchet 290.
Poupardin, R. de 415.
Prantl, K. 75, 97, 130, 166, 225, 374, 378, 380, 381, 383, 386, 396, 399, 429, 433, 441, 442.
Praepositinus v. Cremona 188, 190.
Priscian 127,172,224,338,339.
Priscanus Lydus 110, 141.
Probus 197.
Probst, J. 367.
Prochoros 369.
Proclus 59, 60, 61, 73, 74, 83, 90, 141, 195, 196, 213, 217, 241, 293, 349, 359, 405, 415.
Procopius 196.
Prokopius 73.
Proost 448.
Prosper v. Aquitanien 162, 193.
Protagoras 7, 42.
Protois 190.
Prümmer 307.
Pseudo-Augustinus 117, 130.
Pseudo-Beda 102.
Pseudo-Boëthius 145, 146.
Pseudo-Hraban 130.

Pseudo-Dionys s. Dionysius Areopagita.
Pseudo-Plutarch 174.
Ptolemaens von Lucca 155, 215, 220, 308, 309, 316.
Pulleyn, Robert 107, 168, 172, 187.
Pullus, R. 190.
Pythagoras 3, 4, 12, 23, 51, 63, 67, 106, 154, 218, 244, 415.
Pyrrhon 44, 98.

Q.

Quétif-Echard 95, 230, 316, 328.
Quidon s. Bernhard.
Quidort, Jean 327.
Quintilianus 111

R.

Radbert s. Paschasius.
Rademacher 369.
Radulfus Ardens s. Ardens.
Ragey 137, 139.
Ralph v. Colebruge 268.
Raimbert v. Lille 129, 132, 133.
Rainaud von Tours 110.
Ramus, Petrus 413, 414.
Rand, E. K. 122, 130, 146.
Raoul 110.
Raoul der Bretone 388.
Raoul von Laon 184.
Raoul v. Longo Campo 171, 177, 215.
Rashdall 364.
Ratbod 127.
Ratherius von Verona 109, 127.
Raymond 337.
Raymund 215.
Raymund von Sabunde 402, 404, 408.
Raymundus Lullus 229, 346, 348, 365ff., 405.
Razi 203, 208.
Reeb 99.
Reginald 173, 291, 292.
Reichert 230.
Reiners 130, 132, 134, 157, 160, 161, 163, 164.
Reinhard v. Köln 319.
Reinhard v. St. Burchard 127.
Reinwald 168.
Remigius v. Auxerre 110, 127, 134, 144.
Remusat 163, 164, 169.
Renan 204, 205, 206, 208, 216, 217, 220, 245, 343, 348, 359, 369, 395, 418.
Renerius 445.

Rens, O. 309.
Reuchlin, J. 416, 427, 428.
Reuter 98.
Rhabanus Maurus 102, 104, 107, 109, 110, 118, 120, 122, 146, 147, 150, 183, 266.
Ribeira, Julian 367.
Ricardus von Bury 372, 382, 383.
Richard 92.
Richard Burgondio v. Pisa 117.
Richard von Coutances 154.
Richard Cornubiensis 225.
Richard l'Evêque 153.
Richard v. Lester 187.
Richard von Lincoln 397.
Richard von Middleton 243, 275, 279, 280, 310, 328, 329.
Richard v. St. Victor 106, 107, 169, 171, 186, 199.
Richer 128.
Richter 139.
Rickaby 92.
Rigaud, E. 267.
Ritter 244.
Robert 122, 162.
Robert, G. 169, 190.
Robert v. Bologne 315.
Robert v. Courçon 187, 190, 219, 222, 223.
Robert von Erfort 315.
Robert Grossetête 212, 213, 214, 220, 225, 267, 268, 269, 357, 381.
Robert v. Lincoln 358.
Robert von Melun 186, 190.
Robert v. Paris 133.
Robert v. Sorbon 229.
Robert v. Torigny 114.
Robert von Tortocollo 315.
Rochelle s. Johann.
Roger, M. 122.
Rohner, Anselm VII, 309.
Rohner, H. 290, 300.
Roland von Cremona 226, 239, 286.
Roscelinus 77, 128, 130, 131, 132, 133, 134, 137, 147, 148, 152, 153, 161, 163, 184, 186, 189, 380.
Rose 220, 280.
Rossello, Geronimo 365.
Rouse Ball 97.
Rousselot 81, 257, 304, 308.
Rubczinski, W. 93, 350.
Rubins, A. 437.
Ruch, E. 441.
Rudolf v. Namur 180.
Rufinus 73, 117.
Rupella s. Johann v. R.
Rupert v. Deutz 109, 193.
Ruysbroeck 391, 392, 393.

Namenregister. 459

S.

Saadja 206, 208, 209.
Sabatier 230.
Sadolet. J. 328.
Saitta, G. 436, 439.
Salomon 216.
Salembier 386.
Salisbury s. Johann.
Saltet, L. 226.
Salzinger 367.
Samuel ben Juda ben Meschullam 369.
Samuel ben Tibbon 210.
Sanchez 429.
Sannig 442.
Sante Ferrari 396.
Saravetius, M. 433.
Sarti, M. 226.
Sassen, J. 282.
Sauter, E. 93, 208.
Savile 401.
Savonarola 415.
Sbaralea 230.
Scartazzini 327.
Scandone 290.
Schaarschmidt 178.
Schaub 309.
Schoeben 257.
Schenk, A. 121.
Schindele 257, 261, 263, 265, 281.
Schlund, E. 361, 365.
Schmeltzer, H. 414.
Schmidlin 167, 169.
Schmitt, A. 146.
Schneid 93, 220.
Schneider 285, 287, 288, 290.
Schnitzer 150.
Scholz, A. 327.
Schrörs 150.
Schulte 139.
Schütte 121.
Schütz 308.
Schwane 99.
Scoraille 439.
Sdralek 99.
Sebastiao de Conto 436.
Seeberg 99, 337, 421.
Segni s. Bruno von S.
Sena, A. v. 439.
Seneca 46, 63, 107, 110, 116, 117, 365, 428, 429.
Sennert, Daniel 419.
Seppelt 230.
Sepulveda 418.
Sereshel, Alfred von 217, 258, 262, 263, 266, 433.
Sergius 197.
Senguerdius 445.
Sermoneta, Alexander 440.
Serres 416.
Sertillanges 296, 308.
Servat Loup v. Ferrières 130, 147.

Serry 439.
Sestili 433.
Seth, A. 99.
Sextus Empiricus 48, 49, 213, 368.
Seydl, K. 109, 121.
Siebeck 40, 97, 178, 337, 381, 384, 386.
Siebert, O. 74.
Siena, O. von 441.
Sievers 407.
Sigbert v. Gembloux 95.
Siger v. Brabant 225, 228, 291, 292, 304, 306, 309, 338, 340, 341, 343, 344, 345, 346, 347, 348.
Siger v. Courtrai 225, 338, 339.
Sighart 290.
Signoriello 99.
Silvester v. Ferrara 431, 432, 433, 438, 439.
Silvester Maurus 438.
Simmler 190.
Simon 278.
Simon v. Authie 219.
Simon von Brossa 397.
Simon de Brie 343.
Simon von Bucy 320, 322.
Simon Porta 418.
Simon von Tournay 168, 188.
Simplicius 59, 60, 61, 197, 213.
Smaragdus 110.
Sogia 443.
Sokrates 2, 7, 8, 10, 11, 12, 20, 22, 24, 41, 63, 160, 400.
Sommervogel 439.
Soncinas, P. 433.
Sophonias 211, 368, 369.
Soto, Dominik. von 435, 439, 441.
Specht 122.
Stadler, H. 289, 290.
Stapper 339.
Stechele, W. 181.
Steele 364.
Stein, L. 196, 208, 417.
Steinbüchel, Th. 308.
Steinschneider 122, 157, 181, 208, 220.
Stephan v. Alexandria 195.
Stephan von Borrête s. Borrête.
Stephan v. Langton 187, 188.
Stephan v. Provins 219.
Stephan von Tournai 186.
Stephanus Brulifer 441.
Stephanus de Monte 440.
Stevenson 269.
Stiglmayr, J. 74.
Stöckl 96, 136, 144, 166, 175, 336, 376, 379, 381, 404.
Stockums 257.
Stölzle 168.

Straton 45.
Strunz, F. 98.
Sturm, Johannes 413.
St. Victor s. Hugo und Richard.
St. Victor s. Walter.
Suarez, F. 436, 437, 438, 439.
Suidas 195.
Surius 392.
Snsemihl 44.
Suso 403, 404.
Sutton, Th. 315, 316, 317, 320.
Switalski 122.
Symphorien, P. 337.
Synesius von Kyrene 73.

T.

Taddeo 213.
Taegius 433.
Taillandier, Réné 140.
Taine, H. 91, 124, 132.
Tajus 162.
Talamo 93, 220.
Tannery 59, 444.
Tarentaise, Peter von 243.
Tartaretus, Petrus 442.
Tauler, J. 403, 408.
Taylor, H. O. 86, 87, 93, 98, 139, 194.
Tedeschini 257.
Telesius 420, 421, 423.
Teixidor 439.
Tempier, Stephan 283, 311, 312, 313, 317, 322, 346, 347, 352, 355.
Temple, Wilhelm 413, 414.
Terenz 110.
Tertullianus 65.
Thales von Milet 2, 3, 21.
Themistius 59, 114, 195, 198, 215, 417.
Thémon 385, 386.
Theodor von Gaza 147, 414, 415, 416.
Theodor v. Mopsueste 197.
Theodoret 197.
Theodoret v. Smyrna 196.
Theodoros Metochita 368.
Thiery s. Wilhelm.
Thierry v. Chartres 110, 111, 113, 114, 154, 155, 156, 165, 172, 179, 406, 408.
Thomas, A. 131.
Thomas a Kempis 391.
Thomas de Vio s. Cajetan.
Thomas Gallus 194, 264.
Thomas, J. v. St. 439.
Thomas Morus s. Morus.
Thomas, P. 157, 448.
Thomas Sutton s. Sutton.
Thomas v. Aquino IV, 18, 77, 79, 80, 81, 82, 83, 84, 89, 99, 122, 136, 165, 171, 174, 175, 181, 183, 208, 213,

215, 217, 220, 221, 227, 228, 229, 232, 233, 234, 238, 243, 249, 254, 265, 269, 270, 271, 274, 275, 278, 280, 282, 283, 285, 286, 287, 289, 290, 291, 292, 293, 294, 295, 296, 297, 298, 299, 300, 301, 302, 303, 304, 305, 306, 307, 308, 309, 310, 311, 312, 313, 314, 315, 316, 317, 318, 319, 320, 322, 323, 325, 327, 329, 330, 331, 333, 334, 335, 336, 337, 340, 341, 344, 345, 346, 347, 348, 349, 350, 351, 353, 361, 362, 363, 364, 368, 369, 374, 376, 379, 383, 387, 388, 389, 390, 395, 416, 417, 431, 432, 433, 434, 435, 436, 438, 440, 442, 443, 447.
Thomas von Cantimpré 212.
Thomas v. Straßburg 137. 391.
Thomas v. York 268, 368.
Thomas Wallensis 268.
Thomasius, J. 96.
Thurot 110, 222, 226, 228, 229, 339.
Tocco, G. 281, 282, 420.
Tocco s. Wilhelm.
Todros Todrosi 369.
Toletus, F. 437, 439.
Torricelli 446.
Trabibus s. Petrus.
Traube 99, 140, 146.
Traversari 414.
Trendelenburg 13.
Tribbechovius, A. 77, 93, 94, 96.
Trithemius 95.
Troilo 420.
Trombeta 441, 442.
Tschackert 386.
Tusi 208.
Tyrannion 47.

U.

Ubertus Guidi 388.
Ubertin v. Casale 279.
Ueberweg-Heinze 78, 79, 86, 96, 122, 140, 150, 380, 417.
Uebinger 408.
Ulrich v. Straßburg 289, 290, 349.
Uranius 197.
Urban von Bologna 396.
Usener 121.

V.

Vacandard 190, 194.
Vacant 99, 220, 265, 309, 320, 334, 337.
Valla, L. 415.

Vallius 437.
Valois, N. 263, 381.
Vanderpol 439.
Vansteenberghe 406, 408.
Varesio, F. v. 337.
Varo, G. 118, 327.
Varos, Wilh. 310.
Varron, Vincenz 435.
Vasquez 437, 438, 439.
Vaughan 308.
Vegetius Praetextatus 61.
Velden, van 448.
Ventura 443.
Vercruysse, H. 338, 339.
Vergilius 110.
Vernet 146, 150.
Versor, J. 433.
Verweyen, J. 92, 106, 122, 257 309, 336.
Vetter, F. 407.
Victorinus 111.
Vigna, L. 139.
Vinzenz v. Beauvais 237, 259, 318, 327.
Vittoria 431, 432, 439.
Vives, L. 77, 96, 337, 339, 412, 433, 435, 439, 440.
Voëtius 445.
Vogl, J. 365.
Volusenus 412.

W.

Wacc, X. 99.
Wadding, L. 95, 230, 337, 441, 442.
Wagner 309.
Walafred Strabo 109.
Wallerand 225, 338, 339.
Walsh 339.
Walter, von 190.
Walther 194, 309.
Walther v. Brügge 278.
Walther v. Lille 193.
Walther v. Mortagne 158, 159, 161, 172.
Walther v. Muissi 181.
Walther v. St. Victor 182, 186, 190.
Warron 389.
Wattenbach 96, 111.
Webb 173, 178.
Weddingen, van 137, 139, 290.
Weinand 66.
Weiß, M 289.
Welte 99.
Wenck, J. 406.
Wenck, K. 393.
Werner 97, 157, 249, 263, 308, 323, 327, 337, 373, 380, 391, 395, 396, 401, 417, 439, 443.
Wessel, J. 440.
Wesham, R. 268.
Wetzer 99.
Wiclef, J. 398.

Wild, J. 308.
Wilhelm der Bretone 182.
Wilhelm Varo (Ware) 281, 328.
Wilhelm v. Auvergne 137, 178, 215, 231, 233, 257, 260, 261, 262, 263, 275, 326, 348, 357, 359, 390.
Wilhelm v. Auxerre 137, 177, 219, 243, 258, 262, 263.
Wilhelm von Champeaux 151, 152, 153, 157, 161, 163, 184, 190.
Wilhelm von Conches 104, 153, 154, 156, 157, 159, 172, 179, 188, 305.
Wilhelm v. Falgar 280.
Wilhelm v. Hirschau 150, 157, 316, 317.
Wilh. v. Hotun 316, 317.
Wilhelm v. la Mare 278, 310, 314, 315.
Wilhelm v. Mackelsfield 315.
Wilhelm von Malmesbury 149.
Wilhelm v. Meliton 264, 267.
Wilhelm de Montibus 187.
Wilhelm v. Moerbeke 114, 213, 214, 215, 219, 220, 291, 293, 306, 307, 349, 350, 362.
Wilhelm v. Occam (Ockham) 82, 83, 220, 318, 366, 370, 373, 374, 375ff., 380, 381, 382, 383, 385, 387, 391, 393, 396, 397, 402, 420, 440.
Wilhelm v. St. Thierry 157, 193.
Wilhelm v. Shyreswood 225.
Wilhelm v. Syracus 158.
Wilhelm von Tocco 213, 293, 306, 307, 342.
Wilkins 327.
Willmann 66, 79, 86, 91, 93, 97, 102, 111, 112, 122, 134, 189, 235, 244, 257, 287, 308, 373.
Willner 161, 162, 188.
Wilmans 169.
Wilson 442.
Windelband, W. 86, 96, 263.
Windstoßer 407.
Winter 208.
Witelo 202, 213, 237, 261, 303, 309, 349, 350, 351, 352, 354, 405.
Wittmann 208, 221, 295, 309.
Witzel 365.
Wizo 134.
Wolfelus Coloniensis 149.
Worms 199, 208.
Wright 178.

Wrobel 182.
Wulf, M. de III ff., 18, 97, 98, 122, 132, 139, 234, 257, 284, 295, 296, 305, 309, 316, 323, 327, 328, 365, 386, 388, 441, 448.
Wüstenfeld 220.

X.
Xenophon 8.

Xantes Mariales 433.
Xenophanes 4, 5.

Z.
Zabarella, Jakob 418.
Zaddik, J. 208.
Zanardi 435.
Zeiller, J. 309.
Zeller, Ed. 3, 9, 13, 15, 20, 27, 55, 56, 86, 110, 296.

Zenon 39, 44, 46, 47.
Ziegler 97.
Ziesché 263, 271, 275.
Zigliara 279.
Zimara 417, 418.
Zimmermann, F. 122.
Zingerle 235.
Zoroaster 415.
Zwingli 405, 419, 426.

Von dem Übersetzer Dr. Rud. Eisler
erschien u. a.:

Wörterbuch der philos. Begriffe. 3. Aufl., 3 Bde., Berlin, Mittler & Sohn, 1910.

Philosophen-Lexikon. Berlin, Mittler & Sohn, 1911.

Handwörterbuch der Philosophie. Berlin, Mittler & Sohn, 1913.

Der Zweckbegriff. Seine Bedeutung für Natur und Geist. Berlin, Mittler & Sohn, 1914.